新法规政策下财会操作实务丛书

小企业会计准则下
房地产企业会计

贺志东 编著

電子工業出版社
Publishing House of Electronics Industry
北京 · BEIJING

内 容 简 介

本书是我国小企业会计准则下第一本房地产企业会计实务著作。本书根据房地产行业的特点，为全国适用《小企业会计准则》的房地产企业"量身定做"，提供极其个性化的会计操作方法与技巧。全书共5篇，12章。内容包括：小型房地产企业会计综合知识，小型房地产企业经营成果信息的反映（小型房地产企业收入会计、小型房地产企业成本费用会计、小型房地产企业利润及利润分配会计、小型房地产企业利润表），小型房地产企业财务状况信息的反映（小型房地产企业资产会计、小型房地产企业负债会计、小型房地产企业所有者权益会计、小型房地产企业资产负债表），小型房地产企业流量信息的反映（小型房地产企业现金流量表），小型房地产企业财务报表（小型房地产企业财务报表、小型房地产企业纳税申报）等。

图书在版编目（CIP）数据

小企业会计准则下房地产企业会计 / 贺志东编著. —北京：电子工业出版社，2017.1
ISBN 978-7-121-30570-2

Ⅰ. ①小… Ⅱ. ①贺… Ⅲ. ①房地产企业—会计 Ⅳ. ①F293.33

中国版本图书馆 CIP 数据核字(2016)第 296575 号

策划编辑：杨洪军
责任编辑：袁桂春
印　　刷：三河市鑫金马印装有限公司
装　　订：三河市鑫金马印装有限公司
出版发行：电子工业出版社
　　　　　北京市海淀区万寿路 173 信箱　邮编 100036
开　　本：787×1092　1/16　印张：40.75　字数：1096 千字
版　　次：2017 年 1 月第 1 版
印　　次：2017 年 1 月第 1 次印刷
定　　价：88.00 元

凡所购买电子工业出版社图书有缺损问题，请向购买书店调换。若书店售缺，请与本社发行部联系，联系及邮购电话：（010）88254888，88258888。

质量投诉请发邮件至 zlts@phei.com.cn，盗版侵权举报请发邮件至 dbqq@phei.com.cn。

本书咨询联系方式：（010）88254199，sjb@phei.com.cn。

前　言

小型房地产企业会计是以货币计量为基本形式，采用专门方法，连续、完整、系统地反映和控制小型房地产企业的经济行为，进而达到加强经济管理，提高经济效益目的的一种管理活动。

推出行业财会实务丛书的缘起，是我们在约 20 年的财会财税实际执业过程中广大客户提出的需求。许多从事财会实务工作的人员（尤其是基层的同志）普遍反映，现有的一些关于会计、财务、成本管理等类的图书，与市场需求脱节，多为只述皮毛、侧重概念和理论的“小册子”，且内容老化、过时，基本讲的是工业企业的（或稍涉及商业企业）。试图用一本小册子搞“大杂烩”，已经难以或无法满足各行各业读者的具体需求。各行各业都有自己的行业特征，特殊经济业务对财会实务有具体要求。例如，房地产企业与工商、金融保险企业的核算差异就非常大，房地产企业与运输业、商业的成本核算也相差甚远；房地产企业与运输业、工商企业的存货核算也无法相互替代……因此，只要国民经济中存在着各行各业，行业财会的区别就将随之永远存在。

另外，我国小企业与大中型企业适用不同的会计准则。我国统计、会计上的“小企业”与大家通常所认为的小企业不一样，例如，营业收入 1 000 万元及以上，且资产总额 5 000 万元及以上的房地产开发经营企业才被划分为中型企业；营业收入 100 万元及以上，且资产总额 2 000 万元及以上的为小型企业；营业收入 100 万元以下或资产总额 2 000 万元以下的为微型企业。小企业自 2013 年 1 月 1 日起执行《小企业会计准则》；符合《中小企业划型标准规定》所规定的微型企业标准的企业参照执行《小企业会计准则》。

本书根据房地产行业的特点，为全国适用《小企业会计准则》的房地产企业“量身定做”，提供极其个性化的会计操作方法与技巧。本书为我国最新小企业会计准则下第一本房地产企业会计实务著作。

本书由全国著名财会、审计、税务专家贺志东同志编写。全书分为 5 篇，共 12 章。内容包括：小型房地产企业会计综合知识，小型房地产企业经营成果信息的反映（小型房地产企业收入会计、小型房地产企业成本费用会计、小型房地产企业利润及利润分配会计、小型房地产企业利润表），小型房地产企业财务状况信息的反映（小型房地产企业资产会计、小型房地产企业负债会计、小型房地产企业所有者权益会计、小型房地产企业资产负债表），小型房地产企业流量信息的反映（小型房地产企业现金流量表），小型房地产企业财务报表及纳税申报（小型房地产企业财务报表、小型房地产企业纳税申报）。

本书读者对象：房地产企业负责人，房地产企业财会人员，银行贷款业务人员和风险管控人员，财政、税务、银行业监管部门相关人员，以及代理记账机构、会计师事务所等专业化的企业服务机构从业人员，会计理论和教育工作者，院校师生等。

本书主要特色：根据房地产行业特点，严格依据《小企业会计准则》精心编写，具有权威性；高度的操作性、实用性；案例丰富、具体；讲解全面、透彻、通俗；专业性；资料详尽，条理清晰，查阅方便。

囿于学识、科研经费、编写时间等方面原因，书中倘有不足之处，请读者不吝批评指正，以便今后再版时修订（E-mail：jianyi@tax.org.cn）。

有兴趣的读者，可以扫描右图加入智董集团旗下中华第一财税网官方微信获取每日财税资讯汇总快递等。

目　录

第一篇　小型房地产企业会计综合知识

第二篇　小型房地产企业经营成果信息的反映

第三篇 小型房地产企业财务状况信息的反映

第四篇 小型房地产企业流量信息的反映

第五篇 小型房地产企业财务报表及纳税申报

第一篇

小型房地产企业会计综合知识

第一章

小型房地产企业会计综述

第一节　房地产行业综合知识

房地产又称不动产，是指土地、建筑物及固着在土地、建筑物上不可分离的部分及其附带的各种权益，具有位置固定、不可移动、使用长期、个别性等特征。

房地产开发，是通过土地、建筑材料、城市基础设施、城市公共配套设施、劳动力、资金和专业人员经验等多种资源的组合使用而为人类提供入住空间，并改变人居环境的一种活动。

房地产业是随着城市住宅建设事业的发展，城市住宅商品化的推行，以及城市土地使用制度改革的深化，逐步从建筑业分离出来的新兴产业。

房地产开发企业是指专业从事房地产开发、经营、管理和服务的企业。房地产开发企业不同于施工企业。施工企业是指建筑、安装工程施工的行业，是建筑产品的生产部门，一般来说，只管施工，不管征地、拆迁、三通一平（给排水、供电、道路通畅、场地平整）等，房屋建成后，验收合格交付开发企业，因而属于第二产业部门。而房地产开发企业，不仅是土地和建筑产品的经营部门，而且还从事部分土地开发和房屋建设，具有生产、经营、服务三重性质，是以第三产业为主的部门。但在建房，如编制工程预算、竣工决算等方面，二者是相同的。

一、房地产的种类

从物质形态角度来划分，房地产主要可分为土地、建成后的物业和在建工程三种类型。

（一）土地

土地是房地产的一种原始形态，但由于土地具有潜在的开发利用价值，通过在土地上继续投资，就可以最终达到为人类提供入住空间的目的。故土地属于房地产的范畴并是其中最重要的组成部分。土地又分为未开发的土地和已开发的土地两种类型，前者基本属于乡村集体土地，而后者通常属于城市国有土地。在一定条件下前者可以向后者转化。从投资的角度来说，城市国有土地或规划中可以转化为城市国有土地的乡村集体土地，是投资者关注的重点。

依土地所处的状态不同，城市土地又可分为具备开发建设条件、立即可以开始建设的熟地和必须经过土地的再开发过程才能用于建设的毛地。毛地和熟地之间的价格差异并不仅仅是土地再开发的费用。对于房地产投资者来说，购买熟地进行建设时，虽然土地费用会比购买生地自行完成土地开发（拆迁、安置、补偿）后再建设的方式要高，但由于缩短了开发投资的周期，减少了投资风险，因此是许多投资者愿意选择的方式。一般来说，购买毛地的投资者其投机色彩更浓一些。

随着我国土地管理制度的健全，土地一级开发和土地出让计划，逐渐成为政府管理土地资源的重要手段。

1．土地一级开发

土地一级开发就是指由政府或政府授权委托的企业，对一定区域范围内的城市国有土地（毛地）或乡村集体土地（生地）进行统一的征地、拆迁、安置、补偿，并进行适当的市政配套设施建设，使该区域范围内的土地达到三通一平（水、电、路通，场地平整）、五通一平（上水、下水、供电、通信、道路通，场地平整）或七通一平（上水、下水、供电、通信、煤气、热力、道路通，场地平整）的建设条件（熟地），再对熟地进行有偿出让或转让的过程。

2．土地出让计划

土地出让计划是指在社会主义市场经济体制下，为满足一定时期内社会经济发展目标和合理利用土地的要求，对一定时期、一定区域范围内政府出让土地的规模、用途等的总量安排和空间位置的安排，以及对具体地块出让方式、次序、价位和开发强度、用地条件等的确定。

（二）建成后的物业

所谓建成后的物业，即我们通常所说的已通过竣工验收、可投入正常使用的建筑物及其附属物。按其当前的使用状态，可分为空置和已入住（允许有部分空置）两种情况。按照建筑物的用途不同，这类房地产可分为下述几种形式。

1．居住物业

居住物业是指供人们生活居住的建筑，包括普通住宅、公寓、别墅等。这类物业的购买者大都是以满足自用为目的，也有少量作为投资，出租给租客使用。由于人人都希望有自己的住房，而且在这方面的需求随着人们生活水平的提高和支付能力的增强不断向更高的层次发展，所以居住物业的市场最具潜力，投资风险也相对较小。此外，居住物业的交易以居民个人的购买行为为主，交易规模较小，但由于有太多的原因促使人们更换自己的住宅，所以该类物业的交易量十分巨大。

2．商业物业

商业物业有时也称经营性物业或投资性物业，包括酒店、写字楼、商场、出租商住楼等。这类物业的购买者大都以投资为目的，靠物业出租经营的收入来回收投资并赚取投资收益，也有一部分是为了自用。商业物业市场的繁荣除与当地的整体社会经济状况相关外，还与工商贸易、金融保险、顾问咨询、旅游等行业的发展密切相关。这类物业由于涉及的资金数量巨大，所以常以机构（单位）投资为主，物业的使用者多用其提供的空间进行经营活动，并用部分经营所得支付物业的租金。由于入住商业物业内的经营者的效益在很大程度上取决于其与社会接近的程度，所以位置对于这类物业有着特殊的重要性。

3．工业物业

工业物业通常是为人类的生产经营活动提供入住空间，包括重工业厂房、轻工业厂房和近年来逐渐发展起来的高新技术产业用房、研究和发展用房等。工业物业既有出售的市场，也有出租的市场。一般来说，重工业厂房由于其建筑物的设计需要符合特定的工艺流程要求和设备安装的需要，通常只适合特定的用户使用，因此不容易转手交易。高新技术产业（如电子、计算机、精密仪器制造等）用房则有较强的适应性。轻工业厂房介于上述两者之间。目前，在我国各工业开发区流行的标准厂房，多为轻工业用户，有出售和出租两种经营形式。

4．特殊物业

对于赛马场、高尔夫球场、汽车加油站、飞机场、车站、码头、高速公路、桥梁、隧道等物业，我们常称为特殊物业。特殊物业经营的内容通常要得到政府的特殊许可。特殊物业的市场交易很少，因此，对这类物业的投资多属长期投资，投资者靠日常经营活动的收益来回收投资、赚取投资收益。

（三）在建工程

在建工程是指已经开始工程建设但尚未竣工投入使用的房地产，是房地产开发建设过程中的一种中间形态。受原有投资融资能力、管理能力、投资策略以及市场环境因素变化的影响，房地产市场上总存在一些在建工程交易行为，如将在建工程转让、抵押等，因此针对在建工程的投资分析，也是房地产投资分析的重要内容。

二、房地产行业业务范围

房地产行业业务范围包括房地产投资与开发、房地产经营与销售、房地产服务、其他业务等。

（一）房地产投资与开发

房地产开发企业通过投资购置土地使用权及建筑物行为来展开业务，将投入的货币资金转换为商品资金，是房地产投资与开发的起点。

（二）房地产经营与销售

房地产企业在开发过程中或者完成开发项目以后，对外实施房地产产品预售、销售、租赁或对外投资和分配等行为，是一个通过出售产品转换为货币资金的过程，从而获得相应的利润。现有房地产经营的主要产品类型有住宅、商业房地产、工业房地产、旅游房地产、农业房地产和特殊房地产。

住宅是指供人们日常居住的房屋，包括普通住宅、高级公寓、别墅。

商业房地产是指对写字楼、旅馆、商店、酒店、银行等进行经营性服务行业所使用的房屋。

工业房地产是指被物质生产部门作为基本生产要素使用的房屋，如厂房、仓库、实验室和配套服务用房等。

旅游房地产是指公园、风景名胜、历史古迹、沙滩、高尔夫球场等休闲娱乐场所和用房。

农业房地产是指以种植和放牧为主的用房和设施，如农场、林场、牧场、果园等。

特殊房地产是指用途特殊的房屋及配套用房，如政府机关办公楼、学校、教堂、寺庙、墓地等。

（三）房地产服务

通过在物业买卖、租赁和管理过程中获得收益，房地产服务可分为房地产管理、房地产中介和物业管理。

房地产管理是指行使政府职能的房地产管理部门所从事的土地使用管理、房地产登记、拆迁管理、交易管理等。

房地产中介是指房地产买卖和租赁过程中所发生的中介活动，包括经纪、代理、估价、咨询、拍卖等。

物业管理是指物业管理企业提供的各种类型物业的管理、维护和保养活动。

（四）其他业务

其他业务包括以土地使用权或开发房地产实施对外投资开发项目，吸纳外来单位和个人投资实施合作开发等。

三、房地产行业的特点

与其他行业相比，房地产行业具有特定的程序性、系统性及组织的特殊性等特征，具有运作环节多、投入金额大、产业链长、社会影响面广等特点。

（一）运作环节多

房地产开发从土地取得到售后服务，期间要经过开发用地取得、规划设计、建筑承包、竣工验收、对外销售、售后服务等多个环节。

（二）投入金额大

由于房地产项目产品的高价值性且建设开发周期较长，对资金需求量较大，因此房地产开发企业的自有资金量是否充足、融资渠道是否畅通极为重要。

（三）产业链长

房地产行业涉及建筑材料、施工安装、装饰装潢、家居家电、通信网络、水、电、服务等许多行业，与其他行业关联度密切，具有很强的经济带动性。

（四）社会影响面广

房地产的经营与开发活动涉及环境改造、百姓安居、劳动就业等，对创建和谐社会和国民经济发展起到举足轻重的作用。

（五）投资风险高

由于房地产行业受资金占用量大，投资周期长，市场需求变化快，宏观经济影响大等因素的影响，房地产行业存在较高的投资风险。

（六）业务发展地域性强

房地产业务开发与地区经济的发展密不可分，经济较发达的地区，其房地产行业发展往往较快。

小知识

房地产开发企业与施工企业

房地产开发企业与施工企业相比较，既有相同之处，又有不同之处。房地产开发企业与施工企业的最终产品都是不动产，但是这两个行业之间仍然存在着明显的区别。

（1）作为施工企业，其工作内容主要是从事建筑安装活动。房地产开发企业开发与经营活动的对象虽然都是不动产，但其开发经营的内容更为广泛，主要有建设场地、房屋建设、基础设施、配套设施、市政工程等项目的开发建设，还有商品用房出租或经营业务，以及商品房售后服务等业务，可见其开发经营业务的多样性和个体性。

（2）在开发过程中，涉及经济往来的结算关系极为复杂，既有委托建房单位、建筑产品购买单位，又有勘测设计单位、施工单位等。

（3）房地产开发企业的开发项目生产周期也都较长，一般要跨年度生产，甚至会跨若干年度进行。

四、房地产开发企业的经营特点

（一）开发经营的计划性

房地产经营都是根据城市总体规划进行的。企业开发的产品有地点固定、建设周期长、投资大的特点，其征用的土地、建设的房屋和基础设施等都必须严格控制在国家计划范围之内，按照开发建设计划和销售计划进行开发经营。随着我国市场经济体制的建立和发展，开发企业将根据市场供求关系，调节企业的生产开发计划和销售计划。

（二）开发产品的商品性

房地产开发企业的产品随着市场经济体制的确立而进入流通领域。房地产产品与其他经济产品相比较，既有一般商品的属性，又有其特殊性，是一种特殊商品。一般按供需双方合同或协议规定的价格、市场价格或双方议定的价格作价销售。

（三）开发经营业务的复杂性和多样性

所谓复杂性，包括两个方面：一是业务内容复杂。除了土地开发和房屋建设以外，还有相应的基础设施，如供水、供电、供气、供暖、交通道路、通信及排污排洪等；还需有公共配套设施，如学校、医院、商店、幼儿园、粮店、派出所、居委会等。这就囊括了从征地、拆迁、勘察、设计、施工、销售到售后服务等复杂的业务内容。二是涉及面广。涉及规划、设计、土地、供水、供电、城建、防空、工商、税务、购房单位、施工单位、质量监督、公安消防等诸多部门。

所谓多样性，也包括两个方面：一是建筑产品的多样性。根据不同的购买者需求，房屋建设是多种多样的，如房屋的式样、结构形式、层高、户型、装修及设备等都不相同。这与工业产品是有很大区别的。二是企业经营目的的多样性。开发建筑产品，有的为了销售，有的从事有偿转让，有的作为周转房使用，此外还有其他目的的多种经营。

（四）开发建设周期长、投资数额大

房地产开发产品的建设，从开发区总规划的可行性研究开始，需要经过征地补偿、拆迁安置、建筑安装工程、配套设施工程、绿化环卫工程等多个建设阶段，建设周期较长，有的需要几年甚至十几年才能完成。因此，企业的开发资金在建设过程中停留的时间较长。而且开发的产品造价较高，一个小区、一项大的建设项目，少则投资几百万元，多则投资几亿元，这就决定了房地产开发建设需要大量的资金投入。所以，如何筹集资金，以及如何加速资金的周转、提高资金利用率，就成为提高企业经济效益的关键所在。

（五）经营风险大

房地产开发企业多为高额负债经营，开发产品单位价值极高，一旦决策失误，销路不畅，将造成大量开发产品积压，使企业资金运转不灵，从而使企业陷入困境。另外，房地产开发企业受国家宏观调控影响较大，如果盲目投资会给企业带来巨大的风险。

小知识

施工企业与房地产开发企业的业务经营特点

（一）施工企业的业务经营特点

施工企业是专门从事建筑安装工程施工的单位。它的任务一是建造各种房屋、建筑物和构筑物；二是安装各种机械设备；三是对原有的房屋、建筑物进行修理和改造。施工企业和工业企业相比，在产品生产过程上既有与其相一致的地方，即生产的阶段性和连续性、组织上的专门化和协作化，又有其自身的特点，主要表现在产品生产的多样性、施工生产的长期性和施工生产的流动性等方面。

（二）房地产开发企业的业务经营特点

房地产开发企业是从事土地房屋开发、销售、出租等生产经营活动的企业，经营上的特点主要体现在经营活动的对象是不动产，其主要的生产经营活动包括土地的开发和经营、房屋的开发和经营、城市基础设施和公共设施的开发等，生产经营同样具有与施工企业相似的流动性、多样性和长期性的特点。另外，它还表现出经营范围广，往来对象广泛，投入资金巨大，开发的产品作为商品参与市场竞争、随行就市的特点。

五、房地产行业的生产经营流程

根据我国房地产行业特点，房地产开发的生产经营流程主要有注册登记、土地取得、立项与规划、建筑施工、销售管理、产权办理等方面。

（一）注册登记

1．房地产开发企业的设定条件

根据我国《城市房地产开发经营管理条例》，设立房地产开发企业除应符合《中华人民共和国公司法》（以下简称《公司法》）规定的设立条件外，还应当具有下列条件：

（1）100 万元以上的注册资本。

（2）有 4 名以上持有资格证书的房地产专业、建筑工程专业的专职技术人员，2 名以上持有资格证书的专职会计人员（省、自治区、直辖市人民政府可以根据本地方的实际情况，对设立房地产开发企业的注册资本和专业技术人员的条件做出高于上述标准的规定），应当向县级以上人民政府工商行政管理部门申请登记。

工商行政管理部门自收到房地产企业申请之日起 30 日内，在听取同级房地产开发主管部门的审核意见后予以注册登记。

外商投资设立房地产开发企业的，除按照上述规定外，还应当依照外商投资公司法律、行政法规的规定，办理有关审批手续。

2．持相关文件证明材料到主管部门备案

房地产开发企业自领取营业执照之日起 30 日内，持营业执照、企业章程、验资证明、企业法定代表人的身份证明、专业技术人员的资格证书和聘用合同等有关文件证明材料，到登记机关所在地的房地产开发主管部门备案。

房地产开发主管部门根据房地产开发企业的资产、专业技术人员和开发经营业绩等，对备案的房地产开发企业核定资质等级。资质证书由省建设厅核发。资质等级一般分为一、二、三、四级，条件按照注册资本大小，从事房地产开发经营年份，近 3 年房屋建筑累计竣工面积或者累计完成与此相当的房地产开发投资额，连续 5 年建筑工程质量合格率，上一年房屋建筑施工面积或者完成与此相当的房地产开发投资额，有职称的建筑、结构、财务及有关经济类的专业管理人员数量，具有完善的质量保证体系、制度，以及是否发生过重大工程质量事故等进行划分，并承担相应的房地产开发项目。房地产开发企业应当按照核定的资质等级，承担相应的房地产开发项目。未取得房地产开发资质等级证书的企业，不能从事房地产开发经营业务。

（二）土地取得

根据我国法律规定，房地产开发企业主要有出让、划拨和其他取得国有土地开发权方式。

1. 出让方式取得

土地使用权出让是国家以土地所有人的身份将土地使用权在一定期限内让与土地使用者，由土地使用者向国家支付土地使用权出让金的行为。土地使用权出让有拍卖、招标和协议三种方式。

（1）拍卖方式取得。拍卖出让土地使用权是指在指定时间、公开场合，在土地管理部门拍卖主持人主持下，竞投者按规定方式应价，竞投土地使用权，由出价最高者获得土地使用权的土地出让方式。

（2）招标方式取得。招标出让土地使用权是指在规定期限内，由符合条件的单位和个人以书面投标形式，竞投某地段土地使用权，招标人根据一定要求择优确定受让人，受让人在办理完一切手续后取得土地使用权方式。

（3）协议方式取得。协议出让土地使用权是指国家以协议方式将国有土地使用权在一定年限内出让给土地使用者，由土地使用者向国家支付土地使用权出让金行为。这是一种特殊的取得开发土地使用权方式，通过协议方式取得土地使用权形式的，必须经上级人民政府批准。

2. 划拨方式取得

土地使用权划拨是指县级以上人民政府依法批准，在土地使用者缴纳补偿、安置等费用后将该土地交付其使用，或者将土地使用权无偿交付给土地使用者使用的行为。一般用于国家机关、经济适用房、廉租房、公益事业等项目。

房地产企业取得土地开发使用权后，还需要凭借建设用地规划许可证，到政府土地行政主管部门申请开发建设用地，办理土地征用划拨或出让等相关手续。

3. 其他方式取得

其他方式取得主要是指房地产开发企业在经济活动中通过债务重组、吸收合并、投资等方式取得土地使用权。

（三）立项与规划

我国《城市房地产开发经营管理条例》规定，房地产开发项目应当符合土地利用总体规划、年度建设用地计划和城市规划、房地产开发年度计划的要求，按照国家有关规定报计划主管部门批准，并纳入年度固定资产投资计划，进行项目审批。

房地产开发项目立项批准以后，按照“统一规划、合理布局、因地制宜、综合开发、配套建设”原则，对开发区域内的建筑物、构筑物及配套设施等实行统一规划。由于房地产开发企业取得的开发项目土地已通过国家有关部门总体规划论证，所以房地产开发企业要在这个总体规划的控制范围内，委托有规划设计资格的单位提出初步规划及建筑设计方案，填报建设用地规划许可申请表，报经城市规划行政管理部门审核同意，核发《建设用地规划许可证》和《临时建设用地规划许可证和临时规划许可证》。

房地产企业在通过建设用地规划审批后，向建设管理部门及时办理建设工程规划许可审批手续，取得《建设工程规划许可证》。

（四）建筑施工

房地产开发企业在取得《建设用地规划许可证》和《临时建设用地规划许可证和临时规划许可证》以及《建设工程规划许可证》后，采用工程项目招投标方式选择合适的项目建设承包单位和建设工程监理单位。

建筑项目承包单位中标房地产开发建设项目后，在建筑施工之前，向建筑管理单位报建设工程项目，申领《建筑工程施工许可证》，并申办建筑工程质量监督和施工图设计审查等事项。

建设项目施工完成后，由城市建设行政主管部门主持的综合竣工验收并备案，形成竣工决算报告。竣工决算报告需要经有资质的审计部门出具审计报告。

（五）销售管理

房地产开发企业在开发房地产过程中，主要采用预售、现售、租赁以及其他方式处置开发房地产。

1．采取预售方式

预售方式，也称“期房销售”，是指房地产开发企业为加速资金回笼，减少投资成本，将正在建设中的房地产预先出售给承购人，由承购人支付定金或房价款的行为。根据《城市商品房预售管理办法》（建设部令第 40 号）有关规定，房地产开发企业需要符合下列条件，才能实行预售商品房：

（1）已交付全部土地使用权出让金，取得土地使用权。

（2）持有建设工程规划许可证和施工许可证。

（3）按提供预售的商品房计算，投入开发建设的资金达到工程建设总投资的 25%以上，并已经确定施工进度和竣工交付日期。

（4）取得《商品房预售许可证》。

商品房预售时，房地产开发企业应当与承购人签订商品房预售合同，并在签约之日起 30 日内持商品房预售合同向县级以上人民政府房地产管理部门和土地管理部门办理登记备案手续。

2．采取商品房现售方式

商品房现售，也称“现房销售”是指房地产开发企业将竣工验收合格的商品房出售给买受人，并由买受人支付房价款的行为。《商品房销售管理办法》（建设部令第 88 号）规定，对商品房现售，应当符合以下条件：

（1）现售商品房的房地产开发企业应当具有企业法人营业执照和房地产开发企业资质证书。

（2）取得土地使用权证书或者使用土地的批准文件。

（3）持有建设工程规划许可证和施工许可证。

（4）已通过竣工验收。

（5）拆迁安置已经落实。

（6）供水、供电、供热、燃气、通信等配套基础设施具备交付使用条件，其他配套基础设施和公共设施具备交付使用条件或者已确定施工进度和交付日期。

（7）物业管理方案已经落实。

在符合以上条件后，房地产开发企业应当在商品房现售前，将房地产开发项目竣工验收报告单及符合商品房现售条件的有关证明文件报送房地产开发主管部门备案。销售时，房地产开发企业和买受人应当订立书面商品房买卖合同，并提供《住宅质量保证书》、《住宅使用说明书》，买卖双方签订《商品房买卖合同》以及《商品房买卖合同补充协议》。

在商品住房销售时，对住宅共用的配套设施可根据《建设部、财务部关于印发〈住宅共用部位共用设施设备维修基金管理办法〉的通知》（建住房［1998］213 号）文件精神，经购房者与售房单位签订，购房者应当按购房款2%～3%的比例向售房单位缴交维修基金，售房单位代为收取的维修基金属全体业主共同所有，不计入住宅销售收入。

3. 采取租赁方式

房地产开发企业除了将开发的房地产投放到市场实现销售以外，也将部分房地产用于出租，获取租赁收入。

4. 采取其他方式

将开发的房地产用于捐赠、赞助、职工福利、奖励、对外投资、用作分配给股东或投资人抵偿债务、换取其他企事业单位和个人的非货币性资产等行为。

（六）产权办理

房地产产权办理是一项产权转移的过程，也是一项房屋权属登记过程，是房地产交易买卖过程中一个不可缺少的重要环节。《城市房屋权属登记管理办法》规定："房屋权属证书是权利人依法拥有房屋所有权并对房屋行使占有、使用、收益和处分权利的唯一合法凭证。依法登记的房屋权利受国家法律保护。"

房屋权属登记是指房地产行政主管部门代表政府对房屋所有权以及由上述权利产生的抵押权、典权等房屋其他权利进行登记，并依法确认房屋产权归属关系的行为。房屋权属登记遵循房屋所有权和该房屋占用范围内的土地使用权权利主体一致的原则。

国家实行房屋所有权登记发证制度，在房产过户时必须办理土地使用证和房产权属证。这两类证书是经过政府房地产行政机关审查确认后发给权利人的法律性凭证，政府保证它的真实性和合法性，其他任何材料和证明都不具有这样的权威性。

房地产开发企业应当按照合同约定，将符合交付使用条件的房地产按期交付给买受人。对预售的商品房自交付使用之日起 90 日内，承购人应当持有关凭证到县级以上人民政府房地产管理部门和土地管理部门办理权属登记手续。在办理土地使用证和房产权属证之前，房地产开发商须向土地管理和房产管理部门提交下列资料：单位资格等级证书、营业执照和法人资格证书（股份制、有限责任公司还应提交公司章程）、物价局核价批文，向房管中心申请商品房销售面积测绘认定工作，以测绘认定的面积才可签订的销售合同（房屋测绘面积报告单）、出售商品房明细表、立项批文、土地批文、出让土地的出让合同、建设用地规划许可证及附图、建设工程规划许可证及附图、竣工平面图、竣工验收备案表、建设项目竣工集中验收、白蚁防治协议及交费发票、地名办证明及物业用房移交清单，有开发地块原有房产证的，须提交原房产证、商品房预售证及其他有关合法证明材料。

房地产受让方在办理土地使用证时，应向国土管理部门提供以下资料：土地使用权登记申请表、原土地使用证（原件）、房产证、户主身份证，是单位的应提供营业执照、法人身份证、法人资格证书，委托办理的还须提交委托书及委托人身份证、商品房购销合同，购房户未到法定年龄的须提交监护人证明、购房的交易契证、税单等。

房产受让方在办理房产证时，应向房产管理部门提供以下资料：产权人身份证、印章、所有权转移登记申请表、商品房购销合同及购买发票，购房户未到法定年龄的须提交监护人证明、开发商房产证、契证、完税证等相关资料。

第二节 小型房地产企业会计

小型房地产企业会计是以货币计量为基本形式，采用专门方法，连续、完整、系统地反映和控制小型房地产企业的经济行为，进而达到加强其经济管理，提高经济效益目的的一种管理活动。

一、小企业会计准则

《小企业会计准则》（财会［2011］17号）自2013年1月1日起在全国小企业范围内实施。《小企业会计准则》适用于在中华人民共和国境内依法设立的、符合《中小企业划型标准规定》所规定的小型企业标准的企业。下列三类小企业除外：一是股票或债券在市场上公开交易的小企业；二是金融机构或其他具有金融性质的小企业；三是企业集团内的母公司和子公司。符合《中小企业划型标准规定》所规定的微型企业标准的企业参照执行《小企业会计准则》。

符合条件的小企业可以执行《小企业会计准则》，也可以选择执行《企业会计准则》。符合《小企业会计准则》第二条规定的小企业（除股票或债券在市场上公开交易、金融机构或其他具有金融性质、属于企业集团内的母公司和子公司的小企业外，在中华人民共和国境内依法设立的、符合《中小企业划型标准规定》所规定的小型企业标准的企业），可以执行《小企业会计准则》，也可以执行《企业会计准则》。

（1）执行《小企业会计准则》的小企业，发生的交易或者事项若《小企业会计准则》未作规范的，可以参照《企业会计准则》中的相关规定进行处理。

（2）执行《企业会计准则》的小企业，不得在执行《企业会计准则》的同时，选择执行《小企业会计准则》的相关规定。

（3）执行《小企业会计准则》的小企业公开发行股票或债券的，应当转为执行《企业会计准则》；因经营规模或企业性质变化导致不符合《小企业会计准则》第二条规定而成为大中型企业或金融企业的，应当从次年1月1日起转为执行《企业会计准则》。

（4）已执行《企业会计准则》的上市公司、大中型企业和小企业，不得转为执行《小企业会计准则》。

小知识

大、中、小、微型企业划型标准规定

我国企业划分为大型、中型、小型、微型4种类型，具体标准根据企业从业人员、营业收入、资产总额等指标，结合行业特点制定。企业类型的划分以统计部门的统计数据为依据。以下规定适用于在中华人民共和国境内依法设立的各类所有制和各种组织形式的企业。个体工商户和本规定以外的行业，参照该规定进行划型。

相关行业划型标准如表1-1所示。

表1-1　相关行业划型标准

序号	行业	类型	从业人员	营业收入	划型关系
1	房地产开发经营	中型	资产总额：5 000万～10 000万元	1 000万～200 000万元	两者同时满足
		小型	资产总额：2 000万～5 000万元	100万～1 000万元	两者同时满足
		微型	资产总额2 000万元	100万元以下	两者满足其一

续表

序号	行业	类型	从业人员	营业收入	划型关系
2	建筑业	中型	资产总额：5 000 万 ~ 80 000 万元	6 000 万 ~ 80 000 万元	两者同时满足
		小型	资产总额：300 万 ~ 5 000 万元	300 万 ~ 6 000 万元	两者同时满足
		微型	资产总额 300 万元	300 万元以下	两者满足其一
3	物业管理	中型	300 ~ 1 000 人	1 000 万 ~ 5 000 万元	两者同时满足
		小型	100 ~ 300 人	500 万 ~ 1 000 万元	两者同时满足
		微型	100 人以下	500 万元以下	两者满足其一
4	租赁和商务服务业	中型	100 ~ 300 人	资产总额：8 000 万 ~ 12 000 万元	两者同时满足
		小型	10 ~ 100 人	资产总额:100 万 ~ 8 000 万元	两者同时满足
		微型	10 人以下	资产总额 100 万元以下	两者满足其一

二、房地产开发企业会计的特点

房地产开发跨越生产和流通两个领域，其活动内容包括从规划设计、征地拆迁、土地开发、各类房屋建造、工程验收、经营销售、交付使用直至售后管理和维修服务等。房地产开发企业的产品是地产或房产，产品开发周期长，生产经营方式多样，投资主体复杂，与一般企业的生产经营有很大的不同。与此相适应，房地产开发企业会计与其他企业会计相比较，具有以下几方面的特点。

（一）资金筹集渠道的多源性

房地产开发企业开发经营所需资金，主要是由其自行筹集取得的。集资开发是我国房地产开发的一个显著特点。

房地产开发企业筹资的形式与渠道主要有：

（1）预收购房定金或预收建设资金。

（2）预收代建工程款。

（3）土地开发及商品房贷款。

（4）发行企业债券。

（5）与其他单位联合开发，吸收其他单位投资。

（6）发行股票，筹集股本。

围绕筹资而发生的经济业务的会计核算构成房地产开发企业会计核算的重要内容和重要特色。

（二）资金占用形态的多元性

房地产开发企业的开发经营业务内容极为广泛，既有建设场地的开发，又有房屋的建设，还有基础设施、配套设施及市政工程等项目的开发建设。有的房地产开发企业还开展商业用房的出租或经营业务及商品房售后服务等。因此，房地产开发企业的资金在由货币资金转化为成品资金的过程中，不仅依次表现为货币资金—储备资金—在建资金（在产品资金）—成品资金的直线运动，而且还具有多项平行运动的特点，即在储备资金（或结算资金）—在建资金—成品资金这一运动中，资金表现为多项平行运动（见图 1-1），从而使开发经营资金在生产领域表现为多种不同的存在形态，具有多元性。

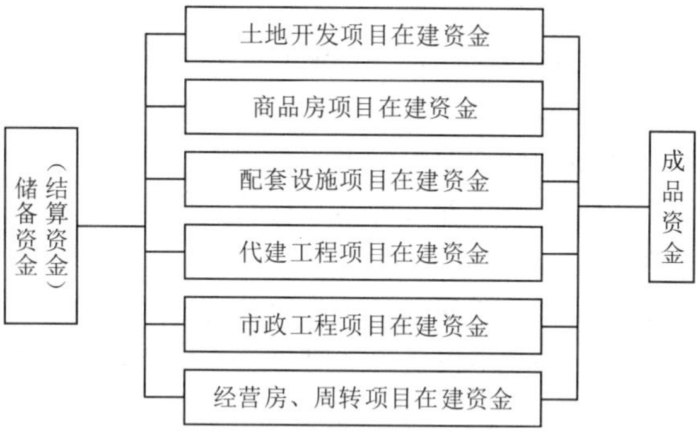

图 1-1　房地产开发企业资金占用形态的多元性

（三）结算业务的频繁性和由此引起的财务关系的复杂性

在开发经营过程中，房地产开发企业将与周边很多单位发生经济往来关系，不仅包括材料物资供应单位、建筑产品购买单位，还包括勘察设计单位、施工企业、委托建房单位、房屋承租单位等。加之企业间的购销业务大量采用预收、预付结算方法，从而使房地产开发企业因经济业务往来而引起的资金结算关系极为复杂。在与材料物资供应单位的购销业务中，首先要预付购货定金或一部分货款，待购进材料物资业务发生时再办理应付货款的结算；在与施工企业的承包往来中，大量采用的办法是预付备料款或工程款，然后再根据工程进度结算应付的工程进度款；在与购房单位或委托单位的房屋销售、转让或代建往来业务中，也是采用先预收购房定金或代建工程款，待房屋或工程移交时，再结算房屋或工程款的方式，由此引起的房地产企业与各方面之间的财务关系和债权债务关系及相应的会计核算既重要又复杂。

（四）核算周期具有长期性

房地产开发企业的生产周期一般都较长，一个开发项目从勘察设计、征地拆迁，到房屋建造、经营销售、交付使用直至售后服务及房屋维修，往往要跨年度（一个、两个，甚至几个年度）进行。这一特点决定了开发企业会计核算周期的长期性，因而在核算上要特别注意按照权责发生制原则和配比原则处理好递延资产、递延收益与递延成本及固定资产折旧和期间费用之间的关系，以保证各期损益计算的正确性。

小知识

房地产开发企业会计核算的特殊性

房地产开发企业生产经营及其商品的特殊性决定了其会计核算的特殊性。同其他行业相比，房地产开发企业的会计核算具有以下几方面的特殊性。

1. 营业收入核算的特殊性

（1）营业收入具有多样性。房地产开发企业的特点是要对一定的地区或地段进行总体规划，统一开发和建设，因而开发的内容具有综合性和多样性。因此，房地产开发企业营业收入一般包括土地转让收入、商品房销售收入、配套设施转让收入、其他业务收入等，营业收入的形式具有多样性。

（2）营业收入的坏账风险较小。由于房地产销售一般采用一次性付款或银行按揭付款，产品一旦预售成功，则房地产企业基本可以实现销售收入，因此坏账的风险较小。

2. 开发产品成本核算的特殊性

（1）成本构成核算难度大。房地产开发企业主要从事房地产开发建设活动，其生产成本主要指开发产品的成本，包括土地征用及拆迁补偿费、前期工程费、建筑安装工程费、基础设施建设费、公共配套设施费、开发间接费用及其他开发费用等。这些成本具备不同的特性、涉及不同的专业领域，从而导致成本的核算难度较大。

（2）核算时间跨度长。房地产项目开发的周期较长，少则1～2年，多则超过5年，使房地产成本费用核算的时间跨度很长。

（3）不同项目核算差异性较大。不同的房地产项目受地域、项目定位、产品功能、用途、规模等各方面因素的影响很大，导致不同项目之间的差异性很大，每个项目都或多或少有自己的特点。

（4）滚动开发核算难度大。房地产开发活动中，在房地产企业多个项目同时开发、一个项目分多期开发等现象较为常见，而且不同项目、不同期开发项目成本发生差异大，使房地产企业按项目、按楼盘等进行成本核算难度增大。

3. 利润分配形式的特殊性

房地产开发企业的投资主体具有相当的广泛性，而且参与方式也具有一定的特殊性，最为常见的是进行项目投资合作（房地产企业并不在工商管理部门进行注册资本变更登记），项目完成后投资合作也即完成，合作双方根据项目的盈利情况进行利润分配，而且利润分配的形式也不尽相同，既有按现金分配的，也有按产品分成的。较其他企业而言，参与利润分配的方式有其显著的特点。

三、小型房地产企业会计的对象

小型房地产企业会计的对象是指小型房地产企业会计所核算和监督的内容，即小型房地产企业能够以货币表现的经济活动。以货币表现的经济活动通常又称为价值运动或资金运动。小型房地产企业资金运动包括资金投入、资金运用（资金的循环与周转）和资金退出等过程。

1. 资金投入

小型房地产企业的资金投入包括所有者投入的资金和债权人投入的资金两部分，前者属于房地产企业所有者权益，后者属于房地产企业债权人权益——房地产企业负债。投入房地产企业的资金一部分构成流动资产，另一部分构成非流动资产。

2. 资金运用

资金的循环和周转分为供应、经营、销售三个阶段。在供应过程中，企业要购买材料等劳动对象，发生材料买价、运输费、装卸费等物资采购成本，与供应单位发生货款结算关系。在经营过程中，劳动者借助于劳动手段将劳动对象加工成特定的商品，发生材料消耗的材料费、固定资产磨损的折旧费、生产工人劳动耗费的人工费等，构成商品使用价值与价值的统一体，同时，还将发生企业与工人之间的工资结算关系、与有关单位之间的劳务结算关系等。在销售过程中，将开发的产品销售出去，发生有关销售费用、收回货款、交纳税金等业务活动，并同购货单位发生货款结算关系、同税务机关发生税务结算关系等。房地产企业获得的营业收入，扣除各项费用后的利润，还要提取盈余公积并向所有者分配利润。

3. 资金退出

资金退出包括偿还各项债务、上缴各项税金、向所有者分配利润等，这部分资金便离开本企业，退出本企业的资金循环与周转。

上述资金运动的三个阶段，构成了开放式的运动形式，是相互支撑、相互制约的统一体。没有资金的投入，就不会有资金的循环与周转；没有资金的循环与周转，就不会有债务的偿还、税金的上交和利润的分配等；没有这类资金的退出，就不会有新一轮的资金投入，就不会有房地产企业进一步的发展。

上述资金运动呈现出显著的运动状态，同时也具有某一时点上的相对静止状态。

四、小型房地产企业会计基本假设

小型房地产企业会计基本假设是企业会计确认、计量和报告的前提，是对企业会计核算所处时间、空间环境等所做的合理设定。小型房地产企业会计基本假设包括会计主体、持续经营、会计分期和货币计量。

（一）会计主体

会计主体，是指企业会计确认、计量和报告的空间范围。

在会计主体假设下，小型房地产企业应当对其本身发生的交易或者事项进行会计确认、计量和报告，反映房地产企业本身所从事的各项经营活动。明确界定会计主体是开展会计确认、计量和报告工作的重要前提。

首先，明确会计主体，才能划定会计所要处理的各项交易或事项的范围。在会计工作中，只有那些影响房地产企业本身经济利益的各项交易或事项才能加以确认、计量和报告，那些不影响房地产企业本身经济利益的各项交易或事项不能加以确认、计量和报告。会计核算中涉及的资产、负债的确认、收入的实现、费用的发生等，都是针对特定会计主体而言的。

其次，明确会计主体，才能将会计主体的交易或者事项与会计主体所有者的交易或者事项，以及其他会计主体的交易或者事项区分开来。例如，房地产企业所有者的经济交易或者事项是属于房地产企业所有者主体所发生的，不应纳入房地产企业会计核算的范围，但是房地产企业所有者投入到房地产企业的资本或者房地产企业向所有者分配的利润，则属于房地产企业主体所发生的交易或者事项，应当纳入房地产企业会计核算的范围。

会计主体不同于法律主体。一般来说，法律主体必然是会计主体。例如，一个企业作为一个法律主体，应当建立财务会计系统，独立反映其财务状况、经营成果和现金流量。但是，会计主体不一定是法律主体，如企业集团编制合并报表所依据的便是合并主体而非法律主体。

（二）持续经营

持续经营，是指在可以预见的将来，房地产企业将会按当前的规模和状态继续经营下去，不会停业，也不会大规模削减业务。在持续经营假设下，房地产企业进行会计确认、计量和报告应当以持续经营为前提。明确这一基本假设，就意味着会计主体将按照既定的用途使用资产，按照既定的合约条件清偿债务，会计人员就可以在此基础上选择会计政策和估计方法。

当然，在市场经济环境下，任何企业都存在破产、清算的风险，也就是说，企业不能持续经营的可能性总是存在的。因此，需要小型房地产企业定期对其持续经营基本前提做出分析和判断。如果可以判断企业不能持续经营，就应当改变会计核算的原则和方法，并在企业财务报告中做相应披露。如果一个小型房地产企业在不能持续经营时还假定企业能够持续经营，并仍按持续经营的基本假设选择会计核算的原则和方法，就不能客观地反映企业的财务状况、经营成果和现金流量，误导财务报告使用者进行经济决策。

（三）会计分期

会计分期，是指将一个企业持续经营的经营活动期间划分为若干连续的、长短相同的期间。会计分期的目的，在于通过会计期间的划分，将持续经营的经营活动期间划分成连续、相同的期间，据以结算盈亏，按期编报财务报告，从而及时向财务报告使用者提供有关企业财务状况、经营成果和现金流量的信息。在会计分期假设下，小型房地产企业应当划分会计期间，分期结算账目和编制财务报告。会计期间分为年度和中期。年度和中期均按公历起讫日期确定。中期，是指短于一个完整的会计年度的报告期间。

根据持续经营假设，一个小型房地产企业将按当前的规模和状态持续经营下去。要想最终确定企业的经营成果，只能等到企业在若干年后歇业时核算一次盈亏。但是，无论是小型房地产企业的经营决策还是投资者、债权人等的决策都需要及时的信息，不能等到歇业时。因此，就必须将小型房地产企业持续经营的经营活动期间划分为若干连续的、长短相同的期间，分期确认、计量和报告小型房地产企业的财务状况、经营成果和现金流量。而且由于会计分期，才产生了当期与以前期间、以后期间的差别，出现了权责发生制和收付实现制的区别，才使不同类型的会计主体有了记账的基准，进而出现了应收、应付、折旧、摊销等会计处理方法。

（四）货币计量

货币计量，是指会计主体在进行会计确认、计量和报告时以货币计量，反映会计主体的财务状况、经营成果和现金流量。在会计的确认、计量和报告过程中选择货币作为基础进行计量，是由货币本身的属性决定的。货币是商品一般等价物，是衡量一般商品价值的共同尺度，具有价值尺度、流通手段、贮藏手段和支付手段等特点。其他计量单位，如重量、长度、容积、台、件等，都只能从一个侧面反映企业的经营情况，无法在量上进行汇总和比较，不便于会计计量和经营管理。因此，为全面反映小型房地产企业的经营活动和有关交易、事项，会计确认、计量和报告选择货币作为计量单位。但是，统一采用货币计量也存在缺陷，例如，某些影响小型房地产企业财务状况和经营成果的因素，如小型房地产企业经营战略、市场竞争力等，往往难以用货币来计量，但这些信息对于使用者决策也很重要。为此，小型房地产企业可以在财务报告中补充披露有关非财务信息来弥补上述缺陷。

五、小型房地产企业会计确认、计量和报告的基础及核算原则

（一）权责发生制

小型房地产企业应当以权责发生制为基础进行会计确认、计量和报告。

1. 权责发生制基础的要求

在小型房地产企业会计核算以权责发生制为基础的情况下，凡是当期已经实现的收入和已经发生或应当负担的费用，不论款项是否收付，都应当作为当期的收入和费用；凡是不属于当期的收入和费用，即使款项已在当期收付，也不应当作为当期的收入和费用。有时，小型房地产企业发生的货币收支业务与交易或事项本身并不完全一致。例如，款项已经收到，但销售并未实现；或者款项已经支付，但并不是为本期经营活动而发生的。为了明确会计核算的确认基础，更真实地反映特定会计期间的财务状况和经营成果，就要求小型房地产企业在会计核算过程中应当以权责发生制为基础。

2. 权责发生制与收付实现制的区别

收付实现制是与权责发生制相对应的一种确认基础，它是以收到或支付现金作为确认收入和费用的依据。

（二）配比

1．配比的要求

小型房地产企业为提供开发产品等发生的可归属于开发产品成本、劳务成本等的费用，应当在确认开发产品销售收入、劳务收入等时，将已销售开发产品、已提供劳务的成本等计入当期损益；小型房地产企业发生的支出不产生经济利益的，或者即使能够产生经济利益但不符合或者不再符合资产确认条件的，应当在发生时确认为费用，计入当期损益；小型房地产企业发生的交易或者事项导致其承担了一项负债而又不确认为一项资产的，应当在发生时确认为费用，计入当期损益。

换句话说，配比原则要求小型房地产企业在进行会计核算时，收入与其成本、费用应当相互配比，同一会计期间内的各项收入和与其相关的成本、费用，应当在该会计期间内确认。

2．配比的两层含义

配比原则是根据收入与费用的内在联系，要求将一定时期内的收入与为取得收入所发生的费用在同一期间进行确认和计量。在会计核算工作中坚持配比原则有两层含义。

（1）因果配比。将收入与其对应的成本相配比，比如，将主营业务收入与主营业务成本相配比，将其他业务收入与其他业务成本相配比。

（2）期间配比。将一定时期的收入与同时期的费用相配比，比如，将当期的收入与管理费用、财务费用等期间费用相配比等。

（三）划分资本性支出和收益性支出

划分资本性支出和收益性支出，是指房地产企业的会计处理应当合理划分收益性支出与资本性支出的界限。凡支出的效益仅及于本会计期间的，应当作为收益性支出；凡支出的效益及于几个会计期间的，应当作为资本性支出，以便正确计算各会计期间的损益。

六、小型房地产企业会计信息质量要求

会计信息质量要求是对小型房地产企业财务报告中所提供的会计信息质量的基本要求，是使财务报告中所提供会计信息对使用者决策有用所应具备的基本特征，它包括可靠性、相关性、可理解性、可比性、实质重于形式、重要性、谨慎性和及时性等。

（一）可靠性

可靠性要求小型房地产企业应当以实际发生的交易或者事项为依据进行会计确认、计量和报告，如实反映符合确认和计量要求的各项会计要素及其他相关信息，保证会计信息真实可靠、内容完整。具体包括以下要求。

（1）小型房地产企业应当以实际发生的交易或者事项为依据进行会计确认、计量和报告，不能以虚构的交易或者事项为依据进行会计确认、计量和报告。

（2）小型房地产企业应当如实反映其所应反映的交易或者事项，将符合会计要素定义及其确认条件的资产、负债、所有者权益、收入、费用和利润等如实反映在财务报表中，刻画出小型房地产企业经营及财务活动的真实面貌。

（3）小型房地产企业应当在符合重要性和成本效益原则的前提下，保证会计信息的完整性，其中包括编报的报表及其附注内容等应当保持完整，不能随意遗漏或者减少应予披露的信息，与使用者决策相关的有用信息都应当充分披露。

【例 1-1】 智董房地产公司于 2×15 年年末发现企业销售萎缩，无法实现年初确定的

营业收入目标，但考虑到在2×16年中秋节前后，企业销售可能会出现较大幅度的增长，该企业为此提前预计开发产品销售，在2×15年年末制作了若干虚假的凭证，并确认营业收入实现。该企业的这一会计处理就不是以其实际发生的交易事项为依据的，是企业虚构的交易事项，因此违背了会计信息质量要求中的可靠性原则，也违背了我国会计法的规定。

（二）相关性

相关性要求小型房地产企业提供的会计信息应当与财务报告使用者的经济决策需要相关，有助于财务报告使用者对企业过去、现在或者未来的情况做出评价或者预测。

会计信息的价值，关键是看其与使用者的决策需要是否相关，是否有助于决策或者提高决策水平。相关的会计信息应当有助于使用者评价房地产企业过去的决策，证实或者修正过去的有关预测，因而具有反馈价值。相关的会计信息还应当具有预测价值，有助于使用者根据财务报告所提供的会计信息预测房地产企业未来的财务状况、经营成果和现金流量。例如，区分流动资产和非流动资产、流动负债和非流动负债等，都可以提高会计信息的预测价值，进而提升会计信息的相关性。

为了满足会计信息质量的相关性要求，小型房地产企业应当在确认、计量和报告会计信息的过程中，充分考虑使用者的决策模式和信息需要。当然，对于某些特定目的或者用途的信息，财务报告可能无法完全提供，小型房地产企业可以通过其他形式予以提供。

（三）可理解性

可理解性要求小型房地产企业提供的会计信息应当清晰明了，便于财务报告使用者理解和使用。

小型房地产企业编制财务报告、提供会计信息的目的在于使用，而要使使用者有效地使用会计信息，应当能让其了解会计信息的内涵，弄懂会计信息的内容，这就要求财务报告所提供的会计信息应当清晰明了，易于理解。只有这样，才能提高会计信息的有用性，实现财务报告的目标，满足向使用者提供决策有用信息的要求。

鉴于会计信息是一种专业性较强的信息商品，因此，在强调会计信息的可理解性要求的同时，还应假定使用者具有一定的有关小型房地产企业经营活动和会计核算方面的知识，并且愿意付出努力去研究这些信息。对于某些复杂的信息，如交易本身较为复杂或者会计处理较为复杂，但其对使用者的经济决策是相关的，就应当在财务报告中予以披露，小型房地产企业不能仅仅以该信息会使某些使用者难以理解而将其排除在财务报告所应披露的信息之外。

（四）可比性

可比性要求小型房地产企业提供的会计信息应当具有可比性，具体包括下列要求。

（1）为了便于使用者了解小型房地产企业财务状况和经营成果的变化趋势，比较企业在不同时期的财务报告信息，从而全面、客观地评价过去、预测未来，会计信息质量的可比性要求同一企业对于不同时期发生的相同或者相似的交易或者事项，应当采用一致的会计政策，不得随意变更。当然，满足会计信息可比性的要求，并不表明不允许小型房地产企业变更会计政策，企业按照规定或者会计政策变更后可以提供更可靠、更相关的会计信息时，就有必要变更会计政策，以向使用者提供更为有用的信息，但是有关会计政策变更的情况，应当在附注中予以说明。

（2）为了便于使用者评价不同企业的财务状况、经营成果的水平及其变动情况，从而有助于使用者做出科学合理的决策，会计信息质量的可比性还要求不同企业发生的相同或者相似的交易或者事项，应当采用规定的会计政策，确保会计信息口径一致、相互可比，即对于相同或者相似的交易或者事项，不同企业应当采用一致的会计政策，以使不同企业按照一致的确认、计量和报告基础提供有关会计信息。

（五）实质重于形式

实质重于形式要求小型房地产企业应当按照交易或者事项的经济实质进行会计确认、计量和报告，不应仅以交易或者事项的法律形式为依据。如果小型房地产企业仅仅以交易或者事项的法律形式为依据进行会计确认、计量和报告，那么就容易导致会计信息失真，无法如实反映经济现实。

在实务中，交易或者事项的法律形式并不总能完全真实地反映其实质内容。所以，会计信息要想反映其所应反映的交易或事项，就必须根据交易或事项的实质和经济现实来进行判断，而不能仅仅根据它们的法律形式。

【例 1-2】 智董房地产公司以融资租赁方式租入固定资产。虽然从法律形式来讲，企业并不拥有其所有权，但是由于租赁合同中规定的租赁期都相当长，接近于该资产的使用寿命，租赁期结束时承租企业有优先购买该资产的选择权，在租赁期内承租企业有权支配该资产并从中受益等，所以，从其经济实质来看，企业能够控制融资租入固定资产所创造的未来经济利益。因此，在进行会计确认、计量和报告时，应当将以融资租赁方式租入的固定资产视为企业的资产，反映在企业的资产负债表上。

（六）重要性

重要性要求小型房地产企业提供的会计信息应当反映与企业财务状况、经营成果和现金流量有关的所有重要交易或者事项。

小型房地产企业会计信息的省略或者错报会影响使用者据此做出经济决策的，该信息就具有重要性。重要性的应用需要依赖职业判断，小型房地产企业应当根据其所处环境和实际情况，从项目的性质和金额大小两方面来判断其重要性。

（七）谨慎性

谨慎性要求小型房地产企业对交易或者事项进行会计确认、计量和报告时应当保持应有的谨慎，不应高估资产或者收益、低估负债或者费用。

在市场经济环境下，小型房地产企业的经营活动面临着许多风险和不确定性，如应收款项的可收回性、固定资产的使用寿命、无形资产的使用寿命、售出存货可能发生的退货或者返修等。会计信息质量的谨慎性要求，即需要小型房地产企业在面临不确定性因素的情况下做出职业判断时，保持应有的谨慎，充分估计到各种风险和损失，既不高估资产或者收益，也不低估负债或者费用。

但是，谨慎性的应用并不允许房地产企业设置秘密准备，如果房地产企业故意低估资产或者收益，或者故意高估负债或者费用，将不符合会计信息的可靠性和相关性要求，损害会计信息质量，扭曲房地产企业实际的财务状况和经营成果，从而对使用者的决策产生误导，这是小企业会计准则所不允许的。

必须注意的是，小型房地产企业的资产不计提资产减值准备。

（八）及时性

及时性要求小型房地产企业对于已经发生的交易或者事项，应当及时进行会计确认、计量和报告，不得提前或者延后。

会计信息的价值在于帮助使用者做出经济决策，因此具有时效性。即使是可靠、相关的会计信息，如果不及时提供，也就失去了时效性，对于使用者的效用就大大降低，甚至不再具有任何意义。在会计确认、计量和报告过程中贯彻及时性，一是要求及时收集会计信息，即在经济交易或者事项发生后，及时收集整理各种原始单据或者凭证；二是要求及时处理会计信息，即及时对经济交易或者事项进行确认或者计量，并编制出财务报告；三是要求及时传递会计信息，即按照国家规定的有关时限，及时地将编制的财务报告传递给财务报告使用者，便于其及时使用和决策。

七、小型房地产企业会计计量

会计计量，是为了将符合确认条件的会计要素登记入账，并列报于财务报表而确定其金额的过程。小型房地产企业应当按照规定的会计计量属性进行计量，确定相关金额。

（一）会计计量属性及其构成

计量属性，是指所计量的某一要素的特性方面。例如，桌子的长度、铁矿的重量、楼房的高度等。从会计的角度，计量属性反映的是会计要素金额的确定基础，它主要包括历史成本、重置成本、可变现净值、现值和公允价值等。

1. 历史成本

在历史成本计量下，资产按照购置时支付的现金的金额，或者按照购置资产时所付出的对价的公允价值计量；负债按照其因承担现时义务而实际收到的款项或者资产的金额，或者承担现时义务的合同金额，或者按照日常经营活动中为偿还负债预期需要支付的现金的金额计量。

2. 重置成本

在重置成本计量下，资产按照现在购买相同或者相似资产所需支付的现金的金额计量；负债按照现在偿付该项债务所需支付的现金的金额计量。

3. 可变现净值

在可变现净值计量下，资产按照其正常对外销售所能收到现金的金额扣减该资产至完工时估计将要发生的成本、估计的销售费用及相关税金后的金额计量。

4. 现值

在现值计量下，资产按照预计从其持续使用和最终处置中所产生的未来净现金流入量的折现金额计量；负债按照预计期限内需要偿还的未来净现金流出量的折现金额计量。

5. 公允价值

在公允价值计量下，资产和负债按照在公平交易中，熟悉情况的交易双方自愿进行资产交换或者债务清偿的金额计量。

（二）会计计量属性的应用原则

《小企业会计准则》第六条规定，“小企业的资产应当按照成本计量”。

八、小型房地产企业会计平衡等式

（一）小型房地产企业会计要素

小型房地产企业会计要素（也称为财务报表要素），是小型房地产企业会计核算对象的基本分类，是企业设定财务报表结构和内容的依据，也是企业进行确认和计量的依据。会计要素主要解决会计向会计信息使用者提供哪些会计信息以及如何提供这些信息的问题。只有对会计要素做出科学严格的定义，才能为会计的确认、计量、记录和报告奠定坚实的基础。

具体来说，小型房地产企业应当按照交易或者事项的经济特征确定会计要素。会计要素包括资产、负债、所有者权益、收入、费用和利润。

1．资产

小型房地产企业从事经营活动必须具备一定的物质资源，或者说物质条件。在市场经济条件下，这些必要的物质条件表现为货币资金、办公楼场地、机器设备、物资等。这些货币资金、办公楼场地、机器设备、原材料等，称为资产，它们是小型房地产企业从事经营活动的物质基础。除上述货币资金、办公楼场地、机器设备、物资等外，资产还包括不具有物质形态，但有助于经营活动进行的无形资产，此外，还包括对其他单位的投资。

小型房地产企业资产，是指小型房地产企业过去的交易或者事项形成的、由企业拥有或者控制的、预期会给企业带来经济利益的资源。

（1）资产的特征。

1）能够直接或间接地给小型房地产企业带来经济利益。资产定义中所指的“预期会给企业带来经济利益”，是指直接或者间接导致现金流入小型房地产企业的潜力。其中，经济利益，是指直接或间接地流入小型房地产企业的现金。资产导致经济利益流入小型房地产企业的方式多种多样，比如，单独或与其他资产组合为小型房地产企业带来经济利益；以资产交换其他资产；以资产偿还债务等。资产之所以成为资产，就在于其能够为小型房地产企业带来经济利益。如果某项目不能给小型房地产企业带来经济利益，那么就不能确认为企业的资产。

2）为小型房地产企业所拥有，或者即使不为小型房地产企业所拥有，也是小型房地产企业所控制的。资产定义中所指的“由企业拥有或者控制”，是指小型房地产企业享有某项资源的所有权，或者虽然不享有某项资源的所有权，但该资源能被小型房地产企业所控制。小型房地产企业拥有资产，就能够排他性地从资产中获取经济利益。有些资产虽然不为小型房地产企业所拥有，但是小型房地产企业能够支配这些资产，因此同样能够排他性地从资产中获取经济利益。如果小型房地产企业不能拥有或控制资产所能带来的经济利益，那么就不能作为小型房地产企业的资产。例如，对于以融资租赁方式租入的固定资产来说，虽然小型房地产企业并不拥有其所有权，但是由于租赁合同规定的租赁期相当长，接近于该资产的使用寿命；租赁期结束时，承租企业有优先购买该资产的选择权；在租赁期内，承租企业有权支配资产并从中受益。所以，以融资租赁方式租入的固定资产应视为小型房地产企业的资产。对于以经营租赁方式租入的固定资产来说，由于小型房地产企业不能控制它并从中受益，所以，以经营租赁方式租入的固定资产不应视为小型房地产企业的资产。

3）由过去的交易或事项形成的。资产定义中所指的“企业过去的交易或者事项”，包括购买、经营、建造行为或其他交易或者事项。预期在未来发生的交易或者事项不形成资产。资产必须是现实的资产，而不能是预期的资产。只有过去发生的交易或事项才能增加或减少小型房地产企业的资产，而不能根据谈判中的交易或计划中的经济业务来确认资产。例如，已经发生的固定资产购买交易会形成小型房地产企业的资产，而计划中的固定资产购买交易则不会形成小型房地产企业的资产。

（2）资产的分类。小型房地产企业资产可以按照不同的标准进行分类，比较常见的是按照流动性和按有无实物形态进行分类。

1）按照流动性对资产进行分类，可以分为流动资产和非流动资产。

① 流动资产。小型房地产企业的流动资产，是指预计在 1 年内（含 1 年，下同）或超过 1 年的一个正常营业周期内变现、出售或耗用的资产。

小型房地产企业的流动资产包括：货币资金、短期投资、应收及预付款项、存货等。

② 非流动资产。小型房地产企业的非流动资产，是指流动资产以外的资产。

小型房地产企业的非流动资产包括：长期债券投资、长期股权投资、固定资产、无形资产、长期待摊费用等。

2）按照有无实物形态对资产进行分类，可以分为有形资产和无形资产。如存货、固定资产等属于有形资产，因为它们具有物质实体；货币资金、应收款项、短期投资、长期股权投资、长期债权投资等属于无形资产，因为它们没有物质实体，而是表现为某种法定权利或技术。

一般来说，通常将无形资产作狭义的理解，仅将专利权、商标权等不具有物质形态，能够为企业带来超额利润的资产称为无形资产。

（3）资产的确认条件。符合资产定义的资源，在同时满足以下条件时，才能确认为资产。

1）与该资源有关的经济利益很可能流入小型房地产企业。这里讲的“很可能”，是指发生的可能性超过50%的概率。对于资产而言，其预期会给小型房地产企业带来经济利益，所以，在确认资产时，只有当其包含的经济利益流入小型房地产企业的可能性超过50%，并同时满足其他确认条件，小型房地产企业才能加以确认；否则，不能将其确认为资产。例如，对于小型房地产企业因销售业务而形成的应收款项而言，如果小型房地产企业所销售的商品完全满足合同要求，同时没有其他例外情况发生，小型房地产企业能够在未来某一时日完全收回款项。也就是说，小型房地产企业因销售业务而形成的应收款项所包含的经济利益很可能流入企业，满足会计要素确认的第一个条件。

2）该资源的成本或者价值能够可靠地计量。会计工作就是要以货币计量的形式，在财务报表中反映小型房地产企业的财务状况和经营成果，因此，能否可靠地计量是会计要素确认的一个基本前提。如果与资源有关的经济利益能够可靠地计量，并同时满足会计要素确认的其他条件，就可以在会计报表中加以确认；否则，小型房地产企业不应加以确认。也就是说，如果与资产有关的经济利益不能够可靠地计量，就无法在资产负债表中作为资产列示。在考虑资源确认条件时要求与该资源有关的经济利益能够可靠地计量，并不意味着不需要进行估计。

（4）列示。符合资产定义和资产确认条件的项目，应当列入资产负债表；符合资产定义，但不符合资产确认条件的项目，不应当列入资产负债表。

2. 负债

小型房地产企业负债，是指小型房地产企业过去的交易或者事项形成的，预期会导致经济利益流出企业的现时义务。

（1）负债的特征。

1）负债是小型房地产企业承担的现时义务。现时义务，是指小型房地产企业在现行条件下已承担的义务。现时义务包括法定义务和推定义务。

① 法定义务，通常是指小型房地产企业在经济管理和经济协调中，依照经济法律、法规的规定必须履行的责任。如小型房地产企业与其他企业签订购货合同产生的义务，就属于法定义务。因国家法律、法规的要求产生的义务，如小型房地产企业按税法要求交纳所得税的义务，也属于法定义务。

② 推定义务，通常是指小型房地产企业在特定情况下产生或推断出的责任。

负债是小型房地产企业的现时义务，也就是说，负债作为小型房地产企业的一种义务，是由小型房地产企业过去的交易或事项形成的现在已承担的义务。

【例 1-3】 银行借款是因为小型房地产企业接受了银行贷款而形成的，如果企业没有接受银行贷款，则不会发生银行借款这项负债；应付账款是因为小型房地产企业采用信用方式购买商品或接受劳务而形成的，在购买商品或接受劳务发生之前，相应的应付账款并不存在。

2）负债的清偿预期会导致经济利益流出小型房地产企业。负债的清偿预期会导致经济利益流出小型房地产企业。清偿负债导致经济利益流出小型房地产企业的形式多种多样，如用现金偿还或以实物资产偿还；以提供劳务偿还；部分转移资产部分提供劳务偿还；将负债转为所有者权益。小型房地产企业不能或很少可以回避现时义务。如果小型房地产企业能够回避该项义务，则不能确认为企业的负债。

3）负债是由过去的交易或事项形成的。作为现时义务，负债是过去已经发生的交易或事项所产生的结果，是现实的义务。只有过去发生的交易或事项才能增加或减少小型房地产企业的负债，未来发生的交易或者事项形成的义务，不属于现时义务，不应当确认为负债。

（2）负债的分类。按照流动性对负债进行分类，可以分为流动负债和非流动负债。

1）流动负债。小型房地产企业的流动负债，是指预计在 1 年内或者超过 1 年的一个正常营业周期内清偿的债务。

小型房地产企业的流动负债包括：短期借款、应付及预收款项、应付职工薪酬、应交税费、应付利息等。

2）非流动负债。小型房地产企业的非流动负债，是指流动负债以外的负债。

小型房地产企业的非流动负债包括：长期借款、长期应付款等。

（3）负债的确认条件。符合负债定义的义务，在同时满足以下条件时，才能确认为负债。

1）与该义务有关的经济利益很可能流出小型房地产企业。对于负债而言，其预期会导致经济利益流出小型房地产企业，所以，在确认负债时，只有当其包含的经济利益流出小型房地产企业的可能性超过 50%，并同时满足其他确认条件，小型房地产企业才能加以确认；否则，不能将其确认为负债。

对于小型房地产企业因购买业务而形成的应付款项而言，如果小型房地产企业所购买的商品完全满足合同要求，同时没有其他例外情况发生，小型房地产企业能够在合同规定的未来某一时日履行其所承担的义务，支付这笔款项。也就是说，小型房地产企业因购买业务而形成的应付款项所包含的经济利益很可能流出企业，满足会计要素确认的第一个条件。

2）未来流出的经济利益的金额能够可靠地计量。会计工作就是要以货币计量的形式，在财务报表中反映小型房地产企业的财务状况和经营成果，因此，能否可靠地计量是会计要素确认的一个基本前提。如果与义务有关的经济利益能够可靠地计量，并同时满足会计要素确认的其他条件，就可以在财务报表中加以确认；否则，小型房地产企业不应加以确认。也就是说，如果与负债有关的经济利益不能够可靠地计量，就无法在资产负债表中作为负债予以列示。在考虑负债确认条件时要求与义务有关的经济利益能够可靠地计量，并不意味着不需要进行估计。

（4）列示。符合负债定义和负债确认条件的项目，应当列入资产负债表；符合负债定义，但不符合负债确认条件的项目，不应当列入资产负债表。

3．所有者权益

小型房地产企业所有者权益，是指小型房地产企业资产扣除负债后由所有者享有的剩余权益。小型房地产企业的所有者权益又称为股东权益。

（1）所有者权益的特征

1）除非发生减资、清算，小型房地产企业不需要偿还所有者权益。

2）小型房地产企业清算时，只有在清偿所有的负债后，所有者权益才返还给所有者。

3）所有者凭借所有者权益能够参与利润的分配。

所有者权益在性质上体现为所有者对企业资产的剩余权益，在数量上也就体现为资产和负债的计量。

（2）所有者权益的来源。小型房地产企业所有者权益的来源包括所有者投入的资本、留存收益。

4．收入

小型房地产企业收入，是指小型房地产企业在日常经营活动中形成的、会导致所有者权益增加、与所有者投入资本无关的经济利益的总流入。

（1）收入的特征。

1）收入从小型房地产企业的日常经营活动中产生，而不是从偶发的交易或事项中产生。日常经营活动，是指小型房地产企业为完成其经营目标而从事的所有活动，以及与之相关的其他活动。小型房地产企业所进行的有些活动并不是经常发生的，比如小型房地产企业出售作为物资的存货，此时，虽然不是经常发生的，但因与日常经营活动有关，也属于收入。但是，有些交易或事项虽然也能为小型房地产企业带来经济利益，但由于不属于小型房地产企业的日常经营活动，所以，其流入的经济利益不属于收入，如小型房地产企业出售固定资产净收益。

2）收入可能表现为小型房地产企业资产的增加，或负债的减少，或二者兼而有之。收入为小型房地产企业带来经济利益的形式多种多样，既可能表现为资产的增加，如增加银行存款，形成应收款项；也可能表现为负债的减少，如减少预收账款；还可能表现为二者的组合，如销售实现时，部分冲减预收的货款，部分增加银行存款。

3）收入会导致小型房地产企业所有者权益的增加。小型房地产企业取得收入能导致所有者权益的增加。但是，收入与相关的成本费用相配比后，则可能增加所有者权益，也可能减少所有者权益。由于收入是经济利益的总流入，所以，收入会导致所有者权益的增加。

4）收入只包括本企业经济利益的总流入。小型房地产企业所有者向企业投入资本导致的经济利益的总流入，一方面增加小型房地产企业的资产，另一方面增加小型房地产企业的所有者权益，因此，不增加小型房地产企业的所有者权益，不能作为本企业的收入。同样的道理，小型房地产企业为第三方或者客户代收的款项，如代收利息等，一方面增加企业的资产，另一方面增加企业的负债，因此，不增加小型房地产企业的所有者权益，也不属于本企业的经济利益，不能作为本企业的收入。

（2）收入的分类。小型房地产企业收入包括提供劳务收入和销售开发产品收入。

按照日常经营活动在小型房地产企业所处的地位，收入可分为主营业务收入和其他业务收入。其中，主营业务收入是小型房地产企业为完成其经营目标而从事的日常经营活动中的主要项目而获得的收入。其他业务收入是从事主营业务以外的其他日常经营活动而获得的收入。

（3）收入的确认条件。根据基本准则的规定，收入只有在经济利益很可能流入从而导致小型房地产企业资产增加或者负债减少且经济利益的流入额能够可靠计量时才能予以确认。

1）经济利益很可能流入小型房地产企业。经济利益是否很可能流入是判断收入能否确认的一个基本条件。如果经济利益不可能流入小型房地产企业，或者流入小型房地产企业的可能性小于不能流入小型房地产企业的可能性，则收入不能加以确认。经济利益能够流入小型房地产企业，必将导致企业资产增加或负债减少，即导致企业资产增加或负债减少的情形，基本上可以认定为经济利益能够流入。

小型房地产企业在判断价款收回的可能性时，应进行定性分析，当确定价款收回的可能性大于不能收回的可能性时，即认为价款能够收回。在实务中，小型房地产企业售出的商品符合合同或协议规定的要求，并已将发票账单交付买方，买方也承诺付款，即表明销售开发产品的价款能够收回。

2）经济利益流入额能够可靠计量。收入能否可靠地计量，是确认收入的基本前提。例如，小型房地产企业在销售开发产品时，售价通常已经确定。但销售过程中由于某种不确定因素，也有可能出现售价变动的情况，则新的售价未确定前不应确认收入。

（4）列示。符合收入定义和收入确认条件的项目，应当列入利润表。

5．费用

小型房地产企业的费用，是指小型房地产企业在日常经营活动中发生的、会导致所有者权益减少、与向所有者分配利润无关的经济利益的总流出。

（1）费用的特征。

1）费用是小型房地产企业在日常经营活动中发生的经济利益的流出，而不是从偶发的交易或事项中发生的经济利益的流出。有些交易或事项虽然也能使小型房地产企业发生经济利益的流出，但由于不属于企业的日常经营活动，所以，其经济利益的流出不属于费用。

2）费用可能表现为资产的减少，或负债的增加，或二者兼而有之。费用的发生形式多种多样，既可能表现为资产的减少，如购买物资支付现金、开发产品耗用存货；也可能表现为负债的增加，如负担长期借款利息；还可能是二者的组合，如购买物资支付部分现金，同时承担债务。

3）费用会导致所有者权益的减少。小型房地产企业发生费用会导致所有者权益的减少，但是，会导致所有者权益减少的经济利益的总流出却不一定属于费用。例如，小型房地产企业向所有者分配利润，一方面减少企业的所有者权益，另一方面减少企业的资产或增加企业的负债，因此，不属于费用。

（2）费用的分类。小型房地产企业的费用包括：营业成本、营业税金及附加、销售费用、管理费用、财务费用等。

1）营业成本，是指小型房地产企业所销售开发产品的成本。

2）营业税金及附加，是指小型房地产企业开展日常经营活动应负担的城市维护建设税、资源税、土地增值税、城镇土地使用税、房产税、车船税、印花税和教育费附加等。

3）销售费用，是指小型房地产企业在销售开发产品或提供劳务过程中发生的各种费用。包括：营销人员的职工薪酬、商品维修费、运输费、装卸费、包装费、保险费、广告费、业务宣传费、展览费等费用。

4）管理费用，是指小型房地产企业为组织和管理经营发生的其他费用。包括：小型房地产企业在筹建期间内发生的开办费、行政管理部门发生的费用（包括：固定资产折旧费、修理费、办公费、水电费、差旅费、管理人员的职工薪酬等）、业务招待费、研究费用、技术转让费、相关长期待摊费用摊销、财产保险费、聘请中介机构费、咨询费（含顾问费）、诉讼费等费用。

5）财务费用，是指小型房地产企业为筹集经营所需资金发生的筹资费用。包括：利息费用（减利息收入）、汇兑损失、银行相关手续费、企业给予的现金折扣（减享受的现金折扣）等费用。

（3）费用的确认条件。费用只有在经济利益很可能流出从而导致企业资产减少或者负债增加且经济利益的流出额能够可靠计量时才能予以确认。

1）经济利益很可能流出小型房地产企业。经济利益是否很可能流出小型房地产企业，是费用确认的基本条件。如果经济利益很可能流出小型房地产企业，则在满足其他条件时才能确认费用；如果经济利益不是很可能流出小型房地产企业，或者费用流出小型房地产企业的可能性小于不能流出小型房地产企业的可能性，则即使满足其他确认条件，也不能确认为费用。

2）经济利益流出额能够可靠计量。流出小型房地产企业的经济利益只有在能够可靠计量时，才有可能确认并在利润表中加以列示；如果流出小型房地产企业的经济利益不能够可靠计量，则无法在利润表中加以列示。

小型房地产企业为提供开发产品等发生的可归属于开发产品成本、劳务成本等的费用，应当在确认开发产品销售收入、劳务收入等时，将已销售开发产品、已提供劳务的成本等计入当期损益。小型房地产企业发生的支出不产生经济利益的，或者即使能够产生经济利益但不符合或者不再符合资产确认条件的，应当在发生时确认为费用，计入当期损益。小型房地产企业发生的交易或者事项导致其承担了一项负债而又不确认为一项资产的，应当在发生时确认为费用，计入当期损益。

（4）列示。符合费用定义和费用确认条件的项目，应当列入利润表。

6．利润

小型房地产企业的利润，是指小型房地产企业在一定会计期间的经营成果。包括：营业利润、利润总额和净利润。

（1）营业利润，是指营业收入减去营业成本、营业税金及附加、销售费用、管理费用、财务费用，加上投资收益（或减去投资损失）后的金额。

以上所称营业收入，是指小型房地产企业销售开发产品和提供劳务实现的收入总额。投资收益，由小型房地产企业股权投资取得的现金股利（或利润）、债券投资取得的利息收入和处置股权投资及债券投资取得的处置价款扣除成本或账面余额、相关税费后的净额三部分构成。

（2）利润总额，是指营业利润加上营业外收入，减去营业外支出后的金额。

（3）净利润，是指利润总额减去所得税费用后的净额。

（二）小型房地产企业会计等式

会计等式，也称会计平衡式、会计方程式，是表明各会计要素之间关系的恒等式。它是会计核算中进行复式记账、试算平衡及编制会计报表的理论依据。

1．资产=负债+所有者权益

小型房地产企业要开始经营活动，必须从投资者和债权人那里取得一定的经营资金或一定的实物，即首先得占用一定的资财才能开始经营活动。这些资财就形成小型房地产企业的资产，在会计核算上以货币形式表现并确认。另外，这些资产要么来源于债权人提供的资金，形成小型房地产企业的负债；要么来源于所有者的资本投资，形成小型房地产企业的所有者权益。资产、负债与所有者权益，实质上是同一价值运动的两个方面的表现。在所有者权益数额一定的情况下，从债权人手中取得多少数额的资金，必然是使资产按同一数额增加；在负债数额一定的情况下，所有者向小型房地产企业投入多少数额的资金，也必然使资产按同一数额增加。所以，资产的价值量必然等于负债与所有者权益之和。

小型房地产企业的经营活动就是不断地取得、使用、生产和销售不同资财的过程。从静态来看，小型房地产企业开始经营活动后，在某一时点上总是表现为占用一定的资财，即占用一定的资产。这些资财同样也只能是来源于债权人的债务、所有者的投资或归所有者所有。小型房地产企业的资产价值总量也仍然等于小型房地产企业的负债和所有者对企业初始投资额及其增值额的总和。小型房地产企业经济活动的发生，只是表现在数量上影响企业资产总额与负债或所有者权益总额的同时增减变化，并不能也不会破坏这一基本的恒等关系。

这一基本平衡关系用公式表示出来，就是会计等式，即

资产=负债+所有者权益

这一会计等式，表明某一会计主体在某一特定时点所拥有的各种资产，以及债权人和投资者（所有者）对企业资产要求权的基本状况，表明资产和负债与所有者权益之间的基本关系。这一会计等式，还是会计复式记账、会计核算和会计报表的基础。

2．利润=收入–费用

小型房地产企业的目标就是从经营活动中获取收入，实现盈利。小型房地产企业在取得收入的同时，也必然要发生相应的费用。小型房地产企业通过收入与费用的比较，才能计算确定一定期间的盈利水平，确定当期实现的利润总额。利润与收入和费用关系用公式表示出来，即

利润=收入–费用

这一等式表明经营成果与相应期间的收入和费用的关系。

3．会计事项对会计方程式的影响

会计事项又称经济业务，是指那些能用货币计量，并足以引起会计要素增减变动的经济业务或经济事项。

（1）会计事项的类型。一个小型房地产企业在经营活动中所发生的会计事项是多种多样的，但从它们对资产、负债和所有者权益所引起的变化来说，则可概括为以下类型。

1）资产增加，负债增加。

2）资产增加，所有者权益增加。

3）资产增加，另一项资产减少。

4）负债减少，资产减少。

5）负债减少，另一项负债增加。

6）负债减少，所有者权益增加。

7）所有者权益减少，资产减少。

8）所有者权益减少，负债增加。

9）所有者权益减少，另一项所有者权益增加。

（2）会计事项对基本会计方程的影响。一个小型房地产企业的所有资产和权益（负债和资本）经常随着它在经营中所进行的各种经济活动而不断发生变化。但不论它们怎样变化，总不会破坏上述会计方程式的平衡关系。也就是说，不论小型房地产企业的经济活动会使它的资产与权益（负债和资本）发生怎样的变化，它在一定时日所有的资产总额必定等于它的权益（负债和资本）总额。

九、小型房地产企业会计核算

会计核算贯穿于小型房地产企业经济活动的全过程，是小型房地产企业会计最基本的职能（也称反映职能）。它是指会计以货币为主要计量单位，对小型房地产企业的经济活动进行确认、计量、记录和报告，为有关各方提供会计信息。确认是运用特定会计方法、以文字和金额同时描述某一交易或事项，使其金额反映在小型房地产企业财务报表的合计数中的会计程序。确认分为初始确认和后续确认。计量是确定会计确认中用以描述某一交易或事项的金额的会计程序。记录是指对小型房地产企业的经济活动采用一定的记账方法、在账簿中进行登记的会计程序。报告是指在确认、计量和记录的基础上，对小型房地产企业的财务状况、经营成果和现金流量情况，以财务报表的形式向有关方面报告。

小型房地产企业会计核算的内容具体表现为经营过程中的各种经济业务，包括：款项和有价证券的收付；财物的收发、增减和使用；债权、债务的发生和结算；资本的增减；收入、费

用、成本的计算；财务成果的计算和处理；其他需要办理会计手续、进行会计核算的事项。

小型房地产企业会计核算的要求是真实、准确、完整、及时。

小知识

房地产开发企业会计核算的主要内容

一般来说，房地产开发企业会计核算的内容主要有：筹措开发项目所需资金；及时、正确地计算土地开发和各种房屋建设的工程成本，加强成本管理，降低成本；正确核算开发经营收支，加强经营管理，提高经济效益；强化商品房销售管理工作，及时收回价款；按照国家有关政策，正确地对房地产企业利润进行分配。

由于房地产开发企业的各个阶段特点不同，其会计核算的侧重点也有所不同。具体来说，房地产开发阶段可分为房地产开发企业的设立阶段、开发项目准备阶段、项目开发阶段、房地产销售阶段及利润分配阶段。

（一）设立阶段会计核算的主要内容

成立新的房地产开发企业必须按规定办理有关登记注册手续，包括办理房地产企业名称登记、验资、制定公司章程、办理营业执照、银行开户和纳税登记。因此，这一阶段的会计核算重点是注册资本金及筹建费用的核算，核算的难点是对投资方投入的非现金资产（包括存货、固定资产、无形资产）的计价。

（二）开发项目准备阶段会计核算的主要内容

1. 取得土地使用权的核算

取得土地使用权是房地产开发企业进行房地产开发的前提，也是开发产品成本的主要组成部分，因此加强土地使用权的核算显得尤为重要，在会计核算中要注重在不同方式下取得土地的核算。

2. 取得项目借款

由于房地产开发项目所用资金量很大，项目借款一般期限较长，在会计上作“长期借款”进行核算。为了反映和监督房地产企业长期借款的借入、应计利息和归还本息的情况，应设置“长期借款”科目。核算的难点与重点是对借款利息费用的核算，包括借款利息费用资本化的计算与处理。

3. 开发前物资准备

包括为开发商品房而购置原材料、固定资产等，会计核算要点是对购入物资的计价以及领用发出时的成本核算。

（三）项目开发阶段会计核算的主要内容

房地产开发企业在这一阶段的会计核算重点：一是房地产开发成本的核算；二是房地产开发产品的核算。

1. 房地产开发成本的核算

房地产开发成本的核算是指房地产企业将开发一定数量的商品房所支出的全部费用按成本项目进行归集和分配，最终计算出开发项目总成本和单位建筑面积成本的过程。主要包括土地开发成本、房屋开发成本、配套设施开发成本及代建工程开发成本的核算。为加强房地开发成本的核算，必须建立和完善成本核算基础工作，正确归集和分配开发成本及费用，准确、完整地提供成本核算资料，及时发现成本管理中存在的问题。

2. 房地产开发产品的核算

开发产品是指房地产企业已经完成全部开发建设过程，并已验收合格，符合国家建设标准和设计要求，可以按照合同规定的条件移交订购单位，或者作为对外销售、出租的产品，包括土地（建设场地）、房屋、配套设施和代建工程。为了正确核算开发产品的增加、减少、结存情况，开发企业应设置资产类“开发产品”账户。该账户借方登记已竣工验收的开发产品实际成本，贷方反映结转对外销售、转让、结算或出租的开发产品实际成本。月末借方余额表示尚未销售、转让、结算或出租的各种开发产品实际成本。

（四）房地产销售阶段及利润分配阶段会计核算的主要内容

1. 房地产销售阶段的会计核算

销售核算主要包括主营业务收入和其他业务收入的核算。房地产销售收入是指房地产开发企业自行开发的房地产在市场上进行销售获得的收入，包括土地转让收入、商品房（包括周转房）销售收入、配套设施销售收入等。

2. 利润分配阶段的会计核算

利润分配是指房地产企业根据国家有关规定和公司章程、投资者协议等，对房地产企业当年可供分配的利润进行的分配。

可供分配利润=当年实现的净利润+年初未分配利润（或年初未弥补亏损）+其他转入

利润分配的顺序：第一，弥补以前年度亏损；第二，提取法定盈余公积；第三，提取任意盈余公积；第四，向投资者分配利润。

房地产企业应通过“利润分配”科目，核算房地产企业利润的分配。年度终了后，房地产企业应将全年实现的净利润或发生的亏损额，自“本年利润”科目转入“利润分配——未分配利润”，并将“利润分配”科目所属其他明细科目的余额转入“未分配利润”明细科目。结转后，“利润分配——未分配利润”科目如为贷方余额，表明累积未分配的利润数；如为借方余额，则表明累积未弥补的亏损数额。

十、小型房地产企业会计人员管理

根据会计工作的需要，小型房地产企业要配备一定的会计人员，会计机构所需的会计人员，既有领导人员、业务骨干，又有一般工作人员。为了使会计人员充分发挥自己的积极性，应当明确会计人员的职责、权限和任免规定，使会计人员的工作有明确的方向和办事准则，以便更好地发挥会计工作的作用，更好地完成会计工作任务。

（一）小型房地产企业会计岗位的设置

1. 小型房地产企业会计岗位的设置原则

《会计基础工作规范》规定：各单位应当根据会计业务需要设置会计工作岗位。在设置时要符合以下基本原则。

（1）符合内部牵制制度。会计工作岗位可以一人一岗、一人多岗或者一岗多人。但出纳人员不得兼管稽核、会计档案保管和收入、费用、债权债务账目的登记工作。

（2）会计人员的工作岗位应当有计划地进行轮换。

（3）有利于建立岗位责任制。

2. 小型房地产企业会计岗位的设置方法

通常，会计工作可以按照以下岗位设置：会计主管；出纳；存货核算；固定资产核算；职工薪酬核算；成本费用核算；财务成果核算；资金核算；往来结算；税费核算；总账报表；稽核；会计电算化管理；档案管理。

当然，小型房地产企业会计岗位的设置可适当简化。当会计人员只有 2～3 人时，可以参照表 1-2 设置。

表 1-2　小型房地产企业会计岗位设置

人员配置	岗位分工
2 人	会计（总账报表、往来结算、资金核算、财务成果核算、稽核、档案管理）；出纳（出纳、存货核算、固定资产核算、职工薪酬核算、成本费用核算、纳税核算等）
3 人	会计主管（总账报表、财务成果核算、稽核）；会计（往来结算、资金核算、档案管理）；出纳（出纳、职工薪酬核算、存货核算、固定资产核算、纳税核算等）

3．小型房地产企业各会计岗位的职责

（1）小型房地产企业会计主管的职责。

1）遵守国家法规，制定会计制度。

2）组织筹集资金，节约使用资金。

3）认真研究税法，督促足额上缴。

4）组织分析活动，参与经营决策。

5）参与审查合同，维护企业利益。

6）提出财务报告，汇报财务工作。

7）组织业务学习，考核调配人员。

（2）小型房地产企业出纳岗位的职责。

1）严格按照本单位的货币资金内部控制办法的规定，对原始凭证进行复核，办理款项收付。

2）办理银行结算业务，规范使用支票。

3）认真登记日记账，保证日清月结，及时查询未达账项。

4）保管库存现金、有价证券和有关印章，登记注销支票。

5）审核收入凭证，及时办理销售款项的结算，督促有关部门催收销售货款。

（3）小型房地产企业存货核算岗位的职责。

1）会同有关部门拟定材料物资管理的办法，建立健全存货收、发、存的核算制度。

2）审查采购计划，控制采购成本，防止盲目采购。

3）负责存货明细核算，对已验收入库尚未付款的材料，月终要估价入账。

4）配合有关部门制定材料消耗定额，编制材料计划成本目录。

5）参与库存盘点，处理清查账务。

6）分析储备情况，防止呆滞积压。对于超过正常储备和长期呆滞积压的存货，要分析原因，提出处理意见和建议，督促有关部门处理。

（4）小型房地产企业固定资产核算岗位的职责。

1）会同有关部门拟订固定资产管理与核算、实施办法。

2）参与核定固定资产需用量，参与编制固定资产更新改造和大修理计划。

3）计算提取固定资产折旧。

4）参与固定资产的清查盘点与报废。

5）分析固定资产的使用效果。

（5）小型房地产企业职工薪酬核算岗位的职责。

1）按照国家有关规定合理确定和监督职工薪酬的支出。

2）正确计算、审核和发放工资、奖金等职工薪酬性支出。

3）按照税法有关规定代扣代缴个人所得税。

4）负责职工薪酬分配和结算的核算工作。

（6）小型房地产企业成本费用核算岗位的职责。

1）会同有关部门制定成本、费用管理与核算办法。

2）核对各项原材料、物品、产成品、在产品入库领用事项及收付金额。

3）编制材料领用转账凭证。

4）审核委托及受托外单位加工事项。

5）计算生产与销售成本及各项费用。

6）进行成本、费用的分配及账目之间的调整。

7）分析比较销售成本，做好成本日常控制。

8）进行内部成本核算及业绩考核。

9）编制小型房地产企业有关成本报表。

10）其他与成本核算、分析、控制有关的事项。

（7）小型房地产企业财务成果核算岗位的职责。

1）计算与分析利润计划的完成情况，督促实现目标。

2）结转收入、成本与费用，严格审查营业外支出，正确核算利润。对小型房地产企业所得税有影响的项目，应注意调整应纳税所得额。

3）按规定计算利润和利润分配，计算应缴所得税。

4）按规定计提盈余公积。

5）负责向股东（投资者）分配利润的核算。

6）编制利润及利润分配报表，分析盈亏原因。

（8）小型房地产企业资金核算岗位的职责。

1）反映资金预算的执行及控制状况。

2）筹措及调度资金。

3）办理借贷款事项及其清偿。

4）办理投资业务。

5）记录、保管各种有价证券。

6）与财务调度有关的其他事项。

（9）小型房地产企业往来结算岗位的职责。

1）执行往来结算清算办法，防止坏账损失。对购销业务以外的暂收、暂付、应收、应付、备用金等债权债务及往来款项，要严格清算手续，加强管理，及时清算。

2）办理往来款项的结算业务。对购销业务以外的各种应收、暂付款项，要及时催收结算；应付、暂收款项，要抓紧清偿。对确实无法收回的应收账款和无法支付的应付账款，应查明原因，按照规定报经批准后处理。

3）负责往来结算的明细核算。对购销业务以外的各项往来款项，要按照单位和个人分户设置明细账，根据审核后的记账凭证逐笔登记，并经常核对余额。年终要抄列清单，并向领导或有关部门报告。

（10）小型房地产企业税费核算岗位的职责。

1）会同有关部门进行纳税筹划，制定纳税核算办法。

2）根据税法规定正确计算各应纳税项目的应纳税额。

3）按税法规定及时申报和缴纳各种税款。

4）正确、及时地对各应纳税项目进行会计处理。

5）负责登记有关纳税项目的明细账及有关报表。

6）积极配合有关部门的税务稽查。

（11）小型房地产企业总账报表岗位的职责。

1）负责保管总账和明细账，年底按会计档案的要求整理与装订总账及明细账。

2）编制会计报表并进行分析，写出综合分析报告。

3）其他与账务处理有关的事项。

（12）小型房地产企业稽核岗位的职责。

1）审查财务收支。根据财务收支计划和财务会计制度，逐笔审核各项收支，对计划外或不符合规定的收支，应提出意见，并向领导汇报，采取措施，进行处理。

2）复核各种记账凭证。复核凭证是否合法，内容是否真实，手续是否完备，数字是否正确，记账分录是否符合制度规定。

3）对账簿记录进行抽查，看其是否符合要求，并将计算机中的数据与会计凭证进行核对。

4）独立获取银行对账单，对银行存款日记账进行定期审核。定期核对财产账与盘存、收发数额，定期进行财产清查。

5）复核各种会计报表是否符合制度规定的编报要求。复核中发现问题和差错，应通知有关人员查明、更正和处理。稽核人员要对审核签署的凭证、账簿和报表负责。

（13）小型房地产企业会计电算化管理岗位的职责。

1）负责协调计算机及会计软件系统的运行工作。

2）掌握计算机的性能和财务软件的特点，负责财务软件的升级与开发。

3）对计算机的文件进行日常整理，对财务数据盘进行备份并妥善保管。

4）监督计算机及会计软件系统的运行，防止利用计算机进行舞弊。

5）经常进行杀病毒工作，保证计算机的正常使用。

（14）小型房地产企业档案管理岗位的职责。

1）依据《会计档案管理办法》的规定，建立会计档案的立卷、归档、保管、查阅和销毁等管理制度。

2）确保会计档案的妥善保管、有序存放、方便查阅。

3）严防会计档案毁损、散失和泄密。

（二）小型房地产企业会计人员的基本职责

会计人员的职责，概括起来就是及时提供真实可靠的会计信息，认真贯彻执行和维护国家财经制度和财经纪律，积极参与经营管理，提高经济效益。根据会计法的规定，会计人员的基本职责包括以下几项。

（1）进行会计核算。会计人员要以实际发生的经济业务为依据，记账、算账、报账，做到手续完备，内容真实，数字准确，账目清楚，日清月结，按期报账，如实反映财务状况、经营成果和财务收支情况。进行会计核算，及时提供真实可靠的、能满足各方需要的会计信息，是会计人员最基本的职责。

（2）实行会计监督。小型房地产企业的会计机构、会计人员对本单位实行会计监督。会计人员对不真实、不合法的原始凭证，不予受理；对记载不准确、不完整的原始凭证，予以退回，要求更正补充；发现账簿记录与实物、款项不符的时候，应当按照有关规定进行处理；无权自行处理的，应当立即向本单位行政领导人报告，请求查明原因，做出处理；对违反国家统一的财政制度、财务制度规定的收支，不予办理。

（3）拟订本单位办理会计事务的具体办法。

（4）参与拟订经济计划、业务计划，考核、分析预算、财务计划的执行情况。

（5）办理纳税等其他会计事务。

（三）小型房地产企业会计人员的配备

一个单位究竟需要配备多少会计人员，设置多少会计岗位，没有什么统一的标准，小型房地产企业可以根据本单位的组织结构形式和业务工作量、经营规模等因素来进行设置。如果岗位设置较少，也要求在职责划分上注意不相容职责的分离，如出纳、总账与稽核，出纳与总账、明细账的分离等。

一般来说，由于小型企业业务量较少，会计核算只能采用集中核算方式，即由会计机构统一办理。又由于小型企业人员较少，从事会计工作的人员也不会太多，从内部控制要求看，一般以 2～10 人为宜，可不单独设置会计机构，而在管理部门设会计组织，并指派一人担任财务主管。

（四）小型房地产企业会计从业资格

为了加强会计从业资格管理，规范会计人员行为，根据《中华人民共和国会计法》（以下简称《会计法》）及相关法律的规定，财政部 2012 年 12 月 10 日公布了《会计从业资格管理办法》（以下简称本办法），自 2013 年 7 月 1 日起施行。

在小型房地产企业中担任会计机构负责人（会计主管）的人员，以及从事下列会计工作的人员应当取得会计从业资格：

- 出纳。
- 稽核。
- 资本、基金核算。
- 收入、支出、债权债务核算。
- 职工薪酬、成本费用、财务成果核算。
- 财产物资的收发、增减核算。
- 总账。
- 财务会计报告编制。
- 会计机构内会计档案管理。
- 其他会计工作。

小型房地产企业不得任用（聘用）不具备会计从业资格的人员从事会计工作。不具备会计从业资格的人员，不得从事会计工作，不得参加会计专业技术资格考试或评审、会计专业技术职务的聘任，不得申请取得会计人员荣誉证书。

除本办法另有规定外，县级以上地方人民政府财政部门负责本行政区域内的会计从业资格管理。

1. 小型房地产企业会计从业资格的取得

国家实行会计从业资格考试制度。符合下列条件的人员，可以申请参加会计从业资格考试：遵守会计和其他财经法律、法规；具备良好的道德品质；具备会计专业基础知识和技能。

因有《会计法》第四十二条、第四十三条、第四十四条所列违法情形，被依法吊销会计从业资格证书的人员，自被吊销之日起 5 年以内不得参加会计从业资格考试，不得重新取得会计从业资格证书。

因有提供虚假财务会计报告，做假账，隐匿或者故意销毁会计凭证、会计账簿、财务会计报告，贪污、挪用公款，职务侵占等与会计职务有关的违法行为，被依法追究刑事责任的人员，不得参加会计从业资格考试，不得取得或者重新取得会计从业资格证书。

县级以上地方人民政府财政部门、新疆生产建设兵团财务局、中共中央直属机关事务管理局、国务院机关事务管理局、铁道部（现为中国铁路总公司）、中国人民解放军总后勤部、中国人民武装警察部队后勤部（以下简称会计从业资格管理机构）应当对申请参加会计从业资格考试人员的条件进行审核，符合条件的，允许其参加会计从业资格考试。

会计从业资格考试科目为：财经法规与会计职业道德、会计基础、会计电算化（或者珠算）。会计从业资格考试大纲、考试合格标准由财政部统一制定和公布。会计从业资格考试科目实行无纸化考试，无纸化考试题库由财政部统一组织建设。会计从业资格无纸化考试管理相关规定由财政部另行制定。

会计从业资格各考试科目应当一次性通过。会计从业资格管理机构应当在考试结束后及时公布考试结果，通知考试通过人员在考试结果公布之日起6个月内，到指定的会计从业资格管理机构领取会计从业资格证书。通过会计从业资格考试的人员，应当持本人有效身份证件原件，在规定的期限内，到指定的地点领取会计从业资格证书。通过会计从业资格考试的人员，可以委托代理人领取会计从业资格证书。代理人领取会计从业资格证书时，应当持本人和委托人的有效身份证件原件。

会计从业资格考试收费标准按照国家物价管理部门的有关规定执行。

财政部统一规定会计从业资格证书样式和编号规则。省级财政部门负责本地区会计从业资格证书的印制；新疆生产建设兵团财务局和中央主管单位分别负责本部门、本系统会计从业资格证书的印制。

会计从业资格证书是具备会计从业资格的证明文件，在全国范围内有效。持有会计从业资格证书的人员（以下简称持证人员）不得涂改、出借会计从业资格证书。

2．小型房地产企业会计从业资格管理

持证人员应当接受继续教育，提高业务素质和会计职业道德水平。持证人员参加继续教育采取学分制管理制度。持证人员继续教育相关规定由财政部另行制定。

会计从业资格管理机构应当加强对持证人员继续教育工作的监督、指导。小型房地产企业应当鼓励和支持持证人员参加继续教育，保证学习时间，提供必要的学习条件。

会计从业资格管理机构应当对开展会计人员继续教育的培训机构进行监督和指导，规范培训市场，确保培训质量。

会计从业资格实行信息化管理。会计从业资格管理机构应当建立持证人员从业档案信息系统，及时记载、更新持证人员下列信息：

（1）持证人员的相关基础信息。

（2）持证人员从事会计工作情况。

（3）持证人员的变更、调转登记情况。

（4）持证人员换发会计从业资格证书情况。

（5）持证人员接受继续教育情况。

（6）持证人员受到表彰奖励情况。

（7）持证人员因违反会计法律、法规、规章和会计职业道德被处罚情况。

持证人员的姓名、有效身份证件及号码、照片、学历或学位、会计专业技术职务资格、开始从事会计工作时间等基础信息，以及第（5）项和第（6）项内容发生变化的，应当持相关有效证明和会计从业资格证书，到所属会计从业资格管理机构办理从业档案信息变更。会计从业资格管理机构应当在核实相关信息后，为持证人员办理从业档案信息变更。持证人员的其他相关信息发生变化的，应当登陆所属会计从业资格管理机构指定网站进行信息变更，也可以到所属会计从业资格管理机构办理。

持证人员所属会计从业资格管理机构发生变化的，应当及时办理调转登记手续。持证人员所属会计从业资格管理机构在各省级财政部门、新疆生产建设兵团财务局、中央主管单位各自管辖范围内发生变化的，应当持会计从业资格证书、工作证明（或户籍证明、居住证明）到调入地所属会计从业资格管理机构办理调转登记。持证人员所属会计从业资格管理机构在各省级财政部门、新疆生产建设兵团财务局、中央主管单位管辖范围之间发生变化的，应当及时填写调转登记表，持会计从业资格证书，到原会计从业资格管理机构办理调出手续。持证人员应当自办理调出手续之日起 3 个月内，持会计从业资格证书、调转登记表和在调入地的工作证明（或户籍证明、居住证明），到调入地会计从业资格管理机构办理调入手续。

持证人员应当妥善保管会计从业资格证书。如有遗失，持证人员应当在履行公告程序后，填写补发申请表，持有关证明材料，向所属会计从业资格管理机构申请补发会计从业资格证书。会计从业资格管理机构核实无误后，应当自受理之日起 20 个工作日内予以补发。如有毁损，持证人员应当填写补发申请表，持毁损证书原件，向所属会计从业资格管理机构申请补发会计从业资格证书。会计从业资格管理机构核实无误后，应当自受理之日起 20 个工作日内予以补发。

会计从业资格证书实行 6 年定期换证制度。持证人员应当在会计从业资格证书到期前 6 个月内，填写定期换证登记表，持有效身份证件原件和会计从业资格证书，到所属会计从业资格管理机构办理换证手续。

有下列情形之一的，会计从业资格管理机构可以撤销持证人员的会计从业资格：

（1）会计从业资格管理机构工作人员滥用职权、玩忽职守，做出给予持证人员会计从业资格决定的。

（2）超越法定职权或者违反法定程序，做出给予持证人员会计从业资格决定的。

（3）对不具备会计从业资格的人员，做出给予会计从业资格决定的。

持证人员以欺骗、贿赂、舞弊等不正当手段取得会计从业资格的，会计从业资格管理机构应当撤销其会计从业资格。

持证人员具有下列情形之一的，会计从业资格管理机构应当注销其会计从业资格：

（1）死亡或者丧失行为能力的。

（2）会计从业资格被依法吊销的。

会计从业资格管理机构应当将领取会计从业资格证书和办理会计从业资格证书换发、调转、变更登记的条件、程序、期限以及需要提交的材料和相关申请登记表格示范文本等在办公场所公示，或者在会计从业资格管理机构指定网站进行公示。相关申请登记表格示范文本应当置放于会计从业资格管理机构办公场所，免费提供，或者由申请人从会计从业资格管理机构指定网站下载。

会计从业资格管理机构应当对下列情况实施监督检查：

（1）从事会计工作的人员持有会计从业资格证书情况。

（2）持证人员换发、调转、变更登记会计从业资格证书情况。

（3）持证人员从事会计工作和执行国家统一的会计制度情况。

（4）持证人员遵守会计职业道德情况。

（5）持证人员接受继续教育情况。

会计从业资格管理机构在实施监督检查时，持证人员应当如实提供有关情况和材料，有关单位应当予以配合。

单位和个人对违反本办法规定的行为有权检举，会计从业资格管理机构应当及时核实、处理，并为检举人保密。

持证人员对会计从业资格管理机构的处理处罚决定，享有陈述权、申辩权；有权依法申请行政复议或者提起行政诉讼。

3. 法律责任

参加会计从业资格考试舞弊的，2 年内不得参加会计从业资格考试，由会计从业资格管理机构取消其考试成绩，已取得会计从业资格的，由会计从业资格管理机构撤销其会计从业资格。

持证人员具有下列情形之一的，由会计从业资格管理机构责令其限期改正：

（1）不参加继续教育或参加继续教育未取得规定学分的。

（2）未按照本办法规定办理调转登记的。

（3）未按照本办法规定进行信息更新的。

会计从业资格管理机构及其工作人员在实施会计从业资格管理中滥用职权、玩忽职守、徇私舞弊的，依法给予处分。构成犯罪的，依法追究刑事责任。

会计从业资格管理机构工作人员违反本办法规定，将检举人姓名和检举材料转给被检举单位或个人，或者将应当保密的检举信息对外泄露的，由所在单位或者有关单位依法给予处分。构成犯罪的，依法追究刑事责任。

（五）小型房地产企业会计机构负责人的任职资格和条件

1. 政治素质

从政治方面，要求会计机构负责人、会计主管人员要遵纪守法，坚持原则，廉洁奉公，具备良好的职业道德。财务会计工作是经济工作的基础，国家的许多法律、法规，尤其是财经方面的法律、法规的贯彻执行，都要通过会计工作来贯彻执行。会计人员，特别是会计机构负责人，如不能遵纪守法，必将给国家造成经济损失。会计人员直接处理经济业务，经济上的问题必然会在会计处理中反映出来。不能坚持原则，就不可能大胆地去维护国家的财经纪律，不可能大胆地坚持单位的规章制度，就不会去纠正违反财经纪律和财务会计制度的行为。会计工作时时要与钱、物打交道，没有廉洁奉公的品质和良好的职业道德，就可能经不住金钱的诱惑，还可能犯下通同作弊的错误甚至走上违法犯罪的道路。

2. 专业技术资格条件

《会计法》规定，担任单位会计机构负责人（会计主管人员）的，除取得会计从业资格证书外，还应当具备会计师以上专业技术职务资格或者从事会计工作 3 年以上经历。会计工作具有很强的专业性，要求会计人员必须具备必要的专业知识和专业技能。对会计机构负责人或会计主管人员来讲，要全面组织和负责一个单位的会计工作，对其专业技术方面的要求也就更高。目前，主要是通过设置会计专业职务和会计专业技术资格考试来考核和确认会计人员的专业知识和业务技能。

3. 工作经历

鉴于会计工作专业性、技术性强的特点，要求会计机构负责人（会计主管人员）必须具有一定的实践经验。《会计法》规定“从事会计工作三年以上经历”，是对会计机构负责人或会计主管人员的最低要求。

4．政策业务水平

在政策业务方面，要求会计机构负责人、会计主管人员熟悉国家财经法律、法规、规章制度，掌握财务会计理论及本行业业务的管理知识。市场经济是法制经济，在市场经济中，任何单位的经济业务都要直接或间接地受制于有关法律、规章的规定。从事财务会计工作，尤其是作为会计机构的负责人（会计主管人员），必须熟悉和掌握国家有关的法律、法规、规章制度和与会计工作相关的理论和知识，否则，不但不能很好地完成本职工作，还会使单位的经营管理工作走入法律的“误区”，给单位和个人带来危险的后果。

会计工作又是技术性很强的工作，随着我国社会主义市场经济体制的建立，经济改革和对外开放的不断深入，经济生活中出现了许多过去不曾遇到过的新问题，会计也面临着许多全新的课题，会计理论、会计知识都以前所未有的速度更新。作为一个单位会计工作具体组织领导者的会计机构负责人（会计主管人员），如果没有过硬的会计理论知识和专业业务水平，将很难适应会计改革发展的需要和本职工作的要求。

5．组织能力

作为会计机构的负责人（会计主管人员），不仅要求自己是会计工作的行家里手，更重要的是要领导和组织好本单位的会计工作，必须具备一定的领导才能和组织能力，包括协调能力、综合分析能力等。

6．身体条件

会计工作劳动强度大、技术难度高，作为会计机构负责人（会计主管人员），必须身体状况良好，以适应和胜任本职工作。

（六）小型房地产企业会计人员的专业技术职务

会计人员是会计机构内部从事会计工作的全体成员，按职责不同可分为总会计师、会计主管、出纳员、成本员、稽核员等，按职称不同可分为高级会计师、会计师、助理会计师、会计员。各种职称的会计人员应具备的主要条件如下。

1．会计员

会计员应为中等专业学校财经专业毕业生或具有同等学力、见习一年期满；具有会计核算和财务管理的基础知识，掌握一般的计算技术；熟悉有关财务会计制度，并能遵照执行；能够担任和完成一般财务会计工作。

2．助理会计师

助理会计师应为高等院校财经专业本科毕业生或具有同等学力者、见习一年期满；具有一定的财务会计专业基础理论和专业知识；熟悉有关方针、政策、法令和制度，并能贯彻执行；熟悉本职务和有关的生产经营管理知识；能负担某一方面的财务会计工作并较好地完成任务。

3．会计师

会计师应为助理会计师或具有同等业务水平的人；必须较系统地掌握财务会计专业的基础理论和专业知识；具有一定的政策水平，能正确贯彻执行有关方针、政策、法令和制度；具有较丰富的财务会计工作经验和有关生产经营管理知识；能独立组织和指导一般小型房地产企业的财务会计工作或一个部门的主要财务会计工作；能处理业务中较复杂的问题，在工作上有一定成绩；掌握一门外国语。

4．高级会计师

高级会计师应为会计师或具有同等业务水平的；必须系统地掌握经济和财务会计的理论知识；对财务会计专业或某领域有较深的研究和造诣，取得较大的成果，并有较高水平的学术论著或工作报告；具有较高的政策水平；能对本部门、本单位的经济活动进行全面分析并提出有价值的改进意见；具有丰富的财务会计工作经验，能组织和指导一个部门或一个大型经济单位的经济核算和财务工作；能解决业务中的重大问题，在加强经济核算、提高经济效果和培养人才方面成绩显著；熟练地掌握一门外国语。

确定和晋升会计技术职称必须经过考核；对于有突出成绩的，可破格晋升。

（七）小型房地产企业会计人员的任职要求

1．小型房地产企业一般会计人员的任职要求

（1）要持证上岗。《会计法》规定："从事会计工作的人员，必须取得会计从业资格证书。"持证者才能上岗，这既是对用人单位的要求，也是对用人单位利益的保护。

（2）应具备必要的专业知识、专业技能和良好的职业道德。《会计基础工作规范》规定："会计人员应当具备必要的专业知识和专业技能，熟悉国家有关法律、法规、规章和国家统一会计制度，遵守职业道德。"这是对会计人员最基本的要求。目前主要通过设置会计专业职务和会计专业技术资格考试对会计人员进行考核和确认其专业知识和业务技能。

（3）要按照规定参加会计业务培训。《会计基础工作规范》规定："会计人员应当按照国家有关规定参加会计业务的培训。各单位应当合理安排会计人员的培训，保证会计人员每年有一定时间用于学习和参加培训。"

2．小型房地产企业会计机构负责人、会计主管人员的任职资格和条件

《会计法》规定："担任单位会计机构负责人（会计主管人员）的，除取得会计从业人员资格证书外，还应当具备会计师以上专业技术职务资格或者从事会计工作三年以上经历。"对于小型房地产企业来说，只要具备从事会计工作三年以上经历就可以担任会计机构负责人（会计主管人员）了。

《会计基础工作规范》规定："会计机构负责人、会计主管人员应当具备下列基本条件：

1）坚持原则，廉洁奉公。

2）具有会计专业技术资格。

3）主管一个单位或者单位内一个重要方面的财务会计工作时间不少于二年。

4）熟悉国家财经法律、法规、规章和方针、政策，掌握本行业业务管理的有关知识。

5）具有较强的组织能力。

6）身体状况能够适应本职工作的要求。"

（八）小型房地产企业会计人员的素质

会计人员素质是会计人员从事会计工作具有的品质和能力。会计人员的素质不是一成不变的，它会通过不断的教育和再教育，以及实践经验的积累不断地提高。现阶段会计人员应具备以下素质。

（1）政治思想素质。会计人员应树立正确的世界观、人生观和价值观，拥护中国共产党，热爱祖国、热爱人民，坚持四项基本原则，廉洁奉公，自觉地抵制不正之风的侵袭。

（2）业务素质。会计人员必须努力钻研业务，不断丰富会计理论知识，提高业务水平，具有会计核算、管理、组织的工作能力，依法正确处理账务和各种关系，促进单位提高经济效益，完成会计工作任务，做好本职工作。会计人员的业务素质具体表现在：

1）核算能力。正确地编制会计凭证，登记会计账簿，计算成本和利润，编制会计报表，处理其他会计事项。

2）组织能力。科学地组织会计工作，正确地处理好本部门同其他各部门的业务关系，在工作中具有运用计算机的能力和进行调查研究的能力。

3）语言能力。能以口头方式和书面形式正确地宣传和解释党和国家有关的政策、法规和制度。

4）文字能力。能正确地编写经济活动分析报告、会计报表说明、调查报告、工作总结和与会计相关的其他资料。

（3）文化素质。会计人员必须掌握现代科学技术和文化知识，具体包括基础知识、专业知识、其他相关知识等。

（九）小型房地产企业会计人员职业道德

1．爱岗敬业

热爱本职工作，是做好一切工作的出发点。只有热爱本职工作，才会勤奋、努力钻研业务技术，使自己的知识和技能适应会计工作的要求。

2．熟悉法规

会计工作不只是单纯的记账、算账、报账工作，会计工作时时、事事、处处涉及执法守规问题。会计人员应当熟悉财经法律、法规和国家统一的会计制度，在处理各项经济业务时知法依法、知章循章，依法把关守口，同时还要进行法规宣传，提高法制观念。

3．依法办事

按照《会计法》要求保证会计信息真实、完整的规定，会计人员必须依法办事，树立自己职业的形象和人格的尊严，敢于抵制歪风邪气，敢于同一切违法乱纪的行为作斗争。

4．客观公正

会计人员在办理会计事务中，应当实事求是、客观公正。这是一种工作态度，也是会计人员追求的一种境界。做好会计工作，不仅要有过硬的技术本领，也同样需要实事求是的精神和客观公正的态度。否则，就会把知识和技能用错了地方，甚至参与弄虚作假或者通同作弊。

5．搞好服务

会计工作的特点，决定了会计人员应当熟悉本单位的生产经营和业务管理情况，因此，会计人员应当积极运用所掌握的会计信息和会计方法，为改善单位的内部管理、提高经济效益服务。

6．保守秘密

会计人员应当保守本单位的商业秘密，除法律规定和单位负责人同意外，不能私自向外界提供或者泄露单位的会计信息。泄密是一种不道德行为，会计人员应当确立泄露商业秘密为大忌的观念，对于自己知悉的内部机密，在任何时候、任何情况下都要严格保守，不能随意向外界泄露商业秘密。

为了不断提高会计人员职业道德和业务水平，应当加强对会计人员的继续教育。会计人员继续教育的对象为在职会计人员（从事会计工作并已取得会计从业资格的会计人员）。会计人员继续教育的主要内容包括会计理论与实务、财务会计法规制度、会计职业道德规范、其他相关的知识与法规等。会计人员继续教育的形式包括接受培训和自学两种。参加会计人员继续教育的方式也很多，既有面授，也有函授、录像、网络等。目前，认真学习、贯彻落实财政部颁布的《小企业会计准则》是当务之急。

（十）小型房地产企业会计人员的考核和聘任

为加强会计队伍建设，提高会计人员素质，科学、客观、公正地评价会计专业人员的学识和业务能力，完善会计专业技术人才的选拔机制，根据《会计专业技术资格考试暂行规定》，只有参加全国统一考试，取得会计专业技术资格的会计人员，才表明其已具备担任相应级别会计专业技术的任职资格。

聘任或任命专业职务，应由本人申请、单位推荐，经会计专业技术资格考试合格或经会计专业职务评审委员会考核评议，确认符合相应的任职条件。

单位行政领导人应根据工作需要和规定的限额，在经会计专业技术资格考试合格或经会计专业职务评审委员会考核评议，确认符合任职条件的人员中聘任或任命；未经会计专业技术资格考试合格或会计专业职务评审委员会确认符合任职条件的，不得聘任或任命。会计专业职务一般任期不超过5年；根据工作需要可续聘或连任。

会计专业技术资格分为：初级资格、中级资格和高级资格。会计专业资格实行统一考试后，不再进行相应会计职务任职资格的评审工作，凡通过考试者，证明其已具备担任相应会计专业职务的水平和能力。根据有关规定，按照德才兼备的原则，单位从获得专业技术资格的会计人员中择优聘任。

（十一）小型房地产企业会计工作的交接

1. 需要办理会计工作交接的情形

《会计基础工作规范》对此做了如下规定。

（1）临时离职或因病不能工作、需要接替或代理的，会计机构负责人（会计主管人员）或单位负责人必须指定专人接替或者代理，并办理会计工作交接手续。

（2）临时离职或因病不能工作的会计人员恢复工作时，应当与接替或代理人员办理交接手续。

（3）移交人员因病或其他特殊原因不能亲自办理移交手续的，经单位负责人批准，可由移交人委托他人代办交接，但委托人应当对所移交的会计凭证、会计账簿、财务会计报告和其他有关资料的真实性、完整性承担法律责任。

2. 会计工作交接前需要完成的工作

（1）已经受理的经济业务尚未填制会计凭证的应当填制完毕。

（2）尚未登记的账目应当登记完毕，结出余额，并在最后一笔余额后加盖经办人印章。

（3）整理好应该移交的各项资料，对未了事项和遗留问题要写出书面说明材料。

（4）编制移交清册，列明应该移交的会计凭证、会计账簿、财务会计报告、公章、现金、有价证券、支票簿、发票、文件、其他会计资料和物品等内容；实行会计电算化的单位，从事该项工作的移交人员应在移交清册上列明会计软件及密码、会计软件数据盘、磁带等内容。

（5）会计机构负责人（会计主管人员）移交时，应将财务会计工作、重大财务收支问题和会计人员的情况等向接替人员介绍清楚。

（6）需要移交的遗留问题，应当写出书面材料。

3. 小型房地产企业会计工作交接的基本程序

（1）移交点收。移交人员离职前，必须将本人经管的会计工作在规定的期限内全部向接管人员移交清楚。接管人员应认真按照移交清册逐项点收。具体要求是：

1）现金要根据会计账簿记录余额进行当面点交，不得短缺，接替人员发现不一致或“白条抵库”现象时，移交人员在规定期限内负责查清处理。

2）有价证券的数量要与会计账簿记录一致，有价证券面额与发行价不一致时，按照会计账簿余额交接。

3）会计凭证、会计账簿、财务会计报告和其他会计资料必须完整无缺，不得遗漏。如有短缺，必须查清原因，并在移交清册中加以说明，由移交人负责。

4）银行存款账户余额要与银行对账单核对相符，如有未达账项，应编制银行存款余额调节表调节相符；各种财产物资和债权债务的明细账户余额，要与总账有关账户的余额核对相符；对重要实物要实地盘点，对余额较大的往来账户要与往来单位、个人核对。

5）公章、收据、空白支票、发票、科目印章以及其他物品等必须交接清楚。

6）实行会计电算化的单位，交接双方应在电子计算机上对有关数据进行实际操作，在确认有关数字正确无误后，方可交接。

（2）专人负责监交。为了明确责任，会计人员办理工作交接时，必须有专人负责监交。通过监交，保证双方都按照国家有关规定认真办理交接手续，防止流于形式，保证会计工作不因人员变动而受影响；保证交接双方处在平等的法律地位上享有权利和承担义务，不允许任何一方以大压小，以强凌弱，或采取非法手段进行威胁。移交清册应当经过监交人员审查和签名、盖章，作为交接双方明确责任的证件。

（3）交接后的有关事宜。

1）会计工作交接完毕后，交接双方和监交人在移交清册上签名或盖章，并应在移交清册上注明单位名称，交接日期，交接双方和监交人的职务、姓名，移交清册页数以及需要说明的问题和意见等。

2）接管人员应继续使用移交前的账簿，不得擅自另立账簿，以保证会计记录前后衔接，内容完整。

3）移交清册一般应填制一式三份，交接双方各执一份，存档一份。

十一、小型房地产企业计算机软件记账

（一）小型房地产企业会计电算化的内容

1. 小型房地产企业开展会计电算化的意义

（1）会计电算化是会计工作的发展方向，各级领导都应当重视这一工作。

小型房地产企业应当逐步创造条件，适时开展会计电算化工作。

（2）开展会计电算化工作，是促进会计基础工作规范化和提高经济效益的重要手段和有效措施。

小型房地产企业要把会计电算化作为建立现代企业制度和提高会计工作质量的一项重要工作来抓。

2. 小型房地产企业实施会计电算化的要求

（1）会计电算化是一项系统工程，涉及单位内部各个方面，小型房地产企业负责人应当亲自组织领导会计电算化工作，主持拟定本单位会计电算化工作规划，协调单位内各部门共同搞好会计电算化工作。小型房地产企业的财务会计部门是会计电算化工作的主要承担者，在各部门的配合下，财务会计部门负责和承担会计电算化的具体组织实施工作，负责提出实现本单位会计电算化的具体方案。

（2）小型房地产企业开展会计电算化工作，可根据本单位具体情况，按照循序渐进、逐步提高的原则进行。例如，可先实现账务处理、报表编制、应收应付账款核算、工资核算等工作

电算化，然后实现固定资产核算、存货核算、成本核算、销售核算等工作电算化，再进一步实现财务分析和财务管理工作电算化；在技术上，可先采用微机单机运行，然后逐步实现网络化。也可根据单位实际情况，先实现工作量大、重复劳动多、见效快项目的电算化，然后逐步向其他项目发展。

（3）小型房地产企业要积极支持和组织本单位会计人员分期分批进行会计电算化知识培训，逐步使多数会计人员掌握会计软件的基本操作技能；具备条件的单位，使部分会计人员能够负责会计软件的维护，并培养部分会计人员逐步掌握会计电算化系统分析和系统设计工作。

（4）会计电算化工作应当讲求成本效益原则，处理好及时采用新技术和新设备与勤俭节约的关系，既不要盲目追求采用最新技术和先进设备，也不要忽视技术的发展趋势，造成设备很快陈旧过时；对于一些投资大的会计电算化项目，有关部门应当加强监督指导。

（5）各级财政部门应加强对基层单位会计电算化工作的指导，在硬软件选择、建立会计电算化内部管理制度方面，积极提出建议，帮助基层单位解决工作中遇到的困难，使会计电算化工作顺利进行。

（6）会计电算化工作取得一定成果的单位，要研究并逐步开展其他管理工作电算化或与其他管理信息系统联网工作，逐步建立以会计电算化为核心的单位计算机管理信息系统，做到单位内部信息资源共享，充分发挥会计电算化在单位经营管理中的作用。

（二）实施会计电算化对小型房地产企业软、硬件的要求

小型房地产企业应根据实际情况和财力状况，选择与本单位会计电算化工作规划相适应的计算机机种、机型和系统软件及有关配套设备。具备一定硬件基础和技术力量的单位，可充分利用现有的计算机设备建立计算机网络，做到信息资源共享和会计数据实时处理。

1. 软件要求

（1）会计核算软件设计应当符合我国法律、法规、规章和国家统一的会计制度的规定，保证会计资料真实、完整，提高会计工作效率。

（2）配备会计软件是会计电算化的基础工作，选择会计软件的好坏对会计电算化的成败起着关键性的作用。配备会计软件主要有选择通用会计软件、定点开发会计软件、通用与定点开发会计软件相结合三种方式，小型房地产企业应根据实际需要和自身的技术力量选择配备会计软件的方式。

选择通用会计软件的投资少，见效快，在软件开发或服务单位的协助下易于应用成功。

选择通用会计软件应注意软件的合法性、安全性、正确性、可扩充性和满足审计要求等方面的问题，以及软件服务的便利，软件的功能应该满足本单位当前的实际需要，并考虑到今后工作发展的要求。

小型房地产企业会计业务相对比较简单，应以选择投资较少的微机通用会计软件为主。

（3）配备的会计软件应达到财政部《会计核算软件基本功能规范》的要求，满足本单位的实际工作需要。

2. 硬件要求

由于财务会计部门处理的数据量大、数据结构复杂、处理方法要求严格和安全性要求高，小型房地产企业用于会计电算化工作的电子计算机设备，应由财务会计部门管理，硬件设备比较多的单位，财务会计部门可单独设立计算机室。

（三）替代手工记账

采用电子计算机替代手工记账，是指应用会计软件输入会计数据，由电子计算机对会计数

据进行处理，并打印输出会计账簿和报表。替代手工记账是会计电算化的目标之一。

1．替代手工记账的单位应具备的条件

（1）配备了适用的会计软件和相应的计算机硬件设备。

（2）配备了相应的会计电算化工作人员。

（3）建立了严格的内部管理制度。

2．替代手工记账前的工作

具备条件的单位应尽快采用计算机替代手工记账。替代手工记账之前，地方单位应根据当地省、自治区、直辖市、计划单列市财政厅（局）的规定，中央直属单位应根据国务院业务主管部门的规定，计算机与手工并行 3 个月以上（一般不超过 6 个月），且计算机与手工核算的数据相一致，并应接受有关部门的监督。

3．替代手工记账的过程

替代手工记账的过程是会计工作从手工核算向电算化核算的过渡阶段，由于计算机与手工并行工作，会计人员的工作强度比较大，小型房地产企业需要合理安排财务会计部门的工作，提高工作效率。

计算机与手工并行工作期间，可采用计算机打印输出的记账凭证替代手工填制的记账凭证，根据有关规定进行审核并装订成册，作为会计档案保存，并据以登记手工账簿。如果计算机与手工核算结果不一致，要由专人查明原因并向本单位领导书面报告。

记账凭证的类别，可以采用一种记账凭证或收、付、转三种凭证的形式；也可以在收、付、转三种凭证的基础上，按照经济业务和会计软件功能模块的划分进一步细化，以方便记账凭证的输入和保存。

4．替代手工记账应注意的问题

（1）采用电子计算机打印输出书面会计凭证、账簿、报表的，应当符合国家统一会计制度的要求，采用中文或中外文对照，字迹清晰，作为会计档案保存，保存期限按《会计档案管理办法》的规定执行。

（2）在当期所有记账凭证数据和明细分类账数据都存储在计算机内的情况下，总分类账可以从这些数据中产生，因此可以用“总分类账户本期发生额及余额对照表”替代当期总分类账。

（3）库存现金日记账和银行存款日记账的打印，由于受到打印机条件的限制，可采用计算机打印输出的活页账页装订成册，要求每天登记并打印，每天业务较少、不能满页打印的，可按旬打印输出。

（4）在保证凭证、账簿清晰的条件下，计算机打印输出的凭证、账簿中表格线可适当减少。

5．实现替代手工记账后应注意的问题

替代手工记账后，小型房地产企业应做到当天发生业务，当天登记入账，期末及时结账并打印输出会计报表；要灵活运用计算机对数据进行综合分析，定期或不定期地向单位领导报告主要财务指标和分析结果。

6．采用磁盘等介质存储会计账簿、报表，作为会计档案保存的单位应满足的要求

采用磁带、磁盘、光盘、微缩胶片等介质存储会计账簿、报表，作为会计档案保存的单位应满足以下要求：

（1）采用磁带、磁盘、光盘、微缩胶片等介质存储会计数据，不再定期打印，输出会计账簿，应征得同级财政部门的同意。

（2）保存期限同打印输出的书面形式的会计账簿、报表。

（3）记账凭证、总分类账、库存现金日记账和银行存款日记账仍需要打印输出，还要按照有关税务、审计等管理部门的要求，及时打印输出有关账簿、报表。

（四）小型房地产企业会计电算化内部管理制度的建立

1. 会计电算化岗位责任制

建立会计电算化岗位责任制，要明确各个工作岗位的职责范围，切实做到事事有人管，人人有专责，办事有要求，工作有检查。会计电算化的工作岗位可分为基本会计岗位和电算化会计岗位。基本会计岗位可包括：会计主管、出纳、会计核算各岗、稽核、会计档案管理等工作岗位。电算化会计岗位包括直接管理、操作、维护计算机及会计软件系统的工作岗位。

2. 电算化会计岗位和工作职责的划分

（1）电算化主管。负责协调计算机及会计软件系统的运行工作，要求具备会计和计算机知识，以及相关的会计电算化组织管理的经验。电算化主管可由会计主管兼任，采用中小型计算机和计算机网络会计软件的单位，应设立此岗位。

（2）软件操作。负责输入记账凭证和原始凭证等会计数据，输出记账凭证、会计账簿、报表和进行部分会计数据处理工作，要求具备会计软件操作知识，达到会计电算化初级知识培训的水平。小型房地产企业应鼓励基本会计岗位的会计人员兼任软件操作岗位的工作。

（3）审核记账。负责对输入计算机的会计数据（记账凭证和原始凭证等）进行审核，操作会计软件登记机内账簿，对打印输出的账簿、报表进行确认。此岗要求具备会计和计算机知识，达到会计电算化初级知识培训的水平，可由主管会计兼任。

（4）电算化维护。负责保证计算机硬件、软件的正常运行，管理机内会计数据。此岗要求具备计算机和会计知识，经过会计电算化中级知识培训；采用大型、小型计算机和计算机网络会计软件的单位，应设立此岗位，此岗在大中型企业中应由专职人员担任。

（5）电算化审查。负责监督计算机及会计软件系统的运行，防止利用计算机进行舞弊。要求具备会计和计算机知识，达到会计电算化中级知识培训的水平，此岗可由会计稽核人员兼任；采用大型、小型计算机和大型会计软件的单位，可设立此岗位。

（6）数据分析。负责对计算机内的会计数据进行分析。要求具备计算机和会计知识，达到会计电算化中级知识培训的水平；采用大型、小型计算机和计算机网络会计软件的单位，可设立此岗位，由主管会计兼任。

3. 建立会计电算化操作管理制度

（1）明确规定上机操作人员对会计软件的操作工作内容和权限，对操作密码要严格管理，指定专人定期更换密码，杜绝未经授权人员操作会计软件。

（2）预防已输入计算机的原始凭证和记账凭证等会计数据未经审核而登记机内账簿。

（3）操作人员离开机房前，应执行相应命令退出会计软件。

（4）根据本单位实际情况，由专人保存必要的上机操作记录，记录操作人、操作时间、操作内容、故障情况等内容。

4. 建立计算机硬件、软件和数据管理制度

（1）保证机房设备安全和计算机正常运行是进行会计电算化的前提条件，要经常对有关设备进行保养，保持机房和设备的整洁，防止意外事故的发生。

（2）确保会计数据和会计软件的安全保密，防止对数据和软件的非法修改和删除；对磁性介质存放的数据要进行双备份。

（3）对正在使用的会计核算软件进行修改、对通用会计软件进行升版和计算机硬件设备进

行更换等工作，要有一定的审批手续；在软件修改、升版和硬件更换过程中，要保证实际会计数据的连续和安全，并由有关人员进行监督。

（4）健全计算机硬件和软件出现故障时进行排除的管理措施，保证会计数据的完整性。

（5）健全必要的防治计算机病毒的措施。

5．建立电算化会计档案管理制度

（1）电算化会计档案，包括存储在计算机硬盘中的会计数据，以其他磁性介质或光盘存储的会计数据和计算机打印出来的书面等形式的会计数据；会计数据是指记账凭证、会计账簿、会计报表（包括报表格式和计算公式）等数据。

（2）电算化会计档案管理是重要的会计基础工作，要严格按照财政部有关规定的要求对会计档案进行管理，由专人负责。

（3）对电算化会计档案管理要做好防磁、防火、防潮和防尘工作，重要会计档案应准备双份，存放在两个不同的地点。

（4）采用磁性介质保存会计档案，要定期进行检查，定期进行复制，防止由于磁性介质损坏，而使会计档案丢失。

（5）通用会计软件、定点开发会计软件、通用与定点开发相结合会计软件的全套文档资料以及会计软件程序，视同会计档案保管，保管期截至该软件停止使用或有重大更改之后的五年。

十二、小型房地产企业会计记账方法

小型房地产企业应当采用借贷记账法记账。

（一）小型房地产企业会计科目

会计工作的基本任务就是反映资产、负债等会计要素的信息。为了全面了解小型房地产企业的财务状况和经营成果，还需要对这些资产、负债等加以细化，以具体了解其内部的组成情况。比如，对于货币资金而言，其中，库存现金、银行存款、其他货币资金各有多少；对于存货而言，其中，材料物资、周转材料、库存商品、委托加工物资等各有多少。因此，在具体的会计核算工作中，需要对会计要素的内容进行分类核算，这些分类核算的项目就是会计科目。

会计科目是在小型房地产企业会计核算中，为了分析、反映和监督各种经济业务，而对会计核算对象的具体内容进行分类核算的项目。设置会计科目是会计核算的一种专门方法。

小型房地产企业单位的资金运动总是体现在资金的增减变化之中，通过设置会计科目，可以把资金的增减变化分门别类地予以反映，保证小型房地产企业能取得经济管理所需的会计核算资料，并可以为编制会计报表、进行会计分析和会计检查提供客观、真实、可靠的资料。为了保证会计核算资料在全国范围内口径统一，便于国家经济宏观调控部门对会计资料的综合汇总和分析利用，会计科目的名称、编号、核算内容和科目对应关系都由国家统一规定，各企业、单位必须按照国家统一规定的会计科目来设置账户，对其各项经济业务进行日常核算，以正确、全面、系统反映各企业、单位的经营活动。

1．会计科目的设置原则

（1）会计科目的设置要保持会计指标体系的完整和统一，要在会计要素的基础上对会计对象的具体内容做进一步分类，达到既能全面而概括地反映小型房地产企业资金运动情况，满足国家宏观经济管理的要求和有关各方了解小型房地产企业财务状况和经营成果的需要，又要适合小型房地产企业经营活动的特点，满足企业内部经营管理的需要。

（2）会计科目的设置要讲究实用，以便清晰地提供经营管理上所需要的资料。

（3）会计科目的含义要简单明了，能确切地表达其所要反映的经济业务。同时，会计科目应保持相对稳定。

2．会计科目结构和会计科目一览表

国家统一制定的会计科目由三部分组成，即会计科目名称和编号、会计科目使用说明和主要会计事项分类举例。

小企业会计科目一览表如表 1-3 所示。

表 1-3　小企业会计科目一览表

顺序号	编　号	会计科目名称
		一、资产类
1	1001	库存现金
2	1002	银行存款
3	1012	其他货币资金
4	1101	短期投资
5	1121	应收票据
6	1122	应收账款
7	1123	预付账款
8	1131	应收股利
9	1132	应收利息
10	1221	其他应收款
11	1401	材料采购
12	1402	在途物资
13	1403	原材料
14	1404	材料成本差异
15	1405	库存商品
16	1407	商品进销差价
17	1408	委托加工物资
18	1411	周转材料
19	1421	消耗性生物资产
20	1501	长期债券投资
21	1511	长期股权投资
22	1601	固定资产
23	1602	累计折旧
24	1604	在建工程
25	1605	工程物资
26	1606	固定资产清理
27	1621	生产性生物资产
28	1622	生产性生物资产累计折旧
29	1701	无形资产
30	1702	累计摊销

续表

顺序号	编　号	会计科目名称
31	1801	长期待摊费用
32	1901	待处理财产损溢
		二、负债类
33	2001	短期借款
34	2201	应付票据
35	2202	应付账款
36	2203	预收账款
37	2211	应付职工薪酬
38	2221	应交税费
39	2231	应付利息
40	2232	应付利润
41	2241	其他应付款
42	2401	递延收益
43	2501	长期借款
44	2701	长期应付款
		三、所有者权益类
45	3001	实收资本
46	3002	资本公积
47	3101	盈余公积
48	3103	本年利润
49	3104	利润分配
		四、成本类
50	4001	生产成本
51	4101	制造费用
52	4301	研发支出
53	4401	工程施工
54	4403	机械作业
		五、损益类
55	5001	主营业务收入
56	5051	其他业务收入
57	5111	投资收益
58	5301	营业外收入
59	5401	主营业务成本
60	5402	其他业务成本
61	5403	营业税金及附加
62	5601	销售费用
63	5602	管理费用

续表

顺序号	编　号	会计科目名称
64	5603	财务费用
65	5711	营业外支出
66	5801	所得税费用

会计科目和主要账务处理依据小企业会计准则中确认和计量的规定制定，涵盖了各类小企业的交易和事项。小企业在不违反会计准则中确认、计量和报告规定的前提下，可以根据本企业的实际情况自行增设、分拆、合并会计科目。小企业不存在的交易或者事项，可不设置相关会计科目。对于明细科目，小企业可以比照小企业会计准则附录中的规定自行设置。会计科目编号供小企业填制会计凭证、登记会计账簿、查阅会计账目、采用会计软件系统参考，小企业可结合本企业的实际情况自行确定其他会计科目的编号。

3. 会计科目的分类

会计科目的分类是按照不同的标准对会计科目的归类。在实际工作中，对会计科目的分类一般有以下两种方法。

（1）按列入的会计报表分类。会计科目表中的科目，根据期末时列入会计报表的种类，主要分为资产负债表科目和利润表科目。资产负债科目主要包括资产类、负债类和所有者权益三种，它们分别与资产负债表中这三类项目对应。此外，成本类科目的“生产成本”，如果有期末余额，也将作为“存货”项目的一部分列入资产负债表。因此，它们也属于资产负债表科目。利润表科目包括会计科目中的所有损益类科目。

（2）按其经济内容分类。每个会计科目核算的经济内容是不同的，据此，会计科目可以分为6类，即资产类、负债类、所有者权益类、收入类、费用类和利润类。这种分类，对于正确使用会计科目、运用复式记账法有着重要意义。

（二）小型房地产企业会计账户

账户是根据会计科目设置的，具有一定格式和结构，用于分类反映会计要素各项目增减变动情况及其结果的载体。根据一级会计科目设置的账户，称为总分类账户；根据明细会计科目设置的账户，称为明细分类账户。

在实际工作中，对账户和会计科目一般不做严格区分，往往相互通用。

1. 账户的结构

为反映经济业务的具体内容，账户除了要有明确的会计处理内容外，还要有一定的结构。账户在结构上一般分为两个基本部分，用以分别记录资产、负债和所有者权益的增减数。在实际工作中，通常把账户分为左、右两方，一方登记增加，一方登记减少。账户的这种结构可用“T”字形账户表示。

在账户登记中，账户的左、右两方，具体到哪一方登记增加，哪一方登记减少，则要视所记录经济业务和账户的性质。登记本期增加的金额，称为本期增加额；登记本期减少的金额，称为本期减少额；增减相抵后的差额，称为余额。其余额按照时间的不同，分为期初余额和期末余额。基本关系可表示为：

期末余额=期初余额+本期增加额–本期减少额

在借贷记账法下，把账户的左方称为借方，右方称为贷方，但到底是“借方”登记增加，还是“贷方”登记增加，则要根据在借贷记账法下账户所反映的经济内容来确定。其一般规则为：

（1）资产的增加数记入左方（借方），减少数记入右方（贷方）。

（2）负债的增加数记入右方（贷方），减少数记入左方（借方）。

（3）所有者权益增加数记入右方（贷方），减少数记入左方（借方）。

2. 账户与会计科目的关系

会计科目与会计账户是两个不同的概念，两者之间既有区别又有联系。

（1）会计科目与会计账户的区别。会计科目是对会计核算对象的具体内容进行分类核算的项目，只有分类的名称，没有一定的格式，不能把发生的经济业务连续、系统地记录下来；会计账户不仅有名称，而且有一定的结构（格式），能把发生的经济业务系统地记录下来，具有反映和监督资金增减变化的独特作用。

（2）会计科目与会计账户的联系。会计科目和会计账户是分门别类地反映小型房地产企业资金变化的经济内容，会计账户是根据会计科目来设置的，会计科目的名称就是会计账户名称，会计科目规定的会计处理内容就是会计账户应记录反映的内容。在实际工作中，会计科目和会计账户往往是相互通用的。

3. 账户的分类

（1）按照账户所反映的会计要素的具体内容进行分类。按照账户所反映的会计要素的具体内容，可以分为资产类、负债类、所有者权益类、共同类、成本类和损益类。

（2）按照账户所提供信息的详细程度及其统驭关系进行分类。按照账户所提供信息的详细程度及其统驭关系，可以分为总分类账户和明细分类账户。总分类账户用来对会计要素具体内容进行总括分类，提供总括信息；明细分类账户用来对总分类账户做进一步分类，提供更详细更具体的会计信息。

1）总分类账户，又称一级账户，是指按照各项资产、负债以及所有者权益分别设置的，仅以货币计量单位进行登记，用来提供总括核算资料的账户。利用总分类账户提供各种总括核算资料，可概括地了解一个单位的各项资产与负债及所有者权益的增减情况及其结果。但是，总分类账户并不能提供关于各项资产、负债及所有者权益的增减变动情况及其结果的详细资料，从而也就难以满足经济管理上的具体需要。因此，小型房地产企业在设置总分类账户的同时，还应当根据实际需要，在某些总分类账户的统驭之下，分别设置若干明细分类账户。

2）明细分类账户，是指根据总分类账户核算内容的具体分类，分别设置的用来提供详细核算资料的账户。例如，为了具体了解各种商品收、发、结存情况，就有必要在“库存商品”总分类账户下，按照商品的类型设置明细分类账户。又如，为了具体掌握小型房地产企业与各供应单位之间的货款结算情况，就应在“应付账款”总分类账户下，按各供应单位名称分别设置明细分类账户。在明细分类账户中，除了以货币计量单位进行金额核算外，还要用实物计量单位进行数量核算，以便通过提供数量方面的资料，对总分类账户进行必要的补充。

3）总分类账户与明细分类账户的关系。总分类账户是所属明细分类账户的统驭账户，对所属明细分类账户起着控制作用；而明细分类账户则是某一总分类账户的从属账户，对其所隶属的总分类账户起着辅助作用。某一总分类账户及其所属明细分类账户的会计处理内容是相同的，它们所提供的会计处理资料的详细程度是不同的。因此，总分类账户与明细分类账户应当平行登记。

平行登记的要点有如下几点：

① 对于每一项经济业务，一方面要记入有关总分类账户，另一方面要记入它所属的一个或几个明细分类账户。

② 在某一总分类账户及其所属的明细分类账户中登记经济业务时，方向必须相同，即在总分类账户中记入借方，在其所属的明细分类账户中也应记入借方；在总分类账户中记入贷方，在其所属的明细分类账户中也应记入贷方。

③ 记入某一总分类账户的金额必须与记入其所属的一个或几个明细分类账户的金额合计数相等。

（三）小型房地产企业会计记账方法

1．复式记账法

复式记账法是指根据资产与负债和所有者权益的平衡原理，对于每一项经济业务所引起的资金运动，都必须用相等的金额同时在两个或两个以上的相互联系的账户中进行全面登记的一种科学的记账方法。

由于科目分类、记账符号、记账规则和试算平衡等方面有所不同，可以将复式记账法分为不同种类，如图 1-2 所示。

- 复式记账法
  - 借贷记账法
  - 增减记账法
  - 收付记账法
    - 资金收付记账法
    - 钱物（财产）收付记账法
    - 现金收付记账法
    - 银行资金收付记账法

图 1-2　复式记账法的种类

（1）复式记账法的优点。复式记账法是从单式记账法发展而来的。单式记账法是一种比较原始的、不完整的记账方法，它是就经济业务的单方面或一个方面来记账。最早的单式簿记是以现金为主体来进行的。采用单式记账方法，账户设置要求不严格，记录比较简单，账务处理不严密，内容不完整，各账户之间的记录互不联系，也没有明显的平衡关系。因此，这种记账方法无法适应社会经济发展的客观需要，目前已不再采用。

复式记账法克服了单式记账法的缺点，扩大了记账法的应用领域，提高了记账质量。其优点表现在以下几个方面。

1）设置了较完整的会计科目，各个会计科目固定了一定的经济内容，明确了账户的用途和结构，使会计科目系统化。

2）对发生的每一项经济业务，都要将相同的金额在两个或两个以上相互联系的账户中按规定的会计科目，并以分类的形式来进行登记，显示出它们的对应关系。

3）使用复式记账法可使经济业务的本期发生额和期末结余额均能自行保持平衡关系，保证了会计记录的正确性。所以，记账方法从单式发展到复式，是会计方法上一个重大进步。使用复式记账法，能够保证会计在反映、监督和分析经济业务的发生更加合理化和科学化，促使会计管理更好地发挥它应有的职能使用。

（2）复式记账法的基本内容。复式记账法以“资产=负债+所有者权益”的平衡公式作为其理论依据。按照这个平衡原理，任何一项经济业务的发生，都会引起资金运用和来源或者它们两者之间内部关系发生增减变化，这种变化通过两个或两个以上的账户（科目），以相同的金额，相互联系地全面地反映出来。

采用复式记账法，首先，必须制定会计科目，其次，根据会计科目开设相应的账户，这样才能把发生的每一项经济业务，以相等的金额，记入两个或两个以上相互关联的账户中。

采用复式记账法时，对所有的账户都要固定记账方向，表示这个方向的记号，就是记账符号。如小型房地产企业资产增加记在这个方向，负债和所有者权益减少记在那个方向等，都要事先确定记账符号，才能进行复式记账。

采用复式记账时，必须根据资金增减变化的客观规律制定记账规则，以便每发生一项经济业务，都按照记账规则去记账。填制记账凭证、登记账簿和编制报表都必须严格遵守记账规则，以取得正确的会计资料。

会计分录，又称记账公式，是指经济业务所运用的账户、记账方向（记账符号，如收付、借贷、增减等）和入账金额的一种记录。编制会计分录是对经济业务的发生或完成进行反映和监督的一种形式，也是保证记账正确的重要手段。由于各种记账方法的记账符号、记账规则不同，因此，编制会计分录的表达方式也不同。

会计分录始终保持平衡关系是复式记账法的基本要求。平衡关系可用公式表示为：

资产类所有账户借方余额合计=负债类所有账户贷方余额合计+
所有者权益类所有账户贷方余额合计

通过平衡公式的计算，就可以根据经济业务所编制的分录和入账金额进行发生额和余额的试算平衡，以检查会计记录是否正确无误。

2．借贷记账法

借贷记账法是历史上第一个复式记账法，也是当前世界各国普遍使用的一种记账方法。借贷记账法开始是单式记账法，到了15世纪逐步形成比较完备的复式记账法。采用“借”和“贷”这两字，其目的是适应借贷资本家记录其货币的存入和支出的需要。随着资本主义的发展，记账的内容不断扩大，用来记录各种经济业务，借贷两字也就逐渐失去了原来的含义，而转化为纯粹的记账符号，变成了会计上的专用术语。

借贷记账法以“借”和“贷”作为记账符号，以“有借必有贷，借贷必相等”作为记账规则，对每一项经济业务，都在两个或两个以上账户中，以相等的金额、相反的方向，全面地、相互联系地记录经济业务。

（1）借贷记账法的基本原理。

1）理论依据。借贷记账法一般以“资产=负债+所有者权益”平衡公式为理论基础。这种资金平衡关系是借贷记账法进行记账的必然结果。

2）账户结构。在借贷记账法下，任何账户都分为借、贷两方，一方登记数额的增加，另一方登记数额的减少。在资产类账户中，习惯上用借方登记它的增加数，贷方登记它的减少数，而在负债及所有者权益中，则用贷方登记它的增加数，借方登记它的减少数。在资产类账户中，其减少额不可能大于它的期初余额与本期增加额之和，所以期末如有余额，必定在借方。而在负债及所有者权益账户中，其增加额与期初余额之和，通常要大于本期减少数，所以，期末如有余额，必定在贷方。资产类账户和负债及所有者权益类账户期末余额计算公式：

资产类账户余额=期初余额+本期借方发生额–本期贷方发生额
负债及所有者权益类账户余额=期初余额+本期贷方发生额–本期借方发生额

3）记账规则。采用借贷记账法，对每一项经济业务，不论其只涉及资产或负债与所有者权益的方面的账户，还是同时涉及资产和负债与所有者权益两方面的账户，都必须记入一个账户的借方和另一个账户的贷方，而且记入借方与记入贷方的数额必须相等。因此，借贷记账法的记账规则可概括为：有借必有贷，借贷必相等。

【例 1-4】 贵琛房地产公司购买一台不需要安装即可投入使用的设备，已投入使用，货款尚未支付，形成应付账款。对于这笔采购业务，如果其符合会计要素的确认标准，那么，贵琛房地产公司一方面要在借方记录资产类账户“固定资产”的增加，另一方面要在贷方记录负债类账户“应付账款”的增加。

以上对某项经济业务标明其应借应贷账户及其金额的记录，我们将其称为会计分录。

按照所涉及账户的多少，会计分录分为简单会计分录和复合会计分录。简单会计分录是指只涉及一个账户借方和另一个账户贷方的会计分录，即一借一贷的会计分录；复合会计分录是指由两个以上（不含两个）对应账户所组成的会计分录，即一借多贷或一贷多借的会计分录。通常情况下，复合会计分录可以分解为若干个简单会计分录。

（2）借贷记账法的试算平衡。试算平衡，是指根据资产、负债和所有者权益的会计等式以及借贷记账法的记账规则，检查所有账户记录是否正确。它是通过编制总分类账户试算平衡表来进行的。

试算平衡有发生额试算平衡法和余额试算平衡法。

1）发生额试算平衡法。发生额试算平衡法是根据本期所有账户借方发生额合计等于贷方发生额合计的恒等关系，检查本期发生额记录是否正确的方法。

计算公式：

全部账户本期借方发生额合计=全部账户本期贷方发生额合计

2）余额试算平衡法。余额试算平衡法是根据本期所有账户借方余额合计与贷方余额合计的恒等关系，检查本期账户记录是否正确的方法。

根据余额时间的不同，又分为期初余额平衡与期末余额平衡两种。期初余额平衡是期初所有账户借方余额合计与贷方余额合计相等。期末余额平衡是期末所有账户借方余额合计与贷方余额合计相等。

计算公式：

全部账户的借方期初余额合计=全部账户的贷方期初余额合计

全部账户的借方期末余额合计=全部账户的贷方期末余额合计

第三节　小型房地产企业会计凭证

小型房地产企业会计凭证，是指记录小型房地产企业经济业务的发生情况，明确经济责任的书面证明。它是小型房地产企业登记账簿的重要依据。

任何一项经济业务，如购买商品或用品时要由供货单位开具发票，支付款项时要由收款单位开出收据，商品收进或发出时要有收货单、发货单等，都应取得或填制合法的会计凭证，并根据审核无误的会计凭证登记账簿。正确地填制和严格地审核会计凭证，保证会计凭证的合法性，既是会计核算的起点，也是会计监督的第一道“关口”。

《中华人民共和国会计法》第十四条规定，会计凭证包括原始凭证和记账凭证。对下列经济业务事项，必须填制或者取得原始凭证并及时送交会计机构：

（1）款项和有价证券的收付。

（2）财物的收发、增减和使用。

（3）债权债务的发生和结算。

（4）资本、基金的增减。

（5）收入、支出、费用和成本的计算。

（6）财务成果的计算和处理。

（7）需要办理会计手续，以及进行会计核算的其他事项。

会计机构、会计人员必须按照国家统一的会计制度的规定对原始凭证进行审核，对不真实、不合法的原始凭证有权不予接受，并向单位负责人报告；对记载不准确、不完整的原始凭证予以退回，并要求按照国家统一的会计制度的规定更正补充。

原始凭证记载的各项内容均不得涂改；原始凭证有错误的，应当由出具单位重开或者更正，更正处应当加盖出具单位印章。原始凭证金额有错误的，应当由出具单位重开，不得在原始凭证上更正。

记账凭证应当根据经过审核的原始凭证及有关资料填制。

一、小型房地产企业会计凭证的分类

小型房地产企业会计凭证多种多样，按其填制程序和用途，可以分为原始凭证和记账凭证两大类。

（一）原始凭证

原始凭证，又称单据，是用以记录和证明经济业务的发生和完成情况的原始记录，也是明确经济责任和据以记账的原始依据。

按取得来源，原始凭证可以分为外来原始凭证和自制原始凭证两大类。

（1）外来原始凭证。外来原始凭证是指在经济业务发生时，从其他单位取得的原始凭证，如购货时取得的发票、付款时取得的收据等。

（2）自制原始凭证。自制原始凭证是指在经济业务发生或完成时，由本单位经办业务的部门和人员，根据经济业务自行填制的原始凭证。如商品、材料入库验收单、领料单等。

自制原始凭证，按其使用时间和次数的不同，以及反映业务情况的方法不同，可分为一次凭证、累计凭证和汇总凭证。

1）一次凭证。一次凭证是指一次完成业务手续的证明凭证。绝大多数日常应用的原始凭证，如现金收据、银行结算凭证、收料单等都是一次凭证。

2）累计凭证。累计凭证是指用来连续反映一定时期内若干项不断重复发生的同类经济业务的原始凭证，如限额领料单等。

3）汇总凭证。汇总凭证又称原始凭证汇总表，是指根据许多同类性质的原始凭证汇总起来而编制的凭证，如材料汇总表等。

小型房地产企业办理款项和有价证券的收付；财物的收发、增减和使用；债权债务的发生和结算；资本的增减；收入、支出、费用、成本的计算；财务成果的计算和处理；其他需要办理会计手续、进行会计核算的事项，必须取得或者填制原始凭证，并及时送交会计机构。

（二）记账凭证

记账凭证，又称记账凭单，是指根据原始凭证或原始凭证汇总表编的，用以确定会计分录，登记账簿的一种会计凭证。

由于原始凭证的形式和格式多种多样，直接据以入账容易发生差错，因而在记账前，应根据原始凭证编制相应的记账凭证。

会计机构、会计人员要根据审核无误的原始凭证填制记账凭证。

记账凭证可以分为收款凭证、付款凭证和转账凭证，也可以使用通用记账凭证。

（1）收款凭证，是指用于现金、银行存款收入业务的凭证，具体又可分为现金收入凭证、银行存款收入凭证等。

（2）付款凭证，是指用于反映现金、银行存款付款业务的凭证，具体又可分为现金付出凭证、银行存款付出凭证等。

（3）转账凭证，是指用于反映不涉及现金或银行存款收付的其他经济业务的凭证。

以上三种记账凭证主要是专门用来记录某一类经济业务的，所以又称为专用记账凭证。

有一些小型房地产企业不分收款、付款和转账业务，都使用一种记账凭证，这种凭证称为通用记账凭证。

会计凭证分类如图 1-3 所示。

- 会计凭证
  - 原始凭证
    - 自制原始凭证
    - 外来原始凭证
  - 记账凭证
    - 收款凭证
    - 付款凭证
    - 转账凭证

图 1-3　会计凭证分类

二、小型房地产企业会计凭证的填制要求

（一）小型房地产企业填制会计凭证的基本要求

（1）字迹必须清晰、工整。

（2）阿拉伯数字应当一个一个地写，不得连笔写。阿拉伯金额数字前面应当书写货币币种符号或者货币名称简写和币种符号。币种符号与阿拉伯金额数字之间不得留有空白。凡阿拉伯数字前写有币种符号的，数字后面不再写货币单位。

（3）所有以元为单位（其他货币种类为货币基本单位，下同）的阿拉伯数字，除表示单价等情况外，一律填写到角分；无角分的，角位和分位可写“00”，或者符号“—”；有角无分的，分位应当写“0”，不得用符号“—”代替。

（4）汉字大写数字金额如零、壹、贰、叁、肆、伍、陆、柒、捌、玖、拾、佰、仟、万、亿等，一律用正楷或者行书体书写，不得用○、一、二、三、四、五、六、七、八、九、十等简化字代替，不得任意自造简化字。大写金额数字到元或者角为止的，在“元”或者“角”字之后应当写“整”字或者“正”字；大写金额数字有分的，分字后面不写“整”或者“正”字。

（5）大写金额数字前未印有货币名称的，应当加填货币名称，货币名称与金额数字之间不得留有空白。

（6）阿拉伯金额数字中间有“0”时，汉字大写金额要写“零”字；阿拉伯数字金额中间连续有几个“0”时，汉字大写金额中可以只写一个“零”字；阿拉伯金额数字元位是“0”，或者数字中间连续有几个“0”、元位也是“0”但角位不是“0”时，汉字大写金额可以只写一个“零”字，也可以不写“零”字。

实行会计电算化的单位，对于机制记账凭证，要认真审核，做到会计科目使用正确，数字准确无误。打印出的机制记账凭证要加盖制单人员、审核人员、记账人员及会计机构负责人、会计主管人员印章或者签字。

（二）小型房地产企业原始凭证的填制和审核

1．小型房地产企业原始凭证的基本要求

（1）原始凭证必须具备的内容：凭证的名称；填制凭证的日期；填制凭证单位名称或者填制人姓名；经办人员的签名或者盖章；接受凭证单位名称；经济业务内容、数量、单价和金额。

（2）从外单位取得的原始凭证，必须盖有填制单位的公章；从个人取得的原始凭证，必须有填制人员的签名或者盖章。自制原始凭证必须有经办单位领导人或者其指定的人员签名或者盖章。对外开出的原始凭证，必须加盖本单位公章。

（3）凡填有大写和小写金额的原始凭证，大写与小写金额必须相符。购买实物的原始凭证，必须有验收证明。支付款项的原始凭证，必须有收款单位和收款人的收款证明。

（4）一式几联的原始凭证，应当注明各联的用途，只能以一联作为报销凭证。

一式几联的发票和收据，必须用双面复写纸（发票和收据本身具备复写纸功能的除外）套写，并连续编号。作废时应当加盖“作废”戳记，连同存根一起保存，不得撕毁。

（5）发生销货退回的，除填制退货发票外，还必须有退货验收证明；退款时，必须取得对方的收款收据或者汇款银行的凭证，不得以退货发票代替收据。

（6）职工公出借款凭据，必须附在记账凭证之后。收回借款时，应当另开收据或者退还借据副本，不得退还原借款收据。

（7）经上级有关部门批准的经济业务，应当将批准文件作为原始凭证附件。如果批准文件需要单独归档的，应当在凭证上注明批准机关名称、日期和文件字号。

原始凭证不得涂改、挖补。发现原始凭证有错误的，应当由开出单位重开或者更正，更正处应当加盖开出单位的公章。

2．原始凭证的审核

原始凭证必须经过审核，才能作为记账依据。审核内容主要包括以下几项。

（1）合法性、合规性和合理性。审核经济业务内容，是否符合有关政策法令、制度、计划、预算和合同等规定，是否符合审批权限和手续，以及开支是否符合节约原则等。

（2）完整性。原始凭证的手续是否完备，应填写的项目是否填写齐全，有关经办人员是否都已签名或盖章，是否经过主管人员审批同意等。

（3）正确性。原始凭证的摘要和数字是否写清楚、正确，数量、单价、金额、合计数等有无差错，大写与小写金额是否相符等。

（三）小型房地产企业记账凭证的填制和审核

1．记账凭证的基本要求

（1）记账凭证的内容包括：填制凭证的日期；凭证编号；经济业务摘要；会计科目；金额；所附原始凭证张数；填制凭证人员、稽核人员、记账人员、会计机构负责人、会计主管人员签名或者盖章。收款和付款记账凭证还应当由出纳人员签名或者盖章。

以自制的原始凭证或者原始凭证汇总表代替记账凭证的，也必须具备记账凭证应有的项目。

（2）填制记账凭证时，应当对记账凭证进行连续编号。一笔经济业务需要填制两张以上记账凭证的，可以采用分数编号法编号。

（3）记账凭证可以根据每一张原始凭证填制，或者根据若干张同类原始凭证汇总填制，也可以根据原始凭证汇总表填制。但不得将不同内容和类别的原始凭证汇总填制在一张记账凭证上。

（4）除结账和更正错误的记账凭证可以不附原始凭证外，其他记账凭证必须附有原始凭证。如果一张原始凭证涉及几张记账凭证，可以把原始凭证附在一张主要的记账凭证后面，并在其他记账凭证上注明附有该原始凭证的记账凭证的编号或者附原始凭证复印件。

一张原始凭证所列支出需要几个单位共同负担的，应当将其他单位负担的部分，开给对方原始凭证分割单，进行结算。原始凭证分割单必须具备原始凭证的基本内容：凭证名称，填制凭证日期，填制凭证单位名称或者填制人姓名，经办人的签名或者盖章，接受凭证单位名称、经济业务内容、数量、单价、金额和费用分摊情况等。

（5）如果在填制记账凭证时发生错误，应当重新填制。已经登记入账的记账凭证，在当年内发现填写错误时，可以用红字填写一张与原内容相同的记账凭证，在摘要栏注明“注销某月某日某号凭证”字样，同时再用蓝字重新填制一张正确的记账凭证，注明“订正某月某日某号凭证”字样。如果会计科目没有错误，只是金额错误，也可以将正确数字与错误数字之间的差额，另编一张调整的记账凭证，调增金额用蓝字，调减金额用红字。发现以前年度记账凭证有错误的，应当用蓝字填制一张更正的记账凭证。

（6）记账凭证填制完经济业务事项后，如有空行，应当自金额栏最后一笔金额数字下的空行处至合计数上的空行处划线注销。

2. 记账凭证的填制方法与审核

（1）记账凭证的填制方法。记账凭证分为专用记账凭证和通用记账凭证两种。后者不分收、付、转账业务，前者按收款、付款、转账业务分别采用收款凭证、付款凭证、转账凭证三种格式。通用记账凭证格式和填制方法与专用记账凭证的转账凭证相同，现以专用记账凭证的三种格式为例，说明其填制方法，如表 1-4、表 1-5、表 1-6 所示。

表 1-4 （企业名称）

收款凭证

借方账户：　　　　　　年　月　日　　　　　　现收字第　　号

<table>
<tr><td rowspan="2">摘要</td><td colspan="2">贷方账户</td><td rowspan="2" colspan="2">金额</td><td rowspan="2">记账</td><td rowspan="4">附
件

张</td></tr>
<tr><td>一级账户</td><td>明细账户</td></tr>
<tr><td></td><td></td><td></td><td></td><td></td><td></td></tr>
<tr><td>合计</td><td></td><td></td><td></td><td></td><td></td></tr>
</table>

会计主管：　　记账：　　出纳：　　审核：　　填制：

表 1-5 （企业名称）

付款凭证

贷方账户：　　　　　　年　月　日　　　　　　银付字第　　号

<table>
<tr><td rowspan="2">摘要</td><td colspan="2">借方账户</td><td rowspan="2">金额</td><td rowspan="2">记账</td><td rowspan="4">附
件

张</td></tr>
<tr><td>一级账户</td><td>明细账户</td></tr>
<tr><td></td><td></td><td></td><td></td><td></td></tr>
<tr><td>合计</td><td></td><td></td><td></td><td></td></tr>
</table>

会计主管：　　记账：　　出纳：　　审核：　　填制：

表 1-6　（企业名称）

转款凭证

年　月　日　　　　转字第　号

摘要	一级账户	明细账户	借方金额		贷方金额		记账	附件张
合计								

会计主管：　　记账：　　出纳：　　审核：　　填制：

其填制方法如下：

1）记账号根据记账凭证记账后，在“记账”内作“√”符号，或在该栏中说明所记账户的账页数。

2）对于现金和银行存款之间，以及各种银行存款之间的相互划转业务，如从银行提取现金、以现金存入银行等，若同时填制收款凭证，在记账时无须记入对方账户，也可以只填付款凭证，避免重复凭证。

3）收、付款和转账凭证通常用不同颜色印刷或用不同纸张，以示区别。

（2）记账凭证的审核。审核记账凭证时应注意以下几点：

1）记账凭证是否附有原始凭证，所附原始凭证的内容和张数是否与记账凭证相符。

2）会计科目的使用和应借、应贷金额是否正确，账户对应关系是否清晰。

3）审核中如发现差错，应查明原因予以重填或用划线更正法改正，并在更正处盖更正人员章，以示负责。

三、小型房地产企业会计凭证的传递

小型房地产企业会计凭证的传递，是指会计凭证从填制起，经过审核、整理、记账到装订保管为止的处理过程，以及在此过程中小企业有关部门、人员之间应当办理的传递手续。小型房地产企业会计凭证的传递程序应当科学、合理，具体办法由企业根据会计业务需要自行规定。

小型房地产企业在制定会计凭证传递程序，规定传递时间时，通常要考虑：

（1）根据经济业务特点及经营管理的需要，规定各种凭证的联数和传递程序。

（2）根据有关部门和人员办理必要业务手续的需要，确定凭证在各个环节的停留时间。

（3）通过调查研究，协商制定会计凭证的传递程序和传递时间。

（4）分别制定若干主要业务绘成流程图或流程表。

四、小型房地产企业会计凭证的保管

小型房地产企业会计机构、会计人员要妥善保管会计凭证。

（1）会计凭证应当及时传递，不得积压。

（2）会计凭证登记完毕后，应当按照分类和编号顺序保管，不得散乱丢失。

（3）记账凭证应当连同所附的原始凭证或者原始凭证汇总表，按照编号顺序，折叠整齐，按期装订成册，并加具封面，注明单位名称、年度、月份和起讫日期、凭证种类、起讫号码，由装订人在装订线封签外签名或者盖章。

对于数量过多的原始凭证，可以单独装订保管，在封面上注明记账凭证日期、编号、种类，同时在记账凭证上注明“附件另订”和原始凭证名称及编号。

各种经济合同、存出保证金收据以及涉外文件等重要原始凭证，应当另编目录，单独登记保管，并在有关的记账凭证和原始凭证上相互注明日期和编号。

（4）原始凭证不得外借，其他单位如因特殊原因需要使用原始凭证时，经本单位会计机构负责人、会计主管人员批准，可以复制。向外单位提供的原始凭证复制件，应当在专设的登记簿上登记，并由提供人员和收取人员共同签名或者盖章。

（5）从外单位取得的原始凭证如有遗失，应当取得原开出单位盖有公章的证明，并注明原来凭证的号码、金额和内容等，由经办单位会计机构负责人、会计主管人员和单位领导人批准后，才能代作原始凭证。如果确实无法取得证明的，如火车、轮船、飞机票等凭证，由当事人写出详细情况，由经办单位会计机构负责人、会计主管人员和单位领导人批准后，代作原始凭证。

第四节　小型房地产企业会计账簿

小型房地产企业会计账簿（简称账簿，又叫账册），是指小型房地产企业以会计凭证为依据，全面、系统和连续地记录、反映企业经济活动的，具有一定格式的簿籍。它是由许多具有专门格式的账页组成的。设置和登记账簿是会计核算的一种专门方法。通过账簿的登记，对各项经济业务进行序时、分类的记录，既可提供总括的会计处理资料，又可提供明细的会计处理资料，全面系统地反映资金的增减变化，同时，还可为编制会计报表提供主要依据。

小型房地产企业应当按照国家统一会计制度的规定和会计业务的需要设置会计账簿。实行会计电算化的单位，用计算机打印的会计账簿必须连续编号，经审核无误后装订成册，并由记账人员和会计机构负责人、会计主管人员签字或者盖章。实行会计电算化的单位，总账和明细账应当定期打印。发生收款和付款业务的，在输入收款凭证和付款凭证的当天必须打印出库存现金日记账和银行存款日记账，并与库存现金核对无误。

小型房地产企业在设置账簿时，应遵循以下原则：全面、系统地反映和监督经济活动情况；适应本单位的经营特点和核算要求；满足国民经济宏观管理的需要；简便实用。

一、小型房地产企业会计账簿的种类

按不同的标准划分，小型房地产企业会计账簿可以分为不同种类，如图 1-4 所示。

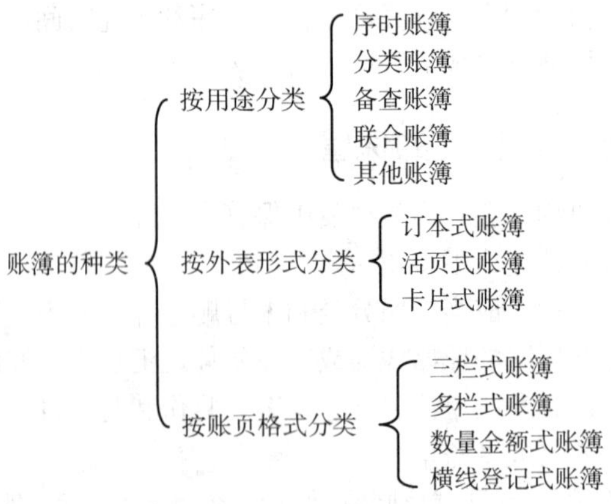

图 1-4　会计账簿的种类

（一）按其用途，分为序时账簿、分类账簿、备查账簿和联合账簿

1．序时账簿

序时账簿，又叫日记账，或叫原始分录账，是指按照经济业务发生或完成时间的先后次序进行登记的账簿。在实际操作中，它是按照财会部门收到凭证的先后顺序，即按照凭证的编号顺序进行登记的。序时账簿有两种：一是用来登记全部经济业务的；二是用来登记某一类经济业务的。目前应用比较广泛的是记录某一类经济业务的序时账簿，如库存现金日记账、银行存款日记账等。

（1）库存现金日记账。库存现金日记账是小型房地产企业用来序时登记现金支付业务的账簿。一般采用三栏式，基本结构为收入栏、支出栏和结余栏，如表1-7所示。

表1-7　库存现金日记账

年		凭证编号		摘要	对方科目	收入（借）	支出（贷）	结余
月	日							

库存现金日记账的登记方法为：

1）库存现金日记账由出纳人员根据审核无误的现金收、付款凭证逐日逐笔按顺序登记。“年、月、日”、“凭证编号”、“摘要”、“对方科目”等栏，根据现金收、付款凭证上的有关内容登记。“收入”栏根据现金收款凭证登记，“支出”栏根据现金付款凭证登记。

2）对现金的收入、支出和保管，指定专人负责，实行“账款分管”。

3）出纳员在登记“库存现金日记账”时，严格审核现金收、付款凭证，看其是否符合政策、法令和制度，是否有健全的手续，如有不符，则应拒绝收付。

4）已经收付现金的凭证，应加盖“现金收讫”或“现金付讫”戳记，每日终了应结出库存现金日记账的收入合计数、支出合计数和结余数，并与实际库存核对，核查是否相符，如有不符，应查明原因和责任。

（2）银行存款日记账。银行存款日记账是小型房地产企业用来登记银行存款收付业务的账簿。它应按“结算存款”、“信用证存款”等分别设置。一般采用“收入”、“支出”、“结余”三栏式，如表1-8所示。

表1-8　银行存款日记账

年		凭证编号	摘要	结算凭证		对方科目	收入	支出	结余
月	日			种类	号数				

银行存款日记账的登记方法为：

1）由出纳员根据银行存款的收、付款凭证及其所附原始凭证逐笔顺序登记。

2）“年、月、日”、“凭证编号”、“摘要”、“对方科目”等栏，根据银行存款收、付款凭证上的有关内容登记，“结算凭证”栏根据银行收、付款凭证所附的银行结算凭证填制，“收入”栏根据银行存款收款凭证上的数据记录，“支出”栏根据银行存款凭证上的数额记录。

对于现金和银行存款收、付业务较多的单位，库存现金日记账和银行存款日记账，还可以按照收款业务和付款业务分别设置多栏式“现金收入日记账”、“现金支出日记账”、“银行存款收入日记账”和“银行存款支出日记账”，其格式如表1-9和表1-10所示。

表 1-9 现金（银行存款）收入日记账

年		凭证编号	摘要	贷方科目						收入合计	支出合计	余额
月	日											

表 1-10 现金（银行存款）支出日记账

年		凭证编号	摘要	支票		借方科目								支出合计
月	日			种类	号数									

多栏式现金（银行存款）收入（支出）日记账，应每天根据有关的收付款凭证逐笔进行登记，把金额记入对方科目设置的专栏内，每日终了，将支出日记账当日支出合计数，转记入收入日记账中支出合计栏内，结出当日的账面余额。

2．分类账簿

分类账簿是指对经济业务进行分类登记的账簿。按账簿反映内容详细程度的不同，可将分类账簿分为总分类账（简称总账）和明细分类账（简称明细账）。

（1）总分类账。总分类账，又叫总账，是指根据一级会计科目设置的，用来分类登记全部经济业务，提供各种资产、负债及所有者权益、费用成本和收入成果等总括核算资料的分类账簿。它能够全面、总括地反映经济活动情况，为编制会计报表提供资料。总分类账一般采用借、贷、余三栏式的订本账。其格式如表 1-11 所示。

表 1-11 总账

年		凭证编号		摘 要	金 额		
月	日	借	贷		借方	贷方	余额（借或贷）

总分类账一般根据记账凭证汇总表登记，也可以根据各种记账凭证逐笔登记。

（2）明细分类账。明细分类账，又叫明细账，是指根据一级科目所属的二级或明细科目设置的，用来分类登记某一类经济业务，提供明细核算资料的分类账簿。它能详细地反映经济活动情况，并为日常经营管理和编制会计报表提供明细资料。明细分类账的一般格式如表 1-12 所示。

表 1-12 明细账

年		凭证编号	摘 要	借 方	贷 方
月	日				

明细分类账可依据工作量的大小，根据原始凭证、汇总原始凭证、记账凭证逐笔或定期汇总登记。

3．备查账簿

备查账簿，又称备查登记簿或辅助登记簿，是指根据本单位会计核算和经营管理的需要而设置的，用来登记日记账和分类账不反映的事项的账簿。它是对序时账簿和分类账簿的补充，为加强经营管理提供必要的补充资料。

备查账簿没有固定格式，小型房地产企业可根据实际需要来设定。例如，对租入固定资产就需要设置备查账簿进行登记反映，其一般格式如表 1-13 所示。

表 1-13　租入固定资产备查登记簿

固定资产名称及规定	租约合同编号	租出单位	租入日期	租金	使用部门		归还日期	备注
					日期	单位		

4. 联合账簿

联合账簿是指以序时账和日记账相结合的形式来反映经济活动业务的账簿。常见的联合账簿有日记账，其一般格式如表 1-14 所示。

表 1-14　日记账

年		凭证编号	摘　　要	发生额	流动资产		固定资产		……	
月	日				借方	贷方	借方	贷方	借方	贷方
			上年结转							
			……							
			……							
			……							
			本月发生额合计							
			本月结余							

（二）按其外表形式，分为订本式账簿、活页式账簿和卡片式账簿

1. 订本式账簿

订本式账簿，又称订本账，是指在启用前就把具有一定格式、编有顺序号码的许多账页装订固定在一起的账簿。其优点是：能够避免账页散失和防止不合法地被抽换账页。缺点是：由于账页固定，同一时间只能由一人记账，不便于记账人员分工；不能随时增减账页，必须先估计账户证账所需账页，保留空白账页，若账页不够，则会影响账户的连续登记，若账页有余，又会造成浪费。

下列账户可以采用订本式账簿：总分类账户；明细分类账户；日记账（库存现金日记账和银行存款日记账）。

2. 活页式账簿

活页式账簿，又称活页账，是指不把账页固定起来，而把零散的账页旋转在活页账夹内，可以随时增减账页的账簿。其特点是：随意增减，避免账页浪费，但容易丢失账页和被抽换。

在会计年度结束时，应把活页式账簿装订在一起加以保管。一般适用于一些明细分类账。

3. 卡片式账簿

卡片式账簿，又称卡片簿，是指把许多分散的、具有一定格式的卡片，存放在卡片箱中，可以随时取放。其特点是：使用方便、记录详细，可以跨会计年度使用，便于汇总和更换，如固定资产卡片等。

卡片式账簿可以根据会计管理要求自行设计其格式。

（三）按其账页格式，分为三栏式账簿、多栏式账簿、数量金额式账簿和横线登记式账簿

1. 三栏式账簿

三栏式账簿，是指以“借”、“贷”、“余”栏形式反映某类经济事项的账簿。这是最常用的一种账簿。这种明细账格式适用于只进行金额核算的账户，如“应付账款”等账户。其格式如表 1-15 所示。

表 1-15　明细分类账

年		凭证编号	摘　要	借　方	贷　方	余　额
月	日					

2. 多栏式账簿

多栏式账簿，是指根据反映经济事项的内容来设置账户的栏次，进行会计分录的账簿。多栏式账簿一般有两种形式：一是在借、贷、余三栏式明细账的基础上，在借、贷大栏上，设置若干专栏，分别登记各个明细项目的金额，如表 1-16 所示；二是在借、贷、余三栏明细账的基础上，在三大栏之后设置明细项目专栏，反映各明细项目的金额，如表 1-17 所示。

表 1-16　多栏式明细账

明细科目：　　　　第　　页

年		凭证编号	摘要	借　方				贷　方				余　额	
月	日						合计				合计	借	贷

表 1-17　多栏式明细账

明细科目：　　　　第　　页

年		凭证编号	摘要	余　额		借方发生额分析	贷方发生额分析
月	日			借方	贷方		

3. 数量金额式账簿

数量金额式账簿，是指在借、贷、余等栏下，以数量、金额综合反映某类经济事项的账簿。这种账簿只适用于产成品、材料物资库存商品等既要进行金额核算又要进行数量核算的业务事项。其格式如表 1-18 所示。

表 1-18　××明细账

年		凭证编号	摘要	收　入			支　出			结　存		
月	日			数量	单价	金额	数量	单价	金额	数量	单价	金额

4. 横线登记式账簿

横线登记式账簿，是指在账页里的每个横行里以逐笔经济业务进行结算的、反映某类经济事项的账簿，一般适用于按每笔金额结算的应收、应付款项。其格式如表 1-19 所示。这种账簿要按照记入借方的付款凭证的编号顺序，逐笔逐项进行登记，每笔“借支”业务与相应的“报销和收回”业务，必须在同一行登记。

表 1-19　备用金明细账

<table>
<tr><th colspan="2">××××年</th><th rowspan="2">凭证编号</th><th rowspan="2">户名</th><th rowspan="2">摘要</th><th rowspan="2">借方余额（借支）</th><th colspan="5">贷方（报销和回收）</th><th rowspan="2">备注</th></tr>
<tr><th rowspan="2">月</th><th rowspan="2">日</th><th colspan="2">××××年</th><th rowspan="2">凭证编号</th><th rowspan="2">报销金额</th><th rowspan="2">收回金额</th></tr>
<tr><th></th><th></th><th></th><th></th><th>月</th><th>日</th><th></th></tr>
<tr><td></td><td></td><td></td><td></td><td></td><td></td><td></td><td></td><td></td><td></td><td></td><td></td></tr>
</table>

二、小型房地产企业会计账簿的基本内容

以上不同类别的账簿，由于其所记录的经济内容不同，其账簿的格式多种多样，不同格式账簿具体内容也不尽相同。但是，各类账簿都应具备以下基本内容。

（一）封面

主要标明账簿的名称，如总分类账、制造费用明细账、存货明细账等，还应标明记账单位名称。

（二）扉页

主要标明账簿启用日期和截止日期、页数、册次；经营账簿人员一览表和签章；会计主管人员签章；账户目录等。

（三）账页

账页是账簿的主要内容，它除了要标明账户名称、总页数和分页数外，主要记录经济业务的内容，设置登账日期栏、凭证种数和号数栏、摘要栏和金额栏。

三、小型房地产企业登记账簿的基本要求

（一）登记内容准确完整

应当将会计凭证的日期、编号、业务内容、金额和其他有关资料，逐项记入账页内，做到数字准确、摘要清楚、登记及时、字迹清晰，总账和其所属的明细分类账要同时登记。

（二）注明记账符号

要在记账凭证中开设专门的栏目，栏目内要注明记账的符号，以免发生漏记或重复记账。

（三）文字和数字整洁清晰，准确无误

摘要文字紧靠左线书写，不要滥造简化字，数字要写在金额栏内，不得越格错位、参差不齐，文字、数字的大小要适中，紧靠下线书写，上面要留有适当空距，一般应占格宽的 1/2，以备按规定的方法改错。如果没有角分的金额，应分别在角分栏内写上“0”，不得省略不写或以“—”代替。阿拉伯数字一般可以自左向右适当倾斜，以便账簿登记整齐。

（四）注意登记账簿时使用正确颜色的墨水

登记账簿应使用蓝色、黑色或蓝黑色墨水，不得使用圆珠笔或铅笔。红笔只在特殊情况下使用，如改错等。

（五）连续登记

登记账簿应按相关顺序连续登记，不得跳页、隔页，更不得随便更换账页和撤出账页，作废的账页也要保留在账簿中。如发生跳行、隔页等，应将空行、空页划线注销，或者注明“此行空白”、“此页空白”字样，并由记账人员签字或者盖章。

（六）承前页、过次页

每一账页登记完毕结转下页时，应当结出本页合计数及余额，写在本页最后一行和下一页第一行有关栏目内，并在摘要栏内注明“承前页”、“过次页”等字样。

（七）处理错误的方式

登记发生错误时，应按规定的方法更正，严禁刮、擦、挖、补或用化学药品清除字迹等。

四、小型房地产企业账簿的启用

账簿是小型房地产企业储存数据资料的重要会计档案。小型房地产企业登记账簿要有专人负责。为了保证记录的合法性、账簿资料的完整性和账簿的安全，明确记账责任，在账簿启用时，应在账簿扉页设置“账簿启用和经管人员一览表”（活页、卡片式账簿应在装订时填写）。其内容主要包括单位名称、账簿名称和编号、账簿页数、启用日期等，单位领导、会计主管人员和记账人员应签章负责。记账人员调换时，应在表内注明移交日期，交接人员姓名（签章）。年度中间交换时，接办人员不得另立一套账簿。其格式如表 1-20 所示。

表 1-20　经管人员一览表

单位名称					
账簿名称					
账簿页数	从第　页起至第　页止，共　页				
启用日期	年　月　日				
经管人员职别	姓名	经管或接管日期	签章	移交日期	签章

为便于查阅，每本账簿的扉页还应设置“账户目录”，其格式如表 1-21 所示。

表 1-21　账户目录

会计科目	页　号	会计科目	页　号	会计科目	页　号

五、小型房地产企业结账

结账是指在一定时期的经济业务全部登记入账的基础上，将各种账簿记录结算清楚，以便据此编制会计报表。

（一）分类

结账分为日结、月结和年结三种。

1．日结

日记账一般应每天结出收付发生额和余额，在摘要栏注明“本日合计”，在日结数的上下各划一条红线。其他账簿的各个账户，必要时也可进行日结。

2．月结

采用三栏式账页的总账和明细账，应按月结出本月收付合计数和月末余额，在摘要栏注明“本月合计”，在月结数字上下也各划一条红线。采用多栏式账页的各种明细账，还要按月结出“本月止累计”，各专栏结出的净收或净付的累计金额相加，应同“余额”栏的月余额一致。

3．年结

采用三栏式账页的总账和明细账，年终结账时，除按月结方法结出“本年合计”外，还应结出“全年发生额累计”，并在其下划双红线表示结束。如有的总账账户在 12 月月结以后，还有年度结账分录的，应在 12 月的“本月合计”下，先结出“结账前年度累计”，在登记了年度结账分录后，再结出“结账发生额合计”和“全年发生额累计”，并在其下划双红线表示结束。多栏式明细账年终结账办法，与平时月结相同，只是在 12 月的“本月止累计”下，要划双红线表示结束。

（二）内容

（1）对本期内所发生的经济业务未取得凭证或未登记入账的，应及时办理凭证手续，并登记入账。

（2）根据权责发生制原则的要求，调整本期费用，确定本期收益，并记入有关账簿。

（3）将各种收入账户的余额和费用成本账户的发生额，在有关账户之间进行结转，以确定本期财务成果。

（4）划线结出账户发生额和余额，并结转下期。

六、小型房地产企业对账

对账，又称核对账目，是指定期地将各种账簿的记录进行核对，以保证账簿记录和会计报表的数字真实可靠的一项重要的会计核算工作。

小型房地产企业应当定期对会计账簿记录的有关数字与库存实物、货币资金、有价证券、往来单位或者个人等进行相互核对，保证账证相符、账账相符、账实相符。对账工作每年至少进行一次。

（一）账证核对

核对会计账簿记录与原始凭证、记账凭证的时间、凭证字号、内容、金额是否一致，记账方向是否相符。

（二）账账核对

核对不同会计账簿之间的账簿记录是否相符，包括总账与有关账户的余额核对，总账与明细账核对，总账与日记账核对，会计部门的财产物资明细账与财产物资保管和使用部门的有关明细账核对等。

（三）账实核对

核对会计账簿记录与财产等实有数额是否相符。它包括库存现金日记账账面余额与现金实际库存数相核对；银行存款日记账账面余额与银行对账单相核对；各种财物明细账账面余额与财物实存数额相核对；各种应收、应付款明细账账面余额与有关债务、债权单位或者个人核对等。

七、小型房地产企业错账的更正方法

小型房地产企业如果账簿记录发生差错，不得任意用刮擦、挖补、涂改或用退色药水等方法更改字迹，必须根据错误的具体情况，相应采用正确的方法予以更正。更正错账的方法一般有以下几种。

（一）划线更正法

月份结账以前，若发现账簿记录文字或数字有笔误或金额结算错误，但记账凭单并无错误，可采用划线更正法更正。更正时，先将错误的文字或数字（必须是整个数字，而不是其中的个别数字）划一红线予以注销，并使原有字迹仍能辨认，然后在红线上方空白处用蓝字填写正确的文字或数字，并由更正人员在更正处盖章证明，以明确责任。例如，记账员在根据记账凭单记账时，将 7 800 元误写为 8 700 元。更正方法为：将错误数字全部用红线划销，写上正确的数字，即 7 800，不能只划销个别错字，如 78。

（二）红字更正法

在记账以后，如果发现记账凭单中科目对应关系或金额发生错误时，可用红字更正法进行更正。更正时，应先用红字全额填制一张内容与错误的记账凭单完全相同的记账凭单，据以用红字登记入账。以冲销原有的错误记录，然后再用蓝字填制一张正确的记账凭单，并据以登记入账。在记账以后，若发现记账凭单中科目对应关系虽无错误，但所列金额小于应列金额时，就可应用补充登记法进行更正。更正时，应按正确数字与错误数字之间的差额，用蓝字填制一张记账凭单，据以登记入账，加以补充。

八、小型房地产企业账簿的更换

小型房地产企业账簿的使用，以每一会计年度为期限。在新年度开始时，除库存材料、固定资产等财产物资明细账可在年终结账后转给下年度使用以外，其他各种账簿必须一律建立新账，不能连年使用旧账。旧账户的年终余额均应转至相应的新账户中，结转的方法可以是不直接冲换旧账余额，将其编入决算报表，新年度根据决算报表有关数字记入新账，也可以在旧账户年终余额的摘要栏内加盖“结转下年”戳记以示冲转。无论哪种方法，都应在新账户的第一行摘要栏内注明“上年结转”或“年初余额”字样，并在余额栏记入上年余额。新旧账户之间的转让余额，无须编制记账凭证。

第五节　小型房地产企业账务处理

一、小型房地产企业会计核算一般要求

小型房地产企业应当按照《中华人民共和国会计法》和国家统一会计制度的规定建立会计账册，进行会计核算，及时提供合法、真实、准确、完整的会计信息。

小型房地产企业发生的下列事项，应当及时办理会计手续、进行会计核算：

（1）款项和有价证券的收付。

（2）财物的收发、增减和使用。

（3）债权债务的发生和结算。

（4）资本的增减。

（5）收入、支出、费用、成本的计算。

（6）财务成果的计算和处理。

（7）其他需要办理会计手续、进行会计核算的事项。

小型房地产企业的会计核算应当以实际发生的经济业务为依据，按照规定的会计处理方法进行，保证会计指标的口径一致、相互可比和会计处理方法的前后各期相一致。

会计年度自公历 1 月 1 日起至 12 月 31 日止。

会计核算以人民币为记账本位币。收支业务以外国货币为主的单位，也可以选定某种外国货币作为记账本位币，但是编制的会计报表应当折算为人民币反映。境外单位向国内有关部门编报的会计报表，应当折算为人民币反映。

小型房地产企业根据国家统一会计制度的要求，在不影响会计核算要求、会计报表指标汇总和对外统一会计报表的前提下，可以根据实际情况自行设置和使用会计科目。

会计凭证、会计账簿、会计报表和其他会计资料的内容和要求必须符合国家统一会计制度的规定，不得伪造、变造会计凭证和会计账簿，不得设置账外账，不得报送虚假会计报表。

小型房地产企业对外报送的会计报表格式由财政部统一规定。

实行会计电算化的单位，对使用的会计软件及其生成的会计凭证、会计账簿、会计报表和其他会计资料的要求，应当符合财政部关于会计电算化的有关规定。

小型房地产企业的会计凭证、会计账簿、会计报表和其他会计资料，应当建立档案，妥善保管。会计档案建档要求、保管期限、销毁办法等依据《会计档案管理办法》的规定进行。实行会计电算化的单位，有关电子数据、会计软件资料等应当作为会计档案进行管理。

会计记录的文字应当使用中文，少数民族自治地区可以同时使用少数民族文字。中国境内的外商投资公司、外国企业和其他外国经济组织也可以同时使用某种外国文字。

二、小型房地产企业会计循环

会计循环是指会计单位依照会计程序，把会计期间发生的经济业务，运用一定的会计方法，按照一定的会计步骤，进行计量、汇总、报告的过程。这种过程在小型房地产企业长期的经济活动中是周而复始的。一个会计期间表示一个会计循环。会计循环也是一般经济数据输入到会计信息产出的过程，一般由下列几个基本步骤组成：

（1）会计事项分析。

（2）会计分录的编制。

（3）记入有关账户。

（4）以总分类账户期末余额为依据，编制调整前试算表。

（5）会计分录调整并记入有关账户。

（6）调整后试算表编制。

（7）对临时性试算表的编制。

（8）结账后试算表的编制。

（9）会计报表的编制。

（10）提出会计报告。

三、小型房地产企业账务处理程序

小型房地产企业账务处理程序（亦称会计核算组织程序），是指小型房地产企业对会计数据的记录、归类、汇总、呈报的步骤和方法。具体是指填制会计凭证，根据凭证登记账簿，根据账簿记录提供会计信息这一过程的步骤和方法。

（一）要求

小型房地产企业账务处理程序的确定，一般应符合下列三个要求。

（1）与本单位的性质、规模大小、经济业务的繁简等相适应，以保证会计核算的顺利进行。

（2）能正确、及时地提供本单位经济活动情况，以满足经营管理和国家综合平衡工作的需要。

（3）在保证核算资料正确、及时和完整的前提下，要力求提高会计工作的效率，节省核算费用。

（二）我国小型房地产企业一般采用的账务处理程序类型

（1）记账凭证账务处理程序。

（2）汇总记账凭证账务处理程序。

（3）科目汇总表账务处理程序。

（4）多栏式日记账账务处理程序。

四、小型房地产企业记账凭证账务处理程序

记账凭证账务处理程序是一种直接根据各种记账凭证逐笔登记总分类账的会计核算形式。它是会计核算中最基本的一种账务处理程序。

记账凭证账务处理程序的操作程序如下：

（1）根据原始凭证和原始凭证汇总表编制记账凭证。

（2）根据现金收款、付款登记库存现金日记账和银行存款日记账。

（3）根据记账凭证、原始凭证或原始凭证汇总表登记各种明细账。

（4）根据收款凭证、付款凭证和转账凭证逐笔登记总分类账。

（5）期末将库存现金日记账、银行存款日记账、各种明细分类账的余额与相应的总分类账户的余额核对。

（6）期末，根据总分类账和明细分类账的资料编制会计报表。

记账凭证账务处理程序的特点是直接根据各种记账凭证逐笔登记总分类账。其优点是简单明了，总分类账可详细记录和反映经济业务状况，对经济业务发生较少的科目，总账可代替明细账；其缺点是登记分类总账工作量较大，不便于会计分工。

这种账务处理程序多适用于规模较小、经济业务比较简单的小型房地产企业和单位。

五、小型房地产企业汇总记账凭证账务处理程序

汇总记账凭证账务处理程序，是指根据原始凭证或原始凭证汇总表编制记账凭证，并定期根据记账凭证编制汇总记账凭证，据以登记总分类账的一定会计账务处理程序。

采用汇总记账凭证账务处理程序时，设置的主要账簿包括库存现金日记账、银行存款日记账、总分类账和各种明细分类账。

采用汇总记账凭证账务处理程序时，登记总账的依据是“汇总记账凭证”，而不是“记账凭证”。

汇总记账凭证是按照有关账户的借方或贷方设置记账凭证，根据记账凭证定期汇总各对应账户的发生额及月末余额，据以登记总分类账的汇总凭证。其编制方法主要有以下几个步骤：

（1）汇总记账凭证，按其反映经济业务的性质不同，可分为汇总收款凭证、汇总付款凭证和汇总转账凭证。

（2）汇总收款凭证，是根据收款凭证定期汇总编制的凭证。编制时，按库存现金、银行存款账户的借方设置汇总付款凭证，按相对应的各个贷方账户分别归类汇总，加计发生额。

（3）汇总付款凭证，是根据付款凭证定期汇总编制的凭证。编制时，按库存现金、银行存款账户的贷方设置汇总付款凭证，按相对应的各个借方账户分别归类汇总，加计发生额。

（4）汇总转账凭证，是根据转账凭证定期汇总编制的凭证。编制时，按转账凭证中所涉及的每一贷方账户为主体，分别设置汇总转账凭证，并按与各该贷方相对应的各借方账户分别归类汇总，加计发生额。

汇总记账凭证账务处理程序：

（1）根据各种原始凭证或原始凭证汇总表编制各种记账凭证。

（2）根据收款凭证、付款凭证登记库存现金日记账和银行存款日记账。

（3）根据记账凭证及其所附的原始凭证或原始凭证汇总表登记各种明细分类账。

（4）根据各种记账凭证编制各种汇总记账凭证。

（5）根据各种汇总记账凭证登记总分类账。

（6）月终，将库存现金日记账、银行存款日记账和各种明细分类账的余额与总账余额核对。

（7）月终，根据总分类账和各种明细分类账的资料编制会计报表。

在汇总记账凭证账务处理程序下，利用汇总记账凭证，可以大大简化总分类账的登记工作，且既易于及时掌握资金运动，又简便了记账凭证的整体归类。但由于记账凭证的汇总是按有关账户的借方或贷方而不是按经济业务性质归类汇总的，不利于日常核算工作的合理分工。这种账务处理程序一般适用于规模较大、业务较多的企业。

六、小型房地产企业科目汇总表账务处理程序

小型房地产企业科目汇总表账务处理程序（又称记账凭证汇总表账务处理程序），是指小型房地产企业根据记账凭证，定期编制科目汇总表，据以登记总分类账的一种账务处理程序。

科目汇总表，又称记账凭证汇总表，是指根据记账凭证定期汇总编制，以表格形式列示有关总分类账户的本期发生额合计数，据以登记总分类账的一种汇总记账凭证。其格式如表 1-22 所示。

表 1-22　科目汇总表

年　月　日

会计科目	账　页	本期发生额		记账凭证起讫号数
		借　方	贷　方	

会计主管：　　　　会计：　　　　复核：　　　　制表：

科目汇总表的编制方法为：

（1）根据一定时间的全部记账凭证，按照相同的会计科目归类，定期汇总每一个会计科目的借方发生额和贷方发生额，并将发生额填入科目汇总表的相应栏目内。

（2）每月汇总一次编制一张，也可以按旬汇总，每月编制一张。

科目汇总表账务处理程序：

（1）根据各种原始凭证或原始凭证汇总表编制记账凭证。

（2）根据收款凭证和付款凭证登记库存现金日记账和银行存款日记账。

（3）根据记账凭证及其所附的原始凭证或原始凭证汇总表登记各种明细账。

（4）根据各种记账编制科目汇总表。

（5）根据科目汇总表登记总分类账。

（6）期末将库存现金日记账、银行存款日记账和各种明细分类账的余额与总分类账的余额相核对。

（7）月终，根据总分类账和明细分类账的资料编制会计报表。

采用科目汇总表账务处理程序，可以简化总分类账的登记，还可以每天或定期就科目汇总表进行试算平衡，便于及时发现问题，采取措施。但科目汇总表不能反映账户之间的对应关系，不便于查对账目，也不便于对企业经济活动情况进行分析。这种账务处理程序一般适用于业务频繁、规模大的大中型企业。

七、小型房地产企业日记总账账务处理程序

小型房地产企业日记总账账务处理程序（又称序时总账账务处理程序），是指一切经济业务根据原始凭证或记账凭证在日记总账中同时进行序时和分类登记的一种会计账务处理程序。

采用日记总账账务处理程序时，设置的主要账簿有库存现金日记账、银行存款日记账、日记总账和明细分类账。

在日记总账核算形式下，库存现金和银行存款可用三栏式，也可用多栏式。日记总账把所有的总账科目集中在一张账页上，账页按总账科目分为许多专栏，科目下再分为借方和贷方。具体方法为：

（1）对于收付款业务，在采用三栏式库存现金和银行存款日记账的情况下，可以直接根据收款凭证和付款凭证登记日记账，月终时结出会计数与日记账核对；如采用多栏式库存现金和银行存款日记账，在月终根据多栏式库存现金和银行存款日记账汇总登记日记总账。

（2）对于转账业务，根据转账凭证逐日、逐笔登记日记总账。月终，结出日记总账各栏合计数，计算各科目的月末借方或贷方额，并核对账簿记录。主要核对“发生额”栏的本月合计数与全部科目的借方发生额的合计数是否相符，各科目的借方余额合计数与贷方余额合计数是否相符。

日记总账账务处理程序：

（1）根据原始凭证、原始凭证汇总表编制记账凭证。

（2）根据收款、付款凭证登记库存现金和银行存款日记账。

（3）根据原始凭证、原始凭证汇总表或记账凭证登记各种明细分类账。

（4）根据各种记账凭证登记日记总账。

（5）期末，将日记总账所有科目的借方发生额合计与贷方发生额合计核对；将所有科目借方发生额合计、贷方发生额合计分别与发生额栏合计相核对；将日记总账所有借方余额合计与贷方发生额合计相核对；将日记总账中库存现金、银行存款科目的余额分别与库存现金、银行存款日记账的余额相核对；将日记总账有关科目的余额与其所属明细分类账的余额相核对。

（6）期末，根据日记总账和明细分类账的资料编制会计报表。

日记总账账务处理程序，可以全面反映一个企业在一个定会计期间的全部经济活动。但如果企业的经济业务量大，账页会过长，不便于记账和查账。这种账务处理程序适用于规模较小、业务简单、使用会计科目少的企业或单位。

八、小型房地产企业多栏式日记账账务处理程序

小型房地产企业多栏式日记账账务处理程序，是指小型房地产企业根据多栏式库存现金日

记账和多栏式银行存款日记账及转账凭证登记总分类账的一种账务处理程序。

采用这种账务处理程序时，小型房地产企业应设置以下主要账簿：多栏式库存现金日记账和银行存款日记账、总分类账和明细分类账。总分类账一般采用三栏式，明细分类账的格式根据需要设置。

多栏式日记账账务处理程序：

（1）根据各种原始凭证或原始凭证汇总表编制记账凭证。

（2）根据收款凭证和付款凭证登记多栏式库存现金日记账和多栏式银行存款、专项存款日记账。

（3）根据记账凭证及其所附的原始凭证或原始凭证汇总表登记各种明细账。

（4）根据多栏式库存现金日记账和多栏式银行存款日记账登记总分类账；根据转账凭证或转账凭证科目汇总表登记总账。

（5）将各种明细分类账的余额合计数，分别与相应的总分类账余额相核对。

（6）月终，根据总分类账和有关明细分类账的资料编制会计报表。

采用这种账务处理程序，可简化总分类账的记账工作。但在业务较为繁杂的企业里，日记账的专栏栏次势必较多，账页庞大，因而不便于登记。它一般适用于规模不是很大、收付业务又较多的企业和单位。

第二篇

小型房地产企业经营成果信息的反映

第二章

小型房地产企业收入会计

第一节　小型房地产企业收入综述

小型房地产企业收入，是指小型房地产企业在日常生产经营活动中形成的、会导致所有者权益增加、与所有者投入资本无关的经济利益的总流入。其中，“日常生产经营活动”，是指小型房地产企业为完成其经营目标所从事的经常性活动以及与之相关的其他活动。

（1）小型房地产企业为完成其经营目标所从事的经常性活动，由此产生的经济利益的总流入构成收入。

（2）小型房地产企业转让无形资产使用权、出售材料物资、对外投资（收取的利息收入、股利收入）等，属于与经常性活动相关的其他活动，由此产生的经济利益的总流入也构成收入。

（3）小型房地产企业处置固定资产、无形资产等活动，不是企业为完成其经营目标所从事的经常性活动，也不属于与经常性活动相关的其他活动，由此产生的经济利益的总流入不构成收入，应当确认为营业外收入。

房地产开发企业的营业收入是指房地产开发企业在其开发、生产、经营活动中，由于销售房地产商品、提供劳务等取得的收入，包括土地转让收入、商品房屋销售收入、配套设施销售收入、代建工程结算收入、各种开发产品出租租金收入和售后服务及其他服务收入。

小型房地产企业收入包括：销售开发产品收入和提供劳务收入。销售开发产品收入，是指小型房地产企业销售开发产品等取得的收入。提供劳务的收入，是指企业从事建筑安装、租赁、餐饮住宿、中介代理、社区服务、旅游、娱乐以及其他劳务服务活动取得的收入。

小知识

小型房地产企业主营业务收入的核算

主营业务收入是指开发企业通过转让、销售、结算和出租开发产品等主要经营业务所取得的收入，包括土地转让收入、商品房销售收入、配套设施销售收入、代建工程结算收入、出租开发产品租金收入等。

小型房地产企业按照签订的销售合同，结算开发产品价款时，借记“银行存款”、“应收账款”等账户，贷记“主营业务收入”账户。

根据主营业务收入应与其相关的成本、费用配比的原则，开发企业在将各期实现的主营业务收入入账时，应同时将其相关的主营业务成本结转入账，借记“主营业务成本”账户，贷记“开发产品”、“出租开发产品”、“周转房”等账户。

【例 2-1】 智董房地产开发公司出售商品住宅一栋，取得价款收入 670 000 元，已存入银行。该住宅的实际成本为 580 000 元。其财会部门应作如下会计处理：

借：银行存款　　670 000
　贷：主营业务收入——商品房销售收入　　670 000
借：主营业务成本　　580 000
　贷：开发产品——房屋　　580 000

【例 2-2】 智董房地产开发公司出租写字楼一栋，收到本月租金收入 50 000 元，已存入银行，同时计提月摊销额 32 000 元。其财会部门应作如下会计处理：

借：银行存款　　50 000
　贷：主营业务收入——出租开发产品租金收入　　50 000
借：主营业务成本　　32 000
　贷：出租开发产品　　32 000

【例 2-3】 智董房地产开发公司为某水泥厂代建厂房两幢，合同价款为 240 000 元。按照代建合同规定，竣工后一次结算。厂房本月已全部竣工，验收合格，已将“工程价款结算单”送交委托方进行结算，其代建工程成本为 190 000 元。其财会部门应作如下会计处理：

借：应收账款——××水泥厂　　240 000
　贷：主营业务收入——代建工程结算收入　　240 000
借：主营业务成本　　190 000
　贷：开发产品——代建工程　　190 000

小知识

小型房地产企业其他业务收入的核算

小型房地产企业其他业务收入是指在主营业务以外，不独立核算的其他业务或附加业务所发生的收入，主要包括商品房售后服务收入、材料销售收入、固定资产出租收入、其他多种经营收入等。

为了反映其他业务收入的核算，小型房地产企业应设置“其他业务收入”账户。本账户贷方登记取得的各项其他业务收入；借方登记期末转入“本年利润”账户的金额；结转后本账户应无余额。在本账户下，可按“商品房售后服务收入”、“材料销售收入”、“无形资产转让收入”、“固定资产出租收入”等其他业务收入的种类设置明细账，进行明细分类核算。

根据收入与费用配比的原则，开发企业在将各期实现的其他业务收入入账时，应同时将其相关的成本结转入账，借记“其他业务成本”账户，贷记有关账户。

【例 2-4】 智董房地产开发公司附设的物业管理处，对已建成售出的某商品楼进行售后服务。该处本月收取治安管理费、卫生清洁费、大楼管理费等物业管理收入 30 000 元，并发生以下各项物业管理费用：职工薪酬 20 520 元，领用材料费 6 000 元，用现金支付其他费用 1 160 元。根据有关凭证，其财会部门应作如下会计处理：

借：银行存款　　30 000
　贷：其他业务收入——商品房售后服务收入　　30 000
借：其他业务成本——商品房售后服务支出　　27 680

贷：应付职工薪酬　　20 520

　　库存材料　　6 000

　　库存现金　　1 160

小知识

小型房地产企业价外收入的会计核算

小型房地产企业的价外收入是指小型房地产企业在销售或出租开发产品时向客户收取的价款以外的各种费用。包括手续费、补贴、基金、集资费、返还利润、奖励费、违约金（延期付款利息）、优质费、代收款项、代垫款项及其他各种性质的价外收入。

小型房地产企业的价外收入根据不同性质，应计入不同的会计科目。对手续费收入可计入“其他业务收入”，集资费冲减“财务费用”，奖励费、优质费冲减“管理费用”，返还利润、违约金可计入“营业外收入”，而代收款项、代垫款项和需上缴的基金应计入“其他应付款”或“其他应收款”等往来账户。

【例 2-5】 智董房地产公司销售一个自行开发的商铺，总建筑面积为 100 平方米，单价 1 万元，收取总价款 100 万元，按每平方米 20 元收取维修基金，该维修基金日后由企业统一解缴当地住房管理机构，另按每平方米 10 元收取优质费，上述收取的款项全部存入银行。

借：银行存款　　1 003 000

　贷：主营业务收入　　1 000 000

　　其他应付款——维修基金　　2 000

　　管理费用——优质费　　1 000

第二节　小型房地产企业收入确认

一、小型房地产企业销售开发产品收入的确认

通常，小型房地产企业应当在发出商品且收到货款或取得收款权利时，确认销售开发产品收入。

（1）采用托收承付方式的，在办妥托收手续时确认收入。

（2）采取预收款方式的，在发出商品时确认收入。

（3）采用分期收款方式的，在合同约定的收款日期确认收入。

（4）需要安装和检验的，在购买方接受商品以及安装和检验完毕时确认收入。安装程序比较简单的，可在发出商品时确认收入。

（5）采用支付手续费方式委托代销的，在收到代销清单时确认收入。

（6）以旧换新的，销售的商品作为商品销售处理，回收的商品作为购进商品处理。

（7）采取商品分成方式取得的收入，在分得商品之日按照商品的市场价格或评估价值确定销售开发产品收入金额。

二、小型房地产企业提供劳务收入的确认

（一）同一会计年度内开始并完成的劳务

同一会计年度内开始并完成的劳务，应当在提供劳务交易完成且收到款项或取得收款权利时，确认提供劳务收入。

（二）开始和完成分属不同会计年度的劳务

劳务的开始和完成分属不同会计年度的，应当按照完工进度确认提供劳务收入。

三、企业建造合同收入的确认

劳务的开始和完成分属不同会计年度的，应当按照完工进度确认提供劳务收入。企业确定合同完工进度可以选用下列方法。

（一）累计实际发生的合同成本占合同预计总成本的比例

采用累计实际发生的合同成本占合同预计总成本的比例确定合同完工进度的，累计实际发生的合同成本不包括下列内容：

（1）施工中尚未安装或使用的材料成本等与合同未来活动相关的合同成本。

（2）在分包工程的工作量完成之前预付给分包单位的款项。

【例 2-6】 智董公司签订了一项合同总金额为 1 000 万元的建造合同，合同规定的建设期为 3 年。第一年实际发生合同成本 300 万元，年末预计为完成合同尚需发生成本 520 万元。第二年实际发生合同成本为 400 万元，年末预计为完成合同尚需发生成本 150 万元。

根据上述资料，计算合同完工进度如下：

第一年合同完工进度=300÷（300+520）×100%=37%

第二年合同完工进度=（300+400）÷（300+400+150）×100%=82%

（二）已经完成的合同工作量占合同预计总工作量的比例

【例 2-7】 智董公司签订了修建一条 100 千米公路的一项建造合同，合同规定的总金额为 8 000 万元，工期为 3 年。该公司第一年修建了 30 千米，第二年修建了 40 千米。

根据上述资料，计算合同完工进度如下：

第一年合同完工进度=30÷100×100%=30%

第二年合同完工进度=（30+40）÷100×100%=70%

（三）实际测定的完工进度

【例 2-8】 智董公司承建一项水下作业工程，在资产负债表日，经专业人员现场测定，已完成工作量达合同总工作量的 80%，则该合同的完工进度为 80%。

需要注意的是，采用累计实际发生的合同成本占合同预计总成本的比例确定合同完工进度的，累计实际发生的合同成本实际上是形成工程形象进度的工程实体和工作量所耗用的直接成本和间接成本。因此，累计实际发生的合同成本不包括下列内容：

（1）施工中尚未安装或使用的材料成本等与合同未来活动相关的合同成本。例如，施工中尚未安装、使用或耗用的材料成本。材料从仓库运抵施工现场，如果尚未安装、使用或耗用，则没有形成工程实体，就其资金的占用形态而言，仍属于材料占用的资金，而非“在产品”占用的资金。因此，为了保证确定完工进度的可靠性，不应将这部分成本列入累计实际发生的合同成本中来确定完工进度。

（2）在分包工程的工作量完成之前预付给分包单位的款项。总承包商将其承包的工程项目中的单项工程或单项工程中的单位工程、分部分项工程分包给另一个承包商（分包单位）进行施工时，分包单位所承包的那部分单项工程或单位工程、分部分项工程即为分包工程。对总承包商来说，分包工程是其承建的总体工程的一部分，分包工程的工作量也是其总体工程的工作量，总承包商在确定总体工程的完工进度时，应考虑分包工程的完工进度。在分包工程的工作量完成之前预付给分包单位的款项虽然是总承包商的一项资金支出，但是该项支出并没有形成相应的工作量，因此不应将这部分支出列入累计实际发生的合同成本中来确定完工进度。但是，根据分包工程进度支付的分包工程进度款，应构成累计实际发生的合同成本。

第三节　小型房地产企业收入计量

一、小型房地产企业销售开发产品收入的计量

（一）销售开发产品收入金额的确定

小型房地产企业应当按照从购买方已收或应收的合同或协议价款，确定销售开发产品收入金额。

主要账务处理：小型房地产企业销售开发产品或提供劳务实现的收入，应当按照实际收到或应收的金额，借记“银行存款”、“应收账款”等科目，按照确认的销售开发产品收入，贷记“主营业务收入”科目。

（二）商业折扣

商业折扣，是指企业为促进商品销售而在商品标价上给予的价格扣除。

销售开发产品涉及商业折扣的，应当按照扣除商业折扣后的金额确定销售开发产品收入金额。

（三）销售折让

销售折让，是指企业因售出商品的质量不合格等原因而在售价上给予的减让。

小型房地产企业已经确认销售开发产品收入的售出商品发生的销售折让，应当在发生时冲减当期销售开发产品收入。

（四）现金折扣

现金折扣，是指债权人为鼓励债务人在规定的期限内付款而向债务人提供的债务扣除。

销售开发产品涉及现金折扣的，应当按照扣除现金折扣前的金额确定销售开发产品收入金额。现金折扣应当在实际发生时，计入当期损益。

（五）销售退回

销售退回，是指企业售出的商品由于质量、类型不符合要求等原因发生的退货。

小型房地产企业已经确认销售开发产品收入的售出商品发生的销售退回（不论属于本年度还是属于以前年度的销售），应当在发生时冲减当期销售开发产品收入。

小型房地产企业已经确认销售开发产品收入的售出商品发生的销售折让，应当在发生时冲减当期销售开发产品收入。

主要账务处理：发生销货退回（不论属于本年度还是属于以前年度的销售），按照应冲减销售开发产品收入的金额，借记“主营业务收入”科目，按照实际支付或应退还的金额，贷记

“银行存款”、“应收账款”等科目。

二、小型房地产企业提供劳务收入的计量

（一）同一会计年度内开始并完成的劳务

提供劳务收入的金额为从接受劳务方已收或应收的合同或协议价款。

（二）开始和完成分属不同会计年度的劳务

劳务的开始和完成分属不同会计年度的，应当按照完工进度确认提供劳务收入。年度资产负债表日，按照提供劳务收入总额乘以完工进度扣除以前会计年度累计已确认提供劳务收入后的金额，确认本年度的提供劳务收入；同时，按照估计的提供劳务成本总额乘以完工进度扣除以前会计年度累计已确认营业成本后的金额，结转本年度营业成本。

三、小型房地产企业建造合同收入的计量

年度资产负债表日，按照提供劳务收入总额乘以完工进度扣除以前会计年度累计已确认提供劳务收入后的金额，确认本年度的提供劳务收入。

第四节　小型房地产企业各种销售方式业务的核算

一、开发产品销售、转让收入的会计核算

房地产开发企业的开发产品，主要有商品房、配套设施及商品性建设场地等。通常可以采用招标、协议、拍卖等方式进行交易，一般是在商品房、配套设施和土地等移交买主，并提交发票结算账单时作为销售实现，列入主营业务收入。如果整幢房屋分套出售时，计算售价和结转成本应按各套房屋自用建筑面积和应分摊的公用建筑面积分摊率确认和计量。其计算公式如下：

某套出售房屋建筑面积=该套房屋自用建筑面积×（1×公用建筑面积分配率）

对于已经办理销售、交付手续，而产权尚未移交的商品房、配套设施等开发产品，小型房地产企业应设置“代管房产备查簿”进行实物管理，但不得将这部分财产入账，也不得计提折旧或摊销。

二、销售未完工开发产品取得收入的会计核算

房地产购销合同在开发产品竣工验收前后均可能签订。按照国家有关法律、法规的规定，房地产开发企业按规定取得房地产预售许可证后，可上市预售房地产。在预售中所得的价款，属于暂收款、预收性质的价款，由于开发产品尚未竣工验收，不符合收入确认条件，这时不能确认收入。等到开发产品竣工验收并办理移交手续后，确认房地产销售收入实现，将“预收账款”转为“主营业务收入”。

三、预收款销售开发产品/预售方式销售的会计核算

预收款销售开发产品，是指购买方在商品尚未收到前按合同或协议约定分期付款，销售方在收到最后一笔款项时才交货的销售方式。在这种方式下，销售方直到收到最后一笔款项才将商品交付购货方，表明商品所有权上的主要风险和报酬只有在收到最后一笔款项时才转移给购

货方，因此，企业通常应在发出商品时确认收入，在此之前预收的货款应确认为负债。

房地产开发企业预售商品房的，必须按照国家法律、法规的规定取得预售权证后，方可上市交易。预售商品房所取得的价款，只能用于相关的工程建设，并作为小型房地产企业预收账款管理，商品房价格验收办理移交手续后，在将预收账款转为主营业务收入。

房地产开发企业开发项目竣工验收、办妥移交手续前，不论是否签订正式商品房销售合同，所收到的均为预售房款，一律不确认收入，其款项记入“预收账款”科目。开发项目完工经验收合格、竣工决算后，房地产开发企业按照销售合同规定将合格的房地产产品移交给购买方，办妥移交手续后可以确认销售收入的实现，借记“预收账款”、“应收账款”等科目，贷记“主营业务收入”科目，同时结转销售成本。

四、现房方式销售的会计核算

由于有现房供应，在办妥开发产品移交手续后，即可确认收入。

五、以赊销或分期付款方式销售开发产品营业收入的确定

小型房地产企业以赊销或分期付款方式销售开发产品时，在通常情况下，以购销双方签订分期付款合同，并将产品移交买方后，就可视为营业收入的实现。由于房地产开发企业开发建设的开发产品价值较大，收款期限较长，应收账款较多，在以赊销或分期收款方式销售开发产品时，以本期收到的价款或按合同约定的本期应收价款确认为营业收入的实现。

六、采用分期收款方式销售房地产的会计核算

在办妥移交手续后，先将“开发产品——商品性土地”转入“开发产品——分期收款”科目。按购销合同约定的期限收取销售价款或确定当期应收价款时，借记“银行存款”或“应收账款”科目，贷记“主营业务收入”科目；按开发产品全部销售成本占全部销售收入的比率计算确定当期应结转的销售成本，借记“主营业务成本”科目，贷记“开发产品——分期收款”科目。

如果小型房地产企业分期收款具有融资性质（通常货款分期收回超过 3 年），其实质是小型房地产企业向购货方提供信贷，小型房地产企业应当按照应收的合同或协议价款的公允价值确定收入金额。应收的合同或协议价款的公允价值，通常应当按照其未来现金流量现值或商品现销价格计算确定。应收的合同或协议价款与其公允价值之间的差额，应当在合同或协议期间内，按照应收款项的摊余成本和实际利率计算确定的金额进行摊销，作为财务费用的抵减处理。应收的合同或协议价款与其公允价值之间的差额，按照实际利率法摊销与直线法摊销结果相差不大的，也可以采用直线法进行摊销。

小知识

分期收款销售收入的核算

采用分期收款方式销售开发产品，每期实现的销售收入，是按当期收到的价款或合同约定当期应收的价款加以确定，即不论价款是否收到，都应按合同规定的时间和金额确认销售收入的实现。而其销售成本的结转，应与分期收款销售收入实现的时间相一致，当期结转的销售成本应按开发产品销售成本占销售收入的比例进行计算，其计算公式如下：

本期应结转的销售成本=本期确认的销售收入×销售总成本÷销售总收入

七、合作开发建房的会计核算

从目前房地产合作开发情况来看，合作建房主要以本企业为主体联合其他企业、单位、个人合作或合资开发房地产项目，且该项目未成立独立法人企业，参与分配的形式有：开发合同或协议中约定向投资各方分配开发产品；开发合同或协议中约定分配项目利润。

（一）小型房地产企业以开发产品作为分配形式的会计处理

（1）小型房地产企业取得的投资款实质为销售款，因此房地产开发企业在取得投资款时，借记“银行存款”等科目，贷记“递延收益”科目。

（2）分配开发产品时，借记“递延收入”等科目，贷记“主营业务收入”等科目；同时计提并缴纳增值税及附加，借记“营业税金及附加”科目，贷记“应交税费——应交增值税”等科目。

（二）小型房地产企业以分配项目利润作为分配形式的会计处理

（1）小型房地产企业取得投资款时，由于未成立独立法人企业，所谓的投资方不是真正法律意义上的股东，因此，取得的投资款时，借记“银行存款”等科目，贷记“其他应付款”科目。

（2）分配利润时，借记“应付利润”、“其他应付款”等科目，贷记“银行存款”等科目。

八、采用委托代销方式销售的会计核算

首先，我们了解一下代销商品的会计处理。

（一）视同买断方式

视同买断方式即由委托方和受托方签订协议，委托方按协议价格收取委托代销商品的货款，实际售价可由受托方自定，实际售价与协议价之间的差额归受托方所有的销售方式。如果委托方和受托方之间的协议明确标明，受托方在取得代销商品后，无论是否能够卖出、是否获利，均与委托方无关，那么委托方和受托方之间的代销商品交易，与委托方直接销售商品给受托方没有实质区别。在符合销售商品收入确认条件时，委托方应确认相关销售商品收入。如果委托方和受托方之间的协议明确标明，将来受托方没有将商品售出时可以将商品退回给委托方，或受托方因代销商品出现亏损时可以要求委托方补偿，那么委托方在交付商品时不确认收入，受托方也不作购进商品处理；受托方将商品销售后，按实际售价确认销售收入，并向委托方开具代销清单；委托方收到代销清单时，再确认本企业的销售收入。

（二）收取手续费方式

收取手续费方式即受托方根据所代销的商品数量向委托方收取手续费的销售方式。对于委托方来说，收取的手续费实际上是一种劳务收入。在这种方式下，委托方发出商品时，商品所有权上的主要风险和报酬并未转移给受托方，因此，委托方在发出商品时通常不应确认销售商品收入，而应在收到受托方开出的代销清单时确认销售商品收入；受托方应在商品销售后，按合同或协议约定的方法计算确定的手续费确认收入。

小型房地产企业应增设“委托代销商品”科目核算委托销售的开发产品，收到受托方代销清单后确认收入。

如为视同买断方式代销，则该企业在收到代销清单时，直接按协议约定的售价确认收入额，

不用结转手续费。如果采取基价（保底价）并实行超过基价双方分成方式委托销售开发产品的，应按基价加按超基价分成比例计算的价格于收到代销单位代销清单时确认收入的实现。

九、采用包销方式的会计核算

小型房地产企业还可与他人（包销人）订立开发产品包销合同，约定小型房地产企业将其开发产品交由包销人以开发商的名义销售，包销期满未销售的房屋，由包销人按照合同约定的包销价格购买。包销人可以高于包销合同约定的价格向购房人出售包销的开发产品。在包销形式下，根据会计准则及制度，小型房地产企业应在包销合同生效日进行确认收入的会计核算，并同时结转包销手续费、相关税费和销售成本等。

十、出租开发产品收入的会计核算

房地产开发企业开发的房屋和土地，作为商品也可以用于出租，也是房地产开发企业的主要经营活动之一。

与开发产品出租相关的成本，主要是其按期摊销的出租产品的损耗。出租房屋按月摊销的损耗价值，应根据出租房屋的账面原值和月摊销率计算，其计算原理与月折旧率相同。其计算公式如下：

$$月摊销率=（1-预计净残值率）\div（预计摊销年限\times 12）\times 100\%$$

式中，房屋的摊销年限可参照同类房屋的折旧年限确定；净残值率可按照房屋原值的 3%～5% 确定。

小知识

开发产品出租租金收入的会计核算

出租包括经营性租赁和融资租赁，房地产出租开发产品一般为经营性租赁。

小型房地产企业取得租金价款或收取租金的凭证，应借记“银行存款”账户，贷记“其他业务收入”等账户。按企业会计准则规定，在一般情况下，出租人应采用直线法将收到的租金在租赁期内确认为收益，但在某些特殊情况下，则应采用比直线法更系统合理的方法。比如根据租赁资产的使用量来确认租赁收益的方法。

出租开发产品租金收入的确认

房地产开发企业出租开发产品，应在出租合同规定日期收取租金后作为收入实现；合同规定的收款日期已到，对方未付租金的，仍视为营业收入的实现。但如果估计租金收回的可能性不大，就不应该确认收入。

十一、以土地使用权投资开发项目的会计核算

以土地使用权投资于开发项目，对房地产而言主要有以下三种形式。

（一）小型房地产企业以换取开发产品为目的，将土地使用权投资其他房地产开发项目，但并没有形成股权时的会计核算

（1）转出土地使用权时，按土地使用权的公允价值借记“预付账款”等科目，按账面价值贷记“无形资产——土地使用权”、“营业外收入”等科目。

（2）取得开发产品时，借记“开发产品”科目，贷记“预付账款”科目。

（二）其他企业以换取开发产品为目的，将土地使用权投资于房地产开发项目，也没有形成股权时的会计核算

（1）房地产开发企业取得土地使用权时，借记“无形资产——土地使用权”科目，贷记“递延收益”等科目。

（2）分配开发产品时，借记“递延收入”等科目，贷记“主营业务收入”等科目；同时计提并缴纳增值税及附加，借记“营业税金及附加”科目，贷记“应交税费——应交增值税”等科目。

（三）房地产或其他企业以股权的形式，将土地使用权投资房地产开发项目时的会计核算

（1）房地产或其他企业以股权形式将土地使用权投资于房地产开发项目。一般情况下，这类交易具有商业实质，按公允价值进行会计处理。转出土地使用权时，按土地使用权的公允价值及相关税费借记“长期股权投资”等科目，按账面价值贷记“无形资产——土地使用权”、“营业外收入”等科目。

（2）“长期股权投资”的后续计量及投资收益的核算具体见本书相关章节，这里不再重复阐述。

十二、周转房的会计核算

房地产开发企业的周转房是指小型房地产企业用于安置被拆迁居民周转使用、产权归小型房地产企业所有的各种房屋。

为了核算周转房的使用、摊销及其增减变动情况，小型房地产企业应设置“周转房”账户，并设置“在用周转房”和“周转房摊销”两个明细账户，用来核算在用周转房的开发成本及其损耗价值的摊销情况。周转房的损耗价值的摊销，应根据周转房的性质、使用情况，分别采用平均年限摊销法和周转使用次数摊销法。对非临时性简易周转房，由于使用年限较长，应采用平均年限摊销法按使用期限每月计提摊销额。对临时性简易周转房，由于周转使用次数有限，一般可采用周转使用次数摊销法按预计周转使用次数每周转使用一次计提摊销额。其中，采用平均年限摊销法计提周转房损耗价值的计算公式如下：

月摊销率=（1–预计净残值率）÷（预计摊销年限×12）×100%

月摊销额=周转房原值×月摊销率

采用周转使用次数摊销法的计算公式如下：

每次摊销额=周转房原值×（1–预计净残值率）÷预计周转使用次数

式中，预计摊销年限可参照同类房屋的折旧年限预计；净残值率可按照周转房原值的3%～5%预计。

【例 2-9】 智董房地产开发公司发生下列有关周转房的经济业务。

（1）甲周转房于1月完工，经计算其实际成本为120万元，成本结转的会计分录如下：

借：开发产品——周转房（甲周转房）　　1 200 000

　贷：开发成本——房屋开发成本　　1 200 000

（2）2月将甲周转房投入使用，该周转房预计摊销年限为30年，预计净残值率为4%。作如下会计分录：

借：周转房——在用周转房　1 200 000

　贷：开发产品——周转房（甲周转房）　1 200 000

（3）3 月计提甲周转房摊销额，该周转房无法分清为某项开发项目拆迁户居住。作如下会计分录：

月摊销额=1 200 000×（1–4%）÷（30×12）=3 200（元）

借：开发间接费用　3 200

　贷：周转房——周转房摊销　3 200

十三、代建工程收入的会计核算

在实际工作中，房地产开发企业的代建工程，一般采用竣工后一次结算的办法。小型房地产企业可向发包单位预售一定数额的工程款和备料款，在“预收账款”账户核算，期末或竣工后结算工程价款时，从应收工程款中扣除。

【例 2-10】 智董房地产公司接受委托代建一项工程，发生如下业务。

（1）收到委托方按合同拨付的材料款 250 万元。作如下会计分录：

借：原材料　2 500 000

　贷：预收账款　2 500 000

（2）按工程施工进度向委托方预收工程款 150 万元。作如下会计分录：

借：银行存款　1 500 000

　贷：预收账款　1 500 000

（3）代建的工程竣工，验收合格，结算工程价款 500 万元。作如下会计分录：

借：预收账款　4 000 000

　　应收账款　1 000 000

　贷：主营业务收入——代建工程结算收入　5 000 000

（4）与委托方结清工程款，收取余款 100 万元。作如下会计分录：

借：银行存款　1 000 000

　贷：应收账款　1 000 000

小知识

代建工程收入的会计核算

小型房地产企业的代建工程一般是小型房地产企业为委托方代建房屋、建设场地或市政工程等，一般情况下是先签合同后建造，具有价值大、建造期长、不可取消性的特点，符合建造合同的特点，所以小型房地产企业代建工程的收入核算应按照建造合同的方法来确认、计量收入和费用。

小企业会计准则规定，建造合同是指为建造一项或数项在设计、技术、功能、最终用途等方面密切相关的资产而订立的合同。建造合同的特征是：① 先有买主（客户），后有标的（资产），建造资产的造价在签订合同时已经确定；② 资产的建设期长，一般都要跨越一个会计年度，有的长达数年；③ 所建造的资产体积大，造价高；④ 建造合同一般为不可取消的合同。

建造合同分为固定造价合同和成本加成合同。固定造价合同，是指按照固定的合同价或固定单价确定工程价款的建造合同。成本加成合同，是指以合同约定或其他方式议定的成本为基础，加上该成本的一定比例或定额费用确定工程价款的建造合同。

小型房地产企业的建造合同一般是小型房地产企业与建设单位签订的代建合同，而且多是固定造价合同。

小企业会计准则明确了合同收入的确认原则，跨年度的建造合同应在资产负债表日确认合同收入与合同费用，当期完工的建造合同应在完工的当期确认合同收入，因合同变更、索赔、奖励等形成的收入应在满足确认合同收入条件的当期确认为合同收入。

建造合同的结果能够可靠估计的，应当根据完工百分比法确认合同收入；结果不能可靠估计的，应区分合同成本能够收回和不能够收回两种情况分别确认。合同成本能够收回的，按照能够收回的金额确认为合同收入；合同成本不能够收回的，应把发生的合同成本确认为合同费用，不确认合同收入。当建造合同的结果不能可靠估计的影响因素消除时，应当按照完工百分比法重新确认合同收入。小型房地产企业可以根据累计实际发生的合同成本占合同预计总成本的比例、已经完成的合同工作量占合同预计总工作量的比例、实际测定的完工进度确定完工百分比法的合同完工进度，在资产负债表日，按照合同总收入乘以完工进度扣除以前会计期间累计已确认收入后的金额，确认为当期合同收入。合同预计总成本超过合同总收入的，应计提减值准备。

代建工程开发建造收入的确认

房地产开发企业接受委托，为其他单位代建工程，一般情况下应在工程竣工验收、办妥财产交接手续并开具“代建工程价款结算账单”，经委托单位签证认可后，确认开发建设收入的实现。如果代建工程规模较大、工期较长，在合同结果能够可靠估计的情况下，应按完工进度于每季末确认相应的建造开发收入的实现。如果合同收入的收回存在不确定性时，则不应当确定收入。

第三章

小型房地产企业成本费用会计

小型房地产企业费用，是指小型房地产企业在日常经营活动中发生的、会导致所有者权益减少、与向所有者分配利润无关的经济利益的总流出。小型房地产企业的费用包括：营业成本、营业税金及附加、销售费用、管理费用、财务费用等。

通常，小型房地产企业的费用应当在发生时按照其发生额计入当期损益。小型房地产企业销售开发产品收入和提供劳务收入已予确认的，应当将已销售开发产品和已提供劳务的成本作为营业成本结转至当期损益。

第一节　小型房地产企业成本费用综述

一、小型房地产企业成本核算

（一）成本核算对象

1. 确定成本核算对象的原则

房地产开发企业的任何一项开发建设费用都是为特定的开发项目而发生的，都应由该开发产品来承担。结合开发工程的特点和管理要求，各类业务一般按下列原则确定房地产开发企业的成本计算对象。

（1）一般的开发项目，可以每一独立编制的设计概（预）算，或每一独立的施工图预算所列的单项开发工程为成本核算对象，便于分析工程概（预）算和施工合同的完成情况。

（2）同一开发地点、结构类型相同的群体开发建设项目，如果竣工、开工时间相近，由同一施工单位施工，可以合并为一个成本核算对象，以简化核算手续。

（3）对于个别规模较大、工期较长的开发项目，可以结合经济责任制的需要，按开发项目的一定区域或部分，划分成本核算对象，便于及时反映开发成本。

2. 确定成本核算对象的具体情况

（1）土地开发产品。原则上以每块独立开发的土地作为成本核算对象，但对于开发面积较大、开发工期较长、分区域开发的土地，也可按一定区域内开发的各块土地作为成本核算对象。

（2）房屋开发产品。一般以具有独立施工图预算的每栋独立房屋作为成本核算的对象，但对于同一结构类型、用途相同、开竣工时间接近且由同一施工单位施工的多栋房屋，也可合并作为一个成本核算的对象。对个别规模较大、工期较长的开发项目，可以将其划分为若干部分，以每一部分工程项目作为成本核算对象。

（3）配套设施。若能独立有偿转让的，则应作为成本核算对象，若不能有偿转让的，则其成本、费用应计入受益的房屋等开发产品的成本，不能单独成为成本核算对象。

（4）代建工程。代建工程的成本核算对象应根据企业的实际情况加以确定。一般可以按照代建工程合同或根据委托单位的要求，以每一独立编制施工图预算所列单位工程或单项工程作为成本计算对象。

房地产开发的生产经营成本，按照费用发生时能否直接计入成本核算对象，划分为“开发成本”和“开发间接费用”。费用发生时能够确定成本核算对象的，直接计入“开发成本”，如土地征用及拆迁补偿费、前期工程费、建筑安装工程费、基础设施建设费及公共配套设施费；费用发生时不能直接确定某一成本核算对象的，先归入“开发间接费用”，期末采用一定的标准再分配计入各该成本核算对象。

（二）采用分批（定单）法作为成本计算方法

对于单幢房屋、单块土地的开发建设，宜采用定单法，计算开发产品的成本。对于多幢房屋、多块土地的开发建设，宜采用分批法计算开发产品的成本。其他成本计算方法一般不适用于房地产开发企业。

（三）以开发产品的建设周期作为成本计算期

与工业产品不同，房地产开发产品的建设周期较长，从开工到竣工，往往必须横跨几个会计年度。因此，小型房地产企业无法像工业企业那样定期计算产品成本，而必须俟开发过程结束后方可计算出开发产品的实际成本。

开发产品的成本计算期，一般以开发产品的开发周期为准，以便计算出整个开发项目从开发建设开始直到竣工验收为止所发生的一切耗费，以利于同开发项目的设计概（预）算和施工合同相对比，考核其开发成本。

（四）成本项目的确定

房地产开发企业的成本项目包括土地的征用及拆迁补偿费、前期工程费、建筑安装费、基础设施费、公共配套设施费、间接费用六个成本项目。

（五）开发产品在成本中补提公共配套设施费用处理

一个住宅小区的开发建设，除了建设住宅主体工程外，还有许多配套设施工程。所以，经常会出现住宅已建成或已销售，而配套设施工程如道路、绿化等工程尚未完工或尚未投入使用。这就使得那些已具有使用条件，并已出售的开发产品应负担的配套设施建设费用，无法按照配套设施的实际建设成本进行分摊和计算。为此，房地产开发企业一般只好按未完成配套设施概（预）算为基础，计算出已售住宅应负担的数额，以预提方式计入所出售住宅的开发成本，待小区全部正式竣工结算时，再予以调整预提数。但采用这种预提配套设施费用方式计算各开发产品成本，对出售的开发产品成本来讲，是不够准确的。但对整个开发小区的成本来讲，只要在小区正式竣工之后，对预提费用进行调整，就可保证整个开发小区的正确性。因此，房地产开发企业应对配套设施进行详细的测算，考虑各项因素后，再进行预提，尽量做到准确。

（六）开发成本需在已完工程和未完工程之间进行分配

小型房地产企业的土地开发、房屋开发、配套设施开发、代建工程开发等各类业务，由于生产周期一般都较长，开发项目的每个工程又都是一个连续不断的过程，一般不能等到每个工程全部完工后再计算其成本，因此，在月末建设工地既有已完工程又有未完工程的情况下，按成本计算对象归集的开发成本还必须在两者之间进行分配。

二、小型房地产企业成本核算会计账户的设置

房地产开发企业的成本核算，是对开发销售费用发生和开发产品成本形成的核算，以正确反映各开发项目的实际成本。房地产开发企业一般设置“开发成本”、“开发间接费用”等账户进行开发成本的核算。

为核算企业在土地、房屋、配套设施、代建工程开发过程中发生的各项费用，小型房地产企业需设置“开发成本”和“开发间接费用”账户。

（一）“开发成本”账户

“开发成本”科目是用来核算企业在土地、房屋、配套和代建工程的开发建设过程中发生的土地征用及拆迁补偿费、前期工程费、基础设施费、建筑安装费等各项费用的。本账户按开发成本的种类，如“土地开发”、“房屋开发”、“配套设施开发”等设置明细账，分别核算各类开发项目发生的各项费用。当企业发生各项直接费用时，直接记入“开发成本”的借方。企业发生应由开发成本负担的间接费用，应先在“开发间接费用”账户中归集，月末再按照一定的标准分配记入各开发成本账户的借方。开发成本的明细账格式如表 3-1 所示。

表 3-1　开发成本明细账

明细账户：房屋开发（A 公寓）　　××××年××月　　金额单位：元

年		摘　要	土地征用及拆迁补偿费	前期工程费	基础设施费	建筑安装费	开发的间接费用	合　计
月	日							
2	1	月初余额						
	28	本月费用						
		期末余额						
		结转成本						

（二）“开发间接费用”账户

核算企业为开发产品而发生的各项间接费用，该账户借方登记企业发生的各项间接费用，贷方登记期末分配结转的间接费用。本账户按企业内部不同的单位开设明细账，期末无余额。“开发间接费用”明细账户中所归集的间接费用，根据开发建设产品的情况进行分配，假如企业从事了多种产品的开发，那么归集的间接费用应该采用适当的方法在不同的开发产品之间进行分配；如果企业只进行了一个产品的开发建设，那么所归集的间接费用直接计入该开发产品的成本。开发间接费用的明细账格式如表 3-2 所示。

表 3-2　开发间接费用明细账

单位名称：　　金额单位：元

年		摘　　要	工资	福利费	折旧费	修理费	水电费	差旅费	办公费	合计	转出	余额
月	日											
		应付职工薪酬——工资										
		提取福利费										
		提取折旧费										
		发生修理费										
		支付差旅费										
		支付办公费										

续表

年 月	日	摘　　要	工资	福利费	折旧费	修理费	水电费	差旅费	办公费	合计	转出	余额
		支付水电费 分配转出										
		合　　计										

小知识

“开发间接费用”与“管理费用”的正确划分

在会计实务中，必须注意“开发间接费用”与“管理费用”的正确划分，一般来说，以房地产开发企业是否设立现场的管理机构作为划分标准，若在工程的现场设有直接为开发项目服务的管理机构，其发生的各项费用计入“开发间接费用”账户；如果企业没有设立现场的管理机构，而是由公司直接定期派员到开发现场进行监督工作，那么，所发生的费用应该直接计入“管理费用”账户。

房地产开发企业还可以根据企业管理的要求，将成本类科目合并或分解。例如，对间接费用较少的单位，可以将“开发成本”和“开发间接费用”科目合并为“开发费用”科目。对规模较大，开发项目类型较多的单位，可将“开发成本”分解为“土地开发”、“房屋开发”、“配套设施开发”、“代建工程开发”四个科目。

企业开发土地、房屋、配套设施和代建工程等，采用出包方式的，应根据承包企业提出的“工程价款结算账单”承付工程款之后，计入有关的开发产品成本计算单的对应成本项目中。企业开发的土地、房屋、配套设施和代建工程等，采用自营方式的，发生的各项费用可直接计入有关开发产品成本计算单的对应成本项目。如果企业自营施工大型建筑安装工程，可以根据需要增设“工程施工”、“施工间接费用”等账户，用来归集自营建筑安装费用，月末，按实际成本将其转入有关开发产品成本计算单的对应成本项目。按照权责发生制和收入与费用配比的原则，应由开发产品负担的费用，如不能有偿转让的公共配套设施费用等，应在计算开发产品的成本时及时地按规定予以预提，计入有关开发产品的成本计算单的对应成本项目。

企业已经完成并验收合格的土地、房屋、配套设施、代建工程等，应及时根据开发产品成本计算单内的实际成本进行结转，以便将企业收入和成本费用进行对比，确定其损益。

第二节　小型房地产企业开发成本

房地产企业开发成本是指房地产开发企业在开发过程中所发生的各项费用。

一、开发成本的分类

开发成本按其用途，可分为土地开发成本、房屋开发成本、配套设施开发成本、代建工程开发成本四类。

二、开发成本的构成情况（项目）

为了反映各类开发成本的构成情况，又可将开发成本进一步划分为若干项目，通常称为“产品成本项目”。房地产开发企业的产品成本项目应根据其生产经营特点和成本管理要求设置，一般有以下六个项目。

（一）土地征用及搬迁补偿费

土地征用及搬迁补偿费是指因开发房地产而征用土地所发生的各项费用，包括土地征用费、耕地占用税，劳动力安置费，地上、地下附着物拆迁补偿的净支出，安置动迁用房支出。在采用批租方式取得土地时，还应包括批租地价等。

（二）前期工程费

前期工程费是指土地、房屋开发前发生的各项费用，包括规划、设计、项目可行性研究，水文和地质勘察、测绘，“三通一平”等支出。

（三）基础设施费

基础设施费是指土地、房屋开发过程中发生的各项基础设施费用，包括开发小区内道路、供水、供电、供气、排污、排洪、通信、照明、绿化、环卫等工程发生的支出。

（四）建筑安装工程费

建筑安装工程费是指土地、房屋开发项目在开发过程中发生的各种建筑安装工程费用，包括以承包方式支付给承包单位的建筑安装工程费和以自营方式按工程施工图施工所发生的各项建筑安装工程费和设备费。

（五）公共配套设施费

公共配套设施费是指房地产开发项目在小区内发生的，可计入土地、房屋开发成本的，不能有偿转让的公共配套设施费用，包括水塔、车库、锅炉房、消防、公厕、居委会、派出所、幼儿园等设施支出。

（六）开发间接费用

开发间接费用是指房地产开发企业在开发项目现场设立的管理机构为组织和管理工程建设而发生的工资、福利费、修理费、折旧费、办公费、水电费、劳动保护费、周转房摊销等费用。

以上六个项目构成了房地产开发企业产品的开发成本，其中，土地征用及拆迁补偿费、前期工程费、基础设施费、建筑安装工程费、公共配套设施费是构成小型房地产企业开发产品实体或有助于产品形成的直接成本，可直接计入有关开发产品成本；开发间接费用应先进行归集，月末再按一定的分配标准，分配计入有关的开发产品成本。

另外，房地产开发企业（公司本部）行政管理部门为组织和管理开发经营活动而发生的管理费用、财务费用，以及为销售、出租、转让开发产品而发生的销售费用，都应作为期间费用，计入当期损益。

为购置和建造固定资产、无形资产和其他资产的支出，对外投资支出，被没收的财物，支付的滞纳金、罚款、违约金、赔偿金，企业赞助、捐赠支出，以及国家法律、法规规定以外的付费等，按规定不得列入开发成本和开发间接费用。

小知识

"公共配套设施费"的处理方法新旧差异

现行制度对于"公共配套设施费"的处理方法与以往有较大不同。原制度规定，能够计入公共配套设施费的只是开发项目发生的、按规定应计入商品房成本的小型非营业性公共配套设施所发生的建设费用，如锅炉房、水塔等的购建支出。而企业承建的城市建设规划中的大型配套设施（包括除开发项目外为居民服务的给排水、供电、供气的增容增压及交通道路等）、开发项目内的营业性公共配套设施（如商店、银行、邮局等）以及非营业性设施中的中小学校、文化站、医院等配套工程的购建支出，均不得列入商品房成本。

原制度之所以这样规定，主要是考虑到这些配套设施应纳入统一的城建规划，并由政府或其授权的部门直接出资建设。但随着投资主体的多元化，民营企业、外资企业亦大规模地投资于房地产领域，相当比例的配套设施费必须由它们自身承担。因此，将这部分费用计入开发成本是十分必要的。

三、土地开发成本的核算

土地开发也称建设场地开发，通常有两种情况：一种是为了销售或有偿转让而开发商品性建设场地，另一种是为了建造商品房、出租房或周转房等建筑产品而开发的自用建设场地。

建设用场地按开发用途，分商业性建设场地和自用建设场地两种。商品性建设场地是指为销售或有偿转让而开发的土地。自用建设场地是指直接为本企业建造商品房、出租房和周转房等开发的土地。土地开发成本的核算包括费用的归集和成本的结转。

（一）土地开发成本费用的归集

1. 土地征用及拆迁补偿费、前期工程费、基础设施费、建筑安装工程费等直接费用，一般在发生时按受益对象直接计入土地开发项目的开发成本

【例 3-1】 智董房地产公司，20×6 年开发商品性建设场地（甲）和自用性建设场地（乙）各一块。用银行存款支付土地征用费 1 600 000 元，其中甲场地 950 000 元，乙场地 650 000 元，支付甲场地拆迁补偿费 250 000 元，安置费 170 000 元。会计分录如下：

借：开发成本——土地开发——甲场地	1 370 000	
——乙场地	650 000	
贷：银行存款		2 020 000

2. 公共设施费的归集

若公共设施是与建设场地同步开发的，其开发费用直接计入建设场地开发成本；分不清受益对象或应由两个以上开发项目共同负担的，可先通过"开发成本——配套设施开发"账户归集，待配套设施完成后，可按各开发项目的预算成本比例分配，其中应由土地开发成本负担的部分，结转"开发成本——土地开发"账户。若公共设施后于建设场地开发的，开发费用可先通过"开发成本——配套设施开发"账户核算，待配套设施竣工后结转"开发成本——土地开发"账户。

【例 3-2】 以银行存款支付水文地质勘察费 58 000 元，其中甲场地 18 000 元，乙场地 40 000 元。市政工程公司基础设施费 250 000 元，其中甲场地 120 000 元，乙场地 130 000 元。编制会计分录如下：

借：开发成本——土地开发——甲场地　　138 000
　　——土地开发——乙场地　　170 000
　贷：银行存款　　308 000

【例 3-3】 应付建筑工程公司建筑安装费 350 000 元，其中甲场地 150 000 元，乙场地 200 000 元。会计分录如下：

借：开发成本——土地开发——甲场地　　150 000
　　——乙场地　　200 000
　贷：应付账款　　350 000

【例 3-4】 建车棚领用材料 12 000 元，支付工资 70 000 元，会计分录如下：

借：开发成本——土地开发——配套设施开发　　190 000
　贷：库存材料　　120 000
　　应付职工薪酬——工资　　70 000

3．开发间接费用的归集

开发间接费用在发生时归集在“开发间接费用”账户，月末再按预算成本比例计入各有关开发项目的成本，其中应计入土地开发成本的开发间接费用，结转“开发成本——土地开发”账户。

【例 3-5】 分配开发间接费用 760 000 元，其中甲场地应负担 460 000 元，乙场地应负担 300 000 元。会计分录如下：

借：开发成本——土地开发——甲场地　　460 000
　　——乙场地　　300 000
　贷：开发间接费用　　760 000

（二）土地开发成本的结转

已完成的建设场地，应根据其商业性和自用性的不同用途，采用不同的方法结转土地开发实际成本。

1．商用性建设场地开发成本的结转

为销售或有偿转让而开发的商业性建设场地是房地产开发企业的最终产品，其开发过程中发生的各项费用应当全部计入土地开发成本，因此应在办理竣工验收手续后将其实际成本结转“开发产品”账户。

【例 3-6】 月末甲场地已开发完工，结转其实际成本，会计分录如下：

借：开发产品　　2 308 000
　贷：开发成本——土地开发——甲场地　　2 308 000

2．自用性建设场地开发成本的结转

自用性建设场地是房地产开发企业的中间产品，其开发过程中发生的各项费用应最终计入各种商品房、周转房和出租房的成本。因此，应在完成投入使用时，将其实际成本结转“开发成本——房屋开发”，其中为建造商品房而开发的自用建设场地，应采用分项平行结转法，即将各项土地开发成本支出对应转入“开发成本——房屋开发”的各成本项目。而为建造出租房等而开发的自用建设场地，其开发成本不需要分摊开发间接费用的，则应采用归类结转法，即将各项土地开发成本支出归类为“土地征用及拆迁补偿费”和“基础设施费”两个项目后，分别对应转入“开发成本——房屋开发”中的这两个成本项目。如果企业开发的自用建设场地在完成后暂不使用，应将其实际成本结转“开发产品”账户。

【例 3-7】 月末自用开发土地乙场地已完工，其开发总面积为 3 000 平方米，开发成本 1 320 000 元。该场地 1 500 平方米进行甲工程的建设，其余暂不使用。会计分录如下：

借：开发成本——房屋开发——甲工程　　660 000
　　开发产品　　660 000
　贷：开发成本——土地开发——乙场地　　1 320 000

根据以上账务处理登记土地开发成本明细账如表 3-3 所示。

表 3-3　土地开发成本明细账

开发土地名称：甲场地　　开发总面积：3 000m²　　单位：元

年		凭证号数	摘　要	土地征用及拆迁补偿费	前期工程费	基础设施费	建筑安装工程费	公共配套工程费	开发间接费用	合计
月	日									
			支付土地征用费	950 000						950 000
			支付拆迁补偿费	420 000						420 000
			支付水文地质勘察费		18 000					18 000
			支付市政公司款			120 000				120 000
			支付建筑工公司款				150 000			150 000
			预提公共配套设施费					186 000		186 000
			预提公共配套设施费					4 000		4 000
			分配开发间接费用						460 000	460 000
			本月合计	1 370 000	18 000	120 000	150 000	190 000	460 000	2 308 000
			转出开发成本	1 370 000	18 000	120 000	150 000	190 000	460 000	2 308 000
			月末余额	—	—	—	—	—	—	—

四、房屋开发成本的核算

（一）房屋开发成本核算对象的确定

房屋开发是房地产开发企业的主要经济业务。

开发建设的房屋，按其用途可分为四种类型：为面向社会销售而开发的商品房、为本企业经营出租业务而开发建设的出租房、为安置拆迁居民周转使用而开发的周转房、接受其他单位委托而代为开发建设的代建房。

以上四种类型的房屋，开发建设的目的、用途不同，但它们的开发过程、内容、特点和所发生的各项开发费用完全相同，所以这四种房屋开发的核算方法也都完全相同。

房屋开发成本的核算对象一般按下列原则确定：

（1）一般的建设项目，以每一独立编制设计概（预）算或每一个独立的施工图预算所列的单项工程为一个成本核算对象。

（2）同一施工地点、结构类型相同、开竣工时间接近，而且又为同一施工队伍施工的群体开发项目，在开发建设过程中，可以合并为一个成本核算对象。

（3）规模较大、工期较长的开发项目，可按工程部位划分成本核算对象。

（4）房屋开发成本核算对象一经确定，不得随意变动，以免影响成本核算的正确性。

（二）房屋开发成本的归集

1. 土地征用及拆迁补偿费的归集

土地征用及拆迁补偿费，凡是能分清负担对象的，可直接计入房屋开发成本；凡是不能分清负担对象，或开发综合性建设场地即为建造商品房之用，又对外销售或有偿转让的，先计入"开发成本——土地开发"，待土地开发完成投入使用时，再按占用土地面积比例分配结转"开发成本——房屋开发"。如果已开发完成的商品性建设场地改作自用性建设场地，应将其土地征用及拆迁补偿费从"开发产品"转入"开发成本——房屋开发"。

2. 前期工程费和基础设施费的归集

前期工程费和基础设施费，凡是能分清负担对象的，直接计入房屋开发成本；应由两个或两个以上房屋开发项目负担，且发生时分不清负担对象的，应按各房屋开发项目的预算或计划开发成本标准分配后，分别计入各房屋开发项目的成本。

3. 建筑安装工程费的归集

计入房屋开发成本的建筑安装工程费，应根据不同施工方式，采用不同的核算方法。采用出包方式的，应根据承包企业提出的"工程价款结算单"所列承付工程款计入"开发成本——房屋开发"的相应成本项目中。采用自营方式的，发生的各项建筑安装工程费用直接计入"开发成本——房屋开发"的相应成本项目中。如果企业自营施工大型建筑安装工程，可以根据需要增设"工程施工"、"施工间接费用"等账户，用来核算和归集自营工程的建筑安装费用，月末按实际成本转入"开发成本——房屋开发"的相应成本项目中。如果企业自营施工大型建筑安装工程，可以根据需要增设"工程施工"、"施工间接费用"等账户，用来核算和归集自营工程的建筑安装费用，月末按实际成本转入"开发成本——房屋开发"的相应成本项目中。企业在房地产开发过程中领用的设备，附属于工程实体的，应根据附属对象，于设备发生交付安装时，按其实际成本计入"开发成本——房屋开发"的相应成本项目中。

4. 公共配套设施费的归集

计入房屋开发成本的公共配套设施费，应根据配套设施建设的不同情况，采用不同的核算方法。

若配套设施与房屋同步建设，发生的公共配套设施费，凡是能分清负担对象的，按房屋开发项目应负担的数额直接计入"开发成本——房屋开发"账户；凡应由两个以上开发项目共同负担的，先通过"开发成本配套设施开发"账户归集，待配套设施完成后，再按各开发项目的预算成本比例进行分配，其中应由房屋开发项目负担的数额计入"开发成本——房屋开发"账户。

若配套设施后于房屋建设，其账务处理与土地开发项目预提公共配套设施费的方法类似。

5. 开发间接费用的归集

计入房屋开发成本的开发间接费用在发生时归集在"开发间接费用"账户，月末再按预算成本比例分配计入各有关开发项目的成本，其中应计入房屋开发成本的开发间接费用，结转"开发成本——房屋开发"账户。

（三）房屋开发成本的结转

房屋开发项目竣工验收后，应按各种房屋的用途，将房屋的实际开发成本分别结转有关开发产品账户。竣工商品房、代建房的开发成本应结转"开发产品——房屋"账户。竣工后直接投入使用的出租房，周转房的开发成本，应分别计入"出租开发产品"和"周转房"账户。若竣工后暂不使用，应计入"开发产品——房屋"账户，待投入使用后再转入"出租开发产品"

和“周转房”账户。

【例 3-8】 智董房地产开发公司的商品房甲工程和出租房乙工程，本月开发过程中发生下列经济业务：

（1）征用 13#土地 8 000m^2 发生土地征用及拆迁补偿费 4 800 000 元，前期工程费 1 200 000 元，基础设施费 2 400 000 元，建筑安装工程费 3 600 000 元，均以银行存款支付。

借：开发成本——土地开发——13#　　12 000 000

　贷：银行存款　　12 000 000

（2）现 13#土地已开发完工，其中 4 000m^2 用于商品房甲工程建设。采用分项结转法结转土地开发成本。

借：开发成本——房屋开发（甲工程）

　　——土地征用及拆迁补偿费　　2 400 000

　　——前期工程费　　600 000

　　——基础设施费　　1 200 000

　　——建筑安装工程费　　1 800 000

　贷：开发成本——土地开发——13#　　6 000 000

（3）用银行存款支付乙工程建设场地的补偿费 280 000 元。

借：开发成本——房屋开发（乙工程）　　280 000

　贷：银行存款　　280 000

（4）委托设计部门对甲、乙工程进行设计，应付设计费 186 000 元，其中甲工程设计费 88 000 元，乙工程设计费 98 000 元。

借：开发成本——房屋开发（甲工程）　　88 000

　　——房屋开发（乙工程）　　98 000

　贷：应付账款　　186 000

（5）第一建筑公司提出“工程价款结算账单”，要求支付工程进度款 1 740 000 元，其中甲工程 940 000 元，乙工程 800 000 元。

借：开发成本——房屋开发（甲工程）　　940 000

　　——房屋开发（乙工程）　　800 000

　贷：应付账款——第一建筑公司　　1 740 000

（6）用银行存款支付道路、绿化等基础设施费 1 264 000 元，其中甲工程应负担 764 000 元，乙工程应负担 500 000 元。

借：开发成本——房屋开发（甲工程）　　764 000

　　——房屋开发（乙工程）　　500 000

　贷：银行存款　　1 264 000

（7）分配公共设施配套费 570 000 元，其中甲工程应负担 340 000 元，乙工程应负担 230 000 元。

借：开发成本——房屋开发（甲工程）　　340 000

　　——房屋开发（乙工程）　　230 000

　贷：开发成本——配套设施费　　570 000

（8）分配开发间接费用 504 250 元，其中甲工程应负担 302 150 元，乙工程应负担 202 100 元。

借：开发成本——房屋开发（甲工程）　　302 150

——房屋开发（乙工程） 202 100

贷：开发间接费用 504 250

（9）乙工程已竣工，经验收合格，投入使用。结转其实际开发成本 2 194 100 元。

借：出租开发产品 2 194 100

贷：开发成本——房屋开发（乙工程） 2 194 100

根据以上账务处理登记房屋开发成本明细账如表 3-4 所示。

表 3-4　房屋开发成本明细账

开发产品名称：乙工程　　单位：元

××××年		凭证号数	摘　　要	土地征用及拆迁补偿费	前期工程费	基础设施费	建筑安装工程费	公共配套工程费	开发间接费用	合　计
月	日									
			期初余额		22 000	12 000	50 000			84 000
			支付拆迁补偿费	280 000						280 000
			应付设计费		98 000					98 000
			支付基础设施费			500 000				500 000
			应付工程款				800 000			800 000
			分配转入公共设施费					230 000		230 000
			分配转入开发间接费用						202 100	202 100
			本月发生额小计	280 000	98 000		800 000	230 000	202 100	1 610 100
			本月累计金额	280 000	120 000	512 000	850 000	230 000	202 100	164 100
			转出完工工程成本	280 000	120 000	512 000	850 000	230 000	202 100	2 194 100
			月末余额	—	—	—	—	—	—	—

五、配套设施开发成本的计算

房地产开发企业开发的配套设施，可以分为如下两类：一类是开发小区内开发的不能有偿转让的公共配套设施，如居委会、派出所、幼儿园、消防设施、锅炉房、水塔、自行车棚、公厕等。另一类是能有偿转让的城市规划中规定的大型配套设施项目，包括：开发小区内营业性公共配套设施，如商店、银行、邮局等；开发小区内非营业性配套设施，如中小学、文化站、医院等；开发项目外为居民服务的给排水、供电、供气的增容增压设施及交通道路等。

属于配套设施开发成本核算的公共配套设施工程包括两部分：一是在开发小区以内不能有偿转让，应直接计入开发项目成本，但是由于不能同受益开发项目同步建设或虽可同步建设，但有两个或者两个以上受益对象的公共配套设施工程；二是能有偿转让的公共配套设施工程。

配套设施工程费用发生时，借记"开发成本——配套设施开发"账户，贷记有关账户；开发项目完工后，第一部分配套设施工程的开发成本，应按一定标准进行分配结转，借记"开发成本——房屋开发"账户，贷记"开发成本——配套设施开发"账户；第二部分配套设施工程的开发成本，应转入开发产品，借记"开发产品——配套设施"账户，贷记"开发成本——配套设施开发"账户。期末"开发成本——配套设施开发"账户的余额，表示正在开发的配套设施的成本。

【例 3-9】 智董房地产开发公司开发建设住宅小区配套的商店和电动车棚工程，用银行存款支付工程款 67 000 元。其财会部门应作如下会计处理：

借：开发成本——配套设施开发　　67 000
　贷：银行存款　　67 000

【例 3-10】 承例 3-9。商店和电动车棚工程完工，实际成本分别为 120 000 元和 2 000 元。电动车棚是为商品房开发工程所建，商店则作为小区内第三产业经营用房，其财会部门应作如下会计处理：

结转商店开发成本：
借：开发产品——配套设施　　120 000
　贷：开发成本——配套设施开发　　120 000
结转电动车棚开发成本：
借：开发成本——房屋开发　　2 000
　贷：开发成本——配套设施开发　　2 000

本例核算程序如图 3-1 所示。

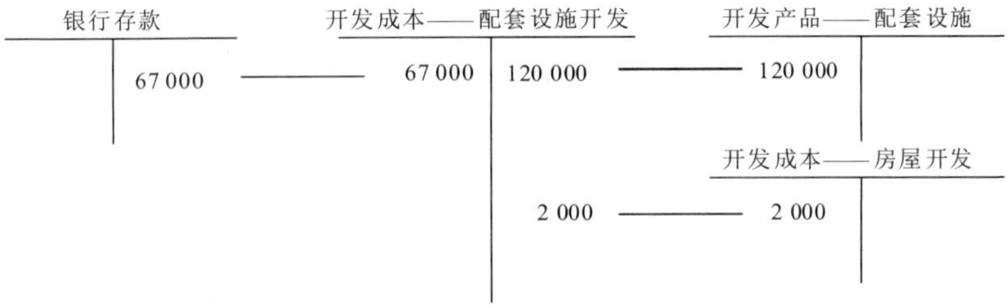

图 3-1　配套设施开发成本核算程序

六、代建工程开发成本核算

代建工程开发成本是指开发企业接受有关单位的委托，代为开发建设的工程（或参加委托单位招标，经过投标中标后承建的开发项目）所发生的费用支出。其具体内容包括土地开发、房屋开发、市政工程开发（城市道路、基础设施、园林绿化、旅游风景区开发）等开发项目支出。

开发企业接受委托代为开发的建设场地和房屋，其建设内容和特点与企业的土地开发和房屋开发基本相同，所以可比照土地开发和房屋开发的核算方法进行核算，其开发费用分别在“开发成本——土地开发”和“开发成本——房屋开发”两个明细账户核算，开发工程完工验收合格时，转入“开发产品——代建工程”。账户。

其他代建工程开发项目应在“开发成本——代建工程开发”账户核算。发生各项开发直接费用时，记入该账户的借方，各有关账户的贷方；期末分配结转开发间接费用时，记入该账户的借方，“开发间接费用”账户的贷方；代建开发工程竣工验收合格后，结转其开发成本，借记“开发产品——代建工程”账户，贷记该账户；期末“开发成本——代建工程开发”账户的余额，表示正在开发的代建工程的成本。

【例 3-11】 智董房地产开发公司接受市政建设指挥部委托，代为建设中元风景区，发生了下列经济业务：用银行存款支付土地征用及拆迁补偿费 3 000 000 元，前期工程费 300 000 元，基础设施费 400 000 元，结算应付建筑安装工程费 8 700 000 元，应负担的开发间接费用

100 000 元。根据有关费用支出凭证，其财会部门应作如下会计处理：

（1）用银行存款支付拆迁补偿费等：

借：开发成本——代建工程开发　　3 700 000

　贷：银行存款　　3 700 000

（2）结转应付建筑安装工程费：

借：开发成本——代建工程开发　　8 700 000

　贷：应付账款　　8 700 000

（3）分配结转开发间接费用：

借：开发成本——代建工程开发　　100 000

　贷：开发间接费用　　100 000

【例 3-12】承例 3-11。智董房地产开发公司开发建设的中元风景区完工，验收合格，结转其实际成本 12 500 000 元，其财会部门应作如下会计处理：

借：开发产品——代建工程　　12 500 000

　贷：开发成本——代建工程开发　　12 500 000

本例核算程序如图 3-2 所示。

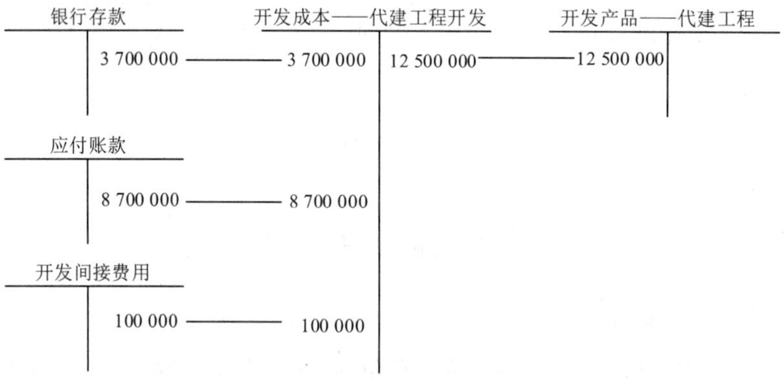

图 3-2　代建工程开发成本核算程序

第三节　小型房地产企业开发产品

开发产品是指房地产开发企业已经完成全部开发过程并已验收合格，合乎设计标准，可以按照合同规定的条件移交购货单位，或者可以作为商品对外销售的产品，包括已开发完成的土地、房屋、配套设施和代建工程等。

一、企业开发产品成本核算的过程

企业开发产品成本核算的过程就是将开发所发生的各项费用对象化的过程。

我们知道，企业在一定的时期内可能承担若干个开发产品的建设，按开发建设内容和管理方式的不同，可分为土地开发项目、房屋开发项目、配套设施开发项目和代建工程开发项目。与此相对应的，应该计入开发产品成本的费用也可按承担对象的类别，划分为土地开发成本、房屋开发成本、配套设施开发成本和代建工程开发成本。

二、开发产品增加的核算

企业开发的产品应于竣工验收时，借记“开发产品”账户，贷记“开发成本”账户。

【例 3-13】 智董房地产开发公司根据其开发的住宅楼验收交接凭证，结转住宅楼开发实际成本 6 500 000 元。其财会部门应作如下会计处理：

借：开发产品　　6 500 000

　贷：开发成本　　6 500 000

三、开发产品减少的核算

小型房地产企业出售、转让或出租开发产品，会造成开发产品的减少，企业应区别不同情况及时进行开发产品结转的会计处理。

企业有偿转让或出售开发产品，应于每月终了结转对外转让、销售和结算开发产品的实际成本。结转时，借记“主营业务成本”账户，贷记“开发产品”账户。

企业如果是采用分期收款结算方式销售开发产品，在将开发产品移交使用单位或办妥分期收款销售合同时，应将分期收款开发产品的实际成本，自“开发产品”账户转入“分期收款开发产品”账户，借记“分期收款开发产品”账户，贷记“开发产品”账户。

企业将开发的土地和房屋用于出租和将开发的房屋作安置拆迁居民周转使用，应于签订合同、协议和移交使用时，将该土地和房屋的实际成本，自“开发产品”账户转入“出租开发产品”、“周转房”账户，借记“出租开发产品”、“周转房”账户，贷记“开发产品”账户。

企业将开发的营业性配套设施作为本企业从事第三产业用房，应视同自用固定资产进行处理，并将营业性配套设施的实际成本，自“开发产品”账户转入“固定资产”账户：借记“固定资产”账户，贷记“开发产品——配套设施”账户。

企业将开发的房屋用于安置拆迁居民，应按实际安置面积进行实物管理和结转。对于已经交付使用或办理销售和结转手续，而产权尚未移交出去的开发产品，如商品房和配套设施等，应由企业设置“代管房产备查簿”，进行实物管理。企业不得将这部分财产入账，也不得计提折旧和摊销。企业在代管房产过程中取得的收入和发生的各项支出，应作为其他业务收支处理，不在“开发产品”账户内核算。

【例 3-14】 智董房地产开发公司结转销售住宅楼实际成本 6 500 000 元，其财会部门应作如下会计处理：

借：主营业务成本　　6 500 000

　贷：开发产品　　6 500 000

【例 3-15】 智董房地产开发公司将一套公寓采用分期收款方式销售，已办妥分期收款销售合同，该公寓实际成本为 200 000 元。其财会部门应作如下会计处理：

借：分期收款开发产品　　200 000

　贷：开发产品　　200 000

【例 3-16】 智董房地产开发公司将开发建设完成的一幢住宅楼出租经营，其实际成本为 2 400 000 元，则其财会部门应作如下会计处理：

借：出租开发产品　　2 400 000

　贷：开发产品　　2 400 000

【例 3-17】 智董房地产开发公司将开发的一幢房屋用于安置拆迁居民周转使用，实际成本为 5 000 000 元。其财会部门应作如下会计处理：

借：周转房　　5 000 000

　贷：开发产品　　5 000 000

【例 3-18】 智董房地产开发公司将开发建设的房屋作为营业性配套设施的商店，用作本企业第三产业经营用房，实际成本为 580 000 元，其财会部门应作如下会计处理：

借：固定资产　　580 000

　贷：开发产品　　580 000

四、完工开发产品的核算

房地产开发企业应设置“开发产品”账户来核算企业已完工开发产品的实际成本。其借方登记竣工验收开发产品的实际成本；贷方登记结转对外转让、销售和结算开发产品的实际成本；期末借方余额反映尚未转让、销售和结算的开发产品的实际成本。本账户应按土地、房屋、配套设施和代建工程等设置明细账户，并在明细账户下按成本核算对象设置账页进行核算。

【例 3-19】 智董房地产公司发生如下经济业务。

（1）该企业建设的甲住宅小区竣工验收，其实际发生的总成本为 20 000 000 元。作如下会计分录：

借：开发产品——房屋　　20 000 000

　贷：开发成本——房屋开发　　20 000 000

（2）该企业为甲住宅小区建设的配套设施完工验收，实际发生的总成本为 5 000 000 元。作如下会计分录：

借：开发产品——配套设施　　5 000 000

　贷：开发产品——配套设施开发　　5 000 000

（3）甲住宅小区已销售，结转其销售成本 20 000 000 元。作如下会计分录：

借：营业成本——商品房销售成本　　20 000 000

　贷：开发产品——房屋　　20 000 000

五、分期收款开发产品的核算

企业如以分期收款方式销售开发产品，在将开发产品移交购买单位或个人，或办妥分期收款销售合同时，应将商品房等开发产品的实际成本，借记“分期收款开发产品”账户，贷记“开发产品”账户。

企业按合同规定的期限收取销售价款时（包括第一次收款），借记“银行存款”、“应收账款”等账户，贷记“主营业务收入”账户。同时，按收入与费用相配比的原则，根据当期应收回的价款（合同规定当期应收价款数额）占分期收款产品应收价款总额（全部售价）的比例，计算分期收款开发产品应结转的成本，借记“主营业务成本”账户，贷记“分期收款开发产品”账户。

【例 3-20】 智董房地产开发公司以分期收款方式销售一套公寓，售价为 600 000 元。双方签订的合同规定，其价款分两次支付：房屋交付使用时支付 70%，计 420 000 元；6 个月后支付余下的 30%，计 180 000 元。该公寓的开发成本为 400 000 元。根据上述资料，智董房地产开发公司财会部门应作如下会计处理：

（1）签订合同时：

借：分期收款开发产品　　400 000

　贷：开发产品　　400 000

（2）在移交房屋、收到第一次房款时：

借：银行存款　　　　420 000

　贷：主营业务收入　　　　420 000

同时结转与上述商品房销售收入相关的销售成本 280 000 元（400 000×70%）：

借：主营业务成本　　　　280 000

　贷：分期收款开发产品　　　　280 000

（3）6 个月后，收到余下的 30%价款时：

借：银行存款　　　　180 000

　贷：主营业务收入　　　　180 000

同时结转与上述商品房销售收入相关的销售成本 120 000 元（400 000×30%）：

借：主营业务成本　　　　120 000

　贷：分期收款开发产品　　　　120 000

"分期收款开发产品"账户应按销售对象设置明细账或设置"分期收款开发产品备查簿"，详细记录分期收款开发产品的坐落地点、结构、层次、面积、售价、成本、分期收款时间、价款及已收取价款和尚未收取的价款等有关资料。

本例核算程序如图 3-3 所示。

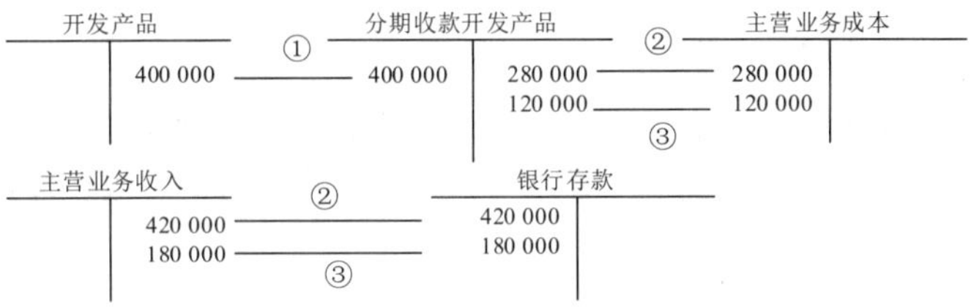

图 3-3　分期收款开发产品核算程序

六、出租开发产品的核算

出租开发产品是指由房地产开发企业开发完成、用于出租经营的土地和房屋。它是企业资产的一部分，但它不同于企业的固定资产，也不同于企业的一般劳动产品，财务制度规定用于出租经营的开发产品，一般应视作存货。

为了核算出租开发产品的使用、摊销及增减变动情况，企业应设置"出租开发产品"账户，并在其下设置"出租产品"和"出租产品摊销"两个明细账户。同时应根据出租经营的实际情况，按出租产品的类别进行明细核算，并建立"出租产品"卡片，详细记录出租产品的坐落地点、结构、层次、面积、租金、单价等情况。

（一）出租开发产品增加的核算

企业开发建成用于出租的土地和房屋，应在其竣工后，借记"开发产品"账户，贷记"开发成本"账户。签订出租合同、协议后，按出租土地和房屋的实际成本，借记"出租开发产品——出租产品"账户，贷记"开发产品"账户。

【例 3-21】 智董房地产开发公司将开发竣工后的花园小区 13 号楼出租给怡平公司，该房屋的总成本为 4 500 000 元，完工后即投入出租经营之用，智董房地产开发公司财会部门应作如下会计处理：

借：开发产品　　　　4 500 000

贷：开发成本　　4 500 000

同时：

借：出租开发产品——出租产品　　4 500 000

贷：开发产品　　4 500 000

（二）出租开发产品摊销的核算

出租房屋随着使用及自然力的侵蚀，会逐渐发生损耗而减少其价值，这部分损耗价值，房地产开发企业应根据出租产品的账面原价（实际成本）和预计使用年限，计算其损耗额，并作为出租房经营期间的费用，将它按月计入出租房屋的经营成本，其计算公式如下：

月摊销率=（1–估计净残值率）÷摊销年限÷12

月摊销额=出租房屋原值×月摊销率

企业按月计提出租开发产品摊销额时，借记“主营业务成本”账户，贷记“出租开发产品——出租产品摊销”账户。

【例 3-22】 智董房地产开发公司出租的花园小区 168 号楼，规定的摊销期限为 40 年，月摊销率假设为 0.2%，按月计提摊销额时，其财会部门应作如下会计处理：

借：主营业务成本　　9 000

贷：出租开发产品——出租产品摊销　　9 000

（三）出租开发产品修理的核算

出租开发产品在租赁期间发生的修理费用，应列为企业的主营业务成本，数额不大的可直接记入“主营业务成本”账户，借记“主营业务成本”账户，贷记“银行存款”、“应付职工薪酬”等账户。

【例 3-23】 智董房地产开发公司出租的花园小区 168 号楼，出租后的第 2 年，承租单位要求对该房屋进行修复、装饰，共发生费用 136 000 元。其中，人工费 50 000 元，材料费 70 000 元，其他费用 16 000 元，用银行存款支付。其财会部门应作如下会计处理。

费用发生时：

借：开发成本　　136 000

贷：银行存款　　16 000

库存材料　　70 000

应付职工薪酬　　50 000

工程完工后，增加出租产品价值：

借：出租开发产品——出租产品　　136 000

贷：开发成本　　136 000

【例 3-24】 智董房地产开发公司出租的花园小区 168 号楼，出租两年后，对该房屋进行修理，发生修理费 3 800 元，其财会部门应作如下会计处理。

借：主营业务成本　　3 800

贷：银行存款　　3 800

（四）出租开发产品改变用途对外销售的核算

房地产开发企业的出租开发产品与企业的固定资产不同，它不属于企业的劳动资料，而是企业的一种开发产品。因此，企业如果改变出租开发产品的用途，将其作为产品对外销售时，则应视同开发产品销售处理。

企业的出租开发产品改变用途对外销售，在销售成立时，按其销售价格，借记“银行存款”或“应收账款”账户，贷记“主营业务收入”账户。期末，结转对外销售的出租开发产品成本时，按其摊余价值，借记“主营业务成本”账户，按其已提累计摊销额，借记“出租开发产品——出租产品摊销”账户，按原值，贷记“出租开发产品——出租产品”账户。

【例 3-25】 承例 3-22~3-24 智董房地产开发公司出租的花园小区 168 号楼，出租使用 5 年后，企业改变用途对外销售，收取价款 5 000 000 元。该房屋摊销额为 540 000 元（9 000×12×5），原值为 4 636 000 元（4 500 000+136 000）。其财会部门应作如下会计处理：

借：银行存款　　5 000 000
　贷：主营业务收入　　5 000 000
借：主营业务成本　　4 096 000
　　出租开发产品——出租产品摊销　　540 000
　贷：出租开发产品——出租产品　　4 636 000

本例核算程序如图 3-4 所示。

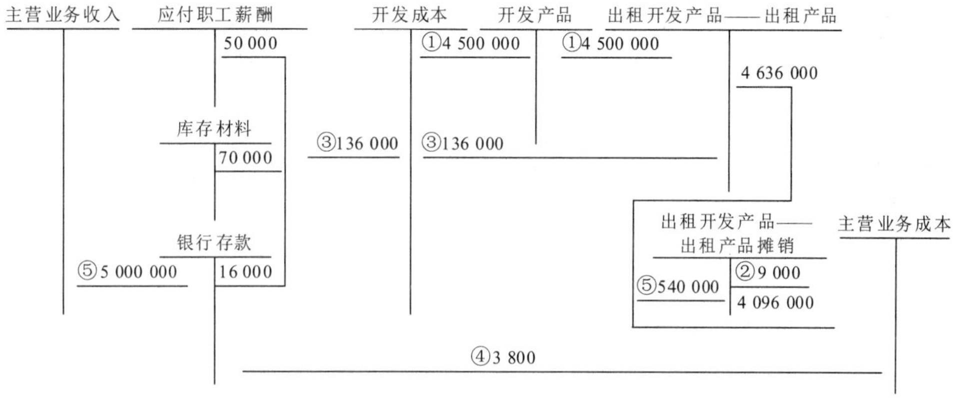

图 3-4　出租开发产品核算程序

七、周转房的核算

房地产开发企业的周转房是指用于安置拆迁居民、产权归企业所有的各种房屋，包括：在开发过程中已明确其为安置拆迁居民的房屋；搭建用于安置拆迁居民的临时性简易房屋；开发的在未销售前用于安置拆迁居民的商品房。

为了核算周转房的使用、摊销及增减变动情况，企业应设置“周转房”账户，并在其下设置“在用周转房”和“周转房摊销”两个二级账户，用以核算在用周转房的使用情况。同时应根据周转房的使用情况，按周转房的幢号（或楼层层次、房间号）进行明细分类核算，并建立“周转房卡片”，详细记录周转房的坐落地点、结构、层次、面积、租金单价、被安置居民姓名等情况。

（一）周转房增加的核算

企业开发建成的周转房，应在其竣工后，借记“开发产品”账户，贷记“开发成本”账户。明确作为周转房后，按其实际成本，借记“周转房——在用周转房”账户，贷记“开发产品”账户。

【例 3-26】 智董房地产开发公司为安置新安小区的动迁居民，将其建造的 168 号楼作为周转房，实际成本为 3 000 000 元。根据房屋交付使用等凭证，其财会部门应作如下会计处理：

借：开发产品　　3 000 000

　贷：开发成本　　3 000 000

借：周转房——在用周转房　　3 000 000

　贷：开发产品　　3 000 000

（二）周转房摊销的核算

周转房随着使用及自然力的侵蚀，会逐渐发生损耗而减少其价值，因此，应根据周转房的使用年限按月摊销其损耗价值。这部分损耗价值，应作为开发期间的费用，将它计入土地、房屋的开发成本。周转房摊销额的基本计算公式如下：

月摊销率=（1–估计净残值率）÷（摊销年限×12）

月摊销额=周转房账面原值×月摊销率

周转房损耗价值的摊销额，应在“周转房——周转房摊销”账户核算。每月计提的周转房摊销额，对能确定其由某项土地或房屋开发项目负担的，应计入该土地或房屋的开发成本，借记“开发成本——土地开发”或“开发成本——房屋开发”账户，贷记“周转房——周转房摊销”账户。对不能确定其由某项土地或房屋开发项目负担的周转房摊销额，应借记“开发间接费用”账户，贷记“周转房——周转房摊销”账户。

【例 3-27】 6 月 30 日，智董公司计提 168 号楼周转房的摊销额 5 000 元。其财会部门应作如下会计处理：

借：开发间接费用（或开发成本）　　5 000

　贷：周转房——周转房摊销　　5 000

（三）周转房修理费用的核算

由于周转房是为了安置因开发项目等建筑产品的开发建设而动迁的居民，是直接服务于某开发项目的，因此，周转房在使用过程中发生的修理费用，应作为有关开发项目的成本。按其实际发生的成本，借记“开发成本”、“开发间接费用”账户，贷记“银行存款”、“应付职工薪酬”等账户。

【例 3-28】 168 号楼周转房发生修理费用 50 000 元，以银行存款支付，财会部门应作如下会计处理：

借：开发间接费用（或开发成本）　　50 000

　贷：银行存款　　50 000

（四）周转房改变用途对外销售的核算

与固定资产出售核算不同，改变用途对外销售的周转房，应视作开发产品对外销售处理。在销售成立时，借记“银行存款”、“应收账款”等账户，贷记“主营业务收入”账户；同时，按其摊余价值，借记“主营业务成本”账户，按其已提累计摊销额，借记“周转房——周转房摊销”账户，按其原值，贷记“周转房——在用周转房”账户。

【例 3-29】 168 号楼周转房使用 20 个月后，公司将其作为商品房对外销售，售房收入 4 000 000 元已存入银行。该房累计摊销额为 100 000 元（5 000×20）。根据有关凭证，财会部门应作如下会计处理：

根据售房结算账单和银行结算凭证：

借：银行存款　　4 000 000

贷：主营业务收入		4 000 000
根据有关“周转房”明细账记录：		
借：主营业务成本	2 900 000	
周转房——周转房摊销	100 000	
贷：周转房——在用周转房		3 000 000

第四节　小型房地产企业期间费用

一、小型房地产企业的销售费用

小型房地产企业的销售费用是指小型房地产企业销售商品房或提供服务而发生的所有费用，以及售后服务、完工产品的维护保养费用等。如保险费、展览费和广告费、商品维修费以及售楼部人员的职工薪酬、业务费、折旧费等。会计核算上用“销售费用”科目进行会计核算。

小知识

相关会计科目及主要账务处理

5601　销售费用

一、本科目核算小企业在销售商品或提供劳务过程中发生的各种费用。包括：销售人员的职工薪酬、商品维修费、运输费、装卸费、包装费、保险费、广告费和业务宣传费、展览费等费用。

小企业（批发业、零售业）在购买商品过程中发生的费用（包括：运输费、装卸费、包装费、保险费、运输途中的合理损耗和入库前的挑选整理费等），也在本科目核算。

二、本科目应按照费用项目进行明细核算。

三、销售费用的主要账务处理。

小企业在销售商品或提供劳务过程中发生的销售人员的职工薪酬、商品维修费、运输费、装卸费、包装费、保险费、广告费、业务宣传费、展览费等费用，借记本科目，贷记“库存现金”、“银行存款”等科目。

小企业（批发业、零售业）在购买商品过程中发生的运输费、装卸费、包装费、保险费、运输途中的合理损耗和入库前的挑选整理费等，借记本科目，贷记“库存现金”、“银行存款”、“应付账款”等科目。

四、月末，可将本科目余额转入“本年利润”科目，结转后本科目应无余额。

二、小型房地产企业的管理费用

小型房地产企业的管理费用主要包括小型房地产企业在筹建期间内发生的开办费，小型房地产企业的董事会和行政管理部门在企业的经营管理中发生的或者应由小型房地产企业统一负担的企业经费（包括职工薪酬、修理费、物料消耗、低值易耗品摊销、办公费和差旅费等）、工会经费、董事会费（包括董事会成员津贴、会议费和差旅费等）、聘请中介机构费、咨询费（含顾问费）、诉讼费、业务招待费、房产税、车船税、土地使用税、印花税、研究费用、排污费等。会计核算上用“管理费用”科目进行会计核算。

小知识

相关会计科目及主要账务处理

5602 管理费用

一、本科目核算小企业为组织和管理生产经营发生的其他费用。包括：小企业在筹建期间内发生的开办费、行政管理部门发生的费用（包括：固定资产折旧费、修理费、办公费、水电费、差旅费、管理人员的职工薪酬等）、业务招待费、研究费用、技术转让费、相关长期待摊费用摊销、财产保险费、聘请中介机构费、咨询费（含顾问费）、诉讼费等费用。

小企业（批发业、零售业）管理费用不多的，可不设置本科目，本科目的核算内容可并入“销售费用”科目核算。

二、本科目应按照费用项目进行明细核算。

三、管理费用的主要账务处理。

（一）小企业在筹建期间内发生的开办费（包括：相关人员的职工薪酬、办公费、培训费、差旅费、印刷费、注册登记费以及不计入固定资产成本的借款费用等费用），在实际发生时，借记本科目，贷记“银行存款”等科目。

（二）行政管理部门人员的职工薪酬，借记本科目，贷记“应付职工薪酬”科目。

（三）行政管理部门计提的固定资产折旧费和发生的修理费，借记本科目，贷记“累计折旧”、“银行存款”等科目。

（四）行政管理部门发生的办公费、水电费、差旅费，借记本科目，贷记“银行存款”等科目。

（五）小企业发生的业务招待费、相关长期待摊费用摊销、技术转让费、财产保险费、聘请中介机构费、咨询费（含顾问费）、诉讼费等，借记本科目，贷记“银行存款”、“长期待摊费用”等科目。

（六）小企业自行研究无形资产发生的研究费用，借记本科目，贷记“研发支出”科目。

四、月末，可将本科目的余额转入“本年利润”科目，结转后本科目应无余额。

三、小型房地产企业的财务费用

小型房地产企业的财务费用是小型房地产企业为筹集开发经营所需资金等而发生的筹资费用，包括利息支出（减利息收入）、汇兑损益以及相关的手续费、小型房地产企业发生的现金折扣或收到的现金折扣等。会计核算上用“财务费用”科目进行会计核算。

小型房地产企业发生的财务费用，借记“财务费用”科目，贷记“银行存款”、“未确认融资费用”等科目。发生的应冲减财务费用的利息收入、汇兑损益、现金折扣，借记“银行存款”、“应付账款”等科目，贷记“财务费用”科目。

企业发生的借款费用，可直接归属于符合资本化条件的资产的购建或者生产的，应当予以资本化，计入相关资产成本；其他借款费用，应当在发生时根据其发生额确认为费用，计入当期损益。

小知识

相关会计科目及主要账务处理

5603　财务费用

一、本科目核算小企业为筹集生产经营所需资金发生的筹资费用。包括：利息费用（减利息收入）、汇兑损失、银行相关手续费、小企业给予的现金折扣（减享受的现金折扣）等费用。

小企业为购建固定资产、无形资产和经过1年期以上的制造才能达到预定可销售状态的存货发生的借款费用，在“在建工程”、“研发支出”、“制造费用”等科目核算，不在本科目核算。

小企业发生的汇兑收益，在“营业外收入”科目核算，不在本科目核算。

二、本科目应按照费用项目进行明细核算。

三、财务费用的主要账务处理。

（一）小企业发生的利息费用、汇兑损失、银行相关手续费、给予的现金折扣等，借记本科目，贷记“应付利息”、“银行存款”等科目。

（二）持未到期的商业汇票向银行贴现，应当按照实际收到的金额（减去贴现息后的净额），借记“银行存款”科目，按照贴现息，借记本科目，按照商业汇票的票面金额，贷记“应收票据”科目（银行无追索权情况下）或“短期借款”科目（银行有追索权情况下）。

（三）发生的应冲减财务费用的利息收入、享受的现金折扣等，借记“银行存款”等科目，贷记本科目。

四、月末，可将本科目余额转入“本年利润”科目，结转后本科目应无余额。

第五节　小型房地产企业营业税金及附加

小型房地产企业应设置“营业税金及附加”科目核算企业开展日常经营活动应负担的城市维护建设税、土地增值税、城镇土地使用税、房产税、车船税、印花税和教育费附加等相关税费。

与最终确认营业外收入或营业外支出相关的税费，在“固定资产清理”、“无形资产”等科目核算，不在“营业税金及附加”科目核算。

“营业税金及附加”科目应按照税费种类进行明细核算。

小型房地产企业按照规定计算确定的与其日常经营活动相关的税费，借记“营业税金及附加”科目，贷记“应交税费”等科目。

月末，可将“营业税金及附加”科目余额转入“本年利润”科目，结转后“营业税金及附加”科目应无余额。

小知识

作者按

2016年5月1日前房地产企业销售不动产缴纳的流转税是营业税，营业税是价内税，记入“营业税金及附加”。但是，自2016年5月1日起，在全国范围内全面推开营业税改征增值税（以下称营改增）试点，房地产业、建筑业、金融业、生活服务业等全部营业税纳税人，由缴纳营业税改为缴纳增值税。

增值税是价外税。企业应在“应交税费”科目下设置“应交增值税”、“未交增值税”明细科目和“增值税检查调整”专门账户，并在“应交增值税”明细账中设置“进项税额”、“已交税金”、“销项税额”、“进项税额转出”、“减免税款”、“转出未交增值税”和“转出多交增值税”等专栏。但小规模纳税人支出的进项税额不能抵扣，而应直接列入购进货物或接受应税劳务的实际成本中，因此，在会计核算上不必设置上述多栏式账页，也不必分别设置三级明细账目，仅采用三栏式账户核算其应交、已交、多交、欠交或退回的增值税即可。

一、小型房地产企业城市维护建设税和教育费附加

（一）税款计算

1．应交城市维护建设税

城市维护建设税是以增值税、消费税为计税依据征收的一种税。其纳税人为交纳增值税、消费税的单位和个人，税率因纳税人所在地不同从1%到7%不等。公式为：

应纳税额=（应交增值税+应交消费税）×适用税率

2．应交教育费附加

教育费附加是为了发展教育事业而向小型房地产企业征收的附加费用，小型房地产企业按应交流转税的一定比例计算交纳。

【例 3-30】 智董房地产公司按税法规定计算，20×7 年度第 4 季度应交纳教育费附加 300 000 元。款项已经用银行存款支付。该企业的有关会计处理如下：

借：营业税金及附加	300 000	
贷：应交税费——应交教育费附加		300 000
借：应交税费——应交教育费附加	300 000	
贷：银行存款		300 000

（二）会计分录举例

（1）小型房地产企业按照税法规定应交的城市维护建设税、教育费附加，借记“营业税金及附加”科目，贷记“应交税费”科目（应交城市维护建设税、应交教育费附加）。

（2）交纳的城市维护建设税和教育费附加，借记“应交税费”科目（应交城市维护建设税、应交教育费附加），贷记“银行存款”科目。

二、小型房地产企业土地增值税

土地增值税是指在我国境内有偿转让土地使用权及地上建筑物和其他附着物产权的单位和个人，就其土地增值额征收的一种税。土地增值额是指转让收入减去规定扣除项目金额后的余额。转让收入包括货币收入、实物收入和其他收入。扣除项目主要包括取得土地使用权所支付的金额、开发土地的费用、新建及配套设施的成本、旧房及建筑物的评估价格等。

相关会计分录举例：

（1）小型房地产企业转让土地使用权应交纳的土地增值税。

1）土地使用权与地上建筑物及其附着物一并在“固定资产”科目核算的，借记“固定资产清理”科目，贷记“应交税费”科目（应交土地增值税）。

2）土地使用权在“无形资产”科目核算的，借记“银行存款”科目（按照实际收到的金

额），贷记“累计摊销”科目（按照已计提的累计摊销）；借记“营业外支出——非流动资产处置净损失”科目（按照其差额），贷记“应交税费”科目（应交土地增值税）（按照应交纳的土地增值税）、“无形资产”科目（按照其成本）、“营业外收入——非流动资产处置净收益”科目（按照其差额）。

（2）交纳的土地增值税，借记“应交税费”科目（应交土地增值税），贷记“银行存款”科目。

三、小型房地产企业城镇土地使用税、房产税、车船税

房产税是国家对在城市、县城、建制县和工矿区征收的由产权所有人缴纳的一种税。房产税依照房产原值一次减除 10%~30%后的余额计算交纳。没有房产原值作为依据的，由房产所在地税务机关参考同类房产核定；房产出租的，以房产租金收入为房产税的计税依据。

土地使用税是国家为了合理利用城镇土地，调节土地级差收入，提高土地使用效益，加强土地管理而开征的一种税，以纳税人实际占用的土地面积为计税依据，依照规定税额计算征收。

车船税由拥有并且使用车船的单位和个人交纳。车船税按照适用税额计算交纳。

相关会计分录举例：

（1）小型房地产企业按照规定应交纳的城镇土地使用税、房产税、车船税，借记“营业税金及附加”科目，贷记“应交税费”科目（应交城镇土地使用税、应交房产税、应交车船税）。

（2）交纳的城镇土地使用税、房产税、车船税，借记“应交税费”科目（应交城镇土地使用税、应交房产税、应交车船税），贷记“银行存款”科目。

第四章

小型房地产企业利润形成及利润分配会计

第一节　小型房地产企业利润

小型房地产企业利润，是指小型房地产企业在一定会计期间的经营成果。

一、小型房地产企业利润的构成

房地产开发企业利润是指房地产开发企业在一定时期内的开发、生产、经营活动的最终财务成果，是房地产开发企业开发、生产、经营活动的效率和效益的最终体现。它不仅是反映房地产开发企业经营状况的一个基本指标，也是考核、衡量房地产开发企业经营成果与经济效益最重要的指标。房地产开发企业的利润主要是指房地产开发企业利润总额，主要包括营业利润、投资净收益和营业外收支净额等。

小型房地产企业利润包括营业利润、利润总额和净利润。

（一）营业利润

小型房地产企业营业利润是指小型房地产企业营业收入减去营业成本、营业税金及附加、销售费用、管理费用、财务费用，再加上投资收益（或减去投资损失）后的金额，其计算公式如下：

营业利润=营业收入−营业成本−营业税金及附加−销售费用−管理费用−财务费用+投资收益（或−投资损失）

1. 营业收入

以上所称营业收入，是小型房地产企业销售开发产品和提供劳务实现的收入总额。

房地产主营业务收入是小型房地产企业在一定时期内从事房地产开发经营、流通过程的营销、中介企业的服务活动，以及流通结束以后，即消费过程中的物业管理服务活动中获取的收入，扣除销售退回、销售折让和销售折扣后的余额。房地产开发企业的主营业务收入包括土地转让收入、商品房销售收入、配套设施销售收入、代建工程结算收入、出租房租金收入等。房地产开发企业的其他业务收入主要包括材料销售收入、无形资产转让收入、物业管理收入和固定资产出租收入等。

2．营业成本

营业成本，是指小型房地产企业所销售开发产品的成本。

3．营业税金及附加

营业税金及附加，是指小型房地产企业开展日常经营活动应负担的城市维护建设税、资源税、土地增值税、城镇土地使用税、房产税、车船税、印花税和教育费附加等。

4．销售费用

销售费用，是指小型房地产企业在销售开发产品或提供劳务过程中发生的各种费用。包括：营销人员的职工薪酬、商品维修费、运输费、装卸费、包装费、保险费、广告费、业务宣传费、展览费等费用。

5．管理费用

管理费用，是指小型房地产企业为组织和管理经营发生的其他费用。包括：小型房地产企业在筹建期间内发生的开办费、行政管理部门发生的费用（固定资产折旧费、修理费、办公费、水电费、差旅费、管理人员的职工薪酬等）、业务招待费、研究费用、技术转让费、相关长期待摊费用摊销、财产保险费、聘请中介机构费、咨询费（含顾问费）、诉讼费等费用。

6．财务费用

财务费用，是指小型房地产企业为筹集经营所需资金发生的筹资费用。包括：利息费用（减利息收入）、汇兑损失、银行相关手续费、给予的现金折扣（减享受的现金折扣）等费用。

7．投资收益（或投资损失）

投资收益，由小型房地产企业股权投资取得的现金股利（或利润）、债券投资取得的利息收入和处置股权投资和债券投资取得的处置价款扣除成本或账面余额、相关税费后的净额三部分构成。

（二）利润总额

利润总额是指营业利润加上营业外收入，再减去营业外支出后的金额，其计算公式如下：

利润总额=营业利润+营业外收入–营业外支出

以上所称营业外收入，是指小型房地产企业非日常经营活动形成的、应当计入当期损益、会导致所有者权益增加、与所有者投入资本无关的经济利益的净流入。

以上所称营业外支出，是指小型房地产企业非日常经营活动发生的、应当计入当期损益、会导致所有者权益减少、与向所有者分配利润无关的经济利益的净流出。

（三）净利润

净利润是指利润总额减去所得税费用后的净额，其计算公式如下：

净利润=利润总额–所得税费用

二、小型房地产企业营业外收支

小型房地产企业存货发生毁损，处置收入、可收回的责任人赔偿和保险赔款，扣除其成本、相关税费后的净额，应当计入营业外支出或营业外收入。

（一）营业外收入

1．营业外收入的构成

小型房地产企业的营业外收入包括：

- 非流动资产处置净收益；
- 政府补助；
- 捐赠收益；
- 盘盈收益，即盘盈存货实现的收益；
- 汇兑收益；
- 出租包装物和商品的租金收入；
- 逾期未退包装物押金收益；
- 确实无法偿付的应付款项；
- 已作坏账损失处理后又收回的应收款项；
- 违约金收益等。

2．营业外收入计入当期损益

通常，小型房地产企业的营业外收入应当在实现时按照其实现金额计入当期损益。

3．“营业外收入”会计科目

小型房地产企业应设置“营业外收入”科目以核算小型房地产企业实现的各项营业外收入。包括：非流动资产处置净收益、政府补助、捐赠收益、盘盈收益、汇兑收益、出租包装物和商品的租金收入、逾期未退包装物押金收益、确实无法偿付的应付款项、已作坏账损失处理后又收回的应收款项、违约金收益等。月末，可将“营业外收入”科目余额转入“本年利润”科目，结转后的“营业外收入”科目应无余额。

4．营业外收入的明细核算

“营业外收入”科目应按照营业外收入项目进行明细核算。

相关会计科目及主要账务处理

5301 营业外收入

一、本科目核算小企业实现的各项营业外收入。包括：非流动资产处置净收益、政府补助、捐赠收益、盘盈收益、汇兑收益、出租包装物和商品的租金收入、逾期未退包装物押金收益、确实无法偿付的应付款项、已作坏账损失处理后又收回的应收款项、违约金收益等。

小企业收到出口产品或商品按照规定退回的增值税款，在“其他应收款”科目核算，不在本科目核算。

二、本科目应按照营业外收入项目进行明细核算。

三、营业外收入的主要账务处理。

（一）小企业确认非流动资产处置净收益，比照“固定资产清理”、“无形资产”等科目的相关规定进行账务处理。

（二）确认的政府补助收入，借记“银行存款”或“递延收益”科目，贷记本科目。

（三）小企业按照规定实行企业所得税、增值税（不含出口退税）、消费税等先征后返的，应当在实际收到返还的企业所得税、增值税、消费税等时，借记“银行存款”科目，贷记本科目。

（四）确认的捐赠收益，借记“银行存款”、“固定资产”等科目，贷记本科目。

（五）确认的盘盈收益，借记“待处理财产损溢——待处理流动资产损溢、待处理非流动资产损溢”科目，贷记本科目。

（六）确认的汇兑收益，借记有关科目，贷记本科目。

（七）确认的出租包装物和商品的租金收入、逾期未退包装物押金收益、确实无法偿付的应付款项、违约金收益等，借记“其他应收款”、“应付账款”、“其他应付款”等科目，贷记本科目。

（八）确认的已作坏账损失处理后又收回的应收款项，借记“银行存款”等科目，贷记本科目。

四、月末，可将本科目余额转入“本年利润”科目，结转后本科目应无余额。

（二）营业外支出

1．营业外支出的构成

小型房地产企业的营业外支出包括：存货的盘亏、毁损、报废损失，非流动资产处置净损失，坏账损失，无法收回的长期债券投资损失，无法收回的长期股权投资损失，自然灾害等不可抗力因素造成的损失，税收滞纳金，罚金，罚款，被没收财物的损失，捐赠支出，赞助支出等。

2．营业外支出计入当期损益

通常，小型房地产企业的营业外支出应当在发生时按照其发生额计入当期损益。

3．“营业外支出”会计科目

小型房地产企业应设置“营业外支出”科目核算小型房地产企业发生的各项营业外支出。

- 存货的盘亏、毁损、报废损失，应当计入营业外支出；
- 非流动资产处置净损失；
- 坏账损失；
- 无法收回的长期债券投资损失；
- 无法收回的长期股权投资损失；
- 自然灾害等不可抗力因素造成的损失；
- 税收滞纳金；
- 罚金；
- 罚款；
- 被没收财物的损失；
- 捐赠支出；
- 赞助支出等。

月末，可将“营业外支出”科目余额转入“本年利润”科目，结转后“营业外支出”科目应无余额。

4．营业外支出明细核算

“营业外支出”科目应按照支出项目进行明细核算。

相关会计科目及主要账务处理

5711　营业外支出

一、本科目核算小企业发生的各项营业外支出，包括：存货的盘亏、毁损、报废损失，非流动资产处置净损失，坏账损失，无法收回的长期债券投资损失，无法收回的长期股权投资损失，自然灾害等不可抗力因素造成的损失，税收滞纳金，罚金，罚款，被没收财物的损失，捐赠支出，赞助支出等。

二、本科目应按照支出项目进行明细核算。

三、营业外支出的主要账务处理。

（一）小企业确认存货的盘亏、毁损、报废损失，非流动资产处置净损失，自然灾害等不可抗力因素造成的损失，借记本科目、“累计摊销”等科目，贷记“待处理财产损溢——待处理流动资产损溢、待处理非流动资产损溢”、“固定资产清理”、“无形资产”等科目。

（二）根据小企业会计准则规定确认实际发生的坏账损失、长期债券投资损失，应当按照可收回的金额，借记“银行存款”等科目，按照应收账款、预付账款、其他应收款、长期债券投资的账面余额，贷记“应收账款”、“预付账款”、“其他应收款”、“长期债券投资”等科目，按照其差额，借记本科目。

（三）根据小企业会计准则规定确认实际发生的长期股权投资损失，按照可收回的金额，借记“银行存款”等科目，按照长期股权投资的账面余额，贷记“长期股权投资”科目，按照其差额，借记本科目。

（四）支付的税收滞纳金、罚金、罚款，借记本科目，贷记“银行存款”等科目。

（五）确认被没收财物的损失、捐赠支出、赞助支出，借记本科目，贷记“银行存款”等科目。

四、月末，可将本科目余额转入“本年利润”科目，结转后本科目应无余额。

第二节 小型房地产企业政府补助

政府补助是指企业从政府无偿取得的货币性资产或非货币性资产，但不包括政府作为企业所有者投入的资本。政府包括各级政府及其所属机构，国际类似组织也在此范围之内。

小知识

政府补助与政府援助的区别

政府援助是指政府意在专门对符合一定标准的某个主体或某一范围的主体提供某种经济利益的行动。政府援助不包括通过影响主体的一般经营环境的行动间接提供的援助，如在开发区提供基础设施或对竞争对手施加贸易限制。因此，政府补助与政府援助存在本质区别，主要体现在以下两方面。

（1）政府补助存在资源转移行为，而政府援助不存在资源转移行为。例如，政府提供的免费技术、市场咨询和提供的担保等，因为无法合理确定其价值，而且政府也没有向企业转移资源，所以属于政府援助，而非政府补助。

（2）政府补助的对象是特定的主体，而政府援助的对象是不特定的。例如，免费技术及市场咨询等，其受益对象并没有限制，但政府补助往往规定特定的受益对象。

政府援助的形式主要有政府提供的免费服务、提供担保及低息和无息贷款等。但必须注意的是，根据我国相关会计准则的规定，政府对企业贷款的豁免按债务重组准则进行处理，不属于政府补助的范围。税务部门减免的税收不属于政府补助，企业应按实际交纳的税款进行处理。

一、政府补助的特征

（一）政府补助是无偿但有条件的

政府向小型房地产企业提供的补助具有无偿性的特点，政府并不因此而享有小型房地产企业的所有权，小型房地产企业未来也不需要以提供服务、转让资产等方式偿还。但政府补助通常附有一定的条件。

1．政策条件

只有符合政府补助政策规定，小型房地产企业才有资格申请政府补助。符合政策规定不一定都能够取得政府补助；不符合政策规定、不具备申请政府补助资格的，一定不能取得政府补助。

2．使用条件

已获批准取得政府补助的小型房地产企业，应当按照政府规定的用途使用政府补助。

（二）政府资本性投入不属于政府补助

政府以投资者身份向小型房地产企业投入资本，享有小型房地产企业相应的所有权，而小型房地产企业有义务向投资者分配利润，则政府与企业之间是投资者与被投资者的关系。政府拨入的投资补助等专项拨款中，国家相关文件规定作为“资本公积”处理的，也属于资本性投入的性质。无论采用何种形式，政府的资本性投入都不属于政府补助。

二、政府补助的主要形式

政府补助表现为政府向小型房地产企业转移资产，通常为货币性资产，也可能为非货币性资产。政府补助主要有以下形式。

（一）财政拨款

财政拨款是政府无偿拨付给小型房地产企业的资金，通常在拨款时明确规定了资金用途。

（二）财政贴息

财政贴息是政府为支持特定领域或区域发展，根据国家宏观经济形势和政策目标，对承贷小型房地产企业的银行贷款利息给予的补贴。

财政贴息主要有两种方式：①财政将贴息资金直接拨付给受益小型房地产企业；②财政将贴息资金拨付给贷款银行，由贷款银行以政策性优惠利率向小型房地产企业提供贷款，受益小型房地产企业按照实际发生的利率计算和确认利息费用。

（三）税收返还

税收返还是政府按照国家有关规定采取先征后返（退）、即征即退等办法向小型房地产企业返还的税款，属于以税收优惠形式给予的一种政府补助。

除税收返还外，税收优惠还包括直接减征、免征、增加计税抵扣额、抵免部分税额等形式。这类税收优惠并未直接向小型房地产企业无偿提供资产，不作为政府补助会计准则规范的政府补助。

（四）无偿划拨非货币性资产

比如，行政划拨土地使用权、天然起源的天然林等。

三、政府补助的分类

政府补助分为与资产相关的政府补助和与收益相关的政府补助。

（一）与资产相关的政府补助

与资产相关的政府补助是指小型房地产企业取得的、用于购建或以其他方式形成长期资产的政府补助。

（二）与收益相关的政府补助

与收益相关的政府补助是指除与资产相关的政府补助之外的政府补助。

四、政府补助的确认

政府补助只有同时满足下列条件，才能予以确认：小型房地产企业能够满足政府补助所附条件；小型房地产企业能够收到政府补助。

（一）收到与资产相关的政府补助

小型房地产企业收到与资产相关的政府补助，应当确认为递延收益，借记“银行存款”等科目，贷记“递延收益”科目。并在相关资产的使用寿命内平均分配。 在相关资产的使用寿命内平均分配递延收益，计入营业外收入，借记“递延收益”科目，贷记“营业外收入”科目。

（二） 收到其他的政府补助

1．用于补偿本企业以后期间的相关费用或亏损的

收到的其他政府补助，用于补偿本企业以后期间的相关费用或亏损的，确认为递延收益，并在确认相关费用或发生亏损的期间，计入营业外收入。应当按照收到的金额，借记“银行存款”等科目，贷记“递延收益”科目。在发生相关费用或亏损的未来期间，应当按照应补偿的金额，借记“递延收益”科目，贷记“营业外收入”科目。

2．用于补偿本企业已发生的相关费用或亏损的

用于补偿本企业已发生的相关费用或亏损的，直接计入营业外收入，应当按照收到的金额，借记“银行存款”等科目，贷记“营业外收入”科目。

五、政府补助的计量

（一）政府补助为货币性资产的

政府补助为货币性资产的，应当按照收到的金额计量。

（二）政府补助为非货币性资产的

1．政府提供了有关凭据的

政府提供了相关凭据的，应当按照凭据上标明的金额计量。

2．政府没有提供有关凭据的

政府没有提供有关凭据的，应当按照同类或类似资产的市场价格或评估价值计量。

（三）收到返还的企业所得税

按照规定实行企业所得税等先征后返的小型房地产企业，应当在实际收到返还的企业所得税后，计入营业外收入。

小型房地产企业应设置“递延收益”科目核算小型房地产企业已经收到、应在以后期间计入损益的政府补助。“递延收益”科目期末贷方余额，反映小型房地产企业已经收到，但应在以后期间计入损益的政府补助。“递延收益”科目应按照相关项目进行明细核算。

企业会计准则中，下列各项适用其他相关会计准则：债务豁免，适用《企业会计准则第 12 号——债务重组》；所得税减免，适用《企业会计准则第 18 号——所得税》。

相关会计科目及主要账务处理

2401　递延收益

一、本科目核算企业已经收到、应在以后期间计入损益的政府补助。

二、本科目应按照相关项目进行明细核算。

三、递延收益的主要账务处理。

（一）企业收到与资产相关的政府补助，借记“银行存款”等科目，贷记本科目。

在相关资产的使用寿命内平均分配递延收益，借记本科目，贷记“营业外收入”科目。

（二）收到的其他政府补助，用于补偿本企业以后期间的相关费用或亏损的，应当按照收到的金额，借记“银行存款”等科目，贷记本科目。在发生相关费用或亏损的未来期间，应当按照应补偿的金额，借记本科目，贷记“营业外收入”科目。

用于补偿本企业已发生的相关费用或亏损的，应当按照收到的金额，借记“银行存款”等科目，贷记“营业外收入”科目。

四、本科目期末贷方余额，反映企业已经收到，但应在以后期间计入损益的政府补助。

第三节　小型房地产企业所得税费用

小企业应设置“所得税费用”科目核算小企业根据企业所得税法确定的应从当期利润总额中扣除的所得税费用。小企业根据企业所得税法规定补交的所得税，也通过“所得税费用”科目核算。小企业按照规定实行企业所得税先征后返的，实际收到返还的企业所得税，在“营业外收入”科目核算，不在“所得税费用”科目核算。年度终了，应将“所得税费用”科目的余额转入“本年利润”科目，结转后“所得税费用”科目应无余额。

一、收入费用观下的时间性差异、永久性差异

在会计报表概念基础方面，我国小企业会计准则中采用收入费用观，企业会计准则中采用资产负债观。

（一）三种不同的会计报表概念基础：非环接观、收入费用观和资产负债观

由于存在三种不同的企业收益计量理论，所以导致了三种不同的会计报表概念基础。

1．非环接观（Nonarticulated View）

如今，人们对建立资产负债表与利润表之间的钩稽关系并注重它们的相互衔接已取得一致的共识，而认为资产负债表与利润表分别是各自独立的报表，其数据不需要环接的非环接观已经被摒弃。

因此，当前人们争论较多的是，在会计准则的制定中应当以资产负债观为指导，还是应当以收入费用观为指导。

2．收入费用观（Revenue-expense View）——损益观、收益观

收入费用观要求准则制定者在制定准则时，首先考虑与某类交易相关的收入和费用的直接确认和计量。

3．资产负债观（Asset-liability View）

资产负债观，是指准则制定者在制定规范某类交易或事项的会计准则时，首先试图定义并规范由此类交易产生的有关资产和负债的计量，其次根据所定义的资产和负债的变化来确认收益。

在资产负债观下，对交易和事项的会计处理包括确定资产和负债，以及与这些交易或事项相关的资产和负债的变动。

FASB 在所得税会计准则制定中秉持资产负债观，旨在规范确认递延所得税资产或负债，而未涉及所得税费用的核算问题。FASB 认为只要资产和负债的会计核算符合真实、公允的原则，所得税费用会计信息自然就真实可靠。

（二）收入费用观与资产负债观的差异

资产负债观与收入费用观之间差异的一个具体表现就是对于未实现损益（也称未实现利得）的会计处理问题。

1．收入费用观

（1）确定收益的计算公式。收入费用观坚持，必须首先按照实现原则确认收入和费用，其次根据配比原则，将收入和费用按其经济性质上的一致性联系起来，确定收益。

因此，确定收益的计算公式：

利润=收入−费用（+直接计入当期利润的利得和损失）

（2）优点。收入费用观下，必须先确认收入和费用，然后才能据以确定收益，因此可以得到各种性质的收益明细数据，这些明细数据无疑比一个收益总额更有用，这是收入费用观最大的优点。

（3）缺点。

1）由于收入和费用都要追溯到原始的交易或事项所确定的数据，历史成本计量成为确认收入和费用的较为现实的计量属性选择，所以收入费用观也就几乎具有了历史成本计量的一切弊端。这些弊端随着经济环境变动性和交易活动复杂性的增强，日益显现出来。

2）收入费用观强调收入和费用必须配比，配比原则是收益确定的核心，而那些不符合配比原则要求但又会对企业的收入或费用产生影响的项目，将作为跨期项目暂计到资产负债表中去，等到下个会计期间再将其逐步转入利润表。例如，资产负债表中的各种待摊销费用、递延支出、预计收益等。这使得资产负债表成为前后两期利润表的过渡或中介，大大降低了资产负债表的有用性。

2．资产负债观

（1）确定收益的计算公式。资产负债观认为，企业的收益是企业期末净资产比期初净资产的净增长额，而净资产又是由资产减去负债计算得到的，所以：

收益=（期末资产−期末负债）−（期初资产−期初负债）

当然，所有者的投资或向所有者分配利润而造成净资产的减少，不应包括在收益之中。因此，存在如下计算等式：

收益=期末净资产–期初净资产–本期所有者新增投资+本期向所有者分配=
（期末资产–期末负债）–（期初资产–期初负债）–本期所有者新增投资+本期向所有者分配

按照上述等式，在资产负债观下，收益的确定不需要考虑实现问题，只要企业的净资产增加了，就应当作为收益确认。

（2）优点。

1）按资产负债观确认的收益属于经济收益，是企业的实际收益。它既考虑交易的影响，也考虑非交易因素的影响，比按照收入费用观确认的会计收益更加全面，对使用者更为有用。

2）资产负债观收益的确定，不需要考虑实现。只要企业的净资产确实增加了，就应该作为收益的内容予以确认。这样，传统的历史成本模式下受实现原则所限制而不能确认的很多内容，如物价变动、自创商誉等导致的企业资产或盈利能力的实质上的变化，在资产负债观下可以“名正言顺”地成为收益的一个组成部分。

（3）缺点。

1）资产负债观要求采用现行价值对企业资产进行计价，但现实中现行价值可靠性极差。

2）在资产负债观下，只能求得企业的收益总额，无法得到企业收益各组成部分的明细信息，大大减弱了收益数据对使用者的有用性。

3）一些暂时性差异在旧差异转回时又产生新的差异，两者抵销的结果是使得差异的转回遥遥无期。因此，对于一些暂时性差异的纳税影响被确认为资产和负债的合理性，有的专家、学者存在诸多疑虑。

3．资产负债观与收入费用观的区别

综上可见，二者最大的区别在于：资产负债观下，收益总额相关性强；而收入费用观下，可以得到更有用的收益明细数据。资产负债观与收入费用观计算的收益总额的差异就是未实现损益。

【提示】税法政策的制定旨在确定企业当期应纳税所得额，为此要逐项计算哪类收入应当征税，哪类支出可以税前抵扣，这就要求提供收益的明细数据。也就是从税法的角度出发，为征税便利起见，要求会计对应地采用收入费用观以提供税法所需的反映收益明细数据的会计信息。

时间性差异和永久性差异的划分正是体现了这一思路，要求逐项分析每一收入、费用项目造成税前会计利润与应纳税所得额之间差异的性质及其对企业的纳税影响。但这样做的一个显而易见的弊端是，递延所得税资产是由会计收益与应税收益比较后倒挤出的差额，因此并不完全符合资产的定义，有时甚至完全不符合资产的定义。

二、纳税调整

纳税调整可以分为一般纳税调整和特别纳税调整。

（一）一般纳税调整

一般纳税调整是指按照税法规定在计算应纳税所得额时，如果企业财务、会计处理办法同税收法律、行政法规的规定不一致，就应当依照税收法律、行政法规的规定计算纳税所作的税务调整，并据此重新调整计算纳税。

（二）特别纳税调整

特别纳税调整是指税务机关出于实施反避税目的而对纳税人特定纳税事项所作的税务调

整，包括针对纳税人转让定价、资本弱化、避税港避税及其他避税情况所进行的税务调整。

小知识

（1）《税收征管法》第二十条："纳税人、扣缴义务人的财务、会计制度或者财务、会计处理办法与国务院或者国务院财政、税务主管部门有关税收的规定抵触的，依照国务院或者国务院财政、税务主管部门有关税收的规定计算应纳税款、代扣代缴和代收代缴税款。"

（2）新《企业所得税法》第二十一条："在计算应纳税所得额时，企业财务、会计处理办法与税收法律、行政法规的规定不一致的，应当依照税收法律、行政法规的规定计算。"

小企业应当在利润总额的基础上，按照企业所得税法规定进行纳税调整，计算出当期应纳税所得额，按照应纳税所得额与适用所得税税率为基础计算确定当期应纳税额。小企业应当按照企业所得税法规定计算的当期应纳税额，确认所得税费用。

三、对税前会计利润与应纳税所得额之间差异的会计处理方法

对税前会计利润（利润总额）与应纳税所得额之间差异的会计处理方法，主要有应付税款法、纳税影响会计法（递延法、利润表债务法）和资产负债表债务法。我国小企业会计准则中采用应付税款法，企业会计准则中采用资产负债表债务法。

小知识

计税基础

企业在取得资产、负债时，应当确定其计税基础。

（一）企业资产的计税基础

资产的计税基础是指企业收回资产账面价值过程中，计算应纳税所得额时按照税法规定可以自应税经济利益中抵扣的金额。

通常情况下，资产在取得时其入账价值与计税基础是相同的，后续计量过程中因会计准则规定与税法规定不同，可能产生资产的账面价值与其计税基础的差异。

（二）企业负债的计税基础

负债的计税基础是指负债的账面价值减去未来期间计算应纳税所得额时按照税法规定可予抵扣的金额。

短期借款、应付票据、应付账款等负债的确认和偿还，通常不会对当期损益和应纳税所得额产生影响，其计税基础即为账面价值。但在某些情况下，负债的确认可能会影响损益，并影响不同期间的应纳税所得额，使其计税基础与账面价值之间产生差额。

（一）应付税款法

应付税款法是指企业不确认时间差异对所得税的影响金额，按照当期计算的应交所得税确认为所得税费用的方法。

在这种方法下，一定期间的所得税费用等于本期应交所得税，即：

本期所得税费用=本期应交所得税

（二）纳税影响会计法

纳税影响会计法是指企业确认时间性差异对所得税的影响金额，按照当期应交所得税和时间性差异对所得税影响金额的合计，确认为当期所得税费用的方法。

在这种方法下，时间性差异对所得税的影响金额，递延和分配到以后各期。

纳税影响会计法又分为递延法和利润表债务法。

按照我国原企业会计制度规定，无论采用递延法还是债务法（我国原会计制度中规定的债务法实质上是一种利润表债务法），所得税费用的会计核算都是依照收入费用观，从时间性差异出发，将时间性差异对未来所得税的影响视作对本期所得税费用的调整。

1．递延法

它是纳税影响会计法的一种。在递延法下，当税率变动或开征新税时，不需要对原已确认的时间性差异的所得税影响金额进行调整。但在转回时间性差异的所得税影响金额时，应当按照原所得税率计算转回。

采用递延法，一定时期的所得税费用包括：

- 本期应交所得税；
- 本期发生或转回的时间性差异所产生的递延税款贷项或借项。

存在下列计算等式：

本期所得税费用=本期应交所得税+本期发生的时间性差异所产生的递延税款贷项金额–本期发生的时间性差异所产生的递延税款借项金额+本期转回的前期确认的递延税款借项金额–本期转回的前期确认的递延税款贷项金额

式中，本期发生的时间性差异所产生的递延税款贷项金额=本期发生的应纳税时间性差异×现行所得税率；本期发生的时间性差异所产生的递延税款借项金额=本期发生的可抵减时间性差异×现行所得税率。

2．利润表债务法

利润表债务法即我们现在通常所称的“债务法”，而我国原《企业会计制度》中所规定的“债务法”指的也是这种方法，是纳税影响会计法的一种。

在采用债务法核算时，当税率变动或开征新税时，应当对原已确认的时间性差异的所得税影响金额进行调整，在转回时间性差异的所得税影响金额时，应当按照现行所得税率计算转回。

采用利润表债务法，一定时期的所得税费用包括：

- 本期应交所得税；
- 本期发生或转回的时间性差异所产生的递延所得税负债或递延所得税资产；
- 由于税率变更或开征新税，对以前各期确认的递延所得税负债或递延所得税资产账面余额的调整数。

存在下列计算等式：

本期所得税费用=本期应交所得税+本期发生的时间性差异所产生的递延所得税负债–本期发生的时间性差异所产生的递延所得税资产＋本期转回的前期确认的递延所得税资产–本期转回的前期确认的递延所得税负债+本期由于税率变动或开征新税调减的递延所得税资产或调增的递延所得税负债–本期由于税率变动或开征新税调增的递延所得税资产或调减的递延所得税负债

式中，本期由于税率变动或开征新税调增或调减的递延所得税资产或递延所得税负债=累计应纳税时间性差异或累计可抵减时间性差异 ×（现行所得税率–前期确认应纳税时间性差异或可抵减时间性差异时适用的所得税率），或=递延税款账面余额–已确认递延税款金额的累计时间性差异 × 现行所得税率。

3．利润表债务法与递延法的比较

以前我国理论界和实务界存在一种误识，认为利润表债务法是最先进的一种所得税会计处理方法。其实，从利润表债务法与递延法的区别，我们可以看出，利润表债务法试图通过调整因税率变动及开征新税对企业递延税款期末余额造成的影响，如实反映企业未来应交所得税负债或拥有的递延所得税资产。但是，由于利润表债务法是基于时间性差异的调整分析进行会计处理，秉承的是收入费用观，从一开始资产（负债）的确认即采用倒挤的方式，而不是严格按照资产（负债）的定义出发进行相应的确认和计量。因此，可以说，利润表债务法是采用收入费用观的会计处理方法，想要体现资产负债观的原则，其结果既没有满足收入费用观的配比原则，也不符合资产负债观严格的资产、负债定义。

从会计科目设置看，我国原企业会计制度未单独设置“递延所得税资产”和“递延所得税负债”科目，而是设置了“递延税款”科目，倾向于将递延所得税项目作为一种纯粹的递延项目，而非资产或负债。“递延税款”科目更多地体现了余额项目的性质，而非传统意义上的会计要素。

（三）资产负债表债务法

1．资产负债表债务法下所得税费用的计算

所得税费用的计算从递延所得税资产和递延所得税负债的确认出发，通过倒轧计算得出，在不发生在权益中确认的交易或事项产生的纳税影响的情况下，简化了所得税费用的会计核算。

采用资产负债表债务法，在不发生在权益中确认的交易或事项产生的纳税影响的情况下，简单来讲，一定时期的所得税费用与本期应交所得税之间存在如下计算等式：

本期所得税费用=本期应交所得税+（期末递延所得税负债–期初递延所得税负债）–（期末递延所得税资产–期初递延所得税资产）

2．与递延法和利润表债务法的比较

递延法和利润表债务法所核算的对象主要是时间性差异，而资产负债表债务法核算的对象主要是暂时性差异。通过比较这两种差异，我们可以发现不同核算方法之间的一些差别。

（1）时间性差异强调的是差异的形成与转回，而暂时性差异强调的是差异的内容。

（2）时间性差异揭示的是某个时期内存在的此类差异，而暂时性差异揭示的是某个时点上存在的此类差异。

小知识

资产负债表债务法下的暂时性差异

（一）暂时性差异的定义

暂时性差异，是指资产或负债的账面价值与其计税基础之间的差额；未作为资产和负债确认的项目，按照税法规定可以确定其计税基础的，该计税基础与其账面价值之间的差额也属于暂时性差异。

（二）暂时性差异的分类

按照暂时性差异对未来期间应税金额的影响，分为应纳税暂时性差异和可抵扣暂时性差异。

1. 应纳税暂时性差异

应纳税暂时性差异，是指在确定未来收回资产或清偿负债期间的应纳税所得额时，将导致产生应税金额的暂时性差异。

资产的账面价值大于其计税基础或负债的账面价值小于其计税基础的，产生应纳税暂时性差异。

2. 可抵扣暂时性差异

可抵扣暂时性差异，是指在确定未来收回资产或清偿负债期间的应纳税所得额时，将导致产生可抵扣金额的暂时性差异。

资产的账面价值小于其计税基础或负债的账面价值大于其计税基础的，产生可抵扣暂时性差异。

按照税法规定允许用以后年度所得弥补的可抵扣亏损及可结转以后年度的税款抵减，比照可抵扣暂时性差异的原则处理。

资产负债表债务法下的递延所得税资产或递延所得税负债

资产、负债的账面价值与其计税基础存在差异的，应当按规定确认所产生的递延所得税资产或递延所得税负债。企业应于资产负债表日，分析比较资产、负债的账面价值与其计税基础，两者之间存在差异的，确认递延所得税资产、递延所得税负债及相应的递延所得税费用（或收益）。企业合并等特殊交易或事项中取得的资产和负债，应于购买日比较其入账价值与计税基础，按规定计算确认相关的递延所得税资产或递延所得税负债。

企业应当将当期和以前期间应交未交的所得税确认为负债，将已支付的所得税超过应支付的部分确认为资产。存在应纳税暂时性差异或可抵扣暂时性差异的，应当按规定确认递延所得税负债或递延所得税资产。

（一）递延所得税负债

除下列交易中产生的递延所得税负债之外，企业应当确认所有应纳税暂时性差异产生的递延所得税负债。

（1）商誉的初始确认。

（2）同时具有下列特征的交易中产生的资产或负债的初始确认：

1）该项交易不是企业合并。

2）交易发生时既不影响会计利润也不影响应纳税所得额（或可抵扣亏损）。

与子公司、联营企业及合营企业的投资相关的应纳税暂时性差异产生的递延所得税负债，应当按规定确认。

企业对与子公司、联营企业及合营企业投资相关的应纳税暂时性差异，应当确认相应的递延所得税负债。但是，同时满足下列条件的除外：

（1）投资企业能够控制暂时性差异转回的时间。

（2）该暂时性差异在可预见的未来很可能不会转回。

（二）递延所得税资产

企业应当以很可能取得用来抵扣可抵扣暂时性差异的应纳税所得额为限，确认由可抵扣暂时性差异产生的递延所得税资产。但是，同时具有下列特征的交易中因资产或负债的初始确认所产生的递延所得税资产不予确认：

（1）该项交易不是企业合并。

（2）交易发生时既不影响会计利润也不影响应纳税所得额（或可抵扣亏损）。

资产负债表日，有确凿证据表明未来期间很可能获得足够的应纳税所得额用来抵扣可抵扣暂时性差异的，应当确认以前期间未确认的递延所得税资产。

企业对与子公司、联营企业及合营企业投资相关的可抵扣暂时性差异，同时满足下列条件的，应当确认相应的递延所得税资产：

（1）暂时性差异在可预见的未来很可能转回。

（2）未来很可能获得用来抵扣可抵扣暂时性差异的应纳税所得额。

企业对于能够结转以后年度的可抵扣亏损和税款抵减，应当以很可能获得用来抵扣可抵扣亏损和税款抵减的未来应纳税所得额为限，确认相应的递延所得税资产。

递延所得税资产和递延所得税负债

资产负债表日，企业应当按照暂时性差异与适用所得税税率计算的结果，确认递延所得税负债、递延所得税资产及相应的递延所得税费用（或收益），准则规定不确认递延所得税负债或递延所得税资产的情况除外。

确认由可抵扣暂时性差异产生的递延所得税资产，应当以未来期间很可能取得用以抵扣可抵扣暂时性差异的应纳税所得额为限。企业在确定未来期间很可能取得的应纳税所得额时，应当包括未来期间正常生产经营活动实现的应纳税所得额，以及在可抵扣暂时性差异转回期间因应纳税暂时性差异的转回而增加的应纳税所得额，并应提供相关的证据。

资产负债表债务法下所得税费用的确认和计量

企业在计算确定当期所得税（当期应交所得税）及递延所得税费用（或收益）的基础上，应将两者之和确认为利润表中的所得税费用（或收益），但不包括直接计入所有者权益的交易或事项的所得税影响。即：

所得税费用（或收益）=当期所得税+递延所得税费用（–递延所得税收益）

相关会计科目及主要账务处理

5801　所得税费用

一、本科目核算小企业根据企业所得税法确定的应从当期利润总额中扣除的所得税费用。

小企业根据企业所得税法规定补交的所得税，也通过本科目核算。

小企业按照规定实行企业所得税先征后返的，实际收到返还的企业所得税，在“营业外收入”科目核算，不在本科目核算。

二、所得税费用的主要账务处理。

年度终了，小企业按照企业所得税法规定计算确定的当期应纳税税额，借记本科目，贷记“应交税费——应交企业所得税”科目。

三、年度终了，应将本科目的余额转入“本年利润”科目，结转后本科目应无余额。

第四节　小型房地产企业利润分配

一、我国相关法规中有关利润分配规定

（一）《企业财务通则》

在中华人民共和国境内依法设立的具备法人资格的国有及国有控股企业适用本通则。金融企业除外。其他企业参照执行。自 2007 年 1 月 1 日起施行。

第四十七条　投资者、经营者及其他职工履行本企业职务或者以企业名义开展业务所得的收入，包括销售收入以及对方给予的销售折扣、折让、佣金、回扣、手续费、劳务费、提成、返利、进场费、业务奖励等收入，全部属于企业。

企业应当建立销售价格管理制度，明确产品或者劳务的定价和销售价格调整的权限、程序与方法，根据预期收益、资金周转、市场竞争、法律规范约束等要求，采取相应的价格策略，防范销售风险。

第四十八条　企业出售股权投资，应当按照规定的程序和方式进行。股权投资出售底价，参照资产评估结果确定，并按照合同约定收取所得价款。在履行交割时，对尚未收款部分的股权投资，应当按照合同的约定结算，取得受让方提供的有效担保。

上市公司国有股减持所得收益，按照国务院的规定处理。

第四十九条　企业发生的年度经营亏损，依照税法的规定弥补。税法规定年限内的税前利润不足弥补的，用以后年度的税后利润弥补，或者经投资者审议后用盈余公积弥补。

第五十条　企业年度净利润，除法律、行政法规另有规定外，按照以下顺序分配：

（1）弥补以前年度亏损。

（2）提取 10%法定公积金。法定公积金累计额达到注册资本 50%以后，可以不再提取。

（3）提取任意公积金。任意公积金提取比例由投资者决议。

（4）向投资者分配利润。企业以前年度未分配的利润，并入本年度利润，在充分考虑现金流量状况后，向投资者分配。属于各级人民政府及其部门、机构出资的企业，应当将应付国有利润上缴财政。

国有企业可以将任意公积金与法定公积金合并提取。股份有限公司依法回购后暂未转让或者注销的股份，不得参与利润分配；以回购股份对经营者及其他职工实施股权激励的，在拟订利润分配方案时，应当预留回购股份所需利润。

第五十一条　企业弥补以前年度亏损和提取盈余公积后，当年没有可供分配的利润时，不得向投资者分配利润，但法律、行政法规另有规定的除外。

第五十二条　企业经营者和其他职工以管理、技术等要素参与企业收益分配的，应当按照国家有关规定在企业章程或者有关合同中对分配办法做出规定，并区别以下情况处理：

（1）取得企业股权的，与其他投资者一同进行企业利润分配。

（2）没有取得企业股权的，在相关业务实现的利润限额和分配标准内，从当期费用中列支。

……

（二）公司法

1. 利润

公司利润是指公司在一定会计期间的经营成果。

公司应当按照如下顺序进行利润分配：

（1）弥补以前年度的亏损，但不得超过税法规定的弥补期限。

（2）缴纳所得税。

（3）弥补在税前利润弥补亏损之后仍存在的亏损。

（4）提取法定公积金。

（5）提取任意公积金。

（6）向股东分配利润。

公司弥补亏损和提取公积金后所余税后利润，有限责任公司按照股东实缴的出资比例分配，但全体股东约定不按照出资比例分配的除外；股份有限公司按照股东持有的股份比例分配，但股份有限公司章程规定不按持股比例分配的除外。

公司股东会、股东大会或者董事会违反规定，在公司弥补亏损和提取法定公积金之前向股东分配利润的，股东必须将违反规定分配的利润退还公司。公司持有的本公司股份不得分配利润。

2. 公积金

公积金是公司在资本之外所保留的资金金额，又称附加资本或准备金。公积金制度是各国公司法通常采用的一项强制性制度。

公积金分为盈余公积金和资本公积金两类。盈余公积金是从公司税后利润中提取的公积金，分为法定公积金和任意公积金两种。法定公积金按照公司税后利润的10%提取，当公司法定公积金不足以弥补以前年度亏损的，在依照规定提取法定公积金之前，应当先用当年利润弥补亏损。任意公积金按照公司股东会或者股东大会决议，从公司税后利润中提取。资本公积金是直接由资本原因形成的公积金，股份有限公司可以超过股票票面金额的发行价格发行股份所得的溢价款以及国务院财政部门规定列入资本公积的其他收入，应当列为公司资本公积金。

公积金应当按照规定的用途使用，其用途主要如下。

（1）弥补公司亏损。公司的亏损按照国家税法规定可以用缴纳所得税前的利润弥补，超过用所得税前利润弥补期限仍未补足的亏损，可以用公司税后利润弥补；发生特大亏损，税后利润仍不足弥补的，可以用公司的公积金弥补。但是，资本公积金不得用于弥补公司的亏损。

（2）扩大公司生产经营。公司可以根据生产经营的需要，用公积金来扩大生产经营规模。

（3）转增公司资本。公司为了实现增加资本的目的，可以将公积金的一部分转为资本。对用任意公积金转增资本的，法律没有限制，但用法定公积金转增资本时，转增后所留存的该项公积金不得少于转增前公司注册资本的25%。

（三）合伙企业法

有限合伙企业不得将全部利润分配给部分合伙人。但是，合伙协议另有约定的除外。

二、小型房地产企业利润分配的会计处理

小型房地产企业以当年净利润弥补以前年度亏损等剩余的税后利润，可用于向投资者进行分配。小型房地产企业（公司制）在分配当年税后利润时，应当按照公司法的规定提取法定公积金和任意公积金。

小型房地产企业应设置“利润分配”科目核算企业利润的分配（或亏损的弥补）和历年分配（或弥补）后的余额。年度终了，小型房地产企业应当将本年实现的净利润，自“本年利润”科目转入“利润分配”科目，借记“本年利润”科目，贷记“利润分配”科目（未分配利润）；为净亏损的，做相反的会计分录。同时，将“利润分配”科目所属明细科目（应付利润、盈余公积补亏）的余额转入“利润分配”科目明细科目（未分配利润）。结转后，“利润分配”科目

除“未分配利润”明细科目外，其他明细科目应无余额。“利润分配”科目年末余额，反映小型房地产企业的未分配利润（或未弥补亏损）。

“利润分配”科目应按照“应付利润”、“未分配利润”等进行明细核算。

小型房地产企业利润分配计算表如表 4-1 所示。

表 4-1　利润分配计算表

项　　目
一、净利润
加：年初未分配利润
其他转入
二、可供分配的利润
减：提取法定盈余公积
提取任意盈余公积
提取职工奖励及福利基金*
提取储备基金*
提取企业发展基金*
利润归还投资**
三、可供投资者分配的利润
减：应付利润
四、未分配利润

注：*提取职工奖励及福利基金、提取储备基金、提取企业发展基金这 3 个项目仅适用于企业（外商投资）按照相关法律规定提取的 3 项基金。

**利润归还投资这个项目仅适用于企业（中外合作经营）根据合同规定在合作期间归还投资者的投资。

相关会计科目及主要账务处理

3104　利润分配

一、本科目核算企业利润的分配（或亏损的弥补）和历年分配（或弥补）后的余额。

二、本科目应按照“应付利润”、“未分配利润”等进行明细核算。

三、利润分配的主要账务处理。

（一）企业根据有关规定分配给投资者的利润，借记本科目（应付利润），贷记“应付利润”科目。

（二）用盈余公积弥补亏损，借记“盈余公积”科目，贷记本科目（盈余公积补亏）。

企业（中外合作经营）根据合同规定在合作期间归还投资者的投资，应按照实际归还投资的金额，借记“实收资本——已归还投资”科目，贷记“银行存款”等科目；同时，借记本科目（利润归还投资），贷记“盈余公积——利润归还投资”科目。

四、年度终了，企业应当将本年实现的净利润，自“本年利润”科目转入本科目，借记“本年利润”科目，贷记本科目（未分配利润）；为净亏损的，做相反的会计分录。同时，将“利润分配”科目所属明细科目（应付利润、盈余公积补亏）的余额转入本科目明细科目（未分配利润）。结转后，本科目除“未分配利润”明细科目外，其他明细科目应无余额。

五、本科目年末余额，反映企业的未分配利润（或未弥补亏损）。

第五章

小型房地产企业利润表

第一节　小型房地产企业利润表综述

小型房地产企业利润表，是指反映小型房地产企业在一定会计期间的经营成果的报表。例如，某年 1 月 1 日至 12 月 31 日经营成果的利润表，反映的就是该期间的情况。

利润表的列报必须充分反映企业经营业绩的主要来源和构成，有助于使用者判断净利润的质量及其风险，预测净利润的持续性，从而做出正确的决策。利润表，可以反映小型房地产企业一定会计期间收入的实现情况，如实现的营业收入有多少、实现的投资收益有多少、实现的营业外收入有多少等；可以反映一定会计期间的费用耗费情况，如耗费的营业成本有多少、营业税金及附加有多少及销售费用、管理费用、财务费用各有多少、营业外支出有多少等；可以反映小型房地产企业经营活动的成果，即净利润的实现情况，据以判断资本保值、增值等情况。

一、小型房地产企业利润表中费用的分类

小型房地产企业费用按照功能可以分为营业成本、营业税金及附加、销售费用、管理费用和财务费用等。

小知识

费用采用“功能法”列报

对于费用的列报，小型房地产企业应当采用“功能法”列报，即按照费用在小型房地产企业所发挥的功能进行分类列报，通常分为从事经营业务发生的成本、管理费用、销售费用和财务费用等，并且将营业成本与其他费用分开披露。对企业而言，其活动通常可以划分为经营、销售、管理、融资等，每种活动上发生的费用所发挥的功能并不相同，因此，按照费用功能法将其分开列报，有助于使用者了解费用发生的活动领域。例如，小型房地产企业为销售开发产品发生了多少费用、为一般行政管理发生了多少费用，为筹措资金发生了多少费用等。这种方法通常能向报表使用者提供具有结构性的信息，能更清楚地揭示企业经营业绩的主要来源和构成，提供的信息更为相关。

由于关于费用性质的信息有助于预测企业未来现金流量，所以小型房地产企业可以在附注中披露费用按照性质分类的利润表补充资料。费用按照性质分类，指将费用按其性质分为耗用的材料物资、职工薪酬费用、折旧费、摊销费等，而不是按照费用在小型房地产企业所发挥的不同功能分类。

二、小型房地产企业利润表至少应当单独列示反映的项目信息

小型房地产企业利润表至少应当单独列示反映下列信息的项目：

- 营业收入；
- 营业成本；
- 营业税金及附加；
- 销售费用；
- 管理费用；
- 财务费用；
- 所得税费用；
- 净利润。

第二节　小型房地产企业利润表格式及编制说明

一、小型房地产企业利润表格式

（一）多步式的利润表格式

利润表正表的格式一般有两种：单步式利润表和多步式利润表。单步式利润表是将当期所有的收入列在一起，然后将所有的费用列在一起，两者相减得出当期净损益。多步式利润表是通过对当期的收入、费用、支出项目按性质加以归类，按利润形成的主要环节列示一些中间性利润指标，分步计算当期净损益。

小型房地产企业应当采用多步式列报利润表，将不同性质的收入和费用进行对比，从而可以得出一些中间性的利润数据，便于使用者理解企业经营成果的不同来源。小型房地产企业可以遵从三个步骤编制利润表。

第一步，以营业收入为基础，减去营业成本、营业税金及附加、销售费用、管理费用、财务费用、资产减值损失，加上投资收益（减去投资损失），计算出营业利润。

第二步，以营业利润为基础，加上营业外收入，减去营业外支出，计算出利润总额。

第三步，以利润总额为基础，减去所得税费用，计算出净利润（或净亏损）。

普通股或潜在普通股已公开交易的小型房地产企业，以及正处于公开发行普通股或潜在普通股过程中的小型房地产企业，还应当在利润表中列示每股收益信息。

（二）列示利润表的比较信息

小型房地产企业需要提供比较利润表，以使报表使用者通过比较不同期间利润的实现情况，判断企业经营成果的未来发展趋势。所以，利润表还就各项目再分为“本期金额”和“上期金额”两栏分别填列。利润表的具体格式如表 5-1 所示。

表 5-1　利润表

会小企 02 表

编制单位：　　　　　　　　年　月　　　　　　　　单位：元

项　　目	行次	本年累计金额	本月金额
一、营业收入	1		
减：营业成本	2		

续表

项　目	行次	本年累计金额	本月金额
营业税金及附加	3		
其中：消费税	4		
城市维护建设税	5		
资源税	6		
土地增值税	7		
城镇土地使用税、房产税、车船税、印花税	8		
教育费附加、矿产资源补偿费、排污费	9		
销售费用	10		
其中：商品维修费	11		
广告费和业务宣传费	12		
管理费用	13		
其中：开办费	14		
业务招待费	15		
研究费用	16		
财务费用	17		
其中：利息费用（收入以“–”号填列）	18		
加：投资收益（损失以“–”号填列）	19		
二、营业利润（亏损以“–”号填列）	20		
加：营业外收入	21		
其中：政府补助	22		
减：营业外支出	23		
其中：坏账损失	24		
无法收回的长期债券投资损失	25		
无法收回的长期股权投资损失	26		
自然灾害等不可抗力因素造成的损失	27		
税收滞纳金	28		
三、利润总额（亏损总额以“–”号填列）	29		
减：所得税费用	30		
四、净利润（净亏损以“–”号填列）	31		

二、小型房地产企业利润表的编制说明

1. 本表表头的内容及说明

本表反映小型房地产企业在一定会计期间内利润（亏损）的实现情况。

（1）本表“本年累计金额”栏反映各项目自年初起至报告期末止的累计实际发生额。

（2）本表“本月金额”栏反映各项目的本月实际发生额；在编报年度财务报表时，应将“本月金额”栏改为“上年金额”栏，填列上年全年实际发生额。

2．本表各项目的内容及其填列方法

（1）"营业收入"项目。反映小型房地产企业销售开发产品和提供劳务所实现的收入总额。本项目应根据"主营业务收入"科目和"其他业务收入"科目的发生额合计填列。

（2）"营业成本"项目。反映小型房地产企业所销售开发产品的成本。本项目应根据"主营业务成本"科目和"其他业务成本"科目的发生额合计填列。

（3）"营业税金及附加"项目。反映小型房地产企业开展日常生产经营活动应负担的城市维护建设税、资源税、土地增值税、城镇土地使用税、房产税、车船税、印花税和教育费附加等。本项目应根据"营业税金及附加"科目的发生额填列。

（4）"销售费用"项目。反映小型房地产企业销售开发产品或提供劳务过程中发生的费用。本项目应根据"销售费用"科目的发生额填列。

（5）"管理费用"项目。反映小型房地产企业为组织和管理经营发生的其他费用。本项目应根据"管理费用"科目的发生额填列。

（6）"财务费用"项目。反映小型房地产企业为筹集经营所需资金发生的筹资费用。本项目应根据"财务费用"科目的发生额填列。

（7）"投资收益"项目。反映小型房地产企业股权投资取得的现金股利（或利润）、债券投资取得的利息收入和处置股权投资和债券投资取得的处置价款扣除成本或账面余额、相关税费后的净额。本项目应根据"投资收益"科目的发生额填列；如为投资损失，以"–"号填列。

（8）"营业利润"项目。反映小型房地产企业当期开展日常经营活动实现的利润。本项目应根据营业收入扣除营业成本、营业税金及附加、销售费用、管理费用和财务费用，加上投资收益后的金额填列。如为亏损，以"–"号填列。

（9）"营业外收入"项目。反映小型房地产企业实现的各项营业外收入金额，包括：非流动资产处置净收益、政府补助、捐赠收益、盘盈收益、汇兑收益、确实无法偿付的应付款项、已作坏账损失处理后又收回的应收款项、违约金收益等。本项目应根据"营业外收入"科目的发生额填列。

（10）"营业外支出"项目。反映小型房地产企业发生的各项营业外支出金额，包括：存货的盘亏、毁损、报废损失，非流动资产处置净损失，坏账损失，无法收回的长期债券投资损失，无法收回的长期股权投资损失，自然灾害等不可抗力因素造成的损失，税收滞纳金，罚金，罚款，被没收财物的损失，捐赠支出，赞助支出等。本项目应根据"营业外支出"科目的发生额填列。

（11）"利润总额"项目。反映小型房地产企业当期实现的利润总额。本项目应根据营业利润加上营业外收入减去营业外支出后的金额填列。如为亏损总额，以"–"号填列。

（12）"所得税费用"项目。反映小型房地产企业根据企业所得税法确定的应从当期利润总额中扣除的所得税费用。本项目应根据"所得税费用"科目的发生额填列。

（13）"净利润"项目。反映小型房地产企业当期实现的净利润。本项目应根据利润总额扣除所得税费用后的金额填列。如为净亏损，以"–"号填列。

3．本表中各项目之间的钩稽关系。

行 21=行 1–行 2–行 3–行 11–行 14–行 18+行 20；

行 3≥行 4+行 5+行 6+行 7+行 8+行 9+行 10；

行 11≥行 12+行 13；

行 14≥行 15+行 16+行 17；

行 18≥行 19；
行 30=行 21+行 22−行 24；
行 22≥行 23；
行 24≥行 25+行 26+行 27+行 28+行 29；
行 32=行 30−行 31。

第三篇

小型房地产企业财务状况信息的反映

第六章

小型房地产企业资产会计

第一节　小型房地产企业流动资产

一、小型房地产企业货币资金的会计处理

从本质上讲，货币资金属于金融资产范畴，是小型房地产企业资产的重要组成部分，是小型房地产企业资产中流动性较强的一种资产。任何企业要进行经营活动都必须拥有货币资金，持有货币资金是小型房地产企业进行经营活动的基本条件。

根据货币资金的存放地点及其用途的不同，小型房地产企业货币资金分为库存现金、银行存款及其他货币资金。

（一）小型房地产企业库存现金

现金是流动性最强的一种货币性资产，可以随时用其购买所需的物资，支付有关费用，偿还债务，也可以随时存入银行。现金的定义有狭义和广义之分。狭义的现金是指小型房地产企业的库存现金，包括人民币现金和外币现金。广义的现金除库存现金外，还包括银行存款和其他符合现金定义的票证等。

1．小型房地产企业现金管理办法

（1）现金的使用范围。小型房地产企业收支的各种款项必须按照国务院颁发的《现金管理暂行条例》的规定办理，在规定的范围内使用现金。

允许小型房地产企业使用现金结算的范围请参阅《现金管理暂行条例》。

小知识

现金管理暂行条例

（1988年9月8日中华人民共和国国务院令第12号发布
根据2011年1月8日《国务院关于废止和修改部分行政法规的决定》修订）

第一章　总则

第一条　为改善现金管理，促进商品生产和流通，加强对社会经济活动的监督，制定本条例。

第二条　凡在银行和其他金融机构（以下简称开户银行）开立账户的机关、团体、部队、企业、事业单位和其他单位（以下简称开户单位），必须依照本条例的规定收支和使用现金，

接受开户银行的监督。

国家鼓励开户单位和个人在经济活动中，采取转账方式进行结算，减少使用现金。

第三条　开户单位之间的经济往来，除按本条例规定的范围可以使用现金外，应当通过开户银行进行转账结算。

第四条　各级人民银行应当严格履行金融主管机关的职责，负责对开户银行的现金管理进行监督和稽核。

开户银行依照本条例和中国人民银行的规定，负责现金管理的具体实施，对开户单位收支、使用现金进行监督管理。

第二章　现金管理和监督

第五条　开户单位可以在下列范围内使用现金：

（一）职工工资、津贴。

（二）个人劳务报酬。

（三）根据国家规定颁发给个人的科学技术、文化艺术、体育等各种奖金。

（四）各种劳保，福利费用以及国家规定的对个人的其他支出。

（五）向个人收购农副产品和其他物资的价款。

（六）出差人员必须随身携带的差旅费。

（七）结算起点以下的零星支出。

（八）中国人民银行确定需要支付现金的其他支出。

前款结算起点定为 1 000 元。结算起点的调整，由中国人民银行确定，报国务院备案。

第六条　除本条例第五条第（五）、（六）项外，开户单位支付给个人的款项，超过使用现金限额的部分，应当以支票或者银行本票支付；确需全额支付现金的，经开户银行审核后，予以支付现金。

前款使用现金限额，按本条例第五条第二款的规定执行。

第七条　转账结算凭证在经济往来中，具有同现金相同的支付能力。

开户单位在销售活动中，不得对现金结算给予比转账结算优惠待遇；不得拒收支票、银行汇票和银行本票。

第八条　机关、团体、部队、全民所有制和集体所有制企业事业单位购置国家规定的专项控制商品，必须采取转账结算方式，不得使用现金。

第九条　开户银行应当根据实际需要，核定开户单位 3 天至 5 天的日常零星开支所需的库存现金限额。

边远地区和交通不便地区的开户单位的库存现金限额，可以多于 5 天，但不得超过 15 天的日常零星开支。

第十条　经核定的库存现金限额，开户单位必须严格遵守。需要增加或者减少库存现金限额的，应当向开户银行提出申请，由开户银行核定。

第十一条　开户单位现金收支应当依照下列规定办理：

（一）开户单位现金收入应当于当日送存开户银行。当日送存确有困难的，由开户银行确定送存时间。

（二）开户单位支付现金，可以从本单位库存现金限额中支付或者从开户银行提取，不得从本单位的现金收入中直接支付（坐支）。因特殊情况需要坐支现金的，应当事先报经开户银行审查批准，由开户银行核定坐支范围和限额。坐支单位应当定期向开户银行报送坐支金额和使用情况。

（三）开户单位根据本条例第五条和第六条的规定，从开户银行提取现金，应当写明用途，由本单位财会部门负责人签字盖章，经开户银行审核后，予以支付现金。

（四）因采购地点不固定，交通不便，生产或者市场急需，抢险救灾以及其他特殊情况必须使用现金的，开户单位应当向开户银行提出申请，由本单位财会部门负责人签字盖章，经开户银行审核后，予以支付现金。

第十二条　开户单位应当建立健全现金账目，逐笔记载现金支付。账目应当日清月结，账款相符。

第十三条　对个体工商户、农村承包经营户发放的贷款，应当以转账方式支付。对确需在集市使用现金购买物资的，经开户银行审核后，可以在贷款金额内支付现金。

第十四条　在开户银行开户的个体工商户、农村承包经营户异地采购所需货款，应当通过银行汇兑方式支付。因采购地点不固定，交通不便必须携带现金的，由开户银行根据实际需要，予以支付现金。

未在开户银行开户的个体工商户、农村承包经营户异地采购所需货款，可以通过银行汇兑方式支付。凡加盖“现金”字样的结算凭证，汇入银行必须保证支付现金。

第十五条　具备条件的银行应当接受开户单位的委托，开展代发工资、转存储蓄业务。

第十六条　为保证开户单位的现金收入及时送存银行，开户银行必须按照规定做好现金收款工作，不得随意缩短收款时间。大中城市和商业比较集中的地区，应当建立非营业时间收款制度。

第十七条　开户银行应当加强柜台审查，定期和不定期地对开户单位现金收支情况进行检查，并按规定向当地人民银行报告现金管理情况。

第十八条　一个单位在几家银行开户的，由一家开户银行负责现金管理工作，核定开户单位库存现金限额。

各金融机构的现金管理分工，由中国人民银行确定。有关现金管理分工的争议，由当地人民银行协调、裁决。

第十九条　开户银行应当建立健全现金管理制度，配备专职人员，改进工作作风，改善服务设施。现金管理工作所需经费应当在开户银行业务费中解决。

第三章　法律责任

第二十条　开户单位有下列情形之一的，开户银行应当依照中国人民银行的规定，责令其停止违法活动，并可根据情节轻重处以罚款：

（一）超出规定范围、限额使用现金的。

（二）超出核定的库存现金限额留存现金的。（2011 年 1 月 8 日删除）

第二十一条　开户单位有下列情形之一的，开户银行应当依照中国人民银行的规定，予以警告或者罚款；情节严重的，可在一定期限内停止对该单位的贷款或者停止对该单位的现金支付：

（一）对现金结算给予比转账结算优惠待遇的。

（二）拒收支票、银行汇票和银行本票的。

（三）违反本条例第八条规定，不采取转账结算方式购置国家规定的专项控制商品的。

（四）用不符合财务会计制度规定的凭证顶替库存现金的。

（五）用转账凭证套换现金的。

（六）编造用途套取现金的。

（七）互相借用现金的。

（八）利用账户替其他单位和个人套取现金的。

（九）将单位的现金收入按个人储蓄方式存入银行的。

（十）保留账外公款的。

（十一）未经批准坐支或者未按开户银行核定的坐支范围和限额坐支现金的。（2011 年 1 月 8 日删除）

第二十二条　开户单位对开户银行做出的处罚决定不服的，必须首先按照处罚决定执行，然后可在 10 日内向开户银行的同级人民银行申请复议。同级人民银行应当在收到复议申请之日起 30 日内做出复议决定。开户单位对复议决定不服的，可以在收到复议决定之日起 30 日内向人民法院起诉。（2011 年 1 月 8 日删除）

第二十三条　银行工作人员违反本条例规定，徇私舞弊、贪污受贿、玩忽职守纵容违法行为的，应当根据情节轻重，给予行政处分和经济处罚；构成犯罪的，由司法机关依法追究刑事责任。

第四章　附则

第二十四条　本条例由中国人民银行负责解释；施行细则由中国人民银行制定。

第二十五条　本条例自 1988 年 10 月 1 日起施行。1977 年 11 月 28 日发布的《国务院关于实行现金管理的决定》同时废止。

属于上述现金结算范围的支出，小型房地产企业可以根据需要向银行提取现金支付，不属于上述现金结算范围的款项支付一律通过银行进行转账结算。

（2）库存现金限额。库存现金限额是指为保证小型房地产企业日常零星支出按规定允许留存的现金的最高数额。

库存现金限额，由开户银行根据开户单位的实际需要和距离银行远近等情况核定，一般按照单位 3～5 天日常零星开支所需现金确定。远离银行或交通不便的小型房地产企业，银行最多可以根据企业 15 天的正常开支需要量来核定库存现金限额。正常开支需要量不包括企业每月发放工资和不定期差旅费等大额现金支出。库存限额一经核定，企业必须严格遵守，不能任意超过，超过限额的现金应及时存入银行；库存现金低于限额时，可以签发现金支票从银行提取现金，补足限额。

（3）现金收支的规定。小型房地产企业应当按照中国人民银行规定的现金管理办法和财政部关于企业货币资金管理和控制的规定，办理有关现金收支业务。

小型房地产企业办理现金收支业务时，应当遵守如表 6-1 所示的几项规定。

表 6-1　办理现金收支业务时应当遵守的规定

办理现金收支业务时应当遵守的规定	小型房地产企业现金收入应当于当日送存开户银行。当日送存有困难的，由开户银行确定送存时间
	小型房地产企业支付现金，可以从本企业库存现金限额中支付或者从开户银行提取，不得从本企业的现金收入中直接支付（坐支）。因特殊情况需要坐支现金的，应当事先报经开户银行审查批准，由开户银行核定坐支范围和限额。小型房地产企业应定期向银行报送坐支金额和使用情况
	小型房地产企业从开户银行提取现金应当写明用途，由本单位财会部门负责人签字盖章，经开户银行审核后，予以支付现金

续表

办理现金收支业务时应当遵守的规定	小型房地产企业因采购地点不固定、交通不便及其他特殊情况必须使用现金的，应向开户银行提出申请，经开户银行审核后，予以支付现金
	不准用不符合制度的凭证顶替库存现金，即不得“白条顶库”；不准谎报用途套取现金；不准用银行账户代其他单位和个人存入或支取现金；不准用单位收入的现金以个人名义存储，不准保留账外公款，不得设置“小金库”等

对于违反上述规定的小型房地产企业，银行将按照违规金额的一定比例予以处罚。

2．小型房地产企业库存现金业务的会计处理

（1）会计科目。小型房地产企业应设置“库存现金”科目核算企业的库存现金。小型房地产企业有内部周转使用备用金的，可以单独设置“1004 备用金”科目。“库存现金”科目期末借方余额，反映企业持有的库存现金。

（2）明细核算。有外币现金的小型房地产企业，应当分别按照人民币和外币进行明细核算。

（3）主要账务处理。小型房地产企业增加库存现金，借记“库存现金”科目，贷记“银行存款”等科目；减少库存现金，做相反的会计分录。

（4）库存现金日记账。小型房地产企业应当设置“库存现金日记账”，由出纳人员根据收付款凭证，按照业务发生顺序逐笔登记。每日终了，应当计算当日的现金收入合计额、现金支出合计额和结余额，将结余额与实际库存额核对，做到账款相符。

（5）现金短缺或溢余的会计处理。每日终了结算现金收支、财产清查等发现的有待查明原因的现金短缺或溢余，应通过“待处理财产损溢”科目核算：属于现金短缺的，应按照实际短缺的金额，借记“待处理财产损溢——待处理流动资产损溢”科目，贷记“库存现金”科目；属于现金溢余的，按照实际溢余的金额，借记“库存现金”科目，贷记“待处理财产损溢——待处理流动资产损溢”科目。

（二）小型房地产企业银行存款

小型房地产企业银行存款就是小型房地产企业存放在银行或其他金融机构的货币资金。

凡是独立核算的小型房地产企业都必须在当地银行开设账户。小型房地产企业在银行开设账户以后，除按核定的限额保留库存现金外，超过限额的现金必须存入银行；除在规定的范围内可以用现金直接支付的款项外，在经营过程中所发生的一切货币收支业务，都必须通过银行存款账户进行结算。

1．人民币银行结算账户管理制度

银行结算账户是指银行为存款人开立的办理资金收付结算的人民币活期存款账户。这里的存款人是指在中国境内开立银行结算账户的机关、团体、部队、企业、事业单位、其他组织、个体工商户和自然人；银行是指在中国境内经中国人民银行批准经营支付结算业务的政策性银行、商业银行（含外资独资银行、中外合资银行、外国银行分行）、城市商业银行、城市信用社、农村信用合作社。

根据新形势下经济、金融发展的需要，为加强和完善银行结算账户管理，中国人民银行于 2003 年 4 月 10 日公布了《人民币银行结算账户管理办法》（以下简称《账户管理办法》）。该办法于 2003 年 9 月 1 日起施行。

（1）银行结算账户具有以下特点。

1）办理人民币业务。这与外币存款账户不同，外币存款账户办理的是外币业务，其开立和使用应遵守国家外汇管理局的有关规定。

2）办理资金收付结算业务。这与储蓄账户不同，储蓄的基本功能是存取本金和支取利息，储蓄账户不具有办理资金收付结算的功能，其开立和使用应遵守《储蓄管理条例》的规定。

3）活期存款账户。这与单位定期存款账户不同，单位定期存款账户不具有结算功能，该类账户的开立和使用应遵守《人民币单位存款管理办法》的规定。

（2）银行结算账户的分类。

1）按照存款人的不同，银行结算账户可以分为单位银行结算账户和个人银行结算账户。这里所指的单位包括机关、团体、部队、企业、事业单位和其他组织等。个体工商户凭营业执照以字号或经营者姓名开立的银行结算账户纳入单位银行结算账户管理。个人银行结算账户是指存款人凭个人身份证件以自然人名称开立的银行结算账户。这里所指的个人包括中国公民（含香港、澳门、台湾居民）和外国公民。个人因投资、消费使用各种支付工具，包括借记卡、信用卡在银行开立的银行结算账户，纳入个人银行结算账户管理。邮政储蓄机构办理银行卡业务开立的账户也纳入个人银行结算账户管理。

2）按照用途不同，单位银行结算账户可以分为基本存款账户、一般存款账户、专用存款账户和临时存款账户。存款人开立基本存款账户、临时存款账户和预算单位开立专用存款账户实行核准制，经中国人民银行核准后由银行核发开户登记证，但存款人因注册验资需要开立的临时存款账户除外。有关此项分类的不同账户内容，将在以后相关部分加以说明。

3）按照开户地的不同，银行结算账户分为本地银行结算账户和异地银行结算账户。本地银行结算账户是指存款人在注册地或住所地开立的银行结算账户；异地银行结算账户是指存款人根据规定的条件在异地（跨省、市、县）开立的银行结算账户。

银行结算账户的类别不同，其开立、使用和管理也不尽相同。

（3）银行结算账户管理应当遵守的基本原则。

1）一个基本账户原则。这是指单位银行结算账户的存款人只能在银行开立一个基本存款账户，不能多头开立基本银行账户。

2）自主选择银行开立银行结算账户原则。这是指存款人可以自主选择银行开立账户，除国家法律、行政法规和国务院规定外，任何单位和个人不得强令存款人到指定银行开立银行结算账户。

3）银行结算账户信息保密原则。这是指银行必须依法为存款人的银行结算账户信息保密。对单位银行结算账户的存款和有关资料，除国家法律、行政法规另有规定外，银行有权拒绝任何单位或个人查询。对个人银行结算账户的存款和有关资料，除国家法律另有规定外，银行有权拒绝任何单位或个人查询。

4）守法原则。这是指银行结算账户的开立和使用应当遵守法律、行政法规，不得利用银行结算账户进行偷逃税款、逃废债务、套取现金及其他违法犯罪活动。

（4）银行结算账户的开立。银行结算账户的类别不同，其开立条件也不尽相同，下面对不同类别的银行结算账户的开立条件加以说明。

1）基本存款账户的开立。基本存款账户是指存款人因办理日常转账结算和现金收付需要开立的银行结算账户。存款人的工资、奖金等现金支取，只能通过本账户办理。

① 开立基本存款账户的存款人资格。下列存款人，可以申请开立基本存款账户：

- 企业法人；
- 非法人企业；
- 机关、事业单位；

- 团级（含）以上军队、武警部队及分散执勤的支（分）队；
- 社会团体；
- 民办非企业组织；
- 异地常设机构；
- 外国驻华机构；
- 个体工商户；
- 居民委员会、村民委员会、社区委员会；
- 单位设立的独立核算的附属机构；
- 其他组织。

由此可见，修订后的《账户管理办法》对开立基本存款账户的存款人资格做了较为宽泛的规定，凡是具有民事权利能力和民事行为能力，并依法独立享有民事权利和承担民事义务的法人和其他组织，均可以开立基本存款账户。同时，有些单位虽然不是法人组织，但具有独立核算资格，有自主办理资金结算的需要，包括非法人企业（如具有营业执照的企业集团下属的分公司）、外国驻华机构、个体工商户、单位设立的独立核算的附属机构（单位附属独立核算的食堂、招待所、幼儿园）等，也可以开立基本存款账户。

② 开立基本存款账户所需的证明文件。存款人申请开立基本存款账户，应向银行出具下列证明文件：

- 企业法人，应出具企业法人营业执照正本；
- 非法人企业，应出具企业营业执照正本；
- 机关和实行预算管理的事业单位，应出具政府人事部门或编制委员会的批文或登记证书和财政部门同意其开户的证明；非预算管理的事业单位，应出具政府人事部门或编制委员会的批文或登记证书；
- 军队、武警团级（含）以上单位及分散执勤的支（分）队，应出具军队军级以上单位财务部门、武警总队财务部门的开户证明；
- 社会团体，应出具社会团体登记证书，宗教组织还应出具宗教事务管理部门的批文或证明；
- 民办非企业组织，应出具民办非企业登记证书；
- 外地常设机构，应出具其驻在地政府主管部门的批文；
- 外国驻华机构，应出具国家有关主管部门的批文或证明；外资企业驻华代表处、办事处应出具国家登记机关颁发的登记证；
- 个体工商户，应出具个体工商户营业执照正本；
- 居民委员会、村民委员会、社区委员会，应出具其主管部门的批文或证明；
- 独立核算的附属机构，应出具其主管部门的基本存款账户开户登记证和批文；
- 其他组织，应出具政府主管部门的批文或证明。

如果上述存款人为从事生产、经营活动纳税人的，还应出具税务部门颁发的税务登记证。

③ 开立基本存款账户的程序。存款人申请开立银行结算账户时，应填制开户申请书，提供规定的证明文件；银行应对存款人的开户申请书填写的事项和证明文件的真实性、完整性、合规性进行认真审查，并将审查后的存款人提交的上述文件和审核意见等开户资料报送中国人民银行当地分支行，经其核准后办理开户手续。中国人民银行应于 2 个工作日内对银行报送的基本存款账户的开户资料的合规性进行审核，符合开户条件的，予以核准；不符合开户条件的，应在开户申请书上签署意见，连同有关证明文件一并退回报送银行。

2）一般存款账户的开立。一般存款账户是存款人因借款或其他结算需要，在基本存款账户开户银行以外的银行营业机构开立的银行结算账户。

① 开立一般存款账户的存款人资格。开立基本存款账户的存款人都可以开立一般存款账户。修订后的《账户管理办法》取消了开立一般存款账户的限制条件，只要存款人具有借款或其他结算需要，都可以申请开立一般存款账户，且没有数量限制。

② 开立一般存款账户所需的证明文件。存款人申请开立一般存款账户，应向银行出具下列证明文件：

- 开立基本存款账户规定的证明文件；
- 基本存款账户开户登记证；
- 存款人因向银行借款需要，应出具借款合同；
- 存款人因其他结算需要，应出具有关证明。

③ 开立一般存款账户的程序。存款人申请开立一般存款账户时，应填制开户申请书，提供规定的证明文件；银行应对存款人的开户申请书填写的事项和证明文件的真实性、完整性、合规性进行认真审查；符合开立一般存款账户条件的，银行应办理开户手续，同时应在其基本存款账户开户登记证上登记账户名称、账号、账户性质、开户银行、开户日期，并签章，于开户之日起 5 个工作日内向中国人民银行当地分支行备案；自开立一般存款账户之日起 3 个工作日内书面通知基本存款账户开户银行。

从上可见，开立一般存款账户实行备案制，无须中国人民银行核准。

3）专用存款账户的开立。专用存款账户是存款人按照法律、行政法规和规章，对其特定用途资金进行专项管理和使用而开立的银行结算账户。

① 开立专用存款账户的条件。专用存款账户是针对特定事项开立的存款账户。

对下列资金的管理与使用，存款人可以申请开立专用存款账户：

- 基本建设资金；
- 更新改造资金；
- 财政预算外资金；
- 粮、棉、油收购资金；
- 证券交易结算资金；
- 期货交易保证金；
- 信托基金；
- 金融机构同业存放同业资金；
- 政策性房地产开发资金；
- 单位银行卡备用金；
- 住房基金；
- 社会保障基金；
- 收入汇缴资金和业务支出资金；
- 党、团、工会设在单位的组织机构经费；
- 其他需要专项管理和使用的资金。

上述收入汇缴资金和业务支出资金，是指基本存款账户存款人附属的非独立核算单位或派出机构发生的收入和支出的资金。因收入汇缴资金和业务支出资金开立的专用存款账户，应使用隶属单位的名称。

开立专用存款账户的目的是保证特定用途的资金专款专用，有利于监督管理。修订后的《账户管理办法》强调，只有法律、行政法规和规章规定要专户存储和使用的资金，才纳入专用存款账户管理。由此可知，该办法缩小了纳入专用存款账户管理的资金范围。

根据境外机构投资者可以在境内从事证券投资的新情况，《账户管理办法》第二十条规定，合格境外机构投资者在境内从事证券投资开立的人民币特殊账户和人民币结算资金账户纳入专用存款账户管理。

② 开立专用存款账户所需的证明文件。存款人申请开立专用存款账户，应向银行出具其开立基本存款账户规定的证明文件、基本存款账户开户登记证和下列证明文件：

- 基本建设资金、更新改造资金、政策性房地产开发资金、住房基金、社会保障基金，应出具主管部门批文；
- 财政预算外资金，应出具财政部门的证明；
- 粮、棉、油收购资金，应出具主管部门批文；
- 单位银行卡备用金，应按照中国人民银行批准的银行卡章程的规定出具有关证明和资料；
- 证券交易结算资金，应出具证券公司或证券管理部门的证明；
- 期货交易保证金，应出具期货公司或期货管理部门的证明；
- 金融机构同业存放同业资金，应出具其证明；
- 收入汇缴资金和业务支出资金，应出具基本存款账户存款人有关的证明；
- 党、团、工会设在单位的组织机构经费，应出具该单位或有关部门的批文或证明；
- 其他按规定需要专项管理和使用的资金，应出具有关法规、规章或政府部门的有关文件。

合格境外机构投资者在境内从事证券投资开立人民币特殊账户时，应出具国家外汇管理部门的批复文件，开立人民币结算资金账户时应出具证券管理部门的证券投资业务许可证。

③ 开立专用存款账户的程序。存款人申请开立专用存款账户时，应填制开户申请书，提供规定的证明文件；银行应对存款人的开户申请书填写的事项和证明文件的真实性、完整性、合规性进行认真审查；如果专用存款账户属于预算单位专用存款账户的，银行应将存款人的开户申请书、相关的证明文件和银行审核意见等开户资料报送中国人民银行当地分支行，经其核准后办理开户手续，该核准程序与基本存款账户的核准程序相同；如果属于预算单位专用存款账户之外的其他专用存款账户的，银行应办理开户手续，并于开户之日起 5 个工作日内向中国人民银行当地分支行备案。

银行在办理专用存款账户开户手续时，同时应在其基本存款账户开户登记证上登记账户名称、账号、账户性质、开户银行、开户日期，并签章，自开立专用存款账户之日起 3 个工作日内书面通知基本存款账户开户银行。

4）临时存款账户的开立。临时存款账户是存款人因临时需要并在规定期限内使用而开立的银行结算账户。

① 临时存款账户开立的条件。存款人有下列情况的，可以申请开立临时存款账户：

- 设立临时机构；
- 异地临时经营活动；
- 注册验资。

临时存款账户主要是针对不同社会主体的不同经营活动的临时结算需要而开立的账户。《账户管理办法》的上述规定实际是扩大了临时存款账户的使用对象，如工程指挥部、筹备领导小组、摄制组等临时机构，建筑施工及安装单位等在异地的临时经营活动，公司的注册验资等，都可以开立临时存款账户。

② 开立临时存款账户所需的证明文件。存款人申请开立临时存款账户，应向银行出具下列证明文件：

- 临时机构，应出具其驻在地主管部门同意设立临时机构的批文；
- 异地建筑施工及安装单位，应出具其营业执照正本或其隶属单位的营业执照正本，以及施工及安装地建设主管部门核发的许可证或建筑施工及安装合同；
- 异地从事临时经营活动的单位，应出具其营业执照正本及临时经营地工商行政管理部门的批文；
- 注册验资资金，应出具工商行政管理部门核发的企业名称预先核准通知书或有关部门的批文。上述第二和第三种情形，存款人还应出具其基本存款账户开户登记证。

③ 开立临时存款账户的程序。存款人申请开立临时存款账户时，应填制开户申请书，提供规定的证明文件；银行应对存款人的开户申请书填写的事项和证明文件的真实性、完整性、合规性进行认真审查；银行应将存款人的开户申请书、相关的证明文件和银行审核意见等开户资料报送中国人民银行当地分支行，经其核准后办理开户手续。该核准程序与基本存款账户的核准程序相同。

银行在办理临时存款账户开户手续时，同时应在其基本存款账户开户登记证上登记账户名称、账号、账户性质、开户银行、开户日期，并签章，但临时机构和注册验资需要开立的临时存款账户除外。银行自开立临时存款账户之日起 3 个工作日内应书面通知基本存款账户开户银行。

5）个人存款账户的开立。个人银行结算账户是自然人因投资、消费、结算等而开立的可办理支付结算业务存款账户。修订后的《账户管理办法》允许自然人开立银行结算账户，并对相关内容予以规定，这是银行结算账户制度的一个重要创新。

① 个人存款账户开立的条件。存款人有下列情况的，可以申请开立个人银行结算账户：

- 使用支票、信用卡等信用支付工具的；
- 办理汇兑、定期借记（如代付水、电、话费）、定期贷记（代发工资）、借记卡等结算业务的。

自然人可根据需要申请开立个人银行结算账户，也可以在已开立的储蓄账户中选择并向开户银行申请确认为个人银行结算账户。

② 开立个人存款账户所需的证明文件。存款人申请开立个人银行结算账户，应向银行出具下列证明文件：

- 中国内地居民，应出具居民身份证或临时身份证；
- 中国人民解放军军人，应出具军人身份证件；
- 中国人民武装警察，应出具武警身份证件；
- 中国香港、澳门特区居民，应出具港澳居民往来内地通行证；中国台湾居民，应出具台湾居民来往内地通行证或其他有效旅行证件；
- 外国公民，应出具护照；
- 法律、法规和国家有关文件规定的其他有效证件。银行为个人开立银行结算账户时，根据需要还可要求申请人出具户口簿、驾驶执照、护照等有效证件。

③ 开立个人存款账户的程序。存款人申请开立个人存款账户时，应填制开户申请书，提供规定的证明文件；银行应对存款人的开户申请书填写的事项和证明文件的真实性、完整性、合规性进行认真审查；符合开立条件的，银行应办理开户手续，并于开户之日起 5 个工作日内向中国人民银行当地分支行备案。

6）异地存款账户的开立。《账户管理办法》突破了账户只能属地开立、属地管理的原则，规定单位或个人只要符合相关条件，均可根据需要在异地开立相应的银行结算账户。

① 异地存款账户的开立条件。存款人有下列情形之一的，可以在异地开立有关银行结算账户：

- 营业执照注册地与经营地不在同一行政区域（跨省、市、县）需要开立基本存款账户的；
- 办理异地借款和其他结算需要开立一般存款账户的；
- 存款人因附属的非独立核算单位或派出机构发生的收入汇缴或业务支出需要开立专用存款账户的；
- 异地临时经营活动需要开立临时存款账户的；
- 自然人根据需要在异地开立个人银行结算账户的。

② 开立异地存款账户所需的证明文件。存款人需要在异地开立单位银行结算账户，根据开立存款账户的种类不同，除按照前述基本存款账户、一般存款账户、专用存款账户和临时存款账户的有关要求提供有关证明文件外，还应出具下列相应的证明文件：

- 经营地与注册地不在同一行政区域的存款人，在异地开立基本存款账户的，应出具注册地中国人民银行分支行的未开立基本存款账户的证明；
- 异地借款的存款人，在异地开立一般存款账户的，应出具在异地取得贷款的借款合同；
- 因经营需要在异地办理收入汇缴和业务支出的存款人，在异地开立专用存款账户的，应出具隶属单位的证明。属上述第二、第三种情形的，还应出具其基本存款账户开户登记证。

存款人需要在异地开立个人银行结算账户，应出具的证明文件与前述开立个人存款账户要求的证明文件相同。

③ 开立异地存款账户的程序。开立异地存款账户的，根据其账户的种类不同，开立程序与前述相关账户开立的程序相同。

（5）银行结算账户的使用。

1）银行结算账户的用途。银行结算账户的种类不同，其用途也不一样。《账户管理办法》对不同种类的银行结算账户的用途进行了界定，下面分别予以说明。

① 基本存款账户的用途。基本存款账户是存款人的主办账户。该账户主要办理存款人日常经营活动的资金收付及其工资、奖金和现金的支取。

② 一般存款账户的用途。一般存款账户用于办理存款人借款转存、借款归还和其他结算的资金收付。该账户可以办理现金缴存，但不得办理现金支取。

③ 专用存款账户的用途。专用存款账户用于办理各项专用资金的收付。针对不同的专用资金，《账户管理办法》规定了不同的使用范围：

- 单位银行卡账户的资金必须由其基本存款账户转账存入。该账户不得办理现金收付业务。
- 财政预算外资金、证券交易结算资金、期货交易保证金和信托基金专用存款账户，不得支取现金。
- 基本建设资金、更新改造资金、政策性房地产开发资金、金融机构同业存放同业资金账户需要支取现金的，应在开户时报中国人民银行当地分支行批准。中国人民银行当地分支行应根据国家现金管理的规定审查批准。
- 粮、棉、油收购资金，社会保障基金，住房基金和党、团、工会经费等专用存款账户支取现金应按照国家现金管理的规定办理。

- 收入汇缴账户除向其基本存款账户或预算外资金财政专用存款户划缴款项外，只收不付，不得支取现金。业务支出账户除从其基本存款账户拨入款项外，只付不收，其现金支取必须按照国家现金管理的规定办理。

④ 临时存款账户的用途。临时存款账户用于办理临时机构及存款人临时经营活动发生的资金收付。

⑤ 个人存款账户的用途。个人银行结算账户用于办理个人转账收付和现金存取。个人银行结算账户实际有三项功能。

第一，活期储蓄功能，可以通过个人结算存取存款本金和支付利息，该账户的利息按照活期储蓄利率计息。

第二，普通转账结算功能，通过开立个人银行结算账户，办理汇款，支付水、电、话、气等基本日常费用，代发工资等转账结算服务，使用汇兑、委托收款、借记卡、定期借记、定期贷记、电子钱包（IC 卡）等转账工具。

第三，通过个人银行结算账户使用支票、信用卡等信用支付工具。

下列款项可以转入个人银行结算账户：

- 工资、奖金收入；
- 稿费、演出费等劳务收入；
- 债券、期货、信托等投资的本金和收益；
- 个人债权或产权转让收益；
- 个人贷款转存；
- 证券交易结算资金和期货交易保证金；
- 继承、赠予款项；
- 保险理赔、保费退还等款项；
- 纳税退还；
- 农、副、矿产品销售收入；
- 其他合法款项。

2）银行结算账户使用过程中应当注意的事项。

① 存款人开立单位银行结算账户，自正式开立之日起 3 个工作日后，方可办理付款业务，但注册验资的临时存款账户转为基本存款账户和因借款转存开立的一般存款账户除外。

② 银行应按规定与存款人核对账务。银行结算账户的存款人收到对账单或对账信息后，应及时核对账务并在规定期限内向银行发出对账回单或确认信息。

③ 存款人不得出租、出借银行结算账户，不得利用银行结算账户套取银行信用。

④ 对专用存款账户的专用资金使用，银行应按照相关规定和国家对粮、棉、油收购资金使用管理规定加强监督，对不符合规定的资金收付和现金支取，不得办理，但对其他专用资金的使用不负监督责任。

⑤ 临时存款账户在使用过程中，应当注意以下三点。

第一，临时存款账户应根据有关开户证明文件确定的期限或存款人的需要确定其有效期限。存款人在账户的使用中需要延长期限的，应在有效期限内向开户银行提出申请，并由开户银行报中国人民银行当地分支行核准后办理展期。临时存款账户的有效期最长不得超过 2 年。

第二，临时存款账户支取现金，应按照国家现金管理的规定办理。

第三，注册验资的临时存款账户在验资期间只收不付，注册验资资金的汇缴人应与出资人的名称一致。

⑥ 个人银行结算账户在使用过程中，应当注意以下五点。

第一，单位从其银行结算账户支付给个人银行结算账户的款项，每笔超过 5 万元的，应向其开户银行提供下列付款依据：

- 代发工资协议和收款人清单；
- 奖励证明；
- 新闻出版、演出主办等单位与收款人签订的劳务合同或支付给个人款项的证明；
- 证券公司、期货公司、信托投资公司、奖券发行或承销部门支付或退还给自然人款项的证明；
- 债权或产权转让协议；
- 借款合同；
- 保险公司的证明；
- 税收征管部门的证明；
- 农、副、矿产品购销合同；
- 其他合法款项的证明。

第二，从单位银行结算账户支付给个人银行结算账户的款项应纳税的，税收代扣单位付款时应向其开户银行提供完税证明。

第三，个人持出票人为单位的支票向开户银行委托收款，将款项转入其个人银行结算账户的或个人持申请人为单位的银行汇票和银行本票向开户银行提示付款，将款项转入其个人银行结算账户的，个人应当提供前述第一种情形所述的有关收款依据。

第四，单位银行结算账户支付给个人银行结算账户款项的，银行应按有关规定，认真审查付款依据或收款依据的原件并留存复印件，按会计档案保管。未提供相关依据或相关依据不符合规定的，银行应拒绝办理。

第五，储蓄账户仅限于办理现金存取业务，不得办理转账结算。

（6）银行结算账户的变更与撤销。

1）银行结算账户的变更。银行结算账户的变更是指存款人名称、单位法定代表人或主要负责人、住址及其他开户资料发生的变更。

银行结算账户发生变更的，应当办理相关的变更手续。银行结算账户的存款人名称发生变更，但不改变开户银行及账号的，应于 5 个工作日内向开户银行提出银行结算账户的变更申请，并出具有关部门的证明文件。单位的法定代表人或主要负责人、住址及其他开户资料发生变更时，应于 5 个工作日内书面通知开户银行并提供有关证明。银行接到存款人的变更通知后，应及时办理变更手续，并于 2 个工作日内向中国人民银行报告。

2）银行结算账户的撤销。银行结算账户的撤销是指存款人因开户资格或其他原因终止银行结算账户使用的行为。

① 银行结算账户撤销的事由。发生下列事由之一的，存款人应向开户银行提出撤销银行结算账户的申请：

- 被撤并、解散、宣告破产或关闭的；
- 注销、被吊销营业执照的；
- 因迁址需要变更开户银行的；
- 其他原因需要撤销银行结算账户的。

② 银行结算账户撤销的手续办理。

第一，存款人主体资格终止后，银行结算账户撤销手续的办理。存款人发生被撤并、解散、宣告破产或关闭，或被注销、被吊销营业执照等主体资格终止的，应于5个工作日内向开户银行提出撤销银行结算账户的申请。存款人申请撤销基本存款账户的，存款人基本存款账户的开户银行应自撤销银行结算账户之日起2个工作日内将撤销该基本存款账户的情况书面通知该存款人其他银行结算账户的开户银行；存款人其他银行结算账户的开户银行，应自收到通知之日起2个工作日内通知存款人撤销有关银行结算账户；存款人应自收到通知之日起3个工作日内办理其他银行结算账户的撤销。

银行得知存款人主体资格终止情况的，存款人超过规定期限未主动办理撤销银行结算账户手续的，银行有权停止其银行结算账户的对外支付。

第二，在办理银行结算账户撤销手续过程中，应当注意以下事项：

- 未获得工商行政管理部门核准登记的单位，在验资期满后，应向银行申请撤销注册验资临时存款账户，其账户资金应退还给原汇款人账户；注册验资资金以现金方式存入，出资人需提取现金的，应出具缴存现金时的现金缴款单原件及其有效身份证件；
- 存款人尚未清偿其开户银行债务的，不得申请撤销该账户；
- 存款人撤销银行结算账户，必须与开户银行核对银行结算账户存款余额，交回各种重要空白票据及结算凭证和开户登记证，银行核对无误后方可办理销户手续；存款人未按规定交回各种重要空白票据及结算凭证的，应出具有关证明，造成损失的，由其自行承担；
- 银行撤销单位银行结算账户时应在其基本存款账户开户登记证上注明销户日期并签章，同时于撤销银行结算账户之日起2个工作日内，向中国人民银行报告；
- 银行对一年未发生收付活动且未欠开户银行债务的单位银行结算账户，应通知单位自发出通知之日起30日内办理销户手续，逾期视同自愿销户，未划转款项列入久悬未取专户管理。

（7）银行结算账户的管理。加强银行结算账户的管理是维护正常结算秩序的基础，也是加强信贷、结算监督和现金管理的重要措施之一。

银行结算账户的管理包括以下内容：

1）中国人民银行的管理。中国人民银行对银行结算账户的管理主要有以下内容：

① 负责监督、检查银行结算账户的开立和使用，对存款人、银行违反银行结算账户管理规定的行为予以处罚。

② 对银行结算账户的开立和使用实施监控和管理。

③ 负责基本存款账户、临时存款账户和预算单位专用存款账户开户登记证的管理。任何单位及个人不得伪造、变造及私自印制开户登记证。

2）银行的管理。这里的银行是指开户银行。银行对银行结算账户的管理主要包括以下内容：

① 负责所属营业机构银行结算账户开立和使用的管理，监督和检查其执行本办法的情况，纠正违规开立和使用银行结算账户的行为。

② 应明确专人负责银行结算账户的开立、使用和撤销的审查和管理，负责对存款人开户申请资料的审查，并按照银行账户管理的规定及时报送存款人开销户信息资料，建立健全开销户登记制度，建立银行结算账户管理档案，按会计档案进行管理。银行结算账户管理档案的保管期限为银行结算账户撤销后10年。

③ 应对已开立的单位银行结算账户实行年检制度，检查开立的银行结算账户的合规性，核实开户资料的真实性；对不符合账户管理规定开立的单位银行结算账户，应予以撤销。对经核实的各类银行结算账户的资料变动情况，应及时报告中国人民银行当地分支行。

④ 应对存款人使用银行结算账户的情况进行监督，对存款人的可疑支付应按照中国人民

银行规定的程序及时报告。

3）存款人的管理。存款人应加强对预留银行签章的管理。单位遗失预留公章或财务专用章的，应向开户银行出具书面申请、开户登记证、营业执照等相关证明文件；更换预留公章或财务专用章时，应向开户银行出具书面申请、原预留签章的式样等相关证明文件。个人遗失或更换预留个人印章或更换签字人时，应向开户银行出具经签名确认的书面申请，以及原预留印章或签字人的个人身份证件。银行应留存相应的复印件，并凭以办理预留银行签章的变更。

（8）违反银行账户结算管理制度的处罚。违反银行结算管理制度的处罚包括以下内容：

1）存款人违反账户管理制度的处罚。

① 存款人在开立、撤销银行结算账户过程中，有下列行为之一的，对于非经营性的存款人，给予警告并处以 1 000 元的罚款；对于经营性的存款人，给予警告并处以 1 万元以上 3 万元以下的罚款；构成犯罪的，移交司法机关依法追究刑事责任：

- 违反规定开立银行结算账户；
- 伪造、变造证明文件欺骗银行开立银行结算账户；
- 违反规定不及时撤销银行结算账户。

② 存款人在使用银行结算账户过程中，有下列行为之一的，对于非经营性的存款人，给予警告并处以 1 000 元的罚款；对于经营性的存款人，给予警告并处以 5 000 元以上 3 万元以下的罚款：

- 违反规定将单位款项转入个人银行结算账户；
- 违反规定支取现金；
- 利用开立银行结算账户逃废银行债务；
- 出租、出借银行结算账户；
- 从基本存款账户之外的银行结算账户转账存入、将销货收入存入或现金存入单位信用卡账户。

③ 存款人的法定代表人或主要负责人、存款人地址及其他开户资料的变更事项未在规定期限内通知银行的，给予警告并处以 1 000 元的罚款。

④ 存款人违反规定，伪造、变造、私自印制开户登记证的，属非经营性的处以 1 000 元罚款；属经营性的处以 1 万元以上 3 万元以下的罚款；构成犯罪的，移交司法机关依法追究刑事责任。

2）银行及其有关人员违反账户管理制度的处罚。

① 银行在银行结算账户的开立过程中，有下列行为之一的，给予警告，并处以 5 万元以上 30 万元以下的罚款；对该银行直接负责的高级管理人员、其他直接负责的主管人员、直接责任人员按规定给予纪律处分；情节严重的，中国人民银行有权停止对其开立基本存款账户的核准，责令该银行停业整顿或吊销经营金融业务许可证；构成犯罪的，移交司法机关依法追究刑事责任：

- 违反本办法规定为存款人多头开立银行结算账户；
- 明知或应知是单位资金，而允许以自然人名称开立账户存储。

② 银行在银行结算账户的使用中，有下列行为之一的，给予警告，并处以 5 000 元以上 3 万元以下的罚款；对该银行直接负责的高级管理人员、其他直接负责的主管人员、直接责任人员按规定给予纪律处分；情节严重的，中国人民银行有权停止对其开立基本存款账户的核准；构成犯罪的，移交司法机关依法追究刑事责任：

- 提供虚假开户申请资料欺骗中国人民银行许可开立基本存款账户、临时存款账户、预算单位专用存款账户；
- 开立或撤销单位银行结算账户，未按本办法规定在其基本存款账户开户登记证上予以登记、签章或通知相关开户银行；
- 违反规定办理个人银行结算账户转账结算；
- 为储蓄账户办理转账结算；
- 违反规定为存款人支付现金或办理现金存入；
- 超过期限或未向中国人民银行报送账户开立、变更、撤销等资料。

2．银行办理转账结算方式

目前，企业发生的货币资金收付业务可以采用表6-2所示的几种方式，通过银行办理转账结算。

表6-2　银行办理转账结算方式

银行办理转账结算方式	银行汇票	银行汇票是汇款人将款项交存当地出票银行，由出票银行签发的，由其在见票时，按照实际结算金额无条件支付给收款人或持票人的票据。银行汇票具有使用灵活、票随人到、兑现性强等特点，适用于先收款后发货或钱货两清的商品交易。单位和个人各种款项结算，均可使用银行汇票 银行汇票可以用于转账，填明“现金”字样的银行汇票也可以用于支取现金。银行汇票的付款期限为自出票日起 1 个月内。超过提示付款期限不获付款的，持票人须在票据权利时效内向出票银行做出说明，并提供本人身份证件或单位证明，持银行汇票和解讫通知向出票银行请求付款 企业支付购货款等款项时，应向出票银行填写“银行汇票申请书”，填明收款人名称、支付金额、申请人、申请日期等事项并签章，签章为其预留银行的印鉴。银行受理银行汇票申请书，收妥款项后签发银行汇票，并用压数机压印出票金额，然后将银行汇票和解讫通知一并交给汇款人 申请人取得银行汇票后，即可持银行汇票向填明的收款单位办理结算。银行汇票的收款人可以将银行汇票背书转让给他人。背书转让以不超过出票金额的实际结算金额为限，未填写实际结算金额或实际结算金额超过出票金额的银行汇票不得背书转让 收款企业在收到付款单位送来的银行汇票时，应在出票金额以内，根据实际需要的款项办理结算，并将实际结算金额和多余金额准确、清晰地填入银行汇票和解讫通知的有关栏内，银行汇票的实际结算金额低于出票金额的，其多余金额由出票银行退交申请人。收款企业还应填写进账单并在汇票背面“持票人向银行提示付款签章”处签章，签章应与预留银行的印鉴相同，然后，将银行汇票和解讫通知、进账单一并交开户银行办理结算，银行审核无误后，办理转账
	银行本票	银行本票是银行签发的，承诺自己在见票时无条件支付确定的金额给收款人或持票人的票据 银行本票由银行签发并保证兑付，而且见票即付，具有信誉高、支付功能强等特点。用银行本票购买材料物资，销货方可以见票付货，购货方可以凭票提货；债权债务双方可以凭票清偿；收款人将本票交存银行，银行即可为其入账。无论单位或个人，在同一票据交换区域支付各种款项，都可以使用银行本票

续表

银行办理转账结算方式	银行本票	银行本票分定额本票和不定额本票。定额本票面值分别为 1 000 元、5 000 元、10 000 元和 50 000 元。在票面划去转账字样的，为现金本票 银行本票的付款期限为自出票日起最长不超过 2 个月，在付款期内银行本票见票即付。超过提示付款期限不获付款的，在票据权利时效内向出票银行做出说明，并提供本人身份证或单位证明，可持银行本票向银行请求付款 企业支付购货款等款项时，应向银行提交“银行本票申请书”，填明收款人名称、申请人名称、支付金额、申请日期等事项并签章。申请人或收款人为单位的，银行不予签发现金银行本票。出票银行受理银行本票申请书后，收妥款项签发银行本票。不定额银行本票用压数机压印出票金额，出票银行在银行本票上签章后交给申请人 申请人取得银行本票后，即可向填明的收款单位办理结算。收款单位可以根据需要在票据交换区域内背书转让银行本票 收款企业在收到银行本票时，应该在提示付款时在本票背面“持票人向银行提示付款签章”处加盖预留银行印鉴，同时填写进账单，连同银行本票一并交开户银行转账
	商业汇票	商业汇票是出票人签发的，委托付款人在指定日期无条件支付确定的金额给收款人或者持票人的票据。在银行开立存款账户的法人以及其他组织之间须具有真实的交易关系或债权债务关系，才能使用商业汇票。商业汇票的付款期限由交易双方商定，但最长不得超过 6 个月。商业汇票的提示付款期限自汇票到期日起 10 日内 存款人领购商业汇票，必须填写“票据和结算凭证领用单”并加盖预留银行印鉴，存款账户结清时，必须将剩余的空白商业汇票全部交回银行注销 商业汇票可以由付款人签发并承兑，也可以由收款人签发交由付款人承兑。定日付款或出票后定期付款的商业汇票，持票人应当在汇票到期日前向付款人提示承兑；见票后定期付款的汇票，持票人应当自出票日起 1 个月内向付款人提示承兑。汇票未按规定期限提示承兑的，持票人丧失对其前手的追索权。付款人应当自收到提示承兑的汇票之日起 3 日内承兑或者拒绝承兑。付款人拒绝承兑的，必须出具拒绝承兑的证明 商业汇票可以背书转让。符合条件的商业承兑汇票人可持未到期的商业承兑汇票连同贴现凭证，向银行申请贴现。按承兑人不同，商业汇票分为商业承兑汇票和银行承兑汇票两种 1. 商业承兑汇票 商业承兑汇票是由银行以外的付款人承兑。商业承兑汇票按交易双方约定，由销货企业或购货企业签发，但由购货企业承兑。承兑时，购货企业应在汇票正面记载“承兑”字样和承兑日期并签章。承兑不得附有条件，否则视为拒绝承兑。汇票到期时，购货企业的开户银行凭票将票款划给销货企业或贴现银行。销货企业应在提示付款期限内可匡算邮程，提前通过开户银行委托收款。汇票到期时，如果购货企业的存款不足以支付票款，开户银行应将汇票退还销货企业，银行不负责付款，由购销双方自行处理 2. 银行承兑汇票 银行承兑汇票由银行承兑，由在承兑银行开立存款账户的存款人签发。承兑银行按票面金额向出票人收取万分之五的手续费 购货企业应于汇票到期前将票款足额交存其开户银行，以备由承兑银行在汇票到期日或到期日后的见票当日支付票款。销货企业应在汇票到期时将汇票连同进账单送交

续表

银行办理转账结算方式	商业汇票	开户银行一边转账收款。承兑银行凭汇票将承兑款项无条件转给销货企业，如果购货引起于汇票到期日未能足额交存票款时，承兑银行除凭票向持票人无条件付款外，对出票人尚未支付的汇票金额按照每天万分之五计收罚息 采用商业汇票结算方式，可以使企业之间的债权债务关系表现为外在的票据，使商业信用票据化，加强约束力，有利于维护和发展社会主义市场经济。对于购货企业来说，由于可以延期付款，可以在资金暂时不足的情况下及时购进材料物资，保证生产经营顺利进行。对于销货企业来说，可以疏通商品渠道，扩大销售，促进生产。汇票经过承兑，信用较高，可以按期收回货款，防止拖欠，在急需资金时，还可以向银行申请贴现，融通资金，比较灵活。销货企业应根据购货企业的资金和信用情况不同，选用商业承兑汇票或银行承兑汇票；购货企业应加强资金的计划管理，调度好货币资金，在汇票到期以前，将票款送存开户银行，保证按期承付
	支票	支票是单位或个人签发的，委托办理支票存款业务的银行在见票时无条件支付确定的金额给收款人或持票人的票据 支票结算方式是同城结算中应用比较广泛的一种结算方式。单位和个人在同一票据交换区域的各种款项结算，均可以使用支票。支票由银行统一印制，支票上印有“现金”字样的为现金支票。支票上印有“转账”字样的为转账支票，转账支票只能用于转账。未印有“现金”或“转账”字样的为普通支票，普通支票可以用于支取现金，也可以用于转账。在普通支票左上角划两条平行线的，为划线支票，划线支票只能用于转账，不得支取现金 支票的提示付款期限为自出票日起 10 日内，中国人民银行另有规定的除外。超过提示付款期限的，持票人开户银行不予受理，付款人不予付款。转账支票可以根据需要在票据交换区域内背书转让 存款人领购支票，必须填写“票据和结算凭证领用单”并加盖预留银行印鉴。存款账户结清时，必须将剩余的空白支票全部交回银行注销 企业财会部门在签发支票之前，出纳人员应该认真查明银行存款的账面结余数额，防止签发超过存款余额的空头支票。签发空头支票，银行除退票外，还按票面金额处以 5%但不低于 1 000 元的罚款。持票人有权要求出票人赔偿支票金额 2%的赔偿金。签发支票时，应使用蓝黑墨水或碳素墨水，将支票上的各要素填写齐全，并在支票上加盖其预留银行印鉴。出票人预留银行的印鉴是银行审核支票付款的依据。银行也可以与出票人约定使用支付密码，作为银行审核支付支票金额的条件
	信用卡	信用卡是指商业银行向个人和单位发行的，凭以向特约单位购物、消费和向银行存取现金，且具有消费信用的特制载体卡片 信用卡按使用对象分为单位卡和个人卡；按信誉等级分为金卡和普通卡。凡在中国境内金融机构开立基本存款账户的单位可申领单位卡。单位卡可申领若干张，持卡人资格由申领单位法定代表人或其委托的代理人书面指定和注销，持卡人不得出租或转借信用卡。单位卡账户的资金一律从其基本存款账户转账存入，在使用过程中，需要向其账户续存资金的，也一律从其基本存款账户转账存入，不得交存现金，不得将销货收入的款项存入其账户。单位卡一律不得用于 10 万元以上的商品交易、劳务供应款项的结算，不得支取现金

续表

银行办理转账结算方式	信用卡	信用卡在规定的限额和期限内允许善意透支。透支期限最长为60天。透支利息，自签单日或银行记账日起15日内按日息万分之五计算，超过15日按日息万分之十计算，超过30日或透支金额超过规定限额的，按日息万分之十五计算。透支计算不分段，按最后期限或者最高透支额的最高利率档次计息。超过规定限额或规定期限，并且经发卡银行催收无效的透支行为称为恶意透支，持卡人使用信用卡不得发生恶意透支。严禁将单位的款项存入个人卡账户中 单位或个人申领信用卡，应按规定填制申请表，连同有关资料一并送交发卡银行。符合条件并按银行要求交存一定金额的备用金后，银行为申领人开立信用卡存款账户，并发给信用卡
	汇兑	汇兑是汇款人委托银行将其款项支付给收款人的结算方式。单位和个人的各种款项的结算，均可使用汇兑结算方式 汇兑分为信汇、电汇两种。信汇是指汇款人委托银行通过邮寄方式将款项划转给收款人。电汇是指汇款人委托银行通过电报将款项划给收款人。这两种汇兑方式由汇款人根据需要选择使用。汇兑结算方式适用于异地之间的各种款项结算。这种结算方式划拨款项简便、灵活 企业采用这一结算方式，付款单位汇出款项时，应填写银行印发的汇款凭证，列明收款单位名称、汇款金额及汇款的用途等项目，送达开户银行，委托银行将款项汇往收汇银行。收汇银行将汇款收进单位存款户后，向收款单位发出收款通知
	委托收款	委托收款是收款人委托银行向付款人收取款项的结算方式。无论单位还是个人都可凭已承兑商业汇票、债券、存单等付款人债务证明办理款项收取同城或异地款项。委托收款还适用于收取电费、电话费等付款人众多、分散的公用事业费等有关款项 委托收款结算款项划回的方式分为邮寄和电报两种 企业委托开户银行收款时，应填写银行印制的委托收款凭证和有关的债务证明。在委托收款金额的大小写、款项内容、委托收款凭据名称及附寄单证张数等。企业的开户银行受理委托收款后，将委托收款凭证寄交付款单位开户银行，由付款单位开户银行审核，并通知付款单位 付款单位收到银行交给的委托收款凭证及债务证明，应签收并在3天之内审查债务证明是否真实，是否本单位的债务，确认之后通知银行付款 付款单位应在收到委托收款的通知次日起3日内，主动通知银行是否付款。如果不通知银行，银行视同企业同意付款并在第4日从单位账户中付出此笔委托收款款项 付款人在3日内审查有关债务证明后，认为债务证明或与此有关的事项符合拒绝付款的规定，应出具拒绝付款理由书和委托收款凭证第五联及持有的债务证明，向银行提出拒绝付款
	托收承付	托收承付是根据购销合同由收款人发货后委托银行向异地付款人收取款项，由付款人向银行承认付款的结算方式。使用托收承付结算方式的收款单位和付款单位，必须是国有企业、供销合作社及经营管理较好，并经开户银行审查同意的城乡集体所有制工业企业。办理托收承付结算的款项，必须是商品交易，以及因商品交易而产生的劳务供应的款项。代销、寄销、赊销商品的款项，不得办理托收承付结算 托收承付款项划回方式分为邮寄和电报两种，由收款人根据需要选择使用。收款单位办理托收承付，必须具有商品发出的证件或其他证明。托收承付结算每笔的金额起

续表

银行办理转账结算方式	托收承付	点为 10 000 元；新华书店系统每笔金额起点为 1 000 元 采用托收承付结算方式时，购销双方必须签有符合《中华人民共和国合同法》的购销合同，并在合同上写明使用托收承付结算方式。销货企业按照购销合同发货后，填写托收承付凭证，盖章后连同发运证件（包括铁路、航运、公路等运输部门签发运单、运单副本和邮局包裹回执）或其他符合托收承付结算的有关证明和交易单证送交开户银行办理托收手续 销货企业开户银行接受委托后，将托收结算凭证回联退给企业，作为企业进行账务处理的依据，并将其他结算凭证寄往购货单位开户银行，由购货单位开户银行通知购货单位承认付款 购货企业收到托收承付结算凭证和所附单据后，应立即审核是否符合订货合同的规定。按照《支付结算办法》的规定，承付货款分为验单付款与验货付款两种，应在双方签订合同时约定。验单付款是购货企业根据经济合同对银行转来的托收结算凭证、发票账单、托运单及代垫运杂费等单据进行审查无误后，即可承认付款。为了便于购货企业对凭证的审核和筹措资金，结算办法规定承付期为 3 日，从付款人开户银行发出承付通知的次日算起（承付期内遇法定休假日顺延）。购货企业在承付期内，未向银行表示拒绝付款，银行即视作承付，并在承付期满的次日（法定休假日顺延）上午银行开始营业时，将款项主动从付款人的账户内付出，按照销货企业指定的划款方式，划给销货企业。验货付款是购货企业待货物运达企业，对其进行检验与合同完全相符后才承认付款。为了满足购货企业组织验货的需要，结算办法规定承付期为 10 日，从运输部门向购货企业发出提货通知的次日算起。承付期内购货企业未表示拒绝付款的，银行视为同意承付，于 10 日期满的次日上午银行开始营业时，将款项划给收款人。为满足购货企业组织验货的需要，对收付双方在合同中明确规定，并在托收凭证上注明验货付款期限的，银行从其规定 对于下列情况，付款人可以在承付期内向银行提出全部或部分拒绝付款：① 没有签订购销合同或购销合同未写明托收承付结算方式的款项；② 未经双方事先达成协议，收款人提前交货或因逾期交货付款人不再需要该项货物的款项；③ 未按合同规定的到货地址发货的款项；④ 代销、寄销、赊销商品的款项；⑤ 验单付款，发现所列货物的品种、规格、数量、价格与合同规定不符，或货物已到，经查验货物与合同规定或发货清单不符的款项；⑥ 验货付款，经查验货物与合同规定或与发货清单不符的款项；⑦ 货款已经支付或计算错误的款项。不属于上述情况，购货企业不得提出拒付 购货企业提出拒绝付款时，必须填写“拒绝付款理由书”，注明拒绝付款理由，涉及合同的应引证合同上的有关条款。属于商品质量问题，需要提出质量问题的证明及其有关数量的记录；属于外贸部门进口商品，应当提出国家商品检验或运输等部门出具的证明，向开户银行办理拒付手续 银行同意部分或全部拒绝付款的，应在拒绝付款理由书上签注意见，并将拒绝付款理由书、拒付证明、拒付商品清单和有关单证邮寄收款人开户银行转交销货企业 付款人开户银行对付款人逾期支付的款项，根据逾期付款金额和逾期天数，按每天万分之五计算逾期付款赔偿金。逾期付款天数从承付期满日算起。银行审查拒绝付款期间不算作付款人逾期付款，但对无理的拒绝付款而增加银行审查时间的，从承付期

续表

银行办理转账结算方式	托收承付	满日起计算逾期付款赔偿金。赔偿金实行定期扣付，每月计算一次，于次月 3 日内单独划给收款人。赔偿金的扣付列为企业销货收入扣款顺序的首位。付款人科目余额不足支付时，应排列在工资之前，并对该科目采取“只收不付”的控制办法，直至足额扣付赔偿金后才准予办理其他款项的支付，由此产生的经济后果由付款人自负
	信用证	信用证结算方式是国际结算的一种主要方式。经中国人民银行批准经营结算业务的商业银行总行及经商业银行总行批准开办信用证结算业务的分支机构，也可以办理国内企业之间商品交易的信用证结算业务 采用信用证结算方式的：收款单位收到信用证后，即备货装运，签发有关发票账单，连同运输单据和信用证，送交银行，根据退还的信用证等有关凭证编制收款凭证；付款单位在接到开证行的通知时，根据付款的有关单据编制付款凭证

3．小型房地产企业银行存款业务的会计处理

（1）会计科目。小型房地产企业应设置“银行存款”科目，以核算小型房地产企业存入银行或其他金融机构的各种款项。本科目期末借方余额，反映小型房地产企业存在银行或其他金融机构的各种款项。

（2）明细核算。有外币银行存款的小型房地产企业，还应当分别按照人民币和外币进行明细核算。

（3）银行存款的主要账务处理。小型房地产企业增加银行存款，借记本科目，贷记“库存现金”、“应收账款”等科目；减少银行存款，做相反的会计分录。

（4）银行存款日记账。小型房地产企业应当按照开户银行和其他金融机构、存款种类等设置“银行存款日记账”，由出纳人员根据收付款凭证，按照业务的发生顺序逐笔登记。每日终了，应结出余额。

（5）与银行对账。“银行存款日记账”应定期与“银行对账单”核对，至少每月核对一次。小型房地产企业银行存款账面余额与银行对账单余额之间如有差额，应编制“银行存款余额调节表”调节相符。

（三）小型房地产企业其他货币资金

在小型房地产企业的经营资金中，有些货币资金的存款地点和用途与库存现金和银行存款不同，如外埠存款、银行汇票存款、银行本票存款、信用证保证金存款、信用卡存款等，在会计核算上统称为“其他货币资金”。

小型房地产企业其他货币资金业务的会计处理如表 6-3 所示。

表 6-3　其他货币资金业务的会计处理

小型房地产企业其他货币资金业务的会计处理	外埠存款	外埠存款是指小型房地产企业到外地进行临时或零星采购时，汇往采购地银行开立采购专户的款项。小型房地产企业汇出款项时，须填写汇款委托书，加盖“采购资金”字样。汇入银行对汇入的采购款项，以汇款单位名义开立采购账户。采购资金存款不计利息，除采购员差旅费可以支取少量现金外，一律转账。采购专户只付不收，付完结束账户 小型房地产企业将款项委托当地银行汇往采购地开立专户时，根据汇出款项凭证，编制付款凭证，进行账务处理，借记“其他货币资金——外埠存款”科目，贷记“银行存款”科目

续表

小型房地产企业其他货币资金业务的会计处理	外埠存款	外出采购人员报销用外埠存款支付材料的采购货款等款项时，小型房地产企业应根据供应单位发票账单等报销凭证，编制付款凭证，借记“在途物资”等科目，贷记“其他货币资金——外埠存款”科目 采购员完成采购任务，将多余的外埠存款转回当地银行时，应根据银行的收款通知，编制收款凭证
	银行汇票存款	银行汇票存款是指小型房地产企业为取得银行汇票，按照规定存入银行的款项。小型房地产企业向银行提交“银行汇票委托书”并将款项交存开户银行，取得汇票后，根据银行盖章的委托书存根联，编制付款凭证，借记“其他货币资金——银行汇票”科目，贷记“银行存款”科目 小型房地产企业使用银行汇票支付款项后，应根据发票账单及开户行转来的银行汇票有关副联等凭证，经核对无误后编制会计分录，借记“在途物资”等科目，贷记“其他货币资金——银行汇票”科目。银行汇票使用完毕，应转销“其他货币资金——银行汇票”账户。如实际采购支付后银行汇票有余额，多余部分应借记“银行存款”科目，贷记“其他货币资金——银行汇票”科目。汇票因超过付款期限或其他原因未曾使用而退还款项时，应借记“银行存款”科目，贷记“其他货币资金——银行汇票”科目
	银行本票存款	银行本票存款是指小型房地产企业为取得银行本票，按照规定存入银行的款项。小型房地产企业向银行提交“银行本票申请书”并将款项交存银行，取得银行本票时，应根据银行盖章退回的申请书存根联，编制付款凭证，借记“其他货币资金——银行本票”科目，贷记“银行存款”科目。小型房地产企业用银行本票支付购货款等款项后，应根据发票账单等有关凭证，借记“在途物资”等科目，贷记“其他货币资金——银行本票”科目。如小型房地产企业因本票超过付款期等原因未曾使用而要求银行退款时，应填制进账单一式二联，连同本票一并交给银行，然后根据银行收回本票时盖章退回的一联进账单，借记“银行存款”科目，贷记“其他货币资金——银行本票”科目
	信用证保证金存款	信用证存款是指采用信用证结算方式的小型房地产企业为开具信用证而存入银行信用证保证金专户的款项。小型房地产企业向银行申请开出信用证用于支付供货单位购货款项时，根据开户银行盖章退回的“信用证委托书”回单，借记“其他货币资金——信用证存款”科目，贷记“银行存款”科目。小型房地产企业收到供货单位信用证结算凭证及所附发票账单，经核对无误后进行会计处理，借记“在途物资”等科目，贷记“其他货币资金——信用证存款”科目。如果小型房地产企业收到未用完的信用证存款余款，应借记“银行存款”科目，贷记“其他货币资金——信用证存款”科目
	信用卡存款	信用卡存款是指小型房地产企业为取得信用卡而存入银行信用卡专户的款项。小型房地产企业申领信用卡，按照有关规定填制申请表，并按银行要求交存备用金，银行开立信用卡存款账户，发给信用卡。小型房地产企业根据银行盖章退回的交存备用金的进账单，借记“其他货币资金——信用卡存款”科目，贷记“银行存款”科目。小型房地产企业收到开户银行转来的信用卡存款的付款凭证及所附发票账单，经核对无误后进行会计处理，借记“管理费用”等科目，贷记“其他货币资金——信用卡存款”科目

相关会计科目及主要账务处理

1012 其他货币资金

一、本科目核算小型房地产企业的银行汇票存款、银行本票存款、信用卡存款、信用证保证金存款、外埠存款、备用金等其他货币资金。

二、本科目应按照银行汇票或本票、信用卡发放银行、信用证的收款单位，外埠存款的开户银行，分别对“银行汇票”、“银行本票”、“信用卡”、“信用证保证金”、“外埠存款”等进行明细核算。

三、小型房地产企业其他货币资金的主要账务处理。

小型房地产企业增加其他货币资金，借记本科目，贷记“银行存款”科目；减少其他货币资金，做相反的会计分录。

四、本科目期末借方余额，反映小型房地产企业持有的其他货币资金。

二、小型房地产企业短期投资的会计处理

小型房地产企业短期投资，是指企业购入的能随时变现且持有时间不准备超过 1 年（含 1 年，下同）的投资，如小型房地产企业以赚取差价为目的从二级市场购入的股票、债券、基金等。

初始投资成本的确定是投资的计量问题，即为取得一项投资发生了多少耗费。初始投资成本的确定是确定小型房地产企业为取得一项投资而发生的支出中有多少可以计入投资账户，确认为企业的一项资产，并在资产负债表资产方的相关投资项目中列示。按照历史成本核算原则，小型房地产企业取得的投资在取得时应以初始投资成本计价。初始投资成本是指为获得一项投资而付出的代价，包括买价和其他相关费用。

小型房地产企业应设置“短期投资”科目，以核算企业购入的能随时变现并且持有时间不准备超过 1 年（含 1 年，下同）的投资。“短期投资”科目期末借方余额，反映小型房地产企业持有的短期投资成本。

“短期投资”科目应按照股票、债券、基金等短期投资种类进行明细核算。

小型房地产企业短期投资应当按照以下规定进行会计处理。

（一）初始计量（取得时）

以支付现金取得的短期投资，小型房地产企业应当按照购买价款和相关税费作为成本进行计量。

实际支付价款中包含的已宣告但尚未发放的现金股利或已到付息期但尚未领取的债券利息，应当单独确认为应收股利或应收利息，不计入短期投资的成本。

主要账务处理：小型房地产企业购入各种股票、债券、基金等作为短期投资的，应当按照实际支付的购买价款和相关税费，借记“短期投资”科目，贷记“银行存款”科目。

小型房地产企业购入股票，如果实际支付的购买价款中包含已宣告但尚未发放的现金股利，应当按照实际支付的购买价款和相关税费扣除已宣告但尚未发放的现金股利后的金额，借记“短期投资”科目，按照应收的现金股利，借记“应收股利”科目，按照实际支付的购买价款和相关税费，贷记“银行存款”科目。

小型房地产企业购入债券，如果实际支付的购买价款中包含已到付息期但尚未领取的债券利息，应当按照实际支付的购买价款和相关税费扣除已到付息期但尚未领取的债券利息后的金

额，借记“短期投资”科目，按照应收的债券利息，借记“应收利息”科目，按照实际支付的购买价款和相关税费，贷记“银行存款”科目。

小知识

取得一项投资的同时取得一项债权的会计处理

小型房地产企业取得一项投资实际支付的价款包括两部分：一部分是为取得投资而支付的购买价格及税金、手续费等相关费用；另一部分是为取得投资而发生的债权支出，即实际支付的价款中包含的已宣告但尚未领取的现金股利或已到付息期但尚未领取的债券利息。

对于为取得投资而支付的购买价格及税金、手续费等相关费用，通常应计入初始投资成本，但对于取得一项投资的同时取得一项债权的处理，有两种观点。

1. 计入初始投资成本，待实际收到现金股利或利息时，再冲减初始投资成本

采用这种观点的理由是：

（1）核算简单。在取得投资时不需要单独计算已宣告但尚未领取的现金股利或已到付息期但尚未领取的债券的利息，这部分支出构成投资的初始投资成本。

（2）如果取得一项短期投资，短期投资本身意图是短期持有，在资产负债表上归为流动资产，而实际支付的价款中包含的已宣告但尚未领取的现金股利或已到付息期但尚未领取的债券的利息也归为流动资产，不会影响财务报表的真实与公允。

2. 不计入初始投资成本，单独作为应收项目核算，待实际收到现金股利或利息时，冲减应收项目

采用这种观点的理由是：

（1）实际支付的价款中包含的已宣告但尚未领取的现金股利或已到付息期但尚未领取的债券利息实际上是一笔债权，而不是投资，性质不同。

（2）如果初始投资成本中包含已宣告但尚未领取的现金股利或已到付息期但尚未领取的债券利息，混淆了初始投资成本与债权的界限，不符合初始投资成本的定义。

小企业会计准则采用了第二种观点。

（二）后续计量（持有期间）

在短期投资持有期间，被投资单位宣告分派的现金股利或在债务人应付利息日按照分期付息、一次还本债券投资的票面利率计算的利息收入，应当计入投资收益。

主要账务处理：在短期投资持有期间，被投资单位宣告分派的现金股利，借记“应收股利”科目，贷记“投资收益”科目。

在债务人应付利息日，按照分期付息、一次还本债券投资的票面利率计算的利息收入，借记“应收利息”科目，贷记“投资收益”科目。

小知识

短期投资的期末计价

投资的期末计价是指期末投资在资产负债表上反映的价值。按照历史成本核算原则，在资产负债表上投资一般应按其账面余额反映。

短期投资在持有期间内的期末计价方法有以下三种。

1. 成本

以成本计价是指按投资成本入账后直到出售变现前均不调整短期投资账面价值的方法。按成本计价在投资持有期间内，不确认由于对短期投资进行估价而产生的未实现损益，直到短期投资出售时才确认损益。以成本计价的理论依据为：

（1）虽然市价可以反映变现能力，但对于投资者而言，更关心的是投资成本和实际的投资收益，实际的投资收益是投资持有期间的利润或现金股利或利息收入及处置投资所获得的收入与投资成本的差额。

（2）当企业将某一债权性短期投资作为流动资产看待时，根据重要性原则，投资人不必摊销其溢价或折价。由于该项投资的可能持有时间一般不超过一年，债券折价或溢价的摊销对企业报告当期收益总额即经营成果没有重大影响。当市价波动幅度较小或短期投资占流动资产的比重不大时，短期投资期末采用成本计价方法是比较合理的。以成本计价可使会计期间内企业损益计量比较客观、公正，但在资产计价方面则有所欠缺。

2. 市价

按市价计价是指在每一会计期末编制财务报表时，短期投资账面价值按市价调整，并据此反映于资产负债表上的方法。以市价计价的理论依据为：

（1）市价代表公允价值，只有市价才是衡量企业实际可用资金的唯一尺度。特别是对于专业性投资公司，由于其投资在总资产中所占比重较大，所以采用市价计价所提供的财务信息更为有用。

（2）企业关心的不是投资项目的成本，而是对其进行处置时所能得到的现金。

（3）投资有别于存货，通常可以不费力地出售，以市价计价可以反映未来的现金流量，而存货在确认销售前通常不宜确认其销售利润。

（4）将出售的一项短期投资所得的现金存入银行，与按市价确认的短期投资的价值是相同的，因而应采用市价计价。

但是，按市价计价也存有缺陷：首先，证券市场的价格是起伏不定的，且变动频繁而无规则，报表编制日的市价在一定程度上能说明企业的真实财务状况和经营成果，但并不能真正说明企业短期投资实际拥有的变现能力；其次，采用市价计价同样会带来未实现损益的会计处理问题，而且会造成企业每期损益随着短期投资市价的变动而上下波动。以市价计价可使会计期间内企业资产计价较为客观、明确，但在损益计量方面则有所欠缺。

对未实现的损益，会计处理有两种方法：

（1）将未实现的收益不确认为当期收益，作为所有者权益中不可分配的重估价盈余，损失计入当期损益。

（2）将未实现的损益均计入当期损益，但会导致与损益确认的实现原则相悖，即收益在实现之前不予确认，而损失则于客观证据表明已发生时予以确认。

3. 成本与市价孰低

按成本与市价孰低计价是指短期投资的市价在购买日以后减少时，投资成本也应减少到一个较低的价值所采用的一种计价方法。采用成本与市价孰低计价的理论依据为：

（1）短期投资作为现金的后备来源，当市价低于成本时，表明投资者不能按投入的成本转换为现金，投资损失已经发生，应当在发生跌价的当期确认损失，而不应等到出售时再予入账。

（2）由于证券市场价格的频繁变动且不规则，短期投资采用成本与市价孰低计价虽然只承认市价下跌，而不承认市价上涨，似乎有矛盾，但可以使资产负债表与利润表产生稳健的结果，更符合谨慎原则。采用这种方法，在资产负债表中，短期投资以成本与市价较低者列示；在利润表中，市价低于成本的跌价部分的未实现损失列入当期损益。

成本与市价孰低计价的优点在于：

（1）符合谨慎原则。采用成本与市价孰低计价，当期市价低于成本的差额确认为损失，计入当期损益，与谨慎原则相符，在损益计量方面较为稳健。

（2）在期末资产负债表上，短期投资以扣除跌价准备后的账面价值反映，不会高估资产，可使资产计量较为客观、明确。

但成本与市价孰低计价也存在缺点，表现为：会计理论上的不一致，即对于市价低于成本的部分确认为损失，而对于市价高于成本的部分则不确认收益。这种处理方法在会计理论上存在着不一致性。

短期投资的期末计价方面，小企业会计准则采用的是第一种方法；原小企业会计制度采用的是第三种方法；企业会计准则采用的是第二种方法。

（三）期末计量（出售时）

投资的处置主要指短期投资的出售、转让等情形。

出售短期投资，出售价款扣除其账面余额、相关税费后的净额，应当计入投资收益。

主要账务处理：出售短期投资，应当按照实际收到的出售价款，借记“银行存款”或“库存现金”科目，按照该项短期投资的账面余额，贷记“短期投资”科目，按照尚未收到的现金股利或债券利息，贷记“应收股利”或“应收利息”科目，按照其差额，贷记或借记“投资收益”科目。

相关会计科目及主要账务处理

1101　短期投资

一、本科目核算小企业购入的能随时变现并且持有时间不准备超过 1 年（含 1 年，下同）的投资。

二、本科目应按照股票、债券、基金等短期投资种类进行明细核算

三、短期投资的主要账务处理。

（一）小企业购入各种股票、债券、基金等作为短期投资的，应当按照实际支付的购买价款和相关税费，借记本科目，贷记“银行存款”科目。

小企业购入股票，如果实际支付的购买价款中包含已宣告但尚未发放的现金股利，应当按照实际支付的购买价款和相关税费扣除已宣告但尚未发放的现金股利后的金额，借记本科目，按照应收的现金股利，借记“应收股利”科目，按照实际支付的购买价款和相关税费，贷记“银行存款”科目。

小企业购入债券，如果实际支付的购买价款中包含已到付息期但尚未领取的债券利息，应当按照实际支付的购买价款和相关税费扣除已到付息期但尚未领取的债券利息后的金额，借记本科目，按照应收的债券利息，借记“应收利息”科目，按照实际支付的购买价款和相关税费，贷记“银行存款”科目。

（二）在短期投资持有期间，被投资单位宣告分派的现金股利，借记“应收股利”科目，贷记“投资收益”科目。

在债务人应付利息日，按照分期付息、一次还本债券投资的票面利率计算的利息收入，借记“应收利息”科目，贷记“投资收益”科目。

（三）出售短期投资，应当按照实际收到的出售价款，借记“银行存款”或“库存现金”科目，按照该项短期投资的账面余额，贷记本科目，按照尚未收到的现金股利或债券利息，贷记“应收股利”或“应收利息”科目，按照其差额，贷记或借记“投资收益”科目。

四、本科目期末借方余额，反映小企业持有的短期投资成本。

三、小型房地产企业应收票据的会计处理

小型房地产企业应收票据是指小型房地产企业因销售开发产品等而收到的商业汇票。商业汇票是一种由出票人签发，委托付款人在指定日期无条件支付确定金额给收款人或持票人的票据。

商业汇票的付款期限，最长不得超过六个月。定日付款的汇票付款期限自出票日起计算，并在汇票上记载具体到期日；出票后定期付款的汇票付款期限自出票日起按月计算，并在汇票上记载；见票后定期付款的汇票付款期限自承兑或拒绝承兑日起按月计算，并在汇票上记载。商业汇票的提示付款期限，自汇票到期日起 10 日。符合条件的商业汇票的持票人，可以持未到期的商业汇票连同贴现凭证向银行申请贴现。

根据承兑人不同，商业汇票分为商业承兑汇票和银行承兑汇票。

商业承兑汇票是指由付款人签发并承兑，或由收款人签发交由付款人承兑的汇票。商业承兑汇票的付款人收到开户银行的付款通知，应在当日通知银行付款。付款人在接到通知日的次日起三日内（遇法定休假日顺延）未通知银行付款的，视同付款人承诺付款，银行将于付款人接到通知日的次日起第四日（遇法定休假日顺延）上午开始营业时，将票款划给持票人。付款人提前收到由其承兑的商业汇票，应通知银行于汇票到期日付款。银行在办理划款时，付款人存款账户不足支付的，银行应填制付款人未付票款通知书，连同商业承兑汇票邮寄持票人开户银行转交持票人。

银行承兑汇票是指由在承兑银行开立存款账户的存款人（这里也是出票人）签发，由承兑银行承兑的票据。小型房地产企业申请使用银行承兑汇票时，应向其承兑银行按票面金额的万分之五交纳手续费。银行承兑汇票的出票人应于汇票到期前将票款足额交存其开户银行，承兑银行应在汇票到期日或到期日后的见票当日支付票款。银行承兑汇票的出票人于汇票到期前未能足额交存票款时，承兑银行除凭票向持票人无条件付款外，对出票人尚未支付的汇票金额按照每天万分之五计收利息。

（一）小型房地产企业必知票据法律知识

票据有广义和狭义之分。广义上的票据包括各种有价证券和凭证，如股票、国库券、企业债券、发票、提单、仓单等；狭义上的票据则是指票据法上的票据。有关票据法上的票据，因各国立法不同，其理解亦不尽一致。例如，有的国家所称的“票据”仅包括汇票和本票，不包括支票，如德国、法国、瑞士等；有的国家则没有“票据”这样一个总的概念，而以《汇票法》的形式在规定汇票的同时，亦规定本票和支票，如英国；美国则将汇票、本票和支票，以及存款单统称为“商业证券”（Commercial Paper），等等。

在旧中国时期，票据法上的票据是指汇票、本票和支票。在新中国成立后，这一用法一直被学术界、立法及习惯所沿用。因此，1995 年 5 月 10 日第八届全国人大常务委员会通过的《票据法》第二条第二款规定：“本法所称的票据是指汇票、本票和支票。”鉴于此，我国票据法上的票据就是指出票人依法签发的，约定自己或委托付款人在检票时或指定的日期向收款人或持票人无条件支付一定金额并可转让的有价值政权。

1．我国票据法上的票据具有的特点

（1）票据是出票人依法签发的有价证券。依据不同的票据种类，法律规定了不同的形式，出票人必须依照法律规定的要求签发相关票据，否则不受法律的保护。

（2）票据以支付一定金额为目的。票据的签发和转让以支付票据上的金额为最终目的，等金额得到全部支付，票据上的权利义务即消灭。

（3）票据所表示的权利与票据不可分离。票据权利的发生，必须作成票据，票据权利的转让，必须支付票据，票据权利的行使，必须提示票据，权力与票据，融为一体。

（4）票据所记载的金额由出票人自行支付或委托他人支付。由出票人自行支付的是本票，由出票人委托他人支付的是汇票和支票。

（5）票据的持票人只要向付款人提示票据，付款人即应无条件地向持票人或收款人支付票据金额。票据是一种无因证券，持票人只要向票据债务人提示票据就可行使票据权利，而不问票据取得的原因是否有效或有瑕疵。

（6）票据是一种可转让的证券。根据国际上通行的做法，凡记名票据，必须经背书才能交付转让；凡无记名票据，则可直接交付转让。我国《票据法》规定的票据均为记名票据，故必须通过背书的方式进行转让。

2．票据法律关系

票据法律关系是指票据当事人之间在票据的签发和转让过程中发生的权利义务关系。

（1）票据关系和票据法上的非票据关系。票据法律关系可分为票据关系和票据法上的非票据关系。票据关系是指当事人之间基于票据行为而发生的债权债务关系，如出票人与受款人之间的关系、受款人与付款人之间的关系、背书人与被背书人之间的关系，等等。票据法上的非票据关系则是指《票据法》所规定的，不是基于票据行为直接发生的法律关系，如票据上的正当权利人对于因恶意而取得票据的人行使票据返还请求权而发生的关系、因手续欠缺而丧失票据上权利的持票人对于出票人或承兑人行使利益偿还请求权而发生的关系、票据付款人付款后请求持票人交还票据的关系等。总的来说，票据关系是票据当事人之间的基本法律关系，为了保障该基本法律关系中权利义务的实现，法律另外做出了相应规定，当事人之间依照这类规定而发生的权利义务关系，即为票据法上的非票据关系。

（2）票据关系和票据的基础关系。票据关系与票据的基础关系不同。票据关系的发生是基于票据的授受行为，那么当事人之间为何而授受票据，则是基于一定的原因或前提，这种授受票据的原因或前提关系即票据的基础关系，如基于购买货物或返还资金而授受票据，该购货关系和返还资金关系即票据的基础关系。在法理上，票据的基础关系往往都是民法上的法律关系。票据关系与票据的基础关系具有密切的联系。一般来说，票据关系的发生总是以票据的基础关系为原因和前提的，正因如此，《票据法》第十条第一款规定：“票据的签发、取得和转让，应当遵循诚实信用的原则，具有真实的交易关系和债权债务关系。”这里的交易关系和债权债务关系就是基础关系的范畴。但是，票据关系一经形成，就与基础关系相分离，基础关系是否存在，是否有效，对票据关系都不产生影响。这就是说，如果票据当事人违反《票据法》的上述规定而签发、取得和转让了没有真实的交易关系和债权债务关系的票据，该票据只要符合法定的形式要件，票据关系就是有效的，该票据关系的债务人就必须依票据上的记载事项对票据债权人承担票据责任，而不得以该票据没有真实的交易和债权债务关系为由进行抗辩。除非依《票据法》第十三条第二款之规定，持票人是不履行约定义务的与自己有直接债权债务关系的人，票据债务人才可进行抗辩。此外，票据关系因一定原因失效，亦不影响基础关系的效力。《票据法》第十八条明确规定：“持票人因超过票据权利时效或者因票据记载事项欠缺而丧失票据权利的，仍享有民事权利，可以请求出票人或者承兑人返还其与未支付的票据金额相当的利益。”因此，票据关系与票据的基础关系不容混淆。

（3）票据法律关系的构成要素。票据法律关系与其他民事法律关系一样，由主体（当事人）、内容和客体三大要素构成，以下分别对此做些分析。

1）票据法律关系的主体。票据法律关系的主体即票据法律关系的当事人。总的来讲，因票据而发生的法律关系是一种债权债务关系，因而该关系之当事人可概括为债权人和债务人。但是，票据法律关系是一种特殊的关系，其主体都有特定的名称，被冠以不同名称的当事人在票据法律关系中具有不同的地位和作用，因此，其当事人也就显得较为复杂。总而言之，该等当事人有出票人（亦称发票人）、持票人、承兑人、付款人、受款人、背书人、被背书人、保证人等。由于票据的种类不同，当事人的构成不尽相同，票据行为的性质不同，当事人的称谓亦有区别，在某些情况下，同一个当事人可以有两个名称，即具有双重身份，如汇票中的付款人在承兑汇票后又称为承兑人等。

2）票据法律关系的内容。票据法律关系的内容是指票据法律关系的主体依法所享有的权利和承担的义务。权利和义务是票据法律关系的实质所在。该等权利是指票据法律关系的当事人依照票据法或票据行为可以为一定行为或要求他人为一定行为。例如，依照《票据法》第五条和第九条的规定，票据当事人可以委托其代理人在票据上签章，票据的原记载人可以对票据上一些非主要记载事项进行更改；依据汇票出票人的出票行为，持票人可以要求承兑人或其他付款人按票据上所记载的金额付款等。该等义务系指票据法律关系的当事人依照票据法或票据行为必须进行或不进行一定的行为。例如，《票据法》第十三条规定，票据债务人不得以自己与出票人或者与持票人的前手之间的抗辩事由，对抗持票人。《票据法》第十四条规定，票据上的记载事项应当真实，不得伪造、变造；依照本票出票人的出票行为，出票人应该无条件地按票据上所记载的金额支付给收款人或持票人等。

3）票据法律关系的客体。票据法律关系的客体是指票据法律关系的权利和义务所共同指向的对象。该对象亦称为标的。这是权利义务的载体，否则权利义务即无所依归。鉴于票据法律关系是因支付或清偿一定的金钱而发生的法律关系，因而，其客体只能是一定数额的金钱，而不是某种物品。尽管签发票据的原因可能是买卖某种货物（物品），但因票据关系是一种独立的法律关系，与票据的基础关系不同，因而基础关系中的客体（物品）并不是票据关系中的客体，故物品也就不能成为票据法律关系的客体，也就不允许用其他物品来代替金钱进行支付或清偿。

3．票据行为

（1）票据行为的概念。票据行为是指票据关系的当事人之间以发生、变更或终止票据关系为目的而进行的法律行为。在理解这一概念时，应把握以下几个要点。

1）票据行为是在票据关系当事人之间进行的行为。该当事人包括：

① 出票人（亦称发票人）。这是指依法定方式作成票据并在票据上签名盖章，并将票据交付给收款人的人。

② 收款人（亦称抬头人）。这是指票据到期并经提示后收取票款的人。有时，收款人又是持票人。

③ 付款人。这是指根据出票人的命令支付票款的人。

④ 持票人。即持有票据的人。占有票据的收款人、被背书人或来人抬头票据的持有人都是票据的持票人。

⑤ 承兑人。即汇票的主债务人，这是指接受汇票之出票人的付款委托，同意承担支付票

款义务的人。

⑥ 背书人。这是指在转让票据时，在票据背面签字或盖章，并将该票据交付给受让人的票据收款人或持有人。

⑦ 被背书人。这是指被记名受让票据或接受票据转让的人。

⑧ 保证人。即为票据债务提供担保的人。

⑨ 其他当事人。

2）票据行为是以设立、变更或终止票据关系为目的的行为。这表明，票据行为是一种意思表示行为，即票据关系之当事人进行票据行为时都是有目的地设定、变更或终止某项票据权利或义务，并将该种意思表现于外。事实行为不具备意思表示的因素，因而不属于票据行为。

3）票据行为是一种合法行为。票据行为是一种民事法律行为。民事法律行为是一种合法行为，故票据行为也是一种合法行为。换言之，凡是行为主体不合格、意思表示不真实、行为内容违法等的违法行为就不是票据行为，不受法律的保护。

（2）票据行为成立的有效条件。票据行为是一种民事法律行为，故其必须符合民事法律行为成立的一般条件。票据行为的成立，必须符合以下基本条件。

1）行为人必须具有从事票据行为的能力。从事票据行为的能力亦称票据能力。票据能力可概括为权利能力和行为能力。所谓权利能力，是指行为人可以享有票据上的权利和承担票据上的义务的资格。所谓行为能力，则是指行为人可以通过自己的票据行为取得票据上的权利和承担票据上的义务的资格。

根据一般民法理论，法人的权利能力与行为能力是一致的，即如果法人不能享有票据上的权利和承担票据上的义务，那么也不能通过自己的行为取得该权利和承担该义务。至于法人是否具有从事某一票据行为的能力，则只能依法律的规定而定。从《票据法》及其他有关法律、法规的规定来看，法人的票据能力并无严格限制，法人可以依法从事各种票据行为。

公民的权利能力与行为能力往往不尽一致，即公民可以享有票据上的权利和承担票据上的义务，但不一定能通过自己的行为取得该权利和承担该义务。《票据法》第十六条规定："无行为能力人或者限制民事行为能力人在票据上签章的，其签章无效……"因此，在票据行为中，在票据上签章的自然人必须是具有完全民事行为能力的人，否则，该签章不具有任何效力，签章者并不因此而成为票据上的债务人，其他票据当事人也不得据此签章向无行为能力人或限制行为能力人主张任何票据债权。此外，法律、法规禁止公民从事某项票据行为的，公民即不具有从事该行为的能力。

2）行为人的意思表示必须真实或无缺陷。依照民法的一般原则，意思表示真实应是行为人的内心意思与外在表示一致，意思表示无缺陷即意思表示不存在法律上的障碍或欠缺。作为一种意思表示行为，票据行为必须意思表示真实且无缺陷。鉴于票据行为的特殊性，更注重的是票据行为的外在表示形式，即形式上的合法性。但是，我国《票据法》第十二条第一款规定："以欺诈、偷盗或者胁迫等手段取得票据的，或者明知有前列情形，出于恶意取得票据的，不得享有票据权利"。这一规定表明，尽管票据的形式符合法定条件，但从事票据行为的意思表示不真实或存在缺陷，票据持有人亦不得享有票据上的权利，该等行为无效。

① 因欺诈而取得票据的行为。这是指票据受让人故意告知签发人或转让人虚假情况，或者故意隐瞒真实情况，诱使签发人或转让人做出错误的出票行为或转让行为。由于签发人或转让人受蒙骗而不知真实情况，做出的出票或转让行为并不是其真实意思的反映，所以是无效的。

② 因偷盗而取得票据的行为。这是指行为人在票据权利人或票据保管人不知情的情况下窃取其票据而占为己有的行为。实际上，票据权利人并未做出任何转让票据的意思表示，当然

非法占有人取得票据的行为也就不能成为有效的行为，不受法律的保护。

③ 因胁迫而取得票据的行为。这是指行为人以给公民及其亲友的生命、健康、荣誉、名誉、财产等造成损害或以给法人、其他组织的荣誉、名誉、财产等造成损害为要挟，迫使对方做出违背真实意思表示而签发或转让票据的行为。签发票据的人或转让票据的人，因精神受到恐吓做出的行为不是其真实的意思表示，故而该行为是无效的。

④ 因恶意而取得票据的行为。这是指票据取得人明知票据转让者存在权利上的瑕疵，没有处分、转让票据的权利，仍受让其票据的行为。恶意是相对善意而言的。票据取得人明知票据转让者因欺诈、偷盗、胁迫而取得票据，还受让该票据，这表明行为人有主观上的恶性，意思表示有缺陷，故其行为不受法律的保护。换言之，如果票据取得人不知道或不可能知道票据转让者存在权利上的瑕疵，没有处分、转让票据的权利而受让其票据，根据民法理论中善意取得原则，只要票据形式合法，该票据取得人获得的票据即受法律保护。在实践中，受让人除明知转让人因欺诈、偷盗、胁迫而无权处分票据的情形之外，还可能会明知票据转让者无权转让票据的其他情形，如转让者转让拾得的票据、转让者转让因他人疏忽而不当取得的票据等，亦应推定为恶意取得，该取得票据的行为无效。

除上述情形之外，行为人之间恶意串通损害国家、集体或第三者利益的，其行为无效。这亦适用于票据行为。

3）票据行为的内容必须符合法律、法规的规定。票据行为是一种合法行为，故其内容必须符合法律、法规的规定。我国《票据法》第三条规定："票据活动应当遵守法律、行政法规，不得损害社会公共利益。"凡违背法律的规定而进行的行为，将不取得票据行为的法律效力。需要明确的是，这里所指的合法主要是指票据行为本身必须合法，即票据行为的进行程序、记载的内容等合法，至于票据的基础关系涉及的行为是否合法，则与此无关。例如，当事人发出票据是基于买卖关系，如果该买卖关系违反法律、法规而无效，则不影响票据行为的有效性。

4）票据行为必须符合法定形式。票据行为是一种要式行为，即须采用法律规定的形式，因此，票据行为必须符合法律、法规规定的形式。我国《票据法》对此内容做了详尽的规定，具体表现在以下几个方面。

① 关于签章。在票据上，签章是票据行为生效的一个重要条件。"签章"与"签名"不是同一个概念。国外票据法律普遍使用的是"签名"的概念，然而我国在传统和实践中习惯于使用盖章表现特定身份，特别是企事业单位及组织的盖章具有很强的法律效力。因此，我国《票据法》第七条第一款规定："票据上的签章，为签名、盖章或者签名加盖章。"这就是说，签章既包括签名，也包含盖章，这是我国票据法上一个特有的概念。具体来说，行为人在票据上签章，可以采用签名、盖章或签名加盖章的其中之一。

票据上的签章是票据行为表现形式中绝对应记载的事项，如无该项内容，票据行为即为无效。票据上的签章因票据行为的性质不同，签章人也不相同；票据签发时，由出票人签章；票据转让时，由背书人签章；票据承兑时，由承兑人签章；票据保证时，由保证人签章；票据代理时，由代理人签章；持票人行使票据权利时，由持票人签章，等等。

《票据法》第七条第二款规定："法人和其他使用票据的单位在票据上的签章，为该法人或者该单位的盖章加其法定代表人或者其授权的代理人的签章。"根据该规定，法人和其他单位的签章必须同时采用两种方式，即该法人或该单位的盖章和该法人或该单位的法定代表人或其授权的代理人的签章。这是法律规定的特定要求，否则，票据行为就不产生效力。《高法审理票据纠纷案司法解释》第四十一条和中国人民银行发布的《支付结算办法》第二十三条，就票据的签章要求做了详尽的规定。

- 银行汇票的出票人在票据上的签章和银行承兑汇票的承兑人的签章，应为经中国人民银行批准使用的该银行汇票专用章加其法定代表人或其授权的代理人的签名或者盖章；
- 商业汇票的出票人在票据上的签章，为该法人或者该单位的财务专用章或者公章加其法定代表人、单位负责人或其授权的代理人的签名或者盖章；
- 银行本票的出票人在票据上的签章，应为经中国人民银行批准使用的该银行本票专用章加其法定代表人或其授权的代理人的签名或者盖章；
- 单位在票据上的签章，应为该单位的财务专用章或者公章加其法定代表人或其授权的代理人的签名或者盖章；
- 个人在票据上的签章，应为该个人的签名或者盖章；
- 支票的出票人和商业承兑汇票的承兑人在票据上的签章，应为其预留银行的签章。

但是，银行汇票、银行本票的出票人及银行承兑汇票的承兑人在票据上未加盖规定的专用章而加盖该银行的公章，支票的出票人在票据上未加盖与该单位在银行预留签章一致的财务专用章而加盖该出票人公章的，签章人应当承担票据责任。

关于票据的签名，《票据法》第七条第三款规定："在票据上的签名，应当为该当事人的本名。"这一规定主要是针对公民而言的。鉴于公民使用姓名的情况较为复杂，如有的人除本名外，还有乳名、学名；还有的人有一个或多个笔名，甚至有的人取了外文名等，故票据法强调公民在票据上签名时只能使用本名。《票据管理实施办法》第十六条规定，该本名是指符合法律、行政法规及国家有关规定的身份证件上的姓名。

出票人在票据上的签章不符合规定的，票据无效；承兑人、保证人在票据上的签章不符合规定的，或者无民事行为能力人、限制民事行为能力人在票据上签章的，其签章无效，但不影响其他符合规定签章的效力；背书人在票据上的签章不符合规定的，其签章无效，但不影响其前手符合规定签章的效力。

② 关于票据记载事项。票据记载相关事项是票据行为的一项重要内容。票据记载事项一般分为绝对记载事项、相对记载事项、非法定记载事项等。绝对记载事项是指票据法明文规定必须记载的，如无记载，票据即为无效的事项；相对记载事项是指某些应该记载而未记载，适用法律的有关规定而不使票据失效的事项；非法定记载事项是指票据法规定由当事人任意记载的事项。

票据上可以记载《票据法》及该办法规定事项以外的其他出票事项，但该记载事项不具有票据上的效力，银行不负审查责任。由于票据种类的不同，记载的事项亦不一样，故这里只说明各类票据必须绝对记载的内容：

- 票据种类的记载，即汇票、本票、支票的记载。
- 票据金额的记载。我国《票据法》第八条规定："票据金额以中文大写和数码同时记载，二者必须一致，二者不一致的，票据无效。"这一规定与国外票据立法不尽相同。国外普遍的做法是：票据金额同时以文字和数码记载，两者有差异时，以文字记载的金额为准。我国票据法则要求票据金额必须以中文大写和数码同时记载，二者必须一致，否则票据即为无效。
- 票据收款人的记载。收款人是票据到期收取票款的人，并且是票据的主债权人，因此，票据必须记载这一内容，否则票据即为无效。
- 年月日的记载。这一般是指发票年月日的记载。年月日是判定票据权利义务的发生、变更和终止的重要标准，因此票据必须将此作为必须记载的事项，否则票据即为无效。

正是基于票据金额、日期、收款人名称等内容在票据上的重要性，所以我国《票据法》第九条第二款规定："票据金额、日期、收款人名称不得更改，更改的票据无效。"因此，有关人员在进行票据行为时，必须严格审查这三项内容是否有过更改。如果确属记载错误或需要重新记载，只能由出票人重新签发票据。在前述情形下，付款人或代理人对此类票据付款的，应当承担责任。

票据行为只有同时具备以上四个条件，才能发生法律效力，达到行为人预期的目的，否则票据行为即为无效。

（3）票据行为的代理。

1）代理概述。票据行为是一种民事法律行为，故民法中的代理亦适用于票据行为。

我国《票据法》对票据行为的代理做了相应规定。该法第五条第一款规定："票据当事人可以委托其代理人在票据上签章，并应当在票据上表明其代理关系。"

根据这一规定，票据行为的代理必须具备以下条件：

① 票据当事人必须有委托代理的意思表示。根据票据代理的特殊性，该种授权委托一般以书面形式，即授权委托书的方式为宜。

② 代理人必须按被代理人的委托在票据上签章。代理人在行使代理权时，必须在票据上以自己的名字或名称作签章。如果代理人未在票据上以自己的名字或名称签章，则不产生票据代理的效力。

③ 代理人应在票据上表明代理关系，即注明"代理"字样或类似的文句。凡是符合上述条件的，该票据行为的代理即对被代理人发生法律效力，其后果由被代理人承担。

2）无权代理。票据上的无权代理主要表现为行为人没有被代理人的授权而以代理人名义在票据上签章。我国《票据法》第五条第二款规定，没有代理权而以代理人名义在票据上签章的，应当由签章人承担票据责任。

所谓票据责任，是指票据债务人向持票人支付票据金额的义务。如果没有代理权以代理人名义在票据上签章，签章人应承担向持票人支付票据金额的义务。但是，签章人承担这一责任，必须存在三个条件：

① 必须是无权代理人在票据上以自己的名义签章。不论该票据记载的被代理人是何人，只要无权代理人在票据上以自己名义签章，就应对此行为承担责任。

② 必须是行为人没有代理权。如果行为人不能证明自己具有代理权，即使票据上记载为被代理人代理并以自己的名义签章，也应承担责任。

③ 必须是该行为能产生票据上的效力。如果无权代理人的行为不能产生票据上的效力，那么其不承担无权代理的责任，如无权代理人系无民事行为能力人等。

3）越权代理。在民法理论上，越权代理的越权部分，亦属无权代理，但其与上述的无权代理不同的是：后者从一开始就没有代理权，而前者则有代理权，只是行为人超越了被代理人的授权范围而进行代理行为。在票据行为代理中，越权代理实则表现为增加了被代理人的票据义务。代理人超越代理权限的，应当就其超越权限的部分承担票据责任。

4. 票据权利与抗辩

（1）票据权利。票据权利是指持票人向票据债务人请求支付票据金额的权利。根据我国《票据法》第四条第四款的规定，票据权利包括付款请求权和追索权。

票据权利是票据关系中票据债权人享有的权利，是一种证券权利，产生于票据债务人的票据行为，因此在学理上，该权利也叫票据上的权利。这与票据法上的权利不是同一概念。票据法上的权利是根据票据法的规定所产生的权利，从广义上讲，票据权利也属票据法上的权利范畴，但一般认为，票据法上的权利在性质上属于非票据关系。例如，《票据法》第五条规定的票据当事人可以委托其代理人在票据上签章的委托权，第九条规定票据的原记载人可以更改票据上一些非主要记载事项等，该等权利就是票据法上的权利，而非票据权利。

1）票据权利的内容。票据权利是以获得一定金钱为目的的债权。债权是一种请求权，即为请求他人为一定行为或不为一定行为的权利。作为一种金钱债权，票据权利表现为请求支付一定数额货币的权利。如前所述，我国《票据法》规定票据权利为付款请求权和追索权。这表明票据权利的内容与一般的金钱债权不同。一般的金钱债权是一种简单的一次性的请求权，而票据权利则体现为二次请求权。第一次请求权是付款请求权，是票据上的主要权利；第二次请求权为追索权，是指第一次请求权（付款请求权）得不到满足时，向付款人以外的票据债务人要求清偿票据金额及有关费用的权利，故该权利又称偿还请求权。由于追索权是一种附条件的权利，即有赖于第一次请求权不能实现才得以行使的权利，故又叫从票据权利。正因如此，《高法审理票据纠纷案司法解释》第四条规定："持票人不先行使付款请求权而先行使追索权遭拒绝提起诉讼的，人民法院不予受理。除有《票据法》第六十一条第二款和本规定第三条所列情形外，持票人只能在首先向付款人行使付款请求权而得不到付款时，才可以行使追索权。"

2）票据权利的取得。票据权利的取得，亦称票据权利的发生。票据权利是以持有票据为依据的，因此，行为人合法取得票据，即取得了票据权利。根据一般情形，当事人取得票据主要有以下几种情况：一是从出票人处取得。出票是创设票据权利的票据行为，从出票人处取得票据，即取得票据权利。二是从持有票据的人处受让票据。票据通过背书或交付等方式可以转让给他人，以此取得票据即获得票据权利。三是以税收、继承、赠予、企业合并等方式获得票据。

根据我国《票据法》的有关规定，行为人合法取得票据，依法取得票据权利，必须注意以下几个问题：

① 票据的取得，必须给付对价。对价是一个特定的法律概念，是指当事人一方在获得某种利益时，必须给付对方相应的代价。《票据法》第十条第二款规定："票据的取得，必须给付对价，即应当给付票据双方当事人认可的相对应的代价。"这里所指的"相对应的代价"就是指相当或相等的代价。如：出票人签发一张金额为 5 万元的汇票，收款人提供 5 万元的商品，该商品即相对应的代价。该等对价是否相当或相等，一般以票据双方当事人签订的合同或达成的协议为准。如果一方当事人提供不符合双方认可的对价，不仅构成民法中的违约责任，而且在票据法中也被认为是无对价，只有在事后追认同意的，才构成对价。

票据的取得是无对价或无相当对价的，根据票据法的一般原理，如果票据取得人取得票据没有恶意，即不存在欺诈、偷盗、胁迫等，那么其自然享有票据权利，但该票据权利不得优于其前手。所谓"前手"，是指在票据签章人或者持票人之前签章的其他票据债务人。这就是说，凡是无对价或无相当对价取得票据的，如果属于善意取得，仍然享有票据权利，但票据持有人必须承受其前手的权利瑕疵。如果前手的权利因违法或有瑕疵而受影响或丧失，那么该持票人的权利也会因此受影响或丧失。

② 因税收、继承、赠予可以依法无偿取得票据的，不受给付对价之限制。这是一种例外的情况。由于法律允许一些无偿法律行为存在，故也承认一方当事人给付他方当事人某种利益时，他方当事人只接受该种利益而无须支付任何报酬。所以《票据法》第十一条第一款规定："因税收、继承、赠予可以依法无偿取得票据的，不受给付对价的限制。但是，所享有的票据权利不得优于其前手的权利。"这一规定一方面强调了在法律认可的无偿关系情况下，可以取得票据并不受给付对价之限制，另一方面又对无偿取得票据者的票据权利做了相应的限制。这

一限制表现在两个方面：一是由此取得的票据权利范围不得超过其前手的权利范围；二是如果前手的权利有瑕疵，票据取得人取得的权利亦受此影响。

③ 因欺诈、偷盗、胁迫、恶意或重大过失而取得票据的，不得享有票据权利。前述有关部分对欺诈、偷盗、胁迫和恶意取得票据的情形已作过说明，这里不再赘述。该等行为取得的票据，即使票据的要式齐全、票据的背书连续，也不得享有票据权利，由此而触犯其他法律、法规的，还要依法追究其相应的法律责任。

持票人因重大过失取得不符合本法规定的票据的，也不得享有票据权利。民法理论上的重大过失，是指行为人因疏忽或过于自信不仅没有遵守法律对他较高的注意之要求，甚至连人们一般应当注意并能够注意的要求都未达到，以致造成某种损害后果。此处的持票人因重大过失取得票据是指票据受让人虽不是明知，但如果凭一般业务交往和日常生活之基本经验和习惯稍加注意就可知道票据转让人转让的票据不符合票据法规定的票据。在此情况下，票据取得人不得享有票据权利。但是，应该注意的是，如果持票人因重大过失取得符合票据法规定的有效票据，是否享有票据权利，《票据法》没有规定。如果持票人因重大过失而没有注意到票据转让人对票据没有处分权，尽管该票据是有效票据，亦应视为不得享有票据权利。

3）票据权利的消灭。票据权利的消灭是指因发生一定的法律事实而使票据权利不复存在。票据权利消灭之后，票据上的债权、债务关系也随之消灭。在一般情况下，票据权利可因履行、免除、抵销等事由的发生而消灭。这里主要说明票据权利因时效而消灭的情形。

我国民法确定的时效主要是指消灭时效，这是指权利人在法律规定的时效期间内不行使权利，即引起权利丧失的一种制度。我国《票据法》第十七条规定，票据权利因在一定期限内不行使而消灭的情形有四种。

① 持票人对票据的出票人和承兑人的权利，自票据到期日起 2 年。见票即付的汇票、本票，自出票日起 2 年，这是有关付款请求权的时效规定。依此规定，持票人对票据的出票人和承兑人、本票的发票人享有的付款请求权，自票据到期日起 2 年内不行使，见票即付的汇票、本票的付款请求权，自出票日起 2 年内不行使，其权利归于消灭。

② 持票人对支票出票人的权利，自出票日起 6 个月。这也是有关付款请求权的时效规定。依此规定，持票人对支票的出票人的付款请求权，自出票日起 6 个月内不行使，其权利归于消灭。

③ 持票人对前手的追索权，在被拒绝承兑或者被拒绝付款之日起 6 个月。这是有关追索权的时效规定。持票人的付款请求权被拒绝之后，自被拒绝承兑或者被拒绝付款之日起 6 个月不行使追索权的，该项权利归于消灭。

④ 持票人对前手的再追索权，自清偿日或者被提起诉讼之日起 3 个月。这也是有关追索权的时效规定。再追索权是指受到追索而偿还了票款的人因取得票据上的权利而向其前手再追索的追索权。票据的被追索人清还了票款之后，即取得持票人的同一权利，故有权向其前手行使追索权。我国《票据法》规定，被追索人清偿了票款之后，自清偿日或者被提起诉讼之日起 3 个月内，应向其前手行使再追索权，否则即丧失该权利。

前述四种情形中，第一种和第二种所指的权利，包括付款请求权和追索权；第三种和第四种所指的追索权，不包括对票据出票人的追索权。

上述时效的规定都适用民法上有关时效中断和中止的有关规定。但是，上述票据权利时效发生中断的，只对发生时效中断事由的当事人有效。

4）票据权利的行使与保全。票据权利的行使是指票据权利人向票据债务人提示票据，请求实现票据权利的行为，如请求承兑、提示票据请求定期付款、行使追索权等。票据权利的保全是指票据权利人防止票据权利丧失的行为，如为防止付款请求权与追索权因时效而丧失，采取中断时效的行为；为防止追索权丧失而请求作成拒绝证明的行为等。

票据权利人为了防止票据权利的丧失，在人民法院审理、执行票据纠纷案件时，可以请求人民法院依法对票据采取保全措施或执行措施。经当事人申请并提供担保，对具有下列情形之一的票据，可以依法采取保全措施和执行措施：

- 不履行约定义务，与票据债务人有直接债权债务关系的票据当事人所持有的票据；
- 持票人恶意取得的票据；
- 应付对价而未付对价的持票人持有的票据；
- 记载有“不得转让”字样而用于贴现的票据；
- 记载有“不得转让”字样而用于质押的票据；
- 法律或司法解释规定有其他情形的票据。

无论票据权利的行使还是保全，都涉及一个在何地进行的问题。根据民法的一般原理，在债的履行中，除特定物的给付外，凡债务的清偿，除非当事人之间有特别约定，应当在债权人的住所进行。但是，票据是一种流通证券，转让较为频繁，因而票据债务人往往很难确定票据到期时的债权人，到债权人处履行债务亦较为困难。为此，《票据法》第十六条规定：“持票人对票据债务人行使票据权利，或者保全票据权利，应当在票据当事人的营业场所和营业时间内进行，票据当事人无营业场所的，应当在其住所进行。”此处所指的票据当事人是指对票据债务承担义务的承兑人、付款人、保证人、出票人或前手背书人等。此处所指的住所，依照《民法通则》第三十九条的规定：“法人以他的主要办事机构所在地为住所”，以及该法第十五条规定：“公民以他的户籍所在地的居住地为住所，经常居住地与住所不一致的，经常居住地视为住所”。

5）票据权利的补救。票据权利与票据是紧密相连的。如果票据一旦丧失，票据权利的实现就会受到影响。为此，我国《票据法》第十五条规定了票据丧失后的补救措施。该补救措施主要有三种形式，即挂失止付、公示催告、普通诉讼。无论采取哪种补救措施，都必须符合以下几个条件。

① 必须有丧失票据的事实。所谓丧失票据（票据丧失），是指票据因灭失、遗失、被盗等原因而使票据权利人脱离其对票据的占有。在此情况下，票据的物质客体可能已经消灭，或者虽然还存在但失票人不知其在何处。

② 失票人必须是真正的票据权利人。

③ 丧失的票据必须是未获付款的有效票据。如果是已经付款的票据，或者属于必要记载事项不全的票据，或手续欠缺及时效届满其权利已消灭的票据等，均不得采取该等补救措施。

以下分别对三种补救措施做一下说明。

① 挂失止付。这是指失票人将丧失票据的情况通知付款人并由接受通知的付款人暂停支付的一种方法。我国《票据法》第十五条第一款规定：“票据丧失，失票人可以及时通知票据的付款人挂失止付，但是，未记载付款人或者无法确定付款人及其代理付款人的票据除外。”根据这一规定，挂失止付的票据应当是不属于未记载付款人的票据或者无法确定付款人及其代理付款人的票据。未记载付款人的汇票、本票、支票属于无效票据，故不能挂失止付；无法确定付款人的代理付款人（一般指银行）的银行汇票、银行承兑汇票、银行本票是由代理付款人在见票时直接支付票款，且代理付款人的名称都未在票据上记载，经背书转让后，更难确定代理付款人，故挂失止付通知无法送达，当然也不能挂失止付。

失票人在通知票据的付款人或者代理付款人挂失止付时，应当填写挂失止付通知书并签章。挂失止付通知书应当记载下列事项：

- 票据丧失的时间和事由；
- 票据种类、号码、金额、出票日期、付款日期、付款人名称、收款人名称；
- 挂失止付人的名称、营业场所或者住所及联系方法。

《票据法》第十五条第二款规定："收到挂失止付通知的付款人，应当暂停支付。"依此规定，对通知止付的票据，付款人应承担停止付款的义务，否则，则应承担民事赔偿责任。

挂失止付并不是票据丧失后票据权利补救的必经程序，而仅仅是失票人在丧失票据后可以采取的一种暂时的预防措施，以防止票据被冒领或骗取。因此，失票人既可在票据丧失后先采取挂失止付，再紧接着申请公示催告或提起诉讼；也可以不采取挂失止付，直接向人民法院申请公示催告，由法院在受理后发出停止支付通知，或向法院直接起诉。但是，票据丧失后，票据极易被冒领、骗取，而且法院在受理公示催告或起诉时有一个过程，故失票人应在票据丧失后通知付款人挂失止付为宜。付款人或者代理付款人自收到挂失止付通知书之日起 12 日内没有收到人民法院的止付通知书的，自第 13 日起，挂失止付通知书失效。但是，如果付款人或者代理付款人在收到挂失止付通知书前，已经依法向持票人付款的，不再接受挂失止付。

② 公示催告。这是指在票据丧失后，由失票人向人民法院提出申请，请求人民法院以公告方法通知不确定的利害关系人限期申报权利，逾期未申报者，则权利失效，而由人民法院通过除权判决宣告所丧失的票据无效的一种制度或程序。我国《民事诉讼法》第十八章规定了公示催告程序，该法第一百九十三条规定："按照规定可以背书转让的票据持有人，因票据被盗、遗失或者灭失，可以向票据支付地的基层人民法院申请公示催告。"我国《票据法》第十五条第三款规定："失票人应当在通知挂失止付后 3 日内，也可以在票据丧失后，依法向人民法院申请公示催告……"

票据丧失后的公示催告程序如下：

首先，失票人向票据支付地的基层人民法院提出公示催告的申请。

票据支付地是指票据的履行地，银行汇票以出票人所在地为支付地；商业汇票以承兑人或付款人所在地为支付地；银行本票以出票人所在地为支付地；支票以出票人开户银行所在地为支付地。票据的代理付款银行是受付款人的委托向持票人支付票款，因此，代理付款银行所在地不能确定为票据支付地。失票人向人民法院递交公示催告申请书时，应当写明票面金额、出票人、持票人、背书人等主要内容和申请的理由及事实等。如果是已通知挂失止付的，那么应当在通知挂失止付后 3 日内向人民法院提出公示催告的申请。

其次，人民法院决定受理申请后，应当同时向付款人及代理付款人发出止付通知，并自立案之日起 3 日内发出公告。

止付通知是由人民法院向付款人发出的停止付款的通知，如果付款人拒不止付，由此给失票人造成损失的，应承担相应的责任。付款人接到停止付款通知后，应当停止支付，直至公示催告程序终结。公告是由人民法院在受理公示催告申请后，以公开文字形式向社会发出的旨在敦促利害关系人限期申报权利的一种告示。该公告应当在全国性的报刊上登载。人民法院应在受理申请后 3 日内发出公告，公示催告的期间不得少于 60 日，涉外票据可根据情况适当延长，但最长不得超过 90 日。

再次，人民法院收到利害关系人的申报后，应当裁定终结公示催告程序。

人民法院在收到利害关系人提出的票据权利主张后，应通知公示催告申请人在指定的期间查看票据。如果公示催告的票据与利害关系人出示的票据不一致的，那么法院应裁定予以驳回利害关系人的申报。

最后，公示催告期间届满及在判决做出前，没有利害关系人申报权利的，公示催告申请人应当自申报权利期间届满的次日起一个月内申请法院做出判决。法院判决丧失票据无效，判决应当公告，并通知付款人。判决生效后，公示催告申请人有权依据判决向付款人请求付款或向其他票据债务人行使追索权。至此，票据丧失后的权利补救措施完成。

③ 普通诉讼。这是指丧失票据的失票人向人民法院提起民事诉讼，要求法院判定付款人向其支付票据金额的活动。《票据法》第十五条第三款规定："失票人应当在通知挂失止付后 3 日内，也可以在票据丧失后，……向人民法院提起诉讼。"失票人向人民法院提起诉讼以补救票据权利的，应注意以下几点：

- 票据丧失后的诉讼被告一般是付款人，但在找不到付款人或付款人不能付款时，也可将其他票据债务人（出票人、背书人、保证人等）作为被告；
- 诉讼请求的内容是要求付款人或其他票据债务人在票据的到期日或判决生效后支付或清偿票据金额；
- 失票人在向法院起诉时，应提供所丧失的票据的有关书面证明；
- 失票人向法院起诉时，应当提供担保，以防由于付款人支付已丧失的票据票款后可能出现的损失，担保的数额相当于票据载明的金额；
- 在判决前，丧失的票据出现时，付款人应以该票据正处于诉讼阶段为由暂不付款，而将情况迅速通知失票人和人民法院。法院应终结诉讼程序。失票人与提示人对票据债权人没有争议的，应由真正的票据债权人持有票据并向付款人行使票据权利；如失票人与提示人对票据债权人有争议的，任何一方均可向法院起诉，由法院确认。在判决生效后，丧失的票据出现时，付款人不为付款，应将情况通知失票人。如果失票人与提示人对票据权利没有争议的，由真正的票据权利人向付款人行使票据权利；如有争议，任何一方可向法院起诉，请求确认权利人。

（2）票据抗辩。票据抗辩是指票据的债务人依照《票据法》的规定，对票据债权人拒绝履行义务的行为。票据抗辩是票据债务人的一种权利，是债务人保护自己的一种手段。法律之所以规定债务人可以在一定情况下具有拒绝履行义务的权利，主要是因为票据是一种可流通证券，让与极为频繁，在每个转让环节都有可能使票据出现缺陷，赋予债务人的票据抗辩权则可依法保护其合法利益。

1）票据抗辩的种类。票据债务人行使抗辩权的情形较为复杂，前述有关内容已提及一些。从总的来看，票据抗辩权的行使必须严格依照票据法的规定进行，否则，不得行使抗辩权。根据抗辩原因不同及抗辩效力的不同，票据抗辩可分为两种。

① 对物抗辩。这是指基于票据本身的内容而发生的事由所进行的抗辩。这一抗辩可以对任何持票人提出。其主要包括以下情形：

- 票据行为不成立而为的抗辩。如票据应记载的内容有欠缺；票据债务人无行为能力；无权代理或超越代理权进行票据行为；票据上有禁止记载的事项（如付款附有条件，记载到期日不合法）；背书不连续；持票人的票据权利有瑕疵（如因欺诈、偷盗、胁迫、恶意、重大过失取得票据）等；
- 依票据记载不能提出请求而为的抗辩，如票据未到期、付款地不符等；
- 票据载明的权利已消灭或已失效而为的抗辩，如票据债权因付款、抵销、提存、免除、除权判决、时效届满而消灭等；
- 票据权利的保全手续欠缺而为的抗辩，如应作成拒绝证书而未作等；
- 票据上有伪造、变造情形而为的抗辩。

② 对人抗辩。这是指票据债务人对抗特定债权人的抗辩。这一抗辩多与票据的基础关系有关。例如，甲签发一张票据给乙而购买商品，甲就可以乙未交货，不具有对价为由向乙主张抗辩。为此，《票据法》第十三条第二款亦规定："票据债务人可以对不履行约定义务的与自己有直接债权债务关系的持票人，进行抗辩。"在理解这一规定时，应注意的是：票据债务人只能对基础关系中的直接相对人不履行约定义务的行为进行抗辩，该基础关系必须是该票据赖以产生的民事法律关系，而不是其他的民事法律关系；如果该票据已被不履行约定义务的持票人转让给第三人，而该第三人属善意、已对价取得票据的持票人，那么票据债务人不能对其进行抗辩。

2）票据抗辩的限制。票据抗辩是有限制的，这是各国立法普遍采用的做法。我国《票据法》第十三条第一款亦规定："票据债务人不得以自己与出票人或者与持票人的前手之间的抗辩事由，对抗持票人。但是，持票人明知存在抗辩事由而取得票据的除外。"这便是对票据抗辩限制的规定。根据这一规定，我国票据法中对票据抗辩的限制主要表现在以下方面。

① 票据债务人不得以自己与出票人之间的抗辩事由对抗持票人。这就是说，如果票据债务人（如承兑人、付款人）与出票人之间存在抗辩事由（如出票人与票据债务人存在合同纠纷；出票人存入票据债务人的资金不够等），那么该票据债务人不得以此抗辩事由对抗善意持票人。

② 票据债务人不得以自己与持票人的前手之间的抗辩事由对抗持票人。例如，票据债务人与持票人的前手（如背书人、保证人等）存在抵销关系，而持票人的前手将票据转让给了持票人，票据债务人就不能以其与持票人的前手存在抗辩事由而拒绝向持票人付款。

上述对票据抗辩的限制，实际是把票据债务人与出票人之间存在的抗辩及票据债务人与其前债权人（持票人的前手）之间存在的抗辩限制在他们之间，而不允许将这些抗辩扩大到其他人。这主要在于保证票据作为一种流通和支付工具的正常使用和流通，不致使票据权利人缺乏安全感而无端造成善意持票人的经济损失。但是，如果持票人明知票据债务人与出票人之间存在抗辩以及票据债务人与其前债权人之间存在抗辩，这表明持票人具有主观恶意，票据债务人可以对其主张抗辩，拒绝付款。在此情况下，票据债务人应对持票人的恶意行为承担举证责任。

③ 凡是善意的、已付对价的正当持票人可以向票据上的一切债务人请求付款，不受前手权利瑕疵和前手相互间抗辩的影响。例如，持票人不知道其前手取得票据存在欺诈、偷盗、胁迫、重大过失等情形，并已为取得票据支付了相应的代价，那么票据债务人不能以持票人的前手存在权利瑕疵而对抗持票人。

④ 持票人取得的票据是无对价或不相当对价的，由于其享有的权利不能优于其前手的权利，故票据债务人可以对抗持票人前手的抗辩事由对抗该持票人。代理付款人在人民法院公示催告公告发布以前按照规定程序善意付款后，承兑人或者付款人以已经公示催告为由拒付代理付款人已经垫付的款项的，人民法院不予支持。

（3）票据的伪造和变造。伪造和变造的票据直接影响票据权利，因此，我国《票据法》第十四条对票据的伪造和变造的责任和效力作了规定。

1）票据的伪造。票据的伪造是指假冒他人名义或虚构人的名义而进行的票据行为。一般认为，票据上的伪造包括票据的伪造和票据上签章的伪造两种。前者是指假冒他人或以虚构人的名义进行出票行为，如在空白票据上伪造出票人的签章或者盗盖出票人的印章而进行出票；后者则是指假冒他人名义而进行出票行为之外的其他票据行为，如伪造背书签章、承兑签章、保证签章等。票据的伪造与票据的无权代理不同的是，票据伪造的伪造人必须是假冒他人名义签章，而票据的无权代理则是在票据上表明了代理关系，将被代理人的姓名或名称记载在票据上并由代理人签章，二者不能等同。

票据的伪造行为是一种扰乱社会经济秩序、损害他人利益的行为，在法律上不具有任何票据行为的效力。由于其从一开始就是无效的，所以持票人即使是善意取得，对被伪造人也不能行使票据权利。对伪造人而言，由于票据上没有以自己名义所作的签章，因此也不应承担票据责任。但是，如果伪造人的行为给他人造成损害的，那么必须承担民事责任，构成犯罪的，还应承担刑事责任。

票据上有伪造签章的，不影响票据上其他真实签章的效力。这就是说，在票据上真正签章的人，仍应对被伪造的票据的债权人承担票据责任，票据债权人按票据法的规定提示承兑、提示付款或行使追索权时，在票据上的真正签章人不能以伪造为由进行抗辩。

2）票据的变造。票据的变造是指无权更改票据内容的人，对票据上签章以外的记载事项加以变更的行为。例如，变更票据上的到期日、付款日、付款地、金额等。构成票据的变造，须符合以下条件：一是变造的票据是合法成立的有效票据；二是变造的内容是票据上所记载的除签章以外的事项；三是变造人无权变更票据的内容。

有些行为与票据的变造相似，但不属于票据的变造：

① 有变更权限的人依法对票据进行的变更，这属于有效变更，不属于票据的变造。

② 在空白票据上经授权进行补记的，由于该空白票据欠缺有效成立的条件，此等补记只是使票据符合有效票据的条件，不属于票据的变造；

③ 变更票据上的签章的，属于票据的伪造，而不属于票据的变造。

票据的变造，应依照签章是在变造之前或之后来承担责任。如果当事人签章在变造之前，那么应按原记载的内容负责；如果当事人签章在变造之后，那么应按变造后的记载内容负责；如果无法辨别是在票据被变造之前或之后签章的，就视同在变造之前签章。例如，甲签发一张本票交受款人乙，金额为 2 万元，乙背书转让给丙，丙取得本票后将金额改为 5 万元然后转让给丁，丁又背书转让给戊。因甲乙签章在变造之前，故应就 2 万元负责；丙为变造人，应对其所变造的文义负责，即对 5 万元负责；丁签章在变造之后，应对 5 万元负责。如果戊向甲请求付款，甲只负责付给 2 万元。戊已付给丁 5 万元，其所受损失 3 万元应向丁和丙请求赔偿。但是，在实践中，变造人可能签章，也可能不签章，无论是否签章，都应就行为承担法律责任。

尽管被变造的票据仍为有效，但是，票据的变造是一种违法行为，故变造人的变造行为给他人造成经济损失的，应对此承担赔偿责任，构成犯罪的，应承担刑事责任。

5．汇票

（1）汇票概述。汇票是出票人签发的、委托付款人在见票时或者在指定日期无条件支付确定的金额给收款人或者持票人的票据。

1）汇票有三个基本当事人，即出票人、付款人和收款人。由于这三个当事人在汇票发行时既已存在，故属基本当事人，缺一不可。但随着汇票的背书转让，汇票上设立保证等，被背书人、保证人等也成为汇票上的当事人。

2）汇票是由出票人委托他人支付的票据，是一种委托证券，而非自付证券。

3）汇票是在指定到期日付款的票据。指定到期日是指见票即付、定日付款、出票后定期付款、见票后定期付款四种形式。

4）汇票是付款人无条件支付票据金额给持票人的票据，此处的持票人包括收款人、被背书人或受让人。

（2）汇票的分类。

1）以付款期限长短为标准，汇票可分为即期汇票和远期汇票。即期汇票是指见票即行付款的汇票，包括见票即付的汇票、到期日与出票日相同的汇票及未记载到期日的汇票（以提示日为到期日）。远期汇票是指约定一定的到期日付款的汇票，包括定期付款汇票、出票日后定期付款汇票（也叫计期汇票）和见票后定期付款汇票。

2）以记载受款人的方式不同为标准，汇票可分为记名式汇票和无记名式汇票。

3）以签发和支付地点不同，汇票可分为国内汇票和国际汇票。前者指在一国境内签发和付款的汇票，后者指汇票的签发和付款一方在国外，或都在国外的汇票。

4）以银行对付款的要求不同，汇票可分为跟单汇票和原票。前者指使用汇票时需附加各种单据（如提货单、运货单、保险单等），后者是指只需提出汇票本身即可付款，无须附加任何单据的汇票。

5）我国《票据法》将汇票分为银行汇票和商业汇票，前者是指银行签发的汇票，后者则是银行之外的企事业单位、机关、团体等签发的汇票。

在实践中，银行汇票一般由汇款人将款项交存当地银行，由银行签发给汇款人持往异地办理转账结算或支取现金。单位、个体经济户和个人需要使用各种款项，均可使用银行汇票。

银行汇票的当事人包括：

- 出票人，指“签发行”。根据我国现行做法，只有参加“全国联行往来”的银行才能签发汇票，即充当出票人；
- 受款人，指收款人，收款人可以是“汇款人”，也可以是其他人；
- 付款人。银行汇票的出票银行为银行汇票的付款人。“汇款人”不是汇票上的当事人，而是与出票人有原因关系的人。“汇款人”可以是单位、个体经济户和个人。汇款人与签发行的关系是委托关系。银行汇票的提示付款期限自出票日起 1 个月。

商业汇票是指收款人或付款人（或承兑申请人）签发，由承兑人承兑，并于到期日向收款人或被背书人支付款项的票据。商业汇票按承兑人的不同，分为商业承兑汇票和银行承兑汇票，前者指由收款人签发，经付款人承兑，或由付款人签发并承兑的票据，后者指由收款人或承兑申请人签发、并由承兑申请人向开户银行申请，经银行审查同意承兑的票据。商业汇票的收款人、付款人或承兑申请人一般指供货和购货单位。

在商业承兑汇票中，汇票上的当事人包括：

- 出票人是交易中的收款人，即卖方，或者交易中的付款人，即买方；
- 承兑人，出票人如是卖方，承兑人为买方，出票人如是买方，本人为承兑人；
- 付款人，是买方的开户银行；
- 受款人，是交易中的收款人，即卖方；

根据有关规定，商业汇票的付款期限，最长不得超过 6 个月；商业汇票的提示付款期限，自汇票到期日起 10 日。

（3）出票。出票亦称发票。《票据法》第二十条规定：“出票是指出票人签发票据并将其交付给收款人的票据行为。”依此规定，出票实际包括两个行为：一是出票人依照票据法的规定作成票据，即在原始票据上记载法定事项并签章；二是交付票据，即将作成的票据交付给他人占有。这两者相辅相成，缺一不可。

汇票的出票人在为出票行为时，必须与付款人具有真实的委托付款关系，并且具有支付汇票金额的可靠资金来源；汇票的出票人不得签发无对价的汇票用以骗取银行或者其他票据当事人的资金。由于汇票是出票人委托付款人向持票人支付票据金额的一种委付证券，故出票人与付款人之间必须存在真实的支付委托关系，即出票人与付款人之间必须存在事实上的资金关系或者其他的债权债务关系。与此同时，出票人在出票时，必须确保在汇票不承兑或不获付款时，具有足够的清偿能力。《票据法》强调汇票的签发，必须给付对价，即出票人不得与其他当事人相互串通，利用签发没有对价的承兑汇票，通过转让、贴现来骗取银行或其他票据当事人的资金。由于票据是一种无因证券，所以即使出票人签发没有对价的汇票，出票人等债务人仍应按照汇票上记载的事项承担票据责任。

1）汇票的格式。汇票是一种要式证券，出票行为是一种要式行为，故汇票的作成必须符合法定的格式。汇票的格式就是作成汇票后表现于汇票之上的内容。该内容可分为绝对应记载事项、相对应记载事项和非法定记载事项。

① 汇票的绝对应记载事项。汇票的绝对应记载事项是指票据法规定必须在票据上记载的事项，若欠缺记载，票据便为无效。汇票的绝对应记载事项包括七个方面的内容，如果汇票上未记载这些事项之一的，汇票无效。

一是表明“汇票”的字样。这是指在票据上必须记载足以表明该票据是汇票的文字。如果没有该等文字，“汇票”则为无效。根据我国现行汇票的用法，汇票可有“银行汇票”、“银行承兑汇票”、“商业承兑汇票”等称谓，因此，只要有表明“汇票”字样的，即可。

二是无条件支付的委托。这是汇票的支付文句，即须表明出票人委托付款人支付汇票金额是不附带任何条件的。换言之，如果汇票附有条件（如收货后付款），则汇票无效。那么，汇票上未记载“无条件支付的委托”是否就导致汇票无效呢？从我国目前使用的汇票来看，主要有银行汇票、商业承兑汇票、银行承兑汇票三种。这三种汇票都未记载支付文句。从银行汇票来看，出票人同时又是付款人，出票人实际上是约定自己支付汇票金额，而不存在出票人对他人的支付委托，也就没有必要记载支付委托。从商业承兑汇票来看，以付款人为出票人的，出票人与付款人为同一个，也不存在支付委托问题；以收款人为出票人的，则存在出票人对付款人的支付委托。从银行承兑汇票来看，则存在支付委托的问题。我们认为，尽管实务中上述三种汇票的付款都是无条件付款，但《票据法》生效之后，应严格依此规定记载该等支付文句，否则，汇票即为无效。

三是确定的金额。这是指汇票上记载的金额必须是固定的数额。如果汇票上记载的金额是不确定的，如 10 万元以下、5 万元以上等，汇票将无效。在实践中，银行汇票记载的金额有汇票金额和实际结算金额。汇票金额是指出票时汇票上应该记载的确定金额；实际结算金额是指不超过汇票金额，而另外记载的具体结算的金额。汇票上记载有实际结算金额的，以实际结算金额为汇票金额。如果银行汇票记载汇票金额而未记载实际结算金额，并不影响该汇票的效力，而以汇票金额为实际结算金额。实际结算金额只能小于或等于汇票金额，如果实际结算金额大于汇票金额的，实际结算金额无效，以汇票金额为付款金额。收款人受理申请人交付的银行汇票时，应在出票金额以内，根据实际需要的款项办理结算，并将实际结算金额和多余金额准确、清晰地填入银行汇票内解讫通知的有关栏内。未填明实际结算金额和多余金额或实际结算金额超过出票金额的，银行不予受理。

四是付款人名称。付款人是指出票人在汇票上的委托支付汇票金额的人。付款人是汇票的主债务人，如果汇票上未记载付款人的名称，收款人或者持票人将不知道向谁提示承兑或提示付款。因此，汇票上未记载付款人，汇票便为无效。

五是收款人名称。收款人是指出票人在汇票上记载的受领汇票金额的最初票据权利人。在英美法国家，法律允许签发无记名式汇票，没有将收款人名称规定为应记载事项，而我国《票据法》则不允许签发无记名汇票，故汇票上应将收款人名称作为应记载的绝对之事宜，这有利于汇票的转让和流通，减少纠纷。

六是出票日期。这是指出票人在汇票上记载的签发汇票的月期。出票日期在法律上具有重要的作用，即可以确定出票后定期付款汇票的付款日期、确定见票即付汇票的付款提示期限、确定见票后定期付款汇票的承兑提示期限、确定利息起算日、确定某些票据权利的时效期限、确定保证成立之日期、判定出票人于出票时的行为能力状态及代理人的代理权限状态等。因此，如果汇票上不记载出票日期，将不利于保护持票人的票据权利。故其应为绝对应记载事项。

七是出票人签章。这是指出票人在票据上亲自书写自己的姓名或盖章。这一问题在前述有关内容已作说明。如果汇票出票人不在汇票上签章，汇票即为无效。

② 汇票的相对应记载事项。这也是汇票上必须应记载的内容，但相对应记载事项未在汇票上记载，并不影响汇票本身的效力，汇票仍然有效。该等未记载的事项可以通过法律的直接规定来补充确定。《票据法》第二十三条规定了这一内容，以下分别加以阐释。

一是付款日期。这是指支付汇票金额的日期。汇票除见票即付外，其金额一般是在签发汇票后一段时间才支付。因此，汇票应记载一个付款日期作为票据权利人行使票据权利的依据。但是，如果汇票上未记载付款日期的，并不必然导致票据的无效，此为见票即付。

关于付款日期，《票据法》第二十五条规定了四种形式，即见票即付、定日付款、出票后定期付款、见票后定期付款。付款日期为汇票到期日。出票人签发汇票时，只能在这四种法定形式中选定，而不能选用法定形式以外的其他任何形式。见票即付是指汇票的付款人一经持票人为付款提示，即应该予以付款的一种付款日期形式。汇票上未记载具体付款时间，表明了“见票即付”字样或依法推定为见票即付的，持票人提示汇票的提示日就是付款日期，即属汇票到期。但是，为了防止持票人久久不提示票据，损害债务人的利益，《票据法》第五十三条规定，见票即付汇票的法定付款提示期限为出票日起 1 个月。持票人未在此期限内为付款提示的，即丧失对其一切前手的追索权。定日付款是指汇票上记载特定年、月、日为支付款日期的一种形式。由于该形式的付款日期最为明确，故实践中使用较多。出票后定期付款是指汇票上记载的从出票日起经过一定期间方能付款的一种付款日期形式。这是从出票日作为起算日，直到汇票上记载的一定期间（如 2 个月）的末日为到期日。见票后定期付款是指出票人在汇票上记载的于付款人承兑日起经过一定期间方能付款的一种付款日期形式，如见票后 3 个月付款或承兑后 6 个月付款等。这里的起算日即见票日。

二是付款地。这是指汇票金额的支付地点。此一内容应在票据上加以明确记载，以便收款人或持票人知道在何地提示付款。但是，如果汇票上未记载付款地的，也不必然导致票据无效，而是依据法律的规定确定付款地。在此情况下，付款地为付款人的营业场所、住所或者经常居住地。付款人的营业场所为其从事生产经营活动的固定场所，付款人没有经营场所的，以其住所为付款地，住所与经常居住地不一致的，则以其经常居住地为付款地。根据我国有关法律解释，经常居住地一般是指公民最后连续居住满 1 年以上的日常生活居住地。

三是出票地。这是指出票人签发票据的地点，此一内容亦应在票据上加以明确记载。如果汇票上未记载出票地的，《票据法》第二十三条第四款规定，出票人的营业场所、住所或者经常居住地为出票地。

③ 汇票的非法定记载事项。这是指法律规定以外的记载事项。汇票上可以记载本法规定事项以外的其他出票事项，但该记载事项不具有汇票上的效力。法律规定以外的事项主要是指与汇票的基础关系有关的事项，如签发票据的原因或用途、该票据项下交易的合同号码等。因此，尽管这些事项有利于当事人清算方便，但是与票据关系本身关系不大，故其不具有票据上的效力。

2）出票的效力。出票是以创设票据权利为目的的票据行为。所以，出票人依照《票据法》的规定完成出票行为之后，即产生票据上的效力。这一效力表现为创设票据权利和引起票据债务的发生，这种权利义务因汇票当事人的地位不同而不同。

① 对收款人的效力。收款人取得出票人发出的汇票后，即取得票据权利，一方面，就票据金额享有付款请求权；另一方面，在该请求权不能满足时，即享有追索权。

② 对付款人的效力。出票行为是单方行为，付款人并不因此而有付款义务，只有付款之权限。但基于出票人的付款委托使其具有承兑人的地位，在其对汇票进行承兑后，即成为汇票上的主债务人。

③ 对出票人的效力。出票人委托他人付款，一旦该行为成立，就必须保证该付款能得以实现。如果付款人不予付款，出票人就应该承担票据责任。因此，《票据法》第一百二十六条规定："出票人签发汇票后，即承担保证该汇票承兑和付款的责任。出票人在汇票得不到承兑或者付款时，应当向持票人清偿本法第七十条、第七十一条规定的金额和费用。"这一规定表明，收款人在向付款人行使票据权利而得不到满足时，出票人必须就此承担票据责任，从法律上讲，该责任是一种担保责任，即担保汇票的承兑和付款。担保汇票的承兑是指汇票到期日前不获承兑时，收款人或持票人可以请求出票人偿还票据金额、利息和有关费用。担保汇票的付款是指汇票到期时，付款人虽已承兑但拒绝付款的，出票人必须承担清偿责任。

④ 背书。

1）汇票转让与背书。汇票的转让是指汇票的持票人以背书或仅凭交付的方式将票据权利让与他人的一种票据行为。票据权利与票据是不可分的，因而票据的转让也就是票据权利的转让。一般而言，票据转让主要有背书交付和单纯交付两种。单纯交付是指持票人未在票据上作任何转让事项的记载而直接将票据交与他人的一种法律行为；背书交付是指持票人以转让票据权利为目的，按法定的事项和方式记载于票据上的一种票据行为。但是，我国《票据法》第二十七条第三款规定，"持票人行使第一款规定的权利时，应当背书并交付汇票"，而该条第二款规定，"持票人可以将汇票权利转让给他人或者将一定的汇票权利授予他人行使"。这表明，我国《票据法》规定的汇票转让只能采用背书的方式，而不能仅凭单纯交付方式，否则就不产生票据转让的效力。

出票人在汇票上记载"不得转让"字样，汇票不得转让。对于记载"不得转让"字样的票据，其后手以此票据进行贴现、质押的，通过贴现、质押取得票据的持票人主张票据权利的，人民法院不予支持。这是有关出票人的禁止背书的规定。尽管此处标明的是"不得转让"，但在实践中只要表明了禁止背书的含义，如"禁止背书"、"禁止转让"等字样，亦是有效的。依此规定，如果收款人或持票人将出票人作禁止背书的汇票转让的，该转让不发生票据法上的效力，出票人和承兑人对受让人不承担票据责任。

2）背书的形式。背书是一种要式行为，故其必须符合法定的形式，即其必须作成背书并交付，才能有效成立。从背书的记载事项而言，其应与出票一样，符合有关出票时应记载的事项内容。现就有关汇票记载的事项作一说明。

① 关于背书签章和背书日期的记载。《票据法》第二十九条规定："背书由背书人签章并记载背书日期。背书未记载日期的，视为在汇票到期日前背书。"背书人背书时，必须在票据上签章，背书才能成立，否则，背书行为无效。背书人签章是确定背书的债务人地位及其担保责任的依据，故此属绝对应记载事项。

背书日期是相对应记载事项，因为，背书未记载日期的，视为在汇票到期日前背书。这表明背书未记载背书日期，并不因之无效，而是以法律的补充规定来确定背书日期。票据法确定"汇票到期日前"作为未记载背书日期的日期，这主要是为了保护善意持票人的权利不因背书未记载日期而无效。

② 关于被背书人名称的记载。我国《票据法》第三十条规定："汇票以背书转让或者以背

书将一定的汇票权利授予他人行使时，必须记载被背书人名称。”这一规定表明，我国票据法不承认不记名背书。如果背书人不作成记名背书，即不记载被背书人名称，汇票转让将不能成立，背书行为无效。因此，被背书人名称是背书应记载之绝对事项。但是，背书人未记载被背书人名称即将票据交付他人的，持票人在票据被背书人栏内记载自己的名称与背书人记载具有同等法律效力。

③ 关于禁止背书的记载。背书人的禁止背书是背书行为的一项任意记载事项，如果背书人不愿意对其后手以后的当事人承担票据责任，即可在背书时记载禁止背书。《票据法》第三十四条规定：“背书人在汇票上记载‘不得转让’字样，其后手再背书转让的，原背书人对后手的被背书人不承担保证责任。”这是指背书人之后手将记载有禁止背书的汇票转让，原背书人对依此取得汇票的一切当事人，包括以后的被背书人、背书人、最后持票人等，将不承担票据责任，而只对直接的被背书人承担责任。

④ 关于背书时粘单的使用。《票据法》第二十八条规定：“票据凭证不能满足背书人记载事项的需要，可以加附粘单，粘附于票据凭证上。粘单上的第一记载人，应当在汇票和粘单的粘接处签章。”由于票据转让次数较多，票据背面没有记载的余地，背书人可以使用粘单，即因票据不能满足背书记载事项的需要而粘附于票据上的纸张，将背书的事项记载于粘单上。为了保证粘单的有效性和真实性，第一位使用粘单的背书人必须将粘单粘接在票据上，并且在粘接处签章，否则该粘单记载的内容即为无效。

⑤ 关于背书不得记载的内容。我国《票据法》第三十三条规定，背书不得记载的内容有两项：一是附有条件的背书；二是部分背书。附有条件的背书是指背书人在背书时，记载一定的条件，以限制或者影响背书效力。背书时附有条件的，所附条件不具有汇票上的效力。这与一般民事法律行为可以附条件是不同的。这里所指的“所附条件不具有汇票上的效力”并不影响背书行为本身的效力，被背书人仍可依该背书取得票据权利。部分背书是指背书人在背书时，将汇票金额的一部分或者将汇票金额分别转让给二人以上的背书。由于背书人将背书金额的一部分或将背书金额分别转让给二人以上，该背书金额的另一部分权利人或数个权利人对同一背书金额无从行使票据权利。因此，《票据法》第三十三条第二款规定部分背书无效。

3）背书连续。背书连续是指在票据转让中，转让汇票的背书人与受让汇票的被背书人在汇票上的签章依次前后衔接。这就是说，票据上记载的多次背书，从第一次到最后一次在形式上都是相连续而无间断。例如，第一次背书的被背书人是第二次背书的背书人，第二次背书的被背书人是第三次背书的背书人，依次类推，在形式上该等背书形成连续。换言之，如果第一次背书的被背书人是第二次背书的背书人，第二次背书的被背书人是第四次背书的背书人，而不是第三次背书的背书人，那么，该等背书就不连续。一般而言，连续背书的第一背书人应当是在票据上记载的收款人，最后的票据持有人应当是最后一次背书的被背书人。《票据法》第三十一条第一款规定：“以背书转让的汇票，背书应当连续。”这就是说，如果背书不连续，那么付款人可以拒绝向持票人付款，否则付款人得自行承担责任。

背书连续主要是指背书在形式上连续，如果背书在实质上不连续，如有伪造签章等，付款人仍应对持票人付款。但是，如果付款人明知持票人不是真正票据权利人，则不得向持票人付款，否则应自行承担责任。

在实践中，如何认定背书连续是十分重要的。这里从以下几个方面进行说明。

① 各种背书在形式上是有效的，即背书不存在要式上的缺陷。如果背书存在实质上的原因而无效，如无行为能力人或限制行为能力签章或伪造背书等，则不影响背书的连续。这里所指的形式上有效除背书的连续之外，还包括背书行为必须符合法定的形式条件。

② 背书的连续是指转让背书连续，而不包括非转让背书在内，如委托收款背书、质押背书（在以下内容说明）等。

③ 后次背书的背书人与收款人或前次背书的被背书人必须具有同一性。这就是说，后次背书的背书人的名称，从背书记载来看，应与前次背书的被背书人的名称完全一致。但应注意的是，有的背书人在作背书或被背书人在再作背书时，尽管记载的这两方面的当事人一致，但所表述的名称有不一致的情况，如将“中国注册会计师协会”写成“中注协”，这应根据实际情况确定当事人，而不应以名称不一致而一概认定背书不连续。

④ 对于非经背书转让，而以其他合法方式取得汇票的，不涉及背书连续的问题。该其他合法方式主要是指因税收、继承、赠予等方式而取得票据的形式，这些都不是依背书而取得的票据，《票据法》第三十一条第一款规定，只要取得票据的人依法举证，表现其合法取得票据的方式，证明其汇票权利，就能享有票据上的权利。

4）委托收款背书和质押背书。

委托收款背书和质押背书属非转让背书，具有特殊性，以下分别加以说明。

① 委托收款背书。这是指持票人以行使票据上的权利为目的，而授予被背书人以代理权的背书。以此可见，该背书方式不以转让票据权利为目的，而是以授予他人一定的代理权为目的，其确立的法律关系不属于票据上的权利转让与被转让关系，而是背书人（原持票人）与被背书人（代理人）之间在民法上的代理关系，该关系形成后，被背书人可以代理行使票据上的一切权利。在此情形下，被背书人只是代理人，而未取得票据权利，背书人仍是票据权利人。

《票据法》第三十五条第一款规定，“背书记载‘委托收款’字样的，被背书人有权代背书人行使被委托的汇票权利。但是，被背书人不得再以背书转让汇票权利。”这就是说，被背书人因委托收款背书而取得代理权后，可以代为行使付款请求权和追索权，在具体行使这些权利的过程中，还可以请求作成拒绝证明、发出拒绝事由通知、行使利益偿还请求权等，但不能行使转让票据等处分权利，否则，原背书人对后手的被背书人不承担票据责任，但不影响出票人、承兑人及原背书人之前手的票据责任。

委托收款背书与其他背书一样，持票人依据法律规定的记载事项作成背书并交付，才能生效。按《票据法》的规定，背书人可以记载“委托收款”字样，但如果记载“因收款”、“托收”、“代理”等字样的，也应该认为有效。

② 质押背书。这是指持票人以票据权利设定质权为目的而在票据上作成的背书。背书人是原持票人，也是出质人，被背书人则是质权人。质押背书确立的是一种担保关系，即在背书人（原持票人）与被背书人之间产生一种质押关系，而不是一种票据权利的转让与被转让关系。因此质押背书成立后，即背书人作成背书并交付，背书人仍然是票据权利人，被背书人并不因此而取得票据权利。但是，被背书人取得质权人地位后，在背书人不履行其债务的情况下，可以行使票据权利，并从票据金额中按担保债权的数额优先得到偿还。换言之，如果背书人履行了所担保的债务，被背书人则必须将票据返还背书人。

质押背书与其他背书一样，也必须依照法定的形式作成背书并交付。与此同时，质押时应当以背书记载“质押”字样，但如果在票据上记载质押文句表明了质押意思的，如“为担保”、“为设质”等，也应视为其有效。如果记载“质押”文句的，其后手再背书转让或者质押的，原背书人对后手的被背书人不承担票据责任，但不影响出票人、承兑人及原背书人之前手的票据责任。该条第二款还规定：“被背书人依法实现其质权时，可以行使汇票权利。”这里所指的汇票权利包括付款请求权和追索权及为实现该等权利而进行的一切行为，如提示票据、请求付款、受领票款，请求作成拒绝证明、进行诉讼等。

以汇票设定质押时，出质人在汇票上只记载了“质押”字样而未在票据上签章的，或者出质人未在汇票、粘单上记载“质押”字样而另行签订质押合同、质押条款的，不构成票据质押。此外，贷款人恶意或者有重大过失从事票据质押贷款的，人民法院应当认定质押行为无效。

5）法定禁止背书。法定禁止背书是指根据《票据法》的规定而禁止背书转让的情形。由于法律规定在某些情况下，汇票不得背书转让，所以如果背书人将此类汇票以背书方式转让的，应当承担汇票责任。《票据法》第三十六条规定：“汇票被拒绝承兑、被拒绝付款或者超过付款提示期限的，不得背书转让；背书转让的，背书人应当承担汇票责任。”根据这一规定，法定禁止背书的情形有三种。

① 被拒绝承兑的汇票。这是指持票人在汇票到期日前，向付款人提示承兑而遭拒绝的汇票。汇票上的付款人只有在汇票承兑后，才是汇票上的主债务人。如果付款人对汇票拒绝承兑的，就不具有汇票上债务人的地位，不承担支付票据金额的责任。因此，收款人或持票人虽然在汇票成立时即已取得付款请求权，但因付款人拒绝承兑，该付款请求权也就无法确定，当然也就不能将这种付款请求权再背书转让。在付款人拒绝承兑的情况下，收款人或持票人只能向其前手行使追索权，取得票据金额；如果其将这种票据转让的，受让人取得该汇票时，也只能通过向其前手行使追索权，取得票据金额。

② 被拒绝付款的汇票。这是指对不需承兑的汇票或者业已经付款人承兑的汇票，持票人于汇票到期日向付款人提示付款而被拒绝的汇票。被拒绝付款的汇票，付款人即使对汇票已作承兑，负有于汇票到期日无条件付款的责任。但付款人在汇票到期日拒绝付款的，收款人或者持票人的付款请求权也不能得到实现。如果持票人将该种汇票再行转让，尽管受让人也可以取得付款请求权，但是实现的可能性极小。因此，《票据法》便禁止将该种票据再行背书转让，如果背书转让的，那么背书人应承担汇票责任，受让人有权向其前手行使追索权。

③ 超过付款提示期限的汇票。这是指持票人未在法定付款提示期间内向付款人提示付款的汇票。法定付款提示期间是法律规定的由收款人或者持票人行使付款请求权的期限。收款人或者持票人应当在汇票到期日起至法定提示期间届满前行使付款请求权，如果收款人或持票人未在此期间内行使付款请求权的，即丧失对其前手的追索权。因此，《票据法》便规定不允许将该种汇票再行转让，否则，受让人的利益就可能受到损害。背书人以背书将该种票据进行转让，应该承担汇票责任。

④ 承兑。承兑是指汇票付款人承诺在汇票到期日支付汇票金额的票据行为。承兑是汇票特有的制度。汇票是一种出票人委托他人付款的委付证券。但是，出票人的出票行为完成之后，由于其是一种单方法律行为，故对付款人并不当然产生约束力，只有在付款人表示愿意向收款人或持票人支付汇票金额后，持票人才可于汇票到期日向付款人行使付款请求权。承兑就是这样一种明确付款人的付款责任，确定持票人票据权利的制度。

1）承兑的程序。承兑的程序主要包括两个方面：一是提示承兑；二是承兑成立。以下分别加以说明。

① 提示承兑。提示承兑是指持票人向付款人出示汇票，并要求付款人承诺付款的行为。根据我国《票据法》的有关规定，因汇票付款日期的形式不同，提示承兑的期限亦不一样。

第一，定日付款和出票后定期付款汇票的提示承兑期限。《票据法》第三十九条规定：“定日付款或者出票后定期付款的汇票，持票人应当在汇票到期日前向付款人提示承兑”。在票据法理论上，定日付款汇票和出票后定期付款的汇票，属于可以提示承兑汇票。也就是说，持票人既可以在到期日前提示承兑，待付款人承兑后而于到期日即行使付款请求权，也可以不提示承兑，而于到期日直接向付款人请求付款。但是，根据我国目前使用的银行承兑汇票和商业承兑汇票来看，都必须提示承兑。因此，这两种汇票都属必须提示承兑的汇票。根据票据法的上述规定，上述两类汇票的提示承兑期限实际是指从出票人出票日起至汇票到期日止。在此期间，持票人应当向付款人提示承兑，否则，即丧失对其前手的追索权。

第二，见票后定期付款汇票的提示承兑期限。见票后定期付款的汇票，持票人应当自出票日起 1 个月内向付款人提示承兑。见票后定期付款汇票的付款日期，是以见票日为起算日期来确定的，汇票不经提示承兑，就无法确定见票日，也就无法确定付款日期，持票人便无法行使票据权利，因此，该种汇票属于必须提示承兑的汇票。该种汇票的持票人应当自出票日起 1 个月内向付款人提示承兑。否则，即丧失对其前手的追索权。

第三，见票即付汇票的提示承兑问题。《票据法》第四十条第三款规定：“见票即付的汇票无须提示承兑。”这就是票据法理论上通常所说的无须提示承兑汇票。这种汇票主要包括两种：一是汇票上明确记载有“见票即付”的汇票；二是汇票上没有记载付款日期，根据法律规定直接视为见票即付的汇票。我国的银行汇票，未记载付款日期，故其属见票即付的汇票，该汇票无须提示承兑。

② 承兑成立。

第一，承兑时间。持票人向付款人提示承兑后，付款人应立即决定是否承兑。为此，法律一般都规定一个让付款人考虑的时间。我国《票据法》第四十一条第一款规定：“付款人对向其提示承兑的汇票，应当自收到提示承兑的汇票之日起 3 日内承兑或者拒绝承兑。”一般来说，如果付款人在 3 日内不作承兑与否表示的，则应视为拒绝承兑，持票人可以请求其做出拒绝承兑证明，向其前手行使追索权。

第二，接受承兑。这是指持票人向付款人提示承兑时，付款人需要向持票人办理的收取汇票的手续。《票据法》第四十一条第二款规定：“付款人收到持票人提示承兑的汇票时，应当向持票人签发收到汇票的回单。回单上应当记明汇票提示承兑日期并签章。”这里所指的回单实际是指持票人收到的付款人向其出具的已收到请求承兑汇票的证明。这一手续办理完毕，即意味着接受承兑。

第三，承兑的格式。这是指付款人办理承兑手续时需要在汇票上记载的事项和如何记载该等事项。《票据法》第四十二条规定：“付款人承兑汇票的，应当在汇票正面记载‘承兑’字样和承兑日期并签章；见票后定期付款的汇票，应当在承兑时记载付款日期。”“汇票上未记载承兑日期的，以前条第一款规定期限的最后一日为承兑日期。”根据这一规定，付款人办理承兑手续时，应在汇票上记载承兑的事项包括承兑文句、承兑日期、承兑人签章。在这三个记载事项中，承兑文句和承兑人签章是绝对应记载事项，缺一不可，否则承兑行为无效。而承兑日期则属于相对应记载事项，即使该项内容欠缺，承兑仍然有效，但应以法律的规定作为补充，即以付款人 3 天的承兑考虑时间的最后 1 天为承兑日期。与此同时，见票后定期付款的汇票，付款人还应当在承兑时记载付款日期，这是因为，该汇票的付款日期是依据见票日计算确定的，如果不记载这一内容，收款人或持票人的付款请求权就无法得以行使。

根据上述规定，上述应记载事项必须记载于汇票的正面，而不能记载于汇票的背面或粘单上，更不能以口头方式或电报、传真等书面方式来表示。在实务中，上述应记载事项一般已全部印在正式的标准格式上，因而只需付款人填写即可。

第四，退回已承兑的汇票。付款人依承兑格式填写完毕应记载事项后，并不意味着承兑生效，只有当其将已承兑的汇票退回持票人才产生承兑的效力。

2）不单纯承兑。承兑有单纯承兑与不单纯承兑之分。前者是指付款人完全依汇票文义而不附加任何条件的限制或改变原汇票文义所为的承兑；后者是指付款人对原汇票文义或附加限制或予以变更所为的承兑。我国《票据法》不允许不单纯承兑。《票据法》第四十三条规定：“付款人承兑汇票，不得附有条件；承兑附有条件的，视为拒绝承兑。”这里所指的附有条件的承兑即是指不单纯承兑。付款人做出的承兑是无条件的，如果附有条件，则应视为拒绝承兑，持票人可以请求作成拒绝证明，向其前手行使追索权。在票据法理论上，部分承兑、变更票据记载事项的承兑都属于不单纯承兑的范畴，如果付款人做出该等承兑，其效力与前相同。

3）承兑的效力。承兑生效后，即对付款人产生相应的效力。《票据法》第四十四条规定：“付款人承兑汇票后，应当承担到期付款的责任。”这就是有关承兑效力的规定。该等到期付款的责任是一种绝对责任，其表现在以下四方面。

① 承兑人于汇票到期日必须向持票人无条件地支付汇票上的金额，否则必须承担迟延付款责任。

② 承兑人必须对汇票上的一切权利人承担责任，该等权利人包括付款请求权人和追索权人。

③ 承兑人不得以其与出票人之间资金关系来对抗持票人，拒绝支付汇票金额。

④ 承兑人的票据责任不因持票人未在法定期限提示付款而解除。

（5）保证。这里所指的保证即票据保证，即为票据债务人以外的第三人，以担保特定债务人履行票据债务为目的，而在票据上所为的一种附属票据行为。保证的作用在于加强持票人票据权利的实现，确保票据付款义务的履行，促进票据流通。

1）保证的当事人与格式。

① 保证的当事人。保证的当事人为保证人与被保证人。保证人由汇票债务人以外的他人担当。由此可见，保证人是指票据债务人以外的，为票据债务的履行提供担保而参与票据关系中的第三人。已成为票据债务人的，不得再充当票据上的保证人。此外，保证人应是具有代为清偿票据债务能力的法人、其他组织或者个人，国家机关、以公益为目的的事业单位、社会团体、企业法人的分支机构和职能部门不得为保证人，但经国务院批准为使用外国政府或者国际经济组织贷款进行转贷，国家机关提供票据保证的，以及企业法人的分支机构在法人书面授权范围内提供票据保证的除外。票据保证无效的，票据的保证人应当承担与其过错相应的民事责任。被保证人是指票据关系中已有的债务人，包括出票人、背书人、承兑人。票据债务人一旦由他人为其提供保证，其在保证关系中就被称为被保证人。

② 保证的格式。这是指在办理保证手续时需要在汇票上记载的事项和如何记载该等事项。在办理保证手续时，“保证人必须在汇票或粘单上记载下列事项：表明‘保证’的字样；保证人名称和住所；被保证人的名称；保证日期；保证人签章。”有关保证的记载事项和记载方法问题具体分析如下。

第一，票据保证必须作成于汇票或粘单之上。保证是一种书面行为，并须作成于汇票或粘单之上，另行签订保证合同或者保证条款的，不属于票据保证，人民法院应当适用《中华人民共和国担保法》的有关规定。

第二，票据保证记载的事项，有绝对应记载事项和相对应记载事项。其中绝对应记载事项包括保证文句和保证人签章两项；相对应记载事项包括被保证人的名称、保证日期和保证人住所。关于被保证人的名称，如果不记载这一内容，已承兑的汇票，承兑人为被保证人；未承兑的汇票，出票人为被保证人。关于保证日期，如果不记载这一内容，出票日期为保证日期。关于保证人的住所，如果不记载这一内容，《票据法》第十六条规定，可以推定为保证人的营业场所或住所。

第三，保证的记载方法。《票据法》未规定保证的记载方法，但《支付结算办法》第三十五条第二款规定，如果是为出票人、承兑人保证的，那么应记载于汇票的正面；如果是为背书人保证，那么应记载于汇票的背面或者粘单上。

第四，保证不得记载的内容。《票据法》第四十八条规定："保证不得附有条件；附有条件的，不影响对汇票的保证责任。"这一规定表明，保证是无条件的，即不得附加任何条件。如果保证附加条件，不论作为停止条件，还是作为解除条件都会使票据保证的效力具有不确定性，从而使保证人的票据债务人地位不明确，就不能达到设立票据保证的目的。因此，《票据法》便规定保证附有条件的，所附条件无效，保证本身仍然具有效力，保证人应向持票人承担保证责任。

2）保证的效力。保证一旦成立，即在保证人与被保证人之间产生法律效力，保证人必须对保证行为承担相应的责任。

① 保证人的责任。《票据法》第四十九条规定："保证人对合法取得汇票的持票人所享有的汇票权利，承担保证责任。但是，被保证人的债务因汇票记载事项欠缺而无效的除外。"这是有关保证人责任的规定。根据这一规定，保证行为成立之后，保证人就成为票据上的债务人，必须向被保证人的一切后手承担票据责任，即满足被保证人票据权利的实现。但是，保证人承担保证责任是有一定前提条件的：如果被保证人的债务因形式要件欠缺而无效，保证人的债务，即承担的保证责任也将归于无效。换言之，如果被保证人的债务无效是因实质上的原因而无效，保证人的债务，即保证责任则不能免除。如被保证人因无行为能力发出汇票或伪造汇票等原因而使汇票无效，则保证人的责任不能免除。这里所指的形式要件欠缺是指汇票记载事项有缺陷而导致汇票无效的情况。

在票据法理论上，保证具有从属性，这是指保证人的责任与被保证人的责任是同一的。我国《票据法》第五十条亦肯定了这一内容，即："被保证的汇票，保证人应当与被保证人对持票人承担连带责任。汇票到期后得不到付款的，持票人有权向保证人请求付款，保证人应当足额付款。"

《票据法》对保证人的责任与被保证人的责任同一性的规定，即连带责任的规定包括以下含义：

第一，保证人与被保证人的责任在数量上是同一的。即被保证人承担多少债务，保证人也承担与之相同的债务。我国《票据法》不允许作部分保证。

第二，保证人与被保证人的责任在种类上是同一的。即如果保证人是为承兑人提供保证，那么保证人就取得了票据上主债务人的地位，必须承担绝对付款的责任；如果保证人是为出票人或者背书人提供保证的，就取得了票据上次债务人的地位，必须承担担保票据承兑和付款的责任。

第三，保证人与被保证人的责任在顺序上是同一的。即保证人与被保证人对持票人所承担的票据责任，没有先后顺序的区分，持票人可以不分先后向保证人或被保证人行使票据上的权利，亦可同时向保证人和被保证人行使票据权利。正是基于上述原因，《票据法》规定，汇票到期后得不到付款的，持票人有权向保证人请求付款，保证人应当足额付款。保证人不得以持票人未先向被保证人行使权利，拒绝履行其债务，亦不得以由被保证人承担一部分债务，自己只就部分债务承担责任为由而拒绝完全履行债务。

② 共同保证人的责任。共同保证是指保证人为二人以上的保证。《票据法》第五十一条规定："保证人为二人以上的，保证人之间承担连带责任。"这就是说，在共同保证的情况下，持票人可以不分先后向保证人中的一人或者数人或者全体就全部票据金额及有关费用行使票据权利，共同保证人不得拒绝。

③ 保证人的追索权。这是指保证人在向持票人清偿债务后，依照法律规定取得持票人对被保证人及被保证人之前手的偿还请求权。这一偿还请求权不是从持票人处获得的，而是根据法律规定而获得。《票据法》第五十二条对此作了规定：“保证人清偿汇票债务后，可以行使持票人对被保证人及其前手的追索权。”由此可见，保证人的这一偿还请求权是一种追索权，保证人行使这一权利时，被保证人及其前手不得以对抗持票人的事由而对抗保证人。

保证人是否可以享有对票据承兑人的付款请求权和追索权，《票据法》未作明确规定。由于承兑人并不因保证人清偿债务而解除责任，承兑人仍是票据上的主债务人，保证人应该享有对承兑人的付款请求权和追索权。

（6）付款。付款是指付款人依据票据文义支付票据金额，以消灭票据关系的行为。付款是付款人的行为，与出票人、背书人等偿还义务的行为不同；前者是支付票据金额的行为，并以消灭票据关系为目的；后者则并不以票据金额为依据而支付，不能引起票据关系的消灭。

1）付款的程序。付款的程序包括提示与支付。

① 付款提示。付款提示是指持票人向付款人或承兑人出示票据，请求付款的行为。持票人只有在法定期限内为付款提示的，才产生法律效力。关于这种法律效力，主要表现在两个方面：一是付款人一经持票人提示，即应付款；二是持票人得以保全对其前手的追索权，即在付款人拒绝付款的情况下，持票人可以请求付款人作成拒绝证明，向其前手行使追索权。

持票人提示付款的法定期限如下：第一，见票即付的汇票，自出票日起 1 个月内向付款人提示付款；第二，定日付款、出票后定期付款或者见票后定期付款的汇票，自到期日起 10 日内向承兑人提示付款。如果持票人未在上述法定期限内为付款提示的，则丧失对其前手的追索权。但是，持票人丧失的追索权仅限于其前手，而对于承兑人并不发生失权的效果。因为承兑人是汇票的主债务人，所负责任为绝对责任，即使持票人未在法定期内为付款提示，承兑人仍应负责。如果承兑人或者付款人对逾期提示付款的持票人付款的，与按照规定的期限付款具有同等法律效力。《票据法》第五十三条第三款规定：“持票人未按照前款规定期限提示付款的，在做出说明后，承兑人或者付款人仍应当继续对持票人承担付款责任。”这是一种例外性规定。在实践中，持票人可能会因不可抗力的原因等不能在法定提示付款期间提示付款，如果持票人由此而丧失对其前手的追索权，有些不尽合理，因此，法律便要求持票人做出说明，承兑人或付款人仍应继续对持票人承担付款责任。关于付款提示的方法，一般是由持票人亲自到付款人处，或者通过邮局寄交付款人处，但通过委托收款银行或者通过票据交换系统向付款人提示付款的，亦视同持票人提示付款。

付款提示的当事人包括提示人和受提示人。提示人一般是持票人，但也可以是持票人的代理人和质权人；受提示人通常是付款人，在汇票中受提示人包括已进行承兑的承兑人及未承兑的付款人。在我国实践中，银行汇票属见票即付汇票，银行为受提示人；因银行之间建立联行结算制度建立了代理关系的，银行汇票的代理付款银行也可为受提示人。银行承兑汇票的受提示人是承兑银行，因银行之间建立联行结算代理关系的，该代理付款银行也是受提示人。

② 支付票款。这是指持票人向付款人或承兑人进行付款提示后，付款人无条件地在当日按票据金额足额支付给持票人的行为。《票据法》第五十四条规定：“持票人依照前条规定提示付款的，付款人必须在当日足额付款。”依此规定，付款人必须在当日向提示人付款，且该支付的款项为票据金额的全部，而非部分。如果付款人或承兑人不能当日足额付款，那么依照《票据法》第一百零六条规定，应承担迟延付款的责任。

在支付票款的过程中，持票人必须向付款人履行一定的手续，持票人获得付款的，应当在汇票上签收，并将汇票交给付款人。

此处所指的“签收”是指持票人在票据的正面签章，表明持票人已经获得付款。

在实践中，持票人和付款人的收款或付款行为往往是通过委托银行代理进行的。该等受托收款或付款的银行不是汇票的当事人，只是代理人，因此，他们只能依照委托按汇票上记载的内容进行资金结算。因此，《票据法》第五十六条规定：“持票人委托的收款银行的责任，限于按照汇票上记载事项将汇票金额转入持票人账户。”“付款人委托的付款银行的责任，限于按照汇票上记载事项从付款人账户支付汇票金额。”换言之，如果委托付款银行多付或少付，委托收款银行多收或少收，都应自行承担责任。

付款人或者代理付款人在付款时应当尽审查义务。付款人及其代理付款人付款时，应当审查汇票背书的连续，并审查提示付款人的合法身份证明或者有效证件。但该等审查义务仅限于汇票格式是否合法，即汇票形式上的审查，而不负责实质上的审查。如果付款人及其代理付款人以恶意或者有重大过失付款的，应当自行承担责任。此外，如果付款人对定日付款、出票后定期付款或者见票后定期付款的汇票在到期日前付款，应由付款人自行承担所产生的责任。付款人的这一责任包括，在持票人不是票据权利人时，对于真正的票据权利人并不能免除其票据责任，而对由此造成损失的，付款人只能向非正当持票人请求赔偿。

如果汇票金额为外币的，《票据法》第五十九条规定，应按照付款日的市场汇价，以人民币支付。汇票当事人对汇票支付的货币种类另有约定的，从其约定。

2）付款的效力。付款人依法足额付款后，全体汇票债务人的责任解除。付款人依照票据文义支付票据金额之后，票据关系随之消灭，汇票上的全体债务人的责任便予以解除。但是，如果付款人付款存在瑕疵，即未尽审查义务而对不符法定形式的票据付款，或其存在恶意或重大过失而付款的，则不发生上述法律效力，付款人的义务不能免除，其他债务人也不能免除责任。

（7）追索权。追索权是指持票人在票据到期不获付款或期前不获承兑或有其他法定原因，并在实施行使或保全票据上权利的行为后，可以向其前手请求偿还票据金额、利息及其他法定款项的一种票据权利。追索权是在票据权利人的付款请求权得不到满足时，法律赋予持票人对票据债务人进行追偿的权利，是用来弥补付款请求权对保护持票人票据权利的实现所带来的局限的一种制度。因此，追索权与付款请求权在权利行使对象上有一定的区别：后者的行使对象是票据上的付款人；前者的行使对象可以是票据上的主债务人，但主要还是票据上的次债务人，如票据上的出票人、背书人、保证人等。

1）追索权发生的原因。追索权的发生须具备一定的条件，该条件包括实质条件和形式条件，下面分别加以说明。

① 追索权发生的实质条件。追索权发生的实质条件包括以下内容：汇票到期被拒绝付款；汇票在到期日前被拒绝承兑；在汇票到期日前，承兑人或付款人死亡、逃匿的；在汇票到期日前，承兑人或付款人被依法宣告破产或因违法被责令终止业务活动。符合上述情形之一的，持票人可以行使追索权。

② 追索权发生的形式条件。追索权的发生除构成前述实质条件之外，还须具有一定的形式条件。这一形式条件即持票人行使追索权必须履行一定的保全手续而不致使追索权丧失。该等保全手续包括：在法定提示期限提示承兑或提示付款；在不获承兑或不获付款时，在法定期限内作成拒绝证明。拒绝证明应当包括下列事项：

- 被拒绝承兑、付款的票据种类及其主要记载事项；
- 拒绝承兑、付款的事实依据和法律依据；
- 拒绝承兑、付款的时间；

- 拒绝承兑人、拒绝付款人的签章。

该等拒绝证明主要包括以下几种：

A. 拒绝证书。拒绝证书是由国家授权的机关制作的用以证明持票人已依法行使票据权利而被拒绝，或者无法行使票据权利的一种公证书。拒绝证书分拒绝承兑证书和拒绝付款证书。拒绝承兑证书是指汇票因付款人拒绝承兑或者因付款人死亡等原因而无须提示承兑时，持票人请求作成的证书。拒绝付款证书是指汇票因付款人拒绝付款或者因其他法定原因而无法提示付款致使持票人不获付款所作成的证书。持票人已请求作成拒绝承兑证书的，而无须再请求作成拒绝付款证书。拒绝证书是公证机关制作的公证书，有一定的格式，主要包括以下内容：

- 拒绝人和被拒绝人的名称；
- 汇票的内容，即汇票记载的事项；
- 提示日期；
- 拒绝事由或无从提示的原因；
- 作成日期；
- 公证机关和公证员盖章。

B. 退票理由书。汇票的持票人委托银行办理票据托收，或者向代理付款银行提示付款时，如果付款人或者代理付款银行拒绝付款，那么可由其出具退票理由书，说明退票理由。该退票理由书可起到拒绝证书的作用，即证明持票人已行使其权利而未获结果，故持票人有退票理由书就无须再请求作成拒绝证书。

退票理由书应包括下列事项：

- 所退票据的种类；
- 退票的事实依据和法律依据；
- 退票时间；
- 退票人签章。

C. 承兑人、付款人或者代理付款银行直接在汇票上记载提示日期、拒绝事由、拒绝日期并盖章。这也是拒绝证明的形式之一，可起到证明持票人已行使其权利而无结果的情况，可代替拒绝证书。

D. 持票人因承兑人或者付款人死亡、逃匿或者其他原因，不能取得拒绝证明的，可以依法取得其他有关证明。该等证明包括死亡证明、失踪证明书等。这些证明也具有拒绝证明的作用，也为《票据法》所肯定（第六十三条）。

E. 人民法院的有关司法文书。承兑人或者付款人被人民法院依法宣告破产的，人民法院的有关司法文书具有拒绝证明的效力。这表明持票人在上述情形下无法向承兑人或者付款人提示承兑或者提示付款，故有权向其前手行使追索权。

F. 有关行政主管部门的处罚决定。承兑人或者付款人因违法被责令终止业务活动的，持票人也无法向承兑人或者付款人提示承兑或者付款，因而，该等处罚决定便具有拒绝证明的作用。

持票人出具上述文书之一，即构成其行使追索权的形式条件。《票据法》第六十五条规定："持票人不能出示拒绝证明、退票理由书或者未按照规定期限提供其他合法证明的，丧失对其前手的追索权。但是，承兑人或者付款人仍应当对持票人承担责任。"这表明，持票人未依法提供拒绝证明，将丧失的是对其前手的追索权，其前手却是票据上的偿还债务人，即次债务人，而对于付款人或承兑人来讲，他们是票据上的主债务人，即使持票人未在法定期限内作成拒绝证明，主债务人仍应负绝对付款责任。持票人应当自收到被拒绝承兑或者被拒绝付款的有关证明之日起 3 日内，将被拒绝事由书面通知其前手，其前手应当自收到通知之日起 3 日内书面通知其再前手。持票人也可以同时向各票据债务人发出书面通知。

2）追索权的行使。持票人按照法定手续保全了追索权之后，就可进入行使追索权的程序。该程序一般包括：由持票人发出追索通知、确定追索对象、请求清偿金额、受领清偿金额等。

① 由持票人发出追索通知。

A. 通知的当事人。通知的当事人分为通知人和被通知人。通知人是指持票人及收到通知后再为通知的背书人及其保证人。持票人是最初的通知人，但收到持票人发来追索通知的债务人，如果在其前手还存在债务人，其也必须向其前手发出该追索通知，因此收到追索通知的债务人也可以成为通知人，这些债务人一般包括背书人及其保证人。被通知人是指向持票人承担担保承兑和付款的票据上的次债务人，他们都是被追索的当事人，因此被通知人可泛指持票人的一切前手，包括出票人、背书人、保证人等。

B. 通知的期限。这是指《票据法》规定的持票人向其前手或者收到通知的被通知人向其前手发出追索通知的期间。《票据法》第六十六条第一款规定："持票人应当自收到被拒绝承兑或者被拒绝付款的有关证明之日起 3 日内，将被拒绝事由书面通知其前手；其前手应当自收到通知之日起 3 日内书面通知其再前手。持票人也可以同时向各汇票债务人发出书面通知。"这就是《票据法》有关通知期限的规定。依此规定，无论持票人，还是收到追索通知的背书人及其保证人，发出追索通知的期限都是 3 天。在计算时间上，持票人发出追索通知的起算日为其收到拒绝证明之日，收到追索通知的背书人及其保证人发出追索通知的起算日为其收到追索通知之日。

C. 通知的方式和通知应记载的内容。《票据法》第六十六条规定，通知应当以书面形式发出。书面形式包括书信、电报、电传等。在规定期限内将通知按照法定地址或约定的地址邮寄的，视为已发出通知。书面通知应记明汇票的主要记载事项，并说明该汇票已被退票。该等主要记载事项包括出票人、背书人、保证人，以及付款人的名称和地址、汇票金额、出票日期、付款日期等。汇票退票的情况主要是指汇票何以不获承兑或者不获付款。

D. 未在规定期限内发出追索通知的后果。如果持票人未按规定期限发出追索通知或其前手收到通知未按规定期限再通知其前手，持票人仍可以行使追索权，因延期通知给其前手或者出票人造成损失的，由没有按照规定期限通知的汇票当事人，承担对该损失的赔偿责任，但所赔偿的金额以汇票金额为限。

② 确定追索对象。

A. 追索对象。这里所指的追索对象是指在追索关系中的被追索人，该被追索人为出票人、背书人、承兑人和保证人。持票人可以不按照汇票债务人的先后顺序，对其中任何一人、数人或者全体行使追索权。这是有关持票人选择追索权的规定。据此规定，持票人在确定追索权行使对象时，可以根据自己的意愿，自由选择其前手债务人或者承兑人，并请求其偿还。持票人对票据债务人中的一人或者数人已经进行追索的，对其他票据债务人仍可以行使追索权。但是，《票据法》第六十九条规定："持票人为出票人的，对其前手无追索权。"这是有关回头背书中持票人追索权限制的规定。所谓回头背书，是指背书人以其前手债务人为被背书人所作的背书。它以票据上既存的债务人为受让人，因此又称为还原背书或逆背书。例如，A 签发一张汇票给收款人 B，B 背书转让给 C，C 再背书转让给 D，这是一般转让背书。如果持票人 D 再将汇票背书转让给 A 或 B，这就是回头背书。在回头背书中，出票人 A 是持票人时，D、C、B 均属于其前手，但不得对他们行使追索权，因为 D、C、B 在一般转让背书中，都是 A 的后手，对 A 享有票据权利。背书人 B 作为持票人时，D、C、A 属于其前手，而 C、D 在一般转让背书中又是B的后手，对B享有票据权利，因此，B只能向A行使追索权，而不能向其原来的后手C、D行使追索权。

B. 被追索人的责任承担。如前所述，出票人、背书人、承兑人和保证人均为被追索人。《票据法》第六十八条规定，该等被追索人对持票人承担连带责任。这一责任的含义是指各票据债务人在持票人向其行使追索权时，必须承担全部清偿的责任。而不得以持票人未向其他票据债务人请求清偿为由拒绝履行清偿责任。同时，也不得只为部分金额的清偿而要求持票人就其余部分金额，再向其他票据债务人请求清偿。

在票据上存在多个债务人的情况下，票据的追索并不以持票人完成追索而告结束。《票据法》第六十八条第三款规定："持票人对汇票债务人中的一人或者数人已经进行追索的，对其他汇票债务人仍可以行使追索权。被追索人清偿债务后，与持票人享有同一权利。"这就是说，持票人受领被追索人清偿的，如不足清偿，还可向其他票据债务人继续追索，在其完全得到清偿之后，其追索即告完成，但被追索人则可以向其前手进行追索而又进入新的追索程序中，该被追索人的前手清偿债务后，也可以向其前手进行追索而又开始一个新的追索程序，直至到出票人为止。正因如此，被追索人清偿债务后，即取得了向其前手及承兑人的票据权利，该权利与持票人享有的权利相同，既包括再追索权，也包括对承兑人的付款请求权。

③ 请求清偿金额。这是指持票人行使追索权，可以请求被追索人支付的金额和费用。该金额和费用包括：

- 被拒绝付款的汇票金额；
- 汇票金额自到期日或者提示付款日起至清偿日止，按照中国人民银行规定的同档次流动资金贷款利率计算的利息；
- 取得有关拒绝证明和发出通知书的费用。由此可见，作为追索权标的的追索金额，通常要比作为付款请求权标的的票据金额要大。
- 被追索人在依前述内容向持票人支付清偿金额及费用后，可以向其他汇票债务人行使再追索权，请求其他汇票债务人支付相应的金额和费用，包括：
  — 已清偿的全部金额，即为满足其后手（包括持票人或者其他追索权人）的追索权而支付的全部金额；
  — 前项金额自清偿日起至再追索清偿日止，按照中国人民银行规定的同档次流动资金贷款利率计算的利息；
  — 发出通知书的费用，即指被追索人在追索过程中发生的费用。

④ 受领清偿金额。这是指持票人或行使再追索权的被追索人接受被追索人的清偿金额。持票人或行使再追索权的被追索人在接受清偿金额时，应当履行相应的义务，这一义务即其应当交出汇票和有关拒绝证明，并出具所收到利息和费用的收据。如果持票人或行使再追索权的被追索人拒绝履行该等义务的，被追索人即可拒绝清偿有关金额和费用。

⑤ 被追索人清偿债务后的效力。被追索人清偿债务（依被追索的金额清偿债务）后，其责任解除。这里的责任解除是以被追索人自己或其前手清偿票据债务为前提的，在被追索人按照《票据法》第七十条、第七十一条的规定向追索权人进行清偿后，即发生解除票据责任的效力。

6. 本票

（1）本票概述。本票是出票人签发的，承诺自己在见票时无条件支付确定的金额给收款人或者持票人的票据。本票是由出票人约定自己付款的一种自付证券，其基本当事人有两个，即出票人和收款人，出票人之外不存在独立的付款人。出票人完成出票行为之后，即承担了到期日无条件支付票据金额的责任，不需要在到期日前进行承兑。因此，本票与汇票是不同的。

1）本票的种类。依照不同的标准，可以对本票作不同分类，如记名式本票、指定式本票和不记名本票；远期本票和即期本票；银行本票和商业本票等。我国《票据法》第七十三条第二款和第七十五条规定，本票仅限于银行本票，且为记名式本票和即期本票。

银行本票是银行签发的，承诺自己在见票时无条件支付确定的金额给收款人或者持票人的票据。单位和个人在同一票据交换区域需要支付各种款项，均可以使用银行本票。银行本票分为定额银行本票和不定额银行本票。定额银行本票面额为 1 000 元、5 000 元、1 万元和 5 万元。

2）《票据法》对本票体例的规定。作为票据的一种，本票具有与其他票据相同的一般性质和特征，因此，《票据法》总则中的内容均适用于本票。《票据法》对汇票的规定较为详细，而汇票中的有关规定，如出票、背书、保证、付款、追索权等具体制度，都可适用于本票，故《票据法》在立法体制上对本票的规定只就其个性方面，即与其他票据不同的方面加以规定，而对于与汇票相同的方面，则采用准用的办法适用汇票的有关规定。因此，本节也采用与《票据法》立法体例相同的方法说明本票的内容。

（2）出票。本票的出票与汇票一样，包括作成票据和交付票据。本票的出票行为是以自己负担支付本票金额的债务为目的的票据行为。因此，《票据法》第七十四条规定："本票的出票人必须具有支付本票金额的可靠资金来源，并保证支付。"由此可见，本票出票人是票据金额的直接支付人，与汇票的承兑人相同，这与汇票的出票人只承担担保责任是不同的。

在实践中，本票的出票人在出票时，除自身具有良好的资信状况外，还应该在按照规定收妥款项后，方可签发本票。根据第十届全国人大常委会第十一次会议对《票据法》的修改决定，删去了《票据法》第七十五条的规定，即"本票出票人的资格由中国人民银行审定"的内容。这一修改取消了对本票出票人的资格审查限制，扩大了本票出票人的范围。

本票出票人出票，必须按一定的格式记载相关内容。与汇票一样，本票的记载事项也包括绝对应记载事项和相对应记载事项。

1）本票的绝对应记载事项。本票的绝对应记载事项包括以下六个方面的内容：

① 表明"本票"字样。这是本票文句记载事项，无此记载，本票即为无效。

② 无条件支付的承诺。这是有关支付文句，表明出票人无条件支付票据金额，而不附加任何条件，否则，票据即为无效。

③ 确定的金额。

④ 收款人名称。

⑤ 出票日期。

⑥ 出票人签章。

在上述绝对应记载事项中，除第一、二项及未规定付款人名称外，其余四项与汇票的规定完全相同。

2）本票的相对应记载事项。本票的相对应记载事项包括两项内容：

① 付款地。本票上未记载付款地的，出票人的营业场所为付款地。

② 出票地。本票上未记载出票地的，出票人的营业场所为出票地。此外，本票的出票行为，可适用《票据法》第二十四条关于汇票的规定。根据该条规定，本票上可以记载《票据法》规定事项以外的其他出票事项，但这些事项并不发生本票上的效力。

（3）见票付款。银行本票是见票付款的票据，收款人或持票人在取得银行本票后，随时可以向出票人请求付款。跨系统银行本票的兑付，持票人开户银行可根据中国人民银行规定的金融机构同业往来利率向出票银行收取利息。

为了防止收款人或持票人久不提示票据而给出票人造成不利，《票据法》第七十八条规定了本票的付款提示期限，即“本票自出票日起，付款期限最长不得超过两个月”。持票人依照前述规定的期限提示本票的，出票人必须承担付款的责任（《票据法》第七十条）。如果持票人超过提示付款期限不获付款的，在票据权利时效内向出票银行做出说明，并提供本人身份证或单位证明，可持银行本票向出票银行请求付款。由此可见，本票的出票人是票据上的主债务人，负有向持票人绝对付款的责任。

如果本票的持票人未按照规定期限提示本票，就丧失对出票人以外的前手的追索权。这里所指的出票人以外的前手是指背书人及其保证人。由于本票的出票人是票据上的主债务人，对持票人负有绝对付款责任，除票据时效届满而使票据权利消灭或者要式欠缺而使票据无效外，并不因持票人未在规定期限内向其行使付款请求权而使其责任得以解除。因此，持票人仍对出票人享有付款请求权和追索权，只是丧失对背书人及其保证人的追索权。

（4）对汇票有关规定的引用。《票据法》第八十条规定：“本票的背书、保证、付款行为和追索权的行使，除本章规定外，适用本法第二章有关汇票的规定。”“本票的出票行为，除本章规定外，适用本法第二十四条关于汇票的规定。”关于出票的引用，前述有关内容已作过说明，这里主要说明以下内容：

1）背书。本票的背书与汇票的背书完全相同，可以准用《票据法》第二章第二节背书第二十七条至第三十四条、第三十五条第一款、第三十六条、第三十七条规定。

2）保证。本票的保证可以准用《票据法》第二章第四节关于保证第四十五条至第五十二条规定。

3）付款。本票的付款可以准用《票据法》第二章第五节关于付款的某些规定，即第五十三条第三款、第五十四条、第五十五条、第五十六条第一款、第五十七条、第五十九条、第六十条。

4）追索权。本票的追索权可以准用《票据法》第二章第六节关于追索权，即第六十一条第一款和第二款第三项、第六十二条、第六十四条、第六十六条至第七十二条规定。

7．支票

（1）支票概述。支票是出票人委托银行或者其他金融机构见票时无条件支付一定金额给受款人或者持票人的票据。支票的基本当事人有三个：出票人、付款人和收款人。支票是一种委付证券，与汇票相同，与本票不同。

与汇票和本票相比，支票有两个显著的特点：第一，以银行或者其他金融机构作为付款人；第二，见票即付。

（2）支票的种类。依不同的分类标准，可以对支票作不同的分类，例如记名支票、无记名支票、指示支票；对己支票、指己支票、受付支票、普通支票、特殊支票等。按照支付票款方式，我国《票据法》将支票分为普通支票、现金支票和转账支票。

1）普通支票。该种支票未印有“现金”或“转账”字样，既可以用来支取现金，亦可用来转账。普通支票用于转账时，应当在支票正面注明，即在普通支票左上角画两条平行线。有此画线标志的支票，亦称为画线支票，画线支票只能用于转账，不得支取现金。

2）现金支票。《票据法》第八十三条第二款规定，支票中专门用于支取现金的，可以另行制作现金支票，现金支票只能用于支取现金。

3）转账支票。《票据法》第八十三条第三款规定，支票中专门用于转账的，可以另行制作转账支票，转账支票只能用于转账，不得支取现金。

在实践中，我国一直采用的是现金支票和转账支票，没有普通支票，但为了方便当事人，并借鉴国外的方法经验，《票据法》便规定了普通支票的形式。

（3）《票据法》对支票体例的规定。与本票一样，《票据法》只是对支票的个性方面的问题作了规定，而有关其一般性的问题，则适用《票据法》总则中的有关规定和汇票中的相关规定。本节也仅对支票有关个性方面的问题，即与汇票、本票不同的有关内容加以说明。

（4）出票。出票人签发支票并交付的行为即为出票。但是，出票人签发支票必须具备一定的条件，即为在经中国人民银行当地分支行批准办理支票业务的银行机构开立可以使用支票的存款账户的单位和个人。开立支票存款账户，申请人必须使用其本名，并提交证明其身份的合法证件。开立支票存款账户和领用支票，应当有可靠的资金，并存入一定的资金。开立支票存款账户，申请人应当预留其本名的签名式样和印鉴。这些规定主要在于保证支付支票票款的安全，保护支票权利义务各方当事人的合法权益。

1）支票的格式。与汇票一样，支票出票人作成有效的支票，必须按法定要求记载有关事项。该等事项亦可分为绝对应记载事项和相对应记载事项。

- 绝对应记载事项。支票的绝对应记载事项共有六项内容：
  表明“支票”字样，这是支票文句的记载事项，无此内容即为无效；
- 无条件支付的委托，这是支票有关支付文句的记载事项，我国现行使用的支票记载支付的文句，一般是支票上已印好的“上列款项请从我账户内支付”的字样；
- 确定的金额；
- 付款人名称；
- 出票日期；
- 出票人签章。

为了发挥支票灵活便利的特点，我国《票据法》规定了两项绝对应记载事项可以通过授权补记的方式记载。

第一，关于支票金额的授权补记。

支票的金额本是绝对应记载事项，但在使用中，往往发生难以确定支票金额的情况，如果事先确定一个固定金额，就会发生所载金额与所用金额不一致的情况，给支票使用人造成极大不便。因此，《票据法》第八十五条规定：“支票上的金额可以由出票人授权补记，未补记前的支票，不得使用。”这就是说，出票人可以授权收款人就支票金额补记，收款人以外的其他人不得补记；在支票金额未补记之前，收款人不得背书转让，提示付款。

第二，关于收款人名称的授权补记。

我国《票据法》规定的票据都是记名式票据，故无收款人名称记载，票据即为无效。但是，在实际中，出票人往往不能事先确定收款人，无法在出票时记载收款人名称。为了方便人们的日常生活，《票据法》第八十六条第一款便规定：“支票上未记载收款人名称的，经出票人授权，可以补记。”如前所述，未补记这一内容的，支票不得背书转让、提示付款。此外，由于实践中存在出票人兼任收款人的情况，如单位签发支票向其开户银行领取现金，故《票据法》第八十六条第四款规定：“出票人可以在支票上记载自己为收款人。”这是一种例外性规定。

签发支票应使用碳素墨水或墨汁填写，中国人民银行另有规定的除外。

第三，相对应记载事项。《票据法》第八十六条第二款、第三款规定了相对应记载事项。该相对应记载事项包括两项内容：

- 付款地，支票上未记载付款地的，付款人的营业场所为付款地；
- 出票地，支票上未记载出票地的，出票人的营业场所、住所或者经常居住地为出票地。

此外，支票上可以记载非法定记载事项，但这些事项并不发生支票上的效力。

2）出票的其他法定条件。支票的出票行为取得法律上的效力，必须依法进行，除须按法定格式签发票据外，还须符合其他法定条件。这些法定条件有：

① 支票的出票人所签发的支票金额不得超过其付款时在付款人处实有的存款金额。

如果出票人签发的支票金额超过其付款时在付款人处实有的存款金额，在法律上，该支票称为空头支票。签发空头支票是一种违法行为，对其责任人要给予严厉的处罚和制裁，构成犯罪的，要依法追究其刑事责任。

② 支票的出票人不得签发与其预留本名的签名式样或者印鉴不符的支票，使用支付密码的，出票人不得签发支付密码错误的支票。

支票的出票人委托付款人支付票款给收款人或持票人，作为支票付款人的银行并不是支票上的债务人，只是受出票人的委托从其账户支付票款。由于出票人开立支票存款账户时必须预留其本名的签名式样和印鉴或使用了支付密码，为了保障银行支付的票款确系出票人签发支票的票款，故出票人签发支票时，必须使用与其本名的签名式样和印鉴相一致的签章或使用相应的支付密码。否则，该支票即为无效。

3）出票的效力。出票人作成支票并交付之后，对出票人产生相应的法律效力。依照《票据法》第八十九条第一款规定，出票人必须按照签发的支票金额承担保证向该持票人付款的责任。这一责任包括两项：

① 出票人必须在付款人处存有足够可处分的资金，以保证支票票款的支付。

② 当付款人对支票拒绝付款或者超过支票付款提示期限的，出票人应向持票人承担付款责任。

（5）付款。如前所述，支票属见票即付的票据，因而没有到期日的规定。支票的出票日实质上就是到期日。我国《票据法》第九十条规定："支票限于见票即付，不得另行记载付款日期。另行记载付款日期的，该记载无效。"因此，出票人在付款人处的存款足以支付支票金额时，付款人应当在见票当日足额付款。下面对付款的有关问题加以说明。

1）提示期间。支票为见票即付的票据，但为了防止持票人久不提示支票，给出票人在管理上造成不便，以及防止空头支票的出现，《票据法》规定了持票人的提示期间。《票据法》第九十一条第一款规定："支票的持票人应当自出票日起 10 日内提示付款；异地使用的支票，其提示付款的期限由中国人民银行另行规定。"目前，我国支票主要在城市票据交换范围内使用和流通，故在同城范围内，支票的提示期间为 10 天。随着支票使用和流通范围的扩大，在异地使用时，则需延长提示期间，而这一提示期间最终由中国人民银行另行规定。

超过提示付款期限的，依照《票据法》第九十一条第二款的规定，付款人可以不予付款，但是付款人不予付款的，出票人仍应当对持票人承担票据责任。由于支票不同于汇票、本票，没有主债务人，出票人处于主债务人的地位，所以必须加重出票人的责任。持票人超过提示付款期限的，并不丧失对出票人的追索权，出票人仍应当对持票人承担支付票款的责任。

2）付款。持票人在提示期间内向付款人提示票据，付款人在对支票进行审查之后，如未发现有不符规定之处，即应向持票人付款。《票据法》第八十九条第二款规定："出票人在付款人处的存款足以支付支票金额时，付款人应当在当日足额付款。"

3）付款责任的解除。《票据法》第九十二条规定："付款人依法支付支票金额的，对出票人不再承担受委托付款的责任，对持票人不再承担付款的责任。但是，付款人以恶意或者有重大过失付款的除外。"这是有关付款人付款责任解除的规定。

这里所指的恶意或者有重大过失付款是指付款人在收到持票人提示的支票时，明知持票人不是真正的票据权利人，支票的背书及其他签章系属伪造，或者付款人不按照正常的操作程序审查票据等情形。在此情况下，付款人不能解除付款责任，由此造成损失的，由付款人承担赔偿责任。

（6）支票准用汇票的有关规定。《票据法》第九十三条规定：“支票的背书、付款行为和追索权的行使，除本章规定外，适用本法第二章有关汇票的规定。”“支票的出票行为，除本章规定外，适用本法第二十四条、第二十六条关于汇票的规定。”据此规定，支票准用汇票的条款有如下情形。

1）出票。如前所述，出票除可引用汇票的有关规定外，还适用《票据法》第二十六条的规定。

2）背书。支票背书准用《票据法》第二章第二节第二十七条至第三十四条、第三十五条第一款、第三十六条、第三十七条的规定。

3）付款。支票的付款行为准用《票据法》第二章第五节第五十三条第三款、第五十五条、第五十六条第一款、第五十七条第一款、第五十九条、第六十条规定。

（7）追索权。支票的追索权的行使准用《票据法》第二章第六节第六十一条第一款和第二款第三项、第六十二条、第六十四条、第六十六条、第七十二条规定。

8．涉外票据的法律适用

涉外票据是指出票、背书、承兑、保证、付款等行为中，既有发生在中华人民共和国境内又有发生在中华人民共和国境外的票据。涉外票据必须具有涉外因素。《票据法》对涉外票据涉外因素的规定，主要是从行为角度加以认定，即出票、背书、承兑、保证、付款等行为中，只要有一项发生在境外，就被认定为涉外票据。

（1）我国《票据法》与有关国际条约、国际惯例的关系。国际条约是指国家之间缔结的，确定其相互关系中权利和义务的一种国际书面协议。我国《票据法》属国内法。根据国际法优于国内法的原则，《票据法》第九十五条第一款规定：“中华人民共和国缔结或者参加的国际条约同本法有不同规定的，适用国际条约的规定。但是，中华人民共和国声明保留的条款除外。”声明保留的条款仍然适用国内法。

国际惯例是指在国际经济交往中所形成的被普遍认可并具有一定约束力的习惯和惯例。我国《票据法》第九十五条第二款规定，“本法和中华人民共和国缔结或者参加的国际条约没有规定的，可以适用国际惯例。”这里的“可以适用”不是“必须适用”，因而也可不适用。究竟是否适用，需要协商或有关机关的裁判来确定。

（2）涉外票据的法律适用。

1）关于民事行为能力的法律适用。对此，《票据法》第九十六条规定了两种情况：一是在一般情况下，票据债务人的民事行为能力，适用其本国法律；二是票据债务人的民事行为能力，依照其本国法律为无民事行为能力或者为限制民事行为能力而依照行为地法律为完全民事行为能力的，适用行为地法律。

2）关于出票时记载事项的法律适用。这里的记载事项包括汇票、本票、支票各章中规定的出票时的绝对应记载事项、相对应记载事项和非法定记载事项等。《票据法》第九十七条规定了两种情况：

① 汇票、本票出票时的记载事项，适用出票地法律。

② 支票出票时的记载事项，适用出票地法律，经当事人协议，也可以适用付款地法律。

3）关于背书、承兑、保证、付款行为的法律适用。《票据法》第九十八条规定：“票据的背书、承兑、付款和保证行为，适用行为地法律。”依此规定，上述四种行为可能会在汇票中出现，但对本票和支票而言，由于没有承兑制度，故不存在适用承兑行为地法律适用问题；对支票而言，由于没有保证制度，故也不存在保证行为地的法律适用问题。

4）关于追索权行使期限的法律适用。《票据法》第九十九条规定，票据追索权的行使期限，适用出票地法律。

5）关于提示期限、拒绝证明的方式及出具期限的法律适用。上述问题适用付款地法律。

6）关于票据丧失时保全票据权利程序的法律适用。《票据法》第一百零一条规定，票据丧失时，失票人请求保全票据权利的程序，适用付款地法律。

9．法律责任

我国《票据法》第六章专门规定了法律责任问题。该章中的法律责任是指票据责任之外的刑事法律责任、行政法律责任和民事法律责任，下面分别予以说明。

（1）票据欺诈行为的法律责任。《票据法》第一百零二条规定了七种票据欺诈行为的刑事法律责任问题。该七种票据欺诈行为是：

- 伪造、变造票据；
- 故意使用伪造、变造的票据；
- 签发空头支票或者故意签发与其预留的本名签名式样或者印鉴不符的支票，骗取财物；
- 签发无可靠资金来源的汇票、本票，骗取资金；
- 汇票、本票的出票人在出票时作虚假记载，骗取财物；
- 冒用他人的票据，或者故意使用过期或者作废的票据，骗取财物；
- 付款人同出票人、持票人恶意串通，实施前六项所列行为之一的。

凡行为人实施上述行为之一，即构成犯罪，应依法承担刑事法律责任。根据《刑法》第一百七十七条和第一百九十四条的规定，对构成前述第一项行为的，处5年以下有期徒刑或者拘役，并处或单处2万元以上20万元以下罚金；情节严重的，处5年以上10年以下有期徒刑，并处5万元以上50万元以下罚金；情节特别严重的，处10年以上有期徒刑或者无期徒刑，并处5万元以上50万元以下罚金或者没收财产。对构成前述第二、三、四、五、六项行为，数额较大的，处5年以下有期徒刑或者拘役，并处2万元以上20万元以下罚金；数额巨大或者有其他严重情节的，处5年以上10年以下有期徒刑，并处5万元以上50万元以下罚金；数额特别巨大或者有其他特别严重情节的，处10年以上有期徒刑或者无期徒刑，并处5万元以上50万元以下罚金或者没收财产。付款人同出票人、持票人恶意串通，实施票据欺诈行为的，与出票人、持票人一起作为共犯，承担与之相应的刑事责任。

《票据法》第一百零三条规定了行为人实施前述票据欺诈行为之一的，情节轻微，不构成犯罪的，依照国家有关规定给予行政处罚的问题。所谓行政处罚是指国家行政机关对违反法律、国家行政管理法规的人所作的处罚。该等处罚主要有警告、罚金、罚款、没收非法所得、停止办理某项业务、停业整顿、吊销营业执照或经营许可证、拘留等。

行为人实施前述票据欺诈行为，给他人造成损失的，还应当承担民事赔偿责任，但被伪造签章者不承担票据责任。

（2）金融机构工作人员的法律责任。金融机构工作人员在票据业务中玩忽职守，对违反《票据法》规定的票据予以承兑、付款或者保证的，给予处分；造成重大损失，构成犯罪的，依法追究刑事责任。因上述行为给当事人造成损失的，由该金融机构和直接责任人员依法承担连带赔偿责任。此处所指的"处分"是指由单位给予该人员警告、记过、撤职、开除公职等行政处分；此处所指的刑事责任，即依照《刑法》第三百九十七条规定，处3年以下有期徒刑或者拘役；情节特别严重的，处3年以上7年以下有期徒刑。

（3）付款人故意压票，拖延支付的法律责任。该责任包括行政责任和民事责任。依照《票据法》第一百零五条第一款规定，票据的付款人对见票即付或者到期的票据，故意压票，拖延支付的，由金融行政管理部门处以罚款，对直接责任人员给予处分。这是有关行政责任的规定，这里所指的金融行政管理部门是指中国人民银行。根据中国人民银行颁布的有关规定，该等行政处罚主要有罚款、警告、通报批评、停止使用或办理有关票据结算及对责任人给予行政处罚。

关于民事责任，依照《票据法》第一百零五条第二款规定，票据的付款人故意压票、拖延支付，给持票人造成损失的，依法承担赔偿责任。该等赔偿责任参照支付结算制度的有关规定执行。

（二）小型房地产企业应收票据的会计处理

小型房地产企业应设置“应收票据”科目，以核算企业因销售开发产品等日常经营活动而收到的商业汇票（银行承兑汇票和商业承兑汇票）。“应收票据”科目期末借方余额，反映小型房地产企业持有的商业汇票的票面金额。

小型房地产企业应当设置“应收票据备查簿”，逐笔登记商业汇票的种类、号数和出票日、票面金额、交易合同号和付款人、承兑人、背书人的姓名或单位名称、到期日、背书转让日、贴现日、贴现率和贴现净额，以及收款日期和收回金额、退票情况等资料。商业汇票到期结清票款或退票后，在备查簿中应予注销。

“应收票据”科目应按照开出、承兑商业汇票的单位进行明细核算。

1. 取得应收票据和收回到期票款

应收票据取得的原因不同，其会计处理亦有所区别。因债务人抵偿前欠货款而取得的应收票据，借记“应收票据”科目，贷记“应收账款”科目；因小型房地产企业销售开发产品等而收到开出、承兑的商业汇票，借记“应收票据”科目，贷记“主营业务收入”等科目。商业汇票到期收回款项时，应按实际收到的金额，借记“银行存款”科目，贷记“应收票据”科目。

2. 转让应收票据

实务中，小型房地产企业可以将自己持有的商业汇票背书转让。背书转让的，背书人应当承担票据责任。小型房地产企业将持有的商业汇票背书转让以取得所需物资时，按应计入取得物资成本的金额，借记“材料采购”或“原材料”、“库存商品”等科目，按商业汇票的票面金额，贷记“应收票据”科目，如有差额，借记或贷记“银行存款”等科目。

相关会计科目及主要账务处理

1121　应收票据

一、本科目核算小企业因销售商品（产成品或材料，下同）、提供劳务等日常生产经营活动而收到的商业汇票（银行承兑汇票和商业承兑汇票）。

二、本科目应按照开出、承兑商业汇票的单位进行明细核算。

三、应收票据的主要账务处理。

（一）小企业因销售商品、提供劳务等而收到开出、承兑的商业汇票，按照商业汇票的票面金额，借记本科目，按照确认的营业收入，贷记“主营业务收入”等科目。涉及增值税销项税额的，还应当贷记“应交税费——应交增值税（销项税额）”科目。

（二）持未到期的商业汇票向银行贴现，应按照实际收到的金额（减去贴现息后的净额），借记“银行存款”科目，按照贴现息，借记“财务费用”科目，按照商业汇票的票面金额，贷记本科目（银行无追索权情况下）或“短期借款”科目（银行有追索权情况下）。

（三）将持有的商业汇票背书转让以取得所需物资，按照应计入取得物资成本的金额，借记“材料采购”或“原材料”、“库存商品”等科目，按照商业汇票的票面金额，贷记本科目，如有差额，借记或贷记“银行存款”等科目。涉及按照税法规定可抵扣的增值税进项税额的，还应当借记“应交税费——应交增值税（进项税额）”科目。

（四）商业汇票到期，应按照实际收到的金额，借记“银行存款”科目，贷记本科目。

因付款人无力支付票款，或到期不能收回应收票据，应按照商业汇票的票面金额，借记“应收账款”科目，贷记本科目。

四、小企业应当设置“应收票据备查簿”，逐笔登记商业汇票的种类、号数和出票日、票面金额、交易合同号和付款人、承兑人、背书人的姓名或单位名称、到期日、背书转让日、贴现日、贴现率和贴现净额以及收款日期和收回金额、退票情况等资料。商业汇票到期结清票款或退票后，在备查簿中应予注销。

五、本科目期末借方余额，反映小企业持有的商业汇票的票面金额。

四、小型房地产企业应收账款的会计处理

应收账款是指小型房地产企业因销售开发产品等经营活动，应向购货单位或接受劳务单位收取的款项，主要包括企业销售开发产品或提供劳务等应向有关债务人收取的价款及代购货单位垫付的运杂费等。

（一）小型房地产企业应收账款的计价

通常，应收账款应按实际发生额计价入账。另外，计价时还需要考虑商业折扣和现金折扣等因素。

（二）小型房地产企业坏账及坏账损失

坏账是指小型房地产企业无法收回或收回的可能性极小的应收款项。由于发生坏账而产生的损失，称为坏账损失。

1．坏账损失的确认

小型房地产企业确认坏账时，应遵循财务报告的目标和会计核算的基本原则，具体分析各项应收款项的特性、金额的大小、信用期限、债务人的信誉和当时的经营情况等因素。

小型房地产企业应收及预付款项符合下列条件之一的，减除可收回的金额后确认无法收回的应收及预付款项，作为坏账损失：

- 债务人依法宣告破产、关闭、解散、被撤销，或者被依法注销、吊销营业执照，其清算财产不足清偿的；
- 债务人死亡，或者依法被宣告失踪、死亡，其财产或者遗产不足清偿的；
- 债务人逾期 3 年以上未清偿，且有确凿证据证明已无力清偿债务的；
- 与债务人达成债务重组协议或法院批准破产重整计划后，无法追偿的；
- 因自然灾害、战争等不可抗力因素导致无法收回的；
- 国务院财政、税务主管部门规定的其他条件。

应当指出，对已确认为坏账的应收账款，并不意味着小型房地产企业放弃了追索权，一旦重新收回，应及时入账。

2．坏账损失的会计处理

坏账的会计处理方法一般有两种：直接转销法和备抵法。

（1）直接转销法。直接转销法是指在实际发生坏账时，确认坏账损失，计入期间费用，同时注销该笔应收款项。

直接转销法的优点是账务处理简单，但这种方法忽视了坏账损失与赊欠业务的联系，在转销坏账损失的前期，对于坏账的情况不做任何处理，显然不符合权责发生制及收入与费用相配比的会计原则，而且核销手续繁杂，致使小型房地产企业发生大量陈账、呆账、长年挂账，得不到处理，虚增利润，也夸大了前期资产负债表上应收款项的可实现价值。

（2）备抵法。备抵法是按期估计坏账损失，形成坏账准备，当某应收款项全部或者部分被确认为坏账时，应根据其金额冲减坏账准备，同时转销相应的应收款项金额。

采用这种方法，一方面按期估计坏账损失计入管理费用；另一方面设置“坏账准备”科目，待实际发生坏账时冲销坏账准备和应收款项金额，使资产负债表上的应收款项反映扣减估计坏账后的净值。

备抵法的优点，一是预计不能收回的应收款项作为坏账损失及时计入费用，避免小型房地产企业虚增利润；二是在报表上列示应收款项净额，使报表阅读者更了解小型房地产企业真实的财务情况；三是使应收款项实际占用资金接近实际，消除了虚列的应收款项，有利于加快小型房地产企业资金周转，提高企业经济效益。

备抵法首先要按期估计坏账损失。估计坏账损失主要有四种方法，即余额百分比法、账龄分析法、赊欠百分比法和个别认定法。

1）余额百分比法。余额百分比法，是根据会计期末应收款项的余额乘以估计坏账率即为当期应估计的坏账损失，据此提取坏账准备。估计坏账率可以按照以往的数据资料加以确定，也可根据规定的百分率计算。理论上讲，这一比例应按坏账占应收款项的概率计算，小型房地产企业发生的坏账多，比例相应就高些；反之则低些。会计期末，小型房地产企业应提取的坏账准备大于其账面余额的，按其差额提取；应提取的坏账准备小于其账面余额的，按其差额冲回坏账准备。

2）账龄分析法。账龄分析法是根据应收款项入账时间的长短来估计坏账损失的方法。虽然应收款项能否收回及能收回多少，不一定完全取决于时间的长短，但一般来说，账款拖欠的时间越长，发生坏账的可能性就越大。

需要指出的是，采用账龄分析法计提坏账准备时，收到债务单位当期偿还的部分债务后，剩余的应收账款，不应改变其账龄，仍应按原账龄加上本期应增加的账龄确定；在存在多笔应收账款且各笔应收账款账龄不同的情况下，收到债务单位当期偿还的部分债务，应当逐笔认定收到的是哪笔应收账款；如果确实无法认定的，按照先发生先收回的原则确定，剩余应收账款的账龄按上述同一原则确定。

3）赊欠百分比法。赊欠百分比法，就是根据当期赊欠金额的一定百分比估计坏账损失的方法。

4）个别认定法。个别认定法，就是根据每个应收款项的情况来估计坏账损失的方法。

需要特别说明的是，在采用账龄分析法、余额百分比法等方法的同时，能否采用个别认定法，应当视具体情况而定。如果某项应收账款的可收回性与其他各项应收账款存在明显的差别（例如，债务单位所处的特定地区等），导致该项应收账款如果按照与其他各项应收账款同样的方法计提坏账准备，将无法真实地反映其可收回金额的，可对该项应收账款采用个别认定法计提坏账准备。小型房地产企业应根据应收账款的实际可收回情况，合理计提坏账准备，不得多提或少提，否则应视为滥用会计估计，按照重大会计差错更正的方法进行会计处理。在同一会计期间内运用个别认定法的应收账款，应从用其他方法计提坏账准备的应收账款中剔除。

我国小企业会计准则规定，应收及预付款项的坏账损失应当于实际发生时计入营业外支出，同时冲减应收及预付款项。

（三）小型房地产企业应收账款会计科目及主要账务处理程序

小型房地产企业应设置“应收账款”科目，以核算企业因销售开发产品等日常经营活动应收取的款项。“应收账款”科目期末借方余额，反映小型房地产企业尚未收回的应收账款。

“应收账款”科目应按照对方单位（或个人）进行明细核算。

相关会计科目及主要账务处理

1122　应收账款

一、本科目核算小企业因销售商品、提供劳务等日常生产经营活动应收取的款项。

二、本科目应按照对方单位（或个人）进行明细核算。

三、应收账款的主要账务处理。

（一）小企业因销售商品或提供劳务形成应收账款，应当按照应收金额，借记本科目，按照税法规定应交纳的增值税销项税额，贷记“应交税费——应交增值税（销项税额）”科目，按照其差额，贷记“主营业务收入”或“其他业务收入”科目。

（二）收回应收账款，借记“银行存款”或“库存现金”科目，贷记本科目。

（三）按照小企业会计准则规定确认应收账款实际发生的坏账损失，应当按照可收回的金额，借记“银行存款”等科目，按照其账面余额，贷记本科目，按照其差额，借记“营业外支出”科目。

四、本科目期末借方余额，反映小企业尚未收回的应收账款。

五、小型房地产企业预付账款的会计处理

预付账款是指小型房地产企业按照合同规定预付的款项。

（一）会计科目

小型房地产企业应设置“预付账款”科目，以核算企业按照合同规定预付的款项，包括根据合同规定预付的购货款、租金、工程款等。预付款项情况不多的小型房地产企业，也可以不设置“预付账款”科目，而将预付的款项直接记入“应付账款”科目借方。小型房地产企业进行在建工程预付的工程价款，也通过“预付账款”科目核算。“预付账款”科目期末借方余额，反映小型房地产企业预付的各种款项。

（二）明细核算

“预付账款”科目应按照对方单位（或个人）进行明细核算。

相关会计科目及主要账务处理

1123　预付账款

一、本科目核算小企业按照合同规定预付的款项。包括：根据合同规定预付的购货款、租金、工程款等。

预付款项情况不多的小企业，也可以不设置本科目，将预付的款项直接记入“应付账款”科目借方。

小企业进行在建工程预付的工程价款，也通过本科目核算。

二、本科目应按照对方单位（或个人）进行明细核算。

三、预付账款的主要账务处理。

（一）小企业因购货而预付的款项，借记本科目，贷记“银行存款”等科目。

收到所购物资，按照应计入购入物资成本的金额，借记“在途物资”或“原材料”、“库存商品”等科目，按照税法规定可抵扣的增值税进项税额，借记“应交税费——应交增值税（进项税额）”科目，按照应支付的金额，贷记本科目。补付的款项，借记本科目，贷记“银行存款”等科目；退回多付的款项，做相反的会计分录。

（二）出包工程按照合同规定预付的工程价款，借记本科目，贷记“银行存款”等科目。按照工程进度和合同规定结算的工程价款，借记“在建工程”科目，贷记本科目、“银行存款”等科目。

（三）按照小企业会计准则规定确认预付账款实际发生的坏账损失，应当按照可收回的金额，借记“银行存款”等科目，按照其账面余额，贷记本科目，按照其差额，借记“营业外支出”科目。

四、本科目期末借方余额，反映小企业预付的各种款项。

六、小型房地产企业应收股利的会计处理

（一）会计科目

小型房地产企业应设置“应收股利”科目，以核算企业应收取的现金股利或利润。“应收股利”科目期末借方余额，反映小型房地产企业尚未收到的现金股利或利润。

（二）明细核算

“应收股利”科目应按照被投资单位进行明细核算。

相关会计科目及主要账务处理

1131　应收股利

一、本科目核算小企业应收取的现金股利或利润。

二、本科目应按照被投资单位进行明细核算。

三、应收股利的主要账务处理。

（一）小企业购入股票，如果实际支付的购买价款中包含已宣告但尚未发放的现金股利，应当按照实际支付的购买价款和相关税费扣除已宣告但尚未发放的现金股利后的金额，借记“短期投资”或“长期股权投资”科目，按照应收的现金股利，借记本科目，按照实际支付的购买价款和相关税费，贷记“银行存款”科目。

（二）在短期投资或长期股权投资持有期间，被投资单位宣告分派现金股利或利润，应当按照本企业应享有的金额，借记本科目，贷记“投资收益”科目。

（三）小企业实际收到现金股利或利润，借记“银行存款”等科目，贷记本科目。

四、本科目期末借方余额，反映小企业尚未收到的现金股利或利润。

七、小型房地产企业应收利息的会计处理

（一）会计科目

小型房地产企业应设置“应收利息”科目，以核算企业债券投资应收取的利息。购入的一次还本付息债券投资持有期间的利息收入，在“长期债券投资”科目核算，不在“应收利息”

科目核算。“应收利息”科目期末借方余额，反映小型房地产企业尚未收到的债券利息。

（二）明细核算

“应收利息”科目应按照被投资单位进行明细核算。

相关会计科目及主要账务处理

1132 应收利息

一、本科目核算小企业债券投资应收取的利息。

购入的一次还本付息债券投资持有期间的利息收入，在“长期债券投资”科目核算，不在本科目核算。

二、本科目应按照被投资单位进行明细核算。

三、应收利息的主要账务处理。

（一）小企业购入债券，如果实际支付的购买价款中包含已到付息期但尚未领取的债券利息，应当按照实际支付的购买价款和相关税费扣除应收的债券利息后的金额，借记“短期投资”或“长期债券投资”科目，按照应收的债券利息，借记本科目，按照实际支付的购买价款和相关税费，贷记“银行存款”科目。

（二）在长期债券投资持有期间，在债务人应付利息日，按照分期付息、一次还本债券投资的票面利率计算的利息收入，借记本科目，贷记“投资收益”科目；按照一次还本付息债券投资的票面利率计算的利息收入，借记“长期债券投资——应计利息”科目，贷记“投资收益”科目。

（三）实际收到债券利息，借记“银行存款”等科目，贷记本科目。

四、本科目期末借方余额，反映小企业尚未收到的债券利息。

八、小型房地产企业其他应收款的会计处理

其他应收款是指小型房地产企业除应收票据、应收账款、预付账款等以外的其他各种应收及暂付款项。

（一）小型房地产企业其他应收款的内容

（1）应收的各种赔款、罚款，如因小型房地产企业财产等遭受意外损失而应向有关保险公司收取的赔款等。

（2）应收的出租包装物租金。

（3）应向职工收取的各种垫付款项，如为职工垫付的水电费、应由职工负担的医药费、房租费等。

（4）存出保证金，如租入包装物支付的押金。

（5）其他各种应收、暂付款项。

（二）会计科目

小型房地产企业应设置“其他应收款”科目，以核算企业除应收票据、应收账款、预付账款、应收股利、应收利息等以外的其他各种应收及暂付款项，包括：各种应收的赔款、应向职工收取的各种垫付款项等。“其他应收款”科目期末借方余额，反映小型房地产企业尚未收回的其他应收款项。

（三）明细核算

“其他应收款”科目应按照对方单位（或个人）进行明细核算。

相关会计科目及主要账务处理

1221　其他应收款

一、本科目核算小企业除应收票据、应收账款、预付账款、应收股利、应收利息等以外的其他各种应收及暂付款项。包括：各种应收的赔款、应向职工收取的各种垫付款项等。

小企业出口产品或商品按照税法规定应予退回的增值税款，也通过本科目核算。

二、本科目应按照对方单位（或个人）进行明细核算。

三、其他应收款的主要账务处理。

（一）小企业发生的其他各种应收款项，借记本科目，贷记“库存现金”、“银行存款”、“固定资产清理”等科目。

出口产品或商品按照税法规定应予退回的增值税款，借记本科目，贷记“应交税费——应交增值税（出口退税）”科目。

（二）收回其他各种应收款项，借记“库存现金”、“银行存款”、“应付职工薪酬”等科目，贷记本科目。

（三）按照小企业会计准则规定确认其他应收款实际发生的坏账损失，应当按照可收回的金额，借记“银行存款”等科目，按照其账面余额，贷记本科目，按照其差额，借记“营业外支出”科目。

四、本科目期末借方余额，反映小企业尚未收回的其他应收款项。

九、小型房地产企业存货的会计处理

（一）企业存货综述

存货是指企业在日常活动中持有以备出售的产成品或商品、处在生产过程中的在产品、在生产过程或提供劳务过程中耗用的材料、物料等。

房地产开发企业存货是指房地产开发企业在开发、生产、经营过程中，为销售或耗用而储存的各种资产。它们处于不断被销售、被耗用和重置的过程中，属于开发企业流动资产的范畴。

开发企业持有存货的最终目的是为了出售。存货在开发企业流动资产中占较大比重，是开发企业流动资产的重要组成部分。对于那些自行组建施工单位从事建筑安装工程施工的房地产开发企业来说，存货包括主要材料、其他材料、周转材料、库存设备、低值易耗品、机械配件、委托加工材料、在建开发产品、已完开发产品、出租开发产品和周转房等。若是不承担施工项目的房地产开发企业，其存货内容就比较简单，主要是在建开发产品和开发产品。开发企业临时出租房、周转房视同存货。另外，在固定资产标准以下的工具、设备、用品、器皿等低值易耗品也包括在存货之中。在这些存货中，房地产开发企业为销售而储存的资产主要是指开发产品、在建开发产品、出租开发产品等；为耗用而储存的各项资产主要是指库存材料、库存设备、低值易耗品、周转房等。

开发企业为了购建固定资产储备的一些材料物资、特准储备物资和专项储备物资，虽然具有存货的某些特征，但是不属于开发企业的存货。

1. 小型房地产企业存货的特征

存货区别于固定资产等非流动资产的最基本的特征是，企业持有存货的最终目的是出售，包括可供直接销售的产成品、商品，以及需经过进一步加工后出售的原材料等。

房地产开发企业存货一般具备下列特征：

（1）存货所指的各种实物资产，不论其存放何处，在盘存日期，法定所有权必须属于开发企业。

（2）存货必须具有实物形态，区别于现金、银行存款、应收账款、应收票据等流动资产。

（3）存货必须具有流动性，不断地处于购置、耗用、重置过程中，其价值随着实物的耗用而转移，随着房地产商品销售的实现而及时地得到补偿，区别于固定资产、无形资产和递延资产。

2. 小型房地产企业存货的组成

（1）材料。材料指企业在生产过程中经加工改变其形态或性质并构成产品主要实体的各种原料及主要材料、辅助材料、外购半成品（外购件）、修理用备件（备品备件）、包装材料、燃料等。为建造固定资产等各项工程而储备的各种材料，虽然同属于材料，但是由于用于建造固定资产等各项工程，不符合存货的定义，所以不能视为企业存货。

对于房地产开发企业来说，此方面主要指用于房地产开发经营的各种材料，如钢材、木材、水泥等。

房地产开发企业用于开发工程的各种设备，如暖卫设备、通风设备、照明设备等，一般可划为存货。

房地产开发企业在生产经营中需要使用到各种建筑和装饰材料，以及准备安装在开发产品上的各种配套设备，如电梯、中央空调、楼内管道、照明设施、电线、网线和室内设备等。这些材料和设备是开发企业存货的重要组成部分，也是开发产品的有机组成部分，其价值一次转移到开发产品的成本中。

（2）在建开发产品。在建开发产品是指未完工且正在开发建设的房地产商品（土地和房屋），如正在建设的住宅楼、写字楼、基础设施或其他物业等。

房地产开发企业的开发项目，可以分包给施工企业进行施工，也可以自行组建施工单位进行施工。

在将开发项目工程分包给别的施工企业建设施工时，房地产开发企业一般都要委托监理公司或由房地产开发企业内部的工程管理部门派专人进驻施工现场，对项目工程的建设进度、工程质量、工程合同进行监督和管理。对工程的造价，应以项目工程的预算为基础，招标时在与施工企业的工程合同中规定，并要坚持实际执行和全面执行的原则。

如果房地产开发企业自行组建施工单位进行项目工程的施工，则应当建立责任成本制度，实现开发成本控制。要有效地控制开发成本，必须建立健全责任成本制度。

（3）开发产品。开发产品一般是指开发企业已经完成全部房地产开发过程，并已验收合格达到设计标准，可以按照合同规定的条件交付购货客户单位或者可以作为房地产商品公开对外销售的产品。

按照其用途的不同，开发产品可分为以下几类：

1）土地。房地产开发企业开发的土地有两种不同的用途：一种是商品性建设场地，用来出租或有偿转让，这种建设场地属于房地产开发企业的最终产品；另一种是房地产开发企业为建设商品房、出租房、周转房而自行开发的自用建设场地，属于自用场地，不是已完工的开发产品。但是，如果企业开发完工的自用建设场地近期不能使用，那么可以暂时视为最终产品。

2）房屋。房地产开发企业开发建设的房屋一般划分为四种用途：一是为销售而开发建设的商品房，二是为出租而开发建设的出租房，三是为安置被拆迁居民周转使用而开发建设的周转房，四是受其他单位委托代为开发建设的房屋。

房地产开发企业建设完成专为安置拆迁居民的房屋不属于开发产品，这种房屋安置后的产权属于房地产管理部门；私房及单位自管房按照大大低于商品房价格的重置价格安置给个人或单位后，其产权属于个人或单位。因此，安置房只能视为中间产品，从理论上讲其开发成本应当结转到受益工程项目开发成本的拆迁补偿费用项目内。

3）配套设施。房地产开发企业开发建设的配套设施有两种类型。

① 城市规划中的大型配套设施项目，如开发项目外为居民服务的给排水，供电，供暖，供气的增容、增压，交通道路；开发项目内的营业性公共配套设施，如银行、商店、邮局等；开发项目内非经营性配套设施，如中小学校、医院等。

② 开发项目内独立的非营业性公共配套设施，如锅炉房、水塔、自行车棚、托儿所、消防设施等。

第一大类配套设施不论有偿转让还是房地产开发企业用于出租或经营，都应作为企业的最终产品。第二类配套设施的费用应计入商品房成本，这类配套设施属于房地产开发企业的中间产品。

4）代建工程。代建工程是指房地产开发企业受其他单位委托，代为开发建设的各种工程，包括建设场地、房屋及其他工程等。

完工开发产品是房地产开发企业开发经营的物质成果，是企业以销售为主要目的而开发的资产。其财务管理的重点是对已开发土地、房屋的销售、转让、出租等进行动态管理，保证账实相符，即可建立产品明细卡对各开发产品的具体情况，如坐落地址、结构、建筑面积、间数、售价、预收金额等进行详细记录，为开发产品的出租、出售做好必要的基础工作。

（4）出租开发产品。出租开发产品是指房地产开发企业开发完成，用于出租经营的土地或房屋。它是指房屋、土地所有权或使用权人（房地产开发企业）作为出租人与承租人双方签订房屋（土地）租赁合同，将其房屋、土地出租给承租人使用，由承租人向出租人支付租金的行为。

出租开发产品的基本特征是以营利为目的，其价值通过收取租金的形式实现。因此，凡不以营利为目的的开发产品出租，都不属于开发产品的管理范畴。例如，房地产开发企业向居住在周转房的拆迁户收取房租，是由于房地产开发企业不能提供现房作永久性安置，而临时安置在周转房过渡，因而不属于出租开发产品。

随着承租人的使用及自然外力的侵蚀，出租房屋会逐渐发生损耗而减少其价值。这部分损耗价值应算作出租房屋经营期间的费用，计入出租房屋的经营成本。房地产开发企业在房屋出租过程中发生的修理费用，如属于经常性维修费用，可作为出租房屋的当期经营支出，直接计入出租房屋的经营成本；如属于大修理支出，应根据大修理间隔期的长短，先将其支出计入递延资产或长期待摊费用，按大修理间隔期作为摊销月数，分月将大修理支出的月摊销额计入出租房屋的经营成本。出租土地虽不会发生损耗，但在批租期满后，要将土地归还给批租单位，因此，房地产开发企业也应按土地开发成本和批租年限，按月计提摊销额，计入出租土地的经营成本。

房地产开发企业出租经营的房屋和土地如果改变用途，将其对外销售或转让，应视同房屋销售和土地转让处理。出租房屋在改变用途进行销售以前，如果进行改装修复，所发生的改装修理费，如果数额不大，那么可作为销售费用；如果数额很大，能增加房屋的价值和使用价值，那么也可考虑将其先计入出租开发产品，然后在销售时将其转作经营成本。

（5）周转房。周转房是房地产开发企业特有的内容。周转房俗称过渡房，是指房地产开发企业用于安置拆迁居民周转使用，产权归本企业所有的各种房屋。

1）在开发建设过程中已明确其专为安置拆迁居民正式安置前提供过渡居住的房屋。

2）房地产开发企业开发完成的商品房，在尚未销售以前用于安置拆迁居民周转使用的房屋。

3）房地产开发企业临时搭建的用于安置拆迁居民周转使用的各种临时性简易房屋。

随着使用及自然力的侵蚀，周转房会逐渐发生损耗而减少其价值。这部分损耗的价值，应作为开发期间的费用，将其计入有关的开发成本。周转房损耗价值的摊销，应根据周转房的结构和使用情况，分别采用平均年限摊销法和周转使用次数摊销法。对非临时性简易周转房，由于其使用年限较长，应采用平均年限摊销法按使用期限计提每月摊销额，其计算方法与出租房基本相同。对于临时性简易周转房，由于周转次数有限，一般可采用周转使用次数摊销法，按预计周转次数计提周转使用一次的摊销额。

周转房在供拆迁居民使用过程中发生的修理费用，如果属于经常性维修费用，那么可作为当期有关开发成本；如果属于大修理支出，那么可先将其支出计入长期待摊费用，然后分期摊入有关开发成本。

周转房如果改变其用途，作为商品房对外销售时，往往在出售前要进行改装修复或根据购房者的要求，对其进行改建或扩建。周转房在出售以前进行改装修复所发生的费用，可列为销售费用。周转房在出售以前根据购房者的要求进行的改建、扩建工程费用支出，应将其转为周转房的价值。

（6）预售开发产品和分期收款产品。

1）预售开发产品。预售开发产品是指房地产开发企业将正在建设中的开发产品预先出售给预售承购人，由承购人支付定金和房价款的行为。

房地产开发企业开发的商品房屋，由于开发期较长，占用资金较多，为了满足后续开发资金的需要，可以进行预售。于是，商品房一般要具备已取得土地使用权证书、持有建筑工程规划许可证、已达到可预售房屋的开发进度要求，并已确定竣工支付日期和取得商品房屋预售许可证。

房地产开发企业在进行开发产品的预售时，必须与购房者签订《房屋预售合同》。预售商品房屋在未竣工之前，属于未完工开发产品。待竣工验收合格后，向房产管理部门办理房屋竣工交付登记，按房屋预售合同办理房屋交付手续，并收清房款以后，才由购房者办理房产登记、过户和房屋产权证，完成商品房的销售。

2）分期收款开发产品。分期收款开发产品是指企业以分期收款方式销售的在全部款项收回之前其全部或部分产权仍归属于企业的开发产品。所以开发企业仍视其为存货管理。分期收款销售是一种赊销方式，采用这种方式销售，对于一部分有能力购房而又暂时缺少资金的客户，只需他们在首期支付部分房价款就可马上获得开发产品，因此可以扩大销售量。

（7）周转材料。周转材料指小型房地产企业能够多次使用，但不符合固定资产定义的材料，如未达到固定资产标准的各种用具物品等劳务资料，如工具、管理用具等，以及在经营过程中建造承包商的钢模板、木模板、脚手架等。但是，周转材料符合固定资产定义的，应当作为固定资产处理。

3. 小型房地产企业取得存货的成本

小型房地产企业取得的存货，应当按照成本进行计量。

（1）小型房地产企业外购存货的成本。小型房地产企业存货的采购成本，是指小型房地产企业物资从采购到入库前所发生的全部支出。外购存货的成本包括购买价款、相关税费、运输费、装卸费、保险费，以及在外购存货过程发生的其他直接费用。

（2）小型房地产企业通过进一步加工取得存货的成本。小企业通过进一步加工取得存货的成本包括直接材料、直接人工，以及按照一定方法分配的制造费用。

1）存货加工成本的组成。存货加工成本包括直接人工及按照一定方法分配的制造费用。

制造费用是指企业为生产产品和提供劳务而发生的各项间接费用。企业应当根据制造费用的性质，合理地选择制造费用分配方法。

2）存货加工成本的分配。在同一生产过程中，同时生产两种或两种以上的产品，并且每种产品的加工成本不能直接区分的，其加工成本应当按照合理的方法在各种产品之间进行分配。

可选用的分配方法通常有按生产工人工资、按生产工人工时、按机器工时、按耗用原材料的数量或成本、按直接成本（原材料、燃料、动力、生产工人工资及福利费之和）和按产成品产量分配等。分配方法一经确定，不得随意变更。存货加工成本在在产品和完工产品之间的成本分配应通过成本核算方法计算确定。

存货加工成本的分配，包括直接人工的分配和制造费用的分配。

① 直接人工的分配。如果生产车间同时生产几种产品，则其发生的直接人工，应采用一定方法分配计入各产品成本中。由于工资形成的方式不同，直接人工的分配方法也不同。比如，按计时工资分配直接人工、按计件工资分配直接人工。

② 制造费用的分配。企业应根据制造费用的性质、产品的性质及生产的方式，结合自身的实际情况，对正常生产活动发生的制造费用，合理选用分配方法。由于企业各个生产车间或部门的生产任务、技术装备程度、管理水平和费用水准各不相同，所以制造费用的分配一般按生产车间或部门进行。企业所选择的制造费用分配方法，必须与制造费用的发生具有较密切的相关性，并且使分配到每种产品上的制造费用金额基本合理。

但是，同时应适当考虑计算手续的简便。在各种产品之间分配制造费用的方法，通常有按生产工人工资、按生产工人工时、按机器工时、按耗用原材料的数量或成本、按直接成本（原材料、燃料、动力、生产工人工资及提取的职工福利费之和）和按产成品产量分配等。

（3）小型房地产企业投资者投入存货的成本。小型房地产企业投资者投入存货的成本，应当按照评估价值确定。

（4）小型房地产企业提供劳务的成本。小型房地产企业提供劳务的成本包括与劳务提供直接相关的人工费、材料费和应分摊的间接费用。

（5）小型房地产企业盘盈存货的成本。小型房地产企业盘盈存货的成本，应当按照同类或类似存货的市场价格或评估价值确定。

4．小型房地产企业发出存货实际成本的确定

（1）小型房地产企业发出存货实际成本的方法的种类。小型房地产企业应当采用先进先出法、加权平均法（移动加权平均法、月末一次加权平均法）或者个别计价法确定发出存货的实际成本。

由于后进先出法不能真实地反映存货的实际流转，所以小企业会计准则取消了后进先出法，这与国际准则的有关规定是一致的。在实际工作中，越来越多的小型房地产企业采用计算机信息系统进行会计处理，个别计价法可以广泛应用于发出存货的计价，并且个别计价法确定的存货成本最为准确。

（2）小型房地产企业采用发出存货实际成本方法的要求。

1）计价方法一经选用，不得随意变更。

2）对于性质和用途相似的存货，应当采用相同的成本计算方法确定发出存货的成本。

3）对于不能替代使用的存货、为特定项目专门购入或制造的存货，以及提供的劳务，采用个别计价法确定发出存货的成本。

5．小型房地产企业存货的期末计量

（1）小型房地产企业已售存货结转成本。对于已售存货，小型房地产企业应当将其成本结转为营业成本。

小企业在日常核算中采用计划成本法或售价金额核算法核算的存货成本，实质上也是存货的实际成本。例如，采用计划成本法，通过“材料成本差异”或“产品成本差异”科目将材料或产成品的计划成本调整为实际成本；采用售价金额核算法，通过“商品进销差价”科目将商品的售价调整为实际成本（进价）。

（2）小型房地产企业存货毁损、盘亏的处理。小型房地产企业发生的存货毁损，应当将处置收入扣除账面价值和相关税费后的金额计入当期损益。

存货盘亏造成的损失，应当计入当期损益。

（二）分述

1．小型房地产企业存货的构成

小企业的存货包括原材料、在产品、半成品、产成品、周转材料、委托加工物资等。

（1）原材料。原材料是指小企业在生产过程中经加工改变其形态或性质并构成产品主要实体的各种原料及主要材料、辅助材料、外购半成品（外购件）、修理用备件（备品备件）、包装材料、燃料等。

（2）在产品。在产品是指小企业正在制造尚未完工的产品，包括：正在各个生产工序加工的产品，以及已加工完毕但尚未检验或已检验但尚未办理入库手续的产品。

（3）半成品。半成品是指小企业经过一定生产过程并已检验合格交付半成品仓库保管，但尚未制造完工成为产成品，仍需进一步加工的中间产品。

（4）产成品。产成品是指小企业已经完成全部生产过程并已验收入库，符合标准规格和技术条件，可以按照合同规定的条件送交订货单位，或者可以作为商品对外销售的产品。

（5）周转材料。周转材料是指小企业能够多次使用、逐渐转移其价值但仍保持原有形态且不确认为固定资产的材料，包括包装物、低值易耗品、小企业（建筑业）的钢模板、木模板、脚手架等。

包装物和低值易耗品等周转材料，具有固定资产的某些特征，比如企业可使用的期限可能超过一年，但考虑到我国多年实务处理的习惯及重要性的要求，小企业会计准则仍然将这类资产作为存货核算。

（6）委托加工物资。委托加工物资是指小企业委托外单位加工的各种材料、商品等物资。

2．小型房地产企业物资采购

（1）会计科目。小型房地产企业应设置“材料采购”科目，以核算小型房地产企业采用计划成本进行材料日常核算、购入材料的采购成本。采用实际成本进行材料日常核算的，购入材料的采购成本，在“在途物资”科目核算。委托外单位加工材料、商品的加工成本，在“委托加工物资”科目核算。“材料采购”科目期末借方余额，反映小型房地产企业已经收到发票账单，但材料尚未到达或尚未验收入库的在途材料的采购成本。

（2）明细核算。“材料采购”科目应按照供应单位和材料类型进行明细核算。

相关会计科目及主要账务处理

1401　材料采购

一、本科目核算小企业采用计划成本进行材料日常核算、购入材料的采购成本。

采用实际成本进行材料日常核算的，购入材料的采购成本，在“在途物资”科目核算。

委托外单位加工材料、商品的加工成本，在“委托加工物资”科目核算。

二、本科目应按照供应单位和材料品种进行明细核算。

三、材料采购的主要账务处理。

（一）小企业外购材料，应当按照发票账单所列购买价款、运输费、装卸费、保险费以及在外购材料过程发生的其他直接费用，借记本科目，按照税法规定可抵扣的增值税进项税额，借记“应交税费——应交增值税（进项税额）”科目，按照购买价款、相关税费、运输费、装卸费、保险费以及在外购材料过程发生的其他直接费用，贷记“库存现金”、“银行存款”、“其他货币资金”、“预付账款”、“应付账款”等科目。

材料已经收到、但尚未办理结算手续的，可暂不作会计分录；待办理结算手续后，再根据所付金额或发票账单的应付金额，借记本科目，贷记“银行存款”等科目。

应向供应单位、运输机构等收回的材料短缺或其他应冲减材料采购成本的赔偿款项，应根据有关的索赔凭证，借记“应付账款”或“其他应收款”科目，贷记本科目。因自然灾害等发生的损失和尚待查明原因的途中损耗，先记入“待处理财产损溢”科目，查明原因后再作处理。

（二）月末，应将仓库转来的外购收料凭证，分别下列不同情况进行处理：

1. 对于收到发票账单的收料凭证（包括本月付款或开出、承兑商业汇票的上月收料凭证），应按照实际成本和计划成本分别汇总，并按照计划成本，借记“原材料”、“周转材料”等科目，贷记本科目；将实际成本大于计划成本的差异，借记“材料成本差异”科目，贷记本科目；实际成本小于计划成本的差异做相反的会计分录。

2. 对于尚未收到发票账单的收料凭证，应按照计划成本暂估入账，借记“原材料”、“周转材料”等科目，贷记“应付账款——暂估应付账款”科目，下月初用红字做同样的会计分录予以冲回，以便下月收到发票账单等结算凭证时，按照正常程序进行账务处理。

四、本科目期末借方余额，反映小企业已经收到发票账单、但材料尚未到达或尚未验收入库的在途材料的采购成本。

3. 小型房地产企业在途物资

（1）会计科目。小型房地产企业应设置“在途物资”科目，以核算企业采用实际成本进行材料、商品等物资的日常核算、尚未到达或尚未验收入库的各种物资的实际采购成本。“在途物资”科目期末借方余额，反映小型房地产企业已经收到发票账单，但材料或商品尚未到达或尚未验收入库的在途材料、商品等物资的采购成本。

（2）明细核算。“在途物资”科目应按照供应单位和物资类型进行明细核算。

（3）会计分录

相关会计科目及主要账务处理

1402　在途物资

一、本科目核算小企业采用实际成本进行材料、商品等物资的日常核算、尚未到达或尚未验收入库的各种物资的实际采购成本。

小企业（批发业、零售业）在购买商品过程中发生的费用（包括：运输费、装卸费、包装费、保险费、运输途中的合理损耗和入库前的挑选整理费等），在“销售费用”科目核算，不在本科目核算。

二、本科目应按照供应单位和物资品种进行明细核算。

三、在途物资的主要账务处理。

（一）小企业外购材料、商品等物资，应当按照发票账单所列购买价款、运输费、装卸费、保险费以及在外购材料过程发生的其他直接费用，借记本科目，按照税法规定可抵扣的增值税进项税额，借记“应交税费——应交增值税（进项税额）”科目，按照购买价款、相关税费、运输费、装卸费、保险费以及在外购物资过程发生的其他直接费用，贷记“库存现金”、“银行存款”、“其他货币资金”、“预付账款”、“应付账款”等科目。

材料已经收到、但尚未办理结算手续的，可暂不作会计分录；待办理结算手续后，再根据所付金额或发票账单的应付金额，借记本科目，贷记“银行存款”等科目。

应向供应单位、外部运输机构等收回的材料或商品短缺或其他应冲减材料或商品采购成本的赔偿款项，应根据有关的索赔凭证，借记“应付账款”或“其他应收款”科目，贷记本科目。因自然灾害等发生的损失和尚待查明原因的途中损耗，先记入“待处理财产损溢”科目，查明原因后再作处理。

（二）月末，应将仓库转来的外购材料或商品收料凭证，按照材料或商品并分别下列不同情况进行汇总：

1. 对于收到发票账单的收料凭证（包括本月付款或开出、承兑商业汇票的上月收料凭证），应当按照汇总金额，借记“原材料”、“周转材料”、“库存商品”等科目，贷记本科目。

2. 对于尚未收到发票账单的收料凭证，应分别材料或商品，并按照估计金额暂估入账，借记“原材料”、“周转材料”、“库存商品”等科目，贷记“应付账款——暂估应付账款”科目，下月初用红字做同样的会计分录予以冲回，以便下月收到发票账单等结算凭证时，按照正常程序进行账务处理。

四、本科目期末借方余额，反映小企业已经收到发票账单、但材料或商品尚未到达或尚未验收入库的在途材料、商品等物资的采购成本。

4. 小型房地产企业库存商品

小企业应设置“库存商品”科目，以核算企业库存的各种商品的实际成本或售价，包括：库存产成品、外购商品、存放在门市部准备出售的商品、发出展览的商品及寄存在外的商品等。接受来料加工制造的代制品和为外单位加工修理的代修品，在制造和修理完成验收入库后，视同小企业的产成品，也通过本科目核算。可以降价出售的不合格品，也在本科目核算，但应与合格产品分开记账。已经完成销售手续，但购买单位在月末未提取的库存产成品，应作为代管产品处理，单独设置代管产品备查簿，不再在本科目核算。“库存商品”科目应按照库存商品的种类、类型和规格等进行明细核算。

相关会计科目及主要账务处理

1405 库存商品

一、本科目核算小企业库存的各种商品的实际成本或售价。包括：库存产成品、外购商品、存放在门市部准备出售的商品、发出展览的商品以及寄存在外的商品等。

接受来料加工制造的代制品和为外单位加工修理的代修品，在制造和修理完成验收入库后，视同小企业的产成品，也通过本科目核算。

可以降价出售的不合格品，也在本科目核算，但应与合格产品分开记账。

已经完成销售手续，但购买单位在月末未提取的库存产成品，应作为代管产品处理，单独设置代管产品备查簿，不再在本科目核算。

小企业（农、林、牧、渔业）可将本科目改为“1405 农产品”科目。

小企业（批发业、零售业）在购买商品过程中发生的费用（包括：运输费、装卸费、包装费、保险费、运输途中的合理损耗和入库前的挑选整理费等），在“销售费用”科目核算，不在本科目核算。

二、本科目应按照库存商品的种类、品种和规格等进行明细核算。

三、库存商品的主要账务处理。

（一）小企业生产的产成品的入库和出库，平时只记数量不记金额，月末计算入库产成品的实际成本。生产完成验收入库的产成品，按照其实际成本，借记本科目，贷记“生产成本”等科目。

对外销售产成品，借记“主营业务成本”科目，贷记本科目。

（二）购入商品到达验收入库后，按照商品的实际成本或售价，借记本科目，贷记“库存现金”、“银行存款”、“在途物资”等科目。

涉及增值税进项税额的，还应进行相应的处理。按照售价与进价之间的差额，贷记“商品进销差价”科目。

购入的商品已经到达并已验收入库，但尚未办理结算手续的，可按照暂估价值入账，借记本科目，贷记“应付账款——暂估应付账款”科目；下月初用红字做同样的会计分录予以冲回，以便下月收到发票账单等结算凭证时，按照正常程序进行账务处理。

对外销售商品结转销售成本或售价，借记“主营业务成本”科目，贷记本科目。月末，分摊已销商品的进销差价，借记“商品进销差价”科目，贷记“主营业务成本”科目。

四、本科目期末借方余额，反映小企业库存商品的实际成本或售价。

5. 小型房地产企业周转材料

小型房地产企业周转材料，是指小型房地产企业能够多次使用、逐渐转移其价值但仍保持原有形态不确认为固定资产的材料，如包装物和低值易耗品。

（1）小型房地产企业周转材料的摊销。对于周转材料，采用一次转销法进行会计处理，在领用时按其成本计入经营成本或当期损益。

金额较大的周转材料，也可以采用分次摊销法进行会计处理。

出租或出借周转材料，不需要结转其成本，但应当进行备查登记。

（2）会计科目。小型房地产企业应设置“周转材料”科目，以核算企业库存的周转材料的实际成本或计划成本，包括：包装物、低值易耗品等。各种包装材料，如纸、绳、铁丝、铁皮等，应在“原材料”科目内核算；用于储存和保管商品、材料而不对外出售的包装物，应按照价值大小和使用年限长短，分别在“固定资产”科目或“周转材料”科目核算。小型房地产企业的包装物、低值易耗品，也可以单独设置“1412 包装物”、“1413 低值易耗品”科目。包装物数量不多的小型房地产企业，也可以不设置“周转材料”科目，而将包装物并入“原材料”科目核算。“周转材料”科目的期末余额，反映小型房地产企业在库、出租、出借周转材料的实际成本或计划成本，以及在用周转材料的摊余价值。

（3）明细核算。“周转材料”科目应按照周转材料的种类，分别以“在库”、“在用”和“摊销”进行明细核算。

相关会计科目及主要账务处理

1411 周转材料

一、本科目核算小企业库存的周转材料的实际成本或计划成本。包括：包装物、低值易耗品，以及小企业（建筑业）的钢模板、木模板、脚手架等。

各种包装材料，如纸、绳、铁丝、铁皮等，应在“原材料”科目内核算；用于储存和保管产品、材料而不对外出售的包装物，应按照价值大小和使用年限长短，分别在“固定资产”科目或本科目核算。

小企业的包装物、低值易耗品，也可以单独设置“1412 包装物”、“1413 低值易耗品”科目。

包装物数量不多的小企业，也可以不设置本科目，将包装物并入“原材料”科目核算。

二、本科目应按照周转材料的种类，分别“在库”、“在用”和“摊销”进行明细核算。

三、周转材料的主要账务处理。

（一）小企业购入、自制、委托外单位加工完成并验收入库的周转材料，以及对周转材料的清查盘点，比照“原材料”科目的相关规定进行账务处理。

（二）生产、施工领用周转材料，通常采用一次转销法，按照其成本，借记“生产成本”、“管理费用”、“工程施工”等科目，贷记本科目。

随同产品出售但不单独计价的包装物，按照其成本，借记“销售费用”科目，贷记本科目。

随同产品出售并单独计价的包装物，按照其成本，借记“其他业务成本”科目，贷记本科目。

金额较大的周转材料，也可以采用分次摊销法，领用时应按照其成本，借记本科目（在用），贷记本科目（在库）；按照使用次数摊销时，应按照其摊销额，借记“生产成本”、“管理费用”、“工程施工”等科目，贷记本科目（摊销）。

（三）周转材料采用计划成本进行日常核算的，领用等发出周转材料，还应结转应分摊的成本差异。

四、本科目的期末余额，反映小企业在库、出租、出借周转材料的实际成本或计划成本以及在用周转材料的摊余价值。

第二节 小型房地产企业非流动资产

一、小型房地产企业长期债券投资的会计处理

小型房地产企业长期债券投资，是指企业准备长期（在1年以上，下同）持有的债券投资。

（一）小型房地产企业长期债券投资的初始计量

小型房地产企业长期债券投资应当按照购买价款和相关税费作为成本进行计量。

实际支付价款中包含的已到付息期但尚未领取的债券利息，应当单独确认为应收利息，不计入长期债券投资的成本。

主要账务处理：小型房地产企业购入债券作为长期投资，应当按照债券票面价值，借记“长期债券投资”科目（面值），按照实际支付的购买价款和相关税费，贷记“银行存款”科目，按照其差额，借记或贷记“长期债券投资”科目（溢折价）。

如果实际支付的购买价款中包含已到付息期但尚未领取的债券利息，应当按照债券票面价

值，借记“长期债券投资”科目（面值），按照应收的债券利息，借记“应收利息”科目，按照实际支付的购买价款和相关税费，贷记“银行存款”科目，按照其差额，借记或贷记“长期债券投资”科目（溢折价）。

小知识

为取得投资而发生的相关费用的处理

从理论上讲，为取得投资而发生的相关费用应构成初始投资成本的组成部分，应将其计入相关投资的成本。但是，对于取得长期债券投资时支付的税金、手续费等相关费用是否构成初始投资成本，有两种不同的意见。

一种意见认为，相关费用应当直接或分摊计入损益。

理由：长期债券投资与其他投资不同，债券购入时可能发生溢折价，溢折价是购买价格（或发行价格）与债券面值之间的差额，要在债券持有期间内摊销。如果将相关费用计入债券初始投资成本，在计算债券溢折价时不能反映真正的溢折价，即溢折价中包含购买债券的相关费用，不是真正意义上的溢折价，与溢折价的定义不相符。由于购买时发生了相关费用，所以即使在按面值购入债券的情况下，也会产生不是溢价的溢价。

另一种意见认为，购买债券与购买其他权益性证券相同，发生的相关费用应计入初始投资成本。

在债券按面值购入的情况下，从实际上看，支付的相关费用仍然属于溢价购入。从理论上讲，无论哪种投资，都应按取得时的初始投资成本入账，但为了正确计算债券溢折价，应在计算债券溢折价时，按债券初始投资成本扣除相关费用后计算。

小型房地产企业取得的长期债券投资所付出的代价应当构成初始投资成本，但为了真实计算购入债券的溢价或折价，应当在计算溢价或折价时按扣除所支付的相关费用后的金额计算。因此，在计算债券投资溢价或折价时，应扣除所发生的相关费用。同时规定，对购入长期债券所发生的相关费用计入初始投资成本。

（二）小型房地产企业长期债券投资的后续计量（持有期间的利息确认为投资收益）

长期债券投资在持有期间发生的应收利息应当确认为投资收益。

1. 分期付息、一次还本的长期债券投资

分期付息、一次还本的长期债券投资，在债务人应付利息日按照票面利率计算的应收未收利息收入应当确认为应收利息，不增加长期债券投资的账面余额。

2. 一次还本付息的长期债券投资

一次还本付息的长期债券投资，在债务人应付利息日按照票面利率计算的应收未收利息收入应当增加长期债券投资的账面余额。

3. 债券的折价或溢价的摊销

债券的折价或溢价在债券存续期间内于确认相关债券利息收入时采用直线法进行摊销。

主要账务处理：在长期债券投资持有期间，在债务人应付利息日，按照分期付息、一次还本的长期债券投资票面利率计算的利息收入，借记“应收利息”科目，贷记“投资收益”科目；按照一次还本付息的长期债券投资票面利率计算的利息收入，借记“长期债券投资”科目（应计利息），贷记“投资收益”科目。

在债务人应付利息日，按照应分摊的债券溢折价金额，借记或贷记“投资收益”科目，贷

记或借记“长期债券投资”科目（溢折价）。

（三）小型房地产企业长期债券投资的期末计量（到期、收回、处置）

长期债券投资到期，小型房地产企业收回长期债券投资，应当冲减其账面余额。

处置长期债券投资，处置价款扣除其账面余额、相关税费后的净额，应当计入投资收益。

主要账务处理：长期债券投资到期，收回长期债券投资，应当按照收回的债券本金或本息，借记“银行存款”等科目，按照其账面余额，贷记“长期债券投资”科目（成本、溢折价、应计利息），按照应收未收的利息收入，贷记“应收利息”科目。

处置长期债券投资，应当按照处置收入，借记“银行存款”等科目，按照其账面余额，贷记“长期债券投资”科目（成本、溢折价），按照应收未收的利息收入，贷记“应收利息”科目，按照其差额，贷记或借记“投资收益”科目。

（四）小型房地产企业长期债券投资损失

小型房地产企业长期债券投资符合下列条件之一的，减除可收回的金额后确认的无法收回的长期债券投资，作为长期债券投资损失。

（1）债务人依法宣告破产、关闭、解散、被撤销，或者被依法注销、吊销营业执照，其清算财产不足清偿的。

（2）债务人死亡，或者依法被宣告失踪、死亡，其财产或者遗产不足清偿的。

（3）债务人逾期3年以上未清偿，且有确凿证据证明已无力清偿债务的。

（4）与债务人达成债务重组协议或法院批准破产重整计划后无法追偿的。

（5）因自然灾害、战争等不可抗力因素导致无法收回的。

（6）国务院财政、税务主管部门规定的其他条件。

长期债券投资损失应当于实际发生时计入营业外支出，同时冲减长期债券投资账面余额。

主要账务处理：按照小企业会计准则规定确认实际发生的长期债券投资损失，应当按照可收回的金额，借记“银行存款”等科目，按照其账面余额，贷记“长期债券投资”科目（成本、溢折价），按照其差额，借记“营业外支出”科目。

相关会计科目及主要账务处理

1501 长期债券投资

一、本科目核算小企业准备长期（在1年以上，下同）持有的债券投资。

二、本科目应按照债券种类和被投资单位，分别以“面值”、“溢折价”、“应计利息”进行明细核算。

三、长期债券投资的主要账务处理。

（一）小企业购入债券作为长期投资，应当按照债券票面价值，借记本科目（面值），按照实际支付的购买价款和相关税费，贷记“银行存款”科目，按照其差额，借记或贷记本科目（溢折价）。

如果实际支付的购买价款中包含已到付息期但尚未领取的债券利息，应当按照债券票面价值，借记本科目（面值），按照应收的债券利息，借记“应收利息”科目，按照实际支付的购买价款和相关税费，贷记“银行存款”科目，按照其差额，借记或贷记本科目（溢折价）。

（二）在长期债券投资持有期间，在债务人应付利息日，按照分期付息、一次还本的长期债券投资票面利率计算的利息收入，借记“应收利息”科目，贷记“投资收益”科目；按照一次还本付息的长期债券投资票面利率计算的利息收入，借记本科目（应计利息），贷记“投资收益”科目。

在债务人应付利息日，按照应分摊的债券溢折价金额，借记或贷记“投资收益”科目，贷记或借记本科目（溢折价）。

（三）长期债券投资到期，收回长期债券投资，应当按照收回的债券本金或本息，借记“银行存款”等科目，按照其账面余额，贷记本科目（成本、溢折价、应计利息），按照应收未收的利息收入，贷记“应收利息”科目。

处置长期债券投资，应当按照处置收入，借记“银行存款”等科目，按照其账面余额，贷记本科目（成本、溢折价），按照应收未收的利息收入，贷记“应收利息”科目，按照其差额，贷记或借记“投资收益”科目。

（四）按照小企业会计准则规定确认实际发生的长期债券投资损失，应当按照可收回的金额，借记“银行存款”等科目，按照其账面余额，贷记本科目（成本、溢折价），按照其差额，借记“营业外支出”科目。

四、本科目期末借方余额，反映小企业持有的分期付息、一次还本债券投资的成本和到期一次还本付息债券投资的本息。

二、小型房地产企业长期股权投资的会计处理

小型房地产企业长期股权投资，是指小型房地产企业准备长期持有的权益性投资。

（一）小型房地产企业长期股权投资的初始计量

小型房地产企业长期股权投资应当按照成本进行计量。

1. 小型房地产企业以支付现金取得的长期股权投资

以支付现金取得的长期股权投资，小型房地产企业应当按照购买价款和相关税费作为成本进行计量。

实际支付价款中包含的已宣告但尚未发放的现金股利，应当单独确认为应收股利，不计入长期股权投资的成本。

主要账务处理：小型房地产企业以支付现金取得的长期股权投资，如果实际支付的购买价款中包含已宣告但尚未发放的现金股利，应当按照实际支付的购买价款和相关税费扣除已宣告但尚未发放的现金股利后的金额，借记“长期股权投资”科目，按照应收的现金股利，借记“应收股利”科目，按照实际支付的购买价款和相关税费，贷记“银行存款”科目。

通过非货币性资产交换取得的长期股权投资，应当按照非货币性资产的评估价值与相关税费之和，借记“长期股权投资”科目，按照换出非货币性资产的账面价值，贷记“固定资产清理”、“无形资产”等科目，按照支付的相关税费，贷记“应交税费”等科目，按照其差额，贷记“营业外收入”或借记“营业外支出”等科目。

2. 小型房地产企业通过非货币性资产交换取得的长期股权投资

通过非货币性资产交换取得的长期股权投资，小型房地产企业应当按照换出非货币性资产的评估价值和相关税费作为成本进行计量。

小知识

以放弃非现金资产而取得长期股权投资，其初始投资成本的确定

这里的非现金资产是指除现金、银行存款、其他货币资金以外的资产，包括各种存货、固

定资产、无形资产等。

以放弃非现金资产取得的长期股权投资，其初始投资成本如何确定，有以下几种意见：

1. 按公允价值确定

公允价值是指在公平交易中，熟悉情况的交易双方自愿进行资产交换或债务清偿的金额。按公允价值确定初始投资成本的理由是：

（1）公允价值体现了一定时间上资产或负债的实际价值，以公允价值计量能够真实反映资产能够给企业带来的经济利益或企业在清偿债务时需要转移的价值。在我国会计实务中，已在一定范围内使用这种计量属性，因而具有实践基础。

（2）公允价值定义中的“公平交易”是指交易双方在互相了解的、自由的、不受各方之间任何关系影响的基础上商定条款而形成的交易，公平交易为其确定的价值的公允性提供了前提条件。同时，公允价值的公允性体现于交易双方均为维护自身利益所确定的价值，双方所商定的价值通常是从各自的利益出发协商的结果，一般不会轻易接受不利于自身利益的交易条款。另外，公允价值的公允性还体现于交易双方的自愿性，即交易双方自愿接受的价值。

（3）与国际会计惯例接轨。目前，公允价值已被越来越多的国家的会计准则采用，国际会计准则也将其作为一个重要的计量属性运用在各项准则中。针对特殊交易或事项采用公允价值计量，是我国会计准则与国际会计惯例接轨的一个具体体现。

（4）公允价值可以表现为多种形式，如可实现净值、重置成本、现行市场价格、评估价值等。

2. 只按评估确认的价值确定

只按评估确认的价值确定初始投资成本的理由是：

（1）按照我国有关法规规定，国有资产产权变动时需要评估，评估办法有收益现值法、重置成本法、现行市价法等方法，而这些方法本身是公允的，也是公允价值的一种。

（2）按照我国现行会计制度规定，国有资产产权变动时，如股份制改组、以非现金资产投资等，按评估确认的价值计量，在实务上具有可操作性。

（3）只以评估确认价值计量不违背公允价值的原则。因为公允价值可以表现为多种形式，如可以采用评估价值、市价等方式确定。只按评估确认的价值确定投资成本更易为人们所接受，而且与国家相关法规协调一致。

我国小企业会计准则中通过非货币性资产交换取得的长期股权投资，应当按照换出非货币性资产的评估价值和相关税费作为成本进行计量。

（二）小型房地产企业长期股权投资的后续计量

在长期股权投资持有期间，被投资单位宣告分派的现金股利或利润，应当按照应分得的金额确认为投资收益。

主要账务处理：在长期股权投资持有期间，被投资单位宣告分派的现金股利或利润，应当按照应分得的金额，借记“应收股利”科目，贷记“投资收益”科目。

（三）小型房地产企业长期股权投资的处置

处置长期股权投资，处置价款扣除其成本、相关税费后的净额，应当计入投资收益。

主要账务处理：处置长期股权投资，应当按照处置价款，借记“银行存款”等科目，按照其成本，贷记“长期股权投资”科目，按照应收未收的现金股利或利润，贷记“应收股利”科目，按照其差额，贷记或借记“投资收益”科目。

（四）小型房地产企业长期股权投资的损失

小型房地产企业长期股权投资符合下列条件之一的，减除可收回的金额后确认的无法收回的长期股权投资，作为长期股权投资损失：

（1）被投资单位依法宣告破产、关闭、解散、被撤销，或者被依法注销、吊销营业执照的。

（2）被投资单位财务状况严重恶化，累计发生巨额亏损，已连续停止经营3年以上，且无重新恢复经营改组计划的。

（3）对被投资单位不具有控制权，投资期限届满或者投资期限已超过10年，且被投资单位因连续3年经营亏损导致资不抵债的。

（4）被投资单位财务状况严重恶化，累计发生巨额亏损，已完成清算或清算期超过3年以上的。

（5）国务院财政、税务主管部门规定的其他条件。

长期股权投资损失应当于实际发生时计入营业外支出，同时冲减长期股权投资账面余额。

主要账务处理：根据小企业会计准则规定确认实际发生的长期股权投资损失，应当按照可收回的金额，借记“银行存款”等科目，按照其账面余额，贷记“长期股权投资”科目，按照其差额，借记“营业外支出”科目。

（五）小型房地产企业长期股权投资的账务处理方法

小型房地产企业长期股权投资应当采用成本法进行会计处理。

小知识

长期股权投资损益的确认

1. 两种收益观点

长期股权投资收益和损失如何确认，是股权投资会计中的重要问题。长期股权投资有两种收益观点，由此产生两种损益确认方法。

（1）以收到利润或现金股利时确认收益。这种观点认为，股权投资的初始投资成本是企业取得被投资单位股权时的实际支出，一项投资能够获得多少利益很大程度上取决于能分回多少利润或现金股利，当处置某项股权投资时，计算该项投资累积获得的收益是实际分回的利润或现金股利，以及处置该项投资时实际收回金额与投资成本的差额的合计。在这种观点下，长期股权投资以投资成本计价，收到利润或现金股利时确认为投资收益。这种方法通常可称为成本法。在这种方法下，期末长期股权投资一般按投资成本计价。采用这种收益观点确认收益能反映企业实际获得的利润或现金股利的情况。

（2）按所持股权所代表的所有者权益的增减变动确认收益。这种观点认为，股权代表股东应享有或应分担被投资单位的利益或损失，当被投资单位产生利润而增加所有者权益时，投资企业应按投资比例确认投资收益，同时增加投资的账面价值；反之，若被投资单位发生亏损而减少所有者权益时，投资企业应按投资比例计算应分担的份额，确认为投资损失，同时减少投资的账面价值。这种确认损益的方法称为权益法。在这种方法下，期末长期股权投资一般按持股比例计算的应享有投资后被投资单位所有者权益的增减份额计价。

在实际运用中，上述两种收益确认观点还需视投资企业对被投资单位的控制或影响能力而定。

长期股权投资什么情况下采用成本法，什么情况下采用权益法核算，投资企业的持股比例是一个重要的因素。在投资持股未达到一定比例的情况下，不可能控制被投资单位或对被投资单位施加重大影响，但决定性的因素是投资企业是否对被投资单位具有控制能力，或是否能对被投资单位施加重大影响。当投资企业持股比例达到能够控制被投资单位或能对被投资单位施加重大影响时，长期股权投资才采用权益法核算，否则应采用成本法核算。可见，投资企业对被投资单位实施控制或重大影响，是采用成本法还是采用权益法的前提。

为什么投资企业对被投资单位具有控制或能够实施重大影响的情况下，长期股权投资需要采用权益法核算呢?

（1）股权代表投资企业对被投资单位所有者权益的要求权，当投资企业能够控制被投资单位或能对被投资单位实施重大影响时，投资企业可能左右或能够影响被投资单位的经营政策、财务政策、利润分配政策等，即当投资企业对被投资单位的净资产提出要求权时，通常可以得到实施。从理论上讲，如果可以对被投资单位施加重大影响，那么其获得投资的未来收益的不确定性要比不能施加重大影响要小，控制比重大影响对获得投资的未来收益的不确定性则更小。采用权益法核算，能够代表这种权益的实施，并表明投资收益是可实现的。

（2）权益法强调投资企业与被投资单位之间的经济关系的实质，其处理方法更符合权责发生制原则。因为投资企业确认投资收益的时点是在被投资单位实现利润时，而不是实际分配股利时。尽管投资企业没有实际收到股利，但被投资单位的所有者权益确实是增加或减少了，按照这一逻辑，当实际收到现金股利时，应该作为投资的部分变现，冲减投资的账面价值。

（3）权益法所反映的投资收益更客观真实，不易操纵利润。在投资企业对被投资单位控制或施加重大影响的情况下，投资企业可以根据本单位利润的实现情况要求被投资单位多分或少分利润，为投资企业操纵利润提供了条件，而权益法则避免了这种情况的发生。

从理论上讲，成本法与权益法的主要差异在于：成本法是将投资企业与被投资单位视为两个独立的法人，两个会计主体，投资企业只在收到利润或现金股利时，或对利润或现金股利的要求权实现时，才确认为投资收益；而权益法是将投资企业与被投资单位视为一个经济个体。虽然从法律意义上讲它们是两个法律主体，但是在损益的确认上采用权责发生制原则。所以，在被投资单位产生损益时，投资企业应相应确认应享有或应分担的份额，作为投资损益。

2. 成本法

在成本法下，长期股权投资以取得股权时的成本计价，其后，除投资企业追加投资、收回投资等情形外，长期股权投资的账面价值保持不变。

成本法的优点在于：

（1）投资账户能够反映投资的成本。

（2）核算简便。

（3）能反映企业实际获得的利润或现金股利的情况，而且获得的利润或现金股利与其流入的现金在时间上基本吻合。

（4）与法律上企业法人的概念相符，即投资企业与被投资单位是两个法人实体，被投资单位实现的净利润或发生的净亏损不会自动成为投资企业的利润或亏损。虽然投资企业拥有被投资单位的股份，是被投资单位的股东，但是并不能表明被投资单位实现的利润能够分回，只有当被投资单位宣告分派利润或股利时，这种权利才得以体现，投资收益才能实现。

（5）成本法所确认的投资收益与我国税法上确认应纳税所得额时对投资收益的确认时间是一致的，不存在会计核算时间上与税法不一致的问题。

（6）成本法的核算比较稳健，即投资账户只反映投资成本，投资收益只反映实际获得的利润或现金股利。

但成本法也有其局限性，表现为：

（1）成本法下，长期股权投资账户停留在初始或追加投资时的投资成本上，不能反映投资企业在被投资单位中的权益。

（2）当投资企业能够控制被投资单位或对被投资单位施加重大影响的情况下，投资企业能够支配被投资单位的利润分配政策或对被投资单位的利润分配政策施加重大影响，投资企业可以凭借其控制和影响力，操纵被投资单位的利润或股利的分配，为操纵利润提供了条件，其投资收益不能真正反映应当获得的利益。

3. 权益法

在权益法下，长期股权投资的账面价值随着被投资单位所有者权益的变动而变动，包括被投资单位实现的净利润或发生的净亏损，以及其他所有者权益项目的变动。

小知识

企业会计准则中投资适用的会计处理方法

企业会计准则中投资适用的会计处理方法如图 6-1 所示。

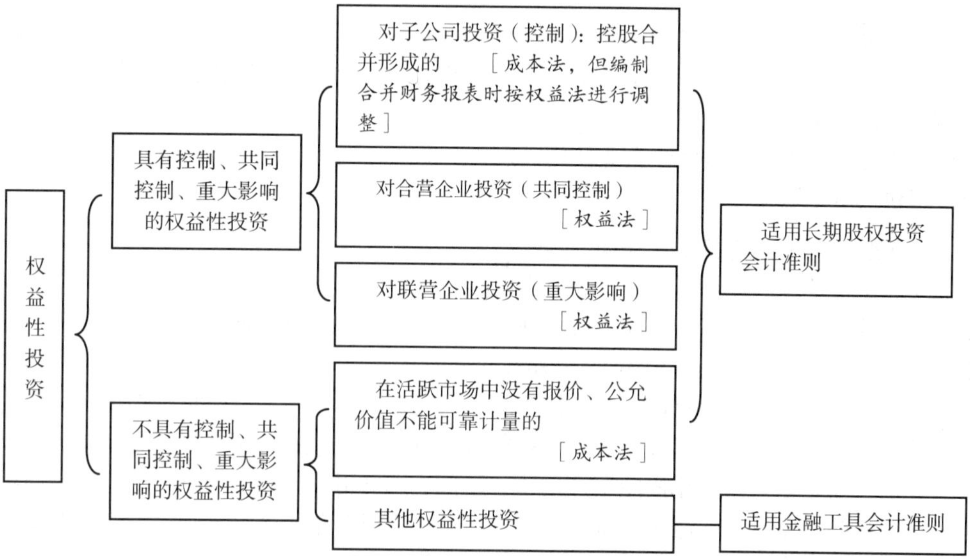

图 6-1　企业会计准则中投资适用的会计处理方法

相关会计科目及主要账务处理

1511　长期股权投资

一、本科目核算小企业准备长期持有的权益性投资。

二、本科目应按照被投资单位进行明细核算。

三、长期股权投资的主要账务处理。

（一）小企业以支付现金取得的长期股权投资，如果实际支付的购买价款中包含已宣告但尚未发放的现金股利，应当按照实际支付的购买价款和相关税费扣除已宣告但尚未发放的现金股利后的金额，借记本科目，按照应收的现金股利，借记“应收股利”科目，按照实际支付的购买价款和相关税费，贷记“银行存款”科目。

通过非货币性资产交换取得的长期股权投资，应当按照非货币性资产的评估价值与相关税费之和，借记本科目，按照换出非货币性资产的账面价值，贷记“固定资产清理”、“无形资产”等科目，按照支付的相关税费，贷记“应交税费”等科目，按照其差额，贷记“营业外收入”或借记“营业外支出”等科目。

（二）在长期股权投资持有期间，被投资单位宣告分派的现金股利或利润，应当按照应分得的金额，借记“应收股利”科目，贷记“投资收益”科目。

（三）处置长期股权投资，应当按照处置价款，借记“银行存款”等科目，按照其成本，贷记本科目，按照应收未收的现金股利或利润，贷记“应收股利”科目，按照其差额，贷记或借记“投资收益”科目。

（四）根据小企业会计准则规定确认实际发生的长期股权投资损失，应当按照可收回的金额，借记“银行存款”等科目，按照其账面余额，贷记本科目，按照其差额，借记“营业外支出”科目。

四、本科目期末借方余额，反映小企业持有的长期股权投资的成本。

三、小型房地产企业固定资产的会计处理

（一）综合知识

小型房地产企业固定资产，是指企业为提供开发产品、出租或经营管理而持有的，使用寿命超过 1 年的有形资产。

使用寿命，是指小型房地产企业使用固定资产的预计期间，或者该固定资产所能提供开发产品或提供劳务的数量。

1. 小型房地产企业固定资产的特征

（1）固定资产是为提供开发产品、出租或经营管理而持有的。小型房地产企业持有固定资产的目的是提供开发产品、出租或经营管理，这意味着小型房地产企业持有的固定资产是企业的劳动工具或手段，而不是直接用于出售的商品。

（2）固定资产使用寿命超过一个会计年度。固定资产的使用寿命，是指小型房地产企业使用固定资产的预计期间，或者该固定资产所能提供开发产品或提供劳务的数量。通常情况下，固定资产的使用寿命是指使用固定资产的预计期间，如自用房屋建筑物的使用寿命按使用年限表示。对于某些机器设备或运输设备等固定资产，其使用寿命往往以该固定资产所能提供开发产品劳务的数量来表示。固定资产使用寿命超过一个会计年度，意味着固定资产属于长期资产，随着使用和磨损，通过计提折旧方式逐渐减少账面价值。对固定资产计提折旧，是对固定资产进行后续计量的重要内容。

（3）固定资产为有形资产。固定资产具有实物特征，这将固定资产与无形资产区别开来。有些无形资产可能同时符合固定资产的其他特征，如无形资产为提供开发产品而持有，使用寿命超过一个会计年度，但由于其没有实物形态，所以不属于固定资产。对于构成固定资产的各组成部分，如果各自具有不同使用寿命或者以不同方式为企业提供经济利益，适用不同折旧率或折旧方法的，那么各组成部分实际上是以独立的方式为企业提供经济利益。因此，小型房地产企业应当分别将各组成部分确认为单项固定资产。

2. 小型房地产企业固定资产的确认

（1）固定资产的确认条件。小型房地产企业固定资产同时满足下列条件的，才能予以确认。

1）与该固定资产有关的经济利益很可能流入小型房地产企业。小型房地产企业在确认固定资产时，需要判断与该项固定资产有关的经济利益是否很可能流入企业，在实务中，主要通过判断与该固定资产所有权相关的风险和报酬是否转移到了小型房地产企业来确定。其中，与固定资产所有权相关的风险，是指由于经营情况发生变化造成的相关收益的变动，以及由于资产闲置、技术陈旧等原因造成的损失；与固定资产所有权相关的报酬，是指在固定资产使用寿命内直接使用该资产获得的收入，以及处置该资产实现的利得等。

通常情况下，取得固定资产所有权是判断与固定资产所有权有关的风险和报酬转移到小型房地产企业的一个重要标志。凡是所有权已属于小型房地产企业，无论小型房地产企业是否收到或拥有该固定资产，均可作为企业的固定资产；反之，如果没有取得所有权，即使存放在小型房地产企业，也不能作为企业的固定资产。但是，所有权是否转移，不是判断与固定资产所有权相关的风险和报酬是否转移到小型房地产企业的唯一标志。在某些情况下，某项固定资产的所有权虽然不属于小型房地产企业，但是企业能够控制与该项固定资产有关的经济利益流入企业，也意味着与该固定资产所有权相关的风险和报酬实质上已转移到了企业，在这种情况下，小型房地产企业应将该项固定资产予以确认。例如，融资租入的固定资产，小型房地产企业虽然不拥有该固定资产的所有权，但是小型房地产企业能够控制与该固定资产有关的经济利益流入企业，实质上与该固定资产所有权相关的风险和报酬已转移到了小型房地产企业（承租人）。因此，满足固定资产确认的第一个条件。

2）该固定资产的成本能够可靠地计量。作为小型房地产企业资产的重要组成部分，要确认固定资产，企业取得该固定资产所发生的支出必须能够可靠地计量。在确定固定资产成本时，有时小型房地产企业需要根据所获得的最新资料进行合理的估计。如果小型房地产企业能够合理地估计出固定资产的成本，就视同固定资产的成本能够可靠地计量。例如，对于已达到预定可使用状态的固定资产，在尚未办理竣工决算前，小型房地产企业需要根据工程预算、工程造价或者工程实际发生的成本等资料，按暂估价值确定固定资产的成本，待办理了竣工决算手续后再作调整。

（2）固定资产确认条件的具体应用。如果构成固定资产的各组成部分各自具有不同的使用寿命或者以不同的方式为小型房地产企业提供经济利益，从而适用不同的折旧率或者折旧方法，那么各组成部分实际上是以独立的方式为企业提供经济利益。因此，小型房地产企业应将其各组成部分单独确认为单项固定资产。

3. 小型房地产企业固定资产的构成

小型房地产企业的固定资产包括房屋、建筑物、机器、机械、运输工具、设备、器具、工具等。

相关会计科目及主要账务处理

1601　固定资产

一、本科目核算小企业固定资产的原价（成本）。

小企业应当根据小企业会计准则规定的固定资产标准，结合本企业的具体情况，制定固定资产目录，作为核算依据。

小企业购置计算机硬件所附带的未单独计价的软件，也通过本科目核算。

小企业临时租入的固定资产和以经营租赁租入的固定资产，应另设备查簿进行登记，不在本科目核算。

二、本科目应按照固定资产类别和项目进行明细核算。

小企业根据实际情况设置“固定资产登记簿”和“固定资产卡片”。

三、固定资产的主要账务处理。

（一）小企业购入（含以分期付款方式购入）不需要安装的固定资产，应当按照实际支付的购买价款、相关税费（不包括按照税法规定可抵扣的增值税进项税额）、运输费、装卸费、保险费等，借记本科目，按照税法规定可抵扣的增值税进项税额，借记“应交税费——应交增值税（进项税额）”科目，贷记“银行存款”、“长期应付款”等科目。

购入需要安装的固定资产，先记入“在建工程”科目，安装完成后再转入本科目。

自行建造固定资产完成竣工决算，按照竣工决算前发生相关支出，借记本科目，贷记“在建工程”科目。

取得投资者投入的固定资产，应当按照评估价值和相关税费，借记本科目或“在建工程”科目，贷记“实收资本”、“资本公积”科目。

融资租入的固定资产，在租赁期开始日，按照租赁合同约定的付款总额和在签订租赁合同过程中发生的相关税费等，借记本科目或“在建工程”科目，贷记“长期应付款”等科目。

盘盈的固定资产，按照同类或类似固定资产的市场价格或评估价值扣除按照新旧程度估计的折旧后的余额，借记本科目，贷记“待处理财产损溢——待处理非流动资产损溢”科目。

（二）在固定资产使用过程中发生的修理费，应当按照固定资产的受益对象，借记“制造费用”、“管理费用”等科目，贷记“银行存款”等科目。

固定资产的大修理支出，借记“长期待摊费用”科目，贷记“银行存款”等科目。

（三）对固定资产进行改扩建时，应当按照该项固定资产账面价值，借记“在建工程”科目，按照其已计提的累计折旧，借记“累计折旧”科目，按照其原价，贷记本科目。

（四）因出售、报废、毁损、对外投资等原因处置固定资产，应当按照该项固定资产账面价值，借记“固定资产清理”科目，按照其已计提的累计折旧，借记“累计折旧”科目，按照其原价，贷记本科目。

盘亏的固定资产，按照该项固定资产的账面价值，借记“待处理财产损溢——待处理非流动资产损溢”科目，按照已计提的折旧，借记“累计折旧”科目，按照其原价，贷记本科目。

四、本科目期末借方余额，反映小企业固定资产的原价（成本）。

（二）初始计量

小型房地产企业固定资产应当按照成本进行计量。

1．小型房地产企业外购固定资产的成本

小型房地产企业外购固定资产的成本包括购买价款、相关税费、运输费、装卸费、保险费、安装费等。以一笔款项购入多项没有单独标价的固定资产，应当按照各项固定资产或类似资产的市场价格或评估价值比例对总成本进行分配，从而分别确定各项固定资产的成本。

主要账务处理：小型房地产企业购入（含以分期付款方式购入）不需要安装的固定资产，应当按照实际支付的购买价款、相关税费、运输费、装卸费、保险费等，借记本科目，贷记“银行存款”、“长期应付款”等科目。

购入需要安装的固定资产，先记入“在建工程”科目，安装完成后再转入本科目。

2．小型房地产企业自行建造固定资产的成本

小型房地产企业自行建造固定资产的成本，由建造该项资产在竣工决算前发生的支出（含相关的借款费用）构成。

主要账务处理：自行建造固定资产完成竣工决算，按照竣工决算前发生相关支出，借记本科目，贷记“在建工程”科目。

3．小型房地产企业投资者投入固定资产的成本

小型房地产企业投资者投入固定资产的成本，应当按照评估价值和相关税费确定。

主要账务处理：取得投资者投入的固定资产，应当按照评估价值和相关税费，借记本科目或“在建工程”科目，贷记“实收资本”、“资本公积”科目。

4．小型房地产企业融资租入的固定资产的成本

小型房地产企业融资租入的固定资产的成本，应当按照租赁合同约定的付款总额和在签订租赁合同过程中发生的相关税费等确定。

主要账务处理：融资租入的固定资产，在租赁期开始日，按照租赁合同约定的付款总额和在签订租赁合同过程中发生的相关税费等，借记本科目或“在建工程”科目，贷记“长期应付款”等科目。

5．小型房地产企业盘盈固定资产的成本

小型房地产企业盘盈固定资产的成本，应当按照同类或者类似固定资产的市场价格或评估价值，扣除按照该项固定资产新旧程度估计的折旧后的余额确定。

主要账务处理：盘盈的固定资产，按照同类或类似固定资产的市场价格或评估价值扣除按照新旧程度估计的折旧后的余额，借记本科目，贷记“待处理财产损溢——待处理非流动资产损溢”科目。

（三）后续计量

1．小型房地产企业固定资产折旧

小型房地产企业固定资产的折旧费应当根据固定资产的受益对象计入相关资产成本或者当期损益。固定资产的折旧方法、使用寿命、预计净残值一经确定，不得随意变更。

折旧，是指在固定资产使用寿命内，按照确定的方法对应计折旧额进行系统分摊。

所谓应计折旧额，是指应当计提折旧的固定资产的原价（成本）扣除其预计净残值后的金额。

预计净残值，是指固定资产预计使用寿命已满，小型房地产企业从该项固定资产处置中获得的扣除预计处置费用后的净额。

（1）折旧范围。小型房地产企业应当对所有固定资产计提折旧，但已提足折旧仍继续使用的固定资产和单独计价入账的土地不得计提折旧。

已提足折旧，是指已经提足该项固定资产的应计折旧额。

（2）折旧方法。小型房地产企业应当按照年限平均法（直线法，下同）计提折旧。小型房地产企业的固定资产由于技术进步等原因，确需加速折旧的，可以采用双倍余额递减法和年数总和法。

1）年限平均法，又称直线法，是将固定资产的折旧均衡地分摊到各期的一种方法。采用这种方法计算的每期折旧额均是相等的。计算公式如下：

$$年折旧率=\frac{1-预计净残值率}{预计使用年限}\times 100\%$$

$$月折旧率=年折旧率\div 12$$

$$月折旧额=固定资产原价\times 月折旧率$$

采用年限平均法计算固定资产折旧虽然比较简便，但也存在着一些明显的局限性。首先，固定资产在不同使用年限提供的经济效益是不同的。一般来讲，固定资产在其使用前期工作效率相对较高，所带来的经济利益也就多；而在其使用后期，工作效率一般呈下降趋势，因而，所带来的经济利益也就逐渐减少。而年限平均法不考虑这一事实，明显是不合理的。其次，固定资产在不同的使用年限发生的维修费用也不一样。固定资产的维修费用将随着其使用时间的延长而不断增大，而年限平均法也没有考虑这一因素。

当固定资产各期的负荷程度相同时，各期应分摊相同的折旧费，这时采用年限平均法计算

折旧是合理的。但是，若固定资产各期负荷程度不同，采用年限平均法计算折旧时，则不能反映固定资产的实际使用情况，提取的折旧数与固定资产的损耗程度也不相符。

【例 6-1】 智董房地产公司有一办公楼，原价为 500 000 元，预计可使用 20 年，按照有关规定，该办公楼报废时的净残值率为 2%。

该办公楼的折旧率和折旧额的计算如下：

$$\text{年折旧率}=\frac{1-2\%}{20}\times100\%=4.9\%$$

$$\text{月折旧率}=4.9\%\div12=0.41\%$$

$$\text{月折旧额}=500\,000\times0.41\%=2\,050\text{（元）}$$

上述计算的折旧率是按个别固定资产单独计算的，称个别折旧率，即某项固定资产在一定期间的折旧额与该项固定资产原价的比率。此外，还有分类折旧率和综合折旧率。

分类折旧率是指固定资产分类折旧额与该类固定资产原价的比率。采用这种方法，应先把性质、结构和使用年限接近的固定资产归为一类，再按类计算平均折旧率，用该类折旧率对该类固定资产计提折旧，如将房屋建筑物划分为一类，将机械设备划分为一类等。分类折旧率的计算公式如下：

$$\text{某类固定资产年分类折旧率}=\frac{\text{该类固定资产年折旧额之和}}{\text{该类固定资产原价之和}}\times100\%$$

采用分类折旧率计算固定资产折旧，优点是计算方法简单，缺点是准确性不如个别折旧率。

综合折旧率是指某一期间企业全部固定资产折旧额与全部固定资产原价的比率。计算公式如下：

$$\text{固定资产年综合折旧率}=\frac{\text{各项固定资产年折旧额之和}}{\text{各项固定资产原价之和}}\times100\%$$

与采用个别折旧率和分类折旧率计算固定资产折旧相比，采用综合折旧率计算固定资产折旧，其结果的准确性较差。

2）工作量法，工作量法是根据实际工作量计提折旧额的一种方法。这种方法弥补年限平均法只重视使用时间，不考虑使用强度的缺点。计算公式为：

$$\text{每个工作量折旧额}=\text{固定资产原价}\times（1-\text{净残值率}）\div\text{预计总工作量}$$

$$\text{某项固定资产月折旧额}=\text{该项固定资产当月工作量}\times\text{每个工作量折旧额}$$

3）加速折旧法，也称快速折旧法或递减折旧法，其特点是在固定资产有效使用年限的前期多提折旧，后期则少提折旧，从而相对加快折旧的速度，以使固定资产成本在有效使用年限中加快得到补偿。

加速折旧的计提方法有多种，常用的有以下两种。

① 双倍余额递减法，是在不考虑固定资产残值的情况下，根据每期期初固定资产账面余额和双倍的直线法折旧率计算固定资产折旧的一种方法。计算公式为：

$$\text{年折旧率}=2\div\text{预计的折旧年限}\times100\%$$

$$\text{月折旧率}=\text{年折旧率}\div12$$

$$\text{月折旧额}=\text{固定资产账面净值}\times\text{月折旧率}$$

由于双倍余额递减法不考虑固定资产的预计净残值，所以在应用这种方法时必须注意不能使固定资产的账面折余价值降低到其预计净残值以下，即实行双倍余额递减法计提折旧的固定资产，应当在其固定资产折旧年限到期前两年内，将固定资产净值扣除预计净残值后的余额平均摊销。

② 年数总和法，又称合计年限法，是将固定资产的原值减去净残值后的净额乘以一个逐年递减的分数计算每年的折旧额，这个分数的分子代表固定资产尚可使用的年数，分母代表使用年数的逐年数字总和。计算公式如下：

年折旧率=尚可使用年数/预计使用年限的年数总和

或

年折旧率=（预计使用年限−已使用年限）/［预计使用年限×（预计使用年限+1）÷2］×100%

月折旧率=年折旧率÷12

月折旧额=（固定资产原值−预计净残值）×月折旧率

（3）固定资产的使用寿命和预计净残值。小型房地产企业应当根据固定资产的性质和使用情况，并考虑税法的规定，合理确定固定资产的使用寿命和预计净残值。

（4）计提时间。小型房地产企业应当按月计提折旧，当月增加的固定资产，当月不计提折旧，从下月起计提折旧；当月减少的固定资产，当月仍计提折旧，从下月起不计提折旧。

相关会计科目及主要账务处理

1602　累计折旧

一、本科目核算小企业固定资产的累计折旧。

二、本科目可以进行总分类核算，也可以进行明细核算。

需要查明某项固定资产的已计提折旧，可以根据“固定资产卡片”上所记载的该项固定资产原价、折旧率和实际使用年数等资料进行计算。

三、累计折旧的主要账务处理。

（一）小企业按月计提固定资产的折旧费，应当按照固定资产的受益对象，借记“制造费用”、“管理费用”等科目，贷记本科目。

（二）因出售、报废、毁损、对外投资等原因处置固定资产，应当按照该项固定资产账面价值，借记“固定资产清理”科目，按照其已计提的累计折旧，借记本科目，按照其原价，贷记“固定资产”科目。

四、本科目期末贷方余额，反映小企业固定资产的累计折旧额。

2．小型房地产企业固定资产的日常修理费

小型房地产企业固定资产的日常修理费，应当在发生时根据固定资产的受益对象计入相关资产成本或者当期损益。

主要账务处理：

（1）在固定资产提供过程中发生的修理费，应当按照固定资产的受益对象，借记“制造费用”、“管理费用”等科目，贷记“银行存款”等科目。

（2）固定资产的大修理支出，借记“长期待摊费用”科目，贷记“银行存款”等科目。

3．小型房地产企业固定资产的改建支出

小型房地产企业固定资产的改建支出，是指改变房屋或者建筑物结构、延长使用年限等发生的支出。

固定资产的改建支出，应当计入固定资产的成本，但已提足折旧的固定资产和经营租入的固定资产发生的改建支出应当计入长期待摊费用。

主要账务处理：对固定资产进行改扩建时，应当按照该项固定资产账面价值，借记“在建工程”科目，按照其已计提的累计折旧，借记“累计折旧”科目，按照其原价，贷记本科目。

（四）期末计量

1. 小型房地产企业处置固定资产

小型房地产企业处置固定资产，处置收入扣除其账面价值、相关税费和清理费用后的净额，应当计入营业外收入或营业外支出。

以上所称固定资产的账面价值，是指固定资产原价（成本）扣减累计折旧后的金额。

主要账务处理：因出售、报废、毁损、对外投资等原因处置固定资产，应当按照该项固定资产账面价值，借记“固定资产清理”科目，按照其已计提的累计折旧，借记“累计折旧”科目，按照其原价，贷记本科目。

2. 小型房地产企业盘亏固定资产

小型房地产企业盘亏固定资产发生的损失应当计入营业外支出。

主要账务处理：盘亏的固定资产，按照该项固定资产的账面价值，借记“待处理财产损溢——待处理非流动资产损溢”科目，按照已计提的折旧，借记“累计折旧”科目，按照其原价，贷记本科目。

四、小型房地产企业在建工程的会计处理

小型房地产企业应设置“在建工程”科目，以核算企业需要安装的固定资产、固定资产新建工程、改扩建等所发生的成本。小型房地产企业购入不需要安装的固定资产，在“固定资产”科目核算，不在“在建工程”科目核算。小型房地产企业已提足折旧的固定资产的改建支出和经营租入固定资产的改建支出，在“长期待摊费用”科目核算，不在“在建工程”科目核算。

“在建工程”科目期末借方余额，反映小型房地产企业尚未完工或虽已完工，但尚未办理竣工决算的工程成本。

“在建工程”科目应按照在建工程项目进行明细核算。

相关会计科目及主要账务处理

1604 在建工程

一、本科目核算小企业需要安装的固定资产、固定资产新建工程、改扩建等所发生的成本。

小企业购入不需要安装的固定资产，在“固定资产”科目核算，不在本科目核算。

小企业已提足折旧的固定资产的改建支出和经营租入固定资产的改建支出，在“长期待摊费用”科目核算，不在本科目核算。

二、本科目应按照在建工程项目进行明细核算。

三、在建工程的主要账务处理。

（一）小企业购入需要安装的固定资产，应当按照实际支付的购买价款、相关税费（不包括按照税法规定可抵扣的增值税进项税额）、运输费、装卸费、保险费、安装费等，借记本科目，按照税法规定可抵扣的增值税进项税额，借记“应交税费——应交增值税（进项税额）”科目，贷记“银行存款”等科目。

融资租入的固定资产，在租赁期开始日，按照租赁合同约定的付款总额和在签订租赁合同

过程中发生的相关税费等，借记本科目或“固定资产”科目，贷记“长期应付款”科目。

固定资产安装完成，借记“固定资产”科目，贷记本科目。

（二）自营工程领用工程物资，借记本科目，贷记“工程物资”科目。

在建工程应负担的职工薪酬，借记本科目，贷记“应付职工薪酬”科目。

在建工程使用本企业的产品或商品，应当按照成本，借记本科目，贷记“库存商品”科目。同时，按照税法规定应交纳的增值税额，借记本科目，贷记“应交税费——应交增值税（销项税额）”科目。

在建工程在竣工决算前发生的借款利息，在应付利息日应当根据借款合同利率计算确定的利息费用，借记本科目，贷记“应付利息”科目。办理竣工决算后发生的利息费用，在应付利息日，借记“财务费用”科目，贷记“应付利息”等科目。

在建工程在试运转过程中发生的支出，借记本科目，贷记“银行存款”等科目；形成的产品或者副产品对外销售或转为库存商品的，借记“银行存款”、“库存商品”等科目，贷记本科目。

自营工程办理竣工决算，借记“固定资产”科目，贷记本科目。

（三）出包工程，按照工程进度和合同规定结算的工程价款，借记本科目，贷记“银行存款”、“预付账款”等科目。

工程完工收到承包单位提供的账单，借记“固定资产”科目，贷记本科目。

（四）对固定资产进行改扩建时，应当按照该项固定资产账面价值，借记本科目，按照其已计提的累计折旧，借记“累计折旧”科目，按照其原价，贷记“固定资产”科目。

在改扩建过程中发生的相关支出，借记本科目，贷记相关科目。

改扩建完成办理竣工决算，借记“固定资产”科目，贷记本科目。

四、本科目期末借方余额，反映小企业尚未完工或虽已完工但尚未办理竣工决算的工程成本。

五、小型房地产企业工程物资的会计处理

小型房地产企业应设置“工程物资”科目，以核算企业为在建工程准备的各种物资的成本，包括：工程用材料、尚未安装的设备及为生产准备的工器具等。“工程物资”科目期末借方余额，反映小型房地产企业为在建工程准备的各种物资的成本。

“工程物资”科目应按照“专用材料”、“专用设备”、“工器具”等进行明细核算。

相关会计科目及主要账务处理

1605　工程物资

一、本科目核算小企业为在建工程准备的各种物资的成本，包括：工程用材料、尚未安装的设备及为生产准备的工器具等。

二、本科目应按照“专用材料”、“专用设备”、“工器具”等进行明细核算。

三、工程物资的主要账务处理。

（一）小企业购入为工程准备的物资，应当按照实际支付的购买价款和相关税费，借记本科目，贷记“银行存款”等科目。

（二）工程领用工程物资，借记“在建工程”科目，贷记本科目。工程完工后将领出的剩余物资退库时做相反的会计分录。

工程完工后剩余的工程物资转作本企业存货的，借记“原材料”等科目，贷记本科目。

四、本科目期末借方余额，反映小企业为在建工程准备的各种物资的成本。

六、小型房地产企业固定资产清理的会计处理

小型房地产企业应设置“固定资产清理”科目，以核算企业因出售、报废、毁损、对外投资等原因处置固定资产所转出的固定资产账面价值，以及在清理过程中发生的费用等。“固定资产清理”科目期末借方余额，反映小型房地产企业尚未清理完毕的固定资产清理净损失；“固定资产清理”科目期末贷方余额，反映小型房地产企业尚未清理完毕的固定资产清理净收益。

“固定资产清理”科目应按照被清理的固定资产项目进行明细核算。

相关会计科目及主要账务处理

1606 固定资产清理

一、本科目核算小企业因出售、报废、毁损、对外投资等原因处置固定资产所转出的固定资产账面价值，以及在清理过程中发生的费用等。

二、本科目应按照被清理的固定资产项目进行明细核算。

三、固定资产清理的主要账务处理。

（一）小企业因出售、报废、毁损、对外投资等原因处置固定资产，应当按照该项固定资产的账面价值，借记本科目，按照其已计提的累计折旧，借记“累计折旧”科目，按照其原价，贷记“固定资产”科目。

同时，按照税法规定不得从增值税销项税额中抵扣的进项税额，借记本科目，贷记“应交税费——应交增值税（进项税额转出）”科目。

（二）清理过程中应支付的相关税费及其他费用，借记本科目，贷记“银行存款”、“应交税费”等科目。取得出售固定资产的价款、残料价值和变价收入等处置收入，借记“银行存款”、“原材料”等科目，贷记本科目。应由保险公司或过失人赔偿的损失，借记“其他应收款”等科目，贷记本科目。

（三）固定资产清理完成后，如为借方余额，借记“营业外支出——非流动资产处置净损失”科目，贷记本科目；如为贷方余额，借记本科目，贷记“营业外收入——非流动资产处置净收益”科目。

四、本科目期末借方余额，反映小企业尚未清理完毕的固定资产清理净损失；本科目期末贷方余额，反映小企业尚未清理完毕的固定资产清理净收益。

七、小型房地产企业无形资产的会计处理

（一）小型房地产企业无形资产的确认

小型房地产企业无形资产，是指企业为提供开发产品、出租或经营管理而持有的，没有实物形态的可辨认非货币性资产。

可辨认性是无形资产区别于商誉的特性。商誉是一种主观性很强的资产，其会计处理和披露是由合并会计准则规范的。为了将商誉和无形资产区分开来，无形资产的定义要求无形资产具有可辨认性。无形资产是否具有可辨认性，可用多种方式来判断。如果无形资产是可分的，那么无形资产就具有可辨认性；如果无形资产是与一组资产一起获得的，交易中可能包括法定权利的转移，那么这可使小型房地产企业辨认该无形资产；如果内部项目的目的是为小型房地产企业创造法定权利，那么这些权利的性质可能有助于小型房地产企业辨认潜在的、内部产生

的无形资产。此外，即使某项资产只能与其他资产一起产生未来经济利益，如果小型房地产企业可以辨认该资产引起的未来经济利益，那么该资产也是可辨认的。

资产满足下列条件之一的，符合无形资产定义中的可辨认性标准：

（1）能够从小型房地产企业中分离或者划分出来，并能单独或者与相关合同、资产或负债一起，用于出售、转移、授予许可、租赁或者交换。

（2）源自合同性权利或其他法定权利，无论这些权利是否可以从小型房地产企业或其他权利和义务中转移或者分离。

1. 小型房地产企业无形资产的构成

小型房地产企业的无形资产包括土地使用权、著作权、非专利技术等。

商誉的存在无法与小型房地产企业自身分离，不具有可辨认性，不在无形资产中规范。

2. 小型房地产企业无形资产与固定资产的区分（土地使用权与建筑物）

小型房地产企业自行开发建造办公楼等建筑物，相关的土地使用权与建筑物应当分别进行处理。外购土地及建筑物支付的价款应当在建筑物与土地使用权之间按照合理的方法进行分配；难以合理分配的，应当全部作为固定资产。

相关会计科目及主要账务处理

1701　无形资产

一、本科目核算小企业持有的无形资产成本。

二、本科目应按照无形资产项目进行明细核算。

三、无形资产的主要账务处理。

（一）小企业外购无形资产，应当按照实际支付的购买价款、相关税费和相关的其他支出（含相关的利息费用），借记本科目，贷记“银行存款”、“应付利息”等科目。

（二）自行开发建造厂房等建筑物，外购土地及建筑物支付的价款应当在建筑物与土地使用权之间按照合理的方法进行分配，其中属于土地使用权的部分，借记本科目，贷记“银行存款”等科目。

（三）收到投资者投入的无形资产，应当按照评估价值和相关税费，借记本科目，贷记“实收资本”、“资本公积”科目。

（四）开发项目达到预定用途形成无形资产的，按照应予资本化的支出，借记本科目，贷记“研发支出”科目。

（五）因出售、报废、对外投资等原因处置无形资产，应当按照取得的出售无形资产的价款等处置收入，借记“银行存款”等科目，按照其已计提的累计摊销，借记“累计摊销”科目，按照应支付的相关税费及其他费用，贷记“应交税费——应交增值税”、“银行存款”等科目，按照其成本，贷记本科目，按照其差额，贷记“营业外收入——非流动资产处置净收益”科目或借记“营业外支出——非流动资产处置净损失”科目。

四、本科目期末借方余额，反映小企业无形资产的成本。

（二）小型房地产企业无形资产的计量

1. 小型房地产企业无形资产的初始计量

小型房地产企业无形资产应当按照成本进行计量。

（1）小型房地产企业外购无形资产的成本。小型房地产企业外购无形资产的成本包括：购买价款、相关税费和相关的其他支出（含相关的借款费用）。

主要账务处理：小型房地产企业外购无形资产，应当按照实际支付的购买价款、相关税费和相关的其他支出（含相关的利息费用），借记“无形资产”科目，贷记“银行存款”、“应付利息”等科目。

（2）小型房地产企业投资者投入的无形资产的成本。小型房地产企业投资者投入的无形资产的成本，应当按照评估价值和相关税费确定。

主要账务处理：收到投资者投入的无形资产，应当按照评估价值和相关税费，借记“无形资产”科目，贷记“实收资本”、“资本公积”科目。

2．小型房地产企业无形资产的后续计量

（1）小型房地产企业无形资产摊销的政策规定。小型房地产企业无形资产应当在其使用寿命内采用年限平均法进行摊销，根据其受益对象计入相关资产成本或者当期损益。

无形资产的摊销期自其可供使用时开始至停止使用或出售时止。有关法律规定或合同约定了使用年限的，可以按照规定或约定的使用年限分期摊销。

小型房地产企业不能可靠估计无形资产使用寿命的，摊销期不得低于10年。

（2）小型房地产企业无形资产摊销的账务处理。小型房地产企业应设置“累计摊销”科目以核算企业对无形资产计提的累计摊销。“累计摊销”科目期末借方余额，反映小型房地产企业无形资产的累计摊销额。

“累计摊销”科目应按照无形资产项目进行明细核算。

小型房地产企业按月采用年限平均法计提无形资产的摊销，应当按照无形资产的受益对象，借记“制造费用”、“管理费用”等科目，贷记“累计摊销”科目。处置无形资产还应同时结转累计摊销。

相关会计科目及主要账务处理

1702　累计摊销

一、本科目核算小企业对无形资产计提的累计摊销。

二、本科目应按照无形资产项目进行明细核算。

三、累计摊销的主要账务处理。

小企业按月采用年限平均法计提无形资产的摊销，应当按照无形资产的受益对象，借记“制造费用”、“管理费用”等科目，贷记本科目。处置无形资产还应同时结转累计摊销。

四、本科目期末借方余额，反映小企业无形资产的累计摊销额。

3．小型房地产企业无形资产的期末计量

（1）政策规定。小型房地产企业处置无形资产，处置收入扣除其账面价值、相关税费等后的净额，应当计入营业外收入或营业外支出。

以上所称无形资产的账面价值，是指无形资产的成本扣减累计摊销后的金额。

（2）账务处理。因出售、报废、对外投资等原因处置无形资产，小型房地产企业应当按照取得的出售无形资产的价款等处置收入，借记“银行存款”等科目，按照其已计提的累计摊销，借记“累计摊销”科目，按照应支付的相关税费及其他费用，贷记“应交税费——应交增值税”、“银行存款”等科目，按照其成本，贷记“无形资产”科目，按照其差额，贷记“营业外收入——非流动资产处置净收益”科目或借记“营业外支出——非流动资产处置净损失”科目。

八、小型房地产企业长期待摊费用的会计处理

（一）小型房地产企业长期待摊费用的构成

小型房地产企业的长期待摊费用包括已提足折旧的固定资产的改建支出、经营租入固定资产的改建支出、固定资产的大修理支出和其他长期待摊费用等。

以上所称固定资产的大修理支出，是指同时符合下列条件的支出：

（1）修理支出达到取得固定资产时的计税基础 50%以上。

（2）修理后固定资产的使用寿命延长 2 年以上。

（二）小型房地产企业长期待摊费用的后续计量（摊销）

长期待摊费用应当在其摊销期限内采用年限平均法进行摊销，根据其受益对象计入相关资产的成本或者管理费用，并冲减长期待摊费用。

（1）已提足折旧的固定资产的改建支出，按照固定资产预计尚可使用年限分期摊销。

（2）经营租入固定资产的改建支出，按照合同约定的剩余租赁期限分期摊销。

（3）固定资产的大修理支出，按照固定资产尚可使用年限分期摊销。

（4）其他长期待摊费用，自支出发生月份的下月起分期摊销，摊销期不得低于 3 年。

相关会计科目及主要账务处理

1801　长期待摊费用

一、本科目核算小企业已提足折旧的固定资产的改建支出、经营租入固定资产的改建支出、固定资产的大修理支出和其他长期待摊费用等。

二、本科目应按照支出项目进行明细核算。

三、长期待摊费用的主要账务处理。

（一）小企业发生的长期待摊费用，借记本科目，贷记“银行存款”、“原材料”等科目。

（二）按月采用年限平均法摊销长期待摊费用，应当按照长期待摊费用的受益对象，借记“制造费用”、“管理费用”等科目，贷记本科目。

四、本科目期末借方余额，反映小企业尚未摊销完毕的长期待摊费用。

九、小型房地产企业待处理财产损溢的会计处理

小型房地产企业应设置“待处理财产损溢”科目，以核算企业在清查财产过程中查明的各种财产盘盈、盘亏和毁损的价值。所采购物资在运输途中因自然灾害等发生的损失或尚待查明的损耗，也通过“待处理财产损溢”科目核算。小型房地产企业的财产损溢，应当查明原因，在年末结账前处理完毕，处理后“待处理财产损溢”科目应无余额。

“待处理财产损溢”科目应按照待处理流动资产损溢和待处理非流动资产损溢进行明细核算。

相关会计科目及主要账务处理

1901　待处理财产损溢

一、本科目核算小企业在清查财产过程中查明的各种财产盘盈、盘亏和毁损的价值。

所采购物资在运输途中因自然灾害等发生的损失或尚待查明的损耗，也通过本科目核算。

二、本科目应按照待处理流动资产损溢和待处理非流动资产损溢进行明细核算。

三、待处理财产损溢的主要账务处理。

（一）盘盈的各种材料、产成品、商品、现金等，应当按照同类或类似存货的市场价格或评估价值，借记“原材料”、“库存商品”、“库存现金”等科目，贷记本科目（待处理流动资产损溢）。盘亏、毁损、短缺的各种材料、产成品、商品、现金等，应当按照其账面余额，借记本科目（待处理流动资产损溢），贷记“材料采购”或“在途物资”、“原材料”、“库存商品”、“库存现金”等科目。涉及增值税进项税额的，还应进行相应的账务处理。

盘盈的固定资产，按照同类或类似固定资产的市场价格或评估价值扣除按照该项固定资产新旧程度估计的折旧后的余额，借记“固定资产”科目，贷记本科目（待处理非流动资产损溢）。盘亏的固定资产，按照该项固定资产的账面价值，借记本科目（待处理非流动资产损溢），按照已计提的累计折旧，借记“累计折旧”科目，按照其原价，贷记“固定资产”科目。

（二）盘亏、毁损、报废的各项资产，按照管理权限经批准后处理时，按照残料价值，借记“原材料”等科目，按照可收回的保险赔偿或过失人赔偿，借记“其他应收款”科目，按照本科目余额，贷记本科目（待处理流动资产损溢、待处理非流动资产损溢），按照其借方差额，借记“营业外支出”科目。

盘盈的各种材料、产成品、商品、固定资产、现金等，按照管理权限经批准后处理时，按照本科目余额，借记本科目（待处理流动资产损溢、待处理非流动资产损溢），贷记“营业外收入”科目。

四、小企业的财产损溢，应当查明原因，在年末结账前处理完毕，处理后本科目应无余额。

第七章

小型房地产企业负债会计

小型房地产企业负债，是指小型房地产企业过去的交易或者事项形成的，预期会导致经济利益流出企业的现时义务。现时义务是指企业在现行条件下已承担的义务。未来发生的交易或者事项形成的义务，不属于现时义务，不应当确认为负债。

第一节　小型房地产企业流动负债

一、小型房地产企业流动负债概述

小型房地产企业的流动负债，是指小型房地产企业预计在 1 年内或者超过 1 年的一个正常营业周期内清偿的债务。

（一）流动负债的构成

小型房地产企业的流动负债包括短期借款、应付及预收款项、应付职工薪酬、应交税费、应付利息等。

（二）流动负债的入账

各项流动负债应当按照其实际发生额入账。

小型房地产企业确实无法偿付的应付款项，应当计入营业外收入。

二、小型房地产企业短期借款

小型房地产企业短期借款，是指小型房地产企业向银行或其他金融机构等借入的期限在 1 年以下（含 1 年）的各种借款，通常是为了满足正常经营的需要。无论借入款项的来源如何，小型房地产企业都需要向债权人按期偿还借款的本金及利息。在会计核算上，小型房地产企业要及时、如实地反映短期借款的借入、利息的发生和本金及利息的偿还情况。

短期借款应当按照借款本金和借款合同利率在应付利息日计提利息费用，计入财务费用。

小型房地产企业应设置“短期借款”科目，以核算企业向银行或其他金融机构等借入的期限在 1 年内的各种借款。“短期借款”科目期末贷方余额，反映小型房地产企业尚未偿还的短期借款本金。

“短期借款”科目应按照借款种类、贷款人和币种进行明细核算。

【例 7-1】 智董房地产公司于 20×7 年 1 月 1 日向银行借入一笔经营用短期借款，共计 120 000 元，期限为 9 个月，年利率为 8%。根据与银行签署的借款协议，该项借款的本金到期后一次归还；利息分月预提，按季支付。智董房地产公司的有关会计处理如下：

（1）1 月 1 日借入短期借款时：

借：银行存款　　120 000
　贷：短期借款　　120 000

（2）1 月末，计提 1 月份应计利息时：

借：财务费用　　800
　贷：应付利息　　800

本月应计提的利息金额=120 000×8%÷12=800（元）

本例中，短期借款利息 800 元属于企业的筹资费用，应记入“财务费用”科目。

2 月末计提 2 月份利息费用的处理与 1 月份相同。

（3）3 月末支付第一季度银行借款利息时：

借：财务费用　　800
　　应付利息　　1 600
　贷：银行存款　　2 400

本例中，1 月至 2 月已经计提的利息为 1 600 元，应借记“应付利息”科目，3 月份应当计提的利息为 800 元，应借记“财务费用”科目；实际支付利息 2 400 元，贷记“银行存款”科目。

第二、三季度的会计处理同上。

（4）10 月 1 日偿还银行借款本金时：

借：短期借款　　120 000
　贷：银行存款　　120 000

如果上述借款期限是 8 个月，则到期日为 9 月 1 日，8 月末之前的会计处理与上述相同。9 月 1 日偿还银行借款本金，同时支付 7 月和 8 月已提未付利息：

借：短期借款　　120 000
应付利息　　1 600
　贷：银行存款　　121 600

相关会计科目及主要账务处理

2001　短期借款

一、本科目核算小企业向银行或其他金融机构等借入的期限在 1 年内的各种借款。

二、本科目应按照借款种类、贷款人和币种进行明细核算。

三、短期借款的主要账务处理。

（一）小企业借入的各种短期借款，借记“银行存款”科目，贷记本科目；偿还借款，做相反的会计分录。

银行承兑汇票到期，小企业无力支付票款的，按照银行承兑汇票的票面金额，借记“应付票据”科目，贷记本科目。

持未到期的商业汇票向银行贴现，应当按照实际收到的金额（减去贴现息后的净额），借记“银行存款”科目，按照贴现息，借记“财务费用”科目，按照商业汇票的票面金额，贷记“应收票据”科目（银行无追索权情况下）或本科目（银行有追索权情况下）。

（二）在应付利息日，应当按照短期借款合同利率计算确定的利息费用，借记“财务费用”科目，贷记“应付利息”等科目。

四、本科目期末贷方余额，反映小企业尚未偿还的短期借款本金。

三、小型房地产企业应付票据

通常而言，商业汇票的付款期限不超过 6 个月，因此在会计上应作为流动负债管理和核算。同时，由于应付票据的偿付时间较短，在会计实务中，一般均按照开出、承兑的应付票据的面值入账。

小型房地产企业应设置“应付票据”科目，以核算企业因购买材料、商品和接受劳务等日常经营活动开出、承兑的商业汇票（银行承兑汇票和商业承兑汇票）。“应付票据”科目期末贷方余额，反映小型房地产企业开出、承兑的尚未到期的商业汇票的票面金额。

小型房地产企业应当设置“应付票据备查簿”，详细登记商业汇票的种类、号数和出票日期、到期日、票面金额、交易合同号和收款人姓名或单位名称，以及付款日期和金额等资料，商业汇票到期结清票款后，在备查簿中应予注销。

“应付票据”科目应按照债权人进行明细核算。

相关会计科目及主要账务处理

2201　应付票据

一、本科目核算小企业因购买材料、商品和接受劳务等日常生产经营活动开出、承兑的商业汇票（银行承兑汇票和商业承兑汇票）。

二、本科目应按照债权人进行明细核算。

三、应付票据的主要账务处理。

（一）小企业开出、承兑商业汇票或以承兑商业汇票抵付货款、应付账款等，借记“材料采购”或“在途物资”、“库存商品”等科目，贷记本科目。涉及增值税进项税额的，还应进行相应的账务处理。

（二）支付银行承兑汇票的手续费，借记“财务费用”科目，贷记“银行存款”科目。支付票款，借记本科目，贷记“银行存款”科目。

（三）银行承兑汇票到期，小企业无力支付票款的，按照银行承兑汇票的票面金额，借记本科目，贷记“短期借款”科目。

四、小企业应当设置“应付票据备查簿”，详细登记商业汇票的种类、号数和出票日期、到期日、票面金额、交易合同号和收款人姓名或单位名称，以及付款日期和金额等资料，商业汇票到期结清票款后，在备查簿中应予注销。

五、本科目期末贷方余额，反映小企业开出、承兑的尚未到期的商业汇票的票面金额。

四、小型房地产企业应付账款

小型房地产企业应付账款，是指小型房地产企业因购买材料、商品或接受劳务供应等经营活动应支付的款项。

应付账款，一般应在与所购买物资所有权相关的主要风险和报酬已经转移，或者所购买的劳务已经接受时确认。

在实务工作中，为了使所购入物资的金额、类型、数量和质量等与合同规定的条款相符，避免因验收时发现所购物资存在数量或质量问题而对入账的物资或应付账款金额进行改动，在物资和发票账单同时到达的情况下，一般在所购物资验收入库后，再根据发票账单登记入账，确认应付账款。在所购物资已经验收入库，但发票账单未能同时到达的情况下，小型房地产企业应付物资供应单位的债务已经成立，在会计期末，为了反映小型房地产企业的负债情况，需要将所购物资和相关的应付账款暂估入账，待下月初作相反分录予以冲回。

小型房地产企业应设置“应付账款”科目，以核算企业因购买材料、商品和接受劳务等日常经营活动应支付的款项。“应付账款”科目期末贷方余额，反映小型房地产企业尚未支付的应付账款。“应付账款”科目应按照对方单位（或个人）进行明细核算。

1．发生应付账款

小型房地产企业购入材料、商品等或接受劳务所产生的应付账款，应按应付金额入账。购入材料、商品等验收入库，但货款尚未支付，根据有关凭证（发票账单、随货同行发票上记载的实际价款或暂估价值），借记“材料采购”、“在途物资”等科目，按应付的价款，贷记“应付账款”科目。小型房地产企业接受供应单位提供劳务而发生的应付未付款项，根据供应单位的发票账单，借记“生产成本”、“管理费用”等科目，贷记“应付账款”科目。应付账款附有现金折扣的，应按照扣除现金折扣前的应付款总额入账。因在折扣期限内付款而获得的现金折扣，应在偿付应付账款时冲减财务费用。

2．偿还应付账款

小型房地产企业偿还应付账款或开出商业汇票抵付应付账款时，借记“应付账款”科目，贷记“银行存款”、“应付票据”等科目。

3．转销应付账款

小型房地产企业转销确实无法支付的应付账款（比如因债权人撤销等原因而产生无法支付的应付账款），应按其账面余额计入营业外收入，借记“应付账款”科目，贷记“营业外收入”科目。

【例 7-2】 20×7 年 12 月 31 日，馨懿公司确定一笔应付账款 4 000 元为无法支付的款项，应予转销。该企业的有关会计分录如下：

借：应付账款　　4 000

　贷：营业外收入——其他　　4 000

本例中，馨懿公司转销确实无法支付的应付账款 4 000 元，应按其账面余额计入“营业外收入——其他”科目。

相关会计科目及主要账务处理

2202　应付账款

一、本科目核算小企业因购买材料、商品和接受劳务等日常生产经营活动应支付的款项。

二、本科目应按照对方单位（或个人）进行明细核算。

三、应付账款的主要账务处理。

（一）小企业购入材料、商品等验收入库，但货款尚未支付，应当根据有关凭证（发票账单、随货同行发票上记载的实际价款或暂估价值），借记“材料采购”“在途物资”科目，按照可抵扣的增值税进项税额，借记“应交税费——应交增值税（进项税额）”科目，按照应付的价款，贷记本科目。

接受供应单位提供劳务而发生的应付未付款项，应当根据供应单位的发票账单，借记“生产成本”、“管理费用”等科目，贷记本科目。

（二）偿付应付账款，借记本科目，贷记“银行存款”等科目。

小企业确实无法偿付的应付账款，借记本科目，贷记“营业外收入”科目。

四、本科目期末贷方余额，反映小企业尚未支付的应付账款。

五、小型房地产企业预收账款

预收账款是买卖双方协议商定，由购货方预先支付一部分货款给供应方而发生的一项负债。

小企业预收账款是指小企业按照合同规定向购货单位预收的款项。与应付账款不同，预收账款形成的负债不是以货币偿付，而是以货物偿付。有些购销合同规定，销货企业可向购货企业预先收取——部分货款，待向对方发货后再收取其余货款。企业在发货前收取的货款，表明企业承担了会在未来导致经济利益流出企业的应履行的义务，就成为企业的一项负债。

小企业应设置“预收账款”科目，以核算小企业按照合同规定预收的款项，包括预收的购货款、工程款等。预收账款情况不多的，也可以不设置“预收账款”科目，将预收的款项直接记入“应收账款”科目贷方。“预收账款”科目期末贷方余额，反映小企业预收的款项；期末如为借方余额，反映小企业尚未转销的款项。

“预收账款”科目应按照对方单位（或个人）进行明细核算。

相关会计科目及主要账务处理

2203　预收账款

一、本科目核算小企业按照合同规定预收的款项，包括预收的购货款、工程款等。

预收账款情况不多的，也可以不设置本科目，将预收的款项直接记入“应收账款”科目贷方。

二、本科目应按照对方单位（或个人）进行明细核算。

三、预收账款的主要账务处理。

（一）小企业向购货单位预收的款项，借记“银行存款”等科目，贷记本科目。

（二）销售收入实现时，按照实现的收入金额，借记本科目，贷记“主营业务收入”科目。涉及增值税销项税额的，还应进行相应的账务处理。

四、本科目期末贷方余额，反映小企业预收的款项；期末如为借方余额，反映小企业尚未转销的款项。

六、小型房地产企业应付职工薪酬

小型房地产企业职工薪酬，是指企业为获得职工提供的服务而给予各种形式的报酬及其他相关支出，包括企业为职工在职期间和离职后提供的全部货币性薪酬和非货币性福利。小型房地产企业因获得职工提供服务而给予职工的各种形式的报酬或对价，对职工的股份支付，提供给职工配偶、子女或其他被赡养人的福利等，以购买商业保险形式提供给职工的各种保险待遇，均属于职工薪酬的范围。

其中，职工是指与小型房地产企业订立劳动合同的所有人员，含全职、兼职和临时职工，也包括虽未与企业订立劳动合同但由企业正式任命的人员，如董事会成员、监事会成员等。在小型房地产企业的计划和控制下，虽未与企业订立劳动合同或未由其正式任命，但为其提供与职工类似服务的人员，也纳入职工范畴，如劳务用工合同人员。

其中，非货币性福利包括小型房地产企业以自产产品发放给职工作为福利、将企业拥有的资产无偿提供给职工使用、为职工无偿提供医疗保健服务等。

应付职工薪酬，是指小型房地产企业为获得职工提供的服务而应付给职工的各种形式的报酬以及其他相关支出。

（一）小型房地产企业职工薪酬的内容

从薪酬的涵盖时间和支付形式来看，职工薪酬包括小型房地产企业在职工任职期间和离职后给予的所有货币性薪酬和非货币性福利；从薪酬的支付对象来看，职工薪酬包括提供给职工本人及其配偶、子女或其他被赡养人的福利，比如支付给因公伤亡职工的配偶、子女或其他被赡养人的抚恤金。

小型房地产企业的职工薪酬内容如表 7-1 所示。

（1）职工工资、奖金、津贴和补贴。

（2）职工福利费。

（3）医疗保险费、养老保险费、失业保险费、工伤保险费和生育保险费等社会保险费。

养老保险费，包括根据国家规定的标准向社会保险经办机构缴纳的基本养老保险费，以及根据企业年金计划向企业年金基金相关管理人缴纳的补充养老保险费。

（4）住房公积金。

（5）工会经费和职工教育经费。

（6）非货币性福利。

（7）因解除与职工的劳动关系给予的补偿。

（8）其他与获得职工提供的服务相关的支出。

表 7-1 小型房地产企业职工薪酬的内容

职工薪酬的内容	职工工资、奖金、津贴和补贴	是指按照国家统计局的规定构成工资总额的计时工资、计件工资、支付给职工的超额劳动报酬和增收节支的劳动报酬，为了补偿职工特殊或额外的劳动消耗和因其他特殊原因支付给职工的津贴，以及为了保证职工工资水平不受物价影响支付给职工的物价补贴等
	职工福利费	主要是尚未实行分离办社会职工或主辅分离、辅业改制的小型房地产企业，内设医务室、职工浴室、理发室、托儿所等集体福利机构人员的工资、医务经费，职工因公负伤赴外地就医路费、职工生活困难补助，以及按照国家规定开支的其他职工福利支出
	医疗保险费、养老保险费、失业保险费、工伤保险费和生育保险费等社会保险费	是指小型房地产企业按照国务院、各地方政府或企业年金计划规定的基准和比例计算，向社会保险经办机构缴纳的医疗保险费、养老保险费（包括向社会保险经办机构缴纳的基本养老保险费和向企业年金基金相关管理人缴纳的补充养老保险费）、失业保险费、工伤保险费和生育保险费。小型房地产企业以购买商业保险形式提供给职工的各种保险待遇属于企业提供的职工薪酬，应当按照职工薪酬的原则进行确认、计量和披露 养老保险是我国企业提供给职工离职后福利的主要形式，分为三个层次： 第一层次是社会统筹与职工个人账户相结合的基本养老保险 第二层次是企业补充养老保险 第三层次是个人储蓄性养老保险，属于职工个人的行为，与企业无关，不属于职工薪酬核算的范畴

续表

职工薪酬的内容	医疗保险费、养老保险费、失业保险费、工伤保险费和生育保险费等社会保险费	（1）基本养老保险制度 根据我国养老保险制度相关文件的规定，职工养老保险待遇即受益水平与小型房地产企业在职工提供服务各期的缴费水平不直接挂钩，小型房地产企业承担的义务仅限于按照规定标准提存的金额，属于国际财务报告准则中所称的设定提存计划。设定提存计划是指小型房地产企业向一个独立主体（通常是基金）支付固定提存金，如果该基金不能拥有足够资产以支付与当期和以前期间职工服务相关的所有职工福利，小型房地产企业不再负有进一步支付提存金的法定义务和推定义务。因此，在设定提存计划下，小型房地产企业在每个期间的义务取决于企业在该期间提存的金额，由于提存额一般都是在职工提供服务期末 12 个月以内到期支付，计量该类义务一般不需要折现 我国小型房地产企业为职工建立的其他社会保险，如医疗保险、失业保险、工伤保险和生育保险，也是根据国务院条例的规定，由社会保险经办机构负责收缴、发放和保值增值，小型房地产企业承担的义务亦仅限于按照国务院规定由企业所在地政府规定的标准，与基本养老保险一样，同样属于设定提存计划 （2）补充养老保险制度 为更好地保障小型房地产企业职工退休后的生活，依法参加基本养老保险并履行缴费义务，具有相应的经济负担能力并已建立集体协商机制的小型房地产企业，经有关部门批准，可申请建立企业年金，企业年金是小型房地产企业及其职工在依法参加基本养老保险的基础上，自愿建立的补充养老保险制度。我国以年金形式建立的补充养老保险制度属于小型房地产企业“缴费确定型”计划，即以缴费的情况确定企业年金待遇的养老金模式，小型房地产企业缴费亦是根据参加计划职工的工资、级别、工龄等因素，在计划中明确规定，以后期间不再调整。从企业承担义务的角度来看，我国小型房地产企业的补充养老保险缴费也属于设定提存计划 由此可见，在我国，无论是基本养老保险还是补充养老保险制度，小型房地产企业对职工的义务仅限于按照省、自治区、直辖市或地（市）政府或小型房地产企业年金计划规定缴费的部分，没有进一步的支付义务，均应当按照与国际财务报告准则中设定提存计划相同的原则处理。因此，无论是支付的基本养老保险费，还是补充养老保险费，小型房地产企业都应当在职工提供服务的会计期间根据规定标准计提，按照受益对象进行分配，计入相关资产成本或当期损益
	住房公积金	是指小型房地产企业按照国务院《住房公积金管理条例》规定的基准和比例计算，向住房公积金管理机构缴存的住房公积金
	工会经费和职工教育经费	是指小型房地产企业为了改善职工文化生活、为职工学习先进技术和提高文化水平和业务素质，用于开展工会活动和职工教育及职业技能培训等相关支出
	非货币性福利	是指小型房地产企业以自己的商品或外购商品发放给职工作为福利，小型房地产企业提供给职工无偿使用自己拥有的资产或租赁资产供职工无偿使用，比如提供给企业高级管理人员使用的住房等，免费为职工提供诸如医疗保健的服务或向职工提供企业支付了一定补贴的商品或服务等，比如以低于成本的价格向职工出售住房等

续表

职工薪酬的内容	因解除与职工的劳动关系给予的补偿	是指由于分离办社会职能、实施主辅分离辅业改制分流安置富余人员、实施重组、改组计划、职工不能胜任等原因，小型房地产企业在职工劳动合同尚未到期之前解除与职工的劳动关系，或者为鼓励职工自愿接受裁减而提出补偿建议的计划中给予职工的经济补偿，即国际财务报告准则中所指的辞退福利
	其他与获得职工提供的服务相关的支出	是指除上述七种薪酬以外的其他为获得职工提供的服务而给予的薪酬，比如小型房地产企业提供给职工以权益形式结算的认股权等

（二）职工薪酬的确认和计量

小型房地产企业应当在职工为其提供服务的会计期间，将应付的职工薪酬确认为负债，除因解除与职工的劳动关系给予的补偿外，还应当根据职工提供服务的受益对象，分别按下列情况处理：

第一，应由提供开发产品负担的职工薪酬，计入开发产品成本或劳务成本。提供开发产品中的直接生产人员和直接提供劳务人员发生的职工薪酬，计入存货成本，但非正常消耗的直接生产人员和直接提供劳务人员的职工薪酬，应当在发生时确认为当期损益。

第二，应由在建工程、无形资产负担的职工薪酬，计入建造固定资产。自行建造固定资产过程中发生的职工薪酬，能否计入固定资产，取决于相关资产的成本确定原则。

除上述两项之外的其他职工薪酬，计入当期损益。

除直接生产人员、直接提供劳务人员、建造固定资产人员以外的职工，包括小型房地产企业总部管理人员、董事会成员、监事会成员等人员相关的职工薪酬，因难以确定直接对应的受益对象，均应当在发生时计入当期损益。

1．货币性职工薪酬的计量

对于货币性薪酬，在确定应付职工薪酬和应当计入成本费用的职工薪酬金额时，小型房地产企业应当区分两种情况。

（1）具有明确计提标准的货币性薪酬。对于国务院有关部门、省、自治区、直辖市人民政府或经批准的小型房地产企业年金计划规定了计提基础和计提比例的职工薪酬项目，小型房地产企业应当按照规定的计提标准，计量企业承担的职工薪酬义务和计入成本费用的职工薪酬。

1）"五险一金"。对于医疗保险费、养老保险费、失业保险费、工伤保险费、生育保险费和住房公积金，小型房地产企业应当按照国务院、所在地政府或企业年金计划规定的标准计量应付职工薪酬义务和应相应计入成本费用的薪酬金额。

2）工会经费和职工教育经费。小型房地产企业应当按照国家相关规定，分别按照职工工资总额的2%和1.5%计量应付职工薪酬（工会经费、职工教育经费）义务金额和应相应计入成本费用的薪酬金额。从业人员技术要求高、培训任务重、经济效益好的小型房地产企业，可根据国家相关规定，按照职工工资总额的 2.5%计量应计入成本费用的职工教育经费。按照明确标准计算确定应承担的职工薪酬义务后，再根据受益对象计入相关资产的成本或当期费用。

（2）没有明确计提标准的货币性薪酬。对于国家（包括省、市、自治区政府）相关法律法规没有明确规定计提基础和计提比例的职工薪酬，小型房地产企业应当根据历史经验数据和自身实际情况，计算确定应付职工薪酬金额和应计入成本费用的薪酬金额。

2．非货币性职工薪酬的计量

小型房地产企业向职工提供的非货币性职工薪酬，应当按下列情况分别处理。

（1）以自产产品或外购商品发放给职工作为福利。小型房地产企业以其开发的产品作为非货币性福利提供给职工的，应当按照该开发产品的按照营销价格和相关税费，计量应计入成本费用的职工薪酬金额，并确认为主营业务收入，其营业成本的结转和相关税费的处理，与正常商品销售相同。以外购商品作为非货币性福利提供给职工的，应当按照该商品的购进价格和相关税费，计量应计入成本费用的职工薪酬金额。

需要注意的是，在以自产产品或外购商品发放给职工作为福利的情况下，小型房地产企业在进行账务处理时，应当先通过“应付职工薪酬”科目归集当期应计入成本费用的非货币性薪酬金额，以确定完整、准确的小型房地产企业人工成本金额。

（2）将拥有的房屋或租赁住房等资产无偿提供给职工使用。小型房地产企业将拥有的房屋等资产无偿提供给职工使用的，应当根据受益对象，将住房每期应计提的折旧计入相关资产成本或费用，同时确认应付职工薪酬。租赁住房等资产供职工无偿使用的，应当根据受益对象，将每期应付的租金计入相关资产成本或费用，并确认应付职工薪酬。难以认定受益对象的，直接计入当期损益，并确认应付职工薪酬。

（三）辞退福利

辞退福利包括两方面的内容：一是在职工劳动合同尚未到期前，不论职工本人是否愿意，小型房地产企业都决定解除与职工的劳动关系而给予的补偿。二是在职工劳动合同尚未到期前，为鼓励职工自愿接受裁减而给予的补偿，职工有权利选择继续在职或接受补偿离职。通常，辞退福利采取解除劳动关系时一次性支付补偿的方式，也有通过提高退休后养老金或其他离职后福利的标准，或者在职工不再为小型房地产企业带来经济利益后，将职工工资部分支付到辞退后未来某个期间。

在确定小型房地产企业提供的经济补偿是否为辞退福利时，应当注意以下两个问题：

（1）辞退福利应当与正常退休养老金分开。辞退福利是在职工与小型房地产企业签订的劳务合同到期前，企业根据法律、与职工本人或职工代表（工会）签订的协议，或者基于商业惯例，承诺当其提前终止对职工的雇佣关系时支付的补偿，引发补偿的事项是辞退，因此，小型房地产企业应当在辞退时进行确认和计量。

职工在正常退休时获得的养老金，是其与小型房地产企业签订的劳动合同到期时，或者职工达到了国家规定的退休年龄时获得的退休后生活补偿金额，此种情况下给予补偿的事项是职工在职时提供的服务而不是退休本身。因此，小型房地产企业应当是在职工提供服务的会计期间确认和计量。

（2）无论职工因何种原因离开都要支付的福利属于离职后福利，不属于辞退福利。有些小型房地产企业对职工本人提出的自愿辞退比企业提出的要求职工非职工自愿辞退情况下支付较少的补偿。在这种情况下，非自愿辞退提供的补偿与职工本人要求辞退提供的补偿之间的差额，才属于辞退福利。

（四）应付职工薪酬的会计处理

小型房地产企业应设置“应付职工薪酬”科目，以核算企业根据有关规定应付给职工的各种薪酬。小型房地产企业（外商投资）按照规定从净利润中提取的职工奖励及福利基金，也通过“应付职工薪酬”科目核算。“应付职工薪酬”科目期末贷方余额，反映小型房地产企业应付未付的职工薪酬。

“应付职工薪酬”科目应按照“职工工资”、“奖金、津贴和补贴”、“职工福利费”、“社会保险费”、“住房公积金”、“工会经费”、“职工教育经费”、“非货币性福利”、“辞退福利”等进行明细核算。

小型房地产企业应当在职工为其提供服务的会计期间，将应付的职工薪酬确认为负债，并根据职工提供服务的受益对象，分别按下列情况进行会计处理：

第一，应由提供开发产品负担的职工薪酬，计入开发产品成本或劳务成本。

第二，应由在建工程、无形资产开发项目负担的职工薪酬，计入固定资产成本或无形资产成本。

第三，其他职工薪酬（含因解除与职工的劳动关系给予的补偿），计入当期损益。

相关会计科目及主要账务处理

2211 应付职工薪酬

一、本科目核算小企业根据有关规定应付给职工的各种薪酬。

小企业（外商投资）按照规定从净利润中提取的职工奖励及福利基金，也通过本科目核算。

二、本科目应按照“职工工资”、“奖金、津贴和补贴”、“职工福利费”、“社会保险费”、“住房公积金”、“工会经费”、“职工教育经费”、“非货币性福利”、“辞退福利”等进行明细核算。

三、应付职工薪酬的主要账务处理。

（一）月末，小企业应当将本月发生的职工薪酬按以下情况分别进行分配：

1. 生产部门（提供劳务）人员的职工薪酬，借记“生产成本”、“制造费用”等科目，贷记本科目。

2. 应由在建工程、无形资产开发项目负担的职工薪酬，借记“在建工程”、“研发支出”等科目，贷记本科目。

3. 管理部门人员的职工薪酬和因解除与职工的劳动关系给予的补偿，借记“管理费用”科目，贷记本科目。

4. 销售人员的职工薪酬，借记“销售费用”科目，贷记本科目。

（二）小企业发放职工薪酬应当区分以下情况进行处理：

1. 向职工支付工资、奖金、津贴、福利费等，从应付职工薪酬中扣还的各种款项（代垫的家属药费、个人所得税等）等，借记本科目，贷记“库存现金”、“银行存款”、“其他应收款”、“应交税费——应交个人所得税”等科目。

2. 支付工会经费和职工教育经费用于工会活动和职工培训，借记本科目，贷记“银行存款”等科目。

3. 按照国家有关规定缴纳的社会保险费和住房公积金，借记本科目，贷记“银行存款”科目。

4. 以其自产产品发放给职工的，按照其销售价格，借记本科目，贷记“主营业务收入”科目。同时，还应结转产成品的成本。涉及增值税销项税额的，还应进行相应的账务处理。

5. 支付的因解除与职工的劳动关系给予职工的补偿，借记本科目，贷记“库存现金”、“银行存款”等科目。

四、本科目期末贷方余额，反映小企业应付未付的职工薪酬。

七、小型房地产企业应交税费

小企业应设置“应交税费”科目，以核算小企业按照税法等规定计算应交纳的各种税费，包括增值税、城市维护建设税、企业所得税、资源税、土地增值税、城镇土地使用税、房产税、车船税和教育费附加、矿产资源补偿费、排污费等。小企业代扣代缴的个人所得税等，也通过“应交税费”科目核算。“应交税费”科目期末贷方余额，反映小企业尚未交纳的税费；期末如为借方余额，反映小企业多交或尚未抵扣的税费。

“应交税费”科目应按照应交的税费项目进行明细核算。

相关会计科目及主要账务处理

2221　应交税费

一、本科目核算小企业按照税法等规定计算应交纳的各种税费。包括：增值税、消费税、城市维护建设税、企业所得税、资源税、土地增值税、城镇土地使用税、房产税、车船税和教育费附加、矿产资源补偿费、排污费等。

小企业代扣代缴的个人所得税等，也通过本科目核算。

二、本科目应按照应交的税费项目进行明细核算。

应交增值税还应当分别按“进项税额”、“销项税额”、“出口退税”、“进项税额转出”、“已交税金”等设置专栏。

小规模纳税人只需设置“应交增值税”明细科目，不需要在“应交增值税”明细科目中设置上述专栏。

三、应交税费的主要账务处理。

（一）应交增值税的主要账务处理。

1. 小企业采购物资等，按照应计入采购成本的金额，借记“材料采购”或“在途物资”、“原材料”、“库存商品”等科目，按照税法规定可抵扣的增值税进项税额，借记本科目（应交增值税——进项税额），按照应付或实际支付的金额，贷记“应付账款”、“银行存款”等科目。购入物资发生退货的，做相反的会计分录。

购进免税农业产品，按照购入农业产品的买价和税法规定的税率计算的增值税进项税额，借记本科目（应交增值税——进项税额），按照买价减去按照税法规定计算的增值税进项税额后的金额，借记“材料采购”或“在途物资”等科目，按照应付或实际支付的价款，贷记“应付账款”、“库存现金”、“银行存款”等科目。

2. 销售商品（提供劳务），按照收入金额和应收取的增值税销项税额，借记“应收账款”、“银行存款”等科目，按照税法规定应交纳的增值税销项税额，贷记本科目（应交增值税——销项税额），按照确认的营业收入金额，贷记“主营业务收入”、“其他业务收入”等科目。发生销售退回的，做相反的会计分录。

随同商品出售但单独计价的包装物，应当按照实际收到或应收的金额，借记“银行存款”、“应收账款”等科目，按照税法规定应交纳的增值税销项税额，贷记本科目（应交增值税——销项税额），按照确认的其他业务收入金额，贷记“其他业务收入”科目。

3. 有出口产品的小企业，其出口退税的账务处理如下：

（1）实行“免、抵、退”管理办法的小企业，按照税法规定计算的当期出口产品不予免征、抵扣和退税的增值税额，借记“主营业务成本”科目，贷记本科目（应交增值税——进项税额转出）。按照税法规定计算的当期应予抵扣的增值税额，借记本科目（应交增值税——出口抵减内销产品应纳税额），贷记本科目（应交增值税——出口退税）。

出口产品按照税法规定应予退回的增值税款，借记“其他应收款”科目，贷记本科目（应交增值税——出口退税）。

（2）未实行“免、抵、退”管理办法的小企业，出口产品实现销售收入时，应当按照应收的金额，借记“应收账款”等科目，按照税法规定应收的出口退税，借记“其他应收款”科目，按照税法规定不予退回的增值税额，借记“主营业务成本”科目，按照确认的销售商品收入，贷记“主营业务收入”科目，按照税法规定应交纳的增值税额，贷记本科目（应交增值税——销项税额）。

4. 购入材料等按照税法规定不得从增值税销项税额中抵扣的进项税额，其进项税额应计入材料等的成本，借记“材料采购”或“在途物资”等科目，贷记“银行存款”等科目，不通过本科目（应交增值税——进项税额）核算。

5. 将自产的产品等用作福利发放给职工，应视同产品销售计算应交增值税的，借记“应付职工酬薪”科目，贷记“主营业务收入”、本科目（应交增值税——销项税额）等科目。

6. 购进的物资、在产品、产成品因盘亏、毁损、报废、被盗，以及购进物资改变用途等原因按照税法规定不得从增值税销项税额中抵扣的进项税额，其进项税额应转入有关科目，借记“待处理财产损溢”等科目，贷记本科目（应交增值税——进项税额转出）。

由于工程而使用本企业的产品或商品，应当按照成本，借记“在建工程”科目，贷记“库存商品”科目。同时，按照税法规定应交纳的增值税销项税额，借记“在建工程”科目，贷记本科目（应交增值税——销项税额）。

7. 交纳的增值税，借记本科目（应交增值税——已交税金），贷记“银行存款”科目。

（二）应交消费税的主要账务处理。

1. 销售需要交纳消费税的物资应交的消费税，借记“营业税金及附加”等科目，贷记本科目（应交消费税）。

2. 以生产的产品用于在建工程、非生产机构等，按照税法规定应交纳的消费税，借记“在建工程”、“管理费用”等科目，贷记本科目（应交消费税）。

随同商品出售但单独计价的包装物，按照税法规定应交纳的消费税，借记“营业税金及附加”科目，贷记本科目（应交消费税）。出租、出借包装物逾期未收回没收的押金应交的消费税，借记“营业税金及附加”科目，贷记本科目（应交消费税）。

3. 需要交纳消费税的委托加工物资，由受托方代收代缴税款（除受托加工或翻新改制金银首饰按照税法规定由受托方交纳消费税外）。小企业（受托方）按照应交税款金额，借记“应收账款”、“银行存款”等科目，贷记本科目（应交消费税）。

委托加工物资收回后，直接用于销售的，小企业（委托方）应将代收代缴的消费税计入委托加工物资的成本，借记“库存商品”等科目，贷记“应付账款”、“银行存款”等科目；委托加工物资收回后用于连续生产，按照税法规定准予抵扣的，按照代收代缴的消费税，借记本科目（应交消费税），贷记“应付账款”、“银行存款”等科目。

4. 有金银首饰零售业务的及采用以旧换新方式销售金银首饰的小企业，在营业收入实现时，按照应交的消费税，借记“营业税金及附加”科目，贷记本科目（应交消费税）。有金银首饰零售业务的小企业因受托代销金银首饰按照税法规定应交纳的消费税，借记“营业税金及附加”科目，贷记本科目（应交消费税）；以其他方式代销金银首饰的，其交纳的消费税，借记“营业税金及附加”科目，贷记本科目（应交消费税）。

有金银首饰批发、零售业务的小企业将金银首饰用于馈赠、赞助、广告、职工福利、奖励等方面的，应于物资移送时，按照应交的消费税，借记“营业外支出”、“销售费用”、“应付职工薪酬”等科目，贷记本科目（应交消费税）。

随同金银首饰出售但单独计价的包装物，按照税法规定应交纳的消费税，借记“营业税金及附加”科目，贷记本科目（应交消费税）。

小企业因受托加工或翻新改制金银首饰按照税法规定应交纳的消费税，于向委托方交货时，借记“营业税金及附加”科目，贷记本科目（应交消费税）。

5. 需要交纳消费税的进口物资，其交纳的消费税应计入该项物资的成本，借记“材料采购”或“在途物资”、“库存商品”、“固定资产”等科目，贷记“银行存款”等科目。

6. 小企业（生产性）直接出口或通过外贸企业出口的物资，按照税法规定直接予以免征消费税的，可不计算应交消费税。

7. 交纳的消费税，借记本科目（应交消费税），贷记“银行存款”科目。

（三）应交城市维护建设税和教育费附加的主要账务处理。

1. 小企业按照税法规定应交的城市维护建设税、教育费附加，借记“营业税金及附加”科目，贷记本科目（应交城市维护建设税、应交教育费附加）。

2. 交纳的城市维护建设税和教育费附加，借记本科目（应交城市维护建设税、应交教育费附加），贷记“银行存款”科目。

（四）应交企业所得税的主要账务处理。

1. 小企业按照税法规定应交的企业所得税，借记“所得税费用”科目，贷记本科目（应交企业所得税）。

2. 交纳的企业所得税，借记本科目（应交企业所得税），贷记“银行存款”科目。

（五）应交资源税的主要账务处理。

1. 小企业销售商品按照税法规定应交纳的资源税，借记“营业税金及附加”科目，贷记本科目（应交资源税）。

2. 自产自用的物资应交纳的资源税，借记“生产成本”科目，贷记本科目（应交资源税）。

3. 收购未税矿产品，按照实际支付的价款，借记“材料采购”或“在途物资”等科目，贷记“银行存款”等科目，按照代扣代缴的资源税，借记“材料采购”或“在途物资”等科目，贷记本科目（应交资源税）。

4. 外购液体盐加工固体盐：在购入液体盐时，按照税法规定所允许抵扣的资源税，借记本科目（应交资源税），按照购买价款减去允许抵扣的资源税后的金额，借记“材料采购”或“在途物资”、“原材料”等科目，按照应支付的购买价款，贷记“银行存款”、“应付账款”等科目；加工成固体盐后，在销售时，按照销售固体盐应交纳的资源税，借记“营业税金及附加”科目，贷记本科目（应交资源税）；将销售固体盐应交资源税抵扣液体盐已交资源税后的差额上交时，借记本科目（应交资源税），贷记“银行存款”科目。

5. 交纳的资源税，借记本科目（应交资源税），贷记“银行存款”科目。

（六）应交土地增值税的主要账务处理。

1. 小企业转让土地使用权应交纳的土地增值税，土地使用权与地上建筑物及其附着物一并在“固定资产”科目核算的，借记“固定资产清理”科目，贷记本科目（应交土地增值税）。

土地使用权在“无形资产”科目核算的，按照实际收到的金额，借记“银行存款”科目，按照应交纳的土地增值税，贷记本科目（应交土地增值税），按照已计提的累计摊销，借记“累计摊销”科目，按照其成本，贷记“无形资产”科目，按照其差额，贷记“营业外收入——非流动资产处置净收益”科目或借记“营业外支出——非流动资产处置净损失”科目。

2. 小企业（房地产开发经营）销售房地产应交纳的土地增值税，借记“营业税金及附加”科目，贷记本科目（应交土地增值税）。

3. 交纳的土地增值税，借记本科目（应交土地增值税），贷记“银行存款”科目。

（七）应交城镇土地使用税、房产税、车船税、矿产资源补偿费、排污费的主要账务处理。

1. 小企业按照规定应交纳的城镇土地使用税、房产税、车船税、矿产资源补偿费、排污费，借记“营业税金及附加”科目，贷记本科目（应交城镇土地使用税、应交房产税、应交车船税、应交矿产资源补偿费、应交排污费）。

2. 交纳的城镇土地使用税、房产税、车船税、矿产资源补偿费、排污费，借记本科目（应交城镇土地使用税、应交房产税、应交车船税、应交矿产资源补偿费、应交排污费），贷记“银行存款”科目。

（八）应交个人所得税的主要账务处理。

1. 小企业按照税法规定应代扣代缴的职工个人所得税，借记“应付职工薪酬”科目，贷记本科目（应交个人所得税）。

2. 交纳的个人所得税，借记本科目（应交个人所得税），贷记“银行存款”科目。

（九）小企业按照规定实行企业所得税、增值税、消费税等先征后返的，应当在实际收到返还的企业所得税、增值税（不含出口退税）、消费税等时，借记“银行存款”科目，贷记“营业外收入”科目。

四、本科目期末贷方余额，反映小企业尚未交纳的税费；期末如为借方余额，反映小企业多交或尚未抵扣的税费。

八、小型房地产企业应付利息

小型房地产企业应设置“应付利息”科目，以核算小型房地产企业按照合同约定应支付的利息费用。“应付利息”科目期末贷方余额，反映小型房地产企业应付未付的利息费用。

“应付利息”科目应按照贷款人等进行明细核算。

【例 7-3】 智董房地产公司借入 5 年期到期还本每年付息的长期借款 5 000 000 元，合同约定年利率为 3.5%，假定不符合资本化条件。该企业的有关会计处理如下：

（1）每年计算确定利息费用时：

借：财务费用	175 000	
贷：应付利息		175 000

企业每年应支付的利息=5 000 000×3.5%=175 000（元）

（2）每年实际支付利息时：

借：应付利息	175 000	
贷：银行存款		175 000

相关会计科目及主要账务处理

2231　应付利息

一、本科目核算小企业按照合同约定应支付的利息费用。

二、本科目应按照贷款人等进行明细核算。

三、应付利息的主要账务处理。

（一）在应付利息日，小企业应当按照合同利率计算确定的利息费用，借记“财务费用”、“在建工程”等科目，贷记本科目。

（二）实际支付的利息，借记本科目，贷记“银行存款”等科目。

四、本科目期末贷方余额，反映小企业应付未付的利息费用。

九、小型房地产企业应付利润

小型房地产企业应设置“应付利润”科目，以核算小型房地产企业向投资者分配的利润。“应付利润”科目期末贷方余额，反映小型房地产企业应付未付的利润。

“应付利润”科目应按照投资者进行明细核算。

【例 7-4】 智董公司 20×7 年度实现净利润 80 000 元，经过董事会批准，决定 20×7 年度分配股利 50 000 元：股利已经用银行存款支付。智董公司的有关会计处理如下：

借：利润分配——应付现金股利或利润	50 000	
贷：应付股利		50 000
借：应付股利	50 000	
贷：银行存款		50 000

相关会计科目及主要账务处理

2232　应付利润

一、本科目核算小企业向投资者分配的利润。

二、本科目应按照投资者进行明细核算。

三、应付利润的主要账务处理。

（一）小企业根据规定或协议确定的应分配给投资者的利润，借记“利润分配”科目，贷记本科目。

（二）向投资者实际支付利润，借记本科目，贷记“库存现金”、“银行存款”科目。

四、本科目期末贷方余额，反映小企业应付未付的利润。

十、小型房地产企业其他应付款

小型房地产企业应设置“其他应付款”科目，以核算企业除应付账款、预收账款、应付职工薪酬、应交税费、应付利息、应付利润等以外的其他各项应付、暂收的款项，如应付租入固定资产、存入保证金等。“其他应付款”科目期末贷方余额，反映小型房地产企业应付未付的其他应付款项。

“其他应付款”科目应按照其他应付款的项目和对方单位（或个人）进行明细核算。

相关会计科目及主要账务处理

2241　其他应付款

一、本科目核算小企业除应付账款、预收账款、应付职工薪酬、应交税费、应付利息、应付利润等以外的其他各项应付、暂收的款项，如应付租入固定资产和包装物的租金、存入保证金等。

二、本科目应按照其他应付款的项目和对方单位（或个人）进行明细核算。

三、其他应付款的主要账务处理。

（一）小企业发生的其他各种应付、暂收款项，借记“管理费用”等科目，贷记本科目。

（二）支付的其他各种应付、暂收款项，借记本科目，贷记“银行存款”等科目。

小企业无法支付的其他应付款，借记本科目，贷记“营业外收入”科目。

四、本科目期末贷方余额，反映小企业应付未付的其他应付款项。

第二节 小型房地产企业非流动负债

一、小型房地产企业非流动负债概述

小型房地产企业的非流动负债，是指流动负债以外的负债，包括长期借款、长期应付款等。

（一）非流动负债的入账

非流动负债应当按照其实际发生额入账。

（二）非流动负债在应付利息日的会计处理（计提利息费用）

长期借款应当按照借款本金和借款合同利率在应付利息日计提利息费用，计入相关资产成本或财务费用。

二、小型房地产企业长期借款

（一）小型房地产企业长期借款概述

小型房地产企业长期借款，是指小型房地产企业向银行或其他金融机构借入的期限在 1 年以上（不含 1 年）的各种借款，一般用于固定资产的购建、改扩建工程、大修理工程、对外投资及保持长期经营能力等方面。它是小型房地产企业长期负债的重要组成部分，必须加强管理与核算。

由于长期借款的使用关系到小型房地产企业的经营规模和效益，小型房地产企业除要遵守有关的贷款规定、编制借款计划并要有不同形式的担保外，还应监督借款的使用、按期支付长期借款的利息及按规定的期限归还借款本金等，所以长期借款会计处理的基本要求是反映和监督小型房地产企业长期借款的借入、借款利息的结算和借款本息的归还情况，促使小型房地产企业遵守信贷纪律，提高信用等级，同时也要确保长期借款发挥效益。

（二）小型房地产企业长期借款的会计处理

小型房地产企业应通过“长期借款”科目，核算长期借款的借入、归还等情况。该科目可按照贷款单位和贷款种类设置明细账，分别按“本金”、“利息调整”等进行明细核算。该科目的贷方登记长期借款本息的增加额，借方登记本息的减少额，贷方余额表示小型房地产企业尚未偿还的长期借款。

1. 取得长期借款

小型房地产企业借入长期借款，应按实际收到的金额，借记“银行存款”科目，贷记“长期借款——本金”科目；如存在差额，还应借记“长期借款——利息调整”科目。

【例 7-5】 智董房地产公司于 20×6 年 11 月 30 日从银行借入资金 4 000 000 元，借款期限为 3 年，年利率为 8.4%（到期一次还本付息，不计复利）。所借款项已存入银行。智董房地产公司用该借款于当日购买不需安装的设备一台，价款 3 900 000 元，另支付运杂费及保险等费用 100 000 元，设备已于当日投入使用。智董房地产公司的有关会计处理如下：

（1）取得借款时：

借：银行存款	4 000 000	
贷：长期借款——本金		4 000 000

（2）支付设备款和运杂费、保险费时：

借：固定资产　　4 000 000

　贷：银行存款　　4 000 000

2. 长期借款的利息

长期借款按合同利率计算确定的应付未付利息，记入“应付利息”科目，借记“在建工程”、“财务费用”等科目，贷记“应付利息”科目。

3. 归还长期借款

小型房地产企业归还长期借款的本金时，应按归还的金额，借记“长期借款——本金”科目，贷记“银行存款”科目；按归还的利息，借记“应付利息”科目，贷记“银行存款”科目。

【例 7-6】 承接【例 7-5】，20×9 年 11 月 30 日小型房地产企业偿还该笔银行借款利息。智董房地产公司的有关会计分录如下：

借：财务费用　　28 000

　　长期借款——本金　　4 000 000

　　应付利息　　980 000

　贷：银行存款　　5 008 000

本例中，20×6 年 11 月 30 日至 20×9 年 10 月 31 日已计提的利息为 980 000 元，应借记“应付利息”科目，20×9 年 11 月应当计提的利息 28 000 元，应借记“财务费用”科目，长期借款本金 4 000 000 元，应借记“长期借款——本金”科目；实际支付的长期借款本金和利息 5 008 000 元，贷记“银行存款”科目。

【例 7-7】 智董房地产公司为建造一幢办公楼，20×7 年 1 月 1 日借入期限为两年的长期专门借款 1 000 000 元，款项已存入银行。借款利率为 9%，每年付息一次，期满后一次还清本金。20×7 年年初，以银行存款支付工程价款共计 600 000 元，20×8 年年初又以银行存款支付工程费用 400 000 元。该办公楼于 20×8 年 8 月底完工，达到预定可使用状态。假定不考虑闲置专门借款资金存款的利息收入或者投资收益。根据上述业务编制有关会计分录如下：

（1）20×7 年 1 月 1 日，取得借款时：

借：银行存款　　1 000 000

　贷：长期借款　　1 000 000

（2）20×7 年年初，支付工程款时：

借：在建工程　　600 000

　贷：银行存款　　600 000

（3）20×7 年 12 月 31 日，计算 20×7 年应计入工程成本的利息时：

借款利息=1 000 000×9%=90 000（元）

借：在建工程　　90 000

　贷：应付利息　　90 000

（4）20×7 年 12 月 31 日支付借款利息时：

借：应付利息　　90 000

　贷：银行存款　　90 000

（5）20×8 年年初支付工程款时：

借：在建工程　　400 000

　贷：银行存款　　400 000

（6）20×8 年 8 月底，达到预定可使用状态，该期应计入工程成本的利息=（1 000 000× 9%÷

12）×8=60 000（元）

借：在建工程　　60 000

　贷：应付利息　　60 000

同时：

借：固定资产　　1150 000

　贷：在建工程　　1150 000

（7）20×8 年 12 月 31 日，计算 20×8 年 9～12 月应计入财务费用的利息：

（1 000 000×9%÷12）×3=30 000

借：财务费用　　30 000

　贷：应付利息　　30 000

（8）20×8 年 12 月 31 日支付利息时：

借：应付利息　　90 000

　贷：银行存款　　90 000

（9）20×9 年 1 月 1 日到期还本时：

借：长期借款　　1 000 000

　贷：银行存款　　1 000 000

（三）会计分录

小型房地产企业应设置“长期借款”科目，以核算小型房地产企业向银行或其他金融机构借入的期限在 1 年以上的各项借款本金。“长期借款”科目期末贷方余额，反映小型房地产企业尚未偿还的长期借款本金。

“长期借款”科目应按照借款种类、贷款人和币种进行明细核算。

相关会计科目及主要账务处理

2501　长期借款

一、本科目核算小企业向银行或其他金融机构借入的期限在 1 年以上的各项借款本金。

二、本科目应按照借款种类、贷款人和币种进行明细核算。

三、长期借款的主要账务处理。

（一）小企业借入长期借款，借记“银行存款”科目，贷记本科目。

（二）在应付利息日，应当按照借款本金和借款合同利率计提利息费用，借记“财务费用”、“在建工程”等科目，贷记“应付利息”科目。

（三）偿还长期借款本金，借记本科目，贷记“银行存款”科目。

四、本科目期末贷方余额，反映小企业尚未偿还的长期借款本金。

三、小型房地产企业长期应付款

小型房地产企业应设置“长期应付款”科目，以核算小型房地产企业除长期借款以外的其他各种长期应付款项，包括应付融资租入固定资产的租赁费、以分期付款方式购入固定资产发生的应付款项等。“长期应付款”科目期末贷方余额，反映小型房地产企业应付未付的长期应付款项。

“长期应付款”科目应按照长期应付款的种类和债权人进行明细核算。

相关会计科目及主要账务处理

2701　长期应付款

一、本科目核算小企业除长期借款以外的其他各种长期应付款项。包括：应付融资租入固定资产的租赁费、以分期付款方式购入固定资产发生的应付款项等。

二、本科目应按照长期应付款的种类和债权人进行明细核算。

三、长期应付款的主要账务处理。

（一）小企业融资租入固定资产，在租赁期开始日，按照租赁合同约定的付款总额和在签订租赁合同过程中发生的相关税费等，借记“固定资产”或“在建工程”科目，贷记本科目等科目。

（二）以分期付款方式购入固定资产，应当按照实际支付的购买价款和相关税费（不包括按照税法规定可抵扣的增值税进项税额），借记“固定资产”或“在建工程”科目，按照税法规定可抵扣的增值税进项税额，借记“应交税费——应交增值税（进项税额）”科目，贷记本科目。

四、本科目期末贷方余额，反映小企业应付未付的长期应付款项。

第八章

小型房地产企业所有者权益会计

小型房地产企业所有者权益，是指小型房地产企业资产扣除负债后由所有者享有的剩余权益。小型房地产企业的所有者权益包括实收资本（或股本，下同）、资本公积、盈余公积和未分配利润。

第一节　小型房地产企业实收资本（或股本）

小型房地产企业实收资本，是指投资者按照合同协议约定或相关规定投入到小型房地产企业，构成其注册资本的部分。

一、小型房地产企业收到投入的资本

小型房地产企业收到投资者以现金或非货币性资产投入的资本，应当按照其在本企业注册资本中所占的份额计入实收资本，超出的部分，应当计入资本公积。

主要账务处理：小型房地产企业收到投资者的出资，借记“银行存款”、“其他应收款”、“固定资产”、“无形资产”等科目，按照其在注册资本中所占的份额，贷记“实收资本”科目，按照其差额，贷记“资本公积”科目。

二、小型房地产企业增资或减资

一般情况下，小型房地产企业的实收资本应相对固定不变，但在某些特定情况下，实收资本也可能发生增减变化。投资者根据有关规定对小型房地产企业进行增资或减资，小型房地产企业应当增加或减少实收资本。

（一）实收资本增加的会计处理

一般企业增加资本的途径主要有三条：一是将资本公积转为实收资本。会计上应借记“资本公积”科目，贷记“实收资本”科目。二是将盈余公积转为实收资本。会计上应借记“盈余公积”科目，贷记“实收资本”科目。这里要注意的是，资本公积和盈余公积均属所有者权益，转为实收资本时，如为独资公司比较简单，直接结转即可；如为股份公司或有限责任公司，应按原投资者所持股份同比例增加各股东的股权，股份公司具体可以采取发放新股的办法。三是所有者（包括原企业所有者和新投资者）投入。小型房地产企业应在收到投资者投入的资金时，借记“银行存款”、“固定资产”、“原材料”等科目，贷记“实收资本”等科目。

小型房地产企业根据有关规定增加注册资本，借记“银行存款”、“资本公积”、“盈余公积”等科目，贷记“实收资本”科目。

（二）实收资本减少的会计处理

小型房地产企业实收资本减少的原因大体有两种，一是资本过剩；二是企业发生重大亏损而需要减少实收资本。小型房地产企业因资本过剩而减资，一般要发还股款。有限责任公司和一般企业发还的投资比较简单，按发还投资的数额，借记“实收资本”科目，贷记“银行存款”等科目。

三、小型房地产企业实收资本会计分录举例

小型房地产企业应设置“实收资本”科目，以核算企业收到投资者按照合同协议约定或相关规定投入的、构成注册资本的部分。“实收资本”科目期末贷方余额，反映小型房地产企业实收资本总额。

小型房地产企业（股份有限公司）应当将“实收资本”科目的名称改为“3001　股本”科目。

小型房地产企业收到投资者出资超过其在注册资本中所占份额的部分，作为资本溢价，在“资本公积”科目核算，不在“实收资本”科目核算。

“实收资本”科目应按照投资者进行明细核算。企业（中外合作经营）根据合同规定在合作期间归还投资者的投资，应在“实收资本”科目设置“已归还投资”明细科目进行核算。

相关会计科目及主要账务处理

3001　实收资本

一、本科目核算小企业收到投资者按照合同协议约定或相关规定投入的、构成注册资本的部分。

小企业（股份有限公司）应当将本科目的名称改为“3001　股本”科目。

小企业收到投资者出资超过其在注册资本中所占份额的部分，作为资本溢价，在“资本公积”科目核算，不在本科目核算。

二、本科目应按照投资者进行明细核算。

小企业（中外合作经营）根据合同规定在合作期间归还投资者的投资，应在本科目设置“已归还投资”明细科目进行核算。

三、实收资本的主要账务处理。

（一）小企业收到投资者的出资，借记“银行存款”、“其他应收款”、“固定资产”、“无形资产”等科目，按照其在注册资本中所占的份额，贷记本科目，按照其差额，贷记“资本公积”科目。

（二）根据有关规定增加注册资本，借记“银行存款”、“资本公积”、“盈余公积”等科目，贷记本科目。

根据有关规定减少注册资本，借记本科目、“资本公积”等科目，贷记“库存现金”、“银行存款”等科目。

小企业（中外合作经营）根据合同规定在合作期间归还投资者的投资，应当按照实际归还投资的金额，借记本科目（已归还投资），贷记“银行存款”等科目；同时，借记“利润分配——利润归还投资”科目，贷记“盈余公积——利润归还投资”科目。

四、本科目期末贷方余额，反映小企业实收资本总额。

第二节　小型房地产企业资本公积

一、小型房地产企业资本公积的来源

小型房地产企业资本公积，是指小型房地产企业收到的投资者出资额超过其在注册资本或股本中所占份额的部分。从形成来源看，资本公积是由投资者投入的资本金额中超过法定资本部分的资本，或者其他人（或单位）投入的不形成实收资本的资产的转化形式，不是由小型房地产企业实现的净利润转化而来的，从本质上讲应属于投入资本的范畴。因此，它与留存收益有本质区别，留存收益是小型房地产企业实现净利润的转化形式。在核算资本公积时，应当与留存收益项目区别开来。

资本公积与实收资本虽然都属于投入资本范畴，但是两者又有区别。实收资本一般是投资者投入的、为谋求价值增值的原始投资，而且属于法定资本，与小型房地产企业的注册资本相一致，因此，实收资本无论在来源上，还是金额上，都有比较严格的限制；资本公积有特定来源，其主要来源是资本（或股本）溢价，是小型房地产企业投入资本（实缴资本超过股票面值或设定价值的部分），只是由于法律的规定而无法直接以资本的名义出现。某些来源形成的资本公积，并不需要由原投资者投入，也并不一定需要谋求投资回报。例如，接受其他人（或单位）捐赠形成的资本公积。不同来源形成的资本公积由所有投资者共同享有。投资者投入的资本通常被视为小型房地产企业的永久性资本，通常不得任意支付给股东。一般只有在小型房地产企业清算时，在清偿所有的负债后才可将剩余部分返还给投资者。

资本公积与净利润有本质的区别，在会计上通常需要划分资本与收益的界限，收益（净利润）是小型房地产企业经营活动产生的结果，可以分配给股东。从本质上讲，资本公积是小型房地产企业所有者投入资本的一部分，具有资本的属性，与企业的净利润无关，所以不能作为净利润的一部分。

二、小型房地产企业资本公积的用途

小型房地产企业用资本公积转增资本，应当冲减资本公积。小型房地产企业的资本公积不得用于弥补亏损。

主要账务处理：小型房地产企业收到投资者的出资，借记“银行存款”、“其他应收款”、“固定资产”、“无形资产”等科目，按照其在注册资本中所占的份额，贷记“实收资本”科目，按照其差额，贷记“资本公积”科目。

第三节　小型房地产企业盈余公积

小型房地产企业盈余公积，是指小型房地产企业按照法律规定在税后利润中提取的法定公积金和任意公积金。

一、企业盈余公积管理规定

根据《中华人民共和国公司法》等有关法规的规定，企业当年实现的净利润，一般应当按照如下顺序进行分配。

公司分配当年税后利润时，应当提取利润的10%列入公司法定公积金。公司法定公积金累计额为公司注册资本的50%以上的，可以不再提取。

公司的法定公积金不足以弥补以前年度亏损的，在依照前款规定提取法定公积金之前，应当先用当年利润弥补亏损。

公司从税后利润中提取法定公积金后，经股东会或者股东大会决议，还可以从税后利润中提取任意公积金。

公司弥补亏损和提取公积金后所余税后利润，有限责任公司依照《公司法》第 35 条的规定分配；股份有限公司按照股东持有的股份比例分配，但股份有限公司章程规定不按持股比例分配的除外。

股东会、股东大会或者董事会违反前款规定，在公司弥补亏损和提取法定公积金之前向股东分配利润的，股东必须将违反规定分配的利润退还公司。

公司持有的本公司股份不得分配利润。

根据《关于〈公司法〉施行后有关企业财务处理问题的通知》（2006-3-15 财企［2006］67 号），从 2006 年 1 月 1 日起，按照《公司法》组建的企业根据《公司法》第 167 条进行利润分配，不再提取公益金。同时，为了保持企业间财务政策的一致性，国有企业及其他企业一并停止实行公益金制度。企业对 2005 年 12 月 31 日的公益金结余，转作盈余公积金管理使用；公益金赤字，依次以盈余公积金、资本公积金、以前年度未分配利润弥补，仍有赤字的，结转未分配利润账户，用以后年度实现的税后利润弥补。

企业经批准实施住房制度改革，应当严格按照财政部《关于企业住房制度改革中有关财务处理问题的通知》（财企［2000］295 号）及财政部《关于企业住房制度改革中有关财务处理问题的补充通知》（财企［2000］878 号）的相关规定执行。企业按照国家统一规定实行住房分配货币化改革后，不得再为职工购建住房，盈余公积金不得列支相关支出。

尚未实行分离办社会职能或者主辅分离、辅业改制的小型房地产企业，原属于公益金使用范围的内设职工食堂、医务室、托儿所等集体福利机构所需固定资产购建支出，应当严格履行企业内部财务制度规定的程序和权限进行审批，并按照企业经营资产的相关管理制度执行。

小型房地产企业停止实行公益金制度以后，外商投资公司的职工奖励及福利基金，经董事会确定继续提取的，应当明确用途、使用条件和程序，作为负债管理。

二、小型房地产企业盈余公积的用途

小型房地产企业用盈余公积弥补亏损或者转增资本，应当冲减盈余公积。小型房地产企业的盈余公积还可以用于扩大经营。

主要账务处理：

（1）小型房地产企业（公司制）按照公司法规定提取法定公积金和任意公积金，借记“利润分配——提取法定盈余公积、提取任意盈余公积”科目，贷记“盈余公积”科目（法定盈余公积、任意盈余公积）。

小型房地产企业（外商投资）按照规定提取储备基金、企业发展基金、职工奖励及福利基金，借记“利润分配——提取储备基金、提取企业发展基金、提取职工奖励及福利基金”科目，贷记“盈余公积”科目（储备基金、企业发展基金）、“应付职工薪酬”科目。

（2）用盈余公积弥补亏损或者转增资本，借记“盈余公积”科目，贷记“利润分配——盈余公积补亏”或“实收资本”科目。

企业（中外合作经营）根据合同规定在合作期间归还投资者的投资，应当按照实际归还投资的金额，借记“实收资本——已归还投资”科目，贷记“银行存款”等科目。同时，借记“利润分配——利润归还投资”科目，贷记“盈余公积”科目（利润归还投资）。

三、小型房地产企业盈余公积会计分录举例

小型房地产企业应设置“盈余公积”科目，以核算企业（公司制）按照公司法规定在税后利润中提取的法定公积金和任意公积金。小型房地产企业（外商投资）按照法律规定在税后利润中提取储备基金和企业发展基金也在“盈余公积”科目核算。“盈余公积”科目期末贷方余额，反映小型房地产企业（公司制）的法定公积金和任意公积金总额，小型房地产企业（外商投资）的储备基金和企业发展基金总额。

“盈余公积”科目应当分别按“法定盈余公积”、“任意盈余公积”进行明细核算。小型房地产企业（外商投资）还应当分别按“储备基金”、“企业发展基金”进行明细核算。企业（中外合作经营）根据合同规定在合作期间归还投资者的投资，应在“盈余公积”科目设置“利润归还投资”明细科目进行核算。

相关会计科目及主要账务处理

3101 盈余公积

一、本科目核算小企业（公司制）按照公司法规定在税后利润中提取的法定公积金和任意公积金。

小企业（外商投资）按照法律规定在税后利润中提取储备基金和企业发展基金也在本科目核算。

二、本科目应当分别按“法定盈余公积”、“任意盈余公积”进行明细核算。

小企业（外商投资）还应当分别按“储备基金”、“企业发展基金”进行明细核算。

小企业（中外合作经营）根据合同规定在合作期间归还投资者的投资，应在本科目设置“利润归还投资”明细科目进行核算。

三、盈余公积的主要账务处理。

（一）小企业（公司制）按照公司法规定提取法定公积金和任意公积金，借记“利润分配——提取法定盈余公积、提取任意盈余公积”科目，贷记本科目（法定盈余公积、任意盈余公积）。

小企业（外商投资）按照规定提取储备基金、企业发展基金、职工奖励及福利基金，借记“利润分配——提取储备基金、提取企业发展基金、提取职工奖励及福利基金”科目，贷记本科目（储备基金、企业发展基金）、“应付职工薪酬”科目。

（二）用盈余公积弥补亏损或者转增资本，借记本科目，贷记“利润分配——盈余公积补亏”或“实收资本”科目。

小企业（中外合作经营）根据合同规定在合作期间归还投资者的投资，应当按照实际归还投资的金额，借记“实收资本——已归还投资”科目，贷记“银行存款”等科目。同时，借记“利润分配——利润归还投资”科目，贷记本科目（利润归还投资）。

四、本科目期末贷方余额，反映小企业（公司制）的法定公积金和任意公积金总额，小企业（外商投资）的储备基金和企业发展基金总额。

第四节　小型房地产企业未分配利润

小型房地产企业未分配利润，是小型房地产企业留待以后年度进行分配的结存利润，也是

小型房地产企业所有者权益的组成部分。

小型房地产企业未分配利润，是指小型房地产企业实现的净利润，经过弥补亏损、提取法定公积金和任意公积金、向投资者分配利润后，留存在本企业的、历年结存的利润。相对于所有者权益的其他部分来讲，小型房地产企业对于未分配利润的使用分配有较大的自主权。从数量上来讲，未分配利润是期初未分配利润，加上本期实现的净利润，减去提取的各种盈余公积和分出利润后的余额。未分配利润有两层含义：一是留待以后年度处理的利润；二是未指定特定用途的利润。

在会计核算上，未分配利润是通过“利润分配”科目进行核算的，具体来说是通过“利润分配”科目之下的“未分配利润”明细科目进行核算的。小型房地产企业在经营过程中取得的收入和发生的成本费用，最终通过“本年利润”科目进行归集，计算出当年盈利，然后转入“利润分配——未分配利润”科目进行分配，其结存于“利润分配——未分配利润”科目的贷方余额，则为未分配利润；如为借方余额，则为未弥补亏损。

小型房地产企业应设置“利润分配”科目，以核算企业利润的分配（或亏损的弥补）和历年分配（或弥补）后的余额。年度终了，小型房地产企业应当将本年实现的净利润，自“本年利润”科目转入“利润分配”科目，借记“本年利润”科目，贷记“利润分配”科目（未分配利润）；为净亏损的，做相反的会计分录。同时，将“利润分配”科目所属明细科目（应付利润、盈余公积补亏）的余额转入“利润分配”科目明细科目（未分配利润）。结转后，“利润分配”科目除“未分配利润”明细科目外，其他明细科目应无余额。“利润分配”科目年末余额，反映小型房地产企业的未分配利润（或未弥补亏损）。

“利润分配”科目应按照“应付利润”、“未分配利润”等进行明细核算。

相关会计科目及主要账务处理

3104　利润分配

一、本科目核算小企业利润的分配（或亏损的弥补）和历年分配（或弥补）后的余额。

二、本科目应按照“应付利润”、“未分配利润”等进行明细核算。

三、利润分配的主要账务处理。

（一）小企业根据有关规定分配给投资者的利润，借记本科目（应付利润），贷记“应付利润”科目。

（二）用盈余公积弥补亏损，借记“盈余公积”科目，贷记本科目（盈余公积补亏）。

小企业（中外合作经营）根据合同规定在合作期间归还投资者的投资，应按照实际归还投资的金额，借记“实收资本——已归还投资”科目，贷记“银行存款”等科目。同时，借记本科目（利润归还投资），贷记“盈余公积——利润归还投资”科目。

四、年度终了，小企业应当将本年实现的净利润，自“本年利润”科目转入本科目，借记“本年利润”科目，贷记本科目（未分配利润）；为净亏损的，做相反的会计分录。同时，将“利润分配”科目所属明细科目（应付利润、盈余公积补亏）的余额转入本科目明细科目（未分配利润）。结转后，本科目除“未分配利润”明细科目外，其他明细科目应无余额。

五、本科目年末余额，反映小企业的未分配利润（或未弥补亏损）。

3103　本年利润

一、本科目核算小企业当期实现的净利润（或发生的净亏损）。

二、本年利润的主要账务处理。

（一）期（月）末结转利润时，小企业可以将“主营业务收入”、“其他业务收入”、“营业外收入”科目的余额，转入本科目，借记“主营业务收入”、“其他业务收入”、“营业外收入”科目，贷记本科目；将“主营业务成本”、“其他业务成本”、“营业税金及附加”、“销售费用”、“管理费用”、“财务费用”、“营业外支出”、“所得税费用”科目的余额，转入本科目，借记本科目，贷记“主营业务成本”、“其他业务成本”、“营业税金及附加”、“销售费用”、“管理费用”、“财务费用”、“营业外支出”、“所得税费用”科目。将“投资收益”科目的贷方余额，转入本科目，借记“投资收益”科目，贷记本科目；如为借方余额，做相反的会计分录。

结转后本科目的贷方余额为当期实现的净利润；借方余额为当期发生的净亏损。

（二）年度终了，应当将本年收入和支出相抵后结出的本年实现的净利润，转入“利润分配”科目，借记本科目，贷记“利润分配——未分配利润”科目；如为净亏损，做相反的会计分录。

结转后，本科目应无余额。

第九章

小型房地产企业资产负债表

第一节　小型房地产企业资产负债表综述

小型房地产企业资产负债表，是指反映小型房地产企业在某个特定日期的财务状况的报表。例如，公历每年 12 月 31 日的财务状况，反映的就是该日的情况。

资产负债表主要提供有关企业财务状况方面的信息，即某个特定日期关于企业资产、负债、所有者权益及其相互关系。

一、小型房地产企业资产负债表列报总体要求

（一）分类别列报

资产负债表列报，最根本的目标就是如实反映小型房地产企业在资产负债表日所拥有的资源、所承担的负债，以及所有者所拥有的权益。因此，资产负债表应当按照资产、负债和所有者权益三大类别分类列报。

（二）资产和负债按流动性列报

资产和负债应当分别按照流动性分为流动资产和非流动资产、流动负债和非流动负债。流动性，通常按资产的变现或耗用时间长短，以及负债的偿还时间长短来确定。应先列报流动性强的资产或负债，再列报流动性弱的资产或负债。

（三）列报相关的合计、总计项目

资产负债表中的资产类至少应当列示流动资产和非流动资产的合计项目；负债类至少应当列示流动负债、非流动负债及负债的合计项目；所有者权益类应当列示所有者权益的合计项目。

资产负债表遵循“资产=负债+所有者权益”这一会计恒等式，把小型房地产企业在特定时日所拥有的经济资源和与之相对应的企业所承担的债务及偿债以后属于所有者的权益充分反映出来。因此，资产负债表应当分别列示资产总计项目和负债与所有者权益之和的总计项目，并且这两者的金额应当相等。

二、小型房地产企业资产负债表至少应当单独列示反映的项目信息

小型房地产企业资产负债表中的资产类应当包括流动资产和非流动资产的合计项目；负债类应当包括流动负债、非流动负债和负债的合计项目；所有者权益类应当包括所有者权益的合计项目。资产负债表应当列示资产总计项目，负债和所有者权益总计项目。

（一）资产的列报

小型房地产企业资产负债表中的资产反映由过去的交易、事项形成并由小型房地产企业在某个特定日期所拥有或控制的，预期会给企业带来经济利益的资源。资产应当按照流动资产和非流动资产两大类别在资产负债表中列示，并在流动资产和非流动资产类别下按性质进一步分项列示。

1．流动资产和非流动资产的划分

资产负债表中的资产应当分别按流动资产和非流动资产列报，因此区分流动资产和非流动资产十分重要。资产满足下列条件之一的，应当归为流动资产。

（1）预计在一个正常营业周期中变现、出售或耗用，主要包括存货、应收账款等资产。需要指出的是，变现一般针对应收账款等而言，指将资产变为现金；出售一般针对商品等存货而言；耗用一般指将存货（如物资）转变成另一种形态（如产成品）。

（2）主要以交易为目的而持有。

（3）预计在资产负债表日起1年内（含1年）变现。

（4）自资产负债表日起1年内，交换其他资产或清偿负债的能力不受限制的现金。

2．正常营业周期

值得注意的是，判断流动资产、流动负债时所称的一个正常营业周期，是指小型房地产企业从购买用于加工的资产起至实现现金的期间。

正常营业周期通常短于1年，在1年内有几个营业周期。但是，也存在正常营业周期长于1年的情况，如房地产开发企业开发用于出售的开发产品，在这种情况下，与生产循环相关的产成品、应收账款、物资尽管超过1年才变现、出售或耗用，但仍应作为流动资产列示。

当正常营业周期不能确定时，应当以1年（12个月）作为正常营业周期。

3．资产负债表中的资产类至少应当单独列示反映下列信息的项目

- 货币资金；
- 应收及预付款项；
- 存货；
- 长期债券投资；
- 长期股权投资；
- 固定资产；
- 无形资产；
- 长期待摊费用。

（二）负债的列报

小型房地产企业资产负债表中的负债反映在某一特定日期小型房地产企业所承担的、预期会导致经济利益流出企业的现时义务。负债应当按照流动负债和非流动负债在资产负债表中进行列示，在流动负债和非流动负债类别下再进一步按性质分项列示。

流动负债的判断标准与流动资产的判断标准相类似。负债满足下列条件之一的，应当归为流动负债：预计在一个正常营业周期中清偿；主要因交易目的而持有；自资产负债表日起1年内到期应予以清偿；小型房地产企业无权自主地将清偿推迟至资产负债表日后1年以上。

值得注意的是，有些流动负债，如应付账款、应付职工薪酬等，属于小型房地产企业正常营业周期中使用的营运资金的一部分。尽管这些经营性项目有时在资产负债表日后超过1年才到期清偿，但仍应划分为流动负债。

资产负债表中的负债类至少应当单独列示反映下列信息的项目：

- 短期借款；
- 应付及预收款项；
- 应付职工薪酬；
- 应交税费；
- 应付利息；
- 长期借款；
- 长期应付款。

（三）所有者权益的列报

小型房地产企业资产负债表中的所有者权益，是小型房地产企业资产扣除负债后由所有者享有的剩余权益。资产负债表中的所有者权益类一般按照净资产的不同来源和特定用途进行分类，按照实收资本（或股本）、资本公积、盈余公积、未分配利润等项目分项列示。

资产负债表中的所有者权益类至少应当单独列示反映下列信息的项目：

- 实收资本；
- 资本公积；
- 盈余公积；
- 未分配利润。

第二节 小型房地产企业资产负债表格式及编制说明

一、小型房地产企业资产负债表格式

（一）账户式的资产负债表列报格式

资产负债表正表的列报格式一般有两种：报告式资产负债表和账户式资产负债表。报告式资产负债表是上下结构，上半部列示资产，下半部列示负债和所有者权益。具体排列形式又有两种：一是按“资产=负债+所有者权益”的原理排列；二是按“资产−负债=所有者权益”的原理排列。账户式资产负债表是左右结构，左边列示资产，右边列示负债和所有者权益。资产负债表采用账户式的格式。账户式资产负债表中的资产各项目的合计等于负债和所有者权益各项目的合计，即资产负债表左方和右方平衡。因此，通过账户式资产负债表，可以反映资产、负债、所有者权益之间的内在关系，即“资产=负债+所有者权益”。

（二）列示资产负债表的比较信息

小型房地产企业需要提供比较资产负债表，以便报表使用者通过比较不同时点资产负债表的数据，掌握企业财务状况的变动情况及发展趋势。所以，资产负债表还就各项目再分为“年初余额”和“期末余额”两栏分别填列。

小型房地产企业资产负债表格式如表 9-1 所示。

表 9-1　资产负债表

会小企 01 表

编制单位：　　　　　　　　　年　月　日　　　　　　　　　单位：元

资　　产	行次	期末余额	年初余额	负债和所有者权益	行次	期末余额	年初余额
流动资产：				流动负债：			
货币资金	1			短期借款	31		
短期投资	2			应付票据	32		
应收票据	3			应付账款	33		
应收账款	4			预收账款	34		
预付账款	5			应付职工薪酬	35		
应收股利	6			应交税费	36		
应收利息	7			应付利息	37		
其他应收款	8			应付利润	38		
存货	9			其他应付款	39		
其中：原材料	10			其他流动负债	40		
在产品	11			流动负债合计	41		
库存商品	12			非流动负债：			
周转材料	13			长期借款	42		
其他流动资产	14			长期应付款	43		
流动资产合计	15			递延收益	44		
非流动资产：				其他非流动负债	45		
长期债券投资	16			非流动负债合计	46		
长期股权投资	17			负债合计	47		
固定资产原价	18						
减：累计折旧	19						
固定资产账面价值	20						
在建工程	21						
工程物资	22						
固定资产清理	23						
生产性生物资产	24			所有者权益（或股东权益）：			
无形资产	25			实收资本（或股本）	48		
开发支出	26			资本公积	49		
长期待摊费用	27			盈余公积	50		
其他非流动资产	28			未分配利润	51		
非流动资产合计	29			所有者权益（或股东权益）合计	52		
资产总计	30			负债和所有者权益（或股东权益）总计	53		

小企业（中外合作经营）根据合同规定在合作期间归还投资者的投资，应在“实收资本（或股本）”项目下增加“减：已归还投资”项目单独列示。

二、小型房地产企业资产负债表编制说明

（1）资产负债表反映小型房地产企业某一特定日期全部资产、负债和所有者权益的情况。

（2）本表“年初余额”栏内各项数字，应根据上年末资产负债表“期末余额”栏内所列数字填列。

（3）本表“期末余额”各项目的内容和填列方法。

①“货币资金”项目。反映小型房地产企业库存现金、银行存款、其他货币资金的合计数。本项目应根据“库存现金”、“银行存款”和“其他货币资金”科目的期末余额合计填列。

②“短期投资”项目。反映小型房地产企业购入的能随时变现并且持有时间不准备超过 1 年的股票、债券和基金投资的余额。本项目应根据“短期投资”科目的期末余额填列。

③“应收票据”项目。反映小型房地产企业收到的未到期收款也未向银行贴现的应收票据（银行承兑汇票和商业承兑汇票）。本项目应根据“应收票据”科目的期末余额填列。

④“应收账款”项目。反映小型房地产企业因销售开发产品等日常经营活动应收取的款项。本项目应根据“应收账款”的期末余额分析填列。如“应收账款”科目期末为贷方余额，应当在“预收账款”项目列示。

⑤“预付账款”项目。反映小型房地产企业按照合同规定预付的款项，包括：根据合同规定预付的购货款、租金、工程款等。本项目应根据“预付账款”科目的期末借方余额填列；如“预付账款”科目期末为贷方余额，应当在“应付账款”项目列示。

属于超过 1 年期以上的预付账款的借方余额应当在“其他非流动资产”项目列示。

⑥“应收股利”项目。反映小型房地产企业应收取的现金股利或利润。本项目应根据“应收股利”科目的期末余额填列。

⑦“应收利息”项目。反映小企业债券投资应收取的利息。小型房地产企业购入一次还本付息债券应收的利息，不包括在本项目内。本项目应根据“应收利息”科目的期末余额填列。

⑧“其他应收款”项目。反映小型房地产企业除应收票据、应收账款、预付账款、应收股利、应收利息等以外的其他各种应收及暂付款项，包括各种应收的赔款、应向职工收取的各种垫付款项等。本项目应根据“其他应收款”科目的期末余额填列。

⑨“存货”项目。反映小型房地产企业期末在库、在途和在加工中的各项存货的成本，包括：各种材料物资、开发产品、周转材料（低值易耗品等）等。本项目应根据“材料采购”、“在途物资”、“原材料”、“材料成本差异”、“生产成本”、“库存商品”、“商品进销差价”、“委托加工物资”、“周转材料”等科目的期末余额分析填列。

⑩“其他流动资产”项目。反映小型房地产企业除以上流动资产项目外的其他流动资产（含 1 年内到期的非流动资产）。本项目应根据有关科目的期末余额分析填列。

⑪ 长期债券投资”项目。反映小型房地产企业准备长期持有的债券投资的本息。本项目应根据“长期债券投资”科目的期末余额分析填列。

⑫“长期股权投资”项目。反映小型房地产企业准备长期持有的权益性投资的成本。本项目应根据“长期股权投资”科目的期末余额填列。

⑬“固定资产原价”和“累计折旧”项目。反映小型房地产企业固定资产的原价（成本）及累计折旧。这两个项目应根据“固定资产”科目和“累计折旧”科目的期末余额填列。

⑭“固定资产账面价值”项目。反映小型房地产企业固定资产原价扣除累计折旧后的余额。本项目应根据“固定资产”科目的期末余额减去“累计折旧”科目的期末余额后的金额填列。

⑮“在建工程”项目。反映小型房地产企业尚未完工或虽已完工，但尚未办理竣工决算的工程成本。本项目应根据“在建工程”科目的期末余额填列。

⑯“工程物资”项目。反映小型房地产企业为在建工程准备的各种物资的成本。本项目应根据“工程物资”科目的期末余额填列。

⑰“固定资产清理”项目。反映小型房地产企业因出售、报废、毁损、对外投资等原因处置固定资产所转出的固定资产账面价值，以及在清理过程中发生的费用等。本项目应根据“固定资产清理”科目的期末借方余额填列；如“固定资产清理”科目期末为贷方余额，以“–”号填列。

⑱“无形资产”项目。反映小型房地产企业无形资产的账面价值。本项目应根据“无形资产”科目的期末余额减去“累计摊销”科目的期末余额后的金额填列。

⑲“长期待摊费用”项目。反映小型房地产企业尚未摊销完毕的已提足折旧的固定资产的改建支出、经营租入固定资产的改建支出、固定资产的大修理支出和其他长期待摊费用。本项目应根据“长期待摊费用”科目的期末余额分析填列。

⑳“其他非流动资产”项目。反映小型房地产企业除以上非流动资产以外的其他非流动资产。本项目应根据有关科目的期末余额分析填列。

㉑“短期借款”项目。反映小型房地产企业向银行或其他金融机构等借入的期限在 1 年内的，尚未偿还的各种借款本金。本项目应根据“短期借款”科目的期末余额填列。

㉒“应付票据”项目。反映小型房地产企业因购买材料、商品和接受劳务等日常经营活动开出、承兑的商业汇票（银行承兑汇票和商业承兑汇票）尚未到期的票面金额。本项目应根据“应付票据”科目的期末余额填列。

㉓“应付账款”项目。反映小型房地产企业因购买材料、商品和接受劳务等日常经营活动尚未支付的款项。本项目应根据“应付账款”科目的期末余额填列；如“应付账款”科目期末为借方余额，应当在“预付账款”项目列示。

㉔“预收账款”项目。反映小型房地产企业根据合同规定预收的款项，包括：预收的购货款、工程款等。本项目应根据“预收账款”科目的期末贷方余额填列；如“预收账款”科目期末为借方余额，应当在“应收账款”项目列示。

属于超过 1 年期以上的预收账款的贷方余额应当在“其他非流动负债”项目列示。

㉕“应付职工薪酬”项目。反映小型房地产企业应付未付的职工薪酬。本项目应根据“应付职工薪酬”科目期末余额填列。

㉖“应交税费”项目。反映小型房地产企业期末未交、多交或尚未抵扣的各种税费。本项目应根据“应交税费”科目的期末贷方余额填列；如“应交税费”科目期末为借方余额，以“–”号填列。

㉗“应付利息”项目。反映小型房地产企业尚未支付的利息费用。本项目应根据“应付利息”科目的期末余额填列。

㉘“应付利润”项目。反映小型房地产企业尚未向投资者支付的利润。本项目应根据“应付利润”科目的期末余额填列。

㉙“其他应付款”项目。反映小型房地产企业除应付账款、预收账款、应付职工薪酬、应交税费、应付利息、应付利润等以外的其他各项应付、暂收的款项，包括应付租入固定资产和包装物的租金、存入保证金等。本项目应根据“其他应付款”科目的期末余额填列。

㉚“其他流动负债”项目。反映小型房地产企业除以上流动负债以外的其他流动负债（含 1 年内到期的非流动负债）。本项目应根据有关科目的期末余额填列。

㉛“长期借款”项目。反映小型房地产企业向银行或其他金融机构借入的期限在 1 年以上的，尚未偿还的各项借款本金。本项目应根据“长期借款”科目的期末余额分析填列。

㉜“长期应付款”项目。反映小型房地产企业除长期借款以外的其他各种应付未付的长期应付款项，包括：应付融资租入固定资产的租赁费、以分期付款方式购入固定资产发生的应付款项等。本项目应根据“长期应付款”科目的期末余额分析填列。

㉝“递延收益”项目。反映小型房地产企业收到的应在以后期间计入损益的政府补助。本项目应根据“递延收益”科目的期末余额分析填列。

㉞“其他非流动负债”项目。反映小型房地产企业除以上非流动负债项目以外的其他非流动负债。本项目应根据有关科目的期末余额分析填列。

㉟“实收资本（或股本）”项目。反映小型房地产企业收到投资者按照合同协议约定或相关规定投入的，构成小型房地产企业注册资本的部分。本项目应根据“实收资本（或股本）”科目的期末余额分析填列。

㊱“资本公积”项目。反映小型房地产企业收到投资者投入资本超出其在注册资本中所占份额的部分。本项目应根据“资本公积”科目的期末余额填列。

㊲“盈余公积”项目。反映小型房地产企业（公司制）的法定公积金和任意公积金，小型房地产企业（外商投资）的储备基金和企业发展基金。本项目应根据“盈余公积”科目的期末余额填列。

㊳“未分配利润”项目。反映小型房地产企业尚未分配的历年结存的利润。本项目应根据“利润分配”科目的期末余额填列；未弥补的亏损，在本项目内以“–”号填列。

（4）本表中各项目之间的钩稽关系为：

行 15=行 1+行 2+行 3+行 4+行 5+行 6+行 7+行 8+行 9+行 14；

行 9≥行 10+行 11+行 12+行 13；

行 29=行 16+行 17+行 20+行 21+行 22+行 23+行 24+行 25+行 26+行 27+行 28

行 20=行 18–行 19；

行 30=行 15+行 29；

行 41=行 31+行 32+行 33+行 34+行 35+行 36+行 37+行 38+行 39+行 40；

行 46=行 42+行 43+行 44+行 45；

行 47=行 41+行 46；

行 52=行 48+行 49+行 50+行 51；

行 53=行 47+行 52=行 30。

第四篇

小型房地产企业
流量信息的反映

第十章

小型房地产企业现金流量表

第一节　小型房地产企业现金流量信息的反映综述

现金流转情况在很大程度上影响着小型房地产企业的生存和发展。如果小型房地产企业现金充裕，就可以及时购入必要的物资和固定资产，及时支付工资、偿还债务、支付股利和利息；反之，轻则影响企业的正常经营，重则危及企业的生存。现金管理已经成为小型房地产企业财会管理的一个重要方面，受到小型房地产企业管理人员、投资者、债权人及政府监管部门的关注。

一、小型房地产企业现金流量的概念

小型房地产企业现金流量指企业现金的流入和流出。

以上所称现金，是指小型房地产企业的库存现金及可以随时用于支付的存款和其他货币资金。

小型房地产企业现金主要包括库存现金、银行存款和其他货币资金。

（一）库存现金

库存现金是指小型房地产企业持有的可随时用于支付的现金，与“库存现金”科目的会计处理内容一致。

（二）银行存款

银行存款是指小型房地产企业存入金融机构，可以随时用于支取的存款，与“银行存款”科目核算内容基本一致，但不包括不能随时用于支付的存款。例如，不能随时支取的定期存款等不应视为现金，而提前通知金融机构便可支取的定期存款则应包括在现金范围内。

（三）其他货币资金

其他货币资金是指存放在金融机构的外埠存款、银行汇票存款、银行本票存款、信用卡存款、信用证保证金存款和存出投资款等，与“其他货币资金”科目核算内容一致。

二、小型房地产企业现金流量的分类

小型房地产企业现金形式的转换不会产生现金的流入和流出。例如，小型房地产企业从银行提取现金，是企业现金存放形式的转换，并未流出企业，不构成现金流量。

根据企业业务活动的性质和现金流量的来源，小企业会计准则将企业一定期间产生的现金

流量分为三类：经营活动产生的现金流量、投资活动产生的现金流量和筹资活动现金流量。

第二节 小型房地产企业经营活动产生的现金流量

小型房地产企业经营活动是指除企业投资活动和筹资活动之外的所有交易和事项。

小型房地产企业经营活动产生的现金流量在现金流量表中的填列方法如下。

一、“销售商品、提供劳务收到的现金”项目

反映小型房地产企业本期销售开发产品、提供劳务收到的现金。本项目可以根据“库存现金”、“银行存款”和“主营业务收入”等科目的本期发生额分析填列。

二、“收到其他与经营活动有关的现金”项目

反映小型房地产企业本期收到的其他与经营活动有关的现金。本项目可以根据“库存现金”和“银行存款”等科目的本期发生额分析填列。

三、“购买原材料、商品、接受劳务支付的现金”项目

反映小型房地产企业本期购买材料物资、商品、接受劳务支付的现金。本项目可以根据“库存现金”、“银行存款”、“其他货币资金”、“原材料”、“库存商品”等科目的本期发生额分析填列。

四、“支付的职工薪酬”项目

反映小型房地产企业本期向职工支付的薪酬。本项目可以根据“库存现金”、“银行存款”、“应付职工薪酬”科目的本期发生额分析填列。

五、“支付的税费”项目

反映小型房地产企业本期支付的税费。本项目可以根据“库存现金”、“银行存款”、“应交税费”等科目的本期发生额分析填列。

六、“支付其他与经营活动有关的现金”项目

反映小型房地产企业本期支付的其他与经营活动有关的现金。本项目可以根据“库存现金”、“银行存款”等科目的本期发生额分析填列。

第三节 小型房地产企业投资活动产生的现金流量

小型房地产企业投资活动是指企业固定资产、无形资产、其他非流动资产的购建和短期投资、长期债券投资、长期股权投资及其处置活动。这里所讲的投资活动，既包括实物资产投资，也包括非实物资产投资。

小型房地产企业投资活动产生的现金流量在现金流量表中的填列方法如下。

一、“收回短期投资、长期债券投资和长期股权投资收到的现金”项目

反映小型房地产企业出售、转让或到期收回短期投资、长期股权投资而收到的现金，以及收回长期债券投资本金而收到的现金，不包括长期债券投资收回的利息。本项目可以根据“库存现金”、“银行存款”、“短期投资”、“长期股权投资”、“长期债券投资”等科目的本期发生额分析填列。

二、“取得投资收益收到的现金”项目

反映小型房地产企业因权益性投资和债权性投资取得的现金股利或利润和利息收入。本项目可以根据“库存现金”、“银行存款”、“投资收益”等科目的本期发生额分析填列。

三、“处置固定资产、无形资产和其他非流动资产收回的现金净额”项目

反映小型房地产企业处置固定资产、无形资产和其他非流动资产取得的现金，减去为处置这些资产而支付的有关税费等后的净额。本项目可以根据“库存现金”、“银行存款”、“固定资产清理”、“无形资产”等科目的本期发生额分析填列。

四、“短期投资、长期债券投资和长期股权投资支付的现金”项目

反映小型房地产企业进行权益性投资和债权性投资支付的现金，包括小型房地产企业取得短期股票投资、短期债券投资、短期基金投资、长期债券投资、长期股权投资支付的现金。本项目可以根据“库存现金”、“银行存款”、“短期投资”、“长期债券投资”、“长期股权投资”等科目的本期发生额分析填列。

五、“购建固定资产、无形资产和其他非流动资产支付的现金”项目

反映小型房地产企业购建固定资产、无形资产和其他非流动资产支付的现金，包括购买机器设备、无形资产支付的现金、建造工程支付的现金等现金支出，不包括为购建固定资产、无形资产和其他非流动资产而发生的借款费用资本化部分和支付给在建工程和无形资产开发项目人员的薪酬。为购建固定资产、无形资产和其他非流动资产而发生借款费用资本化部分，在“偿还借款利息支付的现金”项目反映；支付给在建工程和无形资产开发项目人员的薪酬，在“应付职工薪酬”项目反映。本项目可以根据“库存现金”、“银行存款”、“固定资产”、“在建工程”、“无形资产”、“应付职工薪酬”等科目的本期发生额分析填列。

第四节　小型房地产企业筹资活动产生的现金流量

小型房地产企业筹资活动是指导致小型房地产企业资本及债务规模和构成发生变化的活动。这里所说的资本，既包括实收资本（股本），也包括资本溢价（股本溢价）；这里所说的债务，指对外举债，包括向银行借款、发行债券及偿还债务等。通常情况下，应付账款、应付票据等属于经营活动，不属于筹资活动。

对于小型房地产企业日常经营活动之外特殊的、不经常发生的特殊项目，如自然灾害损失、保险赔款、捐赠等，应当归并到相关类别中并单独反映。比如，对于自然灾害损失和保险赔款，如果能够确指属于流动资产损失，应当列入经营活动产生的现金流量；属于固定资产损失，应

当列入投资活动产生的现金流量。如果不能确指，则可以列入经营活动产生的现金流量。捐赠收入和支出，可以列入经营活动。如果特殊项目的现金流量金额不大，则可以列入现金流量类别下的“其他”项目，不单列项目。

小型房地产企业筹资活动产生的现金流量在现金流量表中的填列方法如下。

一、“取得借款收到的现金”项目

反映小型房地产企业举借各种短期、长期借款收到的现金。本项目可以根据“库存现金”、“银行存款”、“短期借款”、“长期借款”等科目的本期发生额分析填列。

二、“吸收投资者投资收到的现金”项目

反映小型房地产企业收到的投资者作为资本投入的现金。本项目可以根据“库存现金”、“银行存款”、“实收资本”、“资本公积”等科目的本期发生额分析填列。

三、“偿还借款本金支付的现金”项目

反映小型房地产企业以现金偿还各种短期、长期借款的本金。本项目可以根据“库存现金”、“银行存款”、“短期借款”、“长期借款”等科目的本期发生额分析填列。

四、“偿还借款利息支付的现金”项目

反映小型房地产企业以现金偿还各种短期、长期借款的利息。本项目可以根据“库存现金”、“银行存款”、“应付利息”等科目的本期发生额分析填列。

五、“分配利润支付的现金”项目

反映小型房地产企业向投资者实际支付的利润。本项目可以根据“库存现金”、“银行存款”、“应付利润”等科目的本期发生额分析填列。

第五节　小型房地产企业现金流量表的编制

小型房地产企业现金流量表，是指反映企业在一定会计期间现金流入和流出情况的报表。

一、小型房地产企业编制现金流量表的目的

编制现金流量表的主要目的是为财务报表使用者提供小型房地产企业一定会计期间内现金流入和流出的信息，便财务报表使用者了解和评价企业获取现金的能力，并据以预测企业未来现金流量。

二、小型房地产企业现金流量表的作用

小型房地产企业现金流量表的作用主要体现在以下几个方面：一是有助于评价企业支付能力、偿债能力和周转能力；二是有助于预测企业未来现金流量；三是有助于分析企业收益质量及影响现金净流量的因素，掌握企业经营活动、投资活动和筹资活动的现金流量，从现金流量的角度了解净利润的质量，为分析和判断企业的财务前景提供信息。

三、小型房地产企业现金流量表的编制基础

小型房地产企业现金流量表以现金为基础编制，划分为经营活动、投资活动和筹资活动，按照收付实现制原则编制，将权责发生制下的盈利信息调整为收付实现制下的现金流量信息。

四、小型房地产企业现金流量表的编制方法及程序

小型房地产企业现金流量表应当分别按经营活动、投资活动和筹资活动列报现金流量。现金流量应当分别按照现金流入和现金流出总额列报。

编制现金流量表，可以采用工作底稿法，也可以采用T形账户法。两种方法的基本程序大体相同，结果也一样，只是所采用的手段不同。

（一）工作底稿法

采用工作底稿法编制现金流量表，就是以工作底稿为手段，以利润表和资产负债表数据为基础，对每个项目进行分析并编制调整分录，从而编制出现金流量表。

在直接法下，整个工作底稿纵向分成三段：第一段是资产负债表项目，其中又分为借方项目和贷方项目两部分；第二段是利润表项目；第三段是现金流量表项目。整个工作底稿横向分为五栏，在资产负债表部分，第一栏是项目栏，填列资产负债表各项目名称；第二栏是期初数，填列资产负债表项目的期初数；第三栏是调整分录的借方；第四栏是调整分录的贷方；第五栏是期末数，填列资产负债表项目的期末数。在利润表和现金流量表部分，第一栏也是项目栏，填列利润表和现金流量表项目名称；第二栏空置不填；第三、第四栏分别是调整分录的借方和贷方；第五栏是本期数，利润表部分这一栏数字应和本期利润表数字核对相符，现金流量表部分这一栏的数字可直接用来编制正式的现金流量表。

采用工作底稿法编制现金流量表的程序。

（1）将资产负债表的期初数和期末数过入工作底稿的期初数栏和期末数栏。

（2）对当期业务进行分析并编制调整分录。调整分录大体有这样几类：第一类涉及利润表中的收入、成本和费用项目，以及资产负债表中的资产、负债和所有者权益项目，通过调整，将权责发生制下的收入费用转换为现金基础；第二类涉及资产负债表和现金流量表中的投资、筹资项目，反映投资和筹资活动的现金流量；第三类涉及利润表和现金流量表中的投资和筹资项目，目的是将利润表中有关投资和筹资方面的收入和费用列入现金流量表投资、筹资现金流量中去。此外，还有一些调整分录并不涉及现金收支，只是为了核对资产负债表项目的期末期初变动。调整分录特点如下：

1）调整分录为一定时期（年）内该类业务的汇总分录。

2）调整分录不过入账册，而是直接过入工作底稿（在采用T形账户法的情况下，直接过入T形账户）。

3）调整分录不是按会计科目编制，而是按资产负债表、利润表、现金流量表中的项目编制。

4）有关现金的事项并不直接借记或贷记现金，而是分别计入“经营活动现金流量”、“投资活动现金流量”、“筹资活动现金流量”，借方表明现金流入，贷方表明现金流出。

（3）将调整分录过入工作底稿中的相应部分。

（4）核对调整分录，借贷合计应当相等，资产负债表项目期初数加减调整分录中的借贷金额以后，应当等于期末数。

（5）根据工作底稿中的现金流量表项目部分编制正式的现金流量表。

（二）T 形账户法

采用 T 形账户法，就是以 T 形账户为手段，以利润表和资产负债表数据为基础，对每个项目进行分析并编制调整分录，从而编制出现金流量表。采用 T 形账户法编制现金流量表的程序如下：

（1）为所有的非现金项目（包括资产负债表项目和利润表项目）分别开设 T 形账户，并将各自的期末期初变动数过入各该账户。

（2）开设一个大的“现金”T 形账户，每边分为经营活动、投资活动和筹资活动三个部分，左边记现金流入，右边记现金流出。与其他账户一样，过入期末期初变动数。

（3）以利润表项目为基础，结合资产负债表分析每个非现金项目的增减变动，并据此编制调整分录。

（4）将调整分录过入各 T 形账户并进行核对，该账户借贷相抵后的余额应当与原先过入的期末期初变动数一致。

（5）根据大的“现金”T 形账户编制正式的现金流量表。

五、小型房地产企业现金流量表格式

小型房地产企业现金流量表格式如表 10-1 所示。

表 10-1　现金流量表

会小企 03 表

编制单位：　　　　　　　　　　　　　年　月　　　　　　　　　　　　　单位：元

项　目	行　次	本年累计金额	本月金额
一、经营活动产生的现金流量：			
销售产成品、商品、提供劳务收到的现金	1		
收到其他与经营活动有关的现金	2		
购买原材料、商品、接受劳务支付的现金	3		
支付的职工薪酬	4		
支付的税费	5		
支付其他与经营活动有关的现金	6		
经营活动产生的现金流量净额	7		
二、投资活动产生的现金流量：			
收回短期投资、长期债券投资和长期股权投资收到的现金	8		
取得投资收益收到的现金	9		
处置固定资产、无形资产和其他非流动资产收回的现金净额	10		
短期投资、长期债券投资和长期股权投资支付的现金	11		
购建固定资产、无形资产和其他非流动资产支付的现金	12		
投资活动产生的现金流量净额	13		
三、筹资活动产生的现金流量：			
取得借款收到的现金	14		
吸收投资者投资收到的现金	15		
偿还借款本金支付的现金	16		
偿还借款利息支付的现金	17		

续表

项　　目	行　次	本年累计金额	本月金额
分配利润支付的现金	18		
筹资活动产生的现金流量净额	19		
四、现金净增加额	20		
加：期初现金余额	21		
五、期末现金余额	22		

（1）本表反映小型房地产企业一定会计期间内有关现金流入和流出的信息。

（2）本表“本年累计金额”栏反映各项目自年初起至报告期末止的累计实际发生额。

本表“本月金额”栏反映各项目的本月实际发生额；在编报年度财务报表时，应将“本月金额”栏改为“上年金额”栏，填列上年全年实际发生额。

（3）本表中各项目之间的钩稽关系为：

行 7=行 1+行 2–行 3–行 4–行 5–行 6；

行 13=行 8+行 9+行 10–行 11–行 12；

行 19=行 14+行 15–行 16–行 17–行 18；

行 20=行 7+行 13+行 19；

行 22=行 20+行 21。

第五篇

小型房地产企业财务报表及纳税申报

第十一章

小型房地产企业财务报表

第一节　小型房地产企业财务报表综述

小型房地产企业财务报表，是指对小型房地产企业财务状况、经营成果和现金流量的结构性表述。

财务报表是会计要素确认、计量的结果和综合性描述，小企业会计准则中对会计要素确认、计量过程中所采用的各项会计政策被企业实际应用后将有助于促进企业可持续发展，反映企业管理层受托责任的履行情况。小型房地产企业在经营过程中通过应用小企业会计准则实现发展战略，需要经过一套完整的结构化的报表体系，科学地进行列报。通过全面阅读和综合分析小型房地产企业财务报表，投资者等报表使用者可以了解和掌握企业过去和当前的状况，预测企业未来的发展趋势，从而做出相关决策。一套完整的企业财务报表至少应当包括“三表一注”，即资产负债表、利润表、现金流量表及附注。列报，是指交易和事项在报表中的列示和在附注中的披露。在小型房地产企业财务报表的列报中，“列示”通常反映资产负债表、利润表、现金流量表等报表中的信息，“披露”通常反映附注中的信息。

一、小型房地产企业财务报表的构成

小型房地产企业的财务报表至少应当包括下列组成部分：

资产负债表、利润表、现金流量表、附注。

二、小型房地产企业财务报表编制期限

小型房地产企业应当根据实际发生的交易和事项，按照小企业会计准则的规定进行确认和计量，在此基础上按月或者按季编制财务报表。

小型房地产企业财务报表种类和格式如表 11-1 所示。

表 11-1　财务报表种类和格式

编　　号	报表名称	编 报 期
会小企 01 表	资产负债表	月报、年报
会小企 02 表	利润表	月报、年报
会小企 03 表	现金流量表	月报、年报

三、小型房地产企业财务报表列报的基本要求

（一）列报基础——持续经营

小型房地产企业应当以持续经营为基础，根据实际发生的交易和事项，按照《企业会计准则——基本准则》和小企业会计准则的规定进行确认和计量，并在此基础上编制财务报表。小型房地产企业不应以附注披露代替确认和计量。以持续经营为基础编制财务报表不再合理的，小型房地产企业应当采用其他基础编制财务报表，并在附注中披露这一事实。

（1）小型房地产企业管理层应当评价企业的持续经营能力，对持续经营能力产生严重怀疑的，应当在附注中披露导致对持续经营能力产生重大怀疑的不确定因素。

（2）小型房地产企业在当期已经决定或正式决定下个会计期间进行清算或停止营业，表明其处于非持续经营状态，应当采用其他基础编制财务报表，并在附注中声明财务报表未以持续经营为基础列报，披露未以持续经营为基础的原因及财务报表的编制基础。

（二）一致性

小型房地产企业财务报表项目的列报应当在各个会计期间保持一致，不得随意变更，但下列情况除外：

（1）会计准则要求改变财务报表项目的列报。

（2）小型房地产企业经营业务的性质发生重大变化后，变更财务报表项目的列报能够提供更可靠、更相关的会计信息。

（三）重要性

性质或功能不同且具有重要性的项目，应当在财务报表中单独列报；性质或功能类似的项目，可以合并列报。

重要性，是指如果财务报表某项目的省略或错报会影响使用者据此做出经济决策，那么该项目具有重要性。

判断项目性质的重要性，应当考虑该项目的性质是否属于小型房地产企业日常经营活动，是否对企业的财务状况和经营成果具有较大影响等因素；判断项目金额大小的重要性，应当通过单项金额占资产总额、负债总额、所有者权益总额、营业收入总额及净利润等直接相关项目金额的比重加以确定。

（四）正常营业周期

判断流动资产、流动负债时所称的一个正常营业周期，是指小型房地产企业从购买用于加工的资产起至实现现金的期间。

正常营业周期通常短于 1 年，在 1 年内有几个营业周期。但是，也存在正常营业周期长于 1 年的情况，如小型房地产企业开发用于出售的开发产品等，往往超过 1 年才变现、出售或耗用，但仍应划分为流动资产；应付账款等经营性项目，属于小型房地产企业正常经营周期中使用的营运资金的一部分，有时在资产负债表日后超过 1 年才到期清偿，也应划分为流动负债。

正常营业周期不能确定时，应当以 1 年（12 个月）作为划分流动资产或流动负债的标准。

（五）抵销

财务报表中的资产项目和负债项目的金额、收入项目和费用项目的金额不得相互抵销。

非日常经营活动产生的损益，以收入扣减费用后的净额列示，不属于抵销。

（六）可比信息

当期财务报表的列报，至少应当提供所有列报项目上一可比会计期间的比较数据，以及与理解当期财务报表相关的说明。财务报表项目的列报发生变更的，应当对上期比较数据按照当期的列报要求进行调整，并在附注中披露调整的原因和性质，以及调整的各项目金额。对上期比较数据进行调整不切实可行的，应当在附注中披露不能调整的原因。

不切实可行，是指小型房地产企业在做出所有合理努力后仍然无法采用某项规定。

（七）会计政策变更、会计估计变更和会计差错更正

小型房地产企业对会计政策变更、会计估计变更和会计差错更正应当采用未来适用法进行会计处理。未来适用法，是指将变更后的会计政策和会计估计应用于变更日及以后发生的交易或者事项，或者在会计差错发生或发现的当期更正差错的方法。

其中，会计政策是指小型房地产企业在会计确认、计量和报告中所采用的原则、基础和会计处理方法。会计估计变更，是指由于资产和负债的当前状况及预期经济利益和义务发生了变化，从而对资产或负债的账面价值及资产的定期消耗金额进行调整。会计差错包括计算错误、应用会计政策错误、应用会计估计错误等。

（八）披露的内容

小型房地产企业应当在财务报表的显著位置至少披露下列各项：

（1）编报企业的名称。

（2）资产负债表日或财务报表涵盖的会计期间。

（3）人民币金额单位。

（九）涵盖期间

小型房地产企业至少应当按年编制财务报表。年度财务报表涵盖的期间短于 1 年的，应当披露年度财务报表的涵盖期间，以及短于 1 年的原因。

（十）单独列报

在财务报表中单独列报的项目，应当单独列报。

第二节　小型房地产企业财务报表附注

小型房地产企业财务报表附注，是指小型房地产企业对在资产负债表、利润表和现金流量表等报表中列示项目的文字描述或明细资料，以及对未能在这些报表中列示项目的说明等。附注是财务报表的重要组成部分。

财务报表中的数字是经过分类与汇总后的结果，是对企业发生的经济业务的高度简化和浓缩的数字，如有没有形成这些数字所使用的会计政策、理解这些数字所必需的披露，财务报表就不可能充分发挥效用。因此，附注与资产负债表、利润表、现金流量表等报表具有同等的重要性，是财务报表的重要组成部分。报表使用者要了解小型房地产企业的财务状况、经营成果和现金流量，就应当全面阅读附注。

一、小型房地产企业财务报表附注的披露顺序

小型房地产企业财务报表附注应当按照下列顺序披露：

（1）遵循小企业会计准则的声明。

（2）短期投资、应收账款、存货、固定资产项目的说明。

（3）应付职工薪酬、应交税费项目的说明。

（4）利润分配的说明。

（5）用于对外担保的资产名称、账面余额及形成的原因；未决诉讼、未决仲裁及对外提供担保所涉及的金额。

（6）发生严重亏损的，应当披露持续经营的计划、未来经营的方案。

（7）对已在资产负债表和利润表中列示项目与企业所得税法规定存在差异的纳税调整过程。

（8）其他需要在附注中说明的事项。

二、小型房地产企业财务报表附注披露的基本要求

（1）附注披露的信息应是定量、定性信息的结合，从而能从量和质两个角度对企业经济事项进行完整的反映，从而满足信息使用者的决策需求。

（2）附注应当按照一定的结构进行系统合理的排列和分类，有顺序地披露信息。由于附注的内容繁多，所以更应按逻辑顺序排列，分类披露，条理清晰，具有一定的组织结构，以便使用者理解和掌握，更好地实现财务报表的可比性。

（3）附注相关信息应当与资产负债表、利润表、现金流量表等报表中列示的项目相互参照，以便使用者联系相关联的信息，并由此从整体上更好地理解财务报表。

三、小型房地产企业财务报表附注信息主要包括的内容

小型房地产企业应当按照小企业会计准则规定披露附注信息，主要包括下列内容：

（1）遵循小企业会计准则的声明。小企业应当声明编制的财务报表符合小企业会计准则的要求，真实、完整地反映了小企业的财务状况、经营成果和现金流量等有关信息。

（2）短期投资、应收账款、存货、固定资产项目的说明。

1）短期投资。

短期投资披露格式如表 11-2 所示。

表 11-2　短期投资披露格式

项　　目	期末账面余额	期末市价	期末账面余额与市价的差额
1. 股票			
2. 债券			
3. 基金			
4. 其他			
合　　计			

2）应收账款。应收账款按账龄结构披露的格式如表 11-3 所示。

表 11-3　应收账款按账龄结构披露的格式

项　　目	期末账面余额	年初账面余额
1 年以内（含 1 年）		
1 年至 2 年（含 2 年）		

续表

项　　目	期末账面余额	年初账面余额
2年至3年（含3年）		
3年以上		
合　计		

3）存货。存货披露格式如表11-4所示。

表11-4　存货披露格式

存货种类	期末账面余额	期末市价	期末账面余额与市价的差额
1. 原材料			
2. 在产品			
3. 库存商品			
4. 周转材料			
5. 消耗性生物资产			
……			
合　计			

4）固定资产。固定资产披露格式如表11-5所示。

表11-5　固定资产披露格式

项　　目	原　　价	累计折旧	期末账面价值
1. 房屋、建筑物			
2. 机器			
3. 机械			
4. 运输工具			
5. 设备			
6. 器具			
7. 工具			
……			
合　　计			

（3）应付职工薪酬、应交税费项目的说明。

1）应付职工薪酬。应付职工薪酬披露格式如表11-6所示。

表11-6　应付职工薪酬披露格式

会小企01表附表1

编制单位：　　　　年　月　　　　单位：元

项　　目	期末账面余额	年初账面余额
1. 职工工资		
2. 奖金、津贴和补贴		
3. 职工福利费		
4. 社会保险费		

续表

项　　目	期末账面余额	年初账面余额
5. 住房公积金		
6. 工会经费		
7. 职工教育经费		
8. 非货币性福利		
9. 辞退福利		
10. 其他		
合　　计		

2）应交税费。应交税费披露格式如表 11-7 所示。

表 11-7 应交税费披露格式

会小企 01 表附表 2

编制单位：　　　　年　月　　　　单位：元

项　　目	期末账面余额	年初账面余额
1. 增值税		
2. 消费税		
3. 城市维护建设税		
4. 企业所得税		
5. 资源税		
6. 土地增值税		
7. 城镇土地使用税		
8. 房产税		
9. 车船税		
10. 教育费附加		
11. 矿产资源补偿费		
12. 排污费		
13. 代扣代缴的个人所得税		
……		
合　　计		

（4）利润分配的说明。利润分配表如表 11-8 所示。

表 11-8 利润分配表

会小企 01 表附表 3

编制单位：　　　　年度　　　　单位：元

项　　目	行　次	本年金额	上年金额
一、净利润	1		
加：年初未分配利润	2		
其他转入	3		
二、可供分配的利润	4		

续表

项　目	行　次	本年金额	上年金额
减：提取法定盈余公积	5		
提取任意盈余公积	6		
提取职工奖励及福利基金*	7		
提取储备基金*	8		
提取企业发展基金*	9		
利润归还投资**	10		
三、可供投资者分配的利润	11		
减：应付利润	12		
四、未分配利润	13		

注：*提取职工奖励及福利基金、提取储备基金、提取企业发展基金这 3 个项目仅适用于小企业（外商投资）按照相关法律规定提取的 3 项基金。

**利润归还投资这个项目仅适用于小企业（中外合作经营）根据合同规定在合作期间归还投资者的投资。

（5）用于对外担保的资产名称、账面余额及形成的原因；未决诉讼、未决仲裁及对外提供担保所涉及的金额。

（6）发生严重亏损的，应当披露持续经营的计划、未来经营的方案。

（7）对已在资产负债表和利润表中列示项目与企业所得税法规定存在差异的纳税调整过程，参见《中华人民共和国企业所得税年度纳税申报表》。

（8）其他需要说明的事项。

第十二章

小型房地产企业纳税申报

按：由于税法变化比较频繁，请读者关注相关税法今后可能的变化；有兴趣的读者所在单位可加入中华第一财税网（www.tax.org.cn）年费会员，经常浏览税务、法规、解读、房地产行业等分网。

第一节 小型房地产企业增值税的纳税申报

一、纳税申报资料

纳税申报资料包括纳税申报表及其附列资料和纳税申报其他资料。

（一）纳税申报表及其附列资料

1．增值税一般纳税人（以下简称一般纳税人）纳税申报表及其附列资料

（1）《增值税纳税申报表（一般纳税人适用）》。

（2）《增值税纳税申报表附列资料（一）》（本期销售情况明细）。

（3）《增值税纳税申报表附列资料（二）》（本期进项税额明细）。

（4）《增值税纳税申报表附列资料（三）》（服务、不动产和无形资产扣除项目明细）。

一般纳税人销售服务、不动产和无形资产，在确定服务、不动产和无形资产销售额时，按照有关规定可以从取得的全部价款和价外费用中扣除价款的，需填报《增值税纳税申报表附列资料（三）》。其他情况不填写该附列资料。

（5）《增值税纳税申报表附列资料（四）》（税额抵减情况表）。

（6）《增值税纳税申报表附列资料（五）》（不动产分期抵扣计算表）。

（7）《固定资产（不含不动产）进项税额抵扣情况表》。

（8）《本期抵扣进项税额结构明细表》。

（9）《增值税减免税申报明细表》。

2．增值税小规模纳税人（以下简称小规模纳税人）纳税申报表及其附列资料

（1）《增值税纳税申报表（小规模纳税人适用）》。

（2）《增值税纳税申报表（小规模纳税人适用）附列资料》。

小规模纳税人销售服务，在确定服务销售额时，按照有关规定可以从取得的全部价款和价外费用中扣除价款的，需填报《增值税纳税申报表（小规模纳税人适用）附列资料》。其他情况不填写该附列资料。

（3）《增值税减免税申报明细表》。

（二）纳税申报其他资料

（1）已开具的税控机动车销售统一发票和普通发票的存根联。

（2）符合抵扣条件且在本期申报抵扣的增值税专用发票（含税控机动车销售统一发票）的抵扣联。

（3）符合抵扣条件且在本期申报抵扣的海关进口增值税专用缴款书、购进农产品取得的普通发票的复印件。

（4）符合抵扣条件且在本期申报抵扣的税收完税凭证及其清单，书面合同、付款证明和境外单位的对账单或发票。

（5）已开具的农产品收购凭证的存根联或报查联。

（6）纳税人销售服务、不动产和无形资产，在确定服务、不动产和无形资产销售额时，按照有关规定从取得的全部价款和价外费用中扣除价款的合法凭证及其清单。

（7）主管税务机关规定的其他资料。

纳税申报表及其附列资料为必报资料。纳税申报其他资料的报备要求由各省、自治区、直辖市和计划单列市国家税务局确定。

二、《增值税纳税申报表（一般纳税人适用）》及其附列资料

（一）《增值税纳税申报表（一般纳税人适用）》

本纳税申报表及其附列资料填写说明（以下简称本表及填写说明）适用于增值税一般纳税人（以下简称纳税人）。

1．名词解释

（1）本表及填写说明所称“货物”，是指增值税的应税货物。

（2）本表及填写说明所称“劳务”，是指增值税的应税加工、修理、修配劳务。

（3）本表及填写说明所称“服务、不动产和无形资产”，是指销售服务、不动产和无形资产。

（4）本表及填写说明所称“按适用税率计税”、“按适用税率计算”和“一般计税方法”，均指按“应纳税额=当期销项税额-当期进项税额”公式计算增值税应纳税额的计税方法。

（5）本表及填写说明所称“按简易办法计税”、“按简易征收办法计算”和“简易计税方法”，均指按“应纳税额=销售额×征收率”公式计算增值税应纳税额的计税方法。

（6）本表及填写说明所称“扣除项目”，是指纳税人销售服务、不动产和无形资产，在确定销售额时，按照有关规定允许其从取得的全部价款和价外费用中扣除价款的项目。

增值税纳税申报表

（一般纳税人适用）

根据国家税收法律法规及增值税相关规定制定本表。纳税人不论有无销售额，均应按税务机关核定的纳税期限填写本表，并向当地税务机关申报。

税款所属时间：自　　年　月　日至　　年　月　日　　　　填表日期：　　年　月　日　　　　金额单位：元至角分

纳税人识别号：　　　　所属行业：

纳税人名称	（公章）	法定代表人姓名		注册地址		生产经营地址	
开户银行及账号				登记注册类型		电话号码	

项目		栏次	一般项目		即征即退项目	
			本月数	本年累计	本月数	本年累计
销售额	（一）按适用税率计税销售额	1				
	其中：应税货物销售额	2				
	应税劳务销售额	3				
	纳税检查调整的销售额	4				
	（二）按简易办法计税销售额	5				
	其中：纳税检查调整的销售额	6				
	（三）免、抵、退办法出口销售额	7			—	—
	（四）免税销售额	8			—	—
	其中：免税货物销售额	9			—	—
	免税劳务销售额	10			—	—
税款计算	销项税额	11				
	进项税额	12				
	上期留抵税额	13				—
	进项税额转出	14				
	免、抵、退应退税额	15			—	—
	按适用税率计算的纳税检查应补缴税额	16			—	—

续表

税款计算	应抵扣税额合计	17=12+13−14−15+16		—		—
	实际抵扣税额	18（如 17<11，则为17，否则为 11）				
	应纳税额	19=11−18				
	期末留抵税额	20=17−18				—
	简易计税办法计算的应纳税额	21				
	按简易计税办法计算的纳税检查应补缴税额	22			—	—
	应纳税额减征额	23				
	应纳税额合计	24=19+21−23				
税款缴纳	期初未缴税额（多缴为负数）	25				
	实收出口开具专用缴款书退税额	26			—	—
	本期已缴税额	27=28+29+30+31				
	①分次预缴税额	28		—		—
	②出口开具专用缴款书预缴税额	29		—	—	—
	③本期缴纳上期应纳税额	30				
	④本期缴纳欠缴税额	31				
	期末未缴税额（多缴为负数）	32=24+25+26−27				
	其中：欠缴税额（≥0）	33=25+26−27		—		—
	本期应补（退）税额	34=24−28−29		—		—
	即征即退实际退税额	35	—	—		
	期初未缴查补税额	36			—	—
	本期入库查补税额	37			—	—
	期末未缴查补税额	38=16+22+36−37			—	—

续表

授权声明	如果你已委托代理人申报，请填写下列资料： 为代理一切税务事宜，现授权 （地址）　　为本纳税人的代理申报人，任何与本申报表有关的往来文件，都可寄予此人。 授权人签字：	申报人声明	本纳税申报表是根据国家税收法律法规及相关规定填报的，我确定它是真实的、可靠的、完整的。 声明人签字：

主管税务机关：　　　　接收人：　　　　接收日期：

2. 填写说明

（1）“税款所属时间”：指纳税人申报的增值税应纳税额的所属时间，应填写具体的起止年、月、日。

（2）“填表日期”：指纳税人填写本表的具体日期。

（3）“纳税人识别号”：填写纳税人的税务登记证件号码。

（4）“所属行业”：按照国民经济行业分类与代码中的小类行业填写。

（5）“纳税人名称”：填写纳税人单位名称全称。

（6）“法定代表人姓名”：填写纳税人法定代表人的姓名。

（7）“注册地址”：填写纳税人税务登记证件所注明的详细地址。

（8）“生产经营地址”：填写纳税人实际生产经营地的详细地址。

（9）“开户银行及账号”：填写纳税人开户银行的名称和纳税人在该银行的结算账户号码。

（10）“登记注册类型”：按纳税人税务登记证件的栏目内容填写。

（11）“电话号码”：填写可联系到纳税人的常用电话号码。

（12）“即征即退项目”列：填写纳税人按规定享受增值税即征即退政策的货物、劳务和服务、不动产、无形资产的征（退）税数据。

（13）“一般项目”列：填写除享受增值税即征即退政策以外的货物、劳务和服务、不动产、无形资产的征（免）税数据。

（14）“本年累计”列：一般填写本年度内各月“本月数”之和。其中，第13、20、25、32、36、38栏及第18栏“实际抵扣税额”“一般项目”列的“本年累计”分别按本填写说明第（27）、第（34）、第（39）、第（46）、第（50）、第（52）、第（32）条要求填写。

（15）第1栏“（一）按适用税率计税销售额”：填写纳税人本期按一般计税方法计算缴纳增值税的销售额，包含：在财务上不作销售但按税法规定应缴纳增值税的视同销售和价外费用的销售额；外贸企业作价销售进料加工复出口货物的销售额；税务、财政、审计部门检查后按一般计税方法计算调整的销售额。

营业税改征增值税的纳税人，服务、不动产和无形资产有扣除项目的，本栏应填写扣除之前的不含税销售额。

本栏“一般项目”列“本月数”=《附列资料（一）》第9列第1行至第5行之和–第9列第6、7行之和；本栏“即征即退项目”列“本月数”=《附列资料（一）》第9列第6、7行之和。

（16）第2栏“其中：应税货物销售额”：填写纳税人本期按适用税率计算增值税的应税货物的销售额。包含在财务上不作销售但按税法规定应缴纳增值税的视同销售货物和价外费用销售额，以及外贸企业作价销售进料加工复出口货物的销售额。

（17）第3栏“应税劳务销售额”：填写纳税人本期按适用税率计算增值税的应税劳务的销售额。

（18）第4栏“纳税检查调整的销售额”：填写纳税人因税务、财政、审计部门检查，并按一般计税方法在本期计算调整的销售额。但享受增值税即征即退政策的货物、劳务和服务、不动产、无形资产，经纳税检查属于偷税的，不填入“即征即退项目”列，而应填入“一般项目”列。

营业税改征增值税的纳税人，服务、不动产和无形资产有扣除项目的，本栏应填写扣除之前的不含税销售额。

本栏“一般项目”列“本月数”=《附列资料（一）》第7列第1行至第5行之和。

（19）第5栏“按简易办法计税销售额”：填写纳税人本期按简易计税方法计算增值税的销售额。包含纳税检查调整按简易计税方法计算增值税的销售额。

营业税改征增值税的纳税人，服务、不动产和无形资产有扣除项目的，本栏应填写扣除之前的不含税销售额；服务、不动产和无形资产按规定汇总计算缴纳增值税的分支机构，其当期按预征率计算缴纳增值税的销售额也填入本栏。

本栏“一般项目”列“本月数”≥《附列资料（一）》第9列第8行至13b行之和–第9列第14、15行之和；本栏“即征即退项目”列“本月数”≥《附列资料（一）》第9列第14、15行之和。

（20）第6栏“其中：纳税检查调整的销售额”：填写纳税人因税务、财政、审计部门检查，并按简易计税方法在本期计算调整的销售额。但享受增值税即征即退政策的货物、劳务和服务、不动产、无形资产，经纳税检查属于偷税的，不填入“即征即退项目”列，而应填入“一般项目”列。

营业税改征增值税的纳税人，服务、不动产和无形资产有扣除项目的，本栏应填写扣除之前的不含税销售额。

（21）第7栏“免、抵、退办法出口销售额”：填写纳税人本期适用免、抵、退税办法的出口货物、劳务和服务、无形资产的销售额。

营业税改征增值税的纳税人，服务、无形资产有扣除项目的，本栏应填写扣除之前的销售额。

本栏“一般项目”列“本月数”=《附列资料（一）》第9列第16、17行之和。

（22）第8栏“免税销售额”：填写纳税人本期按照税法规定免征增值税的销售额和适用零税率的销售额，但零税率的销售额中不包括适用免、抵、退税办法的销售额。

营业税改征增值税的纳税人，服务、不动产和无形资产有扣除项目的，本栏应填写扣除之前的免税销售额。

本栏“一般项目”列“本月数”=《附列资料（一）》第9列第18、19行之和。

（23）第9栏“其中：免税货物销售额”：填写纳税人本期按照税法规定免征增值税的货物销售额及适用零税率的货物销售额，但零税率的销售额中不包括适用免、抵、退税办法出口货物的销售额。

（24）第10栏“免税劳务销售额”：填写纳税人本期按照税法规定免征增值税的劳务销售额及适用零税率的劳务销售额，但零税率的销售额中不包括适用免、抵、退税办法的劳务的销售额。

（25）第11栏“销项税额”：填写纳税人本期按一般计税方法计税的货物、劳务和服务、不动产、无形资产的销项税额。

营业税改征增值税的纳税人，服务、不动产和无形资产有扣除项目的，本栏应填写扣除之后的销项税额。

本栏“一般项目”列“本月数”=《附列资料（一）》（第10列第1、3行之和–第10列第6行）+（第14列第2、4、5行之和–第14列第7行）；

本栏“即征即退项目”列“本月数”=《附列资料（一）》第10列第6行+第14列第7行。

（26）第12栏“进项税额”：填写纳税人本期申报抵扣的进项税额。

本栏“一般项目”列“本月数”+“即征即退项目”列“本月数”=《附列资料（二）》第12栏“税额”。

（27）第13栏“上期留抵税额”。

1）上期留抵税额按规定须挂账的纳税人，按以下要求填写本栏的“本月数”和“本年累计”。

上期留抵税额按规定须挂账的纳税人是指试点实施之日前一个税款所属期的申报表第20栏“期末留抵税额”“一般货物、劳务和应税服务”列“本月数”大于零，且兼有营业税改征增值税服务、不动产和无形资产的纳税人（下同）。其试点实施之日前一个税款所属期的申报表第20栏“期末留抵税额”“一般货物、劳务和应税服务”列“本月数”，以下称为货物和劳务挂账留抵税额。

① 本栏“一般项目”列“本月数”：试点实施之日的税款所属期填写“0”；以后各期按上期申报表第20栏“期末留抵税额”“一般项目”列“本月数”填写。

② 本栏“一般项目”列“本年累计”：反映货物和劳务挂账留抵税额本期期初余额。试点实施之日的税款所属期按试点实施之日前一个税款所属期的申报表第20栏“期末留抵税额”“一般货物、劳务和应税服务”列“本月数”填写；以后各期按上期申报表第20栏“期末留抵税额”“一般项目”列“本年累计”填写。

③ 本栏“即征即退项目”列“本月数”：按上期申报表第20栏“期末留抵税额”“即征即退项目”列“本月数”填写。

2）其他纳税人，按以下要求填写本栏“本月数”和“本年累计”。

其他纳税人是指除上期留抵税额按规定须挂账的纳税人之外的纳税人（下同）。

① 本栏“一般项目”列“本月数”：按上期申报表第20栏“期末留抵税额”“一般项目”列“本月数”填写。

② 本栏“一般项目”列“本年累计”：填写“0”。

③ 本栏“即征即退项目”列“本月数”：按上期申报表第20栏“期末留抵税额”“即征即退项目”列“本月数”填写。

（28）第14栏“进项税额转出”：填写纳税人已经抵扣，但按税法规定本期应转出的进项税额。

本栏“一般项目”列“本月数”+“即征即退项目”列“本月数”=《附列资料（二）》第13栏“税额”。

（29）第15栏“免、抵、退应退税额”：反映税务机关退税部门按照出口货物、劳务和服务、无形资产免、抵、退办法审批的增值税应退税额。

（30）第16栏“按适用税率计算的纳税检查应补缴税额”：填写税务、财政、审计部门检查，按一般计税方法计算的纳税检查应补缴的增值税税额。

本栏“一般项目”列“本月数”≤《附列资料（一）》第8列第1行至5行之和+《附列资料（二）》第19栏。

（31）第17栏“应抵扣税额合计”：填写纳税人本期应抵扣进项税额的合计数。按表中所列公式计算填写。

（32）第18栏“实际抵扣税额”。

1）上期留抵税额按规定须挂账的纳税人，按以下要求填写本栏的“本月数”和“本年累计”。

① 本栏“一般项目”列“本月数”：按表中所列公式计算填写。

② 本栏“一般项目”列“本年累计”：填写货物和劳务挂账留抵税额本期实际抵减一般货物和劳务应纳税额的数额。将“货物和劳务挂账留抵税额本期期初余额”与“一般计税方法的一般货物及劳务应纳税额”两个数据相比较，取二者中小的数据。

其中，货物和劳务挂账留抵税额本期期初余额=第 13 栏“上期留抵税额”“一般项目”列“本年累计”；

一般计税方法的一般货物及劳务应纳税额=（第 11 栏“销项税额”“一般项目”列“本月数”–第 18 栏“实际抵扣税额”“一般项目”列“本月数”）×一般货物及劳务销项税额比例；

一般货物及劳务销项税额比例=（《附列资料（一）》第 10 列第 1、3 行之和–第 10 列第 6 行）÷第 11 栏“销项税额”“一般项目”列“本月数”×100%。

③ 本栏“即征即退项目”列“本月数”：按表中所列公式计算填写。

2）其他纳税人，按以下要求填写本栏的“本月数”和“本年累计”：

① 本栏“一般项目”列“本月数”：按表中所列公式计算填写。

② 本栏“一般项目”列“本年累计”：填写“0”。

③ 本栏“即征即退项目”列“本月数”：按表中所列公式计算填写。

（33）第 19 栏“应纳税额”：反映纳税人本期按一般计税方法计算并应缴纳的增值税额。按以下公式计算填写：

1）本栏“一般项目”列“本月数”=第 11 栏“销项税额”“一般项目”列“本月数”–第 18 栏“实际抵扣税额”“一般项目”列“本月数”–第 18 栏“实际抵扣税额”“一般项目”列“本年累计”。

2）本栏“即征即退项目”列“本月数”=第 11 栏“销项税额”“即征即退项目”列“本月数”–第 18 栏“实际抵扣税额”“即征即退项目”列“本月数”。

（34）第 20 栏“期末留抵税额”。

1）上期留抵税额按规定须挂账的纳税人，按以下要求填写本栏的“本月数”和“本年累计”：

① 本栏“一般项目”列“本月数”：反映试点实施以后，货物、劳务和服务、不动产、无形资产共同形成的留抵税额。按表中所列公式计算填写。

② 本栏“一般项目”列“本年累计”：反映货物和劳务挂账留抵税额，在试点实施以后抵减一般货物和劳务应纳税额后的余额。按以下公式计算填写：

本栏“一般项目”列“本年累计”=第 13 栏“上期留抵税额”“一般项目”列“本年累计”–第 18 栏“实际抵扣税额”“一般项目”列“本年累计”。

③ 本栏“即征即退项目”列“本月数”：按表中所列公式计算填写。

2）其他纳税人，按以下要求填写本栏“本月数”和“本年累计”：

① 本栏“一般项目”列“本月数”：按表中所列公式计算填写。

② 本栏“一般项目”列“本年累计”：填写“0”。

③ 本栏“即征即退项目”列“本月数”：按表中所列公式计算填写。

（35）第 21 栏“简易计税办法计算的应纳税额”：反映纳税人本期按简易计税方法计算并应缴纳的增值税额，但不包括按简易计税方法计算的纳税检查应补缴税额。按以下公式计算填写：

本栏“一般项目”列“本月数”=《附列资料（一）》（第 10 列第 8、9a、10、11 行之和–第 10 列第 14 行）+（第 14 列第 9b、12、13a、13b 行之和–第 14 列第 15 行）；

本栏“即征即退项目”列“本月数”=《附列资料（一）》第 10 列第 14 行+第 14 列第 15 行。

营业税改征增值税的纳税人，服务、不动产和无形资产按规定汇总计算缴纳增值税的分支机构，应将预征增值税额填入本栏。预征增值税额=应预征增值税的销售额×预征率。

（36）第 22 栏“按简易计税办法计算的纳税检查应补缴税额”：填写纳税人本期因税务、财政、审计部门检查并按简易计税方法计算的纳税检查应补缴税额。

（37）第 23 栏“应纳税额减征额”：填写纳税人本期按照税法规定减征的增值税应纳税额。包含按照规定可在增值税应纳税额中全额抵减的增值税税控系统专用设备费用以及技术维护费。

当本期减征额小于或等于第 19 栏“应纳税额”与第 21 栏“简易计税办法计算的应纳税额”之和时，按本期减征额实际填写；当本期减征额大于第 19 栏“应纳税额”与第 21 栏“简易计税办法计算的应纳税额”之和时，按本期第 19 栏与第 21 栏之和填写。本期减征额不足抵减部分结转下期继续抵减。

（38）第 24 栏“应纳税额合计”：反映纳税人本期应缴增值税的合计数。按表中所列公式计算填写。

（39）第 25 栏“期初未缴税额（多缴为负数）”：“本月数”按上一税款所属期申报表第 32 栏“期末未缴税额（多缴为负数）”“本月数”填写。“本年累计”按上年度最后一个税款所属期申报表第 32 栏“期末未缴税额（多缴为负数）”“本年累计”填写。

（40）第 26 栏“实收出口开具专用缴款书退税额”：本栏不填写。

（41）第 27 栏“本期已缴税额”：反映纳税人本期实际缴纳的增值税额，但不包括本期入库的查补税款。按表中所列公式计算填写。

（42）第 28 栏“①分次预缴税额”：填写纳税人本期已缴纳的准予在本期增值税应纳税额中抵减的税额。

营业税改征增值税的纳税人，分以下几种情况填写：

1）服务、不动产和无形资产按规定汇总计算缴纳增值税的总机构，其可以从本期增值税应纳税额中抵减的分支机构已缴纳的税款，按当期实际可抵减数填入本栏，不足抵减部分结转下期继续抵减。

2）销售建筑服务并按规定预缴增值税的纳税人，其可以从本期增值税应纳税额中抵减的已缴纳的税款，按当期实际可抵减数填入本栏，不足抵减部分结转下期继续抵减。

3）销售不动产并按规定预缴增值税的纳税人，其可以从本期增值税应纳税额中抵减的已缴纳的税款，按当期实际可抵减数填入本栏，不足抵减部分结转下期继续抵减。

4）出租不动产并按规定预缴增值税的纳税人，其可以从本期增值税应纳税额中抵减的已缴纳的税款，按当期实际可抵减数填入本栏，不足抵减部分结转下期继续抵减。

（43）第 29 栏“②出口开具专用缴款书预缴税额”：本栏不填写。

（44）第 30 栏“③本期缴纳上期应纳税额”：填写纳税人本期缴纳上一税款所属期应缴未缴的增值税额。

（45）第 31 栏“④本期缴纳欠缴税额”：反映纳税人本期实际缴纳和留抵税额抵减的增值税欠税额，但不包括缴纳入库的查补增值税额。

（46）第 32 栏“期末未缴税额（多缴为负数）”：“本月数”反映纳税人本期期末应缴未缴的增值税额，但不包括纳税检查应缴未缴的税额。按表中所列公式计算填写。“本年累计”与“本月数”相同。

（47）第 33 栏“其中：欠缴税额（≥0）”：反映纳税人按照税法规定已形成欠税的增值税额。按表中所列公式计算填写。

（48）第 34 栏“本期应补（退）税额”：反映纳税人本期应纳税额中应补缴或应退回的数额。按表中所列公式计算填写。

（49）第 35 栏“即征即退实际退税额”：反映纳税人本期因符合增值税即征即退政策规定，而实际收到的税务机关退回的增值税额。

（50）第 36 栏“期初未缴查补税额”：“本月数”按上一税款所属期申报表第 38 栏“期末未缴查补税额”“本月数”填写。“本年累计”按上年度最后一个税款所属期申报表第 38 栏“期末未缴查补税额”“本年累计”填写。

（51）第 37 栏“本期入库查补税额”：反映纳税人本期因税务、财政、审计部门检查而实际入库的增值税额，包括按一般计税方法计算并实际缴纳的查补增值税额和按简易计税方法计算并实际缴纳的查补增值税额。

（52）第 38 栏“期末未缴查补税额”：“本月数”反映纳税人接受纳税检查后应在本期期末缴纳而未缴纳的查补增值税额。按表中所列公式计算填写，“本年累计”与“本月数”相同。

（二）增值税纳税申报表附列资料（一）（本期销售情况明细）

增值税纳税申报表附列资料（一）

（本期销售情况明细）

税款所属时间：　　年　月　日至　　年　月　日

纳税人名称：（公章）　　　　　　　　　　　　金额单位：元至角分

项目及栏次				开具增值税专用发票		开具其他发票		未开具发票		纳税检查调整		合计			服务、不动产和无形资产扣除项目本期实际扣除金额	扣除后	
				销售额	销项（应纳）税额	销售额	销项（应纳）税额	销售额	销项（应纳）税额	销售额	销项（应纳）税额	销售额	销项（应纳）税额	价税合计		含税（免税）销售额	销项（应纳）税额
				1	2	3	4	5	6	7	8	9=1+3+5+7	10=2+4+6+8	11=9+10	12	13=11−12	14=13÷（100%+税率或征收率）×税率或征收率
一、一般计税方法计税	全部征税项目	17%税率的货物及加工修理修配劳务	1											—	—	—	—
		17%税率的服务、不动产和无形资产	2														
		13%税率	3											—	—	—	—
		11%税率	4														
		6%税率	5														
	其中：即征即退项目	即征即退货物及加工修理修配劳务	6	—	—	—	—	—	—	—	—			—	—	—	—
		即征即退服务、不动产和无形资产	7	—	—	—	—	—	—	—	—						

续表

项目及栏次				开具增值税专用发票		开具其他发票		未开具发票		纳税检查调整		合　计			服务、不动产和无形资产扣除项目本期实际扣除金额	扣除后	
				销售额	销项（应纳）税额	销售额	销项（应纳）税额	销售额	销项（应纳）税额	销售额	销项（应纳）税额	销售额	销项（应纳）税额	价税合计		含税（免税）销售额	销项（应纳）税额
				1	2	3	4	5	6	7	8	9=1+3+5+7	10=2+4+6+8	11=9+10	12	13=11−12	14=13÷（100%+税率或征收率）×税率或征收率
二、简易计税方法计税	全部征税项目	6%征收率	8							—	—			—	—	—	—
		5%征收率的货物及加工修理修配劳务	9a							—	—			—	—	—	—
		5%征收率的服务、不动产和无形资产	9b							—	—						
		4%征收率	10							—	—			—	—	—	—
		3%征收率的货物及加工修理修配劳务	11							—	—			—	—	—	—
		3%征收率的服务、不动产和无形资产	12							—	—						
		预征率　%	13a							—	—						
		预征率　%	13b							—	—						
		预征率　%	13c							—	—						

续表

项目及栏次				开具增值税专用发票		开具其他发票		未开具发票		纳税检查调整		合计			服务、不动产和无形资产扣除项目本期实际扣除金额	扣除后	
				销售额	销项（应纳）税额	销售额	销项（应纳）税额	销售额	销项（应纳）税额	销售额	销项（应纳）税额	销售额	销项（应纳）税额	价税合计		含税（免税）销售额	销项（应纳）税额
				1	2	3	4	5	6	7	8	9=1+3+5+7	10=2+4+6+8	11=9+10	12	13=11−12	14=13÷（100%+税率或征收率）×税率或征收率
二、简易计税方法计税	其中：即征即退项目	即征即退货物及加工修理修配劳务	14	—	—	—	—	—	—	—	—			—	—	—	—
		即征即退服务、不动产和无形资产	15	—	—	—	—	—	—	—	—						
三、免抵退税	货物及加工修理修配劳务		16	—	—		—		—	—	—		—	—	—	—	—
	服务、不动产和无形资产		17	—	—		—		—	—	—		—				—
四、免税	货物及加工修理修配劳务		18				—		—	—	—		—	—	—	—	—
	服务、不动产和无形资产		19	—	—		—		—	—	—		—				—

填写说明

（1）“税款所属时间”“纳税人名称”的填写同主表。

（2）各列说明。

1）第 1 列至 2 列“开具增值税专用发票”：反映本期开具增值税专用发票（含税控机动车销售统一发票，下同）的情况。

2）第 3 列至 4 列“开具其他发票”：反映除增值税专用发票以外本期开具的其他发票的情况。

3）第 5 列至 6 列“未开具发票”：反映本期未开具发票的销售情况。

4）第 7 列至 8 列“纳税检查调整”：反映经税务、财政、审计部门检查并在本期调整的销售情况。

5）第 9 列至 11 列“合计”：按照表中所列公式填写。

营业税改征增值税的纳税人，服务、不动产和无形资产有扣除项目的，第 1 列至 11 列应填写扣除之前的征（免）税销售额、销项（应纳）税额和价税合计额。

6）第 12 列“服务、不动产和无形资产扣除项目本期实际扣除金额”：营业税改征增值税的纳税人，服务、不动产和无形资产有扣除项目的，按《附列资料（三）》第 5 列对应各行次数据填写，其中本列第 5 栏等于《附列资料（三）》第 5 列第 3 行与第 4 行之和；服务、不动产和无形资产无扣除项目的，本列填写“0”。其他纳税人不填写。

营业税改征增值税的纳税人，服务、不动产和无形资产按规定汇总计算缴纳增值税的分支机构，当期服务、不动产和无形资产有扣除项目的，填入本列第 13 行。

7）第 13 列“扣除后”“含税（免税）销售额”：营业税改征增值税的纳税人，服务、不动产和无形资产有扣除项目的，本列各行次=第 11 列对应各行次–第 12 列对应各行次。其他纳税人不填写。

8）第 14 列“扣除后”“销项（应纳）税额”：营业税改征增值税的纳税人，服务、不动产和无形资产有扣除项目的，按以下要求填写本列，其他纳税人不填写。

① 服务、不动产和无形资产按照一般计税方法计税。

本列各行次=第 13 列÷（100%+对应行次税率）×对应行次税率

本列第 7 行“按一般计税方法计税的即征即退服务、不动产和无形资产”不按本列的说明填写。具体填写要求见“各行说明”第 2 条第（2）项第③点的说明。

② 服务、不动产和无形资产按照简易计税方法计税。

本列各行次=第 13 列÷（100%+对应行次征收率）×对应行次征收率

本列第 13 行“预征率 %”不按本列的说明填写。具体填写要求见“各行说明”第 4 条第（2）项。

③ 服务、不动产和无形资产实行免抵退税或免税的，本列不填写。

（3）各行说明。

1）第 1 行至 5 行“一、一般计税方法计税”“全部征税项目”各行：按不同税率和项目分别填写按一般计税方法计算增值税的全部征税项目。有即征即退征税项目的纳税人，本部分数据中既包括即征即退征税项目，又包括不享受即征即退政策的一般征税项目。

2）第 6 行至 7 行“一、一般计税方法计税”“其中：即征即退项目”各行：只反映按一般计税方法计算增值税的即征即退项目。按照税法规定不享受即征即退政策的纳税人，不填写本行。即征即退项目是全部征税项目的其中数。

3）第 6 行“即征即退货物及加工修理修配劳务”：反映按一般计税方法计算增值税且享受

即征即退政策的货物和加工修理修配劳务。本行不包括服务、不动产和无形资产的内容。

- 本行第 9 列“合计”“销售额”栏：反映按一般计税方法计算增值税且享受即征即退政策的货物及加工修理修配劳务的不含税销售额。该栏不按第 9 列所列公式计算，应按照税法规定据实填写。
- 本行第 10 列“合计”“销项（应纳）税额”栏：反映按一般计税方法计算增值税且享受即征即退政策的货物及加工修理修配劳务的销项税额。该栏不按第 10 列所列公式计算，应按照税法规定据实填写。

4）第 7 行“即征即退服务、不动产和无形资产”：反映按一般计税方法计算增值税且享受即征即退政策的服务、不动产和无形资产。本行不包括货物及加工修理修配劳务的内容。

- 本行第 9 列“合计”“销售额”栏：反映按一般计税方法计算增值税且享受即征即退政策的服务、不动产和无形资产的不含税销售额。服务、不动产和无形资产有扣除项目的，按扣除之前的不含税销售额填写。该栏不按第 9 列所列公式计算，应按照税法规定据实填写。
- 本行第 10 列“合计”“销项（应纳）税额”栏：反映按一般计税方法计算增值税且享受即征即退政策的服务、不动产和无形资产的销项税额。服务、不动产和无形资产有扣除项目的，按扣除之前的销项税额填写。该栏不按第 10 列所列公式计算，应按照税法规定据实填写。
- 本行第 14 列“扣除后”“销项（应纳）税额”栏：反映按一般计税方法征收增值税且享受即征即退政策的服务、不动产和无形资产实际应计提的销项税额。服务、不动产和无形资产有扣除项目的，按扣除之后的销项税额填写；服务、不动产和无形资产无扣除项目的，按本行第 10 列填写。该栏不按第 14 列所列公式计算，应按照税法规定据实填写。
- 第 8 行至 12 行“二、简易计税方法计税”“全部征税项目”各行：按不同征收率和项目分别填写按简易计税方法计算增值税的全部征税项目。有即征即退征税项目的纳税人，本部分数据中既包括即征即退项目，也包括不享受即征即退政策的一般征税项目。
- 第 13a 行至 13c 行“二、简易计税方法计税”“预征率 %”：反映营业税改征增值税的纳税人，服务、不动产和无形资产按规定汇总计算缴纳增值税的分支机构，预征增值税销售额、预征增值税应纳税额。其中，第 13a 行“预征率 %”适用于所有实行汇总计算缴纳增值税的分支机构试点纳税人；第 13b、13c 行“预征率 %”适用于部分实行汇总计算缴纳增值税的铁路运输试点纳税人。

① 第 13a 行至 13c 行第 1 列至 6 列按照销售额和销项税额的实际发生数填写。

② 第 13a 行至 13c 行第 14 列，纳税人按“应预征缴纳的增值税=应预征增值税销售额×预征率”公式计算后据实填写。

5）第 14 行至 15 行“二、简易计税方法计税”“其中：即征即退项目”各行：只反映按简易计税方法计算增值税的即征即退项目。按照税法规定不享受即征即退政策的纳税人，不填写本行。即征即退项目是全部征税项目的其中数。

① 第 14 行“即征即退货物及加工修理修配劳务”：反映按简易计税方法计算增值税且享受即征即退政策的货物及加工修理修配劳务。本行不包括服务、不动产和无形资产的内容。

- 本行第 9 列“合计”“销售额”栏：反映按简易计税方法计算增值税且享受即征即退政策的货物及加工修理修配劳务的不含税销售额。该栏不按第 9 列所列公式计算，应按照税法规定据实填写。
- 本行第 10 列“合计”“销项（应纳）税额”栏：反映按简易计税方法计算增值税且享受

即征即退政策的货物及加工修理修配劳务的应纳税额。该栏不按第 10 列所列公式计算，应按照税法规定据实填写。

② 第 15 行“即征即退服务、不动产和无形资产”：反映按简易计税方法计算增值税且享受即征即退政策的服务、不动产和无形资产。本行不包括货物及加工修理修配劳务的内容。

- 本行第 9 列“合计”“销售额”栏：反映按简易计税方法计算增值税且享受即征即退政策的服务、不动产和无形资产的不含税销售额。服务、不动产和无形资产有扣除项目的，按扣除之前的不含税销售额填写。该栏不按第 9 列所列公式计算，应按照税法规定据实填写。
- 本行第 10 列“合计”“销项（应纳）税额”栏：反映按简易计税方法计算增值税且享受即征即退政策的服务、不动产和无形资产的应纳税额。服务、不动产和无形资产有扣除项目的，按扣除之前的应纳税额填写。该栏不按第 10 列所列公式计算，应按照税法规定据实填写。
- 本行第 14 列“扣除后”“销项（应纳）税额”栏：反映按简易计税方法计算增值税且享受即征即退政策的服务、不动产和无形资产实际应计提的应纳税额。服务、不动产和无形资产有扣除项目的，按扣除之后的应纳税额填写；服务、不动产和无形资产无扣除项目的，按本行第 10 列填写。

6）第 16 行“三、免抵退税”“货物及加工修理修配劳务”：反映适用免、抵、退税政策的出口货物、加工修理修配劳务。

7）第 17 行“三、免抵退税”“服务、不动产和无形资产”：反映适用免、抵、退税政策的服务、不动产和无形资产。

8）第 18 行“四、免税”“货物及加工修理修配劳务”：反映按照税法规定免征增值税的货物及劳务和适用零税率的出口货物及劳务，但零税率的销售额中不包括适用免、抵、退税办法的出口货物及劳务。

9）第 19 行“四、免税”“服务、不动产和无形资产”：反映按照税法规定免征增值税的服务、不动产、无形资产和适用零税率的服务、不动产、无形资产，但零税率的销售额中不包括适用免、抵、退税办法的服务、不动产和无形资产。

（三）增值税纳税申报表附列资料（二）（本期进项税额明细）

增值税纳税申报表附列资料（二）

（本期进项税额明细）

税款所属时间：　　年　月　日至　　年　月　日

纳税人名称：（公章）　　　　　　　　　　　　金额单位：元至角分

一、申报抵扣的进项税额				
项　目	栏　次	份　数	金　额	税　额
（一）认证相符的增值税专用发票	1=2+3			
其中：本期认证相符且本期申报抵扣	2			
前期认证相符且本期申报抵扣	3			
（二）其他扣税凭证	4=5+6+7+8			
其中：海关进口增值税专用缴款书	5			
农产品收购发票或者销售发票	6			
代扣代缴税收缴款凭证	7		—	
其他	8			
（三）本期用于购建不动产的扣税凭证	9			
（四）本期不动产允许抵扣进项税额	10	—	—	
（五）外贸企业进项税额抵扣证明	11	—	—	
当期申报抵扣进项税额合计	12=1+4−9+10+11			

二、进项税额转出额		
项　目	栏　次	税　额
本期进项税额转出额	13=14 至 23 之和	
其中：免税项目用	14	
集体福利、个人消费	15	
非正常损失	16	
简易计税方法征税项目用	17	
免抵退税办法不得抵扣的进项税额	18	

续表

二、进项税额转出额		
项　　目	栏　　次	税　　额
纳税检查调减进项税额	19	
红字专用发票信息表注明的进项税额	20	
上期留抵税额抵减欠税	21	
上期留抵税额退税	22	
其他应作进项税额转出的情形	23	

三、待抵扣进项税额				
项　　目	栏　　次	份　　数	金　　额	税　　额
（一）认证相符的增值税专用发票	24	—	—	—
期初已认证相符但未申报抵扣	25			
本期认证相符且本期未申报抵扣	26			
期末已认证相符但未申报抵扣	27			
其中：按照税法规定不允许抵扣	28			
（二）其他扣税凭证	29=30 至 33 之和			
其中：海关进口增值税专用缴款书	30			
农产品收购发票或者销售发票	31			
代扣代缴税收缴款凭证	32		—	
其他	33			
	34			

四、其他				
项　　目	栏　　次	份　　数	金　　额	税　　额
本期认证相符的增值税专用发票	35			
代扣代缴税额	36	—	—	

填写说明

（1）“税款所属时间”“纳税人名称”的填写同主表。

（2）第1栏至12栏“一、申报抵扣的进项税额”：分别反映纳税人按税法规定符合抵扣条件，在本期申报抵扣的进项税额。

1）第1栏“（一）认证相符的增值税专用发票”：反映纳税人取得的认证相符本期申报抵扣的增值税专用发票情况。该栏应等于第2栏“本期认证相符且本期申报抵扣”与第3栏“前期认证相符且本期申报抵扣”数据之和。

2）第2栏“其中：本期认证相符且本期申报抵扣”：反映本期认证相符且本期申报抵扣的增值税专用发票的情况。本栏是第1栏的其中数，本栏只填写本期认证相符且本期申报抵扣的部分。

适用取消增值税发票认证规定的纳税人，当期申报抵扣的增值税发票数据，也填报在本栏中。

3）第3栏“前期认证相符且本期申报抵扣”：反映前期认证相符且本期申报抵扣的增值税专用发票的情况。

辅导期纳税人依据税务机关告知的稽核比对结果通知书及明细清单注明的稽核相符的增值税专用发票填写本栏。本栏是第1栏的其中数，只填写前期认证相符且本期申报抵扣的部分。

4）第4栏“（二）其他扣税凭证”：反映本期申报抵扣的除增值税专用发票之外的其他扣税凭证的情况。具体包括：海关进口增值税专用缴款书、农产品收购发票或者销售发票（含农产品核定扣除的进项税额）、代扣代缴税收完税凭证和其他符合政策规定的抵扣凭证。该栏应等于第5栏至8栏之和。

5）第5栏“海关进口增值税专用缴款书”：反映本期申报抵扣的海关进口增值税专用缴款书的情况。按规定执行海关进口增值税专用缴款书先比对后抵扣的，纳税人需依据税务机关告知的稽核比对结果通知书及明细清单注明的稽核相符的海关进口增值税专用缴款书填写本栏。

6）第6栏“农产品收购发票或者销售发票”：反映本期申报抵扣的农产品收购发票和农产品销售普通发票的情况。执行农产品增值税进项税额核定扣除办法的，填写当期允许抵扣的农产品增值税进项税额，不填写“份数”“金额”。

7）第7栏“代扣代缴税收缴款凭证”：填写本期按规定准予抵扣的完税凭证上注明的增值税额。

8）第8栏“其他”：反映按规定本期可以申报抵扣的其他扣税凭证情况。

纳税人按照规定不得抵扣且未抵扣进项税额的固定资产、无形资产、不动产，发生用途改变，用于允许抵扣进项税额的应税项目，可在用途改变的次月将按公式计算出的可以抵扣的进项税额，填入“税额”栏。

9）第9栏“（三）本期用于购建不动产的扣税凭证”：反映按规定本期用于购建不动产并适用分2年抵扣规定的扣税凭证上注明的金额和税额。购建不动产是指纳税人2016年5月1日后取得并在会计制度上按固定资产核算的不动产或者2016年5月1日后取得的不动产在建工程。

取得不动产，包括以直接购买、接受捐赠、接受投资入股、自建以及抵债等各种形式取得不动产，不包括房地产开发企业自行开发的房地产项目。

本栏次包括第1栏中本期用于购建不动产的增值税专用发票和第4栏中本期用于购建不动产的其他扣税凭证。

本栏“金额”“税额”< 第1栏+第4栏且本栏“金额”“税额”≥0。

纳税人按照规定不得抵扣且未抵扣进项税额的不动产，发生用途改变，用于允许抵扣进项税额的应税项目，可在用途改变的次月将按公式计算出的可以抵扣的进项税额，填入“税额”栏。

本栏“税额”列=《附列资料（五）》第2列“本期不动产进项税额增加额”。

10）第10栏“（四）本期不动产允许抵扣进项税额”：反映按规定本期实际申报抵扣的不动产进项税额。本栏“税额”列=《附列资料（五）》第3列“本期可抵扣不动产进项税额”。

11）第11栏“（五）外贸企业进项税额抵扣证明”：填写本期申报抵扣的税务机关出口退税部门开具的《出口货物转内销证明》列明允许抵扣的进项税额。

12）第12栏“当期申报抵扣进项税额合计”：反映本期申报抵扣进项税额的合计数。按表中所列公式计算填写。

（3）第13栏至23栏“二、进项税额转出额”各栏：分别反映纳税人已经抵扣但按规定应在本期转出的进项税额明细情况。

1）第13栏“本期进项税额转出额”：反映已经抵扣但按规定应在本期转出的进项税额合计数。按表中所列公式计算填写。

2）第14栏“免税项目用”：反映用于免征增值税项目，按规定应在本期转出的进项税额。

3）第15栏“集体福利、个人消费”：反映用于集体福利或者个人消费，按规定应在本期转出的进项税额。

4）第16栏“非正常损失”：反映纳税人发生非正常损失，按规定应在本期转出的进项税额。

5）第17栏“简易计税方法征税项目用”：反映用于按简易计税方法征税项目，按规定应在本期转出的进项税额。

营业税改征增值税的纳税人，服务、不动产和无形资产按规定汇总计算缴纳增值税的分支机构，当期应由总机构汇总的进项税额也填入本栏。

6）第18栏“免抵退税办法不得抵扣的进项税额”：反映按照免、抵、退税办法的规定，由于征税税率与退税税率存在税率差，在本期应转出的进项税额。

7）第19栏“纳税检查调减进项税额”：反映税务、财政、审计部门检查后而调减的进项税额。

8）第20栏“红字专用发票信息表注明的进项税额”：填写主管税务机关开具的《开具红字增值税专用发票信息表》注明的在本期应转出的进项税额。

9）第21栏“上期留抵税额抵减欠税”：填写本期经税务机关同意，使用上期留抵税额抵减欠税的数额。

10）第22栏“上期留抵税额退税”：填写本期经税务机关批准的上期留抵税额退税额。

11）第23栏“其他应作进项税额转出的情形”：反映除上述进项税额转出情形外，其他应在本期转出的进项税额。

（4）第24栏至34栏“三、待抵扣进项税额”各栏：分别反映纳税人已经取得，但按税法规定不符合抵扣条件，暂不予在本期申报抵扣的进项税额情况及按税法规定不允许抵扣的进项税额情况。

1）第24栏至28栏均为增值税专用发票的情况。

2）第25栏“期初已认证相符但未申报抵扣”：反映前期认证相符，但按照税法规定暂不予抵扣及不允许抵扣，结存至本期的增值税专用发票情况。辅导期纳税人填写认证相符但未收到稽核比对结果的增值税专用发票期初情况。

3）第 26 栏“本期认证相符且本期未申报抵扣”：反映本期认证相符，但按税法规定暂不予抵扣及不允许抵扣，而未申报抵扣的增值税专用发票情况。辅导期纳税人填写本期认证相符但未收到稽核比对结果的增值税专用发票情况。

4）第 27 栏“期末已认证相符但未申报抵扣”：反映截至本期期末，按照税法规定仍暂不予抵扣及不允许抵扣且已认证相符的增值税专用发票情况。辅导期纳税人填写截至本期期末已认证相符但未收到稽核比对结果的增值税专用发票期末情况。

5）第 28 栏“其中：按照税法规定不允许抵扣”：反映截至本期期末已认证相符但未申报抵扣的增值税专用发票中，按照税法规定不允许抵扣的增值税专用发票情况。

6）第 29 栏“（二）其他扣税凭证”：反映截至本期期末仍未申报抵扣的除增值税专用发票之外的其他扣税凭证情况。具体包括：海关进口增值税专用缴款书、农产品收购发票或者销售发票、代扣代缴税收完税凭证和其他符合政策规定的抵扣凭证。该栏应等于第 30 至 33 栏之和。

7）第 30 栏“海关进口增值税专用缴款书”：反映已取得但截至本期期末仍未申报抵扣的海关进口增值税专用缴款书情况，包括纳税人未收到稽核比对结果的海关进口增值税专用缴款书情况。

8）第 31 栏“农产品收购发票或者销售发票”：反映已取得但截至本期期末仍未申报抵扣的农产品收购发票和农产品销售普通发票情况。

9）第 32 栏“代扣代缴税收缴款凭证”：反映已取得但截至本期期末仍未申报抵扣的代扣代缴税收完税凭证情况。

10）第 33 栏“其他”：反映已取得但截至本期期末仍未申报抵扣的其他扣税凭证的情况。

（5）第 35 栏至 36 栏“四、其他”各栏。

1）第 35 栏“本期认证相符的增值税专用发票”：反映本期认证相符的增值税专用发票的情况。

2）第 36 栏“代扣代缴税额”：填写纳税人根据《中华人民共和国增值税暂行条例》第十八条扣缴的应税劳务增值税额与根据营业税改征增值税有关政策规定扣缴的服务、不动产和无形资产增值税额之和。

注：增值税一般纳税人支付道路、桥、闸通行费，按照政策规定，以取得的通行费发票（不含财政票据）上注明的收费金额计算的可抵扣进项税额，填入《增值税纳税申报表附列资料（二）》（本期进项税额明细）第 8 栏“其他”。

（四）增值税纳税申报表附列资料（三）（服务、不动产和无形资产扣除项目明细）

增值税纳税申报表附列资料（三）

（服务、不动产和无形资产扣除项目明细）

税款所属时间：　　年　月　日至　　年　月　日

纳税人名称：（公章）　　　　金额单位：元至角分

项目及栏次		本期服务、不动产和无形资产价税合计额（免税销售额）	服务、不动产和无形资产扣除项目				
			期初余额	本期发生额	本期应扣除金额	本期实际扣除金额	期末余额
		1	2	3	4=2+3	5（5≤1 且 5≤4）	6=4−5
17%税率的项目	1						
11%税率的项目	2						
6%税率的项目（不含金融商品转让）	3						
6%税率的金融商品转让项目	4						
5%征收率的项目	5						
3%征收率的项目	6						
免抵退税的项目	7						
免税的项目	8						

填写说明

（1）本表由服务、不动产和无形资产有扣除项目的营业税改征增值税纳税人填写。其他纳税人不填写。

（2）“税款所属时间”“纳税人名称”的填写同主表。

（3）第1列“本期服务、不动产和无形资产价税合计额（免税销售额）”：营业税改征增值税的服务、不动产和无形资产属于征税项目的，填写扣除之前的本期服务、不动产和无形资产价税合计额；营业税改征增值税的服务、不动产和无形资产属于免抵退税或免税项目的，填写扣除之前的本期服务、不动产和无形资产免税销售额。本列各行次等于《附列资料（一）》第11列对应行次，其中本列第3行和第4行之和等于《附列资料（一）》第11列第5栏。

营业税改征增值税的纳税人，服务、不动产和无形资产按规定汇总计算缴纳增值税的分支机构，本列各行次之和等于《附列资料（一）》第11列第13a、13b行之和。

（4）第2列“服务、不动产和无形资产扣除项目”“期初余额”：填写服务、不动产和无形资产扣除项目上期期末结存的金额，试点实施之日的税款所属期填写“0”。本列各行次等于上期《附列资料（三）》第6列对应行次。

本列第4行“6%税率的金融商品转让项目”“期初余额”年初首期填报时应填“0”。

（5）第3列“服务、不动产和无形资产扣除项目”“本期发生额”：填写本期取得的按税法规定准予扣除的服务、不动产和无形资产扣除项目金额。

（6）第4列“服务、不动产和无形资产扣除项目”“本期应扣除金额”：填写服务、不动产和无形资产扣除项目本期应扣除的金额。

本列各行次=第2列对应各行次+第3列对应各行次

（7）第5列“服务、不动产和无形资产扣除项目”“本期实际扣除金额”：填写服务、不动产和无形资产扣除项目本期实际扣除的金额。

本列各行次≤第4列对应各行次且本列各行次≤第1列对应各行次。

（8）第6列“服务、不动产和无形资产扣除项目”“期末余额”：填写服务、不动产和无形资产扣除项目本期期末结存的金额。

本列各行次=第4列对应各行次–第5列对应各行次

（五）增值税纳税申报表附列资料（四）（税额抵减情况表）

增值税纳税申报表附列资料（四）

（税额抵减情况表）

税款所属时间：　　年　月　日至　　年　月　日

纳税人名称：（公章）　　　　金额单位：元至角分

序号	抵减项目	期初余额	本期发生额	本期应抵减税额	本期实际抵减税额	期末余额
		1	2	3=1+2	4≤3	5=3–4
1	增值税税控系统专用设备费及技术维护费					
2	分支机构预征缴纳税款					
3	建筑服务预征缴纳税款					
4	销售不动产预征缴纳税款					
5	出租不动产预征缴纳税款					

填写说明

本表第1行由发生增值税税控系统专用设备费用和技术维护费的纳税人填写，反映纳税人增值税税控系统专用设备费用和技术维护费按规定抵减增值税应纳税额的情况。

本表第2行由营业税改征增值税纳税人，服务、不动产和无形资产按规定汇总计算缴纳增值税的总机构填写，反映其分支机构预征缴纳税款抵减总机构应纳增值税税额的情况。

本表第3行由销售建筑服务并按规定预缴增值税的纳税人填写，反映其销售建筑服务预征缴纳税款抵减应纳增值税税额的情况。

本表第4行由销售不动产并按规定预缴增值税的纳税人填写，反映其销售不动产预征缴纳税款抵减应纳增值税税额的情况。

本表第5行由出租不动产并按规定预缴增值税的纳税人填写，反映其出租不动产预征缴纳税款抵减应纳增值税税额的情况。

未发生上述业务的纳税人不填写本表。

（六）增值税纳税申报表附列资料（五）（不动产分期抵扣计算表）

增值税纳税申报表附列资料（五）

（不动产分期抵扣计算表）

税款所属时间：　　年　月　日至　　年　月　日

纳税人名称：（公章）　　　　　　　　　　　　　　　　　　金额单位：元至角分

期初待抵扣不动产进项税额	本期不动产进项税额增加额	本期可抵扣不动产进项税额	本期转入的待抵扣不动产进项税额	本期转出的待抵扣不动产进项税额	期末待抵扣不动产进项税额
1	2	3≤1+2+4	4	5≤1+4	6=1+2−3+4−5

填写说明

（1）本表由分期抵扣不动产进项税额的纳税人填写。

（2）“税款所属时间”“纳税人名称”的填写同主表。

（3）第1列“期初待抵扣不动产进项税额”：填写纳税人上期期末待抵扣不动产进项税额。

（4）第2列“本期不动产进项税额增加额”：填写本期取得的符合税法规定的不动产进项税额。

（5）第3列“本期可抵扣不动产进项税额”：填写符合税法规定可以在本期抵扣的不动产进项税额。

（6）第4列“本期转入的待抵扣不动产进项税额”：填写按照税法规定本期应转入的待抵扣不动产进项税额。

本列数≤《附列资料（二）》第23栏“税额”。

（7）第5列“本期转出的待抵扣不动产进项税额”：填写按照税法规定本期应转出的待抵扣不动产进项税额。

（8）第6列“期末待抵扣不动产进项税额”：填写本期期末尚未抵扣的不动产进项税额，按表中公式填写。

（七）固定资产（不含不动产）进项税额抵扣情况表

固定资产（不含不动产）进项税额抵扣情况表

纳税人名称（公章）：　　　　填表日期：　　年　月　日　　　　金额单位：元至角分

项　目	当期申报抵扣的固定资产进项税额	申报抵扣的固定资产进项税额累计
增值税专用发票		
海关进口增值税专用缴款书		
合　计		

填写说明

本表反映纳税人在《附列资料（二）》"一、申报抵扣的进项税额"中固定资产的进项税额。本表按增值税专用发票、海关进口增值税专用缴款书分别填写。

（八）本期抵扣进项税额结构明细表

本期抵扣进项税额结构明细表

税款所属时间：　　年　月　日至　　年　月　日

纳税人名称：（公章）　　　　金额单位：元至角分

项　目	栏　次	金　额	税　额
合计	1=2+4+5+11+16+18+27+29+30		
一、按税率或征收率归集（不包括购建不动产、通行费）的进项			
17%税率的进项	2		
其中：有形动产租赁的进项	3		
13%税率的进项	4		
11%税率的进项	5		
其中：运输服务的进项	6		
电信服务的进项	7		
建筑安装服务的进项	8		
不动产租赁服务的进项	9		
受让土地使用权的进项	10		
6%税率的进项	11		
其中：电信服务的进项	12		
金融保险服务的进项	13		
生活服务的进项	14		
取得无形资产的进项	15		
5%征收率的进项	16		
其中：不动产租赁服务的进项	17		
3%征收率的进项	18		
其中：货物及加工、修理修配劳务的进项	19		
运输服务的进项	20		
电信服务的进项	21		
建筑安装服务的进项	22		

续表

项　目	栏　次	金　额	税　额
金融保险服务的进项	23		
有形动产租赁服务的进项	24		
生活服务的进项	25		
取得无形资产的进项	26		
减按 1.5%征收率的进项	27		
	28		
二、按抵扣项目归集的进项			
用于购建不动产并一次性抵扣的进项	29		
通行费的进项	30		
	31		
	32		

填写说明

（1）“税款所属时间”“纳税人名称”的填写同主表。

（2）第 1 栏“合计”按表中所列公式计算填写。

本栏与《增值税纳税申报表附列资料(二)》(本期进项税额明细，以下简称《附列资料(二)》)相关栏次钩稽关系如下：

本栏“税额”列=《附列资料（二）》第 12 栏“税额”列–《附列资料（二）》第 10 栏“税额”列–《附列资料（二）》第 11 栏“税额”列。

（3）第 2 栏至 27 栏“一、按税率或征收率归集（不包括购建不动产、通行费）的进项”各栏：反映纳税人按税法规定符合抵扣条件，在本期申报抵扣的不同税率（或征收率）的进项税额，不包括用于购建不动产的允许一次性抵扣和分期抵扣的进项税额，以及纳税人支付的道路、桥、闸通行费，取得的增值税扣税凭证上注明或计算的进项税额。

其中，第 27 栏反映纳税人租入个人住房，本期申报抵扣的减按 1.5%征收率的进项税额。

纳税人执行农产品增值税进项税额核定扣除办法的，按照农产品增值税进项税额扣除率所对应的税率，将计算抵扣的进项税额填入相应栏次。

纳税人取得通过增值税发票管理新系统中差额征税开票功能开具的增值税专用发票，按照实际购买的服务、不动产或无形资产对应的税率或征收率，将扣税凭证上注明的税额填入对应栏次。

（4）第 29 栏至 30 栏“二、按抵扣项目归集的进项”各栏：反映纳税人按税法规定符合抵扣条件，在本期申报抵扣的不同抵扣项目的进项税额。

1）第 29 栏反映纳税人用于购建不动产允许一次性抵扣的进项税额。

购建不动产允许一次性抵扣的进项税额，是指纳税人用于购建不动产时，发生的允许抵扣且不适用分期抵扣政策的进项税额。

2）第 30 栏反映纳税人支付道路、桥、闸通行费，取得的增值税扣税凭证上注明或计算的进项税额。

（5）本表内各栏间逻辑关系如下：

第 1 栏表内公式为 1=2+4+5+11+16+18+27+29+30；

第 2 栏≥第 3 栏；

第 5 栏≥第 6 栏+第 7 栏+第 8 栏+第 9 栏+第 10 栏；
第 11 栏≥第 12 栏+第 13 栏+第 14 栏+第 15 栏；
第 16 栏≥第 17 栏；
第 18 栏≥第 19 栏+第 20 栏+第 21 栏+第 22 栏+第 23 栏+第 24 栏+第 25 栏+第 26 栏。

（九）增值税减免税申报明细表

增值税减免税申报明细表

税款所属时间：自　　年　月　日至　　年　月　日

纳税人名称（公章）：　　　　　　　　　　金额单位：元至角分

一、减税项目						
减税性质代码及名称	栏次	期初余额	本期发生额	本期应抵减税额	本期实际抵减税额	期末余额
		1	2	3=1+2	4≤3	5=3–4
合计	1					
	2					
	3					
	4					
	5					
	6					
二、免税项目						
免税性质代码及名称	栏次	免征增值税项目销售额	免税销售额扣除项目本期实际扣除金额	扣除后免税销售额	免税销售额对应的进项税额	免税额
		1	2	3=1–2	4	5
合　计	7					
出口免税	8		—	—	—	—
其中：跨境服务	9		—	—	—	—
	10					
	11					
	12					
	13					
	14					
	15					
	16					

填写说明

（1）本表由享受增值税减免税优惠政策的增值税一般纳税人和小规模纳税人填写。仅享受月销售额不超过 3 万元（按季纳税 9 万元）免征增值税政策或未达起征点的增值税小规模纳税人不需填报本表，即小规模纳税人当期增值税纳税申报表主表第 12 栏“其他免税销售额”“本期数”和第 16 栏“本期应纳税额减征额”“本期数”均无数据时，不需填报本表。

（2）“税款所属时间”“纳税人名称”的填写同增值税纳税申报表主表（以下简称主表）。

（3）“一、减税项目”由本期按照税收法律、法规及国家有关税收规定享受减征（包含税额式减征、税率式减征）增值税优惠的纳税人填写。

1）“减税性质代码及名称”：根据国家税务总局最新发布的《减免性质及分类表》所列减免性质代码、项目名称填写。同时有多个减征项目的，应分别填写。

2）第 1 列“期初余额”：填写应纳税额减征项目上期“期末余额”，为对应项目上期应抵减而不足抵减的余额。

3）第 2 列“本期发生额”：填写本期发生的按照规定准予抵减增值税应纳税额的金额。

4）第 3 列“本期应抵减税额”：填写本期应抵减增值税应纳税额的金额。本列按表中所列公式填写。

5）第 4 列“本期实际抵减税额”：填写本期实际抵减增值税应纳税额的金额。本列各行≤第 3 列对应各行。

一般纳税人填写时，第 1 行“合计”本列数=主表第 23 行“一般项目”列“本月数”。

小规模纳税人填写时，第 1 行“合计”本列数=主表第 16 行“本期应纳税额减征额”“本期数”。

6）第 5 列“期末余额”：按表中所列公式填写。

（4）“二、免税项目”由本期按照税收法律、法规及国家有关税收规定免征增值税的纳税人填写。仅享受小微企业免征增值税政策或未达起征点的小规模纳税人不需填写，即小规模纳税人申报表主表第 12 栏“其他免税销售额”“本期数”无数据时，不需填写本栏。

1）“免税性质代码及名称”：根据国家税务总局最新发布的《减免性质及分类表》所列减免性质代码、项目名称填写。同时有多个免税项目的，应分别填写。

2）“出口免税”填写纳税人本期按照税法规定出口免征增值税的销售额，但不包括适用免、抵、退税办法出口的销售额。小规模纳税人不填写本栏。

3）第 1 列“免征增值税项目销售额”：填写纳税人免税项目的销售额。免税销售额按照有关规定允许从取得的全部价款和价外费用中扣除价款的，应填写扣除之前的销售额。

一般纳税人填写时，本列“合计”等于主表第 8 行“一般项目”列“本月数”。

小规模纳税人填写时，本列“合计”等于主表第 12 行“其他免税销售额”“本期数”。

4）第 2 列“免税销售额扣除项目本期实际扣除金额”：免税销售额按照有关规定允许从取得的全部价款和价外费用中扣除价款的，据实填写扣除金额；无扣除项目的，本列填写“0”。

5）第 3 列“扣除后免税销售额”：按表中所列公式填写。

6）第 4 列“免税销售额对应的进项税额”：本期用于增值税免税项目的进项税额。小规模纳税人不填写本列，一般纳税人按下列情况填写：

① 纳税人兼营应税和免税项目的，按当期免税销售额对应的进项税额填写；

② 纳税人本期销售收入全部为免税项目，且当期取得合法扣税凭证的，按当期取得的合法扣税凭证注明或计算的进项税额填写；

③ 当期未取得合法扣税凭证的，纳税人可根据实际情况自行计算免税项目对应的进项税额；无法计算的，本栏次填“0”。

7）第 5 列“免税额”：一般纳税人和小规模纳税人分别按下列公式计算填写，且本列各行数应大于或等于 0。

一般纳税人公式：第 5 列“免税额”≤第 3 列“扣除后免税销售额”×适用税率–第 4 列“免税销售额对应的进项税额”。

小规模纳税人公式：第 5 列“免税额”=第 3 列“扣除后免税销售额”×征收率。

三、《增值税纳税申报表（小规模纳税人适用）》及其附列资料

本纳税申报表及其附列资料填写说明（以下简称本表及填写说明）适用于增值税小规模纳税人（以下简称纳税人）。

（一）《增值税纳税申报表（小规模纳税人适用）》

1. 名词解释

（1）本表及填写说明所称“货物”，是指增值税的应税货物。

（2）本表及填写说明所称“劳务”，是指增值税的应税加工、修理、修配劳务。

（3）本表及填写说明所称“服务、不动产和无形资产”，是指销售服务、不动产和无形资产（以下简称应税行为）。

（4）本表及填写说明所称“扣除项目”，是指纳税人发生应税行为，在确定销售额时，按照有关规定允许其从取得的全部价款和价外费用中扣除价款的项目。

增值税纳税申报表

（小规模纳税人适用）

纳税人识别号：□□□□□□□□□□□□□□□□□□□□

纳税人名称（公章）： 金额单位：元至角分

税款所属期： 年 月 日至 年 月 日 填表日期： 年 月 日

	项目	栏次	本期数		本年累计	
			货物及劳务	服务、不动产和无形资产	货物及劳务	服务、不动产和无形资产
一、计税依据	（一）应征增值税不含税销售额（3%征收率）	1				
	其中：税务机关代开的增值税专用发票不含税销售额	2				
	税控器具开具的普通发票不含税销售额	3				
	（二）应征增值税不含税销售额（5%征收率）	4	—		—	
	其中：税务机关代开的增值税专用发票不含税销售额	5	—		—	
	税控器具开具的普通发票不含税销售额	6	—		—	
	（三）销售使用过的固定资产不含税销售额	7（7≥8）		—		—
	其中：税控器具开具的普通发票不含税销售额	8		—		—
	（四）免税销售额	9=10+11+12				
	其中：小微企业免税销售额	10				
	未达起征点销售额	11				

续表

<table>
<tr><td rowspan="2" colspan="2">项　　目</td><td rowspan="2">栏　　次</td><td colspan="2">本期数</td><td colspan="2">本年累计</td></tr>
<tr><td>货物及劳务</td><td>服务、不动产和无形资产</td><td>货物及劳务</td><td>服务、不动产和无形资产</td></tr>
<tr><td rowspan="3">一、计税依据</td><td>其他免税销售额</td><td>12</td><td></td><td></td><td></td><td></td></tr>
<tr><td>（五）出口免税销售额</td><td>13（13≥14）</td><td></td><td></td><td></td><td></td></tr>
<tr><td>其中：税控器具开具的普通发票销售额</td><td>14</td><td></td><td></td><td></td><td></td></tr>
<tr><td rowspan="8">二、税款计算</td><td>本期应纳税额</td><td>15</td><td></td><td></td><td></td><td></td></tr>
<tr><td>本期应纳税额减征额</td><td>16</td><td></td><td></td><td></td><td></td></tr>
<tr><td>本期免税额</td><td>17</td><td></td><td></td><td></td><td></td></tr>
<tr><td>其中：小微企业免税额</td><td>18</td><td></td><td></td><td></td><td></td></tr>
<tr><td>未达起征点免税额</td><td>19</td><td></td><td></td><td></td><td></td></tr>
<tr><td>应纳税额合计</td><td>20=15−16</td><td></td><td></td><td></td><td></td></tr>
<tr><td>本期预缴税额</td><td>21</td><td></td><td></td><td>—</td><td>—</td></tr>
<tr><td>本期应补（退）税额</td><td>22=20−21</td><td></td><td></td><td>—</td><td>—</td></tr>
<tr><td colspan="2">纳税人或代理人声明：</td><td colspan="5">如纳税人填报，由纳税人填写以下各栏：</td></tr>
<tr><td colspan="2" rowspan="3">本纳税申报表是根据国家税收法律法规及相关规定填报的，我确定它是真实的、可靠的、完整的。</td><td colspan="5">办税人员：　　　　财务负责人：
法定代表人：　　　　联系电话：</td></tr>
<tr><td colspan="5">如委托代理人填报，由代理人填写以下各栏：</td></tr>
<tr><td colspan="5">代理人名称（公章）：　　　　经办人：
联系电话：</td></tr>
</table>

主管税务机关：　　　　接收人：　　　　接收日期：

2．填写说明

本表"货物及劳务"与"服务、不动产和无形资产"各项目应分别填写。

（1）"税款所属期"是指纳税人申报的增值税应纳税额的所属时间，应填写具体的起止年、月、日。

（2）"纳税人识别号"栏，填写纳税人的税务登记证件号码。

（3）"纳税人名称"栏，填写纳税人名称全称。

（4）第 1 栏"应征增值税不含税销售额（3%征收率）"：填写本期销售货物及劳务、发生应税行为适用 3%征收率的不含税销售额，不包括应税行为适用 5%征收率的不含税销售额、销售使用过的固定资产和销售旧货的不含税销售额、免税销售额、出口免税销售额、查补销售额。

纳税人发生适用 3%征收率的应税行为且有扣除项目的，本栏填写扣除后的不含税销售额，与当期《增值税纳税申报表（小规模纳税人适用）附列资料》第 8 栏数据一致。

（5）第 2 栏"税务机关代开的增值税专用发票不含税销售额"：填写税务机关代开的增值税专用发票销售额合计。

（6）第3栏“税控器具开具的普通发票不含税销售额”：填写税控器具开具的货物及劳务、应税行为的普通发票金额换算的不含税销售额。

（7）第4栏“应征增值税不含税销售额（5%征收率）”：填写本期发生应税行为适用5%征收率的不含税销售额。

纳税人发生适用 5%征收率应税行为且有扣除项目的，本栏填写扣除后的不含税销售额，与当期《增值税纳税申报表（小规模纳税人适用）附列资料》第16栏数据一致。

（8）第 5 栏“税务机关代开的增值税专用发票不含税销售额”：填写税务机关代开的增值税专用发票销售额合计。

（9）第 6 栏“税控器具开具的普通发票不含税销售额”：填写税控器具开具的发生应税行为的普通发票金额换算的不含税销售额。

（10）第7栏“销售使用过的固定资产不含税销售额”：填写销售自己使用过的固定资产（不含不动产，下同）和销售旧货的不含税销售额，销售额=含税销售额/（1+3%）。

（11）第8栏“税控器具开具的普通发票不含税销售额”：填写税控器具开具的销售自己使用过的固定资产和销售旧货的普通发票金额换算的不含税销售额。

（12）第9栏“免税销售额”：填写销售免征增值税的货物及劳务、应税行为的销售额，不包括出口免税销售额。

应税行为有扣除项目的纳税人，填写扣除之前的销售额。

（13）第10栏“小微企业免税销售额”：填写符合小微企业免征增值税政策的免税销售额，不包括符合其他增值税免税政策的销售额。个体工商户和其他个人不填写本栏次。

（14）第 11 栏“未达起征点销售额”：填写个体工商户和其他个人未达起征点（含支持小微企业免征增值税政策）的免税销售额，不包括符合其他增值税免税政策的销售额。本栏次由个体工商户和其他个人填写。

（15）第 12 栏“其他免税销售额”：填写销售免征增值税的货物及劳务、应税行为的销售额，不包括符合小微企业免征增值税和未达起征点政策的免税销售额。

（16）第 13 栏“出口免税销售额”：填写出口免征增值税货物及劳务、出口免征增值税应税行为的销售额。

应税行为有扣除项目的纳税人，填写扣除之前的销售额。

（17）第 14 栏“税控器具开具的普通发票销售额”：填写税控器具开具的出口免征增值税货物及劳务、出口免征增值税应税行为的普通发票销售额。

（18）第15栏“本期应纳税额”：填写本期按征收率计算缴纳的应纳税额。

（19）第 16 栏“本期应纳税额减征额”：填写纳税人本期按照税法规定减征的增值税应纳税额。包含可在增值税应纳税额中全额抵减的增值税税控系统专用设备费用以及技术维护费，可在增值税应纳税额中抵免的购置税控收款机的增值税税额。

当本期减征额小于或等于第 15 栏“本期应纳税额”时，按本期减征额实际填写；当本期减征额大于第15栏“本期应纳税额”时，按本期第15栏填写，本期减征额不足抵减部分结转下期继续抵减。

（20）第 17 栏“本期免税额”：填写纳税人本期增值税免税额，免税额根据第 9 栏“免税销售额”和征收率计算。

（21）第 18 栏“小微企业免税额”：填写符合小微企业免征增值税政策的增值税免税额，免税额根据第10栏“小微企业免税销售额”和征收率计算。

（22）第 19 栏“未达起征点免税额”：填写个体工商户和其他个人未达起征点（含支持小微企业免征增值税政策）的增值税免税额，免税额根据第 11 栏“未达起征点销售额”和征收率计算。

（23）第 21 栏“本期预缴税额”：填写纳税人本期预缴的增值税额，但不包括查补缴纳的增值税额。

（二）增值税纳税申报表（小规模纳税人适用）附列资料

增值税纳税申报表（小规模纳税人适用）附列资料

税款所属期： 年 月 日至 年 月 日　　　　填表日期： 年 月 日

纳税人名称（公章）：　　　　金额单位：元至角分

应税行为（3%征收率）扣除额计算			
期初余额	本期发生额	本期扣除额	期末余额
1	2	3（3≤1+2 之和，且 3≤5）	4=1+2−3
应税行为（3%征收率）计税销售额计算			
全部含税收入（适用 3%征收率）	本期扣除额	含税销售额	不含税销售额
5	6=3	7=5−6	8=7÷1.03
应税行为（5%征收率）扣除额计算			
期初余额	本期发生额	本期扣除额	期末余额
9	10	11（11≤9+10 之和，且 11≤13）	12=9+10−11
应税行为（5%征收率）计税销售额计算			
全部含税收入（适用 5%征收率）	本期扣除额	含税销售额	不含税销售额
13	14=11	15=13−14	16=15÷1.05

填写说明

本附列资料由发生应税行为且有扣除项目的纳税人填写，各栏次均不包含免征增值税项目的金额。

（1）“税款所属期”是指纳税人申报的增值税应纳税额的所属时间，应填写具体的起止年、月、日。

（2）“纳税人名称”栏，填写纳税人名称全称。

（3）第 1 栏“期初余额”：填写适用 3%征收率的应税行为扣除项目上期期末结存的金额，试点实施之日的税款所属期填写“0”。

（4）第 2 栏“本期发生额”：填写本期取得的按税法规定准予扣除的适用 3%征收率的应税行为扣除项目金额。

（5）第 3 栏“本期扣除额”：填写适用 3%征收率的应税行为扣除项目本期实际扣除的金额。

第 3 栏“本期扣除额”≤第 1 栏“期初余额”+第 2 栏“本期发生额”之和，且第 3 栏“本期扣除额”≤第 5 栏“全部含税收入（适用 3%征收率）”。

（6）第 4 栏“期末余额”：填写适用 3%征收率的应税行为扣除项目本期期末结存的金额。

（7）第5栏“全部含税收入（适用3%征收率）”：填写纳税人适用3%征收率的应税行为取得的全部价款和价外费用数额。

（8）第6栏“本期扣除额”：填写本附列资料第3栏“本期扣除额”的数据。

第6栏“本期扣除额”=第3栏“本期扣除额”。

（9）第7栏“含税销售额”：填写适用3%征收率的应税行为的含税销售额。

第7栏“含税销售额”=第5栏“全部含税收入（适用3%征收率）”–第6栏“本期扣除额”。

（10）第8栏“不含税销售额”：填写适用3%征收率的应税行为的不含税销售额。

第8栏“不含税销售额”=第7栏“含税销售额”÷1.03，与《增值税纳税申报表（小规模纳税人适用）》第1栏“应征增值税不含税销售额（3%征收率）”“本期数”“服务、不动产和无形资产”栏数据一致。

（11）第9栏“期初余额”：填写适用5%征收率的应税行为扣除项目上期期末结存的金额，试点实施之日的税款所属期填写“0”。

（12）第10栏“本期发生额”：填写本期取得的按税法规定准予扣除的适用5%征收率的应税行为扣除项目金额。

（13）第11栏“本期扣除额”：填写适用5%征收率的应税行为扣除项目本期实际扣除的金额。

第11栏“本期扣除额”≤第9栏“期初余额”+第10栏“本期发生额”之和，且第11栏“本期扣除额”≤第13栏“全部含税收入（适用5%征收率）”。

（14）第12栏“期末余额”：填写适用5%征收率的应税行为扣除项目本期期末结存的金额。

（15）第13栏“全部含税收入（适用5%征收率）”：填写纳税人适用5%征收率的应税行为取得的全部价款和价外费用数额。

（16）第14栏“本期扣除额”：填写本附列资料第11栏“本期扣除额”的数据。

第14栏“本期扣除额”=第11栏“本期扣除额”。

（17）第15栏“含税销售额”：填写适用5%征收率的应税行为的含税销售额。

第15栏“含税销售额”=第13栏“全部含税收入（适用5%征收率）”–第14栏“本期扣除额”。

（18）第16栏“不含税销售额”：填写适用5%征收率的应税行为的不含税销售额。

第16栏“不含税销售额”=第15栏“含税销售额”÷1.05，与《增值税纳税申报表（小规模纳税人适用）》第4栏“应征增值税不含税销售额（5%征收率）”“本期数”“服务、不动产和无形资产”栏数据一致。

四、增值税预缴税款表

纳税人跨县（市）提供建筑服务、房地产开发企业预售自行开发的房地产项目、纳税人出租与机构所在地不在同一县（市）的不动产，按规定需要在项目所在地或不动产所在地主管国税机关预缴税款的，需填写《增值税预缴税款表》。

增值税预缴税款表

税款所属时间：　　　年　月　日至　　年　月　日

纳税人识别号：□□□□□□□□□□□□□□□□□□□□□□□□　是否适用一般计税方法　是 □　否 □

<table>
<tr><td colspan="2">纳税人名称：
（公章）</td><td></td><td></td><td>金额单位：元
（列至角分）</td><td></td></tr>
<tr><td colspan="2">项目编号</td><td></td><td>项目名称</td><td colspan="2"></td></tr>
<tr><td colspan="2">项目地址</td><td colspan="4"></td></tr>
<tr><td colspan="2" rowspan="2">预征项目和栏次</td><td>销售额</td><td>扣除金额</td><td>预征率</td><td>预征税额</td></tr>
<tr><td>1</td><td>2</td><td>3</td><td>4</td></tr>
<tr><td>建筑服务</td><td>1</td><td></td><td></td><td></td><td></td></tr>
<tr><td>销售不动产</td><td>2</td><td></td><td></td><td></td><td></td></tr>
<tr><td>出租不动产</td><td>3</td><td></td><td></td><td></td><td></td></tr>
<tr><td></td><td>4</td><td></td><td></td><td></td><td></td></tr>
<tr><td></td><td>5</td><td></td><td></td><td></td><td></td></tr>
<tr><td>合　　计</td><td>6</td><td></td><td></td><td></td><td></td></tr>
<tr><td>授权声明</td><td colspan="2">如果你已委托代理人填报，请填写下列资料：
为代理一切税务事宜，现授权（地址）
为本次纳税人的代理填报人，任何与本表有关的往来文件，都可寄予此人。

授权人签字：</td><td>填表人申明</td><td colspan="2">以上内容是真实的、可靠的、完整的。

纳税人签字：</td></tr>
</table>

填写说明

（1）本表适用于纳税人发生以下情形按规定在国税机关预缴增值税时填写。

1）纳税人（不含其他个人）跨县（市）提供建筑服务。

2）房地产开发企业预售自行开发的房地产项目。

3）纳税人（不含其他个人）出租与机构所在地不在同一县（市）的不动产。

（2）基础信息填写说明：

1）“税款所属时间”：指纳税人申报的增值税预缴税额的所属时间，应填写具体的起止年、月、日。

2）“纳税人识别号”：填写纳税人的税务登记证件号码；纳税人为未办理过税务登记证的非企业性单位的，填写其组织机构代码证号码。

3）“纳税人名称”：填写纳税人名称全称。

4）“是否适用一般计税方法”：该项目适用一般计税方法的纳税人在该项目后的“□”中打“√”，适用简易计税方法的纳税人在该项目后的“□”中打“×”。

5）“项目编号”：由异地提供建筑服务的纳税人和房地产开发企业填写《建筑工程施工许可证》上的编号，根据相关规定不需要申请《建筑工程施工许可证》的建筑服务项目或不动产开发项目，不需要填写。出租不动产业务无须填写。

6）“项目名称”：填写建筑服务或者房地产项目的名称。出租不动产业务不需要填写。

7）“项目地址”：填写建筑服务项目、房地产项目或出租不动产的具体地址。

（3）具体栏次填表说明：

1）纳税人异地提供建筑服务。

纳税人在“预征项目和栏次”部分的第1栏“建筑服务”行次填写相关信息。

① 第1列“销售额”：填写纳税人跨县（市）提供建筑服务取得的全部价款和价外费用（含税）。

② 第2列“扣除金额”：填写跨县（市）提供建筑服务项目按照规定准予从全部价款和价外费用中扣除的金额（含税）。

③ 第3列“预征率”：填写跨县（市）提供建筑服务项目对应的预征率或者征收率。

④ 第4列“预征税额”：填写按照规定计算的应预缴税额。

2）房地产开发企业预售自行开发的房地产项目。

纳税人在“预征项目和栏次”部分的第2栏“销售不动产”行次填写相关信息：

① 第1列“销售额”：填写本期收取的预收款（含税），包括在取得预收款当月或主管国税机关确定的预缴期取得的全部预收价款和价外费用。

② 第2列“扣除金额”：房地产开发企业不需填写。

③ 第3列“预征率”：房地产开发企业预征率为3%。

④ 第4列“预征税额”：填写按照规定计算的应预缴税额。

3）纳税人出租不动产。

纳税人在“预征项目和栏次”部分的第3栏“出租不动产”行次填写相关信息：

① 第1列“销售额”：填写纳税人出租不动产取得全部价款和价外费用（含税）。

② 第2列“扣除金额”无须填写。

③ 第3列“预征率”：填写纳税人预缴增值税适用的预征率或者征收率。

④ 第4列“预征税额”：填写按照规定计算的应预缴税额。

第二节　小型房地产企业所得税的纳税申报

按月或按季预缴的，应当自月份或者季度终了之日起15日内，向税务机关报送预缴企业所得税纳税申报表，预缴税款。

企业在报送企业所得税纳税申报表时，应当按照规定附送财务会计报告和其他有关资料。

企业应当在办理注销登记前，就其清算所得向税务机关申报并依法缴纳企业所得税。

依照企业所得税法缴纳的企业所得税，以人民币计算。所得以人民币以外的货币计算的，应当折合成人民币计算并缴纳税款。

企业在纳税年度内无论盈利或者亏损，都应当依照《企业所得税法》第54条规定的期限，向税务机关报送预缴企业所得税纳税申报表、年度企业所得税纳税申报表、财务会计报告和税务机关规定应当报送的其他有关资料。

一、企业所得税年度纳税申报表（A 类）

（一）封面

中华人民共和国企业所得税年度纳税申报表

（A 类，2014 年版）

税款所属期间：　　年　月　日至　　年　月　日

纳税人识别号：□□□□□□□□□□□□□□□□□□

纳税人名称：

金额单位：人民币元（列至角分）

谨声明：此纳税申报表是根据《中华人民共和国企业所得税法》、《中华人民共和国企业所得税法实施条例》、有关税收政策以及国家统一会计制度的规定填报的，是真实的、可靠的、完整的。

法定代表人（签章）：　　　　　　年　月　日

纳税人公章：	代理申报中介机构公章：	主管税务机关受理专用章：
会计主管：	经办人：	受理人：
	经办人执业证件号码：	
填表日期：　年　月　日	代理申报日期：　年　月　日	受理日期：　年　月　日

国家税务总局监制

填报说明

《中华人民共和国企业所得税年度纳税申报表（A 类，2014 年版）》（以下简称申报表）适用于实行查账征收企业所得税的居民纳税人（以下简称纳税人）填报。有关项目填报说明如下。

（1）“税款所属期间”：正常经营的纳税人，填报公历当年 1 月 1 日至 12 月 31 日；纳税人年度中间开业的，填报实际生产经营之日至当年 12 月 31 日；纳税人年度中间发生合并、分立、破产、停业等情况的，填报公历当年 1 月 1 日至实际停业或法院裁定并宣告破产之日；纳税人年度中间开业且年度中间又发生合并、分立、破产、停业等情况的，填报实际生产经营之日至实际停业或法院裁定并宣告破产之日。

（2）“纳税人识别号”：填报税务机关统一核发的税务登记证号码。

（3）“纳税人名称”：填报税务登记证所载纳税人的全称。

（4）“填表日期”：填报纳税人申报当日日期。

（5）纳税人聘请中介机构代理申报的，加盖代理申报中介机构公章，并填报经办人及其执业证件号码等，没有聘请的，填报“无”。

（二）《企业所得税年度纳税申报表填报表单》

企业所得税年度纳税申报表填报表单

表单编号	表单名称	选择填报情况	
		填报	不填报
A000000	企业基础信息表	√	×
A100000	中华人民共和国企业所得税年度纳税申报表（A类）	√	×
A101010	一般企业收入明细表	□	□
A101020	金融企业收入明细表	□	□
A102010	一般企业成本支出明细表	□	□
A102020	金融企业支出明细表	□	□
A103000	事业单位、民间非营利组织收入、支出明细表	□	□
A104000	期间费用明细表	□	□
A105000	纳税调整项目明细表	□	□
A105010	视同销售和房地产开发企业特定业务纳税调整明细表	□	□
A105020	未按权责发生制确认收入纳税调整明细表	□	□
A105030	投资收益纳税调整明细表	□	□
A105040	专项用途财政性资金纳税调整明细表	□	□
A105050	职工薪酬纳税调整明细表	□	□
A105060	广告费和业务宣传费跨年度纳税调整明细表	□	□
A105070	捐赠支出纳税调整明细表	□	□
A105080	资产折旧、摊销情况及纳税调整明细表	□	□
A105081	固定资产加速折旧、扣除明细表	□	□
A105090	资产损失税前扣除及纳税调整明细表	□	□
A105091	资产损失（专项申报）税前扣除及纳税调整明细表	□	□
A105100	企业重组纳税调整明细表	□	□
A105110	政策性搬迁纳税调整明细表	□	□
A105120	特殊行业准备金纳税调整明细表	□	□
A106000	企业所得税弥补亏损明细表	□	□
A107010	免税、减计收入及加计扣除优惠明细表	□	□
A107011	符合条件的居民企业之间的股息、红利等权益性投资收益优惠明细表	□	□
A107012	综合利用资源生产产品取得的收入优惠明细表	□	□
A107013	金融、保险等机构取得的涉农利息、保费收入优惠明细表	□	□
A107014	研发费用加计扣除优惠明细表	□	□
A107020	所得减免优惠明细表	□	□
A107030	抵扣应纳税所得额明细表	□	□
A107040	减免所得税优惠明细表	□	□
A107041	高新技术企业优惠情况及明细表	□	□
A107042	软件、集成电路企业优惠情况及明细表	□	□

续表

表单编号	表单名称	选择填报情况	
		填报	不填报
A107050	税额抵免优惠明细表	□	□
A108000	境外所得税收抵免明细表	□	□
A108010	境外所得纳税调整后所得明细表	□	□
A108020	境外分支机构弥补亏损明细表	□	□
A108030	跨年度结转抵免境外所得税明细表	□	□
A109000	跨地区经营汇总纳税企业年度分摊企业所得税明细表	□	□
A109010	企业所得税汇总纳税分支机构所得税分配表	□	□
说明：企业应当根据实际情况选择需要填表的表单。			

填报说明

本表列示申报表全部表单名称及编号。纳税人在填报申报表之前，请仔细阅读这些表单，并根据企业的涉税业务，选择“填报”或“不填报”。选择“填报”的，需完成该表格相关内容的填报；选择“不填报”的，可以不填报该表格。对选择“不填报”的表格，可以不上报税务机关。有关项目填报说明如下：

（1）《企业基础信息表》（A000000）。本表为必填表。主要反映纳税人的基本信息，包括纳税人基本信息、主要会计政策、股东结构和对外投资情况等。纳税人填报申报表时，首先填报此表，为后续申报提供指引。

（2）《中华人民共和国企业所得税年度纳税申报表（A 类）》（A100000）。本表为必填表。是纳税人计算申报缴纳企业所得税的主表。

（3）《一般企业收入明细表》（A101010）。本表适用于除金融企业、事业单位和民间非营利组织外的企业填报，反映一般企业按照国家统一会计制度规定取得收入情况。

（4）《金融企业收入明细表》（A101020）。本表仅适用于金融企业（包括商业银行、保险公司、证券公司等金融企业）填报，反映金融企业按照企业会计准则规定取得收入情况。

（5）《一般企业成本支出明细表》（A102010）。本表适用于除金融企业、事业单位和民间非营利组织外的企业填报，反映一般企业按照国家统一会计制度的规定发生成本费用支出情况。

（6）《金融企业支出明细表》（A102020）。本表仅适用于金融企业（包括商业银行、保险公司、证券公司等金融企业）填报，反映金融企业按照企业会计准则规定发生成本支出情况。

（7）《事业单位、民间非营利组织收入、支出明细表》（A103000）。本表适用于事业单位和民间非营利组织填报，反映事业单位、社会团体、民办非企业单位、非营利性组织等按照有关会计制度规定取得收入、发生成本费用支出情况。

（8）《期间费用明细表》（A104000）。本表由纳税人根据国家统一会计制度规定，填报期间费用明细项目。

（9）《纳税调整项目明细表》（A105000）。本表填报纳税人财务、会计处理办法（以下简称会计处理）与税收法律、行政法规的规定（以下简称税法规定）不一致，需要进行纳税调整的项目和金额。

（10）《视同销售和房地产开发企业特定业务纳税调整明细表》（A105010）。本表填报纳税人发生视同销售行为、房地产企业销售未完工产品、未完工产品转完工产品特定业务，会计处理与税法规定不一致，需要进行纳税调整的项目和金额。

（11）《未按权责发生制确认收入纳税调整明细表》（A105020）。本表填报纳税人发生会计上按照权责发生制确认收入，而税法规定不按照权责发生制确认收入，需要按照税法规定进行纳税调整的项目和金额。

（12）《投资收益纳税调整明细表》（A105030）。本表填报纳税人发生投资收益，会计处理与税法规定不一致，需要进行纳税调整的项目和金额。

（13）《专项用途财政性资金纳税调整明细表》（A105040）。本表填报纳税人发生符合不征税收入条件的专项用途财政性资金，会计处理与税法规定不一致，需要进行纳税调整的金额。

（14）《职工薪酬纳税调整明细表》（A105050）。本表填报纳税人发生的职工薪酬（包括工资薪金、职工福利费、职工教育经费、工会经费、各类基本社会保障性缴款、住房公积金、补充养老保险、补充医疗保险等支出），会计处理与税法规定不一致，需要进行纳税调整的项目和金额。

（15）《广告费和业务宣传费跨年度纳税调整明细表》（A105060）。本表填报纳税人本年发生的广告费和业务宣传费支出，会计处理与税法规定不一致，需要进行纳税调整的金额。

（16）《捐赠支出纳税调整明细表》（A105070）。本表填报纳税人发生捐赠支出，会计处理与税法规定不一致，需要进行纳税调整的项目和金额。

（17）《资产折旧、摊销情况及纳税调整明细表》（A105080）。本表填报纳税人资产折旧、摊销情况及会计处理与税法规定不一致，需要进行纳税调整的项目和金额。

（18）《固定资产加速折旧、扣除明细表》（A105081）。本表填报纳税人符合《财政部 国家税务总局关于完善固定资产加速折旧税收政策有关问题的通知》（财税［2014］75 号）规定，2014 年及以后年度新增固定资产加速折旧及允许一次性计入当期成本费用税前扣除的项目和金额。

（19）《资产损失税前扣除及纳税调整明细表》（A105090）。本表填报纳税人发生资产损失，以及由于会计处理与税法规定不一致，需要进行纳税调整的项目和金额。

（20）《资产损失（专项申报）税前扣除及纳税调整明细表》（A105091）。本表填报纳税人发生的货币资产、非货币资产、投资、其他资产损失，以及由于会计处理与税法规定不一致，需要进行纳税调整的项目和金额。

（21）《企业重组纳税调整明细表》（A105100）。本表填报纳税人发生企业重组所涉及的所得或损失，会计处理与税法规定不一致，需要进行纳税调整的项目和金额。

（22）《政策性搬迁纳税调整明细表》（A105110）。本表填报纳税人发生政策性搬迁所涉及的所得或损失，由于会计处理与税法规定不一致，需要进行纳税调整的项目和金额。

（23）《特殊行业准备金纳税调整明细表》（A105120）。本表填报保险公司、证券行业等特殊行业纳税人发生特殊行业准备金，会计处理与税法规定不一致，需要进行纳税调整的项目和金额。

（24）《企业所得税弥补亏损明细表》（A106000）。本表填报纳税人以前年度发生的亏损，需要在本年度结转弥补的金额，本年度可弥补的金额以及可继续结转以后年度弥补的亏损额。

（25）《免税、减计收入及加计扣除优惠明细表》（A107010）。本表填报纳税人本年度所享受免税收入、减计收入、加计扣除等优惠的项目和金额。

（26）《符合条件的居民企业之间的股息、红利等权益性投资收益优惠明细表》（A107011）。本表填报纳税人本年度享受居民企业之间的股息、红利等权益性投资收益免税项目和金额。

（27）《综合利用资源生产产品取得的收入优惠明细表》（A107012）。本表填报纳税人本年度发生的综合利用资源生产产品取得的收入减计收入的项目和金额。

（28）《金融、保险等机构取得的涉农利息、保费收入优惠明细表》（A107013）。本表填报纳税人本年度发生的金融、保险等机构取得的涉农利息、保费收入减计收入项目和金额。

（29）《研发费用加计扣除优惠明细表》（A107014）。本表填报纳税人本年度享受研发费加计扣除情况和金额。

（30）《所得减免优惠明细表》（A107020）。本表填报纳税人本年度享受减免所得额（包括农、林、牧、渔项目和国家重点扶持的公共基础设施项目、环境保护、节能节水项目以及符合条件的技术转让项目等）的项目和金额。

（31）《抵扣应纳税所得额明细表》（A107030）。本表填报纳税人本年度享受创业投资企业抵扣应纳税所得额优惠金额。

（32）《减免所得税优惠明细表》（A107040）。本表填报纳税人本年度享受减免所得税（包括小微企业、高新技术企业、民族自治地方企业、其他专项优惠等）的项目和金额。

（33）《高新技术企业优惠情况及明细表》（A107041）。本表填报纳税人本年度享受高新技术企业优惠的情况和金额。

（34）《软件、集成电路企业优惠情况及明细表》（A107042）。本表填报纳税人本年度享受软件、集成电路企业优惠的情况和金额。

（35）《税额抵免优惠明细表》（A107050）。本表填报纳税人本年度享受购买专用设备投资额抵免税额情况和金额。

（36）《境外所得税收抵免明细表》（A108000）。本表填报纳税人本年度来源于或发生于不同国家、地区的所得，按照我国税法规定计算应缴纳和应抵免的企业所得税额。

（37）《境外所得纳税调整后所得明细表》（A108010）。本表填报纳税人本年度来源于或发生于不同国家、地区的所得，按照我国税法规定计算调整后的所得。

（38）《境外分支机构弥补亏损明细表》（A108020）。本表填报纳税人境外分支机构本年度及以前年度发生的税前尚未弥补的非实际亏损额和实际亏损额、结转以后年度弥补的非实际亏损额和实际亏损额。

（39）《跨年度结转抵免境外所得税明细表》（A108030）。本表填报纳税人本年度发生的来源于不同国家或地区的境外所得按照我国税收法律、法规的规定可以抵免的所得税额。

（40）《跨地区经营汇总纳税企业年度分摊企业所得税明细表》（A109000）。本表填报跨地区经营汇总纳税企业总机构，按规定计算总分机构每一纳税年度应缴的企业所得税，总、分机构应分摊的企业所得税。

（41）《企业所得税汇总纳税分支机构所得税分配表》（A109010）。本表填报总机构所属年度实际应纳所得税额以及所属分支机构在所属年度应分摊的所得税额。

（三）A000000《企业基础信息表》

A000000

企业基础信息表

<table>
<tr><td colspan="3">正常申报□</td><td>更正申报□</td><td colspan="2">补充申报□</td></tr>
<tr><td colspan="6">100 基本信息</td></tr>
<tr><td>101 汇总纳税企业</td><td colspan="5">是（总机构□　　按比例缴纳总机构□　）　否□</td></tr>
<tr><td>102 注册资本（万元）</td><td></td><td>106 境外中资控股居民企业</td><td>是□</td><td colspan="2">否□</td></tr>
<tr><td>103 所属行业明细代码</td><td></td><td>107 从事国家限制或禁止行业</td><td>是□</td><td colspan="2">否□</td></tr>
<tr><td>104 从业人数</td><td></td><td>108 存在境外关联交易</td><td>是□</td><td colspan="2">否□</td></tr>
</table>

续表

105资产总额（万元）		109上市公司	是（境内□境外□） 否□
200主要会计政策和估计			
201适用的会计准则或会计制度	企业会计准则（一般企业□ 银行□ 证券□ 保险□ 担保□） 小企业会计准则□ 企业会计制度□ 事业单位会计准则（事业单位会计制度□ 科学事业单位会计制度□ 医院会计制度□ 高等学校会计制度□ 中小学校会计制度□ 彩票机构会计制度□ ） 民间非营利组织会计制度□ 村集体经济组织会计制度□ 农民专业合作社财务会计制度（试行）□ 其他□		
202会计档案的存放地		203会计核算软件	
204记账本位币	人民币□ 其他□	205会计政策和估计是否发生变化	是□ 否□
206固定资产折旧方法	年限平均法□ 工作量法□ 双倍余额递减法□ 年数总和法□ 其他□		
207存货成本计价方法	先进先出法□ 移动加权平均法□ 月末一次加权平均法□ 个别计价法□ 毛利率法□ 零售价法□ 计划成本法□ 其他□		
208坏账损失核算方法	备抵法□ 直接核销法□		
209所得税计算方法	应付税款法□ 资产负债表债务法□ 其他□		
300企业主要股东及对外投资情况			
301企业主要股东（前5位）			

股东名称	证件种类	证件号码	经济性质	投资比例	国籍（注册地址）

302对外投资（前5位）

被投资者名称	纳税人识别号	经济性质	投资比例	投资金额	注册地址

填报说明

纳税人在填报申报表前，首先填报基础信息表，为后续申报提供指引。基础信息表主要内容包括表头、基本信息、主要会计政策和估计、企业主要股东及对外投资情况等部分。有关项目填报说明如下。

（1）纳税人根据具体情况选择“正常申报”、“更正申报”或“补充申报”。

正常申报：申报期内，纳税人第一次年度申报为“正常申报”。

更正申报：申报期内，纳税人对已申报内容进行更正申报的为“更正申报”。

补充申报：申报期后，由于纳税人自查、主管税务机关评估等发现以前年度申报有误而更改申报为“补充申报”。

（2）“101 汇总纳税企业”：纳税人根据情况选择。纳税人为《国家税务总局关于印发〈跨地区经营汇总纳税企业所得税征收管理办法〉的公告》（国家税务总局公告 2012 第 57 号）规定的跨地区经营企业总机构的，选择“总机构”，选择的纳税人需填报表 A109000 和 A109010；纳税人根据相关政策规定按比例缴纳的总机构，选择“按比例缴纳总机构”；其他纳税人选择“否”。

（3）“102 注册资本”：填报全体股东或发起人在公司登记机关依法登记的出资或认缴的股本金额（单位：万元）。

（4）“103 所属行业明细代码”：根据《国民经济行业分类》（GB/4754-2011）标准填报纳税人的行业代码。如所属行业代码为 7010 的房地产开发经营企业，可以填报表 A105010 中第 21 至 29 行；所属行业代码为 06**至 4690，小型微利企业优惠判断为工业企业；所属行业代码为 66**的银行业，67**的证券和资本投资，68**的保险业，填报表 A101020、A102020。

（5）“104 从业人数”：填报纳税人全年平均从业人数，从业人数是指与企业建立劳动关系的职工人数和企业接受的劳务派遣用工人数之和；从业人数指标，按企业全年月平均值确定，具体计算公式如下：

$$月平均值=（月初值+月末值）\div 2$$
$$全年月平均值=全年各月平均值之和\div 12$$
$$全年从业人数=月平均值\times 12$$

年度中间开业或者终止经营活动的，以其实际经营期作为一个纳税年度确定上述相关指标。

（6）“105 资产总额（万元）”：填报纳税人全年资产总额平均数，依据和计算方法同“从业人数”口径，资产总额单位为万元，小数点后保留 2 位小数。

（7）“106 境外中资控股居民企业”：根据《国家税务总局关于境外注册中资控股企业依据实际管理机构标准认定为居民企业有关问题的通知》（国税发［2009］82 号）规定，境外中资控股企业被税务机关认定为实际管理机构在中国境内的居民企业选择“是”。其他选择“否”。

（8）“107 从事国家限制或禁止行业”：纳税人从事国家限制或禁止行业，选择 “是”，其他选择“否”。

（9）“108 境外关联交易”：纳税人存在境外关联交易，选择“是”，不存在选择“否”。

（10）“109 上市公司”：纳税人根据情况，在境内上市的选择“境内”；在境外（含香港）上市的选择“境外”；其他选择“否”。

（11）“201 适用的会计准则或会计制度”：纳税人根据采用的会计准则或会计制度选择。

（12）“202 会计档案存放地”：填报会计档案的存放地。

（13）“203 会计核算软件”：填报会计电算化系统的会计核算软件，如 ERP。

（14）“204 记账本位币”：纳税人根据实际情况选择人民币或者其他币种。

（15）“205 会计政策和估计是否发生变化”：纳税人本年会计政策和估计与上年度发生变更的选择“是”，未发生的选择“否”。

（16）“206 固定资产折旧方法”：纳税人根据实际情况选择，可选择多项。

（17）“207 存货成本计价方法”：纳税人根据实际情况选择，可选择多项。

（18）“208 坏账损失核算方法”：纳税人根据实际情况选择。

（19）“209 所得税会计核算方法”：纳税人根据实际情况选择。

（20）“301 企业主要股东（前 5 位）”，填报本企业投资比例前 5 位的股东情况。包括股东名称，证件种类（税务登记证、组织机构代码证、身份证、护照等），证件号码（纳税人识别号、组织机构代码号、身份证号、护照号等），经济性质（单位投资的，按其登记注册类型填报；个人投资的，填报自然人），投资比例，国籍（注册地址）。

国外非居民企业证件种类和证件号码可不填写。

（21）“302 对外投资（前 5 位）”，填报本企业对境内投资金额前 5 位的投资情况。包括被投资者名称、纳税人识别号、经济性质、投资比例、投资金额、注册地址。

（四）A100000《中华人民共和国企业所得税年度纳税申报表（A 类）》

A100000

中华人民共和国企业所得税年度纳税申报表（A 类）

行次	类　别	项　目	金　额
1	利润总额计算	一、营业收入（填写 A101010\101020\103000）	
2		减：营业成本（填写 A102010\102020\103000）	
3		营业税金及附加	
4		销售费用（填写 A104000）	
5		管理费用（填写 A104000）	
6		财务费用（填写 A104000）	
7		资产减值损失	
8		加：公允价值变动收益	
9		投资收益	
10		二、营业利润（1-2-3-4-5-6-7+8+9）	
11		加：营业外收入（填写 A101010\101020\103000）	
12		减：营业外支出（填写 A102010\102020\103000）	
13		三、利润总额（10+11-12）	
14	应纳税所得额计算	减：境外所得（填写 A108010）	
15		加：纳税调整增加额（填写 A105000）	
16		减：纳税调整减少额（填写 A105000）	
17		减：免税、减计收入及加计扣除（填写 A107010）	
18		加：境外应税所得抵减境内亏损（填写 A108000）	
19		四、纳税调整后所得（13-14+15-16-17+18）	
20		减：所得减免（填写 A107020）	
21		减：抵扣应纳税所得额（填写 A107030）	
22		减：弥补以前年度亏损（填写 A106000）	
23		五、应纳税所得额（19-20-21-22）	

续表

行次	类　别	项　目	金额
24	应纳税额计算	税率（25%）	
25		六、应纳所得税额（23×24）	
26		减：减免所得税额（填写 A107040）	
27		减：抵免所得税额（填写 A107050）	
28		七、应纳税额（25–26–27）	
29		加：境外所得应纳所得税额（填写 A108000）	
30		减：境外所得抵免所得税额（填写 A108000）	
31		八、实际应纳所得税额（28+29–30）	
32		减：本年累计实际已预缴的所得税额	
33		九、本年应补（退）所得税额（31–32）	
34		其中：总机构分摊本年应补（退）所得税额（填写 A109000）	
35		财政集中分配本年应补（退）所得税额（填写 A109000）	
36		总机构主体生产经营部门分摊本年应补（退）所得税额（填写 A109000）	
37	附列资料	以前年度多缴的所得税额在本年抵减额	
38		以前年度应缴未缴在本年入库所得税额	

填报说明

本表为年度纳税申报表主表，企业应该根据《中华人民共和国企业所得税法》及其实施条例（以下简称税法）、相关税收政策，以及国家统一会计制度（企业会计准则、小企业会计准则、企业会计制度、事业单位会计准则和民间非营利组织会计制度等）的规定，计算填报纳税人利润总额、应纳税所得额、应纳税额和附列资料等有关项目。

企业在计算应纳税所得额及应纳所得税时，企业财务、会计处理办法与税法规定不一致的，应当按照税法规定计算。税法规定不明确的，在没有明确规定之前，暂按企业财务、会计规定计算。

（1）有关项目填报说明。

1）表体项目。本表是在纳税人会计利润总额的基础上，加减纳税调整等金额后计算出“纳税调整后所得”（应纳税所得额）。会计与税法的差异（包括收入类、扣除类、资产类等差异）通过《纳税调整项目明细表》（A105000）集中填报。

本表包括利润总额计算、应纳税所得额计算、应纳税额计算、附列资料四部分。

①“利润总额计算”中的项目，按照国家统一会计制度口径计算填报。实行企业会计准则、小企业会计准则、企业会计制度、分行业会计制度纳税人其数据直接取自利润表；实行事业单位会计准则的纳税人其数据取自收入支出表；实行民间非营利组织会计制度纳税人其数据取自业务活动表；实行其他国家统一会计制度的纳税人，根据本表项目进行分析填报。

②“应纳税所得额计算”和“应纳税额计算”中的项目，除根据主表逻辑关系计算的外，通过附表相应栏次填报。

2）行次说明。第 1~13 行参照企业会计准则利润表的说明编写。

① 第 1 行“营业收入”：填报纳税人主要经营业务和其他经营业务取得的收入总额。本行根据“主营业务收入”和“其他业务收入”的数额填报。一般企业纳税人通过《一般企业收入

明细表》(A101010)填报；金融企业纳税人通过《金融企业收入明细表》(A101020)填报；事业单位、社会团体、民办非企业单位、非营利组织等纳税人通过《事业单位、民间非营利组织收入、支出明细表》(A103000)填报。

② 第2行“营业成本”项目：填报纳税人主要经营业务和其他经营业务发生的成本总额。本行根据“主营业务成本”和“其他业务成本”的数额填报。一般企业纳税人通过《一般企业成本支出明细表》(A102010)填报；金融企业纳税人通过《金融企业支出明细表》(A102020)填报；事业单位、社会团体、民办非企业单位、非营利组织等纳税人，通过《事业单位、民间非营利组织收入、支出明细表》(A103000)填报。

③ 第3行“营业税金及附加”：填报纳税人经营活动发生的消费税、城市维护建设税、资源税、土地增值税和教育费附加等相关税费。本行根据纳税人相关会计科目填报。纳税人在其他会计科目核算的本行不得重复填报。

④ 第4行“销售费用”：填报纳税人在销售商品和材料、提供劳务的过程中发生的各种费用。本行通过《期间费用明细表》(A104000)中对应的“销售费用”填报。

⑤ 第5行“管理费用”：填报纳税人为组织和管理企业生产经营发生的管理费用。本行通过《期间费用明细表》(A104000)中对应的“管理费用”填报。

⑥ 第6行“财务费用”：填报纳税人为筹集生产经营所需资金等发生的筹资费用。本行通过《期间费用明细表》(A104000)中对应的“财务费用”填报。

⑦ 第7行“资产减值损失”：填报纳税人计提各项资产准备发生的减值损失。本行根据企业“资产减值损失”科目上的数额填报。实行其他会计准则等的比照填报。

⑧ 第8行“公允价值变动收益”：填报纳税人在初始确认时划分为以公允价值计量且其变动计入当期损益的金融资产或金融负债（包括交易性金融资产或负债，直接指定为以公允价值计量且其变动计入当期损益的金融资产或金融负债），以及采用公允价值模式计量的投资性房地产、衍生工具和套期业务中公允价值变动形成的应计入当期损益的利得或损失。本行根据企业“公允价值变动损益”科目的数额填报（损失以“–”号填列）。

⑨ 第9行“投资收益”：填报纳税人以各种方式对外投资确认所取得的收益或发生的损失。根据企业“投资收益”科目的数额计算填报；实行事业单位会计准则的纳税人根据“其他收入”科目中的投资收益金额分析填报（损失以“–”号填列）。实行其他会计准则等的比照填报。

⑩ 第10行“营业利润”：填报纳税人当期的营业利润。根据上述项目计算填列。

⑪ 第11行“营业外收入”：填报纳税人取得的与其经营活动无直接关系的各项收入的金额。一般企业纳税人通过《一般企业收入明细表》(A101010)填报；金融企业纳税人通过《金融企业收入明细表》(A101020)填报；实行事业单位会计准则或民间非营利组织会计制度的纳税人通过《事业单位、民间非营利组织收入、支出明细表》(A103000)填报。

⑫ 第12行“营业外支出”：填报纳税人发生的与其经营活动无直接关系的各项支出的金额。一般企业纳税人通过《一般企业成本支出明细表》(A102010)填报；金融企业纳税人通过《金融企业支出明细表》(A102020)填报；实行事业单位会计准则或民间非营利组织会计制度的纳税人通过《事业单位、民间非营利组织收入、支出明细表》(A103000)填报。

⑬ 第13行“利润总额”：填报纳税人当期的利润总额。根据上述项目计算填列。

⑭ 第14行“境外所得”：填报纳税人发生的分国（地区）别取得的境外税后所得计入利润总额的金额。填报《境外所得纳税调整后所得明细表》(A108010)第14列减去第11列的差额。

⑮ 第15行“纳税调整增加额”：填报纳税人会计处理与税收规定不一致，进行纳税调整

增加的金额。本行通过《纳税调整项目明细表》(A105000)"调增金额"列填报。

⑯ 第 16 行"纳税调整减少额"：填报纳税人会计处理与税收规定不一致，进行纳税调整减少的金额。本行通过《纳税调整项目明细表》(A105000)"调减金额"列填报。

⑰ 第 17 行"免税、减计收入及加计扣除"：填报属于税法规定免税收入、减计收入、加计扣除金额。本行通过《免税、减计收入及加计扣除优惠明细表》(A107010)填报。

⑱ 第 18 行"境外应税所得抵减境内亏损"：填报纳税人根据税法规定，选择用境外所得抵减境内亏损的数额。本行通过《境外所得税收抵免明细表》(A108000)填报。

⑲ 第 19 行"纳税调整后所得"：填报纳税人经过纳税调整、税收优惠、境外所得计算后的所得额。

⑳ 第 20 行"所得减免"：填报属于税法规定所得减免金额。本行通过《所得减免优惠明细表》(A107020)填报，本行<0 时，填写负数。

㉑ 第 21 行"抵扣应纳税所得额"：填报根据税法规定应抵扣的应纳税所得额。本行通过《抵扣应纳税所得额明细表》(A107030)填报。

㉒ 第 22 行"弥补以前年度亏损"：填报纳税人按照税法规定可在税前弥补的以前年度亏损的数额，本行根据《企业所得税弥补亏损明细表》(A106000)填报。

㉓ 第 23 行"应纳税所得额"：金额等于本表第 19–20–21–22 行计算结果。本行不得为负数。本表第 19 行或者按照上述行次顺序计算结果本行为负数，本行金额填零。

㉔ 第 24 行"税率"：填报税法规定的税率 25%。

㉕ 第 25 行"应纳所得税额"：金额等于本表第 23×24 行计算结果。

㉖ 第 26 行"减免所得税额"：填报纳税人按税法规定实际减免的企业所得税额。本行通过《减免所得税优惠明细表》(A107040)填报。

㉗ 第 27 行"抵免所得税额"：填报企业当年的应纳所得税额中抵免的金额。本行通过《税额抵免优惠明细表》(A107050)填报。

㉘ 第 28 行"应纳税额"：金额等于本表第 25–26–27 行计算结果。

㉙ 第 29 行"境外所得应纳所得税额"：填报纳税人来源于中国境外的所得，按照我国税法规定计算的应纳所得税额。本行通过《境外所得税收抵免明细表》(A108000)填报。

㉚ 第 30 行"境外所得抵免所得税额"：填报纳税人来源于中国境外所得依照中国境外税收法律以及相关规定应缴纳并实际缴纳（包括视同已实际缴纳）的企业所得税性质的税款（准予抵免税款）。本行通过《境外所得税收抵免明细表》(A108000)填报。

㉛ 第 31 行"实际应纳所得税额"：填报纳税人当期的实际应纳所得税额。金额等于本表第 28+29–30 行计算结果。

㉜ 第 32 行"本年累计实际已预缴的所得税额"：填报纳税人按照税法规定本纳税年度已在月（季）度累计预缴的所得税额，包括按照税法规定的特定业务已预缴（征）的所得税额，建筑企业总机构直接管理的跨地区设立的项目部按规定向项目所在地主管税务机关预缴的所得税额。

㉝ 第 33 行"本年应补（退）的所得税额"：填报纳税人当期应补（退）的所得税额。金额等于本表第 31–32 行计算结果。

㉞ 第 34 行"总机构分摊本年应补（退）所得税额"：填报汇总纳税的总机构按照税收规定在总机构所在地分摊本年应补（退）所得税款。本行根据《跨地区经营汇总纳税企业年度分摊企业所得税明细表》(A109000)填报。

㉟ 第 35 行"财政集中分配本年应补（退）所得税额"：填报汇总纳税的总机构按照税收

规定财政集中分配本年应补（退）所得税款。本行根据《跨地区经营汇总纳税企业年度分摊企业所得税明细表》（A109000）填报。

㊱ 第 36 行“总机构主体生产经营部门分摊本年应补（退）所得税额”：填报汇总纳税的总机构所属的具有主体生产经营职能的部门按照税收规定应分摊的本年应补（退）所得税额。本行根据《跨地区经营汇总纳税企业年度分摊企业所得税明细表》（A109000）填报。

㊲ 第 37 行“以前年度多缴的所得税额在本年抵减额”：填报纳税人以前纳税年度汇算清缴多缴的税款尚未办理退税、并在本纳税年度抵缴的所得税额。

㊳ 第 38 行“以前年度应缴未缴在本年入库所得额”：填报纳税人以前纳税年度应缴未缴在本纳税年度入库所得税额。

（2）表内、表间关系。

1）表内关系。

① 第 10 行=第 1–2–3–4–5–6–7+8+9 行。

② 第 13 行=第 10+11–12 行。

③ 第 19 行=第 13–14+15–16–17+18 行。

④ 第 23 行=第 19–20–21–22 行。

⑤ 第 25 行=第 23×24 行。

⑥ 第 28 行=第 25–26–27 行。

⑦ 第 31 行=第 28+29–30 行。

⑧ 第 33 行=第 31–32 行。

2）表间关系。

① 第 1 行=表 A101010 第 1 行或表 A101020 第 1 行或表 A103000 第 2+3+4+5+6 行或表 A103000 第 11+12+13+14+15 行。

② 第 2 行=表 A102010 第 1 行或表 A102020 第 1 行或表 A103000 第 19+20+21+22 行或表 A103000 第 25+26+27 行。

③ 第 4 行=表 A104000 第 25 行第 1 列。

④ 第 5 行=表 A104000 第 25 行第 3 列。

⑤ 第 6 行=表 A104000 第 25 行第 5 列。

⑥ 第 11 行=表 A101010 第 16 行或表 A101020 第 35 行或表 A103000 第 9 行或第 17 行。

⑦ 第 12 行=表 A102010 第 16 行或表 A102020 第 33 行或表 A103000 第 23 行或第 28 行。

⑧ 第 14 行=表 A108010 第 10 行第 14 列–第 11 列。

⑨ 第 15 行=表 A105000 第 43 行第 3 列。

⑩ 第 16 行=表 A105000 第 43 行第 4 列。

⑪ 第 17 行=表 A107010 第 27 行。

⑫ 第 18 行=表 A108000 第 10 行第 6 列。（当本表第 13–14+15–16–17 行≥0 时，本行=0）。

⑬ 第 20 行=表 A107020 第 40 行第 7 列。

⑭ 第 21 行=表 A107030 第 7 行。

⑮ 第 22 行=表 A106000 第 6 行第 10 列。

⑯ 第 26 行=表 A107040 第 29 行。

⑰ 第 27 行=表 A107050 第 7 行第 11 列。

⑱ 第 29 行=表 A108000 第 10 行第 9 列。

⑲ 第 30 行=表 A108000 第 10 行第 19 列。

⑳ 第 34 行=表 A109000 第 12+16 行。

㉑ 第 35 行=表 A109000 第 13 行。

㉒ 第 36 行=表 A109000 第 15 行。

（五）A101010《一般企业收入明细表》

A101010

一般企业收入明细表

行　次	项　　目	金　　额
1	一、营业收入（2+9）	
2	（一）主营业务收入（3+5+6+7+8）	
3	1. 销售商品收入	
4	其中：非货币性资产交换收入	
5	2. 提供劳务收入	
6	3. 建造合同收入	
7	4. 让渡资产使用权收入	
8	5. 其他	
9	（二）其他业务收入（10+12+13+14+15）	
10	1. 销售材料收入	
11	其中：非货币性资产交换收入	
12	2. 出租固定资产收入	
13	3. 出租无形资产收入	
14	4. 出租包装物和商品收入	
15	5. 其他	
16	二、营业外收入（17+18+19+20+21+22+23+24+25+26）	
17	（一）非流动资产处置利得	
18	（二）非货币性资产交换利得	
19	（三）债务重组利得	
20	（四）政府补助利得	
21	（五）盘盈利得	
22	（六）捐赠利得	
23	（七）罚没利得	
24	（八）确实无法偿付的应付款项	
25	（九）汇兑收益	
26	（十）其他	

填报说明

本表适用于执行除事业单位会计准则、非营利企业会计制度以外的其他国家统一会计制度的非金融居民纳税人填报。纳税人应根据国家统一会计制度的规定，填报“主营业务收入”、“其他业务收入”和“营业外收入”。

（1）有关项目填报说明。

1）第 1 行“营业收入”：根据主营业务收入、其他业务收入的数额计算填报。

2）第 2 行“主营业务收入”：根据不同行业的业务性质分别填报纳税人核算的主营业务收入。

3）第 3 行“销售商品收入”：填报从事工业制造、商品流通、农业生产以及其他商品销售的纳税人取得的主营业务收入。房地产开发企业销售开发产品（销售未完工开发产品除外）取得的收入也在此行填报。

4）第 4 行“其中：非货币性资产交换收入”：填报纳税人发生的非货币性资产交换按照国家统一会计制度应确认的主营业务收入。

5）第 5 行“提供劳务收入”：填报纳税人从事建筑安装、修理修配、交通运输、仓储租赁、邮电通信、咨询经纪、文化体育、科学研究、技术服务、教育培训、餐饮住宿、中介代理、卫生保健、社区服务、旅游、娱乐、加工以及其他劳务活动取得的主营业务收入。

6）第 6 行“建造合同收入”：填报纳税人建造房屋、道路、桥梁、水坝等建筑物，以及生产船舶、飞机、大型机械设备等取得的主营业务收入。

7）第 7 行“让渡资产使用权收入”：填报纳税人在主营业务收入核算的，让渡无形资产使用权而取得的使用费收入以及出租固定资产、无形资产、投资性房地产取得的租金收入。

8）第 8 行“其他”：填报纳税人按照国家统一会计制度核算、上述未列举的其他主营业务收入。

9）第 9 行：“其他业务收入”：填报根据不同行业的业务性质分别填报纳税人核算的其他业务收入。

10）第 10 行“材料销售收入”：填报纳税人销售材料、下脚料、废料、废旧物资等取得的收入。

11）第 11 行“其中：非货币性资产交换收入”：填报纳税人发生的非货币性资产交换按照国家统一会计制度应确认的其他业务收入。

12）第 12 行“出租固定资产收入”：填报纳税人将固定资产使用权让与承租人获取的其他业务收入。

13）第 13 行“出租无形资产收入”：填报纳税人让渡无形资产使用权取得的其他业务收入。

14）第 14 行“出租包装物和商品收入”：填报纳税人出租、出借包装物和商品取得的其他业务收入。

15）第 15 行“其他”：填报纳税人按照国家统一会计制度核算、上述未列举的其他业务收入。

16）第 16 行“营业外收入”：填报纳税人计入本科目核算的与生产经营无直接关系的各项收入。

17）第 17 行“非流动资产处置利得”：填报纳税人处置固定资产、无形资产等取得的净收益。

18）第 18 行“非货币性资产交换利得”：填报纳税人发生非货币性资产交换应确认的净收益。

19）第 19 行“债务重组利得”：填报纳税人发生的债务重组业务确认的净收益。

20）第 20 行“政府补助利得”：填报纳税人从政府无偿取得货币性资产或非货币性资产应确认的净收益。

21）第 21 行“盘盈利得”：填报纳税人在清查财产过程中查明的各种财产盘盈应确认的净收益。

22）第 22 行“捐赠利得”：填报纳税人接受的来自企业、组织或个人无偿给予的货币性资产、非货币性资产捐赠应确认的净收益。

23）第 23 行“罚没利得”：填报纳税人在日常经营管理活动中取得的罚款、没收入应确认的净收益。

24）第 24 行“确实无法偿付的应付款项”：填报纳税人因确实无法偿付的应付款项而确认的收入。

25）第 25 行“汇兑收益”：填报纳税人取得企业外币货币性项目因汇率变动形成的收益应确认的收入。（该项目为执行小企业准则企业填报）

26）第 26 行“其他”：填报纳税人取得的上述项目未列举的其他营业外收入，包括执行《企业会计准则》纳税人按权益法核算长期股权投资对初始投资成本调整确认的收益，执行《小企业会计准则》纳税人取得的出租包装物和商品的租金收入、逾期未退包装物押金收益等。

（2）表内、表间关系。

1）表内关系。

① 第 1 行=第 2+9 行。

② 第 2 行=第 3+5+6+7+8 行。

③ 第 9 行=第 10+12+13+14+15 行。

④ 第 16 行=第 17+18+19+20+21+22+23+24+25+26 行。

2）表间关系。

① 第 1 行=表 A100000 第 1 行。

② 第 16 行=表 A100000 第 11 行。

（六）A102010《一般企业成本支出明细表》

A102010

一般企业成本支出明细表

行　次	项　目	金　额
1	一、营业成本（2+9）	
2	（一）主营业务成本（3+5+6+7+8）	
3	1. 销售商品成本	
4	其中：非货币性资产交换成本	
5	2. 提供劳务成本	
6	3. 建造合同成本	
7	4. 让渡资产使用权成本	
8	5. 其他	
9	（二）其他业务成本（10+12+13+14+15）	
10	1. 材料销售成本	
11	其中：非货币性资产交换成本	
12	2. 出租固定资产成本	
13	3. 出租无形资产成本	
14	4. 包装物出租成本	
15	5. 其他	
16	二、营业外支出（17+18+19+20+21+22+23+24+25+26）	
17	（一）非流动资产处置损失	

续表

行　次	项　　目	金　额
18	（二）非货币性资产交换损失	
19	（三）债务重组损失	
20	（四）非常损失	
21	（五）捐赠支出	
22	（六）赞助支出	
23	（七）罚没支出	
24	（八）坏账损失	
25	（九）无法收回的债券股权投资损失	
26	（十）其他	

填报说明

本表适用于执行除事业单位会计准则、非营利企业会计制度以外的其他国家统一会计制度的查账征收企业所得税非金融居民纳税人填报。纳税人应根据国家统一会计制度的规定，填报“主营业务成本”、“其他业务成本”和“营业外支出”。

（1）有关项目填报说明。

1）第1行“营业成本”：填报纳税人主要经营业务和其他经营业务发生的成本总额。本行根据“主营业务成本”和“其他业务成本”的数额计算填报。

2）第2行“主营业务成本”：根据不同行业的业务性质分别填报纳税人核算的主营业务成本。

3）第3行“销售商品成本”：填报从事工业制造、商品流通、农业生产以及其他商品销售企业发生的主营业务成本。房地产开发企业销售开发产品（销售未完工开发产品除外）发生的成本也在此行填报。

4）第4行“其中：“非货币性资产交换成本”：填报纳税人发生的非货币性资产交换按照国家统一会计制度应确认的主营业务成本。

5）第5行“提供劳务成本”：填报纳税人从事建筑安装、修理修配、交通运输、仓储租赁、邮电通信、咨询经纪、文化体育、科学研究、技术服务、教育培训、餐饮住宿、中介代理、卫生保健、社区服务、旅游、娱乐、加工以及其他劳务活动发生的主营业务成本。

6）第6行“建造合同成本”：填报纳税人建造房屋、道路、桥梁、水坝等建筑物，以及生产船舶、飞机、大型机械设备等发生的主营业务成本。

7）第7行“让渡资产使用权成本”：填报纳税人在主营业务成本核算的，让渡无形资产使用权而发生的使用费成本以及出租固定资产、无形资产、投资性房地产发生的租金成本。

8）第8行“其他”：填报纳税人按照国家统一会计制度核算、上述未列举的其他主营业务成本。

9）第9行：“其他业务成本”：根据不同行业的业务性质分别填报纳税人按照国家统一会计制度核算的其他业务成本。

10）第10行“材料销售成本”：填报纳税人销售材料、下脚料、废料、废旧物资等发生的成本。

11）第11行“非货币性资产交换成本”：填报纳税人发生的非货币性资产交换按照国家统一会计制度应确认的其他业务成本。

12）第 12 行“出租固定资产成本”：填报纳税人将固定资产使用权让与承租人形成的出租固定资产成本。

13）第 13 行“出租无形资产成本”：填报纳税人让渡无形资产使用权形成的出租无形资产成本。

14）第 14 行“包装物出租成本”：填报纳税人出租、出借包装物形成的包装物出租成本。

15）第 15 行“其他”：填报纳税人按照国家统一会计制度核算，上述未列举的其他业务成本。

16）第 16 行“营业外支出”：填报纳税人计入本科目核算的与生产经营无直接关系的各项支出。

17）第 17 行“非流动资产处置损失”：填报纳税人处置非流动资产形成的净损失。

18）第 18 行“非货币性资产交换损失”：填报纳税人发生非货币性资产交换应确认的净损失。

19）第 19 行“债务重组损失”：填报纳税人进行债务重组应确认的净损失。

20）第 20 行“非常损失”：填报纳税人在营业外支出中核算的各项非正常的财产损失。

21）第 21 行“捐赠支出”：填报纳税人无偿给予其他企业、组织或个人的货币性资产、非货币性资产的捐赠支出。

22）第 22 行“赞助支出”：填报纳税人发生的货币性资产、非货币性资产赞助支出。

23）第 23 行“罚没支出”：填报纳税人在日常经营管理活动中对外支付的各项罚没支出。

24）第 24 行“坏账损失”：填报纳税人发生的各项坏账损失。（该项目为使用小企业准则企业填报）

25）第 25 行“无法收回的债券股权投资损失”：填报纳税人各项无法收回的债券股权投资损失。（该项目为使用小企业准则企业填报）

26）第 26 行“其他”：填报纳税人本期实际发生的在营业外支出核算的其他损失及支出。

（2）表内、表间关系。

1）表内关系。

① 第 1 行=第 2+9 行。

② 第 2 行=第 3+5+6+7+8 行。

③ 第 9 行=第 10+12+13+14+15 行。

④ 第 16 行=第 17+18+…+26 行。

2）表间关系。

① 第 1 行=表 A100000 第 2 行。

② 第 16 行=表 A100000 第 12 行。

（七）A104000《期间费用明细表》

A104000

期间费用明细表

行次	项　　目	销售费用	其中：境外支付	管理费用	其中：境外支付	财务费用	其中：境外支付
		1	2	3	4	5	6
1	一、职工薪酬		*		*	*	*
2	二、劳务费					*	*

续表

行次	项　目	销售费用	其中：境外支付	管理费用	其中：境外支付	财务费用	其中：境外支付
		1	2	3	4	5	6
3	三、咨询顾问费					*	*
4	四、业务招待费		*		*	*	*
5	五、广告费和业务宣传费		*		*	*	*
6	六、佣金和手续费						
7	七、资产折旧摊销费		*		*	*	*
8	八、财产损耗、盘亏及毁损损失		*		*	*	*
9	九、办公费		*		*	*	*
10	十、董事会费		*		*	*	*
11	十一、租赁费					*	*
12	十二、诉讼费		*		*	*	*
13	十三、差旅费		*		*	*	*
14	十四、保险费		*		*	*	*
15	十五、运输、仓储费					*	*
16	十六、修理费					*	*
17	十七、包装费		*		*	*	*
18	十八、技术转让费					*	*
19	十九、研究费用					*	*
20	二十、各项税费		*		*	*	*
21	二十一、利息收支	*	*	*	*		
22	二十二、汇兑差额	*	*	*	*		
23	二十三、现金折扣	*	*	*	*		*
24	二十四、其他						
25	合计（1+2+3+…+24）						

填报说明

本表适用于执行企业会计准则、小企业会计准则、企业会计制度、分行业会计制度的查账征收居民纳税人填报。纳税人应根据企业会计准则、小企业会计准则、企业会计、分行业会计制度规定，填报“销售费用”、“管理费用”和“财务费用”等项目。

（1）有关项目填报说明。

1）第 1 列“销售费用”：填报在销售费用科目进行核算的相关明细项目的金额，其中金融企业填报在业务及管理费科目进行核算的相关明细项目的金额。

2）第 2 列“其中：境外支付”：填报在销售费用科目进行核算的向境外支付的相关明细项目的金额，其中金融企业填报在业务及管理费科目进行核算的相关明细项目的金额。

3）第 3 列“管理费用”：填报在管理费用科目进行核算的相关明细项目的金额。

4）第 4 列“其中：境外支付”：填报在管理费用科目进行核算的向境外支付的相关明细项目的金额。

5）第 5 列“财务费用”：填报在财务费用科目进行核算的有关明细项目的金额。

6）第 6 列“其中：境外支付”：填报在财务费用科目进行核算的向境外支付的有关明细项目的金额。

7）第 1 行至 24 行：根据费用科目核算的具体项目金额进行填报，如果贷方发生额大于借方发生额，应填报负数。

8）第 25 行第 1 列：填报第 1 行至 24 行第 1 列的合计数。

9）第 25 行第 2 列：填报第 1 行至 24 行第 2 列的合计数。

10）第 25 行第 3 列：填报第 1 行至 24 行第 3 列的合计数。

11）第 25 行第 4 列：填报第 1 行至 24 行第 4 列的合计数。

12）第 25 行第 5 列：填报第 1 行至 24 行第 5 列的合计数。

13）第 25 行第 6 列：填报第 1 行至 24 行第 6 列的合计数。

（2）表内、表间关系。

1）表内关系。

① 第 25 行第 1 列=第 1 列第 1+2+…+20+24 行。

② 第 25 行第 2 列=第 2 列第 2+3+6+11+15+16+18+19+24 行。

③ 第 25 行第 3 列=第 3 列第 1+2+…+20+24 行。

④ 第 25 行第 4 列=第 4 列第 2+3+6+11+15+16+18+19+24 行。

⑤ 第 25 行第 5 列=第 5 列第 6+21+22+23+24 行。

⑥ 第 25 行第 6 列=第 6 列第 6+21+22+24 行。

2）表间关系。

① 第 25 行第 1 列=表 A100000 第 4 行。

② 第 25 行第 3 列=表 A100000 第 5 行。

③ 第 25 行第 5 列=表 A100000 第 6 行。

（八）A105000《纳税调整项目明细表》

A105000

纳税调整项目明细表

行次	项　　目	账载金额	税收金额	调增金额	调减金额
		1	2	3	4
1	一、收入类调整项目（2+3+4+5+6+7+8+10+11）	*	*		
2	（一）视同销售收入（填写 A105010）	*			*
3	（二）未按权责发生制原则确认的收入（填写 A105020）				
4	（三）投资收益（填写 A105030）				
5	（四）按权益法核算长期股权投资对初始投资成本调整确认收益	*	*	*	
6	（五）交易性金融资产初始投资调整	*	*		*
7	（六）公允价值变动净损益		*		
8	（七）不征税收入	*	*		
9	其中：专项用途财政性资金（填写 A105040）	*	*		
10	（八）销售折扣、折让和退回				
11	（九）其他				

续表

行次	项　目	账载金额	税收金额	调增金额	调减金额
		1	2	3	4
12	二、扣除类调整项目（13+14+15+16+17+18+19+20+21+22+23+24+26+27+28+29）	*	*		
13	（一）视同销售成本（填写 A105010）	*		*	
14	（二）职工薪酬（填写 A105050）				
15	（三）业务招待费支出				*
16	（四）广告费和业务宣传费支出（填写 A105060）	*	*		
17	（五）捐赠支出（填写 A105070）				*
18	（六）利息支出				
19	（七）罚金、罚款和被没收财物的损失		*		*
20	（八）税收滞纳金、加收利息		*		*
21	（九）赞助支出		*		*
22	（十）与未实现融资收益相关在当期确认的财务费用				
23	（十一）佣金和手续费支出				*
24	（十二）不征税收入用于支出所形成的费用	*	*		*
25	其中：专项用途财政性资金用于支出所形成的费用（填写 A105040）	*	*		*
26	（十三）跨期扣除项目				
27	（十四）与取得收入无关的支出		*		*
28	（十五）境外所得分摊的共同支出	*	*		*
29	（十六）其他				
30	三、资产类调整项目（31+32+33+34）	*	*		
31	（一）资产折旧、摊销（填写 A105080）				
32	（二）资产减值准备金		*		
33	（三）资产损失（填写 A105090）				
34	（四）其他				
35	四、特殊事项调整项目（36+37+38+39+40）	*	*		
36	（一）企业重组（填写 A105100）				
37	（二）政策性搬迁（填写 A105110）	*	*		
38	（三）特殊行业准备金（填写 A105120）				
39	（四）房地产开发企业特定业务计算的纳税调整额（填写 A105010）	*			
40	（五）其他	*	*		
41	五、特别纳税调整应税所得	*	*		
42	六、其他	*	*		
43	合计（1+12+30+35+41+42）	*	*		

填报说明

本表适用于会计处理与税法规定不一致需纳税调整的纳税人填报。纳税人根据税法、相关税收政策，以及国家统一会计制度的规定，填报会计处理、税法规定，以及纳税调整情况。

（1）有关项目填报说明。

本表纳税调整项目按照"收入类调整项目"、"扣除类调整项目"、"资产类调整项目"、"特殊事项调整项目"、"特别纳税调整应税所得"、"其他"六大项分类填报汇总，并计算出纳税"调增金额"和"调减金额"的合计数。

数据栏分别设置"账载金额"、"税收金额"、"调增金额"、"调减金额"四个栏次。"账载金额"是指纳税人按照国家统一会计制度规定核算的项目金额。"税收金额"是指纳税人按照税法规定计算的项目金额。

"收入类调整项目"："税收金额"减"账载金额"后余额为正数的，填报在"调增金额"，余额为负数的，将绝对值填报在"调减金额"。

"扣除类调整项目"、"资产类调整项目"："账载金额"减"税收金额"后余额为正数的，填报在"调增金额"，余额为负数的，将其绝对值填报在"调减金额"。

"特殊事项调整项目"、"其他"分别填报税法规定项目的"调增金额"、"调减金额"。

"特别纳税调整应税所得"：填报经特别纳税调整后的"调增金额"。

对需填报下级明细表的纳税调整项目，其"账载金额"、"税收金额"、"调增金额"，"调减金额"根据相应附表进行计算填报。

1）收入类调整项目。

① 第 1 行"一、收入类调整项目"：根据第 2 行至第 11 行进行填报。

② 第 2 行"（一）视同销售收入"：填报会计处理不确认为销售收入，税法规定确认应税收入的收入。根据《视同销售和房地产开发企业特定业务纳税调整明细表》（A105010）填报，第 2 列"税收金额"为表 A105010 第 1 行第 1 列金额；第 3 列"调增金额"为表 A105010 第 1 行第 2 列金额。

③ 第 3 行"（二）未按权责发生制原则确认的收入"：根据《未按权责发生制确认收入纳税调整明细表》（A105020）填报，第 1 列"账载金额"为表 A105020 第 14 行第 2 列金额；第 2 列"税收金额"为表 A105020 第 14 行第 4 列金额；表 A105020 第 14 行第 6 列，若≥0，填入本行第 3 列"调增金额"；若<0，将绝对值填入本行第 4 列"调减金额"。

④ 第 4 行"（三）投资收益"：根据《投资收益纳税调整明细表》（A105030）填报，第 1 列"账载金额"为表 A105030 第 10 行第 1+8 列的金额；第 2 列"税收金额"为表 A105030 第 10 行第 2+9 列的金额；表 A105030 第 10 行第 11 列，若≥0，填入本行第 3 列"调增金额"；若<0，将绝对值填入本行第 4 列"调减金额"。

⑤ 第 5 行"（四）按权益法核算长期股权投资对初始投资成本调整确认收益"：第 4 列"调减金额"填报纳税人采取权益法核算，初始投资成本小于取得投资时应享有被投资单位可辨认净资产公允价值份额的差额计入取得投资当期的营业外收入的金额。

⑥ 第 6 行"（五）交易性金融资产初始投资调整"：第 3 列"调增金额"填报纳税人根据税法规定确认交易性金融资产初始投资金额与会计核算的交易性金融资产初始投资账面价值的差额。

⑦ 第 7 行"（六）公允价值变动净损益"：第 1 列"账载金额"填报纳税人会计核算的以公允价值计量的金融资产、金融负债以及投资性房地产类项目，计入当期损益的公允价值变动金额；第 1 列<0，将绝对值填入第 3 列"调增金额"；若第 1 列≥0，填入第 4 列"调减金额"。

⑧ 第 8 行"（七）不征税收入"：填报纳税人计入收入总额但属于税法规定不征税的财政拨款、依法收取并纳入财政管理的行政事业性收费以及政府性基金和国务院规定的其他不征税收入。第 3 列"调增金额" 填报纳税人以前年度取得财政性资金且已作为不征税收入处理，在 5 年（60 个月）内未发生支出且未缴回财政部门或其他拨付资金的政府部门，应计入应税收入额的金额；第 4 列"调减金额" 填报符合税法规定不征税收入条件并作为不征税收入处理，且已计入当期损益的金额。

⑨ 第 9 行"其中：专项用途财政性资金"：根据《专项用途财政性资金纳税调整明细表》（A105040）填报。第 3 列"调增金额"为表 A105040 第 7 行第 14 列金额；第 4 列"调减金额"为表 A105040 第 7 行第 4 列金额。

⑩ 第 10 行"（八）销售折扣、折让和退回"：填报不符合税法规定的销售折扣和折让应进行纳税调整的金额，和发生的销售退回因会计处理与税法规定有差异需纳税调整的金额。第 1 列"账载金额"填报纳税人会计核算的销售折扣和折让金额及销货退回的追溯处理的净调整额。第 2 列"税收金额"填报根据税法规定可以税前扣除的折扣和折让的金额及销货退回业务影响当期损益的金额。第 1–2 列，若余额≥0，填入第 3 列"调增金额"；若余额<0，将绝对值填入第 4 列"调减金额"，第 4 列仅为销货退回影响损益的跨期时间性差异。

⑪ 第 11 行"（九）其他"：填报其他因会计处理与税法规定有差异需纳税调整的收入类项目金额。若第 2 列≥第 1 列，将第 2–1 列的余额填入第 3 列"调增金额"，若第 2 列<第 1 列，将第 2-1 列余额的绝对值填入第 4 列"调减金额"。

2）扣除类调整项目。

⑫ 第 12 行"二、扣除类调整项目"：根据第 13 行至第 29 行填报。

⑬ 第 13 行"（一）视同销售成本"： 填报会计处理不作为销售核算，税法规定作为应税收入的同时，确认的销售成本金额。根据《视同销售和房地产开发企业特定业务纳税调整明细表》（A105010）填报，第 2 列"税收金额"为表 A105010 第 11 行第 1 列金额；第 4 列"调减金额"为表 A105010 第 11 行第 2 列金额的绝对值。

⑭ 第 14 行"（二）职工薪酬"：根据《职工薪酬纳税调整明细表》（A105050）填报，第 1 列"账载金额"为表 A105050 第 13 行第 1 列金额；第 2 列"税收金额" 为表 A105050 第 13 行第 4 列金额；表 A105050 第 13 行第 5 列，若≥0，填入本行第 3 列"调增金额"；若<0，将绝对值填入本行第 4 列"调减金额"。

⑮ 第 15 行"（三）业务招待费支出"：第 1 列"账载金额" 填报纳税人会计核算计入当期损益的业务招待费金额；第 2 列"税收金额" 填报按照税法规定允许税前扣除的业务招待费支出的金额，即："本行第 1 列×60%"与当年销售（营业收入）×5‰的孰小值；第 3 列"调增金额"为第 1–2 列金额。

⑯ 第 16 行"（四）广告费和业务宣传费支出"：根据《广告费和业务宣传费跨年度纳税调整明细表》（A105060）填报，表 A105060 第 12 行，若≥0，填入第 3 列"调增金额"；若<0，将绝对值填入第 4 列"调减金额"。

⑰ 第 17 行"（五）捐赠支出"：根据《捐赠支出纳税调整明细表》（A105070）填报。第 1 列"账载金额"为表 A105070 第 20 行第 2+6 列金额；第 2 列"税收金额"为表 A105070 第 20 行第 4 列金额；第 3 列"调增金额"为表 A105070 第 20 行第 7 列金额。

⑱ 第 18 行"（六）利息支出"：第 1 列"账载金额" 填报纳税人向非金融企业借款，会计核算计入当期损益的利息支出的金额；第 2 列"税收金额"填报按照税法规定允许税前扣除的利息支出的金额；若第 1 列≥第 2 列，将第 1 列减第 2 列余额填入第 3 列"调增金额"，若

第 1 列<第 2 列，将第 1 列减第 2 列余额的绝对值填入第 4 列“调减金额”。

⑲ 第 19 行“（七）罚金、罚款和被没收财物的损失”：第 1 列“账载金额”填报纳税人会计核算计入当期损益的罚金、罚款和被罚没财物的损失，不包括纳税人按照经济合同规定支付的违约金（包括银行罚息）、罚款和诉讼费；第 3 列“调增金额”等于第 1 列金额。

⑳ 第 20 行“（八）税收滞纳金、加收利息”：第 1 列“账载金额”填报纳税人会计核算计入当期损益的税收滞纳金、加收利息。第 3 列“调增金额”等于第 1 列金额。

㉑ 第 21 行“（九）赞助支出”：第 1 列“账载金额”填报纳税人会计核算计入当期损益的不符合税法规定的公益性捐赠的赞助支出的金额，包括直接向受赠人的捐赠、赞助支出等（不含广告性的赞助支出，广告性的赞助支出在表 A105060 中调整）；第 3 列“调增金额”等于第 1 列金额。

㉒ 第 22 行“（十）与未实现融资收益相关在当期确认的财务费用”：第 1 列“账载金额”填报纳税人会计核算的与未实现融资收益相关并在当期确认的财务费用的金额；第 2 列“税收金额”填报按照税法规定允许税前扣除的金额；若第 1 列≥第 2 列，将第 1–2 列余额填入第 3 列，“调增金额”；若第 1 列<第 2 列，将第 1–2 列余额的绝对值填入第 4 列“调减金额”。

㉓ 第 23 行“（十一）佣金和手续费支出”：第 1 列“账载金额”填报纳税人会计核算计入当期损益的佣金和手续费金额；第 2 列“税收金额”填报按照税法规定允许税前扣除的佣金和手续费支出金额；第 3 列“调增金额”为第 1–2 列的金额。

㉔ 第 24 行“（十二）不征税收入用于支出所形成的费用”：第 3 列“调增金额”填报符合条件的不征税收入用于支出所形成的计入当期损益的费用化支出金额。

㉕ 第 25 行“其中：专项用途财政性资金用于支出所形成的费用”：根据《专项用途财政性资金纳税调整明细表》（A105040）填报。第 3 列“调增金额”为表 A105040 第 7 行第 11 列金额。

㉖ 第 26 行“（十三）跨期扣除项目”：填报维简费、安全生产费用、预提费用、预计负债等跨期扣除项目调整情况。第 1 列“账载金额”填报纳税人会计核算计入当期损益的跨期扣除项目金额；第 2 列“税收金额”填报按照税法规定允许税前扣除的金额；若第 1 列≥第 2 列，将第 1–2 列余额填入第 3 列“调增金额”；若第 1 列<第 2 列，将第 1–2 列余额的绝对值填入第 4 列“调减金额”。

㉗ 第 27 行“（十四）与取得收入无关的支出”：第 1 列“账载金额”填报纳税人会计核算计入当期损益的与取得收入无关的支出的金额。第 3 列“调增金额”等于第 1 列金额。

㉘ 第 28 行“（十五）境外所得分摊的共同支出”：第 3 列“调增金额”，为《境外所得纳税调整后所得明细表》（A108010）第 10 行第 16+17 列的金额。

㉙ 第 29 行“（十六）其他”：填报其他因会计处理与税法规定有差异需纳税调整的扣除类项目金额。若第 1 列≥第 2 列，将第 1–2 列余额填入第 3 列“调增金额”；若第 1 列<第 2 列，将第 1–2 列余额的绝对值填入第 4 列“调减金额”。

3）资产类调整项目。

㉚ 第 30 行“三、资产类调整项目”：填报资产类调整项目第 31 行至 34 行的合计数。

㉛ 第 31 行“（一）资产折旧、摊销”：根据《资产折旧、摊销情况及纳税调整明细表》（A105080）填报。第 1 列“账载金额”为表 A105080 第 27 行第 2 列金额；第 2 列“税收金额”为表 A105080 第 27 行第 5+6 列金额；表 A105080 第 27 行第 9 列，若≥0，填入本行第 3 列“调增金额”；若<0，将绝对值填入本行第 4 列“调减金额”。

㉜ 第 32 行“（二）资产减值准备金”：填报坏账准备、存货跌价准备、理赔费用准备金等

不允许税前扣除的各类资产减值准备金纳税调整情况。第 1 列“账载金额”填报纳税人会计核算计入当期损益的资产减值准备金金额（因价值恢复等原因转回的资产减值准备金应予以冲回）；第 1 列，若≥0，填入第 3 列“调增金额”；若<0，将绝对值填入第 4 列“调减金额”。

㉝ 第 33 行“（三）资产损失”：根据《资产损失税前扣除及纳税调整明细表》（A105090）填报。第 1 列“账载金额”为表 A105090 第 14 行第 1 列金额；第 2 列“税收金额”为表 A105090 第 14 行第 2 列金额；表 A105090 第 14 行第 3 列，若≥0，填入本行第 3 列“调增金额”；若<0，将绝对值填入本行第 4 列“调减金额”。

㉞ 第 34 行“（四）其他”：填报其他因会计处理与税法规定有差异需纳税调整的资产类项目金额。若第 1 列≥第 2 列，将第 1–2 列余额填入第 3 列“调增金额”；若第 1 列<第 2 列，将第 1–2 列余额的绝对值填入第 4 列“调减金额”。

4）特殊事项调整项目。

㉟ 第 35 行“四、特殊事项调整项目”：填报特殊事项调整项目第 36 行至第 40 行的合计数。

㊱ 第 36 行“（一）企业重组”：根据《企业重组纳税调整明细表》（A105100）填报。第 1 列“账载金额”为表 A105100 第 14 行第 1+4 列金额；第 2 列“税收金额”为表 A105100 第 14 行第 2+5 列金额；表 A105100 第 14 行第 7 列，若≥0，填入本行第 3 列“调增金额”；若<0，将绝对值填入本行第 4 列“调减金额”。

㊲ 第 37 行“（二）政策性搬迁”：根据《政策性搬迁纳税调整明细表》（A105110）填报。表 A105110 第 24 行，若≥0，填入本行第 3 列“调增金额”；若<0，将绝对值填入本行第 4 列“调减金额”。

㊳ 第 38 行“（三）特殊行业准备金”：根据《特殊行业准备金纳税调整明细表》（A105120）填报。第 1 列“账载金额”为表 A105120 第 30 行第 1 列金额；第 2 列“税收金额”为表 A105120 第 30 行第 2 列金额；表 A105120 第 30 行第 3 列，若≥0，填入本行第 3 列“调增金额”；若<0，将绝对值填入本行第 4 列“调减金额”。

㊴ 第 39 行“（四）房地产开发企业特定业务计算的纳税调整额”：根据《视同销售和房地产开发企业特定业务纳税调整明细表》（A105010）填报。第 2 列“税收金额”为表 A105010 第 21 行第 1 列金额；表 A105010 第 21 行第 2 列，若≥0，填入本行第 3 列“调增金额”；若<0，将绝对值填入本行第 4 列“调减金额”。

㊵ 第 40 行“（五）其他”：填报其他因会计处理与税法规定有差异需纳税调整的特殊事项金额。

5）特殊纳税调整所得项目。

㊶ 第 41 行“五、特别纳税调整应税所得”：第 3 列“调增金额”填报纳税人按特别纳税调整规定自行调增的当年应税所得；第 4 列“调减金额”填报纳税人依据双边预约定价安排或者转让定价相应调整磋商结果的通知，需要调减的当年应税所得。

6）其他。

㊷ 第 42 行“六、其他”：其他会计处理与税法规定存在差异需纳税调整的项目金额。

㊸ 第 43 行“合计”：填报第 1+12+30+35+41+42 行的金额。

（2）表内、表间关系。

1）表内关系。

① 第 1 行=第 2+3+4+5+6+7+8+10+11 行。

② 第 12 行=第 13+14+15+…+24+26+27+…+29 行。

③ 第 30 行=第 31+32+33+34 行。

④ 第 35 行=第 36+37+38+39+40 行。

⑤ 第 43 行=第 1+12+30+35+41+42 行。

2）表间关系。

① 第 2 行第 2 列=表 A105010 第 1 行第 1 列；第 2 行第 3 列=表 A105010 第 1 行第 2 列。

② 第 3 行第 1 列=表 A105020 第 14 行第 2 列；第 3 行第 2 列=表 A105020 第 14 行第 4 列；若表 A105020 第 14 行第 6 列≥0，填入第 3 行第 3 列；若表 A105020 第 14 行第 6 列<0，将绝对值填入第 3 行第 4 列。

③ 第 4 行第 1 列= 表 A105030 第 10 行第 1+8 列；第 4 行第 2 列=表 A105030 第 10 行第 2+9 列；若表 A105030 第 10 行第 11 列≥0，填入第 4 行第 3 列；若表 A105030 第 10 行第 11 列<0，将绝对值填入第 4 行第 4 列。

④ 第 9 行第 3 列=表 A105040 第 7 行第 14 列；第 9 行第 4 列=表 A105040 第 7 行第 4 列。

⑤ 第 13 行第 2 列=表 A105010 第 11 行第 1 列；第 13 行第 4 列=表 A105010 第 11 行第 2 列的绝对值。

⑥ 第 14 行第 1 列=表 A105050 第 13 行第 1 列；第 14 行第 2 列=表 A105050 第 13 行第 4 列；若表 A105050 第 13 行第 5 列≥0，填入第 14 行第 3 列；若表 A105050 第 13 行第 5 列<0，将绝对值填入第 14 行第 4 列。

⑦ 若表 A105060 第 12 行≥0，填入第 16 行第 3 列，若表 A105060 第 12 行<0，将绝对值填入第 16 行第 4 列。

⑧ 第 17 行第 1 列=表 A105070 第 20 行第 2+6 列；第 17 行第 2 列=表 A105070 第 20 行第 4 列；第 17 行第 3 列=表 A105070 第 20 行第 7 列。

⑨ 第 25 行第 3 列=表 A105040 第 7 行第 11 列。

⑩ 第 31 行第 1 列=表 A105080 第 27 行第 2 列；第 31 行第 2 列=表 A105080 第 27 行第 5+6 列；若表 A105080 第 27 行第 9 列≥0，填入第 31 行第 3 列，若表 A105080 第 27 行第 9 列<0，将绝对值填入第 31 行第 4 列。

⑪ 第 33 行第 1 列=表 A105090 第 14 行第 1 列；第 33 行第 2 列=表 A105090 第 14 行第 2 列；若表 A105090 第 14 行第 3 列≥0，填入第 33 行第 3 列，若表 A105090 第 14 行第 3 列<0，将绝对值填入第 33 行第 4 列。

⑫ 第 36 行第 1 列=表 A105100 第 14 行第 1+4 列；第 36 行第 2 列=表 A105100 第 14 行第 2+5 列；若表 A105100 第 14 行第 7 列≥0，填入第 36 行第 3 列，若表 A105100 第 14 行第 7 列<0，将绝对值填入第 36 行第 4 列。

⑬ 若表 A105110 第 24 行≥0，填入第 37 行第 3 列，若表 A105110 第 24 行<0，将绝对值填入第 37 行第 4 列。

⑭ 第 38 行第 1 列=表 A105120 第 30 行第 1 列；第 38 行第 2 列=表 A105120 第 30 行第 2 列；若表 A105120 第 30 行第 3 列≥0，填入第 38 行第 3 列，若表 A105120 第 30 行第 3 列<0，将绝对值填入第 38 行第 4 列。

⑮ 第 39 行第 2 列=表 A105010 第 21 行第 1 列；若表 A105010 第 21 行第 2 列≥0，填入第 39 行第 3 列，若表 A105010 第 21 行第 2 列<0，将绝对值填入第 39 行第 4 列。

⑯ 第 43 行第 3 列=表 A100000 第 15 行；第 43 行第 4 列=表 A100000 第 16 行。

⑰ 第 28 行第 3 列=表 A108010 第 10 行第 16+17 列。

（九）A105010《视同销售和房地产开发企业特定业务纳税调整明细表》

A105010

视同销售和房地产开发企业特定业务纳税调整明细表

行次	项　　目	税收金额	纳税调整金额
		1	2
1	一、视同销售（营业）收入（2+3+4+5+6+7+8+9+10）		
2	（一）非货币性资产交换视同销售收入		
3	（二）用于市场推广或销售视同销售收入		
4	（三）用于交际应酬视同销售收入		
5	（四）用于职工奖励或福利视同销售收入		
6	（五）用于股息分配视同销售收入		
7	（六）用于对外捐赠视同销售收入		
8	（七）用于对外投资项目视同销售收入		
9	（八）提供劳务视同销售收入		
10	（九）其他		
11	二、视同销售（营业）成本（12+13+14+15+16+17+18+19+20）		
12	（一）非货币性资产交换视同销售成本		
13	（二）用于市场推广或销售视同销售成本		
14	（三）用于交际应酬视同销售成本		
15	（四）用于职工奖励或福利视同销售成本		
16	（五）用于股息分配视同销售成本		
17	（六）用于对外捐赠视同销售成本		
18	（七）用于对外投资项目视同销售成本		
19	（八）提供劳务视同销售成本		
20	（九）其他		
21	三、房地产开发企业特定业务计算的纳税调整额（22–26）		
22	（一）房地产企业销售未完工开发产品特定业务计算的纳税调整额（24–25）		
23	1. 销售未完工产品的收入		*
24	2. 销售未完工产品预计毛利额		
25	3. 实际发生的营业税金及附加、土地增值税		
26	（二）房地产企业销售的未完工产品转完工产品特定业务计算的纳税调整额（28–29）		
27	1. 销售未完工产品转完工产品确认的销售收入		*
28	2. 转回的销售未完工产品预计毛利额		
29	3. 转回实际发生的营业税金及附加、土地增值税		

填报说明

本表适用于发生视同销售、房地产企业特定业务纳税调整项目的纳税人填报。纳税人根据税法、《国家税务总局关于企业处置资产所得税处理问题的通知》（国税函［2008］828 号）、《国家税务总局关于印发〈房地产开发经营业务企业所得税处理办法〉的通知》(国税发[2009]31号)等相关规定，以及国家统一企业会计制度，填报视同销售行为、房地产企业销售未完工产品、未完工产品转完工产品特定业务的税法规定及纳税调整情况。

(1)有关项目填报说明。

1)第1行“一、视同销售收入”：填报会计处理不确认销售收入，而税法规定确认为应税收入的金额，本行为第2行至10行小计数。第1列“税收金额”填报税收确认的应税收入金额；第2列“纳税调整金额”等于第1列“税收金额”。

2)第2行“(一)非货币性资产交换视同销售收入”：填报发生非货币性资产交换业务，会计处理不确认销售收入，而税法规定确认为应税收入的金额。第1列“税收金额”填报税收确认的应税收入金额；第2列“纳税调整金额”等于第1列“税收金额”。

3)第3行“(二)用于市场推广或销售视同销售收入”：填报发生将货物、财产用于市场推广、广告、样品、集资、销售等，会计处理不确认销售收入，而税法规定确认为应税收入的金额。填列方法同第2行。

4)第4行“(三)用于交际应酬视同销售收入”：填报发生将货物、财产用于交际应酬，会计处理不确认销售收入，而税法规定确认为应税收入的金额。填列方法同第2行。

5)第5行“(四)用于职工奖励或福利视同销售收入”：填报发生将货物、财产用于职工奖励或福利，会计处理不确认销售收入，而税法规定确认为应税收入的金额。企业外购资产或服务不以销售为目的，用于替代职工福利费用支出，且购置后在一个纳税年度内处置的，可以按照购入价格确认视同销售收入。填列方法同第2行。

6)第6行“(五)用于股息分配视同销售收入”：填报发生将货物、财产用于股息分配，会计处理不确认销售收入，而税法规定确认为应税收入的金额。填列方法同第2行。

7)第7行“(六)用于对外捐赠视同销售收入”：填报发生将货物、财产用于对外捐赠或赞助，会计处理不确认销售收入，而税法规定确认为应税收入的金额。填列方法同第2行。

8)第8行“(七)用于对外投资项目视同销售收入”：填报发生将货物、财产用于对外投资，会计处理不确认销售收入，而税法规定确认为应税收入的金额。填列方法同第2行。

9)第9行“(八)提供劳务视同销售收入”：填报发生对外提供劳务，会计处理不确认销售收入，而税法规定确认为应税收入的金额。填列方法同第2行。

10)第10行“(九)其他”：填报发生除上述列举情形外，会计处理不作为销售收入核算，而税法规定确认为应税收入的金额。填列方法同第2行。

11)第11行“一、视同销售成本”：填报会计处理不确认销售收入，税法规定确认为应税收入的同时，确认的视同销售成本金额。本行为第12行至20行小计数。第1列“税收金额”填报予以税前扣除的视同销售成本金额；将第1列税收金额以负数形式填报第2列“纳税调整金额”。

12)第12行“(一)非货性资产交换视同销售成本”：填报发生非货币性资产交换业务，会计处理不确认销售收入，税法规定确认为应税收入所对应的予以税前扣除视同销售成本金额。第1列“税收金额”填报予以扣除的视同销售成本金额；将第1列税收金额以负数形式填报第2列“纳税调整金额”。

13)第13行“(二)用于市场推广或销售视同销售成本”：填报发生将货物、财产用于市场推广、广告、样品、集资、销售等，会计处理不确认销售收入，税法规定确认为应税收入时，其对应的予以税前扣除视同销售成本金额。填列方法同第12行。

14)第14行“(三)用于交际应酬视同销售成本”：填报发生将货物、财产用于交际应酬，会计处理不确认销售收入，税法规定确认为应税收入时，其对应的予以税前扣除视同销售成本金额。填列方法同第12行。

15）第15行“（四）用于职工奖励或福利视同销售成本”：填报发生将货物、财产用于职工奖励或福利，会计处理不确认销售收入，税法规定确认为应税收入时，其对应的予以税前扣除视同销售成本金额。填列方法同第12行。

16）第16行“（五）用于股息分配视同销售成本”：填报发生将货物、财产用于股息分配，会计处理不确认销售收入，税法规定确认为应税收入时，其对应的予以税前扣除视同销售成本金额。填列方法同第12行。

17）第17行“（六）用于对外捐赠视同销售成本”：填报发生将货物、财产用于对外捐赠或赞助，会计处理不确认销售收入，税法规定确认为应税收入时，其对应的予以税前扣除视同销售成本金额。填列方法同第12行。

18）第18行“（七）用于对外投资项目视同销售成本”：填报会计处理发生将货物、财产用于对外投资，会计处理不确认销售收入，税法规定确认为应税收入时，其对应的予以税前扣除视同销售成本金额。填列方法同第12行。

19）第19行“（八）提供劳务视同销售成本”：填报会计处理发生对外提供劳务，会计处理不确认销售收入，税法规定确认为应税收入时，其对应的予以税前扣除视同销售成本金额。填列方法同第12行。

20）第20行“（九）其他”：填报发生除上述列举情形外，会计处理不确认销售收入，税法规定确认为应税收入的同时，予以税前扣除视同销售成本金额。填列方法同第12行。

21）第21行“三、房地产开发企业特定业务计算的纳税调整额”：填报房地产企业发生销售未完工产品、未完工产品结转完工产品业务，按照税法规定计算的特定业务的纳税调整额。第1列“税收金额”填报第22行第1列减去第26行第1列的余额；第2列“纳税调整金额”等于第1列“税收金额”。

22）第22行“（一）房地产企业销售未完工开发产品特定业务计算的纳税调整额”：填报房地产企业销售未完工开发产品取得销售收入，按税收规定计算的纳税调整额。第1列“税收金额”填报第24行第1列减去第25行第1列的余额；第2列“纳税调整金额”等于第1列“税收金额”。

23）第23行“1. 销售未完工产品的收入”：第1列“税收金额”填报房地产企业销售未完工开发产品，会计核算未进行收入确认的销售收入金额。

24）第24行“2. 销售未完工产品预计毛利额”：第1列“税收金额”填报房地产企业销售未完工产品取得的销售收入按税法规定预计计税毛利率计算的金额；第2列“纳税调整金额”等于第1列“税收金额”。

25）第25行“3. 实际发生的营业税金及附加、土地增值税”：第1列“税收金额”填报房地产企业销售未完工产品实际发生的营业税金及附加、土地增值税，且在会计核算中未计入当期损益的金额；第2列“纳税调整金额”等于第1列“税收金额”。

26）第26行“（二）房地产企业销售的未完工产品转完工产品特定业务计算的纳税调整额”：填报房地产企业销售的未完工产品转完工产品，按税法规定计算的纳税调整额。第1列“税收金额”填报第28行第1列减去第29行第1列的余额；第2列“纳税调整金额”等于第1列“税收金额”。

27）第27行“1. 销售未完工产品转完工产品确认的销售收入”：第1列“税收金额”填报房地产企业销售的未完工产品，此前年度已按预计毛利额征收所得税，本年度结转为完工产品，会计上符合收入确认条件，当年会计核算确认的销售收入金额。

28）第 28 行“2. 转回的销售未完工产品预计毛利额”：第 1 列“税收金额”填报房地产企业销售的未完工产品，此前年度已按预计毛利额征收所得税，本年结转完工产品，会计核算确认为销售收入，转回原按税法规定预计计税毛利率计算的金额；第 2 列“纳税调整金额”等于第 1 列“税收金额”。

29）第 29 行“3. 转回实际发生的营业税金及附加、土地增值税”：填报房地产企业销售的未完工产品结转完工产品后，会计核算确认为销售收入，同时将对应实际发生的营业税金及附加、土地增值税转入当期损益的金额；第 2 列“纳税调整金额”等于第 1 列“税收金额”。

（2）表内、表间关系。

1）表内关系。

① 第 1 行=第 2+3+…+10 行。

② 第 11 行=第 12+13+…+20 行。

③ 第 21 行=第 22–26 行。

④ 第 22 行=第 24–25 行。

⑤ 第 26 行=第 28–29 行。

2）表间关系。

① 第 1 行第 1 列=表 A105000 第 2 行第 2 列。

② 第 1 行第 2 列=表 A105000 第 2 行第 3 列。

③ 第 11 行第 1 列=表 A105000 第 13 行第 2 列。

④ 第 11 行第 2 列的绝对值=表 A105000 第 13 行第 4 列。

⑤ 第 21 行第 1 列=表 A105000 第 39 行第 2 列。

⑥ 第 21 行第 2 列，若≥0，填入表 A105000 第 39 行第 3 列；若<0，将绝对值填入表 A105000 第 39 行第 4 列。

（十）A105020《未按权责发生制确认收入纳税调整明细表》

A105020

未按权责发生制确认收入纳税调整明细表

行次	项　目	合同金额（交易金额）	账载金额		税收金额		纳税调整金额
			本年	累计	本年	累计	
		1	2	3	4	5	6（4–2）
1	一、跨期收取的租金、利息、特许权使用费收入（2+3+4）						
2	（一）租金						
3	（二）利息						
4	（三）特许权使用费						
5	二、分期确认收入（6+7+8）						
6	（一）分期收款方式销售货物收入						
7	（二）持续时间超过 12 个月的建造合同收入						
8	（三）其他分期确认收入						
9	三、政府补助递延收入（10+11+12）						

续表

行次	项　目	合同金额（交易金额）	账载金额		税收金额		纳税调整金额
			本年	累计	本年	累计	
10	（一）与收益相关的政府补助						
11	（二）与资产相关的政府补助						
12	（三）其他						
13	四、其他未按权责发生制确认收入						
14	合计（1+5+9+13）						

填报说明

本表适用于会计处理按权责发生制确认收入、税法规定未按权责发生制确认收入需纳税调整项目的纳税人填报。纳税人根据税法、《国家税务总局关于贯彻落实企业所得税法若干税收问题的通知》（国税函［2010］79 号）、《国家税务总局关于确认企业所得税收入若干问题的通知》（国税函［2008］875 号）等相关规定，以及国家统一企业会计制度，填报会计处理按照权责发生制确认收入、税法规定未按权责发生制确认收入的会计处理、税法规定，以及纳税调整情况。符合税法规定不征税收入条件的政府补助收入，本表不作调整，在《专项用途财政性资金纳税调整明细表》（A105040）中纳税调整。

（1）有关项目填报说明。

1）第 1 列“合同金额或交易金额”：填报会计处理按照权责发生制确认收入、税法规定未按权责发生制确认收入的项目的合同总额或交易总额。

2）第 2 列“账载金额–本年”：填报纳税人会计处理按权责发生制在本期确认金额。

3）第 3 列“账载金额–累计”：填报纳税人会计处理按权责发生制历年累计确认金额。

4）第 4 列“税收金额–本年”：填报纳税人按税法规定未按权责发生制本期确认金额。

5）第 5 列“税收金额–累计”：填报纳税人按税法规定未按权责发生制历年累计确认金额。

6）第 6 列“纳税调整金额”：填报纳税人会计处理按权责发生制确认收入、税法规定未按权责发生制确认收入的差异需纳税调整金额，为第 4–2 列的余额。

（2）表内、表间关系。

1）表内关系。

① 第 1 行=第 2+3+4 行。

② 第 5 行=第 6+7+8 行。

③ 第 9 行=第 10+11+12 行。

④ 第 14 行=第 1+5+9+13 行。

⑤ 第 6 列=第 4–2 列。

2）表间关系。

① 第 14 行第 2 列=表 A105000 第 3 行第 1 列。

② 第 14 行第 4 列=表 A105000 第 3 行第 2 列。

③ 第 14 行第 6 列，若≥0，填入表 A105000 第 3 行第 3 列；若<0，将绝对值填入表 A105000 第 3 行第 4 列。

（十一）A105030《投资收益纳税调整明细表》

A105030

投资收益纳税调整明细表

行次	项　　目	持有收益			处置收益							纳税调整金额
		账载金额	税收金额	纳税调整金额	会计确认的处置收入	税收计算的处置收入	处置投资的账面价值	处置投资的计税基础	会计确认的处置所得或损失	税收计算的处置所得	纳税调整金额	
		1	2	3（2–1）	4	5	6	7	8（4–6）	9（5–7）	10（9–8）	11（3+10）
1	一、交易性金融资产											
2	二、可供出售金融资产											
3	三、持有至到期投资											
4	四、衍生工具											
5	五、交易性金融负债											
6	六、长期股权投资											
7	七、短期投资											
8	八、长期债券投资											
9	九、其他											
10	合计（1+2+3+4+5+6+7+8+9）											

填报说明

本表适用于发生投资收益纳税调整项目的纳税人填报。纳税人根据税法、《国家税务总局关于贯彻落实企业所得税法若干税收问题的通知》（国税函［2010］79号）等相关规定，以及国家统一企业会计制度，填报投资收益的会计处理、税法规定，以及纳税调整情况。发生持有期间投资收益，并按税法规定为减免税收入的（如国债利息收入等），本表不作调整。处置投资项目按税法规定确认为损失的，本表不作调整，在《资产损失税前扣除及纳税调整明细表》（A105090）进行纳税调整。

（1）有关项目填报说明。

1）第1列“账载金额”：填报纳税人持有投资项目，会计核算确认的投资收益。

2）第2列“税收金额”：填报纳税人持有投资项目，按照税法规定确认的投资收益。

3）第3列“纳税调整金额”：填报纳税人持有投资项目，会计核算确认投资收益与税法规定投资收益的差异需纳税调整金额，为第2–1列的余额。

4）第4列“会计确认的处置收入”：填报纳税人收回、转让或清算处置投资项目，会计核算确认的扣除相关税费后的处置收入金额。

5）第5列“税收计算的处置收入”：填报纳税人收回、转让或清算处置投资项目，按照税法规定计算的扣除相关税费后的处置收入金额。

6）第6列“处置投资的账面价值”：填报纳税人收回、转让或清算处置的投资项目，会计核算的投资处置成本的金额。

7）第7列“处置投资的计税基础”：填报纳税人收回、转让或清算处置的投资项目，按税法规定计算的投资处置成本的金额。

8）第8列“会计确认的处置所得或损失”： 填报纳税人收回、转让或清算处置投资项目，会计核算确认的处置所得或损失，为第4–6列的余额。

9）第9列“税收计算的处置所得”：填报纳税人收回、转让或清算处置投资项目，按照税法规定计算的处置所得，为第5–7列的余额，税收计算为处置损失的，本表不作调整，在《资产损失税前扣除及纳税调整明细表》（A105090）进行纳税调整。

10）第10列“纳税调整金额”：填报纳税人收回、转让或清算处置投资项目，会计处理与税法规定不一致需纳税调整金额，为第9–8列的余额。

11）第11列“纳税调整金额”：填报第3+10列金额。

（2）表内、表间关系。

1）表内关系。

① 第10行=第1+2+3+4+5+6+7+8+9行。

② 第3列=第2–1列。

③ 第8列=第4–6列。

④ 第9列=第5–7列。

⑤ 第10列=第9–8列。

⑥ 第11列=第3+10列。

2）表间关系。

① 第10行1+8列=表A105000第4行第1列。

② 第10行2+9列=表A105000第4行第2列。

③ 第10行第11列，若≥0，填入表A105000第4行第3列；若<0，将绝对值填入表A105000第4行第4列。

（十二）A105040《专项用途财政性资金纳税调整明细表》

A105040

专项用途财政性资金纳税调整明细表

行次	项　　目	取得年度	财政性资金	其中：符合不征税收入条件的财政性资金		以前年度支出情况					本年支出情况		本年结余情况		
				金额	其中：计入本年损益的金额	前五年度	前四年度	前三年度	前二年度	前一年度	支出金额	其中：费用化支出金额	结余金额	其中：上缴财政金额	应计入本年应税收入金额
		1	2	3	4	5	6	7	8	9	10	11	12	13	14
1	前五年度														
2	前四年度					*									
3	前三年度					*	*								
4	前二年度					*	*	*							
5	前一年度					*	*	*	*						
6	本　　年					*	*	*	*	*					
7	合计（1+2+3+4+5+6）	*				*	*	*	*	*					

填报说明

本表适用于发生符合不征税收入条件的专项用途财政性资金纳税调整项目的纳税人填报。纳税人根据税法、《财政部国家税务总局关于专项用途财政性资金企业所得税处理问题的通知》（财税［2011］70号）等相关规定，以及国家统一企业会计制度，填报纳税人专项用途财政性资金会计处理、税法规定，以及纳税调整情况。本表对不征税收入用于支出形成的费用进行调整，资本化支出，通过《资产折旧、摊销情况及纳税调整明细表》（A105080）进行纳税调整。

（1）有关项目填报说明。

1）第1列“取得年度”：填报取得专项用途财政性资金的公历年度。第5行至1行依次从第6行往前倒推，第6行为申报年度。

2）第2列“财政性资金”：填报纳税人相应年度实际取得的财政性资金金额。

3）第3列“其中：符合不征税收入条件的财政性资金”：填报纳税人相应年度实际取得的符合不征税收入条件且已作不征税收入处理的财政性资金金额。

4）第4列“其中：计入本年损益的金额”：填报第3列“其中：符合不征税收入条件的财政性资金”中，会计处理时计入本年（申报年度）损益的金额。本列第7行金额为《纳税调整项目明细表》（A105000）第9行“其中：专项用途财政性资金”的第4列“调减金额”。

5）第5列至第9列“以前年度支出情况”：填报纳税人作为不征税收入处理的符合条件的财政性资金，在申报年度的以前的5个纳税年度发生的支出金额。前一年度，填报本年的上一纳税年度，以此类推。

6）第10列“支出金额”：填报纳税人历年作为不征税收入处理的符合条件的财政性资金，在本年（申报年度）用于支出的金额。

7）第11列“其中：费用化支出金额”：填报纳税人历年作为不征税收入处理的符合条件的财政性资金，在本年（申报年度）用于支出计入本年损益的费用金额，本列第7行金额为《纳税调整项目明细表》（A105000）第25行“其中：专项用途财政性资金用于支出所形成的费用”的第3列“调增金额”。

8）第12列“结余金额”：填报纳税人历年作为不征税收入处理的符合条件的财政性资金，减除历年累计支出（包括费用化支出和资本性支出）后尚未使用的不征税收入余额。

9）第13列“其中：上缴财政金额”：填报第12列“结余金额”中向财政部门或其他拨付资金的政府部门缴回的金额。

10）第14列“应计入本年应税收入金额”：填报企业以前年度取得财政性资金且已作为不征税收入处理后，在5年（60个月）内未发生支出且未缴回财政部门或其他拨付资金的政府部门，应计入本年应税收入的金额。本列第7行金额为《纳税调整项目明细表》（A105000）第9行“其中：专项用途财政性资金”的第3列“调增金额”。

（2）表内、表间关系。

1）表内关系。

① 第1行第12列=第1行第3–5–6–7–8–9–10列。

② 第2行第12列=第2行第3–6–7–8–9–10列。

③ 第3行第12列=第3行第3–7–8–9–10列。

④ 第4行第12列=第3行第3–8–9–10列。

⑤ 第5行第12列=第3行第3–9–10列。

⑥ 第6行第12列=第6行第3–10列。

⑦ 第7行=第1+2+3+4+5+6行。

2）表间关系。

① 第 7 行第 4 列=表 A105000 第 9 行第 4 列。

② 第 7 行第 11 列=表 A105000 第 25 行第 3 列。

③ 第 7 行第 14 列=表 A105000 第 9 行第 3 列。

（十三）A105050《职工薪酬纳税调整明细表》

A105050

职工薪酬纳税调整明细表

行次	项　　目	账载金额	税收规定扣除率	以前年度累计结转扣除额	税收金额	纳税调整金额	累计结转以后年度扣除额
		1	2	3	4	5（1–4）	6（1+3–4）
1	一、工资薪金支出		*	*			*
2	其中：股权激励		*	*			*
3	二、职工福利费支出			*			*
4	三、职工教育经费支出		*				
5	其中：按税收规定比例扣除的职工教育经费						
6	按税收规定全额扣除的职工培训费用			*			*
7	四、工会经费支出			*			*
8	五、各类基本社会保障性缴款		*	*			*
9	六、住房公积金		*	*			*
10	七、补充养老保险			*			*
11	八、补充医疗保险			*			*
12	九、其他		*				
13	合计（1+3+4+7+8+9+10+11+12）		*				

填报说明

只要会计上发生相关支出，不论是否纳税调整，均需填报。纳税人根据税法、《国家税务总局关于企业工资薪金及职工福利费扣除问题的通知》（国税函［2009］3号）、《财政部 国家税务总局关于扶持动漫产业发展有关税收政策问题的通知》（财税［2009］65号）、《财政部 国家税务总局 商务部 科技部 国家发展改革委 关于技术先进型服务企业有关企业所得税政策问题的通知》（财税［2010］65号）、《财政部 国家税务总局关于进一步鼓励软件产业和集成电路产业发展企业所得税政策的通知》（财税［2012］27号）等相关规定，以及国家统一企业会计制度，填报纳税人职工薪酬会计处理、税法规定，以及纳税调整情况。

（1）有关项目填报说明。

1）第1行“一、工资薪金支出”：第1列“账载金额”填报纳税人会计核算计入成本费用的职工工资、奖金、津贴和补贴金额；第4列“税收金额”填报按照税法规定允许税前扣除的金额；第5列“纳税调整金额”为第1–4列的余额。

2）第2行“其中：股权激励”：第1列“账载金额”填报纳税人按照国家有关规定建立职工股权激励计划，会计核算计入成本费用的金额；第4列“税收金额”填报行权时按照税法规定允许税前扣除的金额；第5列“纳税调整金额”为第1–4列的余额。

3）第3行“二、职工福利费支出”：第1列“账载金额”填报纳税人会计核算计入成本费用的职工福利费的金额；第2列“税收规定扣除率”填报税法规定的扣除比例（14%）；第4列“税收金额”填报按照税法规定允许税前扣除的金额，按第1行第4列“工资薪金支出–税收金额”×14%的孰小值填报；第5列“纳税调整金额”为第1–4列的余额。

4）第4行“三、职工教育经费支出”：根据第5行或者第5+6行之和填报。

5）第5行“其中：按税收规定比例扣除的职工教育经费”：适用于按照税法规定职工教育经费按比例税前扣除的纳税人填报。第1列“账载金额”填报纳税人会计核算计入成本费用的金额，不包括第6行可全额扣除的职工培训费用金额；第2列“税收规定扣除率”填报税法规定的扣除比例；第3列“以前年度累计结转扣除额”填报以前年度累计结转准予扣除的职工教育经费支出余额；第4列“税收金额”填报按照税法规定允许税前扣除的金额，按第1行第4列“工资薪金支出–税收金额”×扣除比例与本行第1+3列之和的孰小值填报；第5列“纳税调整金额”，为第1–4列的余额；第6列“累计结转以后年度扣除额”，为第1+3–4列的金额。

6）第6行“其中：按税收规定全额扣除的职工培训费用”：适用于按照税法规定职工培训费用允许全额税前扣除的纳税人填报。第1列“账载金额”填报纳税人会计核算计入成本费用，且按税法规定允许全额扣除的职工培训费用金额；第2列“税收规定扣除率”填报税法规定的扣除比例（100%）；第4列“税收金额”填报按照税法规定允许税前扣除的金额；第5列“纳税调整金额”为第1–4列的余额。

7）第7行“四、工会经费支出”：第1列“账载金额”填报纳税人会计核算计入成本费用的工会经费支出金额；第2列“税收规定扣除率”填报税法规定的扣除比例（2%）；第4列“税收金额”填报按照税法规定允许税前扣除的金额，按第1行第4列“工资薪金支出–税收金额”×2%与本行第1列的孰小值填报；第5列“纳税调整金额”为第1–4列的余额。

8）第8行“五、各类基本社会保障性缴款”：第1列“账载金额”填报纳税人会计核算的各类基本社会保障性缴款的金额；第4列“税收金额”填报按照税法规定允许税前扣除的各类基本社会保障性缴款的金额。第5列“纳税调整金额”为第1–4列的余额。

9）第9行“六、住房公积金”：第1列“账载金额”填报纳税人会计核算的住房公积金金额；第4列“税收金额”填报按照税法规定允许税前扣除的住房公积金金额；第5列“纳税调整金额”为第 1–4 列的余额。

10）第 10 行“七、补充养老保险”：第 1 列“账载金额”填报纳税人会计核算的补充养老保险金额；第 4 列“税收金额”填报按照税法规定允许税前扣除的补充养老保险的金额，按第 1 行第 4 列“工资薪金支出–税收金额”×5%与本行第 1 列的孰小值填报；第 5 列“纳税调整金额”为第 1–4 列的余额。

11）第 11 行“八、补充医疗保险”：第 1 列“账载金额”填报纳税人会计核算的补充医疗保险金额；第 4 列“税收金额”填报按照税法规定允许税前扣除的金额，按第 1 行第 4 列“工资薪金支出–税收金额”×5%与本行第 1 列的孰小值填报；第 5 列“纳税调整金额”为第 1–4 列的余额。

12）第 12 行“九、其他”：填报其他职工薪酬支出会计处理、税法规定情况及纳税调整金额。

13）第 13 行“合计”：填报第 1+3+4+7+8+9+10+11+12 行的金额。

（2）表内、表间关系。

1）表内关系。

① 第 4 行=第 5 行或第 5+6 行。

② 第 13 行=第 1+3+4+7+8+9+10+11+12 行。

③ 第 5 列=第 1–4 列。

④ 第 6 列=第 1+3–4 列。

2）表间关系。

① 第 13 行第 1 列=表 A105000 第 14 行第 1 列。

② 第 13 行第 4 列=表 A105000 第 14 行第 2 列。

③ 第 13 行第 5 列，若≥0，填入表 A105000 第 14 行第 3 列；若<0，将其绝对值填入表 A105000 第 14 行第 4 列。

（十四）A105060《广告费和业务宣传费跨年度纳税调整明细表》

A105060

广告费和业务宣传费跨年度纳税调整明细表

行次	项　　目	金额
1	一、本年广告费和业务宣传费支出	
2	减：不允许扣除的广告费和业务宣传费支出	
3	二、本年符合条件的广告费和业务宣传费支出（1–2）	
4	三、本年计算广告费和业务宣传费扣除限额的销售（营业）收入	
5	税收规定扣除率	
6	四、本企业计算的广告费和业务宣传费扣除限额（4×5）	
7	五、本年结转以后年度扣除额（3>6，本行=3–6；3≤6，本行=0）	
8	加：以前年度累计结转扣除额	
9	减：本年扣除的以前年度结转额［3>6，本行=0；3≤6，本行=8 或（6–3）孰小值］	
10	六、按照分摊协议归集至其他关联方的广告费和业务宣传费（10≤3 或 6 孰小值）	
11	按照分摊协议从其他关联方归集至本企业的广告费和业务宣传费	
12	七、本年广告费和业务宣传费支出纳税调整金额（3>6，本行=2+3–6+10–11；3≤6，本行=2+10–11–9）	
13	八、累计结转以后年度扣除额（7+8–9）	

填报说明

本表适用于发生广告费和业务宣传费纳税调整项目的纳税人填报。纳税人根据税法、《财政部 国家税务总局关于广告费和业务宣传费支出税前扣除政策的通知》（财税［2012］48号）等相关规定，以及国家统一企业会计制度，填报广告费和业务宣传费会计处理、税法规定，以及跨年度纳税调整情况。

（1）有关项目填报说明。

1）第1行“一、本年广告费和业务宣传费支出”：填报纳税人会计核算计入本年损益的广告费和业务宣传费用金额。

2）第2行“减：不允许扣除的广告费和业务宣传费支出”：填报税法规定不允许扣除的广告费和业务宣传费支出金额。

3）第3行“ 二、本年符合条件的广告费和业务宣传费支出”：填报第1–2行的金额。

4）第4行“三、本年计算广告费和业务宣传费扣除限额的销售（营业）收入”：填报按照税法规定计算广告费和业务宣传费扣除限额的当年销售（营业）收入。

5）第5行“税收规定扣除率”：填报税法规定的扣除比例。

6）第6行“四、本企业计算的广告费和业务宣传费扣除限额”：填报第4×5行的金额。

7）第7行“五、本年结转以后年度扣除额”：若第3行>第6行，填报第3–6行的金额；若第3行≤第6行，填0。

8）第8行“加：以前年度累计结转扣除额”：填报以前年度允许税前扣除但超过扣除限额未扣除、结转扣除的广告费和业务宣传费的金额。

9）第9行“减：本年扣除的以前年度结转额”： 若第3行>第6行，填0；若第3行≤第6行，填报第6–3行或第8行的孰小值。

10）第10行“六、按照分摊协议归集至其他关联方的广告费和业务宣传费”：填报签订广告费和业务宣传费分摊协议（以下简称分摊协议）的关联企业的一方，按照分摊协议，将其发生的不超过当年销售（营业）收入税前扣除限额比例内的广告费和业务宣传费支出归集至其他关联方扣除的广告费和业务宣传费，本行应≤第3行或第6行的孰小值。

11）第11行“按照分摊协议从其他关联方归集至本企业的广告费和业务宣传费”：填报签订广告费和业务宣传费分摊协议（以下简称分摊协议）的关联企业的一方，按照分摊协议，从其他关联方归集至本企业的广告费和业务宣传费。

12）第12行“七、本年广告费和业务宣传费支出纳税调整金额”：若第3行>第6行，填报第2+3–6+10–11行的金额；若第3行≤第6行，填报第2+10–11–9行的金额。

13）第13行“八、累计结转以后年度扣除额”：填报第7+8–9行的金额。

（2）表内、表间关系。

1）表内关系。

① 第3行=第1–2行。

② 第6行=第4×5行。

③ 若第3>6行，第7行=第3–6行；若第3≤6行，第7行=0。

④ 若第3>6行，第9行=0；若第3≤6行，第9行=第8行或第6–3行的孰小值。

⑤ 若第3>6行，第12行=2+3–6+10–11行；若第3≤6行，第12行=第2–9+10–11行。

⑥ 第13行=第7+8–9行。

2）表间关系。

第12行，若≥0，填入表A105000第16行第3列，若<0，将第12行的绝对值填入表A105000

第16行第4列。

（十五）A105070《捐赠支出纳税调整明细表》

A105070

捐赠支出纳税调整明细表

行次	受赠单位名称	公益性捐赠				非公益性捐赠	纳税调整金额
		账载金额	按税收规定计算的扣除限额	税收金额	纳税调整金额	账载金额	
	1	2	3	4	5（2–4）	6	7（5+6）
1			*	*	*		*
2			*	*	*		*
3			*	*	*		*
4			*	*	*		*
5			*	*	*		*
6			*	*	*		*
7			*	*	*		*
8			*	*	*		*
9			*	*	*		*
10			*	*	*		*
11			*	*	*		*
12			*	*	*		*
13			*	*	*		*
14			*	*	*		*
15			*	*	*		*
16			*	*	*		*
17			*	*	*		*
18			*	*	*		*
19			*	*	*		*
20	合　　计						

填报说明

只要会计上发生相关支出，不论是否纳税调整，均需填报。纳税人根据税法、《财政部 国家税务总局关于公益性捐赠税前扣除有关问题的通知》（财税［2008］160号）等相关规定，以及国家统一企业会计制度，填报捐赠支出会计处理、税法规定，以及纳税调整情况。税法规定予以全额税前扣除的公益性捐赠不在本表填报。

（1）有关项目填报说明。

1）第1列“受赠单位名称”：填报捐赠支出的具体受赠单位，按受赠单位进行明细填报。

2）第2列“公益性捐赠–账载金额”：填报纳税人会计核算计入本年损益的公益性捐赠支出金额。

3）第3列“公益性捐赠–按税收规定计算的扣除限额”：填报年度利润总额×12%。

4）第4列“公益性捐赠–税收金额”：填报税法规定允许税前扣除的公益性捐赠支出金额，

不得超过当年利润总额的 12%，按第 2 列与第 3 列孰小值填报。

5）第 5 列“公益性捐赠–纳税调整金额”：填报第 2–4 列的金额。

6）第 6 列“非公益性捐赠–账载金额”：填报会计核算计入本年损益的税法规定公益性捐赠以外其他捐赠金额。

7）第 7 列“纳税调整金额”：填报第 5+6 列的金额。

（2）表内、表间关系。

1）表内关系。

① 第 20 行第 5 列=第 20 行第 2–4 列。

② 第 20 行第 7 列=第 20 行第 5+6 列。

2）表间关系。

① 第 20 行第 2+6 列=表 A105000 第 17 行第 1 列。

② 第 20 行第 4 列=表 A105000 第 17 行第 2 列。

③ 第 20 行第 7 列=表 A105000 第 17 行第 3 列。

（十六）A105080《资产折旧、摊销情况及纳税调整明细表》

A105080

资产折旧、摊销情况及纳税调整明细表

行次	项目	账载金额			税收金额					纳税调整	
		资产账载金额	本年折旧、摊销额	累计折旧、摊销额	资产计税基础	按税收一般规定计算的本年折旧、摊销额	本年加速折旧额	其中：2014 年及以后年度新增固定资产加速折旧额（填写 A105081）	累计折旧、摊销额	金额	调整原因
		1	2	3	4	5	6	7	8	9(2–5–6)	10
1	一、固定资产（2+3+4+5+6+7）										
2	（一）房屋、建筑物										
3	（二）飞机、火车、轮船、机器、机械和其他生产设备										
4	（三）与生产经营活动有关的器具、工具、家具等										
5	（四）飞机、火车、轮船以外的运输工具										
6	（五）电子设备										
7	（六）其他										
8	二、生产性生物资产（9+10）							*			
9	（一）林木类							*			
10	（二）畜类							*			
11	三、无形资产（12+13+14+15+16+17+18）						*	*			
12	（一）专利权						*	*			
13	（二）商标权						*	*			
14	（三）著作权						*	*			
15	（四）土地使用权						*	*			

续表

行次	项目	账载金额			税收金额					纳税调整	
		资产账载金额	本年折旧、摊销额	累计折旧、摊销额	资产计税基础	按税收一般规定计算的本年折旧、摊销额	本年加速折旧额	其中：2014 年及以后年度新增固定资产加速折旧额（填写 A105081）	累计折旧、摊销额	金额	调整原因
		1	2	3	4	5	6	7	8	9(2–5–6)	10
16	（五）非专利技术						*	*			
17	（六）特许权使用费						*	*			
18	（七）其他						*	*			
19	四、长期待摊费用（20+21+22+23+24）						*	*			
20	（一）已足额提取折旧的固定资产的改建支出						*	*			
21	（二）租入固定资产的改建支出						*	*			
22	（三）固定资产的大修理支出						*	*			
23	（四）开办费						*	*			
24	（五）其他						*	*			
25	五、油气勘探投资						*	*			
26	六、油气开发投资						*	*			
27	合计（1+8+11+19+25+26）										*

填报说明

本表适用于发生资产折旧、摊销及存在资产折旧、摊销纳税调整的纳税人填报。纳税人根据税法、《国家税务总局关于企业固定资产加速折旧所得税处理有关问题的通知》（国税发［2009］81 号）、《国家税务总局关于融资性售后回租业务中承租方出售资产行为有关税收问题的公告》（国家税务总局公告 2010 年第 13 号）、《国家税务总局关于企业所得税若干问题的公告》（国家税务总局公告 2011 年第 34 号）、《国家税务总局关于发布〈企业所得税政策性搬迁所得税管理办法〉的公告》（国家税务总局公告 2012 年第 40 号）、《国家税务总局关于企业所得税应纳税所得额若干问题的公告》（国家税务总局公告 2014 年第 29 号）等相关规定，以及国家统一企业会计制度，填报资产折旧、摊销的会计处理、税法规定，以及纳税调整情况。

（1）有关项目填报说明。

1）第 1 列“资产账载金额”：填报纳税人会计处理计提折旧、摊销的资产原值（或历史成本）的金额。

2）第 2 列“本年折旧、摊销额”：填报纳税人会计核算的本年资产折旧、摊销额。

3）第 3 列“累计折旧、摊销额”：填报纳税人会计核算的历年累计资产折旧、摊销额。

4）第 4 列“资产计税基础”：填报纳税人按照税法规定据以计算折旧、摊销的资产原值（或历史成本）的金额。

5）第 5 列“按税收一般规定计算的本年折旧、摊销额”：填报纳税人按照税法一般规定计算的允许税前扣除的本年资产折旧、摊销额，不含加速折旧部分。

对于不征税收入形成的资产，其折旧、摊销额不得税前扣除。第 5 至 8 列税收金额应剔除不征税收入所形成资产的折旧、摊销额。

6）第 6 列“加速折旧额”：填报纳税人按照税法规定的加速折旧政策计算的折旧额。

7）第 7 列“其中：2014 年及以后年度新增固定资产加速折旧额”：根据《固定资产加速折旧、扣除明细表》（A105081）填报，为表 A105081 相应固定资产类别的金额。

8）第 8 列“累计折旧、摊销额”：填报纳税人按照税法规定计算的历年累计资产折旧、摊销额。

9）第 9 列“金额”：填报第 2–5–6 列的余额。

10）第 10 列“调整原因”：根据差异原因进行填报，A、折旧年限，B、折旧方法，C、计提原值，对多种原因造成差异的，按实际原因可多项填报。

（2）表内、表间关系。

1）表内关系。

① 第 1 行=第 2+3+…+7 行。

② 第 8 行=第 9+10 行。

③ 第 11 行=第 12+13+…+18 行。

④ 第 19 行=第 20+21+…+24 行。

⑤ 第 27 行=第 1+8+11+19+25+26 行。

⑥ 第 9 列=第 2–5–6 列。

2）表间关系。

① 第 27 行第 2 列=表 A105000 第 31 行第 1 列。

② 第 27 行第 5+6 列=表 A105000 第 31 行第 2 列。

③ 第 27 行第 9 列，若≥0，填入表 A105000 第 31 行第 3 列；若<0，将绝对值填入表 A105000 第 31 行第 4 列。

④ 第 1 行第 7 列=表 A105081 第 1 行第 18 列。
⑤ 第 2 行第 7 列=表 A105081 第 1 行第 2 列。
⑥ 第 3 行第 7 列=表 A105081 第 1 行第 5 列。
⑦ 第 4 行第 7 列=表 A105081 第 1 行第 8 列。
⑧ 第 5 行第 7 列=表 A105081 第 1 行第 11 列。
⑨ 第 6 行第 7 列=表 A105081 第 1 行第 14 列。

（十七）A105081《固定资产加速折旧、扣除明细表》

A105081

固定资产加速折旧、扣除明细表

序号	项目		房屋、建筑物		飞机、火车、轮船、机器、机械和其他生产设备		与生产经营活动有关的器具、工具、家具		飞机、火车、轮船以外的运输工具		电子设备		其他		税收折旧（扣除）额合计					
			原值	税收折旧（扣除）额	原值	税收折旧（扣除）额	原值	税收折旧（扣除）额	原值	税收折旧（扣除）额	原值	税收折旧（扣除）额	原值	税收折旧（扣除）额	原值	会计折旧额	正常折旧额	税收折旧额	纳税减少额	加速折旧优惠统计额
			1	2	3	4	5	6	7	8	9	10	11	12	13	14	15	16	17	18
1	一、重要行业固定资产加速折旧																			
2		税会处理一致														*			*	
3		税会处理不一致															*			*
4	二、其他行业研发设备加速折旧																			
5	100 万元以上专用研发设备	税会处理一致														*			*	
6		税会处理不一致															*			*
7	三、允许一次性扣除的固定资产																			
8	1. 单价不超过 100 万元研发设备																			
9		税会处理一致														*			*	
10		税会处理不一致															*			*
11	2. 5 000 元以下固定资产																			
12	*	税会处理一致														*			*	
13		税会处理不一致															*			*
14	合计（1 行+4 行+7 行）																			
15	四、其他固定资产加速折旧备案信息																			
16	1. 技术进步、更新换代固定资产																			
17	*	税会处理一致														*			*	

续表

序号	项目		房屋、建筑物		飞机、火车、轮船、机器、机械和其他生产设备		与生产经营活动有关的器具、工具、家具		飞机、火车、轮船以外的运输工具		电子设备		其他		税收折旧（扣除）额合计					
			原值	税收折旧（扣除）额	原值	税收折旧（扣除）额	原值	税收折旧（扣除）额	原值	税收折旧（扣除）额	原值	税收折旧（扣除）额	原值	税收折旧（扣除）额	原值	会计折旧额	正常折旧额	税收折旧额	纳税减少额	加速折旧优惠统计额
			1	2	3	4	5	6	7	8	9	10	11	12	13	14	15	16	17	18
18		税会处理不一致															*			*
19	2. 常年强震动、高腐蚀固定资产																			
20	*	税会处理一致														*			*	
21		税会处理不一致															*			*
22	3. 外购软件折旧（摊销）																			
23	*	税会处理一致														*			*	
24		税会处理不一致															*			*
25	4. 集成电路企业生产设备																			
26	*	税会处理一致														*			*	
27		税会处理不一致															*			*
28	合计（16 行+19 行+22 行+25 行）																			

填报说明

（1）适用范围及总体说明。

1）本表1至14行适用于按照《财政部 国家税务总局关于完善固定资产加速折旧税收政策有关问题的通知》（财税［2014］75号）、《财政部 国家税务总局关于进一步完善固定资产加速折旧企业所得税政策的通知》（财税［2015］106号）等规定，享受固定资产加速折旧和一次性扣除优惠政策的查账征税纳税人填报。

本表15至28行适用于按照《国家税务总局关于企业固定资产加速折旧所得税处理有关问题的通知》（国税发［2009］81号）、《财政部 国家税务总局关于进一步鼓励软件产业和集成电路产业发展企业所得税政策的通知》（财税［2012］27号）规定，由享受技术进步、更新换代、强震动、高腐蚀固定资产加速折旧，以及外购软件、集成电路企业生产设备加速折旧或摊销的查账征税纳税人填报，主要用于享受加速折旧、摊销优惠政策的备案。

2）本表不承担纳税调整职责。主要任务：一是对纳税人享受重点行业、领域固定资产加速折旧，以及一次性扣除等优惠政策情况进行统计（第1至14行）。二是由汇算清缴享受国税发［2009］81号和财税［2012］27号文件规定固定资产加速折旧政策企业填写本表，以此履行固定资产加速折旧备案手续（第15行至28行）。

3）填写要求。

① 享受加速折旧政策的纳税人，填报本表即视为履行备案程序。

② 本年度内税法折旧额大于会计折旧额（或正常折旧额，下同）的填写本表，税法折旧小于会计折旧的金额不再填写本表。

某项资产某月税法折旧额小于会计折旧额后，该项固定资产从当月起至年度末的会计折旧额和税法折旧额均不再填写计入本表，仅填报本年度内税法折旧额大于会计折旧额月份的数据。例如：A汽车公司享受固定资产加速折旧政策，20×8年5月，某项固定资产税法折旧额开始小于会计折旧额（其4月前税法折旧大于会计折旧），20×8年度汇算清缴时，“税收折旧（扣除）额”除“原值”以外其他列次填写到4月份数额，“原值”据实填写。在以后年度汇算清缴时，该项资产不再填写本表，其此后年度的折旧、摊销额纳税调增填写A105080表。

税法折旧额小于会计折旧额的主要情形：

- 会计采取正常折旧方法，税法采取缩短折旧年限方法，按税法规定折旧完毕的。
- 会计采取正常折旧方法，税法采取年数总和法或者双倍余额递减法，税法折旧金额小于会计折旧金额的。
- 会计和税法均加速折旧，但税法与会计处理金额不一致，当税法折旧金额小于会计折旧金额的。
- 会计和税法均加速折旧，该类固定资产税会处理一致，当税法折旧额小于正常折旧额的。
- 税法采取一次性扣除后，年度内剩余月份。

③ 一次性扣除的固定资产，会计上未一次性扣除的资产，会计折旧额按首月折旧额填报。此处会计折旧额仅供统计，不影响纳税调整。

④ 对会计和税法均加速折旧、但其税会折旧金额不一致的资产，在“税会处理不一致”行填报。

⑤ 有“*”号的单元格不需填写。

（2）有关项目填报说明。

1）行次填报。根据固定资产类别填报相应数据列。

① 第1行“一、重要行业固定资产加速折旧”：生物药品制造业，专用设备制造业，铁路、

船舶、航空航天和其他运输设备制造业，计算机、通信和其他电子设备制造业，仪器仪表制造业，信息传输、软件和信息技术服务业 6 个行业，以及轻工、纺织、机械、汽车四大领域 18 个行业的纳税人，按照财税［2014］75 号和财税［2015］106 号文件规定（下称“重要行业”），对于新购进固定资产在税收上采取加速折旧的，结合会计折旧政策，分不同情况填报纳税调减（此处用于计算优惠，实际纳税调整通过 A105080 表）或者加速折旧优惠统计情况。本行=2 行+3 行。

第 2 行和第 3 行“项目”列空白处，由企业按照财税［2014］75 号和财税［2015］106 号文件规定的行业范围，选择填写其从事行业。按照《国民经济行业分类（GB/T 4754—2011）》，为了便于征纳双方操作，填报说明第四部分编列《重要领域（行业）固定资产加速折旧行业代码表》，纳税申报时填写所属行业名称及对应“行业中类”代码，代码长度为三位，全部由数字组成。

第 2 行和第 3 行，由企业按照不同税会处理方式，填写固定资产加速折旧情况。“税会处理不一致”包括税法和会计都加速折旧，但税会折旧方法不一致的情况。

② 第 4 行“二、其他行业研发设备加速折旧”：由重要行业以外的其他企业填报。填写单位价值超过 100 万元以上专用研发设备采取缩短折旧年限或加速折旧方法的纳税调减或者加速折旧优惠统计情况。本行=5 行+6 行。

第 5 行和第 6 行，由企业根据其不同的税会处理方式，填写固定资产加速折旧情况。

③ 第 7 行“三、允许一次性扣除的固定资产”：填报新购进单位价值不超过 100 万元研发设备和单位价值不超过 5 000 元固定资产，按照税法规定一次性在当期扣除金额。本行=8 行+11 行。

第 8 行“1.单价不超过 100 万元研发设备”：由重要行业中小型微利企业和重要行业以外的其他企业填报。填写单位价值不超过 100 万元研发设备一次性当期税前扣除金额。本行=9 行+10 行。

第 9 行和第 10 行，由企业根据不同类型（重要行业小微、其他企业）和税会处理方式，填写固定资产加速折旧情况。

“重要行业小微”指“重要行业”中的小型微利企业，对其新购进研发和生产经营共用的仪器、设备，单位价值不超过 100 万元的，允许一次性扣除。

“其他企业”（包括“重要行业”非小型微利企业和“重要行业”以外的企业）对新购进专门用于研发活动的仪器、设备，单位价值不超过 100 万元的，可以一次性扣除。

第 9 行和第 10 行“项目”列空白处选择“重要行业小微”或“其他企业”。选择“重行业小微”时，第 2 行和第 3 行“项目”列空白处需同时按规定填报所属重要行业代码。

第 11 行“2.5 000 元以下固定资产一次性扣除”：填写单位价值不超过 5 000 元的固定资产，按照税法规定一次性在当期税前扣除的。本行=12 行+13 行。

第 12 行和第 13 行，由企业根据不同的税会处理方式，填写固定资产加速折旧情况。

④ 第 14 行“合计（1 行+4 行+7 行）”：填写重要行业固定资产加速折旧、其他行业研发设备加速折旧、一次性扣除固定资产的合计金额。本行= 1 行+4 行+7 行。

⑤ 第 15 行“四、其他固定资产加速折旧备案信息”。由下列两种情形填报：一是技术进步、产品更新换代快固定资产和常年强震动、高腐蚀固定资产加速折旧；二是财税［2012］27 号文件规定外购软件、集成电路企业生产设备加速折旧。纳税人填报本行至 28 行履行备案手续。

⑥ 第 16 行“1.技术进步、更新换代固定资产”：填写企业固定资产因技术进步，产品更新换代较快，按税法规定享受固定资产加速折旧金额。本行=17 行+18 行。

第 17 行和第 18 行，由企业选择不同税会处理方式，填写固定资产加速折旧情况。

⑦ 第 19 行“2.常年强震动、高腐蚀固定资产”：填写常年处于强震动、高腐蚀状态的固定资产，按税法规定享受固定资产加速折旧有关金额。本行=20 行+21 行。

第 20 行和第 21 行，由企业选择不同税会处理方式，填写固定资产加速折旧情况。

⑧ 第 22 行“3.外购软件折旧（摊销）”：填报企业外购软件，按财税［2012］27 号文件规定享受加速折旧、摊销的金额。本行=23 行+24 行。

第 23 行和第 24 行，由企业选择不同的税会处理方式，填写固定资产加速折旧情况。

⑨ 第 25 行“4.集成电路企业生产设备”：填报集成电路生产企业的生产设备，按照财税［2012］27 号文件规定享受加速折旧政策的金额。本行=26 行+27 行。

第 26 行和第 27 行，由企业选择不同税会处理方式，填写固定资产加速折旧情况。

第 28 行“合计”：用于统计其他固定资产加速折旧优惠情况。

2）列次填报。

① 第 1 列至第 12 列各类固定资产原值、折旧额。

- 原值：填写固定资产计税基础。对于年度内只要有 1 个月税法折旧额大于会计折旧额的，其原值填入对应“原值”列。对于全年所有月份税法折旧额都小于会计折旧额的固定资产，其原值不填本表。
- 税收折旧（扣除）额：当税法折旧额大于会计折旧额时，填报该项固定资产本年度税法折旧额。

对于本年度某些月份税法折旧额大于会计折旧额、某些月份税法折旧额小于会计折旧额的，只填报税法折旧额大于会计折旧额状态下的税法折旧额。

② 第 13 至第 18 列“税收折旧（扣除）额合计”填报本年度税法折旧额大于会计折旧额情况下，固定资产加速折旧的纳税调整（此处只用于统计，不实际调整）和估算的加速折旧优惠统计额。

第 13 列“原值”：等于第 1、3、5、7、9、11 列之和。

第 14 列“会计折旧额”：税收加速折旧、会计未加速折旧的，或者会计与税法均加速折旧但折旧方法不一致的，本列填固定资产会计实际账载折旧额。会计与税法均加速折旧且折旧方法一致的，不填写本列。

第 15 列“正常折旧额”：会计与税法均加速折旧且折旧方法一致的，为统计企业享受优惠情况，假定该资产未享受加速折旧政策，本列填报该固定资产视同按照税法规定最低折旧年限用直线法估算折旧额，当估算的“正常折旧额”大于税法折旧额时，不再填报。

第 16 列“税收加速折旧额”：税法折旧额大于会计折旧额状态下，填报税法加速折旧额。等于第 2、4、6、8、10、12 列之和。

第 17 列“纳税减少额”：填报税收上加速折旧额与会计折旧额的差额，本行用于统计，不实际进行纳税调减。第 17 列=第 16 列–14 列。

第 18 列“加速折旧优惠统计额”：填报会计与税法对固定资产均加速折旧且折旧方法一致的，以税法实际加速折旧额减去假定未加速折旧估算的“正常折旧额”，据此统计加速折旧情况。第 18 列=第 16 列–15 列。

3）优惠情况统计说明。

第 14 行“纳税减少额”+“加速折旧优惠统计额”之和，由税务机关据以统计重要领域、行业固定资产加速折旧情况。

第 28 行“纳税减少额”+“加速折旧优惠统计额”之和，由税务机关据以统计其他固定资产加速折旧优惠情况。

（3）表内、表间关系。

1）表内关系。

① 单元格为“*”时不填写，计算时跳过。

② 第1行=第2+3行。

③ 第4行=第5+6行。

④ 第7行=第8+11行。

⑤ 第8行=第9+10行。

⑥ 第11行=第12+13行。

⑦ 第14行=第1+4+7行。

⑧ 第15行=第16+19+22+25行。

⑨ 第16行=第17+18行。

⑩ 第19行=第20+21行。

⑪ 第22行=第23+24行。

⑫ 第25行=第26+27行。

由于合计行次同时包括“税会处理一致”“税会处理不一致”两种情形，以下“列间关系”在合计行次（第1、4、7、8、11、14、15行）不成立，在其他行次成立。

- 第13列=第1+3+5+7+9+11列。
- 第16列=第2+4+6+8+10+12列。
- 第17列=第16–14列。
- 第18列=第16–15列。

另外，在第9、10行和第12、13行中：

第1列=第2列、第3列=第4列、第5列=第6列、第7列=第8列、第9列=第10列、第11列=第12列。

2）表间关系。

① 第1行第16列=表A105080第1行第7列。

② 第1行第2列=表A105080第2行第7列。

③ 第1行第4列=表A105080第3行第7列。

④ 第1行第6列=表A105080第4行第7列。

⑤ 第1行第8列=表A105080第5行第7列。

⑥ 第1行第10列=表A105080第6行第7列。

⑦ 第1行第12列=表A105080第7行第7列。

（4）可供选择的行业代码表。

重要领域（行业）固定资产加速折旧行业代码表

代码				类别名称	文件依据	领域/行业
门类	大类	中类	小类			
	13			农副食品加工业	财税［2015］106号	轻工
		131	1310	谷物磨制		
		132	1320	饲料加工		
		133		植物油加工		
		134	1340	制糖业		

续表

代码				类别名称	文件依据	领域/行业
门类	大类	中类	小类			
		135		屠宰及肉类加工	财税［2015］106号	轻工
		136		水产品加工		
		137		蔬菜、水果和坚果加工		
		139		其他农副食品加工		
	14			食品制造业	财税［2015］106号	轻工
		141		焙烤食品制造		
		142		糖果、巧克力及蜜饯制造		
		143		方便食品制造		
		144	1440	乳制品制造		
		145		罐头食品制造		
		146		调味品、发酵制品制造		
		149		其他食品制造		
	17			纺织业	财税［2015］106号	纺织
		171		棉纺织及印染精加工		
		172		毛纺织及染整精加工		
		173		麻纺织及染整精加工		
		174		丝绢纺织及印染精加工		
		175		化纤织造及印染精加工		
		176		针织或钩针编织物及其制品制造		
		177		家用纺织制成品制造		
		178		非家用纺织制成品制造		
	18			纺织服装、服饰业	财税［2015］106号	纺织
		181	1810	机织服装制造		
		182	1820	针织或钩针编织服装制造		
		183	1830	服饰制造		
	19			皮革、毛皮、羽毛及其制品和制鞋业	财税［2015］106号	轻工
		191	1910	皮革鞣制加工		
		192		皮革制品制造		
		193		毛皮鞣制及制品加工		
		194		羽毛（绒）加工及制品制造		
		195		制鞋业		
	20			木材加工和木、竹、藤、棕、草制品业	财税［2015］106号	轻工
		201		木材加工		
		202		人造板制造		
		203		木制品制造		
		204		竹、藤、棕、草等制品制造		

续表

代码				类别名称	文件依据	领域/行业
门类	大类	中类	小类			
	21			家具制造业	财税［2015］106 号	轻工
		211	2110	木质家具制造		
		212	2120	竹、藤家具制造		
		213	2130	金属家具制造		
		214	2140	塑料家具制造		
		219	2190	其他家具制造		
	22			造纸和纸制品业	财税［2015］106 号	轻工
		221		纸浆制造		
		222		造纸		
		223		纸制品制造		
	23			印刷和记录媒介复制业	财税［2015］106 号	轻工
		231		印刷		
		232	2320	装订及印刷相关服务		
		233	2330	记录媒介复制		
	24			文教、工美、体育和娱乐用品制造业	财税［2015］106 号	轻工
		241		文教办公用品制造		
		242		乐器制造		
		243		工艺美术品制造		
		244		体育用品制造		
		245	2450	玩具制造		
		268		日用化学产品制造	财税［2015］106 号	轻工
			2681	肥皂及合成洗涤剂制造		
			2682	化妆品制造		
			2683	口腔清洁用品制造		
			2684	香料、香精制造		
			2689	其他日用化学产品制造		
	27			医药制造业	财税［2015］106 号	轻工
		271	2710	化学药品原料药制造		
		272	2720	化学药品制剂制造		
		273	2730	中药饮片加工		
		274	2740	中成药生产		
		275	2750	兽用药品制造		
		277	2770	卫生材料及医药用品制造		
		276	2760	生物药品制造	财税［2014］75 号	生物药品制造

续表

代码				类别名称	文件依据	领域/行业
门类	大类	中类	小类			
	28			化学纤维制造业	财税［2015］106号	纺织
		281		纤维素纤维原料及纤维制造		
		282		合成纤维制造		
		292		塑料制品业	财税［2015］106号	轻工
			2921	塑料薄膜制造		
			2922	塑料板、管、型材制造		
			2923	塑料丝、绳及编织品制造		
			2924	泡沫塑料制造		
			2925	塑料人造革、合成革制造		
			2926	塑料包装箱及容器制造		
			2927	日用塑料制品制造		
			2928	塑料零件制造		
			2929	其他塑料制品制造		
	33			金属制品业	财税［2015］106号	机械
		331		结构性金属制品制造		
		332		金属工具制造		
		333		集装箱及金属包装容器制造		
		334	3340	金属丝绳及其制品制造		
		335		建筑、安全用金属制品制造		
		336	3360	金属表面处理及热处理加工		
		337		搪瓷制品制造		
		338		金属制日用品制造		
		339		其他金属制品制造		
	34			通用设备制造业	财税［2015］106号	机械
		341		锅炉及原动设备制造		
		342		金属加工机械制造		
		343		物料搬运设备制造		
		344		泵、阀门、压缩机及类似机械制造		
		345		轴承、齿轮和传动部件制造		
		346		烘炉、风机、衡器、包装等设备制造		
		347		文化、办公用机械制造		
		348		通用零部件制造		
		349	3490	其他通用设备制造业		
	35			专用设备制造业	财税［2014］75号	专用设备制造业
		351		采矿、冶金、建筑专用设备制造		
		352		化工、木材、非金属加工专用设备制造		
		353		食品、饮料、烟草及饲料生产专用设备制造		

续表

门类	大类	中类	小类	类别名称	文件依据	领域/行业
		354		印刷、制药、日化及日用品生产专用设备制造	财税［2014］75号	专用设备制造业
		355		纺织、服装和皮革加工专用设备制造		
		356		电子和电工机械专用设备制造		
		357		农、林、牧、渔专用机械制造		
		358		医疗仪器设备及器械制造		
		359		环保、社会公共服务及其他专用设备制造		
	36			汽车制造业	财税［2015］106号	汽车
		361	3610	汽车整车制造		
		362	3620	改装汽车制造		
		363	3630	低速载货汽车制造		
		364	3640	电车制造		
		365	3650	汽车车身、挂车制造		
		366	3660	汽车零部件及配件制造		
	37			铁路、船舶、航空航天和其他运输设备制造业	财税［2014］75号	铁路、船舶、航空航天和其他运输设备制造业
		371		铁路运输设备制造		
		372	3720	城市轨道交通设备制造		
		373		船舶及相关装置制造		
		374		航空、航天器及设备制造		
		375		摩托车制造		
		376		自行车制造		
		377	3770	非公路休闲车及零配件制造		
		379		潜水救捞及其他未列明运输设备制造		
	38			电气机械和器材制造业	财税［2015］106号	机械
		381		电机制造		
		382		输配电及控制设备制造		
		383		电线、电缆、光缆及电工器材制造		
		384		电池制造		
		385		家用电力器具制造		
		386		非电力家用器具制造		
		387		照明器具制造		
		389		其他电气机械及器材制造		
	39			计算机、通信和其他电子设备制造业	财税［2014］75号	计算机、通信和其他电子设备制造业
		391		计算机制造		
		392		通信设备制造		
		393		广播电视设备制造		
		394	3940	雷达及配套设备制造		
		395		视听设备制造		

续表

代码				类别名称	文件依据	领域/行业
门类	大类	中类	小类			
		396		电子器件制造		
		397		电子元件制造		
		399	3990	其他电子设备制造		
	40			仪器仪表制造业	财税［2014］75号	仪器仪表制造业
		401		通用仪器仪表制造		
		402		专用仪器仪表制造		
		403	4030	钟表与计时仪器制造		
		404		光学仪器及眼镜制造		
		409	4090	其他仪器仪表制造业		
I				信息传输、软件和信息技术服务业	财税［2014］75号	信息传输、软件和信息技术服务业
	63			电信、广播电视和卫星传输服务		
		631		电信		
		632		广播电视传输服务		
		633	6330	卫星传输服务		
	64			互联网和相关服务		
		641	6410	互联网接入及相关服务		
		642	6420	互联网信息服务		
		649	6490	其他互联网服务		
	65			软件和信息技术服务业		
		651	6510	软件开发		
		652	6520	信息系统集成服务		
		653	6530	信息技术咨询服务		
		654	6540	数据处理和存储服务		
		655	6550	集成电路设计		
		659		其他信息技术服务业		

（十八）A105090《资产损失税前扣除及纳税调整明细表》

A105090

资产损失税前扣除及纳税调整明细表

行次	项　目	账载金额	税收金额	纳税调整金额
		1	2	3（1–2）
1	一、清单申报资产损失（2+3+4+5+6+7+8）			
2	（一）正常经营管理活动中，按照公允价格销售、转让、变卖非货币资产的损失			
3	（二）存货发生的正常损耗			
4	（三）固定资产达到或超过使用年限而正常报废清理的损失			

续表

行次	项　　目	账载金额	税收金额	纳税调整金额
		1	2	3（1–2）
5	（四）生产性生物资产达到或超过使用年限而正常死亡发生的资产损失			
6	（五）按照市场公平交易原则，通过各种交易场所、市场等买卖债券、股票、期货、基金以及金融衍生产品等发生的损失			
7	（六）分支机构上报的资产损失			
8	（七）其他			
9	二、专项申报资产损失（填写 A105091）			
10	（一）货币资产损失（填写 A105091）			
11	（二）非货币资产损失（填写 A105091）			
12	（三）投资损失（填写 A105091）			
13	（四）其他（填写 A105091）			
14	合计（1+9）			

填报说明

本表适用于发生资产损失税前扣除项目及纳税调整项目的纳税人填报。纳税人根据税法、《财政部 国家税务总局关于企业资产损失税前扣除政策的通知》（财税［2009］57 号）、《国家税务总局关于发布〈企业资产损失所得税税前扣除管理办法〉的公告》（国家税务总局公告 2011 年第 25 号）等相关规定，及国家统一企业会计制度，填报资产损失的会计处理、税法规定，以及纳税调整情况。

（1）有关项目填报说明。

1）第 1 行“一、清单申报资产损失”：填报以清单申报的方式向税务机关申报扣除的资产损失项目账载金额、税收金额以及纳税调整金额。填报第 2 行至第 8 行的合计数。

2）第 2 行至第 8 行，分别填报相应资产损失类型的会计处理、税法规定及纳税调整情况。第 1 列“账载金额”填报纳税人会计核算计入当期损益的资产损失金额，已经计入存货成本的正常损耗除外；第 2 列“税收金额”填报根据税法规定允许税前扣除的资产损失金额；第 3 列“纳税调整金额”为第 1–2 列的余额。

3）第 9 行“二、专项申报资产损失”：填报以专项申报的方式向税务机关申报扣除的资产损失项目的账载金额、税收金额以及纳税调整金额。本行根据《资产损失（专项申报）税前扣除及纳税调整明细表》（A105091）填报，第 1 列“账载金额”为表 A105091 第 20 行第 2 列金额；第 2 列“税收金额”为表 A105091 第 20 行第 6 列金额；第 3 列“纳税调整金额”为表 A105091 第 20 行第 7 列金额。

4）第 10 行“（一）货币资产损失”：填报企业当年发生的货币资产损失（包括现金损失、银行存款损失和应收及预付款项损失等）的账载金额、税收金额以及纳税调整金额，根据《资产损失（专项申报）税前扣除及纳税调整明细表》（A105091）第 1 行相应数据列填报。

5）第 11 行“（二）非货币资产损失”：填报非货币资产损失的账载金额、税收金额以及纳税调整金额，根据《资产损失（专项申报）税前扣除及纳税调整明细表》（A105091）第 6 行相应数据列填报。

6）第 12 行“（三）投资损失”：填报应进行专项申报扣除的投资损失账载金额、税收金额以及纳税调整金额，根据《资产损失（专项申报）税前扣除及纳税调整明细表》（A105091）第 11 行相应数据列填报。

7）第 13 行“（四）其他”：填报应进行专项申报扣除的其他资产损失情况，根据《资产损失（专项申报）税前扣除及纳税调整明细表》（A105091）第 16 行相应数据列填报。

8）第 14 行“合计”：填报第 1+9 行的金额。

（2）表内、表间关系。

1）表内关系

① 第 3 列=第 1–2 列。

② 第 1 行=第 2+3+…+8 行。

③ 第 14 行=第 1+9 行。

2）表间关系。

① 第 14 行第 1 列=表 A105000 第 33 行第 1 列。

② 第 14 行第 2 列=表 A105000 第 33 行第 2 列。

③ 第 14 行第 3 列，若≥0，填入表 A105000 第 33 行第 3 列；若<0，将绝对值填入表 A105000 第 33 行第 4 列。

④ 第 9 行第 1 列=表 A105091 第 20 行第 2 列。

⑤ 第 9 行第 2 列=表 A105091 第 20 行第 6 列。

⑥ 第 9 行第 3 列=表 A105091 第 20 行第 7 列。

⑦ 第 10 行第 1 列=表 A105091 第 1 行第 2 列。

⑧ 第 10 行第 2 列=表 A105091 第 1 行第 6 列。

⑨ 第 10 行第 3 列=表 A105091 第 1 行第 7 列。

⑩ 第 11 行第 1 列=表 A105091 第 6 行第 2 列。

⑪ 第 11 行第 2 列=表 A105091 第 6 行第 6 列。

⑫ 第 11 行第 3 列=表 A105091 第 6 行第 7 列。

⑬ 第 12 行第 1 列=表 A105091 第 11 行第 2 列。

⑭ 第 12 行第 2 列=表 A105091 第 11 行第 6 列。

⑮ 第 12 行第 3 列=表 A105091 第 11 行第 7 列。

⑯ 第 13 行第 1 列=表 A105091 第 16 行第 2 列。

⑰ 第 13 行第 2 列=表 A105091 第 16 行第 6 列。

⑱ 第 13 行第 3 列=表 A105091 第 16 行第 7 列。

（十九）A105091《资产损失（专项申报）税前扣除及纳税调整明细表》。

A105091

资产损失（专项申报）税前扣除及纳税调整明细表

行次	项　目	账载金额	处置收入	赔偿收入	计税基础	税收金额	纳税调整金额
	1	2	3	4	5	6（5–3–4）	7（2–6）
1	一、货币资产损失（2+3+4+5）						
2							
3							

续表

行次	项目	账载金额	处置收入	赔偿收入	计税基础	税收金额	纳税调整金额
	1	2	3	4	5	6（5–3–4）	7（2–6）
4							
5							
6	二、非货币资产损失（7+8+9+10）						
7							
8							
9							
10							
11	三、投资损失（12+13+14+15）						
12							
13							
14							
15							
16	四、其他（17+18+19）						
17							
18							
19							
20	合计（1+6+11+16）						

填报说明

本表适用于发生资产损失税前扣除专项申报事项的纳税人填报。纳税人根据税法、《财政部 国家税务总局关于企业资产损失税前扣除政策的通知》（财税［2009］57号）、《国家税务总局关于发布〈企业资产损失所得税税前扣除管理办法〉的公告》（国家税务总局公告2011年第25号）等相关规定，及国家统一企业会计制度，填报纳税人资产损失会计、税法处理以及纳税调整情况。

（1）有关项目填报说明。

1）第1列"项目"：填报纳税人发生资产损失的具体项目名称，应逐笔逐项填报具体资产损失明细。

2）第2列"账载金额"：填报纳税人会计核算计入本年损益的资产损失金额。

3）第3列"处置收入"：填报纳税人处置发生损失的资产可收回的残值或处置收益。

4）第4列"赔偿收入"：填报纳税人发生的资产损失，取得的相关责任人、保险公司赔偿的金额。

5）第5列"计税基础"：填报按税法规定计算的发生损失时资产的计税基础，含损失资产涉及的不得抵扣增值税进项税额。

6）第6列"税收金额"：填报按税法规定确定的允许当期税前扣除的资产损失金额，为第5–3–4列的余额。

7）第7列"纳税调整金额"：填报第2–6列的余额。

（2）表内、表间关系。

1）表内关系。
① 第 1 行=第 2+3+4+5 行。
② 第 6 行=第 7+8+9+10 行。
③ 第 11 行=第 12+13+14+15 行。
④ 第 16 行=第 17+18+19 行。
⑤ 第 20 行=第 1+6+11+16 行。
⑥ 第 6 列=第 5–3–4 列。
⑦ 第 7 列=第 2–6 列。
2）表间关系。
① 第 1 行第 2 列=表 A105090 第 10 行第 1 列。
② 第 1 行第 6 列=表 A105090 第 10 行第 2 列。
③ 第 1 行第 7 列=表 A105090 第 10 行第 3 列。
④ 第 6 行第 2 列=表 A105090 第 11 行第 1 列。
⑤ 第 6 行第 6 列=表 A105090 第 11 行第 2 列。
⑥ 第 6 行第 7 列=表 A105090 第 11 行第 3 列。
⑦ 第 11 行第 2 列=表 A105090 第 12 行第 1 列。
⑧ 第 11 行第 6 列=表 A105090 第 12 行第 2 列。
⑨ 第 11 行第 7 列=表 A105090 第 12 行第 3 列。
⑩ 第 16 行第 2 列=表 A105090 第 13 行第 1 列。
⑪ 第 16 行第 6 列=表 A105090 第 13 行第 2 列。
⑫ 第 16 行第 7 列=表 A105090 第 13 行第 3 列。
⑬ 第 20 行第 2 列=表 A105090 第 9 行第 1 列。
⑭ 第 20 行第 6 列=表 A105090 第 9 行第 2 列。
⑮ 第 20 行第 7 列=表 A105090 第 9 行第 3 列。

（二十）A105100《企业重组纳税调整明细表》

A105100

企业重组纳税调整明细表

行次	项　目	一般性税务处理			特殊性税务处理			纳税调整金额
		账载金额	税收金额	纳税调整金额	账载金额	税收金额	纳税调整金额	
		1	2	3（2–1）	4	5	6（5–4）	7（3+6）
1	一、债务重组							
2	其中：以非货币性资产清偿债务							
3	债转股							
4	二、股权收购							
5	其中：涉及跨境重组的股权收购							
6	三、资产收购							
7	其中：涉及跨境重组的资产收购							
8	四、企业合并（9+10）							
9	其中：同一控制下企业合并							

续表

行次	项目	一般性税务处理			特殊性税务处理			纳税调整金额
		账载金额	税收金额	纳税调整金额	账载金额	税收金额	纳税调整金额	
		1	2	3（2–1）	4	5	6（5–4）	7（3+6）
10	非同一控制下企业合并							
11	五、企业分立							
12	六、其他							
13	其中：以非货币性资产对外投资							
14	合计（1+4+6+8+11+12）							

填报说明

本表适用于发生企业重组纳税调整项目的纳税人，在企业重组日所属纳税年度分析填报。纳税人根据税法、《财政部国家税务总局关于企业重组业务企业所得税处理若干问题的通知》（财税［2009］59 号）、《国家税务总局关于发布〈企业重组业务企业所得税管理办法〉的公告》（国家税务总局公告 2010 年第 4 号）、《财政部 国家税务总局关于中国（上海）自由贸易试验区内企业以非货币性资产对外投资等资产重组行为有关企业所得税政策问题的通知》（财税［2013］91 号）等相关规定，以及国家统一企业会计制度，填报企业重组的会计核算及税法规定，以及纳税调整情况。对于发生债务重组业务且选择特殊性税务处理（债务重组所得可以在 5 个纳税年度均匀计入应纳税所得额）的纳税人，重组日所属纳税年度的以后纳税年度，也在本表进行债务重组的纳税调整。除上述债务重组所得可以分期确认应纳税所得额的企业重组外，其他涉及资产计税基础与会计核算成本差异调整的企业重组，本表不作调整，在《资产折旧、摊销情况及纳税调整明细表》（A105080）进行纳税调整。

（1）有关项目填报说明。

本表数据栏设置“一般性税务处理”、“特殊性税务处理”两大栏次，纳税人应根据企业重组所适用的税务处理办法，分别按照企业重组类型进行累计填报。

1）第 1 列“一般性税务处理–账载金额”：填报企业重组适用一般性税务处理的纳税人会计核算确认的企业重组损益金额。

2）第 2 列“一般性税务处理–税收金额”：填报企业重组适用一般性税务处理的纳税人按税法规定确认的所得（或损失）金额。

3）第 3 列“一般性税务处理–纳税调整金额”：填报企业重组适用一般性税务处理的纳税人，按税法规定确认的所得（或损失）与会计核算确认的损益金额的差，为第 2–1 列的余额。

4）第 4 列“特殊性税务处理–账载金额”：填报企业重组适用特殊性税务处理的纳税人，会计核算确认的企业重组损益金额。

5）第 5 列“特殊性税务处理–税收金额”：填报企业重组适用特殊性税务处理的纳税人，按税法规定确认的所得（或损失）。

6）第 6 列“特殊性税务处理–纳税调整金额”：填报企业重组适用特殊性税务处理的纳税人，按税法规定确认的所得（或损失）与会计核算确认的损益金额的差额。为第 5–4 列的余额。

7）第 7 列“纳税调整金额”：填报第 3+6 列的金额。

（2）表内、表间关系。

1）表内关系。

① 第 8 行=第 9+10 行。
② 第 14 行=第 1+4+6+8+11+12 行。
③ 第 3 列=第 2–1 列。
④ 第 6 列=第 5–4 列。
⑤ 第 7 列=第 3+6 列。
2）表间关系。
① 第 14 行第 1+4 列=表 A105000 第 36 行第 1 列。
② 第 14 行第 2+5 列=表 A105000 第 36 行第 2 列。
③ 第 14 行第 7 列金额，若≥0，填入表 A105000 第 36 行第 3 列；若<0，将绝对值填入表 A105000 第 36 行第 4 列。

（二十一）A105110《政策性搬迁纳税调整明细表》

A105110

政策性搬迁纳税调整明细表

行　次	项　　目	金　额
1	一、搬迁收入（2+8）	
2	（一）搬迁补偿收入（3+4+5+6+7）	
3	1. 对被征用资产价值的补偿	
4	2. 因搬迁、安置而给予的补偿	
5	3. 对停产停业形成的损失而给予的补偿	
6	4. 资产搬迁过程中遭到毁损而取得的保险赔款	
7	5. 其他补偿收入	
8	（二）搬迁资产处置收入	
9	二、搬迁支出（10+16）	
10	（一）搬迁费用支出（11+12+13+14+15）	
11	1. 安置职工实际发生的费用	
12	2. 停工期间支付给职工的工资及福利费	
13	3. 临时存放搬迁资产而发生的费用	
14	4. 各类资产搬迁安装费用	
15	5. 其他与搬迁相关的费用	
16	（二）搬迁资产处置支出	
17	三、搬迁所得或损失（1–9）	
18	四、应计入本年应纳税所得额的搬迁所得或损失（19+20+21）	
19	其中：搬迁所得	
20	搬迁损失一次性扣除	
21	搬迁损失分期扣除	
22	五、计入当期损益的搬迁收益或损失	
23	六、以前年度搬迁损失当期扣除金额	
24	七、纳税调整金额（18–22–23）	

填报说明

本表适用于发生政策性搬迁纳税调整项目的纳税人在完成搬迁年度及以后进行损失分期扣除的年度填报。纳税人根据税法、《国家税务总局关于发布〈企业政策性搬迁所得税管理办法〉的公告》（国家税务总局公告 2012 年第 40 号）、《国家税务总局关于企业政策性搬迁所得税有关问题的公告》（国家税务总局公告 2013 年第 11 号）等相关规定，以及国家统一企业会计制度，填报企业政策性搬迁项目的相关会计处理、税法规定及纳税调整情况。

（1）有关项目填报说明。

本表第 1 行“一、搬迁收入”至第 22 行“五、计入当期损益的搬迁所得或损失”的金额，按照税法规定确认的政策性搬迁清算累计数填报。

1）第 1 行“一、搬迁收入”：填报第 2+8 行的合计数。

2）第 2 行“（一）搬迁补偿收入”：填报按税法规定确认的，纳税人从本企业以外取得的搬迁补偿收入金额，此行为第 3 行至第 7 行的合计金额。

3）第 3 行“1. 对被征用资产价值的补偿”：填报按税法规定确认的，纳税人被征用资产价值补偿收入累计金额。

4）第 4 行“2. 因搬迁、安置而给予的补偿”：填报按税法规定确认的，纳税人因搬迁、安置而取得的补偿收入累计金额。

5）第 5 行“3. 对停产停业形成的损失而给予的补偿”：填报按税法规定确认的，纳税人停产停业形成损失而取得的补偿收入累计金额。

6）第 6 行“4. 资产搬迁过程中遭到毁损而取得的保险赔款”：填报按税法规定确认，纳税人资产搬迁过程中遭到毁损而取得的保险赔款收入累计金额。

7）第 7 行“5. 其他补偿收入”：填报按税收规定确认，纳税人其他补偿收入累计金额。

8）第 8 行“（二）搬迁资产处置收入”：填报按税法规定确认，纳税人由于搬迁而处置各类资产所取得的收入累计金额。

9）第 9 行“二、搬迁支出”：填报第 10+16 行的金额。

10）第 10 行“（一）搬迁费用支出”：填报按税法规定确认，纳税人搬迁过程中发生的费用支出累计金额，为第 11 行至 15 行的合计金额。

11）第 11 行“1. 安置职工实际发生的费用”：填报按税法规定确认，纳税人安置职工实际发生费用支出的累计金额。

12）第 12 行“2. 停工期间支付给职工的工资及福利费”：填报按税法规定确认，纳税人因停工支付给职工的工资及福利费支出累计金额。

13）第 13 行“3. 临时存放搬迁资产而发生的费用”：填报按税法规定确认，纳税人临时存放搬迁资产发生的费用支出累计金额。

14）第 14 行“4. 各类资产搬迁安装费用”：填报按税法规定确认，纳税人各类资产搬迁安装费用支出累计金额。

15）第 15 行“5. 其他与搬迁相关的费用”：填报按税法规定确认，纳税人其他与搬迁相关的费用支出累计金额。

16）第 16 行“（二）搬迁资产处置支出”：填报按税法规定确认的，纳税人搬迁资产处置支出累计金额。符合《国家税务总局关于企业政策性搬迁所得税有关问题的公告》（国家税务总局公告 2013 年第 11 号）规定的资产购置支出，填报在本行。

17）第 17 行“三、搬迁所得或损失”：填报政策性搬迁所得或损失，填报第 1–9 行的余额。

18）第 18 行“四、应计入本年应纳税所得额的搬迁所得或损失”：填报政策性搬迁所得或损失按照税法规定计入本年应纳税所得额的金额，填报第 19 行至 21 行的合计金额。

19）第 19 行“其中：搬迁所得”：填报按税法相关规定，搬迁完成年度政策性搬迁所得的金额。

20）第 20 行“搬迁损失一次性扣除”：由选择一次性扣除搬迁损失的纳税人填报，填报搬迁完成年度按照税法规定计算的搬迁损失金额，损失以负数填报。

21）第 21 行“搬迁损失分期扣除”：由选择分期扣除搬迁损失的纳税人填报，填报搬迁完成年度按照税法规定计算的搬迁损失在本年扣除的金额，损失以负数填报。

22）第 22 行“五、计入当期损益的搬迁收益或损失”：填报政策性搬迁项目会计核算计入当期损益的金额，损失以负数填报。

23）第 23 行“六、以前年度搬迁损失当期扣除金额”：以前年度完成搬迁形成的损失，按照税法规定在当期扣除的金额。

24）第 24 行“七、纳税调整金额”：填报第 18–22–23 行的余额。

（2）表内、表间关系。

1）表内关系。

① 第 1 行=第 2+8 行。

② 第 2 行=第 3+4+…+7 行。

③ 第 9 行=第 10+16 行。

④ 第 10 行=第 11+12+…+15 行。

⑤ 第 17 行=第 1–9 行。

⑥ 第 18 行=第 19+20+21 行。

⑦ 第 24 行=第 18–22–23 行。

2）表间关系。

第 24 行，若≥0，填入表 A105000 第 37 行第 3 列；若<0，将绝对值填入表 A105000 第 37 行第 4 列。

（二十二）A106000《企业所得税弥补亏损明细表》

A106000

企业所得税弥补亏损明细表

行次	项目	年度	纳税调整后所得	合并、分立转入（转出）可弥补的亏损额	当年可弥补的亏损额	以前年度亏损已弥补额					本年度实际弥补的以前年度亏损额	可结转以后年度弥补的亏损额
						前四年度	前三年度	前二年度	前一年度	合计		
		1	2	3	4	5	6	7	8	9	10	11
1	前五年度											*
2	前四年度					*						
3	前三年度					*	*					
4	前二年度					*	*	*				
5	前一年度					*	*	*	*	*		
6	本年度					*	*	*	*	*		
7	可结转以后年度弥补的亏损额合计											

填报说明

本表填报纳税人根据税法，在本纳税年度及本纳税年度前 5 年度的纳税调整后所得、合并、分立转入（转出）可弥补的亏损额、当年可弥补的亏损额、以前年度亏损已弥补额、本年度实际弥补的以前年度亏损额、可结转以后年度弥补的亏损额。

（1）有关项目填报说明。

1）第 1 列“年度”：填报公历年度。纳税人应首先填报第 6 行本年度，再依次从第 5 行往第 1 行倒推填报以前年度。纳税人发生政策性搬迁事项，如停止生产经营活动年度可以从法定亏损结转弥补年限中减除，则按可弥补亏损年度进行填报。

2）第 2 列“纳税调整后所得”，第 6 行按以下情形填写：

① 表 A100000 第 19 行“纳税调整后所得”>0，第 20 行“所得减免”>0，则本表第 2 列第 6 行=本年度表 A100000 第 19–20–21 行，且减至 0 止。

第 20 行“所得减免”<0，填报此处时，以 0 计算。

② 表 A100000 第 19 行“纳税调整后所得”<0，则本表第 2 列第 6 行=本年度表 A100000 第 19 行。

第 1 行至第 5 行填报以前年度主表第 23 行（2013 纳税年度前）或表 A100000 第 19 行（2014 纳税年度后）“纳税调整后所得”的金额（亏损额以“–”号表示）。发生查补以前年度应纳税所得额的、追补以前年度未能税前扣除的实际资产损失等情况，该行需按修改后的“纳税调整后所得”金额进行填报。

3）第 3 列“合并、分立转入（转出）可弥补亏损额”：填报按照企业重组特殊性税务处理规定因企业被合并、分立而允许转入可弥补亏损额，以及因企业分立转出的可弥补亏损额（转入亏损以“–”号表示，转出亏损以正数表示）。

4）第 4 列“当年可弥补的亏损额”：当第 2 列小于零时金额等于第 2+3 列，否则等于第 3 列（亏损以“–”号表示）。

5）“以前年度亏损已弥补额”：填报以前年度盈利已弥补金额，其中：前四年度、前三年度、前二年度、前一年度与“项目”列中的前四年度、前三年度、前二年度、前一年度相对应。

6）第 10 列“本年度实际弥补的以前年度亏损额”第 1 行至 5 行：填报本年度盈利时，用第 6 行第 2 列本年度“纳税调整后所得”依次弥补前 5 年度尚未弥补完的亏损额。

7）第 10 列“本年度实际弥补的以前年度亏损额”第 6 行：金额等于第 10 列第 1 行至 5 行的合计数，该数据填入本年度表 A100000 第 22 行。

8）第 11 列“可结转以后年度弥补的亏损额”第 2 行至 6 行：填报本年度前 4 年度尚未弥补完的亏损额，以及本年度的亏损额。

9）第 11 列“可结转以后年度弥补的亏损额合计”第 7 行：填报第 11 列第 2 行至 6 行的合计数。

（2）表内、表间关系。

1）表内关系。

① 若第 2 列<0，第 4 列=第 2+3 列，否则第 4 列=第 3 列。

② 若第 3 列>0 且第 2 列<0，第 3 列<第 2 列的绝对值。

③ 第 9 列=第 5+6+7+8 列。

④ 若第 2 列第 6 行>0，第 10 列第 1 至 5 行同一行次≤第 4 列 1 至 5 行同一行次的绝对值–第 9 列 1 至 5 行同一行次；若第 2 列第 6 行<0，第 10 列第 1 行至第 5 行=0。

⑤ 若第 2 列第 6 行>0，第 10 列第 6 行=第 10 列第 1+2+3+4+5 行且≤第 2 列第 6 行；若

第 2 列第 6 行<0，第 10 列第 6 行=0。

⑥ 第 4 列为负数的行次，第 11 列同一行次=第 4 列该行的绝对值–第 9 列该行–第 10 列该行。否则第 11 列同一行次填“0”。

⑦ 第 11 列第 7 行=第 11 列第 2+3+4+5+6 行。

2）表间关系。

① 第 6 行第 2 列=表 A100000 第 19 行。

② 第 6 行第 10 列=表 A100000 第 22 行。

（二十三）A107010《免税、减计收入及加计扣除优惠明细表》

A107010

免税、减计收入及加计扣除优惠明细表

行次	项　目	金额
1	一、免税收入（2+3+4+5）	
2	（一）国债利息收入	
3	（二）符合条件的居民企业之间的股息、红利等权益性投资收益（填写 A107011）	
4	（三）符合条件的非营利组织的收入	
5	（四）其他专项优惠（6+7+8+9+10+11+12+13+14）	
6	1. 中国清洁发展机制基金取得的收入	
7	2. 证券投资基金从证券市场取得的收入	
8	3. 证券投资基金投资者获得的分配收入	
9	4. 证券投资基金管理人运用基金买卖股票、债券的差价收入	
10	5. 取得的地方政府债券利息所得或收入	
11	6. 受灾地区企业取得的救灾和灾后恢复重建款项等收入	
12	7. 中国期货保证金监控中心有限责任公司取得的银行存款利息等收入	
13	8. 中国保险保障基金有限责任公司取得的保险保障基金等收入	
14	9. 其他	
15	二、减计收入（16+17）	
16	（一）综合利用资源生产产品取得的收入（填写 A107012）	
17	（二）其他专项优惠（18+19+20）	
18	1. 金融、保险等机构取得的涉农利息、保费收入（填写 A107013）	
19	2. 取得的中国铁路建设债券利息收入	
20	3. 其他	
21	三、加计扣除（22+23+26）	
22	（一）开发新技术、新产品、新工艺发生的研究开发费用加计扣除（填写 A107014）	
23	（二）安置残疾人员及国家鼓励安置的其他就业人员所支付的工资加计扣除（24+25）	
24	1. 支付残疾人员工资加计扣除	
25	2. 国家鼓励的其他就业人员工资加计扣除	
26	（三）其他专项优惠	
27	合计（1+15+21）	

填报说明

本表适用于享受免税收入、减计收入和加计扣除优惠的纳税人填报。纳税人根据税法及相关税收政策规定，填报本年发生的免税收入、减计收入和加计扣除优惠情况。

（1）有关项目填报说明。

1）第 1 行“一、免税收入”：填报第 2+3+4+5 行的金额。

2）第 2 行“（一）国债利息收入”：填报纳税人根据《国家税务总局关于企业国债投资业务企业所得税处理问题的公告》（国家税务总局公告 2011 年第 36 号）等相关税收政策规定的，持有国务院财政部门发行的国债取得的利息收入。

3）第 3 行“（二）符合条件的居民企业之间的股息、红利等权益性投资收益”：填报《符合条件的居民企业之间的股息、红利等权益性投资收益情况明细表》（A107011）第 10 行第 16 列金额。

4）第 4 行“（三）符合条件的非营利组织的收入”：填报纳税人根据《财政部 国家税务总局关于非营利组织企业所得税免税收入问题的通知》（财税［2009］122 号）、《财政部 国家税务总局关于非营利组织免税资格认定管理有关问题的通知》（财税［2014］13 号）等相关税收政策规定的，同时符合条件并依法履行登记手续的非营利组织，取得的捐赠收入等免税收入，不包括从事营利性活动所取得的收入。

5）第 5 行“（四）其他专项优惠”：填报第 6+7+…+14 行的金额。

6）第 6 行“1. 中国清洁发展机制基金取得的收入”：填报纳税人根据《财政部 国家税务总局关于中国清洁发展机制基金及清洁发展机制项目实施企业有关企业所得税政策问题的通知》（财税［2009］30 号）等相关税收政策规定的，中国清洁发展机制基金取得的 CDM 项目温室气体减排量转让收入上缴国家的部分，国际金融组织赠款收入，基金资金的存款利息收入、购买国债的利息收入，国内外机构、组织和个人的捐赠收入。

7）第 7 行“2. 证券投资基金从证券市场取得的收入”：填报纳税人根据《财政部 国家税务总局关于企业所得税若干优惠政策的通知》（财税［2008］1 号）第二条第一款等相关税收政策规定的，证券投资基金从证券市场中取得的收入，包括买卖股票、债券的差价收入，股权的股息、红利收入，债券的利息收入及其他收入。

8）第 8 行“3. 证券投资基金投资者获得的分配收入”：填报纳税人根据《财政部 国家税务总局关于企业所得税若干优惠政策的通知》（财税［2008］1 号）第二条第二款等相关税收政策规定的，投资者从证券投资基金分配中取得的收入。

9）第 9 行“4. 证券投资基金管理人运用基金买卖股票、债券的差价收入”：填报纳税人根据《财政部 国家税务总局关于企业所得税若干优惠政策的通知》（财税［2008］1 号）第二条第三款等相关税收政策规定的，证券投资基金管理人运用基金买卖股票、债券的差价收入。

10）第 10 行“5. 取得的地方政府债券利息所得或收入”：填报纳税人根据《财政部 国家税务总局关于地方政府债券利息所得免征所得税问题的通知》（财税［2011］76 号）、《财政部 国家税务总局关于地方政府债券利息免征所得税问题的通知》（财税［2013］5 号）等相关税收政策规定的，取得的 2009 年、2010 年和 2011 年发行的地方政府债券利息所得，2012 年及以后年度发行的地方政府债券利息收入。

11）第 11 行“6. 受灾地区企业取得的救灾和灾后恢复重建款项等收入”：填报芦山受灾地区企业根据《财政部 海关总署 国家税务总局关于支持芦山地震灾后恢复重建有关税收政策问题的通知》（财税［2013］58 号）等相关税收政策规定的，通过公益性社会团体、县级以上人民政府及其部门取得的抗震救灾和灾后恢复重建款项和物资，以及税收法律、法规和国务院批准的减免税金及附加收入。

12）第 12 行“7. 中国期货保证金监控中心有限责任公司取得的银行存款利息等收入”：填报中国期货保证金监控中心有限责任公司根据《财政部 国家税务总局关于期货投资者保障基金有关税收政策继续执行的通知》（财税［2013］80 号）等相关税收政策规定的，取得的银行存款利息收入、购买国债、中央银行和中央级金融机构发行债券的利息收入，以及证监会和财政部批准的其他资金运用取得的收入。

13）第 13 行“8. 中国保险保障基金有限责任公司取得的保险保障基金等收入”：填报中国保险保障基金有限责任公司根据《财政部 国家税务总局关于保险保障基金有关税收政策继续执行的通知》（财税［2013］81 号）等相关税收政策规定的，根据《保险保障基金管理办法》取得的境内保险公司依法缴纳的保险保障基金；依法从撤销或破产保险公司清算财产中获得的受偿收入和向有关责任方追偿所得，以及依法从保险公司风险处置中获得的财产转让所得；捐赠所得；银行存款利息收入；购买政府债券、中央银行、中央企业和中央级金融机构发行债券的利息收入；国务院批准的其他资金运用取得的收入。

14）第 14 行“9. 其他”：填报纳税人享受的其他免税收入金额。

15）第 15 行“二、减计收入”：填报第 16+17 行的金额。

16）第 16 行“（一）综合利用资源生产产品取得的收入”：填报《综合利用资源生产产品取得的收入优惠明细表》（A107012）第 10 行第 10 列的金额。

17）第 17 行“（二）其他专项优惠”：填报第 18+19+20 行的金额。

18）第 18 行“1. 金融、保险等机构取得的涉农利息、保费收入”：填报《金融、保险等机构取得的涉农利息、保费收入优惠明细表》（A107013）第 13 行的金额。

19）第 19 行“2. 取得的中国铁路建设债券利息收入”：填报纳税人根据《财政部 国家税务总局关于铁路建设债券利息收入企业所得税政策的通知》（财税［2011］99 号）、《财政部 国家税务总局关于 2014、2015 年铁路建设债券利息收入企业所得税政策的通知》（财税［2014］2 号）等相关税收政策规定的，对企业持有发行的中国铁路建设债券取得的利息收入，减半征收企业所得税。本行填报政策规定减计 50%收入的金额。

20）第 20 行“3. 其他”：填报纳税人享受的其他减计收入金额。

21）第 21 行“三、加计扣除”：填报第 22+23+26 行的金额。

22）第 22 行“（一）开发新技术、新产品、新工艺发生的研究开发费用加计扣除”：填报《研发费用加计扣除优惠明细表》（A107014）第 10 行第 19 列的金额。

23）第 23 行“（二）安置残疾人员及国家鼓励安置的其他就业人员所支付的工资加计扣除”：填报第 24+25 行的金额。

24）第 24 行“1. 支付残疾人员工资加计扣除”：填报纳税人根据《财政部 国家税务总局关于安置残疾人员就业有关企业所得税优惠政策问题的通知》（财税［2009］70 号）等相关税收政策规定的，安置残疾人员的，在支付给残疾职工工资据实扣除的基础上，按照支付给残疾职工工资的 100%加计扣除的金额。

25）第 25 行“2. 国家鼓励的其他就业人员工资加计扣除”：填报享受企业向其他就业人员支付工资加计扣除金额。

26）第 26 行“（三）其他专项优惠”：填报纳税人享受的其他加计扣除的金额。

27）第 27 行“合计”：填报第 1+15+21 行的金额。

（2）表内、表间关系。

1）表内关系。

① 第 1 行=第 2+3+4+5 行。

② 第 5 行=第 6+7+…+14 行。

③ 第 15 行=第 16+17 行。

④ 第 17 行=第 18+19+20 行。

⑤ 第 21 行=第 22+23+26 行。

⑥ 第 23 行=第 24+25 行。

⑦ 第 27 行=第 1+15+21 行。

2）表间关系。

① 第 27 行=表 A100000 第 17 行。

② 第 3 行=表 A107011 第 10 行第 16 列。

③ 第 16 行=表 107012 第 10 行第 10 列。

④ 第 18 行=表 A107013 第 13 行。

⑤ 第 22 行=表 A107014 第 10 行第 19 列。

（二十四）A107011《符合条件的居民企业之间的股息、红利等权益性投资收益优惠明细表》

A107011

符合条件的居民企业之间的股息、红利等权益性投资收益优惠明细表

行次	被投资企业	投资性质	投资成本	投资比例	被投资企业利润分配确认金额		被投资企业清算确认金额			撤回或减少投资确认金额						合计
					被投资企业做出利润分配或转股决定时间	依决定归属于本公司的股息、红利等权益性投资收益金额	分得的被投资企业清算剩余资产	被清算企业累计未分配利润和累计盈余公积应享有部分	应确认的股息所得	从被投资企业撤回或减少投资取得的资产	减少投资比例	收回初始投资成本	取得资产中超过收回初始投资成本部分	撤回或减少投资应享有被投资企业累计未分配利润和累计盈余公积	应确认的股息所得	
	1	2	3	4	5	6	7	8	9（7与8孰小）	10	11	12（3×11）	13(10–12)	14	15（13与14孰小）	16（6+9+15）
1																
2																
3																
4																
5																
6																
7																
8																
9																
10	合计	*	*	*	*		*	*		*	*	*	*	*		

填报说明

本表适用于享受符合条件的居民企业之间的股息、红利等权益性投资收益优惠的纳税人填报。纳税人根据税法、《财政部　国家税务总局关于企业清算业务企业所得税处理若干问题的通知》（财税［2009］60号）、《财政部　国家税务总局关于执行企业所得税优惠政策若干问题的通知》（财税［2009］69号）、《国家税务总局关于贯彻落实企业所得税法若干税收问题的通知》（国税函［2010］79号）、《国家税务总局关于企业所得税若干问题的公告》（国家税务总局公告2011年第34号）等相关税收政策规定，填报本年发生的符合条件的居民企业之间的股息、红利等权益性投资收益优惠情况，不包括连续持有居民企业公开发行并上市流通的股票不足12个月取得的投资收益。

（1）有关项目填报说明。

1）行次按不同的被投资企业分别填报。

2）第1列“被投资企业”：填报被投资企业名称。

3）第2列“投资性质”：填报直接投资或股票投资。

4）第3列“投资成本”：填报纳税人投资于被投资企业的计税成本。

5）第4列“投资比例”：填报纳税人投资于被投资企业的股权比例；若购买公开发行股票的，此列可不填报。

6）第5列“被投资企业做出利润分配或转股决定时间”：填报被投资企业做出利润分配或转股决定的时间。

7）第6列“依决定归属于本公司的股息、红利等权益性投资收益金额”：填报纳税人按照投资比例计算的归属于本公司的股息、红利等权益性投资收益金额。若被投资企业将股权（票）溢价所形成的资本公积转为股本的，不作为投资方企业的股息、红利收入，投资方企业也不得增加该项长期投资的计税基础。

8）第7列“分得的被投资企业清算剩余资产”：填报纳税人分得的被投资企业清算后的剩余资产。

9）第8列“被清算企业累计未分配利润和累计盈余公积应享有部分”：填报被清算企业累计未分配利润和累计盈余公积中本企业应享有的金额。

10）第9列“应确认的股息所得”：填报第7列与第8列孰小数。

11）第10列“从被投资企业撤回或减少投资取得的资产”：填报纳税人从被投资企业撤回或减少投资时取得的资产。

12）第11列“减少投资比例”：填报纳税人撤回或减少的投资额占被投资企业的股权比例。

13）第12列“收回初始投资成本”：填报第3×11列的金额。

14）第13列“取得资产中超过收回初始投资成本部分”：填报第10–12列的金额。

15）第14列“撤回或减少投资应享有被投资企业累计未分配利润和累计盈余公积”：填报被投资企业累计未分配利润和累计盈余公积按减少实收资本比例计算的部分。

16）第15列“应确认的股息所得”：填报第13列与第14列孰小数。

17）第17列“合计”：填报第6+9+15列的金额。

18）第10行“合计”：填报第1+2+…+9行的金额。

（2）表内、表间关系。

1）表内关系。

① 第12列=第3×11列。

② 第13列=第10–12列。

③ 第 16 列=第 6+9+15 列。

④ 第 9 列：第 7 列与第 8 列孰小数。

⑤ 第 15 列：第 13 列与第 14 列孰小数。

⑥ 第 10 行=第 1+2+…+9 行。

2）表间关系。

第 10 行第 16 列=表 A107010 第 3 行。

（二十五）A107020《所得减免优惠明细表》

A107020

所得减免优惠明细表

行次	项　　目	项目收入	项目成本	相关税费	应分摊期间费用	纳税调整额	项目所得额	减免所得额
		1	2	3	4	5	6（1−2−3−4+5）	7
1	一、农、林、牧、渔业项目（2+13）							
2	（一）免税项目（3+4+5+6+7+8+9+11+12）							
3	1. 蔬菜、谷物、薯类、油料、豆类、棉花、麻类、糖料、水果、坚果的种植							
4	2. 农作物新品种的选育							
5	3. 中药材的种植							
6	4. 林木的培育和种植							
7	5. 牲畜、家禽的饲养							
8	6. 林产品的采集							
9	7. 灌溉、农产品初加工、兽医、农技推广、农机作业和维修等农、林、牧、渔服务业项目							
10	其中：农产品初加工							
11	8. 远洋捕捞							
12	9. 其他							
13	（二）减半征税项目（14+15+16）							
14	1. 花卉、茶以及其他饮料作物和香料作物的种植							
15	2. 海水养殖、内陆养殖							
16	3. 其他							
17	二、国家重点扶持的公共基础设施项目（18+19+20+21+22+23+24+25）							
18	（一）港口码头项目							
19	（二）机场项目							

续表

行次	项　　目	项目收入	项目成本	相关税费	应分摊期间费用	纳税调整额	项目所得额	减免所得额
		1	2	3	4	5	6（1–2–3–4+5）	7
20	（三）铁路项目							
21	（四）公路项目							
22	（五）城市公共交通项目							
23	（六）电力项目							
24	（七）水利项目							
25	（八）其他项目							
26	三、符合条件的环境保护、节能节水项目（27+28+29+30+31+32）							
27	（一）公共污水处理项目							
28	（二）公共垃圾处理项目							
29	（三）沼气综合开发利用项目							
30	（四）节能减排技术改造项目							
31	（五）海水淡化项目							
32	（六）其他项目							
33	四、符合条件的技术转让项目（34+35）					*		
34	（一）技术转让所得不超过 500 万元部分	*	*	*	*	*	*	
35	（二）技术转让所得超过 500 万元部分	*	*	*	*	*	*	
36	五、其他专项优惠项目（37+38+39）							
37	（一）实施清洁发展机制项目							
38	（二）符合条件的节能服务公司实施合同能源管理项目							
39	（三）其他							
40	合计（1+17+26+33+36）							

填报说明

本表适用于享受所得减免优惠的纳税人填报。纳税人根据税法及相关税收政策规定，填报本年发生的减免所得额优惠情况。

（1）有关项目填报说明。

1）第 1 行“一、农、林、牧、渔业项目”：填报纳税人根据《财政部 国家税务总局关于发布享受企业所得税优惠政策的农产品初加工范围（试行）的通知》（财税［2008］149 号）、《国家税务总局关于黑龙江垦区国有农场土地承包费缴纳企业所得税问题的批复》（国税函［2009］779 号）、《国家税务总局关于“公司+农户”经营模式企业所得税优惠问题的公告》（国家税务总局公告 2010 年第 2 号）、《财政部 国家税务总局关于享受企业所得税优惠的农产品初加工有关范围的补充通知》（财税［2011］26 号）、《国家税务总局关于实施农林牧渔业项目企业所得税优惠问题的公告》（国家税务总局公告 2011 年第 48 号）等相关税收政策规定的，本纳税年度发生的减征、免征企业所得税项目的所得额。本行填报第 2+13 行的金额。

2）第 2 行“（一）免税项目”：填报第 3+4+…+9+11+12 行的金额。

3）第 3 行“1. 蔬菜、谷物、薯类、油料、豆类、棉花、麻类、糖料、水果、坚果的种植”：填报纳税人种植蔬菜、谷物、薯类、油料、豆类、棉花、麻类、糖料、水果、坚果取得的免征企业所得税项目的所得额。

4）第 4 行“2. 农作物新品种的选育”：填报纳税人从事农作物新品种的选育免征企业所得税项目的所得额。

5）第 5 行“3. 中药材的种植”：填报纳税人从事中药材的种植免征企业所得税项目的所得额。

6）第 6 行“4. 林木的培育和种植”：填报纳税人从事林木的培育和种植免征企业所得税项目的所得额。

7）第 7 行“5. 牲畜、家禽的饲养”：填报纳税人从事牲畜、家禽的饲养免征企业所得税项目的所得额。

8）第 8 行“6. 林产品的采集”：填报纳税人从事采集林产品免征企业所得税项目的所得额。

9）第 9 行“7. 灌溉、农产品初加工、兽医、农技推广、农机作业和维修等农、林、牧、渔服务业项目”：填报纳税人从事灌溉、农产品初加工、兽医、农技推广、农机作业和维修等农、林、牧、渔服务业免征企业所得税项目的所得额。

10）第 10 行“其中：农产品初加工”：填报纳税人从事农产品初加工免征企业所得税项目的所得额。

11）第 11 行“8. 远洋捕捞”：填报纳税人从事远洋捕捞免征企业所得税的所得额。

12）第 12 行“9. 其他”：填报纳税人享受的其他免税所得优惠政策。

13）第 13 行“（二）减半征税项目”：填报第 14+15+16 行的金额。

14）第 14 行“1. 花卉、茶以及其他饮料作物和香料作物的种植”：填报纳税人从事花卉、茶以及其他饮料作物和香料作物种植减半征收企业所得税项目的所得额。

15）第 15 行“2. 海水养殖、内陆养殖”：填报纳税人从事海水养殖、内陆养殖减半征收企业所得税项目的所得额。

16）第 16 行“3. 其他”：填报国务院根据税法授权制定的其他减税所得税收优惠政策。

17）第 17 行“二、国家重点扶持的公共基础设施项目”：填报纳税人根据《财政部 国家税务总局关于执行公共基础设施项目企业所得税优惠目录有关问题的通知》（财税［2008］46

号)、《财政部 国家税务总局 国家发展改革委关于公布公共基础设施项目企业所得税优惠目录(2008年版)的通知》(财税[2008]116号)、《国家税务总局关于实施国家重点扶持的公共基础设施项目企业所得税优惠问题的通知》(国税发[2009]80号)、《财政部 国家税务总局关于公共基础设施项目和环境保护 节能节水项目企业所得税优惠政策问题的通知》(财税[2012]10号)、《财政部 国家税务总局关于支持农村饮水安全工程建设运营税收政策的通知》(财税[2012]30号)第五条、《国家税务总局关于电网企业电网新建项目享受所得税优惠政策问题的公告》(国家税务总局公告2013年第26号)等相关税收政策规定的,从事《公共基础设施项目企业所得税优惠目录》规定的港口码头、机场、铁路、公路、城市公共交通、电力、水利等项目的投资经营的所得,自项目取得第一笔生产经营收入所属纳税年度起,第一年至第三年免征企业所得税,第四年至第六年减半征收企业所得税。不包括企业承包经营、承包建设和内部自建自用该项目的所得。本行填报第18+19+…+25行的金额。

18)第18行“(一)港口码头项目”:填报纳税人从事《公共基础设施项目企业所得税优惠目录》规定的港口码头项目的投资经营的减免所得额。

19)第19行“(二)机场项目”:填报纳税人从事《公共基础设施项目企业所得税优惠目录》规定的机场项目的投资经营的减免所得额。

20)第20行“(三)铁路项目”:填报纳税人从事《公共基础设施项目企业所得税优惠目录》规定的铁路项目的投资经营的减免所得额。

21)第21行“(四)公路项目”:填报纳税人从事《公共基础设施项目企业所得税优惠目录》规定的公路项目的投资经营的减免所得额。

22)第22行“(五)城市公共交通项目”:填报纳税人从事《公共基础设施项目企业所得税优惠目录》规定的城市公共交通项目的投资经营的减免所得额。

23)第23行“(六)电力项目”:填报纳税人从事《公共基础设施项目企业所得税优惠目录》规定的电力项目的投资经营的减免所得额。

24)第24行“(七)水利项目”:填报纳税人从事《公共基础设施项目企业所得税优惠目录》规定的水利项目的投资经营的减免所得额。

25)第25行“(八)其他项目”:填报纳税人从事《公共基础设施项目企业所得税优惠目录》规定的其他项目的投资经营的减免所得额。

26)第26行“三、符合条件的环境保护、节能节水项目”:填报纳税人根据《财政部 国家税务总局 国家发展改革委关于公布环境保护节能节水项目企业所得税优惠目录(试行)的通知》(财税[2009]166号)、《财政部 国家税务总局关于公共基础设施项目和环境保护 节能节水项目企业所得税优惠政策问题的通知》(财税[2012]10号)等相关税收政策规定的,从事符合条件的公共污水处理、公共垃圾处理、沼气综合开发利用、节能减排技术改造、海水淡化等环境保护、节能节水项目的所得,自项目取得第一笔生产经营收入所属纳税年度起,第一年至第三年免征企业所得税,第四年至第六年减半征收企业所得税。本行填报第27+28+…+32行的金额。

27)第27行“(一)公共污水处理项目”:填报纳税人从事符合条件的公共污水处理项目的减免所得额。

28)第28行“(二)公共垃圾处理项目”:填报纳税人从事符合条件的公共垃圾处理项目的减免所得额。

29)第29行“(三)沼气综合开发利用项目”:填报纳税人从事符合条件的沼气综合开发利用项目的减免所得额。

30）第 30 行“（四）节能减排技术改造项目”：填报纳税人从事符合条件的节能减排技术改造项目的减免所得额。

31）第 31 行“（五）海水淡化项目”：填报纳税人从事符合条件的海水淡化项目的减免所得额。

32）第 32 行“（六）其他项目”：填报纳税人从事符合条件的其他项目的减免所得额。

33）第 33 行“四、符合条件的技术转让项目”：填报纳税人根据《国家税务总局关于技术转让所得减免企业所得税有关问题的通知》（国税函［2009］212 号）、《财政部 国家税务总局关于居民企业技术转让有关企业所得税政策问题的通知》（财税［2010］111 号）、《国家税务总局关于技术转让所得减免企业所得税有关问题的公告》（国家税务总局公告 2013 年第 62 号）等相关税收政策规定的，一个纳税年度内，居民企业将其拥有的专利技术、计算机软件著作权、集成电路布图设计权、植物新品种、生物医药新品种，以及财政部和国家税务总局确定的其他技术的所有权或 5 年以上（含 5 年）使用权转让取得的所得，不超过 500 万元的部分，免征企业所得税；超过 500 万元的部分，减半征收企业所得税。居民企业从直接或间接持有股权之和达到 100%的关联方取得的技术转让所得，不享受技术转让减免企业所得税优惠政策。本行第 1 至 6 列分别填报，第 7 列填报第 34 行+35 行的金额。

34）第 34 行“（一）技术转让所得不超过 500 万元部分”：填报纳税人符合条件的技术转让所得不超过 500 万元的部分，免征企业所得税。

35）第 35 行“（二）技术转让所得超过 500 万元部分”：填报纳税人符合条件的技术转让所得超过 500 万元的部分，减半征收企业所得税。

36）第 36 行“五、其他专项优惠项目”：填报第 37+38+39 行的金额。

37）第 37 行“（一）实施清洁发展机制项目”：填报纳税人根据《财政部 国家税务总局关于中国清洁发展机制基金及清洁发展机制项目实施企业有关企业所得税政策问题的通知》（财税［2009］30 号）等相关税收政策规定的，对企业实施的将温室气体减排量转让收入的 65%上缴给国家的 HFC 和 PFC 类 CDM 项目，以及将温室气体减排量转让收入的 30%上缴给国家的 N2O 类 CDM 项目，其实施该类 CDM 项目的所得，自项目取得第一笔减排量转让收入所属纳税年度起，第一年至第三年免征企业所得税，第四年至第六年减半征收企业所得税。

38）第 38 行“（二）符合条件的节能服务公司实施合同能源管理项目”：填报纳税人根据《财政部 国家税务总局关于促进节能服务产业发展增值税、营业税和企业所得税政策问题的通知》（财税［2010］110 号）、《国家税务总局 国家发展改革委关于落实节能服务企业合同能源管理项目企业所得税优惠政策有关征收管理问题的公告》（国家税务总局 国家发展改革委公告 2013 年第 77 号）等相关税收政策规定的，对符合条件的节能服务公司实施合同能源管理项目，符合企业所得税税法有关规定的，自项目取得第一笔生产经营收入所属纳税年度起，第一年至第三年免征企业所得税，第四年至第六年按照 25%的法定税率减半征收企业所得税。

39）第 39 行“（三）其他”：填报纳税人享受的其他专项减免应纳税所得额。

40）第 40 行“合计”：填报第 1+17+26+33+36 行的金额。

41）第 1 列“项目收入”：填报享受所得减免企业所得税优惠的企业，该项目取得的收入总额。

42）第 2 列“项目成本”：填报享受所得减免企业所得税优惠的企业，该项目发生的成本总额。

43）第 3 列“相关税费”：填报享受所得减免企业所得税优惠的企业，该项目实际发生的有关税费，包括除企业所得税和允许抵扣的增值税以外的各项税金及其附加、合同签订费用、律师费等相关费用及其他支出。

44）第 4 列“应分摊期间费用”：填报享受所得减免企业所得税优惠的企业，该项目合理分摊的期间费用。合理分摊比例可以按照投资额、销售收入、资产额、人员工资等参数确定。上述比例一经确定，不得随意变更。

45）第 5 列“纳税调整额”：填报纳税人按照税法规定需要调整减免税项目收入、成本、费用的金额，调整减少的金额以负数填报。

46）第 6 列“项目所得额”：填报第 1–2–3–4+5 列的金额。

47）第 7 列“减免所得额”：填报享受所得减免企业所得税优惠的企业，该项目按照税法规定实际可以享受免征、减征的所得额。本行<0 的，填写负数。

（2）表内、表间关系。

1）表内关系。

① 第 1 行=第 2+13 行。

② 第 2 行=第 3+4+…9+11+12 行。

③ 第 13 行=第 14+15+16 行。

④ 第 17 行=第 18+19+…+25 行。

⑤ 第 26 行=第 27+28+…+32 行。

⑥ 第 33 行第 7 列=第 34 行第 7 列+第 35 行第 7 列。

⑦ 第 36 行=第 37+38+39 行。

⑧ 第 40 行=第 1+17+26+33+36 行。

⑨ 第 6 列=第 1–2–3–4+5 列。

2）表间关系。

第 40 行第 7 列 = 表 A100000 第 20 行。

（二十六）A107030《抵扣应纳税所得额明细表》

A107030

抵扣应纳税所得额明细表

行次	项　　目	金　额
一、创业投资企业直接投资于未上市中小高新企业按投资额一定比例抵扣应纳税所得额		
1	本年新增的符合条件的股权投资额	
2	税收规定的抵扣率	70%
3	本年新增的可抵扣的股权投资额（1 行×2 行）	
4	以前年度结转的尚未抵扣的股权投资余额	
5	本年可抵扣的股权投资额（3 行+4 行）	
6	本年可用于抵扣的应纳税所得额	
7	本年实际抵扣应纳税所得额（5 行≤6 行，本行=5 行；5 行>6 行，本行=6 行）	
8	结转以后年度抵扣的股权投资余额（5>6，本行=5–7 行；5≤6，本行=0）	
二、通过有限合伙制创业投资企业投资未上市中小高新企业按一定比例抵扣分得的应纳税所得额		
9	本年从有限合伙创投企业应分得的应纳税所得额	
10	本年新增的可抵扣投资额	
11	以前年度结转的可抵扣投资额余额	
12	本年可抵扣投资额（10 行+11 行）	

续表

行次	项　　目	金　额
13	本年实际抵扣应分得的应纳税所得额（9 行≤12 行，本行=9 行；9 行>12 行，本行=12 行）	
14	结转以后年度抵扣的投资额余额（9 行≤12 行，本行=12 行−9 行；9 行>12 行，本行=0）	
三、抵扣应纳税所得额合计		
15	合计：（7 行+13 行）	

填报说明

本表适用于享受创业投资企业抵扣应纳税所得额优惠的纳税人填报。纳税人根据企业所得税法、《国家税务总局关于实施创业投资企业所得税优惠问题的通知》（国税发［2009］87 号）、《财政部 国家税务总局关于执行企业所得税优惠政策若干问题的通知》（财税［2009］69 号）、《财政部 国家税务总局关于将国家自主创新示范区有关税收试点政策推广到全国范围实施的通知》（财税［2015］116 号）、《国家税务总局关于有限合伙制创业投资企业法人合伙人企业所得税有关问题的公告》（国家税务总局公告 2015 年第 81 号）等规定，填报本年度发生的创业投资企业抵扣应纳税所得额优惠情况。

本表包括三部分：一是创业投资企业直接投资中小高新技术企业按一定比例抵扣应纳税所得额；二是企业通过有限合伙制创投企业间接投资中小高新技术企业按一定比例抵扣应纳税所得额；三是上述两种情况的合计。

需要注意：一是本表填报两项创投优惠政策每年新增符合条件的投资额和有限合伙人每年分得的应纳税所得额；二是本表用于计算本年抵扣的应纳税所得额。因此，无论企业本年是否盈利，只要有新增符合条件的投资额或者从有限合伙人分得应纳税所得额，即使本年不抵扣应纳税所得额，也需填报本表。

（1）有关项目填报说明。

1）“一、创业投资企业直接投资于未上市中小高新企业按投资额一定比例抵扣应纳税所得额”：由创业投资企业（非合伙制）纳税人填报其以股权投资方式直接投资未上市中小高新技术企业 2 年（24 个月，下同）以上限额抵免应纳税所得额的金额。对于通过有限合伙制创业投资企业间接投资中小高新技术企业享受优惠政策填写本表第 9 行至 14 行。具体行次如下：

① 第 1 行“本年新增的符合条件的股权投资额”：填报创业投资企业采取股权投资方式投资于未上市的中小高新技术企业满 2 年的，本年新增的符合条件的股权投资额。

注意：无论企业本年是否盈利，有符合条件的投资额即填报本表，以后年度盈利时填写第 4 行“以前年度结转的尚未抵扣的股权投资余额”。

② 第 3 行“本年新增的可抵扣的股权投资额”：本行填报第 1×2 行金额。

③ 第 4 行“以前年度结转的尚未抵扣的股权投资余额”：填报以前年度符合条件的尚未抵扣的股权投资余额。

④ 第 5 行“本年可抵扣的股权投资额”：本行填报第 3+4 行的金额。

⑤ 第 6 行“本年可用于抵扣的应纳税所得额”：本行填报表 A100000 第 19 行−20 行−22 行的金额，若金额小于 0，则填报 0。

企业同时通过有限合伙创业投资企业间接投资中小高新技术企业的，本行填报表 A100000 第 19 行−20 行−22 行−本表第 13 行“本年实际抵扣应分得的应纳税所得额”的金额，若金额小于 0，则填报 0。

⑥ 第 7 行“本年实际抵扣应纳税所得额”：若第 5 行≤第 6 行，则本行=第 5 行；第 5 行>第 6 行，则本行=第 6 行。

⑦ 第 8 行“结转以后年度抵扣的股权投资余额”：第 5 行>第 6 行，则本行=第 5–7 行；第 5 行≤第 6 行，则本行=0。

2）“二、通过有限合伙制创业投资企业投资未上市中小高新企业按一定比例抵扣分得的应纳税所得额”：企业作为有限合伙制创业投资企业的合伙人，通过合伙企业间接投资未上市中小高新技术企业，根据《财政部 国家税务总局关于将国家自主创新示范区有关税收试点政策推广到全国范围实施的通知》（财税［2015］116 号）、《国家税务总局关于有限合伙制创业投资企业法人合伙人企业所得税有关问题的公告》（国家税务总局公告 2015 年第 81 号）规定，享受有限合伙制创业投资企业法人合伙人按投资额的一定比例抵扣应纳税所得额政策，在本部分填报。

① 第 9 行“本年从有限合伙创投企业应分得的应纳税所得额”：填写企业作为法人合伙人，通过有限合伙制创业投资企业投资未上市的中小高新技术企业，无论本年是否盈利、是否抵扣应纳税所得额，只要本年从有限合伙制创业投资企业中分配归属于该法人合伙人的应纳税所得额，需填写本行。

鉴于企业通过有限合伙制创投企业抵扣一定比例投资额，与直接投资中小高新技术企业政策不同，只能从本行数据中抵扣，为满足申报表核算需要，本行数据不用于弥补以前年度亏损。

② 第 10 行“本年新增的可抵扣投资额”：填写企业作为法人合伙人，通过有限合伙制创业投资企业投资未上市中小高新技术企业，本年投资满 2 年符合条件的可抵扣投资额中归属于该法人合伙人的本年新增可抵扣投资额。无论本年是否盈利、是否需要抵扣应纳税所得额，均需填写本行。

有限合伙制创业投资企业的法人合伙人对未上市中小高新技术企业的投资额，按照有限合伙制创业投资企业对中小高新技术企业的投资额和合伙协议约定的法人合伙人占有限合伙制创业投资企业的出资比例计算确定。其中，有限合伙制创业投资企业对中小高新技术企业的投资额按实缴投资额计算；法人合伙人占有限合伙制创业投资企业的出资比例按法人合伙人对有限合伙制创业投资企业的实缴出资额占该有限合伙制创业投资企业的全部实缴出资额的比例计算。

③ 第 11 行“以前年度结转的可抵扣投资额”：填写法人合伙人上年度未抵扣，可以结转到本年及以后年度的抵扣投资额。

④ 第 12 行“本年可抵扣投资额”：填写本年法人合伙人可用于抵扣的投资额合计，包括本年新增和以前年度结转两部分，等于第 10 行+第 11 行。

⑤ 第 13 行“本年实际抵扣应分得的应纳税所得额”：填写本年法人合伙人享受优惠实际抵扣的投资额，为“本年从有限合伙创投企业应分得的应纳税所得额”和“本年可抵扣投资额”的孰小值，当 9 行≤12 行，本行=9 行；当 9 行>12 行，本行=12 行。

⑥ 第 14 行“结转以后年度抵扣的投资额余额”：本年可抵扣投资额大于应分得的应纳税所得额时，抵扣后余额部分结转以后年度抵扣的金额，即当 9 行≤12 行，本行=12 行–9 行；9 行>12 行，本行=0。

3）“三、抵扣应纳税所得额合计”：上述两类优惠合计额，带入 A100000 表计算应纳税所得额。

第 15 行“合计”=7 行+13 行。

（2）表内、表间关系。

1）表内关系。

① 第 3 行=第 1×2 行。

② 第 5 行=第 3+4 行。

③ 第 7 行：若第 5 行≤第 6 行，则本行=第 5 行；第 5 行>第 6 行，则本行=第 6 行。

④ 第 8 行：第 5 行>第 6 行，则本行=第 5−7 行；第 5 行≤第 6 行，则本行=0。

⑤ 第 12 行=第 10+11 行。

⑥ 第 13 行：若 9 行≤12 行，则本行=9 行；若 9 行>12 行，则本行=12 行。

⑦ 第 14 行：若 9 行≤12 行，则本行=12 行−9 行；若 9 行>12 行，则本行=0。

⑧ 第 15 行=第 7+13 行。

2）表间关系。

① 第 6 行由主表生成，不可填写：本行=表 A100000 第 19−20−22 行−本表第 13 行，若小于 0，则填报 0。

② 表 A100000 第 21 行由本表第 15 行生成，表 A100000 第 21 行=本表 15 行。

（二十七）A107040《减免所得税优惠明细表》

A107040

减免所得税优惠明细表

行次	项　目	金额
1	一、符合条件的小型微利企业	
2	其中：减半征税	
3	二、国家需要重点扶持的高新技术企业（4+5）	
4	（一）高新技术企业低税率优惠（填写 A107041）	
5	（二）经济特区和上海浦东新区新设立的高新技术企业定期减免（填写 A107041）	
6	三、其他专项优惠（7+8+9+10+11…+14+15+16+…+31）	
7	（一）受灾地区损失严重的企业（7.1+7.2+7.3）	
7.1	其中：1.	
7.2	2.	
7.3	3.	
8	（二）受灾地区农村信用社（8.1+8.2+8.3）	
8.1	其中：1.	
8.2	2.	
8.3	3.	
9	（三）受灾地区的促进就业企业（9.1+9.2+9.3）	
9.1	其中：1.	
9.2	2.	
9.3	3.	
10	（四）支持和促进重点群体创业就业企业（10.1+10.2+10.3）	
10.1	其中：1. 下岗失业人员再就业	
10.2	2. 高校毕业生就业	

续表

行次	项　目		金额
10.3	3. 退役士兵就业		
11	（五）技术先进型服务企业		
12	（六）动漫企业		
13	（七）集成电路线宽小于 0.8 微米（含）的集成电路生产企业		
14	（八）集成电路线宽小于 0.25 微米的集成电路生产企业（14.1+14.2）		
14.1	其中：1. 定期减免企业所得税		
14.2	2. 减按 15%税率征收企业所得税		
15	（九）投资额超过 80 亿元人民币的集成电路生产企业（15.1+15.2）		
15.1	其中：1. 定期减免企业所得税		
15.2	2. 减按 15%税率征收企业所得税		
16	（十）新办集成电路设计企业（填写 A107042）		
17	（十一）国家规划布局内重点集成电路设计企业		
18	（十二）集成电路封装、测试企业		
19	（十三）集成电路关键专用材料生产企业或集成电路专用设备生产企业		
20	（十四）符合条件的软件企业（填写 A107042）		
21	（十五）国家规划布局内重点软件企业		
22	（十六）经营性文化事业单位转制企业		
23	（十七）符合条件的生产和装配伤残人员专门用品企业		
24	（十八）设在西部地区的鼓励类产业企业		
25	（十九）新疆困难地区新办企业		
26	（二十）新疆喀什、霍尔果斯特殊经济开发区新办企业		
27	（二十一）横琴新区、平潭综合实验区和前海深港现代化服务业合作区企业		
28	（二十二）享受过渡期税收优惠企业		
29	（二十三）其他 1		
30	（二十四）其他 2		
31	（二十五）其他 3		
32	四、减：项目所得额按法定税率减半征收企业所得税叠加享受减免税优惠		
33	五、减免地方分享所得税的民族自治地方企业		
34	合计：（1+3+6–32+33）		

填报说明

本表由享受减免所得税优惠的纳税人填报。纳税人根据税法和相关税收政策规定，填报本年享受减免所得税优惠情况。

（1）有关项目填报说明。

1）第 1 行"一、符合条件的小型微利企业"、第 2 行"其中减半征税"：由享受小型微利企业所得税政策的纳税人填报。该政策包括两种情形：一是小型微利企业 2015 年 9 月 30 日之前年应纳税所得额低于 20 万元的减半征税，应纳税所得税大于 20 万元、小于 30 万元的按 20%税率征税。二是小型微利企业 2015 年 10 月 1 日之后应纳税所得额不超过 30 万元的减半征税。本行根据以下情形填写。

① 2015 年度汇算清缴需区分以下情况：

• 2015 年 1 月 1 日之前成立的企业。

当《中华人民共和国企业所得税年度纳税申报表（A 类，2014 版）》A100000 表第 23 行>0 且≤20 万元时，本行等于 A100000 表第 23 行×15%的积，该数字同时填入第 2 行“其中：减半征收”。

当 A100000 表第 23 行>20 万元且≤30 万元时，本行等于 A100000 表第 23 行×15%×（2015 年 10 月 1 日之后经营月份数/2015 年度经营月份数）+A100000 表第 23 行×5%×（9/2015 年度经营月份数）。A100000 表第 23 行×15%×（2015 年 10 月 1 日之后经营月份数/2015 年度经营月份数）的计算金额，同时填入第 2 行“其中：减半征收”。

• 2015 年 1 月 1 日–2015 年 9 月 30 日之间成立的企业。

当《中华人民共和国企业所得税年度纳税申报表（A 类，2014 版）》A100000 表第 23 行>0 且≤20 万元时，本行等于 A100000 表第 23 行×15%的积，该数字同时填入第 2 行“其中：减半征收”。

当 A100000 表第 23 行>20 万元且≤30 万元时，本行等于 A100000 表第 23 行×15%×（2015 年 10 月 1 日之后经营月份数/2015 年度经营月份数）+A100000 表第 23 行×5%×（2015 年 10 月 1 日之前经营月份数/2015 年度经营月份数）。A100000 表第 23 行×5%×（2015 年 10 月 1 日之前经营月份数/2015 年度经营月份数）同时填入第 2 行“其中：减半征收”。

• 2015 年 10 月 1 日之后的企业。

当《中华人民共和国企业所得税年度纳税申报表（A 类，2014 版）》A100000 表第 23 行>0 且≤30 万元时，本行等于 A100000 表第 23 行×15%的值，该数字同时填入第 2 行“其中：减半征收”。

为简化计算，2015 年度汇算清缴申报时，年度应纳税所得额大于 20 万元不超过 30 万元的小型微利企业，可以按照《20 万~30 万元小型微利企业所得税优惠比例查询表》（见表 12-1）计算填报该项优惠政策。

2015 年度汇算清缴结束后，本部分填报说明废止。

表 12-1　20 万~30 万元小型微利企业所得税优惠比例查询表

企业成立时间	全　年	
	优 惠 率	其中减半
2015 年 1 月及以前	7.50%	3.75%
2015 年 2 月	7.73%	4.09%
2015 年 3 月	8.00%	4.50%
2015 年 4 月	8.33%	5.00%
2015 年 5 月	8.75%	5.63%
2015 年 6 月	9.29%	6.43%
2015 年 7 月	10.00%	7.50%
2015 年 8 月	11.00%	9.00%
2015 年 9 月	12.50%	11.25%
2015 年 10 月	15.00%	15.00%
2015 年 11 月	15.00%	15.00%
2015 年 12 月	15.00%	15.00%

查询方法说明：

- 本表由2015年度汇算清缴时应纳税所得额介于20万~30万元之间的小型微利企业查询使用。
- “企业成立时间”：企业根据其不同成立时间所在行次，查询申报税款所属期的对应优惠比率。
- “优惠率、其中减半”：优惠率主要指企业同时享受20%、10%（减半征税）的综合优惠情况；“其中减半”指享受减半征税优惠情况。

应纳税所得额与“优惠率”的乘积，填入本表第1行“符合条件的小型微利企业”；应纳税所得额与“其中减半”的乘积，填入本表第2行“其中：减半征税”。

【案例】 A小型微利企业成立于2012年9月8日，2015年度应纳税所得额29.8万元。

汇算清缴申报时，查询《20万~30万元小型微利企业所得税优惠比例查询表》可知，成立时间“2015年1月及以前”对应“12月”列次的“优惠率”和“其中减半”为7.50%、3.75%。因此，A小型微利企业汇算清缴享受优惠税额=29.8×7.50%=2.235（万元），减半征税=29.8×3.75%=1.117 5（万元）。分别填写本表第1行、第2行。

② 2016年及以后年度汇算清缴时：

当《中华人民共和国企业所得税年度纳税申报表（A类，2014版）》A100000表第23行≤30万元时，本行等于A100000表第23行×15%的值，该数字同时填入第3行“其中：减半征收”。

2）第3行“二、国家需要重点扶持的高新技术企业”：该行为合计行，填报第4+5行的合计数。合计高新技术企业享受的低税率和定期减免税优惠。

① 第4行“（一）高新技术企业低税率优惠”：国家需要重点扶持的高新技术企业（含文化产业支撑技术领域，高新技术领域扩围以后，按新规定执行）享受15%税率优惠金额填报本行。同时填报《高新技术企业优惠情况及明细表》（A107041）。

② 第5行“（二）经济特区和上海浦东新区新设立的高新技术企业定期减免”：填报纳税人根据《国务院关于经济特区和上海浦东新区新设立高新技术企业实行过渡性税收优惠的通知》（国发［2007］40号）、《财政部 国家税务总局关于贯彻落实国务院关于实施企业所得税过渡优惠政策有关问题的通知》（财税［2008］21号）等规定，经济特区和上海浦东新区内，在2008年1月1日（含）之后完成登记注册的国家需要重点扶持的高新技术企业，在经济特区和上海浦东新区内取得的所得，自取得第一笔生产经营收入所属纳税年度起，第一年至第二年免征企业所得税，第三年至第五年按照25%法定税率减半征收企业所得税。企业须同时填报《高新技术企业优惠情况及明细表》（A107041）。对于跨经济特区和上海浦东新区的高新技术企业，其区内所得优惠填写本行，区外所得优惠填写本表第4行。经济特区和上海浦东新区新设立的高新技术企业定期减免税期满后，只享受15%税率优惠的，填写本表第4行。

3）第6行“三、其他专项优惠”：该行为合计行，填报第7+8+9+10+11+…+14+15+16+…+31的合计金额。

4）第7行“（一）受灾地区损失严重的企业”：填报受灾地区损失严重的企业免征企业所得税优惠金额。免征所得税金额根据表A100000第23行应纳税所得额和法定税率计算。本行为合计行，等于7.1行+7.2行+7.3行。

《财政部 海关总署 国家税务总局关于支持芦山地震灾后恢复重建有关税收政策问题的通知》（财税［2013］58号）、《财政部 海关总署 国家税务总局关于支持鲁甸地震灾后恢复重建有关税收政策问题的通知》（财税［2015］27 号）规定，对芦山、鲁甸受灾地区损失严重的企业，在规定期限内免征企业所得税。

芦山受灾地区免征所得税政策执行至 2015 年 12 月 31 日，在 7.1 行填列；鲁甸受灾地区免征所得税政策执行至 2016 年 12 月 31 日，在 7.2 行填列。7.3 行属于预留行次，需填报减免税项目名称、减免税代码和减免税金额。

5）第 8 行“（二）受灾地区农村信用社”：填报受灾地区农村信用社免征企业所得税金额。免征所得税金额根据表 A100000 第 23 行应纳税所得额和法定税率计算。本行为合计行，等于 8.1 行+8.2 行+8.3 行。

《财政部 海关总署 国家税务总局关于支持芦山地震灾后恢复重建有关税收政策问题的通知》（财税［2013］58 号）、《财政部 海关总署 国家税务总局关于支持鲁甸地震灾后恢复重建有关税收政策问题的通知》（财税［2015］27 号）规定，对芦山、鲁甸受灾地区农村信用社，在规定期限内免征企业所得税。

芦山农村信用社在 2017 年 12 月 31 日前免征所得税，在 8.1 行填列；鲁甸农村信用社在 2018 年 12 月 31 日前免征所得税，在 8.2 行填列。8.3 行属于预留行次，需填报减免税项目名称、减免税代码和减免税金额。

6）第 9 行“（三）受灾地区的促进就业企业”：填报受灾地区促进就业企业限额免征的税款中，扣减企业所得税的金额。本行为合计行，等于 9.1 行+9.2 行+9.3 行。

根据现行税收政策规定，对规定受灾地区范围内的企业招用当地因自然灾害失去工作人员就业的，按实际招用人数和实际工作时间予以定额依次扣减增值税、城市维护建设税、教育费附加和企业所得税。定额标准为每人每年 4 000 元，可上下浮动 20%，由省级人民政府根据当地实际情况具体确定。

按上述标准计算的税收抵扣额在企业当年实际应缴增值税、城市维护建设税、教育费附加和企业所得税税额中依次扣减。企业所得税预缴时不享受该项优惠，汇算清缴时，企业税收抵扣额抵减增值税、城市维护建设税、教育费附加后有未抵减余额的，在本行限额填写。当年扣减不足的，不得结转下年使用。

芦山受灾地区政策执行至 2015 年 12 月 31 日，在 9.1 行填列；鲁甸受灾地区政策执行至 2016 年 12 月 31 日，在 9.2 行填列。9.3 行属于预留行次，需填报减免税项目名称、减免税代码和减免税金额。

7）第 10 行“（四）支持和促进重点群体创业就业企业”：填报企业安置下岗人员再就业、高校毕业生就业、退役士兵就业等，以每人每年减税标准乘以安置人数计算的税收抵扣额，依次扣减增值税、城市维护建设税、教育费附加后仍有余额的，在汇算清缴时限额扣减企业所得税。本行为合计行，等于 10.1 行+10.2 行+10.3 行。

安置下岗人员再就业、高校毕业生就业、退役士兵就业扣减的所得税，分别填写本表 10.1 行、10.2 行、10.3 行。

8）第 11 行“（五）技术先进型服务企业”：根据《财政部 国家税务总局 商务部 科技部 国家发展改革委关于完善技术先进型服务企业有关企业所得税政策问题的通知》（财税［2014］59 号）等规定，由经认定的技术先进型服务企业填报减按 15%税率征收企业所得税的纳税人填报。本行根据表 A100000 第 23 行应纳税所得额乘以 10%的积填写。

9）第 12 行“（十六）动漫企业”：根据《财政部 国家税务总局关于扶持动漫产业发展有关税收政策问题的通知》（财税［2009］65 号）、《文化部 财政部 国家税务总局关于印发〈动漫企业认定管理办法（试行）〉的通知》（文市发［2008］51 号）、《文化部 财政部 国家税务总局关于实施〈动漫企业认定管理办法（试行）〉有关问题的通知》（文产发［2009］18号）等规定，经认定的动漫企业自主开发、生产动漫产品，享受软件企业所得税优惠政策。即在2017年12月31日前自获利年度起，第一年至第二年免征所得税，第三年至第五年按照25%的法定税率减半征收所得税，并享受至期满为止。本行填报根据表A100000第23行应纳税所得额计算的免征、减征企业所得税金额。

10）第13行“（七）集成电路线宽小于0.8微米（含）的集成电路生产企业”：根据《财政部 国家税务总局关于进一步鼓励软件产业和集成电路产业发展企业所得税政策的通知》（财税［2012］27号）等规定，集成电路线宽小于0.8微米（含）的集成电路生产企业，在2017年12月31日前自获利年度起计算优惠期，第一年至第二年免征企业所得税，第三年至第五年按照25%的法定税率减半征收企业所得税，并享受至期满为止。本行填报根据表A100000第23行应纳税所得额计算的免征、减征企业所得税金额。

11）第14行“（八）集成电路线宽小于0.25微米的集成电路生产企业”：根据《财政部 国家税务总局关于进一步鼓励软件产业和集成电路产业发展企业所得税政策的通知》（财税［2012］27号）等规定，经认定的线宽小于0.25微米的集成电路生产企业，享受15%税率，其中经营期超过15年的，享受“五免五减半”优惠政策。本行=第14.1行+第14.2行。

第14.1行“1. 定期减免企业所得税”：集成电路线宽小于0.25微米的集成电路生产企业享受定期减免税期间，填写本行。

第14.2行“2. 减按15%税率征收企业所得税”：集成电路线宽小于0.25微米的集成电路生产企业不符合定期减免税条件或享受定期减免税期满后，只享受15%税率优惠的，填写本行。

12）第15行“（九）投资额超过80亿元人民币的集成电路生产企业”：根据《财政部 国家税务总局关于进一步鼓励软件产业和集成电路产业发展企业所得税政策的通知》（财税［2012］27号）等规定，经认定的投资额超过80亿元的集成电路生产企业，享受15%税率，其中经营期超过15年的，享受“五免五减半”优惠政策。本行=第15.1行+第15.2行。

第15.1行“1. 定期减免企业所得税”：投资额超过80亿元的集成电路生产企业，享受“五免五减半”优惠政策的填写本行。

第15.2行“2. 减按15%税率征收企业所得税”：投资额超过80亿元的集成电路生产企业，不符合定期减免税条件或享受定期减免税期满后，只享受15%税率优惠的，填写本行。

13）第16行“（十）新办集成电路设计企业”：享受“二免三减半”优惠政策，填报《软件、集成电路企业优惠情况及明细表》（A107042）第41行的金额。

14）第17行“（十一）国家规划布局内重点集成电路设计企业”：根据《财政部 国家税务总局关于进一步鼓励软件产业和集成电路产业发展企业所得税政策的通知》（财税［2012］27号）等规定，国家规划布局内的重点集成电路设计企业，如当年未享受免税优惠的，可减按10%税率征收企业所得税。本行填报A100000表第23行乘以15%的积。

15）第18行“（十二）集成电路封装、测试企业”：根据《财政部 国家税务总局 发展改革委工业和信息化部关于进一步鼓励集成电路产业发展企业所得税政策的通知》（财税［2015］6号）规定，符合条件的集成电路封装、测试企业，自获利年度起第一年至第二年免征企业所得税，第三年至第五年按照25%的法定税率减半征收企业所得税。本行填报根据表A100000第23行应纳税所得额计算的免征、减征企业所得税金额。

16）第19行“（十三）集成电路关键专用材料生产企业、集成电路专用设备生产企业”：根据《财政部 国家税务总局 发展改革委工业和信息化部关于进一步鼓励集成电路产业发展企业所得税政策的通知》（财税［2015］6号）规定，符合条件的集成电路关键专用材料生产企业、集成电路专用设备生产企业，自获利年度起第一年至第二年免征企业所得税，第三年至第五年按照25%的法定税率减半征收企业所得税。本行填报根据表A100000第23行应纳税所得额计算的免征、减征企业所得税金额。

17）第20行"（十四）符合条件的软件企业"：享受"二免三减半"优惠政策的软件企业，填报《软件、集成电路企业优惠情况及明细表》（A107042）第41行的金额。

18）第21行"（十五）国家规划布局内重点软件企业"：根据《财政部 国家税务总局关于进一步鼓励软件产业和集成电路产业发展企业所得税政策的通知》（财税［2012］27号）等规定，国家规划布局内的重点软件企业，如当年未享受免税优惠的，可减按10%税率征收企业所得税。本行填报A100000表第23行乘以15%的积。

19）第22行"（十六）经营性文化事业单位转制企业"：根据《财政部 国家税务总局 中宣部关于继续实施文化体制改革中经营性文化事业单位转制为企业若干税收政策的通知》（财税［2014］84号）等规定，从事新闻出版、广播影视和文化艺术的经营性文化事业单位转制为企业的，转制注册之日起免征企业所得税。本行填报根据表A100000第23行应纳税所得额计算的免征企业所得税金额。

20）第23行"（十七）符合条件的生产和装配伤残人员专门用品企业"：根据《财政部 国家税务总局 民政部关于生产和装配伤残人员专门用品企业免征企业所得税的通知》（财税［2011］81号）等规定，符合条件的生产和装配伤残人员专门用品的企业免征企业所得税。本行填报根据A100000表第23行应纳税所得额计算的免征企业所得税金额。

21）第24行"（十八）设在西部地区的鼓励类产业企业"：根据《财政部 海关总署 国家税务总局关于深入实施西部大开发战略有关税收政策问题的通知》（财税［2011］58号）、《国家税务总局关于深入实施西部大开发战略有关企业所得税问题的公告》（国家税务总局公告2012第12号）、《财政部 海关总署 国家税务总局关于赣州市执行西部大开发税收政策问题的通知》（财税［2013］4号）等规定，对设在西部地区的鼓励类产业企业减按15%的税率征收企业所得税；对设在赣州市的鼓励类产业的内资和外商投资企业减按15%税率征收企业所得税。

22）第25行"（十九）新疆困难地区新办企业"：根据《财政部 国家税务总局关于新疆困难地区新办企业所得税优惠政策的通知》（财税［2011］53号）、《财政部 国家税务总局 国家发展改革委 工业和信息化部关于公布新疆困难地区重点鼓励发展产业企业所得税优惠目录（试行）的通知》（财税［2011］60号）等规定，对新疆困难地区新办属于《新疆困难地区重点鼓励发展产业企业所得税优惠目录》范围内的企业，自取得第一笔生产经营收入所属纳税年度起享受"二免三减半"优惠政策。本行填报根据A100000表第23行应纳税所得额计算的免征、减征企业所得税金额。

23）第26行"（二十）新疆喀什、霍尔果斯特殊经济开发区新办企业"：根据《财政部 国家税务总局 国家发展改革委 工业和信息化部关于公布新疆困难地区重点鼓励发展产业企业所得税优惠目录（试行）的通知》（财税［2011］60号）、《财政部 国家税务总局关于新疆喀什霍尔果斯两个特殊经济开发区企业所得税优惠政策的通知》（财税［2011］112号）等规定，对在新疆喀什、霍尔果斯特殊经济开发区内新办属于《新疆困难地区重点鼓励发展产业企业所得税优惠目录》范围内的企业，自取得第一笔生产经营收入所属纳税年度起，享受"二免三减半"优惠政策。本行填报根据A100000表第23行应纳税所得额计算免征、减征企业所得税金额。

24）第27行"（二十一）横琴新区、平潭综合实验区和前海深港现代化服务业合作区企业"：根据《财政部 国家税务总局关于广东横琴新区、福建平潭综合实验区、深圳前海深港现代化服务业合作区企业所得税优惠政策及优惠目录的通知》（财税［2014］26 号）等规定，设在横琴新区、平潭综合实验区和前海深港现代化服务业合作区的鼓励类产业企业减按 15%税率征收企业所得税。本行填报根据表 A100000 第 23 行应纳税所得额计算的减征 10%企业所得税金额。

25）第 28 行“（二十三）享受过渡期税收优惠企业”：填报《中华人民共和国企业所得税法》（以下简称税法）实施后，纳税人符合国务院规定以及经国务院批准给予的过渡期税收优惠政策。本行填报根据表 A100000 第 23 行应纳税所得额计算的免征、减征企业所得税金额。

26）第 29 行至第 31 行“其他”：填报国务院根据税法授权制定的其他税收优惠政策，需填报减免税项目名称和减免税代码，以及免征、减征企业所得税金额。

27）第 32 行“四、减：项目所得额按法定税率减半征收企业所得税叠加享受减免税优惠”：纳税人同时享受优惠税率和所得项目减半情形下，在填报本表低税率优惠时，所得项目按照优惠税率减半多计算享受的优惠部分。

企业从事农林牧渔业项目、国家重点扶持的公共基础设施项目、符合条件的环境保护、节能节水项目、符合条件的技术转让、其他专项优惠等所得额应按法定税率 25%减半征收，同时享受小型微利企业、高新技术企业、技术先进型服务企业、集成电路线宽小于 0.25 微米或投资额超过 80 亿元人民币集成电路生产企业、国家规划布局内重点软件企业和集成电路设计企业、西部大开发等优惠税率政策，由于申报表填报顺序，按优惠税率减半叠加享受减免税优惠部分，应在本行对该部分金额进行调整。

计算公式：本行=所得项目金额×（12.5%–优惠税率÷2）。

28）第 33 行“五、减免地方分享所得税的民族自治地方企业”：填报纳税人经省级民族自治地方权力机关批准，减征或者免征民族自治地方的企业缴纳的企业所得税中属于地方分享的企业所得税金额。

29）第 34 行“合计”：金额等于第 1+3+6–32+33 行。

（2）表内、表间关系。

1）表内关系。

① 第 3 行=第 4+5 行。

② 第 6 行=第 7+8+9+10+11+…+14+15+16+…+31 行。

③ 第 7 行=第 7.1+7.2+7.3 行。

④ 第 8 行=第 8.1+8.2+8.3 行。

⑤ 第 9 行=第 9.1+9.2+9.3 行。

⑥ 第 10 行=第 10.1+10.2+10.3 行。

⑦ 第 14 行=第 14.1+14.2 行。

⑧ 第 15 行=第 15.1+15.2 行。

⑨ 第 34 行=第 1+3+6–32+33 行。

2）表间关系。

① 本表第 3 行=表 A107041 第 29 行。

② 本表第 34 行=表 A100000 第 26 行。

（二十八）A107050《税额抵免优惠明细表》

A107050

税额抵免优惠明细表

行次	项目	年度	本年抵免前应纳税额	本年允许抵免的专用设备投资额	本年可抵免税额	以前年度已抵免额						本年实际抵免的各年度税额	可结转以后年度抵免的税额
						前五年度	前四年度	前三年度	前二年度	前一年度	小计		
		1	2	3	4=3×10%	5	6	7	8	9	10（5+6+7+8+9）	11	12（4-10-11）
1	前五年度												*
2	前四年度					*							
3	前三年度					*	*						
4	前二年度					*	*	*					
5	前一年度					*	*	*	*				
6	本年度					*	*	*	*	*	*		
7	本年实际抵免税额合计												*
8	可结转以后年度抵免的税额合计												
9	专用设备投资情况	本年允许抵免的环境保护专用设备投资额											
10		本年允许抵免节能节水的专用设备投资额											
11		本年允许抵免的安全生产专用设备投资额											

填报说明

本表适用于享受专用设备投资额抵免优惠的纳税人填报。纳税人根据税法、《财政部 国家税务总局关于执行环境保护专用设备企业所得税优惠目录、节能节水专用设备企业所得税优惠目录和安全生产专用设备企业所得税优惠目录有关问题的通知》（财税［2008］48 号）、《财政部 国家税务总局 国家发展改革委关于公布节能节水专用设备企业所得税优惠目录（2008年版）和环境保护专用设备企业所得税优惠目录（2008 年版）的通知》（财税［2008］115 号）、《财政部 国家税务总局 安全监管总局关于公布〈安全生产专用设备企业所得税优惠目录（2008 年版）〉的通知》（财税［2008］118 号）、《财政部 国家税务总局关于执行企业所得税优惠政策若干问题的通知》（财税［2009］69 号）、《国家税务总局关于环境保护、节能节水、安全生产等专用设备投资抵免企业所得税有关问题的通知》（国税函［2010］256 号）等相关税收政策规定，填报本年发生的专用设备投资额抵免优惠情况。

（1）有关项目填报说明。

1）第 1 列“年度”：填报公历年份。第 6 行为本年，第 5 行至第 1 行依次填报。

2）第 2 列“本年抵免前应纳税额”：填报纳税人《中华人民共和国企业所得税年度纳税申报表（A 类）》（A100000）第 25 行“应纳所得税额”减第 26 行“减免所得税额”后的金额。2009—2013 年度的“当年抵免前应纳税额”：填报原《企业所得税年度纳税申报表（A 类）》第 27 行“应纳所得税额”减第 28 行“减免所得税额”后的金额。

3）第 3 列“本年允许抵免的专用设备投资额”：填报纳税人本年购置并实际使用《环境保护专用设备企业所得税优惠目录》、《节能节水专用设备企业所得税优惠目录》和《安全生产专用设备企业所得税优惠目录》规定的环境保护、节能节水、安全生产等专用设备的发票价税合计金额，但不包括允许抵扣的增值税进项税额、按有关规定退还的增值税税款以及设备运输、安装和调试等费用。

4）第 4 列“本年可抵免税额”：填报第 3 列×10%的金额。

5）第 5 至 9 列“以前年度已抵免额”：填报纳税人以前年度已抵免税额，其中前五年度、前四年度、前三年度、前二年度、前一年度与“项目”列中的前五年度、前四年度、前三年度、前二年度、前一年度相对应。

6）第 10 列“小计”：填报第 5+6+7+8+9 列的金额。

7）第 11 列“本年实际抵免的各年度税额”：第 1 至 6 行填报纳税人用于依次抵免前 5 年度及本年尚未抵免的税额，第 11 列小于等于第 4–10 列，且第 11 列第 1 至 6 行合计数不得大于第 6 行第 2 列的金额。

8）第 12 列“可结转以后年度抵免的税额”：填报第 4–10–11 列的金额。

9）第 7 行第 11 列“本年实际抵免税额合计”：填报第 11 列第 1+2+…+6 行的金额。

10）第 8 行第 12 列“可结转以后年度抵免的税额合计”：填报第 12 列第 2+3+…+6 行的金额。

11）第 9 行“本年允许抵免的环境保护专用设备投资额”：填报纳税人本年购置并实际使用《环境保护专用设备企业所得税优惠目录》规定的环境保护专用设备的发票价税合计价格，但不包括允许抵扣的增值税进项税额、按有关规定退还的增值税税款以及设备运输、安装和调试等费用。

12）第 10 行“本年允许抵免节能节水的专用设备投资额”：填报纳税人本年购置并实际使用《节能节水专用设备企业所得税优惠目录》规定的节能节水等专用设备的发票价税合计价格，但不包括允许抵扣的增值税进项税额、按有关规定退还的增值税税款以及设备运输、安装和调试等费用。

13）第 11 行“本年允许抵免的安全生产专用设备投资额”：填报纳税人本年购置并实际使用《安全生产专用设备企业所得税优惠目录》规定的安全生产等专用设备的发票价税合计价格，但不包括允许抵扣的增值税进项税额、按有关规定退还的增值税税款以及设备运输、安装和调试等费用。

（2）表内、表间关系。

1）表内关系。

① 第 4 列=第 3 列×10%。

② 第 10 列=第 5+6+⋯+9 列。

③ 第 11 列≤第 4–10 列。

④ 第 12 列=第 4–10–11 列。

⑤ 第 7 行第 11 列=第 11 列第 1+2+⋯+6 行。

⑥ 第 8 行第 12 列=第 12 列第 2+3+⋯+6 行。

2）表间关系。

① 第 7 行第 11 列≤表 A100000 第 25–26 行。

② 第 7 行第 11 列=表 A100000 第 27 行。

③ 第 2 列=表 A100000 第 25 行–表 A100000 第 26 行。

2009—2013 年度：第 2 列=原《企业所得税年度纳税申报表（A 类）》第 27–28 行。

（二十九）A108000《境外所得税收抵免明细表》

A108000

境外所得税收抵免明细表

行次	国家（地区）	境外税前所得	境外所得纳税调整后所得	弥补境外以前年度亏损	境外应纳税所得额	抵减境内亏损	抵减境内亏损后的境外应纳税所得额	税率	境外所得应纳税额	境外所得可抵免税额	境外所得抵免限额	本年可抵免境外所得税额	未超过境外所得税抵免限额的余额	本年可抵免以前年度未抵免境外所得税额	按简易办法计算				境外所得抵免所得税额合计
															按低于12.5%的实际税率计算的抵免额	按12.5%计算的抵免额	按25%计算的抵免额	小计	
	1	2	3	4	5（3–4）	6	7（5–6）	8	9（7×8）	10	11	12	13（11–12）	14	15	16	17	18（15+16+17）	19（12+14+18）
1																			
2																			
3																			
4																			
5																			
6																			
7																			
8																			
9																			
10	合计																		

填报说明

本表适用于取得境外所得的纳税人填报。纳税人应根据税法、《财政部 国家税务总局关于企业境外所得税收抵免有关问题的通知》（财税［2009］125 号）和《国家税务总局关于发布〈企业境外所得税收抵免操作指南〉的公告》（国家税务总局公告 2010 年第 1 号）规定，填报本年来源于或发生于不同国家、地区的所得按照税收规定计算应缴纳和应抵免的企业所得税。对于我国石油企业在境外从事油（气）资源开采的，其境外应纳税所得额、可抵免境外所得税额和抵免限额按照《财政部 国家税务总局关于我国石油企业从事油（气）资源开采所得税收抵免有关问题的通知》（财税［2011］23 号）文件规定计算填报。

（1）有关项目填报说明。

1）第 1 列“国家（地区）”：填报纳税人境外所得来源的国家（地区）名称，来源于同一国家（地区）的境外所得合并到一行填报。

2）第 2 列“境外税前所得”：填报《境外所得纳税调整后所得明细表》（A108010）第 14 列的金额。

3）第 3 列“境外所得纳税调整后所得”：填报表 A108010 第 18 列的金额。

4）第 4 列“弥补境外以前年度亏损”：填报《境外分支机构弥补亏损明细表》（A108020）第 4 列和第 13 列的合计金额。

5）第 5 列“境外应纳税所得额”：填报第 3–4 列的金额。

6）第 6 列“抵减境内亏损”：填报纳税人境外所得按照税法规定抵减境内的亏损额。

7）第 7 列“抵减境内亏损后的境外应纳税所得额”：填报第 5–6 列的金额。

8）第 8 列“税率”：填报法定税率 25%。符合《财政部 国家税务总局关于高新技术企业境外所得适用税率及税收抵免问题的通知》（财税［2011］47 号）第一条规定的高新技术企业填报 15%。

9）第 9 列“境外所得应纳税额”：填报第 7×8 列的金额。

10）第 10 列“境外所得可抵免税额”：填报表 A108010 第 13 列的金额。

11）第 11 列“境外所得抵免限额”：境外所得抵免限额按以下公式计算：

抵免限额=中国境内、境外所得依照企业所得税法和条例的规定计算的应纳税总额×来源于某国（地区）的应纳税所得额÷中国境内、境外应纳税所得总额。

12）第 12 列“本年可抵免境外所得税额”：填报纳税人本年来源于境外的所得已缴纳所得税在本年度允许抵免的金额。填报第 10 列、第 11 列孰小的金额。

13）第 13 列“未超过境外所得税抵免限额的余额”：填报纳税人本年在抵免限额内抵免完境外所得税后有余额的、可用于抵免以前年度结转的待抵免的所得税额。本列填报第 11–12 列的金额。

14）第 14 列“本年可抵免以前年度未抵免境外所得税额”：填报纳税人本年可抵免以前年度未抵免、结转到本年度抵免的境外所得税额。填报第 13 列、《跨年度结转抵免境外所得税明细表》（A108030）第 7 列孰小的金额。

15）第 15 列至第 18 列由选择简易办法计算抵免额的纳税人填报。

① 第 15 列“按低于 12.5%的实际税率计算的抵免额”：纳税人从境外取得营业利润所得以及符合境外税额间接抵免条件的股息所得，所得来源国（地区）的实际有效税率低于 12.5%的，填报按照实际有效税率计算的抵免额。

② 第 16 列“按 12.5%计算的抵免额”：纳税人从境外取得营业利润所得以及符合境外税额间接抵免条件的股息所得，除第 15 列情形外，填报按照 12.5%计算的抵免额。

③ 第 17 列“按 25%计算的抵免额”：纳税人从境外取得营业利润所得以及符合境外税额间接抵免条件的股息所得，所得来源国（地区）的实际有效税率高于 25%的，填报按照 25%计算的抵免额。

16）第 19 列“境外所得抵免所得税额合计”：填报第 12+14+18 列的金额。

（2）表内、表间关系。

1）表内关系。

① 第 5 列=第 3–4 列。

② 第 7 列=第 5–6 列。

③ 第 9 列=第 7×8 列。

④ 第 12 列=第 10 列、第 11 列孰小。

⑤ 第 13 列=第 11 列–第 12 列。

⑥ 第 14 列≤第 13 列。

⑦ 第 18 列=第 15+16+17 列。

⑧ 第 19 列=第 12+14+18 列。

2）表间关系。

① 第 2 列各行=表 A108010 第 14 列相应行次。

② 第 2 列合计=表 A108010 第 14 列合计。

③ 第 3 列各行=表 A108010 第 18 列相应行次。

④ 第 4 列各行=表 A108020 第 4 列相应行次+表 A108020 第 13 列相应行次。

⑤ 第 6 列合计=表 A100000 第 18 行。

⑥ 第 9 列合计=表 A100000 第 29 行。

⑦ 第 10 列各行=表 A108010 第 13 列相应行次。

⑧ 第 14 列各行=表 A108030 第 13 列相应行次。

⑨ 第 19 列合计=表 A100000 第 30 行。

（三十）A108010《境外所得纳税调整后所得明细表》

A108010

境外所得纳税调整后所得明细表

行次	国家（地区）	境外税后所得								境外所得可抵免的所得税额				境外税前所得	境外分支机构收入与支出纳税调整额	境外分支机构调整分摊扣除的有关成本费用	境外所得对应调整的相关成本费用支出	境外所得纳税调整后所得
		分支机构营业利润所得	股息、红利等权益性投资所得	利息所得	租金所得	特许权使用费所得	财产转让所得	其他所得	小　计	直接缴纳的所得税额	间接负担的所得税额	享受税收饶让抵免税额	小　计					
	1	2	3	4	5	6	7	8	9（2+3+4+5+6+7+8）	10	11	12	13（10+11+12）	14（9+10+11）	15	16	17	18（14+15–16–17）
1																		
2																		
3																		
4																		
5																		
6																		
7																		
8																		
9																		
10	合计																	

填报说明

本表适用于取得境外所得的纳税人填报。纳税人应根据税法、《财政部 国家税务总局关于企业境外所得税收抵免有关问题的通知》(财税[2009]125号)和《国家税务总局关于发布〈企业境外所得税收抵免操作指南〉的公告》(国家税务总局公告2010年第1号)规定，填报本年来源于或发生于不同国家、地区的所得按照税法规定计算的境外所得纳税调整后所得。

(1)有关项目填报说明。

1)第1列“国家(地区)”：填报纳税人境外所得来源的国家(地区)名称，来源于同一个国家(地区)的境外所得可合并到一行填报。

2)第2列至第9列“境外税后所得”：填报纳税人取得的来源于境外的税后所得，其中：第2列股息、红利等权益性投资所得包含通过《受控外国企业信息报告表》(国家税务总局公告2014年第38号附件2)计算的视同分配给企业的股息。

3)第10列“直接缴纳的所得税额”：填报纳税人来源于境外的营业利润所得在境外所缴纳的企业所得税，以及就来源于或发生于境外的股息、红利等权益性投资所得、利息、租金、特许权使用费、财产转让等所得在境外被源泉扣缴的预提所得税。

4)第11列“间接负担的所得税额”：填报纳税人从其直接或者间接控制的外国企业分得的来源于中国境外的股息、红利等权益性投资收益，外国企业在境外实际缴纳的所得税额中属于该项所得负担的部分。

5)第12列“享受税收饶让抵免税额”：填报纳税人从与我国政府订立税收协定(或安排)的国家(地区)取得的所得，按照该国(地区)税收法律享受了免税或减税待遇，且该免税或减税的数额按照税收协定应视同已缴税额的金额。

6)第15列“境外分支机构收入与支出纳税调整额”：填报纳税人境外分支机构收入、支出按照税法规定计算的纳税调整额。

7)第16列“境外分支机构调整分摊扣除的有关成本费用”：填报纳税人境外分支机构应合理分摊的总部管理费等有关成本费用，同时在《纳税调整项目明细表》(A105000)进行纳税调增。

8)第17列“境外所得对应调整的相关成本费用支出”：填报纳税人实际发生与取得境外所得有关但未直接计入境外所得应纳税所得的成本费用支出，同时在《纳税调整项目明细表》(A105000)进行纳税调增。

9)第18列“境外所得纳税调整后所得”：填报第14+15−16−17列的金额。

(2)表内、表间关系。

1)表内关系。

① 第9列=第2+3+…+8列。

② 第13列=第10+11+12列。

③ 第14列=第9+10+11列。

④ 第18列=第14+15−16−17列。

2)表间关系。

① 第13列各行=表A108000第10列相应行次。

② 第14列各行=表A108000第2列相应行次。

③ 第14列−第11列=主表A100000第14行。

④ 第16列合计+第17列合计=表A105000第28行第3列。

⑤ 第18列各行=表A108000第3列相应各行。

(三十一)A108020《境外分支机构弥补亏损明细表》

A108020

境外分支机构弥补亏损明细表

行次	国家（地区）	非实际亏损额的弥补				实际亏损额的弥补													
		以前年度结转尚未弥补的非实际亏损额	本年发生的非实际亏损额	本年弥补的以前年度非实际亏损额	结转以后年度弥补的非实际亏损额	以前年度结转尚未弥补的实际亏损额						本年发生的实际亏损额	本年弥补的以前年度实际亏损额	结转以后年度弥补的实际亏损额					
						前五年	前四年	前三年	前二年	前一年	小计			前四年	前三年	前二年	前一年	本年	小　计
	1	2	3	4	5（2+3–4）	6	7	8	9	10	11（6+7+8+9+10）	12	13	14	15	16	17	18	19（14+15+16+17+18）
1																			
2																			
3																			
4																			
5																			
6																			
7																			
8																			
9																			
10	合计																		

填报说明

本表适用于取得境外所得的纳税人填报。纳税人应根据税法、《财政部 国家税务总局关于企业境外所得税收抵免有关问题的通知》（财税［2009］125 号）、《国家税务总局关于发布〈企业境外所得税收抵免操作指南〉的公告》（国家税务总局公告 2010 年第 1 号）规定，填报境外分支机构本年及以前年度发生的税前尚未弥补的非实际亏损额和实际亏损额、结转以后年度弥补的非实际亏损额和实际亏损额。

（1）有关项目填报说明。

在汇总计算境外应纳税所得额时，企业在境外同一国家（地区）设立不具有独立纳税地位的分支机构，按照企业所得税法及实施条例的有关规定计算的亏损，不得抵减其境内或他国（地区）的应纳税所得额，但可以用同一国家（地区）其他项目或以后年度的所得按规定弥补。在填报本表时，应按照国家税务总局公告 2010 年第 1 号第 13、14 条有关规定，分析填报企业的境外分支机构发生的实际亏损额和非实际亏损额及其弥补、结转的金额。

1）第 2 列至第 5 列“非实际亏损额的弥补”：填报纳税人境外分支机构非实际亏损额未弥补金额、本年发生的金额、本年弥补的金额、结转以后年度弥补的金额。

2）第 6 列至第 19 列“实际亏损额的弥补”：填报纳税人境外分支机构实际亏损额弥补金额。

（2）表内、表间关系。

1）表内关系。

① 第 5 列=第 2+3−4 列。

② 第 11 列=第 6+7+…+10 列。

③ 第 19 列=第 14+15+…+18 列。

2）表间关系。

第 4 列各行+第 13 列各行=表 A108000 第 4 列相应行次。

（三十二）A108030《跨年度结转抵免境外所得税明细表》

A108030

跨年度结转抵免境外所得税明细表

行次	国家（地区）	前五年境外所得已缴所得税未抵免余额						本年实际抵免以前年度未抵免的境外已缴所得税额						结转以后年度抵免的境外所得已缴所得税额					
		前五年	前四年	前三年	前二年	前一年	小计	前五年	前四年	前三年	前二年	前一年	小计	前四年	前三年	前二年	前一年	本年	小计
	1	2	3	4	5	6	7（2+3+4+5+6）	8	9	10	11	12	13（8+9+10+11+12）	14（3-9）	15（4-10）	16（5-11）	17（6-12）	18	19(14+15+16+17+18)
1																			
2																			
3																			
4																			
5																			
6																			
7																			
8																			
9																			
10	合计																		

填报说明

本表适用于取得境外所得的纳税人填报。纳税人应根据税法、《财政部 国家税务总局关于企业境外所得税收抵免有关问题的通知》（财税［2009］125号）、《国家税务总局关于发布〈企业境外所得税收抵免操作指南〉的公告》（国家税务总局公告2010年第1号）规定，填报本年发生的来源于不同国家或地区的境外所得按照我国税收法律、法规的规定可以抵免的所得税额。

（1）有关项目填报说明

1）第2至7列“前五年境外所得已缴所得税未抵免余额”：填报纳税人前五年境外所得已缴纳的企业所得税尚未抵免的余额。

2）第8至13列“本年实际抵免以前年度未抵免的境外已缴所得税额”：填报纳税人用本年未超过境外所得税款抵免限额的余额抵免以前年度未抵免的境外已缴所得税额。

3）第14至19列“结转以后年度抵免的境外所得已缴所得税额”：填报纳税人以前年度和本年未能抵免并结转以后年度抵免的境外所得已缴所得税额。

（2）表内、表间关系。

1）表内关系。

① 第7列=第2+3+…+6列。

② 第13列=第8+9+…+12列。

③ 第19列=第14+15+…+18列。

2）表间关系。

① 第13列各行=表A108000第14列相应行次。

② 第18列各行=表A108000第10列相应行次–表A108000第12列相应行次（当表A108000第10列相应行次大于表A108000第12列相应行次时填报）。

（三十三）A109000《跨地区经营汇总纳税企业年度分摊企业所得税明细表》

A109000

跨地区经营汇总纳税企业年度分摊企业所得税明细表

行次	项　　目	金　　额
1	一、总机构实际应纳所得税额	
2	减：境外所得应纳所得税额	
3	加：境外所得抵免所得税额	
4	二、总机构用于分摊的本年实际应纳所得税（1–2+3）	
5	三、本年累计已预分、已分摊所得税（6+7+8+9）	
6	（一）总机构向其直接管理的建筑项目部所在地预分的所得税额	
7	（二）总机构已分摊所得税额	
8	（三）财政集中已分配所得税额	
9	（四）总机构所属分支机构已分摊所得税额	
10	其中：总机构主体生产经营部门已分摊所得税额	
11	四、总机构本年度应分摊的应补（退）的所得税（4–5）	
12	（一）总机构分摊本年应补（退）的所得税额（11×25%）	
13	（二）财政集中分配本年应补（退）的所得税额（11×25%）	

续表

行次	项　　目	金　　额
14	（三）总机构所属分支机构分摊本年应补（退）的所得税额（11×50%）	
15	其中：总机构主体生产经营部门分摊本年应补（退）的所得税额	
16	五、总机构境外所得抵免后的应纳所得税额（2–3）	
17	六、总机构本年应补（退）的所得税额（12+13+15+16）	

填报说明

本表适用于跨地区经营汇总纳税的纳税人填报。纳税人应根据税法规定、《财政部 国家税务总局 中国人民银行关于印发〈跨省市总分机构企业所得税分配及预算管理办法〉的通知》（财预［2012］40号）、《国家税务总局关于印发〈跨地区经营汇总纳税企业所得税征收管理办法〉的公告》（国家税务总局公告2012年第57号）规定计算总分机构每一纳税年度应缴的企业所得税、总分机构应分摊的企业所得税。

（1）有关项目填报说明。

1）第1行“总机构实际应纳所得税额”：填报《企业所得税年度纳税申报表》（A100000）第31行的金额。

2）第2行“境外所得应纳所得税额”：填报表A100000第29行的金额。

3）第3行“境外所得抵免所得税额”：　填报表A100000第30行的金额。

4）第4行“总机构用于分摊的本年实际应纳所得税”：填报第1–2+3行的金额。

5）第5行“本年累计已预分、已分摊所得税”：　填报总机构按照税收规定计算的跨地区分支机构本年累计已分摊的所得税额、建筑企业总机构直接管理的跨地区项目部本年累计已预分并就地预缴的所得税额。填报第6+7+8+9行的金额。

6）第6行“总机构向其直接管理的建筑项目部所在地预分的所得税额”：填报建筑企业总机构按照规定在预缴纳税申报时，向其直接管理的项目部所在地按照项目收入的0.2%预分的所得税额。

7）第7行“总机构已分摊所得税额”：填报总机构在预缴申报时已按照规定比例计算缴纳的由总机构分摊的所得税额。

8）第8行“财政集中已分配所得税额”：填报总机构在预缴申报时已按照规定比例计算缴纳的由财政集中分配的所得税额。

9）第9行“总机构所属分支机构已分摊所得税额”：填报总机构在预缴申报时已按照规定比例计算缴纳的由所属分支机构分摊的所得税额。

10）第10行“总机构主体生产经营部门已分摊所得税额”：填报总机构在预缴申报时已按照规定比例计算缴纳的由总机构主体生产经营部门分摊的所得税额。

11）第11行“总机构本年度应分摊的应补（退）的所得税”：填报总机构汇总计算本年度应补（退）的所得税额，不包括境外所得应纳所得税额。填报第4–5行的金额。

12）第12行“总机构分摊本年应补（退）的所得税额”：填报第11行×25%的金额。

13）第13行“财政集中分配本年应补（退）的所得税额”：填报第11行×25%的金额。

14）第14行“总机构所属分支机构分摊本年应补（退）的所得税额”：填报第11行×50%的金额。

15）第15行“总机构主体生产经营部门分摊本年应补（退）的所得税额”：填报第11行×总机构主体生产经营部门分摊比例的金额。

16）第 16 行“总机构境外所得抵免后的应纳所得税额”：填报第 2–3 行的金额。

17）第 17 行“总机构本年应补（退）的所得税额”：填报第 12+13+15+16 行的金额。

（2）表内、表间关系。

1）表内关系。

① 第 4 行=第 1–2+3 行。

② 第 5 行=第 6+7+8+9 行。

③ 第 11 行=第 4–5 行。

④ 第 12 行=第 11 行×25%。

⑤ 第 13 行=第 11 行×25%。

⑥ 第 14 行=第 11 行×50%。

⑦ 第 15 行=第 11 行×总机构主体生产经营部门分摊比例。

⑧ 第 16 行=第 2–3 行。

⑨ 第 17 行=第 12+13+15+16 行。

2）表间关系。

① 第 1 行=表 A10000 第 31 行。

② 第 2 行=表 A10000 第 29 行。

③ 第 3 行=表 A10000 第 30 行。

④ 第 5 行=表 A10000 第 32 行。

⑤ 第 12+16 行=表 A10000 第 34 行。

⑥ 第 13 行=表 A100000 第 35 行。

⑦ 第 15 行=表 A10000 第 36 行。

（三十四）A109010《企业所得税汇总纳税分支机构所得税分配表》

A109010

企业所得税汇总纳税分支机构所得税分配表

税款所属期间：　　年　月　日至　　年　月　日

总机构名称（盖章）：　　　　　　　　　　　　　　　　　　金额单位：元（列至角分）

<table>
<tr><td colspan="2">总机构纳税人识别号</td><td>应纳所得税额</td><td colspan="2">总机构分摊所得税额</td><td colspan="2">总机构财政集中分配所得税额</td><td>分支机构分摊所得税额</td></tr>
<tr><td colspan="2"></td><td></td><td colspan="2"></td><td colspan="2"></td><td></td></tr>
<tr><td rowspan="11">分支机构情况</td><td rowspan="2">分支机构纳税人识别号</td><td rowspan="2">分支机构名称</td><td colspan="3">三项因素</td><td rowspan="2">分配比例</td><td rowspan="2">分配所得税额</td></tr>
<tr><td>营业收入</td><td>职工薪酬</td><td>资产总额</td></tr>
<tr><td></td><td></td><td></td><td></td><td></td><td></td><td></td></tr>
<tr><td></td><td></td><td></td><td></td><td></td><td></td><td></td></tr>
<tr><td></td><td></td><td></td><td></td><td></td><td></td><td></td></tr>
<tr><td></td><td></td><td></td><td></td><td></td><td></td><td></td></tr>
<tr><td></td><td></td><td></td><td></td><td></td><td></td><td></td></tr>
<tr><td></td><td></td><td></td><td></td><td></td><td></td><td></td></tr>
<tr><td></td><td></td><td></td><td></td><td></td><td></td><td></td></tr>
<tr><td></td><td></td><td></td><td></td><td></td><td></td><td></td></tr>
<tr><td></td><td></td><td></td><td></td><td></td><td></td><td></td></tr>
</table>

续表

<table>
<tr><td rowspan="8">分支机构情况</td><td rowspan="2">分支机构纳税人识别号</td><td rowspan="2">分支机构名称</td><td colspan="3">三项因素</td><td rowspan="2">分配比例</td><td rowspan="2">分配所得税额</td></tr>
<tr><td>营业收入</td><td>职工薪酬</td><td>资产总额</td></tr>
<tr><td></td><td></td><td></td><td></td><td></td><td></td><td></td></tr>
<tr><td></td><td></td><td></td><td></td><td></td><td></td><td></td></tr>
<tr><td></td><td></td><td></td><td></td><td></td><td></td><td></td></tr>
<tr><td></td><td></td><td></td><td></td><td></td><td></td><td></td></tr>
<tr><td></td><td></td><td></td><td></td><td></td><td></td><td></td></tr>
<tr><td>合计</td><td>—</td><td></td><td></td><td></td><td></td><td></td></tr>
</table>

填报说明

本表适用于跨地区经营汇总纳税的总机构填报。纳税人应根据税法规定、《财政部 国家税务总局 中国人民银行关于印发〈跨省市总分机构企业所得税分配及预算管理办法〉的通知》(财预［2012］40 号)、《国家税务总局关于印发〈跨地区经营汇总纳税企业所得税征收管理办法〉的公告》(国家税务总局公告 2012 年第 57 号)规定计算总分机构每一纳税年度应缴的企业所得税、总分机构应分摊的企业所得税。

(1)具体项目填报说明。

1)“税款所属时期”：填报公历 1 月 1 日至 12 月 31 日。

2)“总机构名称”、“分支机构名称”：填报税务机关核发的税务登记证记载的纳税人全称。

3)“总机构纳税人识别号”、“分支机构纳税人识别号”：填报税务机关核发的税务登记证件号码(15 位)。

4)“应纳所得税额”：填报总机构按照汇总计算的、且不包括境外所得应纳所得税额的本年应补(退)的所得税额。数据来源于《跨地区经营汇总纳税企业年度分摊企业所得税明细表》(A109000)第 11 行“总机构本年度应分摊的应补(退)的所得税”。

5)“总机构分摊所得税额”：填报总机构统一计算的本年应补(退)的所得税额的 25%。

6)“总机构财政集中分配所得税额”：填报总机构统一计算的本年应补(退)的所得税额的 25%。

7)“分支机构分摊所得税额”：填报总机构根据税务机关确定的分摊方法计算，由各分支机构进行分摊的本年应补(退)的所得税额。

8)“营业收入”：填报上一年度各分支机构销售商品、提供劳务、让渡资产使用权等日常经营活动实现的全部收入的合计额。

9)“职工薪酬”：填报上一年度各分支机构为获得职工提供的服务而给予各种形式的报酬以及其他相关支出的合计额。

10)“资产总额”：填报上一年度各分支机构在经营活动中实际使用的应归属于该分支机构的资产合计额。

11)“分配比例”：填报经总机构所在地主管税务机关审核确认的各分支机构分配比例，分配比例应保留小数点后四位。

12)“分配所得税额”：填报分支机构按照分支机构分摊所得税额乘以相应的分配比例的金额。

13)“合计”：填报上一年度各分支机构的营业收入总额、职工薪酬总额和资产总额三项因素的合计数及本年各分支机构分配比例和分配税额的合计数。

（2）表内、表间关系。

1）表内关系。

① 总机构分摊所得税额=应纳所得税额×25%。

② 总机构财政集中分配所得税额=应纳所得税额×25%。

③ 分支机构分摊所得税额=应纳所得税额×50%。

④ 分支机构分配比例=（该分支机构营业收入÷分支机构营业收入合计）×35%+（该分支机构职工薪酬÷分支机构职工薪酬合计）×35%+（该分支机构资产总额÷分支机构资产总额）×30%。

⑤ 分支机构分配所得税额=该分支机构分配比例×分支机构分摊所得税额。

2）表间关系。

应纳所得税额=表 A109000 第 11 行。

二、企业所得税月（季）度预缴纳税申报表（A 类）

（一）《中华人民共和国企业所得税月（季）度预缴纳税申报表（A 类，2015 年版）》

《中华人民共和国企业所得税月（季）度预缴纳税申报表（A 类，2015 年版）》适用于实行查账征收企业所得税的居民企业预缴月份、季度税款时填报。

中华人民共和国企业所得税月（季）度预缴纳税申报表（A 类，2015 年版）

税款所属期间：　　年　月　日至　　年　月　日

纳税人识别号：□□□□□□□□□□□□□□□□□□

纳税人名称：　　　　　　　　　　　　　　金额单位：人民币元（列至角分）

行次	项　　目	本期金额	累计金额
1	一、按照实际利润额预缴		
2	营业收入		
3	营业成本		
4	利润总额		
5	加：特定业务计算的应纳税所得额		
6	减：不征税收入和税基减免应纳税所得额（请填附表 1）		
7	固定资产加速折旧（扣除）调减额（请填附表 2）		
8	弥补以前年度亏损		
9	实际利润额（4 行+5 行−6 行−7 行−8 行）		
10	税率（25%）		
11	应纳所得税额（9 行×10 行）		
12	减：减免所得税额（请填附表 3）		
13	实际已预缴所得税额	—	
14	特定业务预缴（征）所得税额		
15	应补（退）所得税额（11 行−12 行−13 行−14 行）	—	
16	减：以前年度多缴在本期抵缴所得税额		
17	本月（季）实际应补（退）所得税额	—	
18	二、按照上一纳税年度应纳税所得额平均额预缴		

续表

<table>
<tr><th>行次</th><th colspan="2">项　　目</th><th>本期金额</th><th>累计金额</th></tr>
<tr><td>19</td><td colspan="2">上一纳税年度应纳税所得额</td><td>—</td><td></td></tr>
<tr><td>20</td><td colspan="2">本月（季）应纳税所得额（19 行×1/4 或 1/12）</td><td></td><td></td></tr>
<tr><td>21</td><td colspan="2">税率（25%）</td><td></td><td></td></tr>
<tr><td>22</td><td colspan="2">本月（季）应纳所得税额（20 行×21 行）</td><td></td><td></td></tr>
<tr><td>23</td><td colspan="2">减：减免所得税额（请填附表 3）</td><td></td><td></td></tr>
<tr><td>24</td><td colspan="2">本月（季）实际应纳所得税额（22 行–23 行）</td><td></td><td></td></tr>
<tr><td>25</td><td colspan="4">三、按照税务机关确定的其他方法预缴</td></tr>
<tr><td>26</td><td colspan="2">本月（季）税务机关确定的预缴所得税额</td><td></td><td></td></tr>
<tr><td>27</td><td colspan="4">总分机构纳税人</td></tr>
<tr><td>28</td><td rowspan="4">总机构</td><td>总机构分摊所得税额（15 行或 24 行或 26 行×总机构分摊预缴比例）</td><td></td><td></td></tr>
<tr><td>29</td><td>财政集中分配所得税额</td><td></td><td></td></tr>
<tr><td>30</td><td>分支机构分摊所得税额（15 行或 24 行或 26 行×分支机构分摊比例）</td><td></td><td></td></tr>
<tr><td>31</td><td>其中：总机构独立生产经营部门应分摊所得税额</td><td></td><td></td></tr>
<tr><td>32</td><td rowspan="2">分支机构</td><td>分配比例</td><td></td><td></td></tr>
<tr><td>33</td><td>分配所得税额</td><td></td><td></td></tr>
<tr><td colspan="5">是否属于小型微利企业：　　　　是 □　　　　否 □</td></tr>
<tr><td colspan="5">谨声明：此纳税申报表是根据《中华人民共和国企业所得税法》、《中华人民共和国企业所得税法实施条例》和国家有关税收规定填报的，是真实的、可靠的、完整的。
法定代表人（签字）：　　　　年　月　日</td></tr>
</table>

<table>
<tr><td>纳税人公章：
会计主管：

填表日期：　年　月　日</td><td>代理申报中介机构公章：
经办人：
经办人执业证件号码：
代理申报日期：　年　月　日</td><td>主管税务机关受理专用章：
受理人：

受理日期：　年　月　日</td></tr>
</table>

填报说明

（1）适用范围。本表适用于实行查账征收企业所得税的居民纳税人在月（季）度预缴企业所得税时使用。跨地区经营汇总纳税企业的分支机构年度汇算清缴申报适用本表。

（2）表头项目。

1）“税款所属期间”：为税款所属期月（季）度第一日至所属期月（季）度最后一日。

年度中间开业的纳税人，“税款所属期间”为当月（季）开始经营之日至所属月（季）度的最后一日。次月（季）度起按正常情况填报。

2）“纳税人识别号”：填报税务机关核发的税务登记证号码（15 位）。

3）“纳税人名称”：填报税务机关核发的税务登记证记载的纳税人全称。

（3）各列次的填报。

1）第一部分，按照实际利润额预缴税款的纳税人，填报第 2 行至第 17 行。

其中：第 2 行至第 17 行的“本期金额”列，填报所属月（季）度第一日至最后一日的数据；第 2 行至第 17 行的“累计金额”列，填报所属年度 1 月 1 日至所属月（季）度最后一日的累计数额。

2）第二部分，按照上一纳税年度应纳税所得额平均额计算预缴税款的纳税人，填报第 19 行至第 24 行。

其中：第 19 行至第 24 行的“本期金额”列，填报所属月（季）度第一日至最后一日的数据；第 19 行至第 24 行的“累计金额”列，填报所属年度 1 月 1 日至所属月（季）度最后一日的累计数额。

3）第三部分，按照税务机关确定的其他方法预缴的纳税人，填报第 26 行。

其中：“本期金额”列，填报所属月（季）度第一日至最后一日的数额；“累计金额”列，填报所属年度 1 月 1 日至所属月（季）度最后一日的累计数额。

（4）各行次的填报。

1）第 1 行至第 26 行，纳税人根据其预缴申报方式分别填报。

实行“按照实际利润额预缴”的纳税人填报第 2 行至第 17 行。实行“按照上一纳税年度应纳税所得额平均额预缴”的纳税人填报第 19 行至第 24 行。实行“按照税务机关确定的其他方法预缴”的纳税人填报第 26 行。

2）第 27 行至第 33 行，由跨地区经营汇总纳税企业（以下简称汇总纳税企业）填报。其中：汇总纳税企业总机构在填报第 1 行至第 26 行基础上，填报第 28 行至第 31 行。汇总纳税企业二级分支机构只填报本表第 30 行、第 32 行、第 33 行。

（5）具体项目填报说明。

1）按实际利润额预缴

① 第 2 行“营业收入”：填报按照企业会计制度、企业会计准则等国家会计规定核算的营业收入。本行主要列示纳税人营业收入数额，不参与计算。

② 第 3 行“营业成本”：填报按照企业会计制度、企业会计准则等国家会计规定核算的营业成本。本行主要列示纳税人营业成本数额，不参与计算。

③ 第 4 行“利润总额”：填报按照企业会计制度、企业会计准则等国家会计规定核算的利润总额。本行数据与利润表列示的利润总额一致。

④ 第 5 行“特定业务计算的应纳税所得额”：从事房地产开发等特定业务的纳税人，填报按照税收规定计算的特定业务的应纳税所得额。房地产开发企业销售未完工开发产品取得的预售收入，按照税收规定的预计计税毛利率计算的预计毛利额填入此行。

⑤ 第 6 行“不征税收入和税基减免应纳税所得额”：填报属于税法规定的不征税收入、免税收入、减计收入、所得减免、抵扣应纳税所得额等金额。本行通过《不征税收入和税基类减免应纳税所得额明细表》（附表 1）填报。

⑥ 第 7 行“固定资产加速折旧（扣除）调减额”：填报按照《财政部 国家税务总局关于完善固定资产加速折旧税收政策有关问题的通知》（财税［2014］75 号）等相关规定，固定资产税收上采取加速折旧，会计上未加速折旧的纳税调整情况。本行通过《固定资产加速折旧（扣除）明细表》（附表 2）填报。

⑦ 第 8 行“弥补以前年度亏损”：填报按照税收规定可在企业所得税前弥补的以前年度尚未弥补的亏损额。

⑧ 第 9 行“实际利润额”：根据本表相关行次计算结果填报。第 9 行=4 行+5 行–6 行–7 行–8 行。

⑨ 第 10 行“税率（25%）”：填报企业所得税法规定税率 25%。

⑩ 第 11 行“应纳所得税额”：根据相关行次计算结果填报。第 11 行=9 行×10 行，且 11

行≥0。跨地区经营汇总纳税企业总机构和分支机构适用不同税率时，第 11 行≠9 行×10 行。

⑪ 第 12 行“减免所得税额”：填报按照税收规定，当期实际享受的减免所得税额。本行通过《减免所得税额明细表》（附表 3）填报。

⑫ 第 13 行“实际已预缴所得税额”：填报纳税人本年度此前月份、季度累计已经预缴的企业所得税额，“本期金额”列不填写。

⑬ 第 14 行“特定业务预缴（征）所得税额”：填报按照税收规定的特定业务已经预缴（征）的所得税额。建筑企业总机构直接管理的跨地区设立的项目部，按规定向项目所在地主管税务机关预缴的企业所得税填入此行。

⑭ 第 15 行“应补（退）所得税额”：根据本表相关行次计算填报。15 行“累计金额”列=11 行–12 行–13 行–14 行，且 15 行≤0 时，填 0；“本期金额”列不填。

⑮ 第 16 行“减：以前年度多缴在本期抵缴所得税额”：填报以前年度多缴的企业所得税税款未办理退税，在本纳税年度抵缴的所得税额。

⑯ 第 17 行“本月（季）实际应补（退）所得税额”：根据相关行次计算填报。第 17 行“累计金额”列=15 行–16 行，且第 17 行≤0 时，填 0，“本期金额”列不填。

2）按照上一年度应纳税所得额平均额预缴。

① 第 19 行“上一纳税年度应纳税所得额”：填报上一纳税年度申报的应纳税所得额。“本期金额”列不填。

② 第 20 行“本月（季）应纳税所得额”：根据相关行次计算填报。

- 按月度预缴的纳税人：第 20 行=第 19 行×1/12。
- 按季度预缴的纳税人：第 20 行=第 19 行×1/4。

③ 第 21 行“税率（25%）”：填报企业所得税法规定的 25%税率。

④ 第 22 行“本月（季）应纳所得税额”：根据本表相关行次计算填报。22 行=20 行×21 行。

⑤ 第 23 行“减：减免所得税额”：填报按照税收规定，当期实际享受的减免所得税额。本行通过《减免所得税额明细表》（附表 3）填报。

⑥ 第 24 行“本月（季）应纳所得税额”：根据相关行次计算填报。第 24 行=第 22–23 行。

3）按照税务机关确定的其他方法预缴。

第 26 行“本月（季）确定预缴所得税额”：填报税务机关认可的其他方法确定的本月（季）度应缴纳所得税额。

4）汇总纳税企业总分机构有关项目的填报。

① 第 28 行“总机构分摊所得税额”：汇总纳税企业的总机构，以本表（第 1 行至第 26 行）本月（季）度预缴所得税额为基数，按总机构应当分摊的预缴比例计算出的本期预缴所得税额填报，并按不同预缴方式分别计算：

- “按实际利润额预缴”的汇总纳税企业的总机构：第 15 行×总机构应分摊预缴比例。
- “按照上一纳税年度应纳税所得额的平均额预缴”的汇总纳税企业的总机构：第 24 行×总机构应分摊预缴比例。
- “按照税务机关确定的其他方法预缴”的汇总纳税企业的总机构：第 26 行×总机构应分摊预缴比例。

上述计算公式中“总机构分摊预缴比例”：跨地区经营（跨省、自治区、直辖市、计划单列市）汇总纳税企业，总机构分摊的预缴比例填报 25%；省内经营的汇总纳税企业，总机构应分摊的预缴比例按各省级税务机关规定填报。

② 第 29 行“财政集中分配所得税额”：汇总纳税企业的总机构，以本表（第 1 行至第 26 行）本月（季）度预缴所得税额为基数，按财政集中分配的预缴比例计算出的本期预缴所得税额填报，并按不同预缴方式分别计算：

- “按实际利润额预缴”的汇总纳税企业的总机构：第 15 行×财政集中分配预缴比例。
- “按照上一纳税年度应纳税所得额的平均额预缴”的汇总纳税企业的总机构：第 24 行×财政集中分配预缴比例。
- “按照税务机关确定的其他方法预缴”的汇总纳税企业的总机构：第 26 行×财政集中分配预缴比例。

跨地区经营（跨省、自治区、直辖市、计划单列市）汇总纳税企业，中央财政集中分配的预缴比例填报 25%；省内经营的汇总纳税企业，财政集中分配的预缴比例按各省级税务机关规定填报。

③ 第 30 行“分支机构应分摊所得税额”：汇总纳税企业的总机构，以本表（第 1 行至第 26 行）本月（季）度预缴所得税额为基数，按分支机构应分摊的预缴比例计算出的本期预缴所得税额填报，并按不同预缴方式分别计算：

- “按实际利润额预缴”的汇总纳税企业的总机构：第 15 行×分支机构应分摊预缴比例。
- “按照上一纳税年度应纳税所得额平均额预缴”的汇总纳税企业的总机构：第 24 行×分支机构应分摊预缴比例。
- “按照税务机关确定的其他方法预缴”的汇总纳税企业的总机构：第 26 行×分支机构应分摊预缴比例。

上述计算公式中“分支机构应分摊预缴比例”：跨地区经营（跨省、自治区、直辖市、计划单列市）汇总纳税企业，分支机构应分摊的预缴比例填报 50%；省内经营的汇总纳税企业，分支机构应分摊的预缴比例按各省级税务机关规定执行填报。

分支机构根据《中华人民共和国企业所得税汇总纳税分支机构所得税分配表（2015 年版）》中的“分支机构分摊所得税额”填写本行。

④ 第 31 行“其中：总机构独立生产经营部门应分摊所得税额”：填报跨地区经营汇总纳税企业的总机构，设立的具有主体生产经营职能且按规定视同二级分支机构的部门，所应分摊的本期预缴所得税额。

⑤ 第 32 行“分配比例”：汇总纳税企业的分支机构，填报依据《企业所得税汇总纳税分支机构所得税分配表（2015 年版）》确定的该分支机构的分配比例。

⑥ 第 33 行“分配所得税额”：填报汇总纳税企业的分支机构按分配比例计算应预缴或汇算清缴的所得税额。第 33 行=30 行×32 行。

（6）“是否属于小型微利企业”填报。

1）纳税人上一纳税年度汇算清缴符合小型微利企业条件的，本年预缴时，选择“是”，预缴累计会计利润不符合小微企业条件的，选择“否”。

2）本年度新办企业，“资产总额”和“从业人数”符合规定条件，选择“是”，预缴累计会计利润不符合小微企业条件的，选择“否”。

3）上年度“资产总额”和“从业人数”符合规定条件，应纳税所得额不符合小微企业条件的，预计本年度会计利润符合小微企业条件，选择“是”，预缴累计会计利润不符合小微企业条件，选择“否”。

4）纳税人第一季度预缴所得税时，鉴于上一年度汇算清缴尚未结束，可以按照上年度第四季度预缴情况选择“是”或“否”。

本栏次为必填项目，不符合小型微利企业条件的，选择“否”。

（7）表内表间关系。

1）表内关系。

① 第9行=4行+5行−6行−7行−8行。

② 第11行=9行×10行。当汇总纳税企业的总机构和分支机构适用不同税率时，第11行≠9行×10行。

③ 第15行=11行−12行−13行−14行，且第15行≤0时，填0。

④ 第17行=15行−16行，且第17行≤0时，填0。

⑤ 第20行“本期金额”=19行“累计金额”×1/4或1/12。

⑥ 第22行=20行×21行。

⑦ 第24行=22行−23行。

⑧ 第28行=15行或24行或26行×规定比例。

⑨ 第29行=15行或24行或26行×规定比例。

2）表间关系。

① 第6行=《不征税收入和税基类减免应纳税所得额明细表》（附表1）第1行。

② 第7行“本期金额”=《固定资产加速折旧（扣除）明细表》（附表2）第13行11列；第7行“累计金额”=《固定资产加速折旧（扣除）明细表》（附表2）第13行16列。

③ 第12行、第23行=《减免所得税额明细表》（附表3）第1行。

④ 第30行=《企业所得税汇总纳税分支机构所得税分配表（2015年版）》中的“分支机构分摊所得税额”。

⑤ 第32、33行=《企业所得税汇总纳税分支机构所得税分配表（2015年版）》中与填表纳税人对应行次中的“分配比例”、“分配所得税额”列。

（二）附表1　不征税收入和税基类减免应纳税所得额明细表

附表1

不征税收入和税基类减免应纳税所得额明细表

金额单位：人民币元（列至角分）

行次	项　　目		本期金额	累计金额
1	合计（2行+3行+14行+19行+30行+31行+32行+33行+34行…）			
2	一、不征税收入			
3	二、免税收入（4行+5行+…+13行）			
4	1. 国债利息收入			
5	2. 地方政府债券利息收入			
6	3. 符合条件的居民企业之间的股息、红利等权益性投资收益			
7	4. 符合条件的非营利组织的收入			
8	5. 证券投资基金投资者取得的免税收入			
9	6. 证券投资基金管理人取得的免税收入			
10	7. 中国清洁发展机制基金取得的收入			
11	8. 受灾地区企业取得的救灾和灾后恢复重建款项等收入			
12	9. 其他1：			

续表

行次	项　　目	本期金额	累计金额
13	10. 其他 2：		
14	三、减计收入（15 行+16 行+17 行+18 行）		
15	1. 综合利用资源生产产品取得的收入		
16	2. 金融、保险等机构取得的涉农利息、保费收入		
17	3. 取得的中国铁路建设债券利息收入		
18	4. 其他：（请填写或选择减免项目名称及减免性质代码）		
19	四、所得减免（20 行+23 行+24 行+25 行+26 行+27 行+28 行+29 行）		
20	1. 农、林、牧、渔业项目		
21	其中：免税项目		
22	减半征收项目		
23	2. 国家重点扶持的公共基础设施项目		
24	3. 符合条件的环境保护、节能节水项目		
25	4. 符合条件的技术转让项目		
26	5. 实施清洁发展机制项目		
27	6. 节能服务公司实施合同能源管理项目		
28	7. 其他 1：		
29	8. 其他 2：		
30	五、新产品、新工艺、新技术研发费用加计扣除		
31	六、抵扣应纳税所得额		
32	七、其他 1：		
33	其他 2：		
34	其他 3：		

填报说明

本表作为《中华人民共和国企业所得税月（季）度预缴纳税申报表（A 类，2015 年版）》的附表，适用于享受不征税收入，以及享受免税收入、减计收入、所得减免、研发费用加计扣除及抵扣应纳税所得额等税基类优惠政策的查账征税的纳税人填报。纳税人根据税法规定，填报本期及本年累计优惠情况。

（1）有关项目填报说明。

1）有关列次填报。“本期金额”填报纳税人本季度、月份发生的不征税收入和税基类减免应纳税所得额的数据。“累计金额”填报纳税人自本年度 1 月 1 日（或开始营业之日）至本季度、月份止发生的不征税收入和税基类减免应纳税所得额的数据。

2）有关行次填报。

① 第 1 行“合计”：填报 2 行+3 行+14 行+19 行+30 行+31 行+32 行+33 行+34 行…的金额，34 行后如有增加行次，加至最后一行。

② 第 2 行“一、不征税收入”：填报纳税人已记入当期损益但属于税法规定不征税的财政拨款、依法收取并纳入财政管理的行政事业性收费、政府性基金以及国务院规定的其他不征税收入。通过本表进行纳税调减。

③ 第 3 行“二、免税收入”：填报 4 行+5 行+…+13 行的金额。

④ 第 4 行“1. 国债利息收入”：填报纳税人持有国务院财政部门发行的国债取得的利息收入。

⑤ 第 5 行“2. 地方政府债券利息收入”：填报纳税人持有地方政府债券利息收入。

⑥ 第 6 行“3. 符合条件的居民企业之间的股息、红利等权益性投资收益”：填报本期发生的符合条件的居民企业之间的股息、红利等权益性投资收益情况。不包括连续持有居民企业公开发行并上市流通的股票不足 12 个月取得的投资收益。

⑦ 第 7 行“4. 符合条件的非营利组织的收入”：根据企业所得税法等有关规定，符合条件并依法履行登记手续的非营利组织，填报取得的捐赠收入等免税收入，不包括营利性收入。

⑧ 第 8 行“5. 证券投资基金投资者取得的免税收入”：填报纳税人根据《财政部 国家税务总局关于企业所得税若干优惠政策的通知》（财税［2008］1 号）规定，证券投资基金从证券市场中取得收入（包括买卖股票、债券差价收入，股息、红利收入，债券利息收入及其他收入）以及投资者从证券投资基金分配中取得的收入。

⑨ 第 9 行“6. 证券投资基金管理人取得的免税收入”。填报纳税人根据《财政部 国家税务总局关于企业所得税若干优惠政策的通知》（财税［2008］1 号）规定，证券投资基金管理人运用基金买卖股票、债券差价收入。

⑩ 第 10 行“7. 中国清洁发展机制基金取得的收入”：中国清洁发展机制基金取得的 CDM 项目温室气体减排量转让收入上缴国家部分，国际金融组织赠款收入，基金资金存款利息收入、购买国债利息收入，国内外机构、组织和个人的捐赠收入。

⑪ 第 11 行“8. 受灾地区企业取得的救灾和灾后恢复重建款项等收入”：填报芦山、鲁甸及其他受灾地区企业灾后重建政策，通过公益性社会团体、县级以上人民政府及其部门取得的抗震救灾和灾后恢复重建款项和物资，以及税收法律、法规和国务院批准的减免税金及附加收入。

⑫ 第 12 行“9. 其他 1”、第 13 行“10. 其他 2”：填报其他未列明的预缴申报可以享受的免税收入项目，包括国家税务总局发布的最新政策规定的免税收入。填报时需在“项目”列填写（软件申报时选择具体优惠项目）减免项目名称及减免性质代码。

⑬ 第 14 行“三、减计收入”：填报 15 行+16 行+17 行+18 行的金额。

⑭ 第 15 行“1. 综合利用资源生产产品取得的收入”：填报纳税人根据现行企业所得税法规定，综合利用资源生产产品取得的收入减计征税的部分。本行填报“综合利用资源生产产品取得收入”×10%的积。

⑮ 第 16 行“2. 金融、保险等机构取得的涉农利息、保费收入”：金融保险企业、中国扶贫基金会所属小额贷款公司等取得的涉农利息、保费收入，根据企业所得税法和相关税收政策规定享受“减计收入”情况。本行填报“金融、保险等机构取得的涉农利息、保费收入”×10%的积。

⑯ 第 17 行“3. 取得的中国铁路建设债券利息收入”：填报纳税人取得铁路建设债券利息收入，根据现行税收政策规定享受“减计收入”情况。本行填报“取得的中国铁路建设债券利息收入”×50%的积。

⑰ 第 18 行“4. 其他”：填报国家税务总局发布的最新政策规定的其他减计收入乘以“减计收入”比例的金额，需在“项目”列填写（软件申报时选择具体优惠项目）享受减免项目名称及减免性质代码。

⑱ 第 19 行“四、所得减免”：填报 20 行+23 行+24 行+25 行+26 行+27 行+28 行+29 行的金额。本行小于 0 时填 0。

⑲ 第 20 行“1. 农、林、牧、渔业项目”：填报纳税人根据企业所得税法规定，从事农、林、牧、渔业项目发生的减征、免征企业所得税项目的所得额。本行=第 21 行+22 行，该项目所得为负数时填 0。

⑳ 第 21 行“其中：免税项目”：填报纳税人根据企业所得税法及相关税收政策规定发生的免征企业所得税项目的所得额，当该项目所得为负数时填 0。

免征企业所得税项目主要有：种植蔬菜、谷物、薯类、油料、豆类、棉花、麻类、糖料、水果、坚果；农作物新品种的选育；中药材的种植；林木的培育和种植；牲畜、家禽的饲养；林产品的采集；灌溉、农产品初加工、兽医、农技推广、农机作业和维修等农、林、牧、渔服务业项目；远洋捕捞等。

㉑ 第 22 行“减半征收项目”：填报纳税人根据企业所得税法及相关税收政策规定，从事农、林、牧、渔业项目发生的减半征收企业所得税项目的所得额。本行=“减半征收企业所得税项目的所得额”×50%，当该项目所得为负数时填 0。

减半征收企业所得税项目主要有：花卉、茶以及其他饮料作物和香料作物的种植；海水养殖、内陆养殖等。

㉒ 第 23 行“2. 国家重点扶持的公共基础设施项目”：填报纳税人根据企业所得税法和相关税收政策规定，从事《公共基础设施项目企业所得税优惠目录》中规定的港口码头、机场、铁路、公路、城市公共交通、电力、水利等项目的投资经营的所得，自项目取得第一笔生产经营收入所在年度起，享受企业所得税“三免三减半”优惠政策情况。其免税期间填报从事基础设施项目的所得额，减半征税期间填报从事基础设施项目的所得额×50%的积。当该项目所得为负数时填 0。不包括企业承包经营、承包建设和内部自建自用该项目的所得。

㉓ 第 24 行“3. 符合条件的环境保护、节能节水项目”：填报纳税人根据企业所得税法和相关税收政策规定，从事符合条件的公共污水处理、公共垃圾处理、沼气综合开发利用、节能减排技术改造、海水淡化等环境保护、节能节水项目的所得，自项目取得第一笔生产经营收入所在年度起，享受企业所得税“三免三减半”优惠政策情况。其免税期间填报从事环境保护、节能节水项目的所得额，减半征税期间填报从事环境保护、节能节水项目的所得额×50%的积。当该项目所得为负数时填 0。

㉔ 第 25 行“4. 符合条件的技术转让项目”：填报纳税人根据企业所得税法和相关税收政策规定，对转让技术所有权或 5 年以上全球独占许可使用权取得的所得，减征、免征的所得额。

㉕ 第 26 行“5. 实施清洁发展机制项目”：填报纳税人根据企业所得税法和相关税收政策规定，实施的将温室气体减排量转让收入的 65%上缴给国家的 HFC 和 PFC 类 CDM 项目，以及将温室气体减排量转让收入的 30%上缴给国家的 N2O 类 CDM 项目，其实施该类 CDM 项目的所得，自项目取得第一笔减排量转让收入所属纳税年度起，第一年至第三年免征、第四年至第六年减半征收的所得额。

㉖ 第 27 行“节能服务公司实施合同能源管理项目”：填报根据企业所得税法和相关税收政策规定符合条件的节能服务公司，实施合同能源管理的项目，自项目取得第一笔生产经营收入所属纳税年度起，第一年至第三年免征、第四年至第六年按照 25%的法定税率减半征收的所得额。

㉗ 第 28 行“7. 其他 1”、第 29 行“8. 其他 2”：填报国家税务总局发布的最新政策规定的其他专项减免应纳税所得额，当项目所得为负数时填 0。填报时需在“项目”列填写（软件申报时选择具体优惠项目）享受减免项目名称及减免性质代码。

㉘ 第 30 行“五、新产品、新工艺、新技术研发费用加计扣除”：填报纳税人根据企业所

得税法和相关税收政策规定，发生的新产品、新工艺、新技术研发费用加计扣除的金额。

㉙ 第 31 行“六、抵扣应纳税所得额”：填报纳税人根据企业所得税法和相关税收政策规定，享受创业投资企业抵扣应纳税所得额优惠的金额。

㉚ 第 32 行及后续行次“七、其他 1”、“其他 2”、“其他 3”等：填报纳税人享受的国家税务总局发布的最新的税基类优惠项目的金额，同时需在“项目”列填写减免项目名称及减免性质代码，如行次不足，可增加行次填写。

（2）表内、表间关系。

1）表内关系。

① 第 1 行=2 行+3 行+14 行+19 行+30 行+31 行+32 行+33 行+34 行…。

② 第 3 行=4 行+5 行+6 行+7 行+8 行+9 行+10 行+11 行+12 行+13 行。

③ 第 14 行=15 行+16 行+17 行+18 行。

④ 第 19 行=20 行+23 行+24 行+25 行+26 行+27 行+28 行+29 行。

2）表间关系。本表第 1 行=企业所得税月（季）度预缴纳税申报表（A 类，2015 年版）第 6 行。

（三）附表 2 固定资产加速折旧（扣除）明细表

附表 2

固定资产加速折旧（扣除）明细表

金额单位：人民币元（列至角分）

行次	项目		房屋、建筑物			机器设备和其他固定资产			合计										
			原值	税收折旧（扣除）额		原值	税收折旧（扣除）额		原值	本期折旧（扣除）额					累计折旧（扣除）额				
				本期	累计		本期	累计		会计折旧额	正常折旧额	税收折旧额	纳税调整额	加速折旧优惠统计额	会计折旧额	正常折旧额	税收折旧额	纳税调整额	加速折旧优惠统计额
			1	2	3	4	5	6	7	8	9	10	11	12	13	14	15	16	17
1	一、重要行业固定资产加速折旧																		
2		税会处理一致								*			*		*			*	
3		税会处理不一致									*			*		*			*
4	二、其他行业研发设备加速折旧		*	*	*														
5	单价 100 万元以上专用研发设备	税会处理一致	*	*	*					*			*		*			*	
6		税会处理不一致	*	*	*						*			*		*			*
7	三、允许一次性扣除的固定资产		*	*	*														
8	（一）单价不超过 100 万元研发设备		*	*	*														
9		税会处理一致	*	*	*					*			*		*			*	
10		税会处理不一致	*	*	*						*			*		*			*
11	（二）5 000 元以下固定资产																		
12	*	税会处理一致								*			*		*			*	
13		税会处理不一致									*			*		*			*
14	合　计																		

填报说明

（1）适用范围及总体说明。

1）本表作为《中华人民共和国企业所得税月（季）度预缴纳税申报表（A类，2015年版）》的附表，适用于按照《财政部 国家税务总局关于完善固定资产加速折旧税收政策有关问题的通知》（财税［2014］75号）、《财政部 国家税务总局关于进一步完善固定资产加速折旧企业所得税政策的通知》（财税［2015］106号）等规定，享受固定资产加速折旧和一次性扣除优惠政策的查账征税的纳税人填报。

2）《国家税务总局关于企业固定资产加速折旧所得税处理有关问题的通知》（国税发［2009］81号）、《财政部 国家税务总局关于进一步鼓励软件产业和集成电路产业发展企业所得税政策的通知》（财税［2012］27号）规定的固定资产加速折旧，不填报本表。

3）本表主要任务：一是对税法加速折旧，会计未加速折旧的固定资产，预缴环节对折旧额的会计与税法差异进行单向纳税调减。当该固定资产的会计折旧额大于税法折旧额时，不再填写本表，预缴时也不作纳税调增，纳税调整统一在汇算清缴处理。二是对于税法、会计都加速折旧的，对纳税人享受加速折旧优惠情况进行统计。

4）填报要求。

① 税法折旧小于会计折旧后，本年度内预缴要保留“累计”和“原值”金额，“本期”不再填写。

当税法折旧额小于会计折旧额（或正常折旧额）时，在本年度内以后月（季）度申报时，该项固定资产此后月份、季度的折旧情况不再填写本表。为便于统计优惠数据，按月申报的纳税人，本月折旧（扣除）金额不再填写，年度内保留累计数；按季申报的纳税人，对于季度中间月份税法折旧额小于会计折旧额的，季度申报时本期数按实际数额填报，年度内保留累计数。例如：A汽车公司享受固定资产加速折旧政策，按季度预缴所得税，2018年5月，某项固定资产税法折旧额开始小于会计折旧额（其4月税法折旧额大于会计折旧额），其2季度申报时，本期数只填写4月份数额，累计数填写到4月份数额。在3、4季度申报时，该项固定资产的当期折旧情况不再填写，但累计折旧和原值相关栏次保留2季度申报的累计数。

税法折旧额小于会计折旧额（或正常折旧额）主要包括以下情形：

- 会计采取正常折旧方法，税法采取缩短折旧年限方法，按税法规定折旧完毕的。
- 会计采取正常折旧方法，税法采取年数总和法或双倍余额递减法方法的，税法折旧金额小于会计折旧金额的。
- 会计和税法均采取加速折旧，但税会处理金额不一致，当税法折旧金额小于会计折旧金额的。
- 会计和税法均采取加速折旧，该类固定资产税会处理金额一致的，当税法折旧额小于正常折旧额的。
- 税法采取一次性扣除后，年内剩余月份内税法不再折旧，会计仍然折旧，造成税法折旧额小于会计折旧额的。

② 对享受一次性扣除政策的固定资产，扣除所属期预缴申报时，会计折旧额（或正常折旧额）按首月折旧额填报，不按“0”填报会计折旧额。

③ 对会计和税法均采取加速折旧、但其税会折旧金额不一致的资产，在“税会处理不一致”行填报。

④ 有“*”号的单元格不需填写。

（2）有关项目填报说明。

1）行次填报。

① 第 1 行“一、重要行业固定资产加速折旧”：生物药品制造业，专用设备制造业，铁路、船舶、航空航天和其他运输设备制造业，计算机、通信和其他电子设备制造业，仪器仪表制造业，信息传输、软件和信息技术服务业 6 个行业，以及轻工、纺织、机械、汽车四大领域 18 个行业（以下称“重要行业”）的纳税人，按照财税［2014］75 号和财税［2015］106 号文件规定，对于新购进固定资产在税收上采取加速折旧的，结合会计折旧政策，分不同情况填报纳税调减和加速折旧优惠统计情况。本行=2 行+3 行。

② 第 2 行、第 3 行“项目”列空白处：由企业按照财税［2014］75 号和财税［2015］106 号文件规定的行业范围，选择填写其经营行业。为便于征纳双方操作，按照《国民经济行业分类（GB/T 4754—2011）》，本附件第四部分列示了《重要领域（行业）固定资产加速折旧行业代码表》，纳税申报时填写所属行业名称及对应的“行业中类”代码，代码长度为三位，全部由数字组成。

第 2 行、第 3 行，由企业按照不同税会处理方式，填写固定资产加速折旧情况。“税会处理不一致”包括税法和会计都加速折旧，但税会折旧方法不一致的情况。

③ 第 4 行“二、其他行业研发设备加速折旧”：由重要行业以外的其他企业填报单位价值超过 100 万元的专用研发设备采取缩短折旧年限或加速折旧方法，在预缴环节纳税调减和统计加速折旧优惠情况。本行=5 行+6 行。

第 5 行和第 6 行，由企业根据其不同税会处理方式，填写固定资产加速折旧情况。

④ 第 7 行“三、允许一次性扣除的固定资产”：填报新购进的单位价值不超过 100 万元的研发设备和单位价值不超过 5 000 元的固定资产一次性在当期所得税前扣除的金额。本行=8 行+11 行。

第 8 行“（一）单价不超过 100 万元研发设备”：由重要行业中的小型微利企业和其他企业填报。本行填写单位价值不超过 100 万元研发设备采取缩短折旧年限或加速折旧方法，在预缴环节进行纳税调减和加速折旧优惠统计情况。本行=9 行+10 行。

第 9 行和第 10 行“项目”列空白处：由企业选择不同类型（重要行业小微、其他企业）填写固定资产加速折旧情况。选择“重要行业小微”类型的，是指“重要行业”中的小型微利企业（需同时在第 2、3 行“项目”空白处填写所属行业），允许一次性扣除新购进单位价值不超过 100 万元的研发和生产经营共用仪器、设备。选择“其他企业”（指除“重要行业”小型微利企业以外的其他企业）类型的企业对新购进并专门用于研发活动的仪器、设备，单位价值不超过 100 万元的，可以一次性扣除。

第 11 行“（二）5 000 元以下固定资产一次性扣除”：填写单位价值不超过 5 000 元的固定资产，按照税法规定一次性在当期税前扣除的。本行=12 行+13 行。

第 12 行和第 13 行，由企业选择不同的税会处理方式，填写固定资产加速折旧情况。

2）列次填报。

① 第 1 列至第 7 列有关固定资产原值、折旧额。

- 原值：填写固定资产计税基础，对于年度内税法折旧小于会计折旧（或正常折旧）之后的资产，本年以后月份或季度保留原值。
- 本期税收折旧（扣除）额：填报固定资产当月（季）税法折旧大于会计折旧情况下的税法折旧额。
- 累计税收折旧（扣除）额：填写按税法规定享受加速折旧优惠政策的固定资产自本年度 1 月 1 日至当月（季）度的累计税收折旧（扣除）额。年度中间开业的，填写开业之日至当月（季）度的累计税收折旧（扣除）额。

② 第 8-17 列“本期税收折旧（扣除）额”填报当月（季）度的数据；“累计税收折旧（扣

除）额”填报自本年度1月1日至当月（季）度的累计数。年度中间开业的，填写开业之日至当月（季）度的累计税收折旧（扣除）额。

• 填报规则。

一是对于会计未加速折旧、税法加速折旧的，填写第8列、10列、11列和第13列、15列、16列，据此进行纳税调减。

二是对于会计与税法均加速折旧的，填写第9列、10列、12列和第14列、15列、17列，据此统计优惠政策情况。

三是对于税法上加速折旧，但部分资产会计上加速折旧，另一部分资产会计上未加速折旧，应区分会计上不同资产折旧情况，按上述规则分别在“税会处理一致”、“税会处理不一致”对应的列次填报。

• 具体列次的填报。

一是“会计折旧额”：税收上加速折旧，会计上未加速折旧的，本列填固定资产会计上实际账载折旧数额。会计与税法均加速折旧的，不填写本列。

二是“正常折旧额”：会计和税收均加速折旧，为便于统计企业享受优惠情况，视为该资产未享受加速折旧政策进行统计，本列填报该固定资产视同按照税法规定最低折旧年限采用直线法估算折旧额。当税法折旧额小于正常折旧额时，第9列不填写，第14列按照本年累计数额填报。对于会计未加速折旧，税法加速折旧的，不填写本列。

三是“税收折旧额”：填报按税法规定享受加速折旧优惠政策的固定资产，按税法规定的折旧（扣除）数额。

四是“纳税调整额”：填报税收上加速折旧，会计上未加速折旧的差额，在预缴申报时进行纳税调减。预缴环节不进行纳税调增，有关纳税调整在汇算清缴时统一处理。当税法折旧金额小于按会计折旧金额时，不再填写本表。第11列=第10列–8列，第16列=第15列–13列。

五是“加速折旧优惠统计额”：填报会计与税法对固定资产均加速折旧，以税法实际加速折旧额减去假定未加速折旧的“正常折旧”额，据此统计加速折旧情况。第12列=第10列–9列，第17列=第15列–14列。

税务机关以“纳税调整额”+“加速折旧优惠统计额”之和，进行固定资产加速折旧优惠情况统计工作。

（3）表内、表间关系。

1）表内关系。

① 单元格为“*”时不填写，计算时跳过。

② 第1行=第2+3行。

③ 第4行=第5+6行。

④ 第7行=第8+11行。

⑤ 第8行=第9+10行。

⑥ 第11行=第12+13行。

⑦ 第14行=第1+4+7行。

由于合计行次同时兼顾“税会处理一致”、“税会处理不一致”两种情形，以下列间关系在合计行次（第1、4、7、8、11、14行）不成立，在其他行次成立。

⑧ 第7列=1列+4列。

⑨ 第10列=2列+5列。

⑩ 第11列=10列–8列。

⑪ 第12列=10列–9列。

⑫ 第 15 列=6 列+3 列。

⑬ 第 16 列=15 列–13 列。

⑭ 第 17 列=15 列–14 列。

另外，第 9、10 行中，第 4 列=第 6 列。

第 12、13 行中，第 1 列=第 3 列、第 4 列=第 6 列。

2）表间关系。

① 企业所得税月（季）度预缴纳税申报表（A 类，2015 年版）第 7 行“本期金额”=本表第 14 行第 11 列。

② 企业所得税月（季）度预缴纳税申报表（A 类，2015 年版）第 7 行“累计金额”=本表第 14 行第 16 列。

《国家税务总局关于发布〈中华人民共和国企业所得税月（季）度预缴纳税申报表（2015 年版）等报表〉的公告》（国家税务总局公告 2015 年第 31 号）主表与本附表逻辑关系，按上述规则相应调整。

（4）可供选择的行业代码表。

重要领域（行业）固定资产加速折旧行业代码表

代码				类别名称	文件依据	领域/行业
门类	大类	中类	小类			
	13			农副食品加工业	财税［2015］106 号	轻工
		131	1310	谷物磨制		
		132	1320	饲料加工		
		133		植物油加工		
		134	1340	制糖业		
		135		屠宰及肉类加工		
		136		水产品加工		
		137		蔬菜、水果和坚果加工		
		139		其他农副食品加工		
	14			食品制造业	财税［2015］106 号	轻工
		141		焙烤食品制造		
		142		糖果、巧克力及蜜饯制造		
		143		方便食品制造		
		144	1440	乳制品制造		
		145		罐头食品制造		
		146		调味品、发酵制品制造		
		149		其他食品制造		
	17			纺织业	财税［2015］106 号	纺织
		171		棉纺织及印染精加工		
		172		毛纺织及染整精加工		
		173		麻纺织及染整精加工		
		174		丝绢纺织及印染精加工		
		175		化纤织造及印染精加工		

续表

代码				类别名称	文件依据	领域/行业
门类	大类	中类	小类			
		176		针织或钩针编织物及其制品制造	财税［2015］106号	纺织
		177		家用纺织制成品制造		
		178		非家用纺织制成品制造		
	18			纺织服装、服饰业	财税［2015］106号	纺织
		181	1810	机织服装制造		
		182	1820	针织或钩针编织服装制造		
		183	1830	服饰制造		
	19			皮革、毛皮、羽毛及其制品和制鞋业	财税［2015］106号	轻工
		191	1910	皮革鞣制加工		
		192		皮革制品制造		
		193		毛皮鞣制及制品加工		
		194		羽毛（绒）加工及制品制造		
		195		制鞋业		
	20			木材加工和木、竹、藤、棕、草制品业	财税［2015］106号	轻工
		201		木材加工		
		202		人造板制造		
		203		木制品制造		
		204		竹、藤、棕、草等制品制造		
	21			家具制造业	财税［2015］106号	轻工
		211	2110	木质家具制造		
		212	2120	竹、藤家具制造		
		213	2130	金属家具制造		
		214	2140	塑料家具制造		
		219	2190	其他家具制造		
	22			造纸和纸制品业	财税［2015］106号	轻工
		221		纸浆制造		
		222		造纸		
		223		纸制品制造		
	23			印刷和记录媒介复制业	财税［2015］106号	轻工
		231		印刷		
		232	2320	装订及印刷相关服务		
		233	2330	记录媒介复制		
	24			文教、工美、体育和娱乐用品制造业	财税［2015］106号	轻工
		241		文教办公用品制造		
		242		乐器制造		
		243		工艺美术品制造		
		244		体育用品制造		
		245	2450	玩具制造		

续表

代码				类别名称	文件依据	领域/行业
门类	大类	中类	小类			
		268		日用化学产品制造	财税[2015]106号	轻工
			2681	肥皂及合成洗涤剂制造		
			2682	化妆品制造		
			2683	口腔清洁用品制造		
			2684	香料、香精制造		
			2689	其他日用化学产品制造		
	27			医药制造业	财税[2015]106号	轻工
		271	2710	化学药品原料药制造		
		272	2720	化学药品制剂制造		
		273	2730	中药饮片加工		
		274	2740	中成药生产		
		275	2750	兽用药品制造		
		277	2770	卫生材料及医药用品制造		
		276	2760	生物药品制造	财税[2014]75号	生物药品制造
	28			化学纤维制造业	财税[2015]106号	纺织
		281		纤维素纤维原料及纤维制造		
		282		合成纤维制造		
		292		塑料制品业	财税[2015]106号	轻工
			2921	塑料薄膜制造		
			2922	塑料板、管、型材制造		
			2923	塑料丝、绳及编织品制造		
			2924	泡沫塑料制造		
			2925	塑料人造革、合成革制造		
			2926	塑料包装箱及容器制造		
			2927	日用塑料制品制造		
			2928	塑料零件制造		
			2929	其他塑料制品制造		
	33			金属制品业	财税[2015]106号	机械
		331		结构性金属制品制造		
		332		金属工具制造		
		333		集装箱及金属包装容器制造		
		334	3340	金属丝绳及其制品制造		
		335		建筑、安全用金属制品制造		
		336	3360	金属表面处理及热处理加工		
		337		搪瓷制品制造		
		338		金属制日用品制造		
		339		其他金属制品制造		

续表

代码				类别名称	文件依据	领域/行业
门类	大类	中类	小类			
	34			通用设备制造业	财税［2015］106号	机械
		341		锅炉及原动设备制造		
		342		金属加工机械制造		
		343		物料搬运设备制造		
		344		泵、阀门、压缩机及类似机械制造		
		345		轴承、齿轮和传动部件制造		
		346		烘炉、风机、衡器、包装等设备制造		
		347		文化、办公用机械制造		
		348		通用零部件制造		
		349	3490	其他通用设备制造业		
	35			专用设备制造业	财税［2014］75号	专用设备制造业
		351		采矿、冶金、建筑专用设备制造		
		352		化工、木材、非金属加工专用设备制造		
		353		食品、饮料、烟草及饲料生产专用设备制造		
		354		印刷、制药、日化及日用品生产专用设备制造		
		355		纺织、服装和皮革加工专用设备制造		
		356		电子和电工机械专用设备制造		
		357		农、林、牧、渔专用机械制造		
		358		医疗仪器设备及器械制造		
		359		环保、社会公共服务及其他专用设备制造		
	36			汽车制造业	财税［2015］106号	汽车
		361	3610	汽车整车制造		
		362	3620	改装汽车制造		
		363	3630	低速载货汽车制造		
		364	3640	电车制造		
		365	3650	汽车车身、挂车制造		
		366	3660	汽车零部件及配件制造		
	37			铁路、船舶、航空航天和其他运输设备制造业	财税［2014］75号	铁路、船舶、航空航天和其他运输设备制造业
		371		铁路运输设备制造		
		372	3720	城市轨道交通设备制造		
		373		船舶及相关装置制造		
		374		航空、航天器及设备制造		
		375		摩托车制造		
		376		自行车制造		
		377	3770	非公路休闲车及零配件制造		
		379		潜水救捞及其他未列明运输设备制造		

续表

代码				类别名称	文件依据	领域/行业
门类	大类	中类	小类			
	38			电气机械和器材制造业	财税［2015］106号	机械
		381		电机制造		
		382		输配电及控制设备制造		
		383		电线、电缆、光缆及电工器材制造		
		384		电池制造		
		385		家用电力器具制造		
		386		非电力家用器具制造		
		387		照明器具制造		
		389		其他电气机械及器材制造		
	39			计算机、通信和其他电子设备制造业	财税［2014］75号	计算机、通信和其他电子设备制造业
		391		计算机制造		
		392		通信设备制造		
		393		广播电视设备制造		
		394	3940	雷达及配套设备制造		
		395		视听设备制造		
		396		电子器件制造		
		397		电子元件制造		
		399	3990	其他电子设备制造		
	40			仪器仪表制造业	财税［2014］75号	仪器仪表制造业
		401		通用仪器仪表制造		
		402		专用仪器仪表制造		
		403	4030	钟表与计时仪器制造		
		404		光学仪器及眼镜制造		
		409	4090	其他仪器仪表制造业		
I				信息传输、软件和信息技术服务业	财税［2014］75号	信息传输、软件和信息技术服务业
	63			电信、广播电视和卫星传输服务		
		631		电信		
		632		广播电视传输服务		
		633	6330	卫星传输服务		
	64			互联网和相关服务		
		641	6410	互联网接入及相关服务		
		642	6420	互联网信息服务		
		649	6490	其他互联网服务		
	65			软件和信息技术服务业		
		651	6510	软件开发		

续表

代　码				类别名称	文件依据	领域/行业
门类	大类	中类	小类			
		652	6520	信息系统集成服务	财税［2014］75 号	信息传输、软件和信息技术服务业
		653	6530	信息技术咨询服务		
		654	6540	数据处理和存储服务		
		655	6550	集成电路设计		
		659		其他信息技术服务业		

（四）附表 3　减免所得税额明细表

附表 3

减免所得税额明细表

金额单位：人民币元（列至角分）

行次	项　　目	本期金额	累计金额
1	合计（2 行+4 行+5 行+6 行）		
2	一、符合条件的小型微利企业		
3	其中：减半征税		
4	二、国家需要重点扶持的高新技术企业		
5	三、减免地方分享所得税的民族自治地方企业		
6	四、其他专项优惠（7 行+8 行+9 行+…30 行）		
7	（一）经济特区和上海浦东新区新设立的高新技术企业		
8	（二）经营性文化事业单位转制企业		
9	（三）动漫企业		
10	（四）受灾地区损失严重的企业		
11	（五）受灾地区农村信用社		
12	（六）受灾地区的促进就业企业		
13	（七）技术先进型服务企业		
14	（八）新疆困难地区新办企业		
15	（九）新疆喀什、霍尔果斯特殊经济开发区新办企业		
16	（十）支持和促进重点群体创业就业企业		
17	（十一）集成电路线宽小于 0.8 微米（含）的集成电路生产企业		
18	（十二）集成电路线宽小于 0.25 微米的集成电路生产企业		
19	（十三）投资额超过 80 亿元人民币的集成电路生产企业		
20	（十四）新办集成电路设计企业		
21	（十五）国家规划布局内重点集成电路设计企业		
22	（十六）符合条件的软件企业		
23	（十七）国家规划布局内重点软件企业		
24	（十八）设在西部地区的鼓励类产业企业		

续表

行次	项　目		本期金额	累计金额
25	（十九）符合条件的生产和装配伤残人员专门用品企业			
26	（二十）中关村国家自主创新示范区从事文化产业支撑技术等领域的高新技术企业			
27	（二十一）享受过渡期税收优惠企业			
28	（二十二）横琴新区、平潭综合实验区和前海深港现代化服务业合作区企业			
29	（二十三）其他 1：			
30	（二十四）其他 2：			

填报说明

本表作为《中华人民共和国企业所得税月（季）度预缴纳税申报表（A 类，2015 年版）》的附表，适用于享受减免所得税额优惠的查账征税的纳税人填报。纳税人根据企业所得税法及相关税收政策规定，填报本期及本年累计发生的减免所得税优惠情况。

（1）有关项目填报说明。

1）第 1 行“合计”：填报 2 行+4 行+5 行+6 行的金额。

2）第 2 行“一、符合条件的小型微利企业”：根据企业所得税法和相关税收政策规定，符合小型微利企业条件的纳税人填报的减免所得税额。包括减按 20%税率征收（减低税率政策）和减按 10%税率征收（减半征税政策）。

享受减低税率政策的纳税人，本行填写《中华人民共和国企业所得税月（季）度预缴纳税申报表（A 类，2015 年版）》第 9 行或第 20 行×5%的积。享受减半征税政策的纳税人，本行填写《中华人民共和国企业所得税月（季）度预缴纳税申报表（A 类，2015 年版）》第 9 行或第 20 行×15%的积；同时填写本表第 3 行“减半征税”。

《中华人民共和国企业所得税月（季）度预缴纳税申报表（A 类，2015 年版）》“是否符合小型微利企业”栏次选择“是”的纳税人，除享受《不征税收入和税基类减免应纳税所得额明细表》（附表 1）中“所得减免”或者本表其他减免税政策之外，不得放弃享受小型微利企业所得税优惠政策。

3）第 4 行“二、国家需要重点扶持的高新技术企业”：填报享受国家重点扶持的高新技术企业优惠的减免税额。本行=《中华人民共和国企业所得税月（季）度预缴纳税申报表（A 类，2015 年版）》第 9 行或第 20 行×10%的积。

4）第 5 行“三、减免地方分享所得税的民族自治地方企业”：填报纳税人经民族自治地方所在省、自治区、直辖市人民政府批准，减征或者免征民族自治地方的企业缴纳的企业所得税中属于地方分享的企业所得税金额。

5）第 6 行“四、其他专项优惠”：填报第 7 行+8 行+...+30 行的金额。

6）第 7 行“（一）经济特区和上海浦东新区新设立的高新技术企业”：填报纳税人根据《国务院关于经济特区和上海浦东新区新设立高新技术企业实行过渡性税收优惠的通知》（国发［2007］40 号）等规定，经济特区和上海浦东新区内，在 2008 年 1 月 1 日（含）之后完成登记注册的国家需要重点扶持的高新技术企业，在经济特区和上海浦东新区内取得的所得，自取得第一笔生产经营收入所属纳税年度起，第一年至第二年免征企业所得税，第三年至第五年按照 25%的法定税率减半征收企业所得税。本行填报根据实际利润额计算的免征、减征企业所得税金额。

7）第 8 行“（二）经营性文化事业单位转制企业”：根据相关税收政策规定，从事新闻出版、广播影视和文化艺术的经营性文化事业单位转制为企业，转制注册之日起免征企业所得税。本行填报根据实际利润额计算的免征企业所得税数额。

8）第 9 行“（三）动漫企业”：根据相关税收政策规定，经认定的动漫企业自主开发、生产动漫产品，可申请享受现行鼓励软件产业发展所得税优惠政策。自获利年度起第一年至第二年免征企业所得税，第三年至第五年按照 25%法定税率减半征收企业所得税，并享受至期满为止。本行填报根据实际利润额计算的免征、减征企业所得税金额。

9）第 10 行“（四）受灾地区损失严重的企业”：填报纳税人根据相关税收政策规定，对受灾地区损失严重的企业免征企业所得税。本行填报根据实际利润额计算的免征企业所得税金额。

10）第 11 行“（五）受灾地区农村信用社”：填报纳税人根据相关税收政策规定，对特定受灾地区农村信用社免征企业所得税。本行填报根据实际利润额计算的免征企业所得税金额。

11）第 12 行“（六）受灾地区的促进就业企业”：填报纳税人根据相关税收政策规定，按定额依次扣减增值税、城市维护建设税、教育费附加和企业所得税。本行填报减征的企业所得税金额。

12）第 13 行“（七）技术先进型服务企业”：填报纳税人根据相关税收政策规定，对经认定的技术先进型服务企业，减按 15%的税率征收企业所得税。本行填报根据实际利润额计算的减征 10%企业所得税金额。

13）第 14 行“（八）新疆困难地区新办企业”：填报纳税人根据相关税收政策规定，对在新疆困难地区新办属于《新疆困难地区重点鼓励发展产业企业所得税优惠目录》范围内企业，自取得第一笔生产经营收入所属纳税年度起，第一年至第二年免征企业所得税，第三年至第五年减半征收企业所得税。本行填报免征、减征企业所得税金额。

14）第 15 行“（九）新疆喀什、霍尔果斯特殊经济开发区新办企业”：填报纳税人根据相关税收政策规定，对在新疆喀什、霍尔果斯特殊经济开发区内新办的属于《新疆困难地区重点鼓励发展产业企业所得税优惠目录》范围内企业，自取得第一笔生产经营收入所属纳税年度起，五年内免征企业所得税。本行填报免征的企业所得税金额。

15）第 16 行“（十）支持和促进重点群体创业就业企业”：填报纳税人根据相关税收政策规定，可在当年扣减的企业所得税税额。本行按现行税收政策规定填报。

16）第 17 行“（十一）集成电路线宽小于 0.8 微米（含）的集成电路生产企业”：填报纳税人根据相关税收政策规定，集成电路线宽小于 0.8 微米（含）的集成电路生产企业，经认定后，自获利年度起计算优惠期，第一年至第二年免征企业所得税，第三年至第五年按照 25%的法定税率减半征收企业所得税，并享受至期满为止。本行填报免征、减征企业所得税金额。

17）第 18 行“（十二）集成电路线宽小于 0.25 微米的集成电路生产企业”：填报纳税人根据相关税收政策规定，集成电路线宽小于 0.25 微米的集成电路生产企业，经认定后，减按 15%的税率征收企业所得税，其中经营期在 15 年以上的，自获利年度起计算优惠期，第一年至第五年免征企业所得税，第六年至第十年按照 25%的法定税率减半征收企业所得税，并享受至期满为止。本行填报免征、减征企业所得税。

18）第 19 行“（十三）投资额超过 80 亿元人民币的集成电路生产企业”：填报纳税人根据相关税收政策规定，投资额超过 80 亿元的集成电路生产企业，经认定后，减按 15%的税率征收企业所得税，其中经营期在 15 年以上的，自获利年度起计算优惠期，第一年至第五年免征企业所得税，第六年至第十年按照 25%的法定税率减半征收企业所得税，并享受至期满为止。本行填报免征、减征企业所得税金额。

19）第 20 行“(十四) 新办集成电路设计企业”：填报纳税人根据相关税收政策规定，经认定后，自获利年度起计算优惠期，第一年至第二年免征企业所得税，第三年至第五年按照 25%的法定税率减半征收企业所得税，并享受至期满为止。本行填报免征、减征企业所得税金额。

20）第 21 行“(十五) 国家规划布局内重点集成电路设计企业”：根据相关税收政策规定，国家规划布局内的重点集成电路设计企业，如当年未享受免税优惠的，可减按 10%的税率征收企业所得税。本行填报减征 15%企业所得税金额。

21）第 22 行“(十六) 符合条件的软件企业”：填报纳税人根据相关税收政策规定，经认定后，自获利年度起计算优惠期，第一年至第二年免征企业所得税，第三年至第五年按照 25%的法定税率减半征收企业所得税，并享受至期满为止。本行填报免征、减征企业所得税金额。

22）第 23 行“(十七) 国家规划布局内重点软件企业”：根据相关税收政策规定，国家规划布局内的重点软件企业，如当年未享受免税优惠的，可减按 10%的税率征收企业所得税。本行填报减征 15%企业所得税金额。

23）第 24 行“(十八) 设在西部地区的鼓励类产业企业”：填报纳税人根据《财政部 海关总署 国家税务总局关于深入实施西部大开发战略有关税收政策问题的通知》(财税［2011］58 号) 等相关税收政策规定，对设在西部地区和赣州市的鼓励类产业企业减按 15%的税率征收企业所得税。本行填报根据实际利润额计算的减征 10%企业所得税金额。

24）第 25 行“(十九) 符合条件的生产和装配伤残人员专门用品企业”：根据相关税收政策规定，符合条件的生产和装配伤残人员专门用品的企业免征企业所得税。本行填报根据实际利润额计算的免征企业所得税金额。

25）第 26 行“(二十) 中关村国家自主创新示范区从事文化产业支撑技术等领域的高新技术企业”：填报纳税人根据相关税收政策规定，中关村国家自主创新示范区从事文化产业支撑技术等领域的企业，按规定认定为高新技术企业的，减按 15%税率征收企业所得税。本行填报根据实际利润额计算的减征 10%企业所得税金额。

26）第 27 行“(二十一) 享受过渡期税收优惠企业”：填报纳税人符合国务院规定以及经国务院批准给予过渡期税收优惠政策。本行填报根据实际利润额计算的免征、减征企业所得税金额。

27）第 28 行“(二十二) 横琴新区、平潭综合实验区和前海深港现代化服务业合作区企业”：填报纳税人相关税收政策规定，设在横琴新区、平潭综合实验区和前海深港现代化服务业合作区的鼓励类产业企业减按 15%的税率征收企业所得税。本行填报根据实际利润额计算的减征 10%企业所得税金额。

28）第 29 行“(二十三) 其他 1”、第 30 行“(二十四) 其他 2”：填报国家税务总局发布的最新减免项目名称及减免性质代码。如行次不足，可增加行次填报。

(2) 表内、表间关系。

1）表内关系。

① 第 1 行=第 2+4+5+6 行。

② 第 6 行=第 7+8+…+30 行。

2）表间关系。企业所得税月 (季) 度预缴纳税申报表 (A 类，2015 年版) 第 12 行、23 行=本表第 1 行。

三、企业所得税汇总纳税分支机构所得税分配表

跨地区经营汇总纳税企业的分支机构，使用《中华人民共和国企业所得税月（季）度预缴纳税申报表（A 类，2015 年版）》和《中华人民共和国企业所得税汇总纳税分支机构所得税分配表（2015 年版）》进行年度企业所得税汇算清缴申报。

企业所得税汇总纳税分支机构所得税分配表（2015 年版）

税款所属期间：　　年　月　日至　　年　月　日

总机构名称：　　　　　　　　　　　　　　金额单位：人民币元（列至角分）

总机构纳税人识别号	应纳所得税额	总机构分摊所得税额	总机构财政集中分配所得税额	分支机构分摊所得税额

分支机构情况	分支机构纳税人识别号	分支机构名称	三项因素			分配比例	分配所得税额
			营业收入	职工薪酬	资产总额		
	合计	—					

纳税人公章： 会计主管： 填表日期：　　年　月　日	主管税务机关受理专用章： 受理人： 受理日期：　　年　月　日

国家税务总局监制

填报说明

（1）适用范围及报送要求。

1）适用范围。本表适用于在中国境内跨省、自治区、直辖市和计划单列市设立不具有法人资格的营业机构，并实行“统一计算、分级管理、就地预缴、汇总清算、财政调库”汇总纳税办法的居民企业填报。

2）报送要求。月（季）度终了之日起十日内，由实行汇总纳税的总机构随同《中华人民共和国企业所得税月（季）度纳税申报表（A 类，2015 年版）》报送；月（季）度终了之日起十五日内，由实行汇总纳税的分支机构，将本表加盖总机构主管税务机关受理专用章之后的复

印件，随同《中华人民共和国企业所得税月（季）度纳税申报表（A类，2015年版）》报送。

年度汇算清缴申报时，本表与《国家税务总局关于发布〈中华人民共和国企业所得税年度纳税申报表（A类，2014年版）〉的公告》（国家税务总局公告2014年第63号）中的A109010表是一致的。年度终了之日起五个月内，由实行汇总纳税的总机构，随同《中华人民共和国企业所得税年度纳税申报表（A类，2014年版）》报送；年度终了之日起五个月内，由实行汇总纳税的分支机构，将本表加盖总机构主管税务机关受理专用章之后的复印件，随同《中华人民共和国企业所得税月（季）度纳税申报表（A类，2015年版）》报送。

（2）具体项目填报说明。

1）“税款所属时期”：月（季）度申报填写月（季）度起始日期至所属月（季）度的最后一日。年度申报填写公历1月1日至12月31日。

2）“总机构名称”、“分支机构名称”：填报税务机关核发的税务登记证记载的纳税人全称。

3）“总机构纳税人识别号”、“分支机构纳税人识别号”：填报税务机关核发的税务登记证件号码（15位）。

4）“应纳所得税额”：填写本税款所属时期汇总纳税企业全部应纳所得税额。

5）“总机构分摊所得税额”：填写总机构统一计算的汇总纳税企业当期应纳所得税额的25%。

6）“总机构财政集中分配所得税额”：填写总机构统一计算的汇总纳税企业当期应纳所得税额的25%。

7）“分支机构分摊所得税额”：填写本税款所属时期总机构根据税务机关确定的分摊方法计算，由各分支机构进行分摊的当期应纳所得税额。

8）“营业收入”：填写上一年度各分支机构销售商品、提供劳务、让渡资产使用权等日常经营活动实现的全部收入的合计额。

9）“职工薪酬”：填写上一年度各分支机构为获得职工提供的服务而给予各种形式的报酬以及其他相关支出的合计额。

10）“资产总额”：填写上一年度各分支机构在经营活动中实际使用的应归属于该分支机构的资产合计额。

11）“分配比例”：填写经企业总机构所在地主管税务机关审核确认的各分支机构分配比例，分配比例应保留小数点后四位。

12）“分配所得税额”：填写本所属时期根据税务机关确定的分摊方法计算，分配给各分支机构缴纳的所得税额。

13）“合计”：填写上一年度各分支机构的营业收入总额、职工薪酬总额和资产总额三项因素的合计数及当期各分支机构分配比例和分配税额的合计数。

（3）表间关系。

1）“应纳所得税额”栏次=《中华人民共和国企业所得税月（季）度预缴纳税申报表（A类，2015年版）》第15行或24行。

2）“总机构分摊所得税额”栏次=《中华人民共和国企业所得税月（季）度预缴纳税申报表（A类，2015年版）》第28行。

3）“总机构财政集中分配所得税额”栏次=《中华人民共和国企业所得税月（季）度预缴纳税申报表（A类，2015年版）》第29行。

4）“分支机构分摊所得税额”栏次=《中华人民共和国企业所得税月（季）度预缴纳税申报表（A类，2015年版）》第30行。

四、企业所得税月（季）度和年度预缴纳税申报表（B 类）

《中华人民共和国企业所得税月（季）度和年度纳税申报表（B 类，2015 年版）》适用于实行核定征收企业所得税的居民企业预缴月份、季度税款和年度汇算清缴时填报。

中华人民共和国企业所得税月（季）度预缴和年度纳税申报表（B 类，2015 年版）

税款所属期间：　　年　月　日至　　年　月　日

纳税人识别号：□□□□□□□□□□□□□□□□□□

纳税人名称：　　　　　　　　　　　　　　　　金额单位：人民币元（列至角分）

项目			行次	累计金额
一、以下由按应税所得率计算应纳所得税额的企业填报				
应纳税所得额的计算	按收入总额核定应纳税所得额	收入总额	1	
		减：不征税收入	2	
		免税收入	3	
		其中：国债利息收入	4	
		地方政府债券利息收入	5	
		符合条件居民企业之间股息红利等权益性收益	6	
		符合条件的非营利组织收入	7	
		其他免税收入	8	
		应税收入额（1 行–2 行–3 行）	9	
		税务机关核定的应税所得率（%）	10	
		应纳税所得额（9 行×10 行）	11	
	按成本费用核定应纳税所得额	成本费用总额	12	
		税务机关核定的应税所得率（%）	13	
		应纳税所得额［12 行÷（100%–13 行）×13 行］	14	
应纳所得税额的计算		税率（25%）	15	
		应纳所得税额（11 行×15 行或 14 行×15 行）	16	
应补（退）所得税额的计算		减：符合条件的小型微利企业减免所得税额	17	
		其中：减半征税	18	
		已预缴所得税额	19	
		应补（退）所得税额（16 行–17 行–19 行）	20	
二、以下由税务机关核定应纳所得税额的企业填报				
税务机关核定应纳所得税额			21	
预缴申报时填报	是否属于小型微利企业：	是□	否□	
年度申报时填报	所属行业：		从业人数：	
	资产总额：		国家限制和禁止行业：是□	否□
谨声明：此纳税申报表是根据《中华人民共和国企业所得税法》、《中华人民共和国企业所得税法实施条例》和国家有关税收规定填报的，是真实的、可靠的、完整的。 法定代表人（签字）：　　年　月　日				

续表

纳税人公章： 会计主管： 填表日期：　　年　月　日	代理申报中介机构公章： 经办人： 经办人执业证件号码： 代理申报日期：　　年　月　日	主管税务机关受理专用章： 受理人： 受理日期：　　年　月　日

国家税务总局监制

填报说明

（1）适用范围。本表由实行核定征收企业所得税的纳税人在月（季）度申报缴纳企业所得税时使用。实行核定应税所得率方式的纳税人，年度汇算清缴使用本表。

（2）表头项目。

1）“税款所属期间”：为税款所属期月（季）度第一日至所属期月（季）度最后一日。

年度中间开业的，“税款所属期间”为当月（季）开始经营之日至所属月（季）度的最后一日。次月（季）度起按正常情况填报。

2）“纳税人识别号”：填报税务机关核发的税务登记证件号码（15 位）。

3）“纳税人名称”：填报税务机关核发的税务登记证件中的纳税人全称。

（3）具体项目填报说明

1）应纳税所得额的计算。

① 本表第 1 行至第 11 行由“按收入总额核定应纳税所得额”的纳税人填写。第 1 行“收入总额”：填写本年度累计取得的各项收入金额。

② 第 2 行“不征税收入”：填报纳税人计入收入总额但属于税收规定不征税的财政拨款、依法收取并纳入财政管理的行政事业性收费以及政府性基金和国务院规定的其他不征税收入。

③ 第 3 行“免税收入”：填报纳税人计入利润总额但属于税收规定免税的收入或收益。第 3 行填报 4 行+5 行+6 行+7 行+8 行的合计数。

④ 第 4 行“国债利息收入”：填报纳税人持有国务院财政部门发行的国债取得的利息收入。

⑤ 第 5 行“地方政府债券利息收入”：填报纳税人持有地方政府债券利息收入。

⑥ 第 6 行“符合条件居民企业之间股息红利等权益性收益”：填报本期发生的符合条件的居民企业之间的股息、红利等权益性投资收益情况。不包括连续持有居民企业公开发行并上市流通的股票不足 12 个月取得的投资收益。

⑦ 第 7 行“符合条件的非营利组织的收入”：根据《财政部 国家税务总局关于非营利组织企业所得税免税收入问题的通知》（财税［2009］122 号）等规定，符合条件并依法履行登记手续的非营利组织，填报取得的捐赠收入等免税收入，不包括营利性收入。

⑧ 第 8 行“其他免税收入”：填报国家税务总局发布的最新减免项目名称及减免性质代码。

⑨ 第 9 行“应税收入额”：根据相关行次计算填报。第 9 行=第 1 行–2 行–3 行。

⑩ 第 10 行“税务机关核定的应税所得率”：填报税务机关核定的应税所得率。

⑪ 第 11 行“应纳税所得额”：根据相关行次计算填报。第 11 行=第 9 行×10 行。

⑫ 本表第 12 行至第 14 行由“按成本费用核定应纳税所得额”的纳税人填报。第 12 行“成本费用总额”：填写本年度累计发生的各项成本费用金额。

⑬ 第 13 行“税务机关核定的应税所得率”：填报税务机关核定的应税所得率。

⑭ 第 14 行“应纳税所得额”：根据相关行次计算填报。第 14 行=第 12 行÷（100%–第 13 行“应税所得率”）×第 13 行。

2）应纳所得税额的计算。

① 第 15 行“税率”：填写企业所得税法规定的 25%税率。

② 第 16 行“应纳所得税额”：

- 按照收入总额核定应纳税所得额的纳税人，第 16 行=第 11 行×15 行。
- 按照成本费用核定应纳税所得额的纳税人，第 16 行=第 14 行×15 行。

3）应补（退）所得税额的计算。

① 第 17 行“减：符合条件的小型微利企业减免所得税额”：根据企业所得税法和相关税收政策规定，符合小型微利企业条件的纳税人填报的减免所得税额。包括减按 20%税率征收（减低税率政策）和减按 10%税率征收（减半征税政策）。

享受减低税率政策的，本行填写本表第 11 行或第 14 行×5%的积。

享受减半征税政策的，本行填写本表第 11 行或第 14 行×15%的积；同时填写第 18 行“减半征税”。

② 第 19 行“已预缴所得税额”：填报当年累计已经预缴的企业所得税额。

③ 第 20 行“应补（退）所得税额”：根据相关行计算填报。第 20 行=第 16 行–17 行–19 行。当第 20 行≤0 时，本行填 0。

4）由税务机关核定应纳所得税额的企业填报。第 21 行“税务机关核定应纳所得税额”：填报税务机关核定本期应当缴纳的所得税额（小型微利企业填报核减减免税额之后的数额）。税务机关统计小型微利企业减免税时，按照该行次数额，根据情况倒算减免税数额。

5）小型微利企业判定信息的填报。

① 预缴申报时本栏次为必填项目，填写“是否属于小型微利企业”。

- 核定应税所得率征收的纳税人：
  - — 纳税人上一纳税年度汇算清缴符合小型微利企业条件的，本年预缴时，选择“是”，预缴累计会计利润不符合小微企业条件的，选择“否”。
  - — 本年度新办企业，“资产总额”和“从业人数”符合规定条件，选择“是”，预缴累计会计利润不符合小微企业条件的，选择“否”。
  - — 上年度“资产总额”和“从业人数”符合规定条件，应纳税所得额不符合小微企业条件的，预计本年度会计利润符合小微企业条件，选择“是”，预缴累计会计利润不符合小微企业条件，选择“否”。
  - — 纳税人第 1 季度预缴所得税时，鉴于上一年度汇算清缴尚未结束，可以按照上年度第 4 季度预缴情况选择“是”或“否”。
  - — 不符合小型微利企业条件的，选择“否”。
- 核定应纳税额的纳税人：核定定额征收纳税人，换算应纳税所得额大于 30 万元的填“否”，其余填“是”。

② 年度申报时填写小型微利企业相关指标，本栏次为必填项目。

- “所属行业”：填写“工业”或者“其他”。工业企业包括：采矿业、制造业、电力、燃气及水的生产和供应业；除工业以外的行业填写“其他”。

“从业人数”：指与企业建立劳动关系的职工人数，以及企业接受劳务派遣用工人数之和。从业人数填报纳税人全年季度平均从业人数，具体计算公式如下：

季度平均值=（季初值+季末值）÷2

全年季度平均从业人数=全年各季度平均值之和÷4

- “资产总额”：填报纳税人全年季度资产总额平均数，计算方法同“从业人数”口径，资产总额单位为万元，小数点后保留 2 位小数。

- “国家限制和禁止行业”：纳税人从事国家限制和禁止行业，选择“是”，其他选择“否”。

（4）表内表间关系。

1）第 9 行=第 1 行–第 2 行–第 3 行。

2）第 11 行=第 9 行×第 10 行。

3）第 14 行=第 12 行÷（100%–第 13 行）×第 13 行。

4）第 16 行=第 11 行（或第 14 行）×第 15 行。

5）第 17 行=第 11 行或第 14 行×15%（或 5%）的积。

6）第 20 行=第 16 行–第 17 行–第 19 行。当第 20 行≤0 时，本行填 0。

第三节　小型房地产企业涉及个人所得税的纳税申报、代扣代缴

目前，我国个人所得税申报表使用简表汇总整理如表 12-1 所示。

表 12-1　个人所得税申报表使用简表

序号	申报表名称	适用范围	申报期限	申报类型
1	个人所得税基础信息表（A 表）	适用于扣缴义务人办理全员全额扣缴申报的纳税人的基础信息填报	次月 15 日内	基础信息登记类
2	个人所得税基础信息表（B 表）	适用于个人所得税自行纳税申报纳税人基础信息的填报	随自行申报表随送	
3	扣缴个人所得税报告表	适用于扣缴义务人办理全员全额扣缴个人所得税的申报。包括特定行业职工工资、薪金所得个人所得税的月份申报	次月 15 日内	扣缴申报类
4	特定行业个人所得税年度申报表	适用于特定行业职工工资、薪金所得个人所得税的年度申报	年度终了之日起 30 日内	
5	限售股转让所得扣缴个人所得税报告表	适用于证券机构预扣预缴，或者直接代扣代缴限售股转让所得个人所得税的申报	次月 15 日内	
6	个人所得税自行纳税申报表（A 表）	适用于“从中国境内两处或者两处以上取得工资、薪金所得的”、“取得应纳税所得，没有扣缴义务人的”，以及“国务院规定的其他情形”的纳税人的纳税申报	次月 15 日内	自然人纳税人自行纳税申报类
7	个人所得税纳税申报表（B 表）	适用于“从中国境外取得所得的”的纳税人的纳税申报	年度终了后 30 日内	
8	个人所得税纳税申报表（适用于年所得 12 万元以上的纳税人申报）	适用于年所得 12 万元以上的纳税人申报	年度终了后 3 个月内	
9	限售股转让所得个人所得税清算申报表	适用于纳税人取得限售股转让所得已预扣预缴个人所得税款的清算申报	税款被代扣并解缴的次月 1 日起 3 个月内	

续表

序号	申报表名称	适用范围	申报期限	申报类型
10	生产、经营所得个人所得税纳税申报表（A表）	适用于查账征收个人所得税的个体工商户、企事业单位的承包承租经营者、个人独资企业投资人和合伙企业合伙人的预缴纳税申报，以及实行核定征收的纳税申报	承包承租所得：每月或每次所得后的15日内； 其他：次月15日内	生产、经营纳税人自行纳税申报类
11	生产、经营所得个人所得税纳税申报表（B表）	适用于查账征收的个体工商户、承包承租经营者、个人独资企业投资者和合伙企业合伙人的个人所得税年度汇算清缴	承包承租所得分不同情况：年度终了后30日或年度终了三个月内； 其他：年度终了后三个月内	
12	生产、经营所得投资者个人所得税年度汇总纳税申报表	适用于投资者兴办两个或两个以上个体工商户、承包承租企事业单位、个人独资企业、合伙企业，且各投资单位均实行查账征收，其取得的生产经营所得的年度汇总纳税申报	年度终了后三个月内	

一、个人所得税基础信息表（A表）

个人所得税基础信息表（A 表）

扣缴义务人名称：

扣缴义务人编码：□□□□□□□□□□□□□□□□

序号	姓名	国籍（地区）	身份证件类型	身份证件号码	是否残疾烈属孤老	雇员		非雇员			股东、投资者		境内无住所个人									备注
						电话	电子邮箱	联系地址	电话	工作单位	公司股本（投资）总额	个人股本（投资）额	纳税人识别号	来华时间	任职期限	预计离境时间	预计离境地点	境内职务	境外职务	支付地	境外支付地国别（地区）	
1																						
2																						
3																						
4																						
5																						
6																						
7																						
8																						
9																						
10																						
11																						
12																						
13																						
14																						

谨声明：此表是根据《中华人民共和国个人所得税法》及其实施条例和国家相关法律法规规定填报的，是真实的、完整的、可靠的。

法定代表人（负责人）签字：　　　　年　月　日

扣缴义务人公章： 经办人：	代理机构（人）签章： 经办人： 经办人执业证件号码：	主管税务机关受理专用章： 受理人：
填表　　年　月　日	代理申报　　年　月　日	受理　　年　月　日

国家税务总局监制

填表说明

（1）适用范围。本表由扣缴义务人填报。适用于扣缴义务人办理全员全额扣缴明细申报时，其支付所得纳税人基础信息的填报。初次申报后，以后月份只需报送基础信息发生变化的纳税人的信息。

（2）扣缴义务人填报本表时，“姓名、国籍（地区）、身份证件类型、身份证件号码、是否残疾烈属孤老”为所有纳税人的必填项；其余则根据纳税人自身情况选择后填报。

（3）有关项目填报说明。

1）姓名：填写纳税人姓名。中国境内无住所个人，其姓名应当用中、外文同时填写。

2）国籍（地区）：填写纳税人的国籍或者地区。

3）身份证件类型：填写纳税人有效身份证件（照）名称。中国居民，填写身份证、军官证、士兵证等证件名称；中国境内无住所个人，填写护照、港澳居民来往内地通行证、台湾居民来往大陆通行证等证照名称。

4）身份证件号码：填写身份证件上的号码。

5）是否残疾烈属孤老：有本项所列情况的，填写“是”；否则，填写“否”。

6）雇员栏：本栏填写雇员纳税人的相关信息。

① 电话：填写雇员纳税人的联系电话。

② 电子邮箱：填写雇员纳税人的电子邮箱。

7）非雇员栏：填写非扣缴单位雇员的纳税人（不包括股东、投资者）的相关信息。一般填写从扣缴单位取得劳务报酬所得、稿酬所得、特许权使用费所得、利息股息红利所得、财产租赁所得、财产转让所得、偶然所得、其他所得的纳税人的相关信息。

① 联系地址：填写非雇员纳税人的联系地址。

② 电话：填写非雇员纳税人的联系电话。

③ 工作单位：填写非雇员纳税人的任职受雇单位名称全称。没有任职受雇单位的，则不填。

8）股东、投资者栏：填写扣缴单位的自然人股东、投资者的相关信息。没有则不填。

① 公司股本（投资）总额：填写扣缴单位的公司股本（投资）总额。

② 个人股本（投资）额：填写自然人股东、投资者个人投资的股本（投资）额。

9）境内无住所个人栏：填写在中国境内无住所个人的相关信息。没有则不填。

① 纳税人识别号：填写主管税务机关赋予的 18 位纳税人识别号。该纳税人识别号作为境内无住所个人的唯一身份识别码，由纳税人到主管税务机关办理初次涉税事项，或者扣缴义务人办理该纳税人初次扣缴申报时，由主管税务机关授予。

② 来华时间：填写纳税人到达中国境内的年月日。

③ 任职期限：填写纳税人在中国境内任职受雇单位的任职期限。

④ 预计离境时间：填写纳税人预计离境的年月日。

⑤ 预计离境地点：填写纳税人预计离境的地点。

⑥ 境内职务：填写纳税人在境内任职受雇单位担任的职务。

⑦ 境外职务：填写纳税人在境外任职受雇单位担任的职务。

⑧ 支付地：填写纳税人取得的所得的支付地，在“境内支付”、“境外支付”和“境、内外同时支付”三种类型中选择一种填写。

⑨ 境外支付地国别（地区）：如果纳税人取得的所得支付地为国外的，填写境外支付地的国别或地区名称。

二、个人所得税基础信息表（B 表）

个人所得税基础信息表（B 表）

姓名		身份证件类型	身份证件号码	
纳税人类型	□有任职受雇单位　□无任职受雇单位（不含股东投资者）　□投资者　□无住所个人　（可多选）			
任职受雇单位名称及纳税人识别号				
“三费一金”缴纳情况	□基本养老保险费　□基本医疗保险费 □失业保险费　□住房公积金　□无　（可多选）		电子邮箱	
境内联系地址	____省____市____区（县）________ ____________		邮政编码	
联系电话	手机：________固定电话：________		职业	
职务	○高层　○中层　○普通　（只选一）		学历	
是否残疾人/烈属/孤老	□残疾　□烈属　□孤老　□否		残疾等级情况	
该栏仅由有境外所得纳税人填写	○户籍所在地 ○经常居住地	____省____市____区（县）________　邮政编码____		
该栏仅由投资者纳税人填写	投资者类型	□个体工商户　□个人独资企业投资者　□合伙企业合伙人 □承包、承租经营者　□股东　□其他投资者　（可多选）		
	被投资单位信息：名称		扣缴义务人编码	
	被投资单位信息：地址		邮政编码	
	被投资单位信息：登记注册类型		行业	
	被投资单位信息：所得税征收方式	○查账征收　○核定征收（只选一）	主管税务机关	
	以下由股东及其他投资者填写			
	公司股本（投资）总额		个人股本（投资）额	

续表

<table>
<tr><td rowspan="13">该栏仅由无住所纳税人填写</td><td colspan="2">纳税人识别号</td><td colspan="3"></td></tr>
<tr><td colspan="2">国籍（地区）</td><td></td><td>出生地</td><td></td></tr>
<tr><td colspan="2">性别</td><td></td><td>出生日期</td><td>年　月　日</td></tr>
<tr><td colspan="2">劳动就业证号码</td><td></td><td>是否税收协定缔约国对方居民</td><td>○是　○否</td></tr>
<tr><td colspan="2">境内职务</td><td></td><td>境外职务</td><td></td></tr>
<tr><td colspan="2">来华时间</td><td></td><td>任职期限</td><td></td></tr>
<tr><td colspan="2">预计离境时间</td><td></td><td>预计离境地点</td><td></td></tr>
<tr><td rowspan="2">境内任职受雇单位</td><td>名称</td><td></td><td>扣缴义务人编码</td><td></td></tr>
<tr><td>地址</td><td></td><td>邮政编码</td><td></td></tr>
<tr><td rowspan="2">境内受聘签约单位</td><td>名称</td><td></td><td>扣缴义务人编码</td><td></td></tr>
<tr><td>地址</td><td></td><td>邮政编码</td><td></td></tr>
<tr><td>境外派遣单位</td><td>名称</td><td></td><td>地址</td><td></td></tr>
<tr><td colspan="2">支付地</td><td>○境内支付　○境外支付
○境内、外同时支付　（只选一）</td><td>境外支付国国别（地区）</td><td></td></tr>
<tr><td colspan="6">谨声明：此表是根据《中华人民共和国个人所得税法》及其实施条例和国家相关法律法规规定填写的，是真实的、完整的、可靠的。
纳税人签字：　　　年　月　日</td></tr>
<tr><td colspan="4">代理机构（人）签章：
经办人：
经办人执业证件号码：</td><td colspan="2">主管税务机关受理专用章：
受理人：</td></tr>
<tr><td colspan="4">填表（代理申报）　年　月　日</td><td colspan="2">受理　年　月　日</td></tr>
</table>

国家税务总局监制

填表说明

（1）适用范围。本表适用于自然人纳税人基础信息的填报。

各地税务机关可根据本地实际，由自然人纳税人初次向税务机关办理相关涉税事宜时填报本表；初次申报后，以后仅需在信息发生变化时填报。

（2）本表各栏填写。

1）表头栏。

① 姓名：填写纳税人姓名。中国境内无住所个人，其姓名应当分别用中、外两种文字填写。

② 身份证件类型：填写纳税人有效身份证件（照）名称。中国居民，填写身份证、军官证、士兵证等证件名称；中国境内无住所个人，填写护照、港澳居民来往内地通行证、台湾居民来往大陆通行证等证照名称。

③ 身份证件号码：填写身份证件上的号码。

④ 纳税人类型：纳税人根据自身情况在对应框内打“√”，可多选。

- 有任职受雇单位：是指纳税人有固定任职受雇单位。
- 无任职受雇单位（不含股东投资者）：是指纳税人为自由职业者，没有与任何单位签订任职受雇合同；不含企业股东、个体工商户、个人独资企业投资者、合伙企业合伙人、承包承租经营者。
- 投资者：是指有对外投资的纳税人。
- 无住所个人：是指在中国境内无住所的纳税人。“无住所”是相对有住所而言；在中国境内有住所的个人，是指因户籍、家庭、经济利益关系而在中国境内习惯性居住的个人。

⑤ 任职受雇单位名称及纳税人识别号：填写纳税人签订任职受雇合同的单位名称全称及其在税务机关办理登记时的纳税人识别号。前列填名称，后列填纳税人识别号。

与多家单位签订合同的，须分行列示。没有则不填。

⑥ “三费一金”缴纳情况：纳税人根据自己缴纳社会保险费情况在“基本养老保险费”、“基本医疗保险费”、“失业保险费”、“住房公积金”对应框内打“√”；如果都没有缴纳的，在“无”栏打“√”。

⑦ 电子邮箱：填写税务机关能与纳税人联系的电子邮箱地址。

⑧ 境内联系地址、邮政编码：填写税务机关能与纳税人联系的有效中国境内联系地址和邮政编码。

⑨ 联系电话：填写税务机关能与纳税人联系的电话。

⑩ 职业：填写纳税人所从事的职业。职业分类按劳动和社会保障部门的国标填写。

⑪ 职务：填写纳税人在任职受雇单位所担任的职务，在“高层”、“中层”、“普通”三项前选择其一打“√”。

⑫ 学历：填写纳税人取得的最终学历。

⑬ 是否残疾人/烈属/孤老：符合本栏情况的，在对应框前打“√”；否则，在“否”栏打“√”。

2）有境外所得的纳税人填写栏：纳税人从中国境外取得所得的填写本栏；没有则不填。纳税人在选填此栏时，应根据《国家税务总局关于印发〈个人所得税自行纳税申报办法（试行）〉的通知》第十一条第二款“从中国境外取得所得的，向中国境内户籍所在地主管税务机关申报。在中国境内有户籍，但户籍所在地与中国境内经常居住地不一致的，选择并固定向其中一地主管税务机关申报。在中国境内没有户籍的，向中国境内经常居住地主管税务机关申报”的规定选择填写。

选择后，纳税人在“户籍所在地”或“经常居住地”对应框内打“√”并填写具体地址。

3）投资者纳税人填写栏：由自然人股东、投资者填写。如果没有对外投资的，则不填。

① 投资者类型：纳税人根据自身情况在对应框内打“√”，可多选。

② 被投资单位信息：填写纳税人对外投资单位的有关信息。

- 纳税人名称：填写税务机关核发的被投资单位税务登记证载明的纳税人名称全称。投资多家单位的，需分别列示。
- 扣缴义务人编码：填写税务机关核发的税务登记证号码。
- 地址、邮政编码：填写投资者投资单位的地址和邮政编码。
- 登记注册类型：填写被投资单位在工商行政管理机关登记注册的类型。

分内资企业（国有企业、集体企业、股份合作企业、联营企业、有限责任公司、股份有限公司、私营企业和其他企业）、港澳台商投资企业和外商投资企业三大类。[注：内资企业需填至括号内的企业类型。]

- 行业：按照国民经济行业分类国家标准填写至大类。
- 所得税征收类型：填写被投资单位所得税的征收方式。
- 主管税务机关：填写被投资单位的主管税务机关名称。
- 股东及其他投资者填写栏：由自然人股东和其他投资者填写。个体工商户主、个人独资企业投资者、合伙企业合伙人、承包承租经营者不填写此栏。
  — 公司股本（投资）总额：填写被投资单位的公司股本（投资）总额。
  — 个人股本（投资）总额：填写自然人股东、投资者在被投资单位个人投资的股本（投资）额。

4）无住所纳税人填写栏：由在中国境内无住所纳税人填写。其他则不填。

① 纳税人识别号：填写主管税务机关赋予的18位纳税人识别号。该纳税人识别号作为境内无住所个人的唯一身份识别码，由纳税人到主管税务机关办理初次涉税事项，或者扣缴义务人办理该纳税人初次扣缴申报时，由主管税务机关授予。

② 国籍（地区）：填写纳税人的国籍或者地区。

③ 出生地：填写纳税人出生地的国籍及地区。

④ 劳动就业证号码：填写纳税人在中国境内劳动就业证上的号码。

⑤ 境内职务：填写该纳税人在境内公司担任的职务。

⑥ 境外职务：填写该纳税人在境外公司担任的职务。

⑦ 是否税收协定缔约国对方居民：纳税人来自与中国签订避免双重征税协定的国家或地区的，在“是”栏对应框内打“√”；否则，在“否”栏打“√”。

⑧ 来华时间：填写纳税人到达中国境内的年月日。

⑨ 任职期限：填写纳税人在任职受雇单位的任职期限。

⑩ 预计离境时间：填写纳税人预计离境的年月日。

⑪ 预计离境地点：填写纳税人预计离境的地点。

⑫ 境内任职受雇单位：填写纳税人签订任职受雇合同的单位的相关信息。如果填写本栏，则境内受聘签约单位栏不用填写。

- 名称：填写纳税人任职受雇单位的名称全称。
- 扣缴义务人编码：填写税务机关确定的任职受雇单位的税务编码号码。
- 地址、邮政编码：填写任职受雇单位的地址和邮政编码。

⑬ 境内受聘签约单位：填写纳税人受聘或签约单位的相关信息。如果填写本栏，则上栏境内任职受雇单位栏则不用填写。

- 名称：填写纳税人受聘签约单位的名称全称。
- 扣缴义务人编码：填写税务机关确定的受聘签约单位的税务编码号码。
- 地址、邮政编码：填写受聘签约单位的地址和邮政编码。

⑭ 境外派遣单位：如果纳税人有境外派遣单位的，填写本栏。否则不填写。

- 名称：填写纳税人境外派遣单位的名称全称，用中、外两种文字填写。
- 地址：填写境外派遣单位的地址。

⑮ 支付地：填写纳税人取得的所得的支付地，在“境内支付”、“境外支付”和“境、内外同时支付”三种类型中选择一种填写。

⑯ 境外支付地国别（地区）：如果纳税人取得的所得支付地为国外的，填写境外支付地的国别或地区名称。

三、扣缴个人所得税报告表

扣缴个人所得税报告表

税款所属期：　　年　月　日至　　年　月　日

扣缴义务人名称：

扣缴义务人编码：□□□□□□□□□□□□□□□□□□□□

扣缴义务人所属行业：□一般行业　□特定行业月份申报

金额单位：人民币元（列至角分）

序号	姓名	身份证件类型	身份证件号码	所得项目	所得期间	收入额	免税所得	税前扣除项目								减除费用	准予扣除的捐赠额	应纳税所得额	税率（%）	速算扣除数	应纳税额	减免税额	应扣缴税额	已扣缴税额	应补（退）税额	备注
								基本养老保险费	基本医疗保险费	失业保险费	住房公积金	财产原值	允许扣除的税费	其他	合计											
1	2	3	4	5	6	7	8	9	10	11	12	13	14	15	16	17	18	19	20	21	22	23	24	25	26	27
合计																										

谨声明：此扣缴报告表是根据《中华人民共和国个人所得税法》及其实施条例和国家有关税收法律法规规定填写的，是真实的、完整的、可靠的。

法定代表人（负责人）签字：　　　　年　月　日

扣缴义务人公章： 经办人：	代理机构（人）签章： 经办人： 经办人执业证件号码：	主管税务机关受理专用章： 受理人：
填表　　年　月　日	代理申报　　年　月　日	受理　　年　月　日

国家税务总局监制

填表说明

（1）适用范围。本表适用于扣缴义务人办理全员全额扣缴个人所得税申报（包括向个人支付应税所得，但低于减除费用、不需扣缴税款情形的申报），以及特定行业职工工资、薪金所得个人所得税的月份申报。

（2）申报期限。次月十五日内。扣缴义务人应于次月十五日内将所扣税款缴入国库，并向税务机关报送本表。扣缴义务人不能按规定期限报送本表时，应当按照《中华人民共和国税收征收管理法》及其实施细则有关规定办理延期申报。

（3）本表各栏填写。

1）表头项目。

① 税款所属期：为税款所属期月份第一日至最后一日。

② 扣缴义务人名称：填写实际支付个人所得的单位（个人）的法定名称全称或姓名。

③ 扣缴义务人编码：填写办理税务登记或扣缴登记时，由主管税务机关所确定的扣缴义务人税务编码。

④ 扣缴义务人所属行业：扣缴义务人按以下两种情形在对应框内打“√”。

- 一般行业：是指除《中华人民共和国个人所得税法》及其实施条例规定的特定行业以外的其他所有行业。
- 特定行业：指符合《中华人民共和国个人所得税法》及其实施条例规定的采掘业、远洋运输业、远洋捕捞业以及国务院财政、税务主管部门确定的其他行业。

2）表内各栏。

① 一般行业的填写。

- 第 2 列“姓名”：填写纳税人姓名。中国境内无住所个人，其姓名应当用中、外文同时填写。
- 第 3 列“身份证件类型”：填写能识别纳税人唯一身份的有效证照名称。
  — 在中国境内有住所的个人，填写身份证、军官证、士兵证等证件名称。
  — 在中国境内无住所的个人，如果税务机关已赋予 18 位纳税人识别号的，填写“税务机关赋予”；如果税务机关未赋予的，填写护照、港澳居民来往内地通行证、台湾居民来往大陆通行证等证照名称。
- 第 4 列“身份证件号码”：填写能识别纳税人唯一身份的号码。
  — 在中国境内有住所的纳税人，填写身份证、军官证、士兵证等证件上的号码。
  — 在中国境内无住所的纳税人，如果税务机关赋予 18 位纳税人识别号的，填写该号码；没有，则填写护照、港澳居民来往内地通行证、台湾居民来往大陆通行证等证照上的号码。

税务机关赋予境内无住所个人的 18 位纳税人识别号，作为其唯一身份识别码，由纳税人到主管税务机关办理初次涉税事项，或扣缴义务人办理该纳税人初次扣缴申报时，由主管税务机关赋予。

- 第 5 列“所得项目”：按照税法第二条规定的项目填写。同一纳税人有多项所得时，分行填写。
- 第 6 列“所得期间”：填写扣缴义务人支付所得的时间。
- 第 7 列“收入额”：填写纳税人实际取得的全部收入额。
- 第 8 列“免税所得”：是指税法第四条规定可以免税的所得。
-

- 第 9 ~ 16 列“税前扣除项目”：是指按照税法及其他法律法规规定，可在税前扣除的项目。
- 第 17 列“减除费用”：是指税法第六条规定可以在税前减除的费用。没有的，则不填。
- 第 18 列“准予扣除的捐赠额”：是指按照税法及其实施条例和相关税收政策规定，可以在税前扣除的捐赠额。
- 第 19 列“应纳税所得额”：根据相关列次计算填报。第 19 列=第 7 列–第 8 列–第 16 列–第 17 列–第 18 列。
- 第 20 列“税率”及第 21 列“速算扣除数”：按照税法第三条规定填写。部分所得项目没有速算扣除数的，则不填。
- 第 22 列“应纳税额”：根据相关列次计算填报。第 22 列=第 19 列×第 20 列–第 21 列。
- 第 23 列“减免税额”：是指符合税法规定可以减免的税额。其中，纳税人取得“稿酬所得”时，其根据税法第三条规定可按应纳税额减征的 30%，填入此栏。
- 第 24 列“应扣缴税额”：根据相关列次计算填报。第 24 列=第 22 列–第 23 列。
- 第 25 列“已扣缴税额”：是指扣缴义务人当期实际扣缴的个人所得税税款。
- 第 26 列“应补（退）税额”：根据相关列次计算填报。第 26 列=第 24 列–第 25 列。
- 第 27 列“备注”：填写非本单位雇员、非本期收入及其他有关说明事项。
- 对不是按月发放的工资薪金所得，其适用“工资、薪金所得”个人所得税的填报，则不完全按照上述逻辑关系填写。

② 特定行业月份申报的填写。

- 第 2~6 列的填写：同上“一般行业”的填写。
- 第 7~19 列、第 22 ~ 26 列的数据口径同上“一般行业”对应项目，金额按以下原则填写：
- 第 7 列“收入额”：是指本月实际发放的全部收入额。
- 第 8~16 列的填写：填写当月实际发生额。
- 第 17 列“减除费用”：是指税法第六条规定可以在税前减除的费用额。没有的，则不填。
- 第 18 列“准予扣除的捐赠额”：准予扣除的捐赠额，按纳税人捐赠月份的实际收入额来计算。
- 第 19 列“应纳税所得额”：根据相关列次计算填报。第 19 列=第 7 列–第 8 列–第 16 列–第 17 列–第 18 列。
- 第 20 列“税率”及第 21 列“速算扣除数”：按照税法第三条规定填写。
- 第 22 列“应纳税额”：特定行业个人所得税月份申报时，“应纳税额”为预缴所得税额。根据相关列次计算填报。

第 22 列=第 19 列×第 20 列–第 21 列。

四、限售股转让所得扣缴个人所得税报告表

限售股转让所得扣缴个人所得税报告表

扣缴义务人编码：

税款所属期：　　年　月　日至　　年　月　日　　　　填表日期：　　年　月　日　　　　金额单位：元（列至角分）

扣缴义务人名称							地址						电话		
序号	纳税人姓名	纳税人有效身份证照		证券账户号	股票代码	股票名称	每股计税价格（元/股）	转让股数(股)	转让收入额	限售股原值及合理税费			应纳税所得额	税率	扣缴税额
		证照类型	证照号码							小计	原值	合理税费			
	(1)	(2)	(3)	(4)	(5)	(6)	(7)	(8)	(9) = (7) × (8)	(10) = (11) + (12)	(11)	(12)	(13) = (9) − (10)	(14)	(15) = (13) × (14)
1															
2															
3															
4															
5															
6															
7															
8															
9															
10															
11															
12															
13															
14															
15															

续表

<table>
<tr><td rowspan="3">序号</td><td rowspan="2">纳税人姓名</td><td colspan="2">纳税人有效身份证照</td><td rowspan="2">证券账户号</td><td rowspan="2">股票代码</td><td rowspan="2">股票名称</td><td rowspan="2">每股计税价格（元/股）</td><td rowspan="2">转让股数(股)</td><td rowspan="2">转让收入额</td><td colspan="3">限售股原值及合理税费</td><td rowspan="2">应纳税所得额</td><td rowspan="2">税率</td><td rowspan="2">扣缴税额</td></tr>
<tr><td>证照类型</td><td>证照号码</td><td>小计</td><td>原值</td><td>合理税费</td></tr>
<tr><td>(1)</td><td>(2)</td><td>(3)</td><td>(4)</td><td>(5)</td><td>(6)</td><td>(7)</td><td>(8)</td><td>(9) = (7) × (8)</td><td>(10) = (11) + (12)</td><td>(11)</td><td>(12)</td><td>(13) = (9) − (10)</td><td>(14)</td><td>(15) = (13) × (14)</td></tr>
<tr><td>16</td><td></td><td></td><td></td><td></td><td></td><td></td><td></td><td></td><td></td><td></td><td></td><td></td><td></td><td></td><td></td></tr>
<tr><td colspan="10">合　计</td><td colspan="3"></td><td></td><td>—</td><td></td></tr>
<tr><td colspan="2">扣缴义务人声明</td><td colspan="8">我声明，此扣缴申报表及所附资料是根据《中华人民共和国个人所得税法》及相关法律法规的规定填报的，我确保它是真实的、可靠的、完整的。
法定代表人（签字）
年　月　日</td><td colspan="3">扣缴义务人（盖章）
会计主管签字：
年　月　日</td><td colspan="3">主管税务机关受理专用章：
受理人：
受理时间：　　年　月　日</td></tr>
</table>

国家税务总局监制

填表须知

（1）本表根据《中华人民共和国个人所得税法》及其实施条例和相关文件制定，适用于证券机构预扣预缴，或者直接代扣代缴限售股转让所得个人所得税的申报，本表按月填写。

（2）证券机构应在扣缴限售股转让所得个人所得税的次月7日内向主管税务机关报送本表。不能按照规定期限报送本表时，应当在规定的报送期限内提出申请，经当地税务机关批准，可以适当延期。

（3）填写本表应当使用中文。

（4）本表各栏的填写说明。

1）扣缴义务人编码：填写扣缴税款的证券机构的税务登记证号码。

2）填表填写扣缴义务人办理扣缴申报的实际日期。

3）税款所属期：填写证券机构实际扣缴税款的年度、月份和日期。

4）扣缴义务人名称：填写扣缴税款的证券公司（营业部）等证券机构的全称。

5）纳税人身份证照类型及号码：填写纳税人有效身份证件（居民身份证、军人身份证件等）的类型及号码。

6）证券账户号：填写纳税人证券账户卡上的证券账户号。转让的限售股是在上海交易所上市的，填写证券账户卡（上海）上的证券账户号；转让的限售股是在深圳交易所上市的，填写证券账户卡（深圳）上的证券账户号。

7）股票代码及名称：填写所转让的限售股股票的股票代码和证券名称。纳税人转让不同限售股的，分行填写。

8）每股计税价格：区分以下两种情形填写。

① 在证券机构技术和制度准备完成前形成的限售股，采取预扣预缴方式征收的，股改限售股填写股改复牌日收盘价；新股限售股填写该股上市首日的收盘价。

② 在证券机构技术和制度准备完成后，采取直接代扣代缴方式征收的，填写纳税人实际转让限售股的每股成交价格。以不同价格成交的，分行填写。

9）转让股数：填写前列每股计税价格所对应的股数。即：

① 在证券机构技术和制度准备完成前，采取预扣预缴方式的，转让股数填写本月该限售股累计转让股数。

② 在证券机构技术和制度准备完成后，采取直接代扣代缴方式的，转让股数按照不同转让价格，分别填写按该价格转让的股数。

10）转让收入额：填写本次限售股转让取得的用于计税的收入额。

限售股转让收入额=每股计税价格×转让股数

11）限售股原值及合理税费：填写取得限售股股票实际付出的成本，以及限售股转让过程中发生的印花税、佣金、过户费等与交易相关的税费的合计。具体有两种不同情况：

① 在证券机构技术和制度准备完成前形成的限售股，采取预扣预缴税款的，限售股原值及合理税费=转让收入额×15%，直接填入小计栏中；

② 在证券机构技术和制度准备完成后，采取直接代扣代缴税款的，限售股原值为事先植入结算系统的限售股成本原值；合理税费为转让过程中发生的印花税、佣金、过户费、其他费等与交易相关的税费。

12）应纳税所得额：应纳税所得额=转让收入额–限售股原值及合理税费。

13）扣缴税额：扣缴税额=应纳税所得额×20%。

（5）本表为A4横式。一式两份，扣缴义务人留存一份，税务机关留存一份。

五、个人所得税自行纳税申报表（A表）

个人所得税自行纳税申报表（A 表）

税款所属期：自　　年　月　日至　　年　月　日　　　　　　　　　　　金额单位：人民币元（列至角分）

姓名		国籍（地区）		身份证件类型		身份证件号码	
自行申报情形	□从中国境内两处或者两处以上取得工资、薪金所得			□没有扣缴义务人		□其他情形	

任职受雇单位名称	所得期间	所得项目	收入额	免税所得	税前扣除项目								减除费用	准予扣除的捐赠额	应纳税所得额	税率（%）	速算扣除数	应纳税额	减免税额	已缴税额	应补（退）税额
					基本养老保险费	基本医疗保险费	失业保险费	住房公积金	财产原值	允许扣除的税费	其他	合计									
1	2	3	4	5	6	7	8	9	10	11	12	13	14	15	16	17	18	19	20	21	22

谨声明：此表是根据《中华人民共和国个人所得税法》及其实施条例和国家相关法律法规规定填写的，是真实的、完整的、可靠的。

纳税人签字：　　　　　　　年　月　日

代理机构（人）公章： 经办人： 经办人执业证件号码：	主管税务机关受理专用章： 受理人：
代理申报　　年　　月　　日	受理　　年　　月　　日

国家税务总局监制

填表说明

（1）适用范围。本表适用于“从中国境内两处或者两处以上取得工资、薪金所得的”、“取得应纳税所得，没有扣缴义务人的”，以及“国务院规定的其他情形”的个人所得税申报。纳税人在办理申报时，须同时附报附件 2——《个人所得税基础信息表（B 表）》。

（2）申报期限。次月十五日内。自行申报纳税人应在此期限内将每月应纳税款缴入国库，并向税务机关报送本表。纳税人不能按规定期限报送本表时，应当按照《中华人民共和国税收征收管理法》（以下简称《税收征管法》）及其实施细则有关规定办理延期申报。

（3）本表各栏填写。

1）表头项目。

① 税款所属期：是指纳税人取得所得应纳个人所得税款的所属期间，应填写具体的起止年月日。

② 姓名：填写纳税人姓名。中国境内无住所个人，其姓名应当用中、外文同时填写。

③ 国籍（地区）：填写纳税人的国籍或者地区。

④ 身份证件类型：填写能识别纳税人唯一身份的有效证照名称。

- 在中国境内有住所的个人，填写身份证、军官证、士兵证等证件名称。
- 在中国境内无住所的个人，如果税务机关已赋予 18 位纳税人识别号的，填写“税务机关赋予”；如果税务机关未赋予的，填写护照、港澳居民来往内地通行证、台湾居民来往大陆通行证等证照名称。

⑤ 身份证件号码：填写能识别纳税人唯一身份的号码。

- 在中国境内有住所的纳税人，填写身份证、军官证、士兵证等证件上的号码。
- 在中国境内无住所的纳税人，如果税务机关赋予 18 位纳税人识别号的，填写该号码；没有，则填写护照、港澳居民来往内地通行证、台湾居民来往大陆通行证等证照上的号码。

税务机关赋予境内无住所个人的 18 位纳税人识别号，作为其唯一身份识别码，由纳税人到主管税务机关办理初次涉税事项，或扣缴义务人办理该纳税人初次扣缴申报时，由主管税务机关赋予。

⑥ 自行申报情形：纳税人根据自身情况在对应框内打“√”。

2）表内各栏。纳税人在填报“从中国境内两处或者两处以上取得工资、薪金所得的”时，第 1 ~ 4 列需分行列示各任职受雇单位发放的工薪，同时，另起一行在第 4 列“收入额”栏填写上述工薪的合计数，并在此行填写第 5 ~ 22 列。

纳税人在填报“取得应纳税所得，没有扣缴义务人的”和“国务院规定的其他情形”时，需分行列示。

① 第 1 列“任职受雇单位名称”：填写纳税人任职受雇单位的名称全称。在多家单位任职受雇的，须分行列示。如果没有，则不填。

② 第 2 列“所得期间”：填写纳税人取得所得的起止时间。

③ 第 3 列“所得项目”：按照税法第二条规定的项目填写。纳税人取得多项所得时，须分行填写。

④ 第 4 列“收入额”：填写纳税人实际取得的全部收入额。

⑤ 第 5 列“免税所得”：是指税法第四条规定可以免税的所得。

⑥ 第 6 ~ 13 列“税前扣除项目”：是指按照税法及其他法律法规规定，可在税前扣除的项目。

- 第 6～9 列“基本养老保险费、基本医疗保险费、失业保险费、住房公积金”四项，是指按照国家规定，可在个人应纳税所得额中扣除的部分。
- 第 10 列“财产原值”：该栏适用于“财产转让所得”项目的填写。
- 第 11 列“允许扣除的税费”：该栏适用于“劳务报酬所得、特许权使用费所得、财产租赁所得和财产转让所得”项目的填写。

  — 适用“劳务报酬所得”时，填写劳务发生过程中实际缴纳的税费。

  — 适用“特许权使用费”时，填写提供特许权过程中发生的中介费和相关税费。

  — 适用“财产租赁所得”时，填写修缮费和出租财产过程中发生的相关税费。

  — 适用“财产转让所得”时，填写转让财产过程中发生的合理税费。
- 第 12 列“其他”：是指法律法规规定其他可以在税前扣除的项目。
- 第 13 列“合计”：为各所得项目对应税前扣除项目的合计数。

⑦ 第 14 列“减除费用”：是指税法第六条规定可以在税前减除的费用。没有的，则不填。

⑧ 第 15 列“准予扣除的捐赠额”：是指按照税法及其实施条例和相关税收政策规定，可以在税前扣除的捐赠额。

⑨ 第 16 列“应纳税所得额”：根据相关列次计算填报。第 16 列=第 4 列–第 5 列–第 13 列–第 14 列–第 15 列。

⑩ 第 17 列 “税率”及第 18 列“速算扣除数”：按照税法第三条规定填写。部分所得项目没有速算扣除数的，则不填。

⑪ 第 19 列“应纳税额”：根据相关列次计算填报。第 19 列=第 16 列×第 17 列–第 18 列。

⑫ 第 20 列“减免税额”：是指符合税法规定可以减免的税额。其中，纳税人取得“稿酬所得”时，其根据税法第三条规定可按应纳税额减征的 30%，填入此栏。

⑬ 第 21 列“已缴税额”：是指纳税人当期已实际被扣缴或缴纳的个人所得税税款。

⑭ 第 22 列“应补（退）税额”：根据相关列次计算填报。第 22 列=第 19 列–第 20 列–第 21 列。

六、个人所得税纳税申报表（B 表）

个人所得税自行纳税申报表（B 表）

税款所属期：自　　年　月　日至　　年　月　日　　　　　　　　　　　　　　　　金额单位：人民币元（列至角分）

<table>
<tr><td>姓名</td><td colspan="3"></td><td colspan="6">身份证件类型</td><td colspan="8"></td></tr>
<tr><td>国籍（地区）</td><td colspan="3"></td><td colspan="6">身份证件号码</td><td colspan="8"></td></tr>
<tr><td rowspan="2">所得来源国（地区）</td><td rowspan="2">所得项目</td><td rowspan="2">收入额</td><td colspan="8">税前扣除项目</td><td rowspan="2">减除费用</td><td rowspan="2">准予扣除的捐赠额</td><td rowspan="2">应纳税所得额</td><td rowspan="2">工资薪金所得项目月应纳税所得额</td><td rowspan="2">税率（%）</td><td rowspan="2">速算扣除数</td><td rowspan="2">应纳税额</td></tr>
<tr><td>基本养老保险费</td><td>基本医疗保险费</td><td>失业保险费</td><td>住房公积金</td><td>财产原值</td><td>允许扣除的税费</td><td>其他</td><td>合计</td></tr>
<tr><td>1</td><td>2</td><td>3</td><td>4</td><td>5</td><td>6</td><td>7</td><td>8</td><td>9</td><td>10</td><td>11</td><td>12</td><td>13</td><td>14</td><td>15</td><td>16</td><td>17</td><td>18</td></tr>
<tr><td></td><td></td><td></td><td></td><td></td><td></td><td></td><td></td><td></td><td></td><td></td><td></td><td></td><td></td><td></td><td></td><td></td><td></td></tr>
<tr><td></td><td></td><td></td><td></td><td></td><td></td><td></td><td></td><td></td><td></td><td></td><td></td><td></td><td></td><td></td><td></td><td></td><td></td></tr>
<tr><td></td><td></td><td></td><td></td><td></td><td></td><td></td><td></td><td></td><td></td><td></td><td></td><td></td><td></td><td></td><td></td><td></td><td></td></tr>
<tr><td></td><td></td><td></td><td></td><td></td><td></td><td></td><td></td><td></td><td></td><td></td><td></td><td></td><td></td><td></td><td></td><td></td><td></td></tr>
<tr><td></td><td></td><td></td><td></td><td></td><td></td><td></td><td></td><td></td><td></td><td></td><td></td><td></td><td></td><td></td><td></td><td></td><td></td></tr>
<tr><td></td><td></td><td></td><td></td><td></td><td></td><td></td><td></td><td></td><td></td><td></td><td></td><td></td><td></td><td></td><td></td><td></td><td></td></tr>
<tr><td rowspan="6">本期应缴税额计算</td><td>国别（地区）</td><td colspan="2">扣除限额</td><td colspan="3">境外已纳税额</td><td colspan="6">五年内超过扣除限额未补扣余额</td><td colspan="3">本期应补缴税额</td><td colspan="2">未扣除余额</td></tr>
<tr><td>19</td><td colspan="2">20</td><td colspan="3">21</td><td colspan="6">22</td><td colspan="3">23</td><td colspan="2">24</td></tr>
<tr><td></td><td colspan="2"></td><td colspan="3"></td><td colspan="6"></td><td colspan="3"></td><td colspan="2"></td></tr>
<tr><td></td><td colspan="2"></td><td colspan="3"></td><td colspan="6"></td><td colspan="3"></td><td colspan="2"></td></tr>
<tr><td></td><td colspan="2"></td><td colspan="3"></td><td colspan="6"></td><td colspan="3"></td><td colspan="2"></td></tr>
<tr><td></td><td colspan="2"></td><td colspan="3"></td><td colspan="6"></td><td colspan="3"></td><td colspan="2"></td></tr>
<tr><td colspan="18">谨声明：此表是根据《中华人民共和国个人所得税法》及其实施条例和国家相关法律法规规定填写的，是真实的、完整的、可靠的。
纳税人签字：　　　　年　月　日</td></tr>
<tr><td colspan="9">代理机构（人）签章：
经办人：
经办人执业证件号码：</td><td colspan="9">主管税务机关受理专用章：
受理人：</td></tr>
<tr><td colspan="9">代理申报　　年　月　日</td><td colspan="9">受理　　年　月　日</td></tr>
</table>

国家税务总局监制

填表说明

（1）适用范围。本表适用于“从中国境外取得所得”的纳税人的纳税申报。纳税人在办理申报时，须同时附报附件 2——《个人所得税基础信息表（B 表）》。

（2）申报期限。年度终了后三十日内。取得境外所得的纳税人应在该期限内将应纳税款缴入国库，并向税务机关报送本表。纳税人不能按规定期限报送本表时，应当按照《中华人民共和国税收征收管理法》（以下简称《税收征管法》）及其实施细则的规定办理延期申报。

（3）所得为外国货币的，应按照条例第四十三条的规定折合成人民币计算纳税。

（4）本表各栏填写

1）表头项目。

① 税款所属期：是指纳税人取得所得应纳个人所得税款的所属期间，应填写具体的起止年月日。

② 姓名：填写纳税人姓名。中国境内无住所个人，其姓名应当用中、外文同时填写。

③ 国籍（地区）：填写纳税人的国籍或者地区。

④ 身份证件类型：填写能识别纳税人唯一身份的有效证照名称。

- 在中国境内有住所的个人，填写身份证、军官证、士兵证等证件名称。
- 在中国境内无住所的个人，如果税务机关已赋予 18 位纳税人识别号的，填写“税务机关赋予”；如果税务机关未赋予的，填写护照、港澳居民来往内地通行证、台湾居民来往大陆通行证等证照名称。

⑤ 身份证件号码：填写能识别纳税人唯一身份的号码。

- 在中国境内有住所的纳税人，填写身份证、军官证、士兵证等证件上的号码。
- 在中国境内无住所的纳税人，如果税务机关赋予 18 位纳税人识别号的，填写该号码；没有，则填写护照、港澳居民来往内地通行证、台湾居民来往大陆通行证等证照上的号码。

税务机关赋予境内无住所个人的 18 位纳税人识别号，作为其唯一身份识别码，由纳税人到主管税务机关办理初次涉税事项，或扣缴义务人办理该纳税人初次扣缴申报时，由主管税务机关赋予。

2）表内各栏。纳税人填写本表时，应区别不同国家或者地区和不同所得项目填报。其中，在填报“工资、薪金所得”、“个体工商户的生产、经营所得”等项目时，按年填写。除此之外其他项目，则按月或按次填写。

① 第 1 列“所得来源国（地区）”：填写纳税人取得所得的国家或地区。

② 第 2 列“所得项目”：按照税法第二条规定的项目填写。纳税人有多项所得时，分行填写。

③ 第 3 列“收入额”：填写纳税人取得的，未减除任何免税所得和费用的实际含税收入额。其中，“工资、薪金所得”项目的收入额，为全年收入额；纳税人的境外所得按照有关规定交付给派出单位的部分，凡能提供有效合同或有关凭证的，经主管税务机关审核后，允许从其境外所得中扣除。

④ 第 4 ~ 11 列“税前扣除项目”：

- 第 4 ~ 7 列“基本养老保险费、基本医疗保险费、失业保险费、住房公积金”四项，是指按照国家规定，可在个人应纳税所得额中扣除的部分。本表中填写该纳税人缴纳该费（金）的全年汇总额。
- 第 8 列“财产原值”：该栏适用于“财产转让所得”项目的填写。

- 第 9 列“允许扣除的税费”：该栏适用于“劳务报酬所得、特许权使用费所得、财产租赁所得和财产转让所得”项目的填写。
  — 适用“劳务报酬所得”时，填写劳务发生过程中实际缴纳的税费。
  — 适用“特许权使用费”时，填写提供特许权过程中发生的中介费和相关税费。
  — 适用“财产租赁所得”时，填写修缮费和出租财产过程中发生的相关税费。
  — 适用“财产转让所得”时，填写转让财产过程中发生的合理税费。
- 第 10 列“其他”：是指法律法规规定其他可以在税前扣除的项目。
- 第 11 列“合计”：为所得项目对应税前扣除项目的合计数。

⑤ 第 12 列“减除费用”：是指税法第六条规定可在计税前减除的费用。没有则不填写。其中，工资、薪金所得项目的减除费用为全年合计额。

⑥ 第 13 列“准予扣除的捐赠额”：是指按照税法及其实施条例和相关税收政策规定，可以在税前扣除的捐赠额。

⑦ 第 14 列“应纳税所得额”：根据相关列次计算填报。

⑧ 第 15 列“工资薪金所得项目月应纳税所得额”：该项仅适用于所得项目为“工资、薪金所得”时填写，其他所得项目不填。

第 15 列=第 14 列÷12 个月。

⑨ 第 16 列“税率”及第 17 列“速算扣除数”：按照税法第三条规定填写。部分所得项目没有速算扣除数的，则不填。

⑩ 第 18 列“应纳税额”：是指纳税人区别不同国家或者地区和不同所得项目，依照税法规定的费用减除标准和适用税率计算的应纳税额。

- 所得项目为“工资、薪金所得”时，第 18 列=（第 15 列×第 16 列–第 17 列）×12 个月。
- 所得项目为非工资、薪金所得的，第 18 列=第 14 列×第 16 列–第 17 列。

⑪“本期应缴税额计算”栏：应区别不同国家或者地区，分行填写。

- 第 20 列“扣除限额”：是指同一国家或者地区内，不同所得项目的应纳税额之和。
- 第 21 列“境外已纳税额”：是指纳税人在境外实际已经缴纳的个人所得税额。
- 第 22 列“五年内超过扣除限额未补扣余额”：是指纳税人以前五年内超过该国家或者地区扣除限额、未进行补扣的部分。没有则不填。
- 第 23 列“本期应补缴税额”与第 24 列“未扣除余额”：依据前列计算结果填写。
  — 若第 20 列≥第 21 列，且第 20 列–第 21 列–第 22 列≥0 时，将结果写入第 23 列。

    第 23 列=第 20 列–第 21 列–第 22 列。

  — 若第 20 列≥第 21 列，且第 20 列–第 21 列–第 22 列<0，将结果写入第 24 列。

    第 24 列=第 21 列+第 22 列–第 20 列。

  — 若第 20 列<第 21 列，则将结果写入第 24 列。

    第 24 列=第 21 列+第 22 列–第 20 列。

七、个人所得税纳税申报表（适用于年所得 12 万元以上的纳税义务人申报）

个人所得税纳税申报表

（适用于年所得 12 万元以上的纳税人申报）

INDIVIDUAL INCOME TAX RETURN

（For individuals with an annual income of over 120,000 Yuan）

所得年份：　　年　　　　填表日期：　　年　月　日　　　　金额单位：人民币元（列至角分）

Year of income incurred:　　　　Date of filing:　date　month　year　　　　Amount in RMB Yuan

纳税人姓名 Tax payer's name		国籍（地区） Nationality /region		身份证照类型 ID Type		身份证照号码 ID number			
任职、受雇单位 Employer		任职受雇单位税务代码 Employer's Tax ID Code		任职受雇单位所属行业 Industry of Employer		职务 Title		职业 Profession	
在华天数 Days of stay in China		境内有效联系地址 Address in China				境内有效联系地址邮编 Post code		联系电话 Tel number	
此行由取得经营所得的纳税人填写 This line is to be filled by taxpayers with business income	经营单位纳税人识别号 Tax ID Code of the business					经营单位纳税人名称 Name of the business			

续表

所得项目 Categories of income	年所得额 Annual Income			应纳税所得额 Taxable income	应纳税额 Tax payable	已缴（扣）税额 Tax pre-paid and withheld	抵扣税额 Tax credit	减免税额 Tax exempted or deducted	应补税额 Tax owed	应退税额 Tax refundable	备注 Notes
	境内 Income from within China	境外 Income from outside China	合计 Total								
1. 工资、薪金所得 Wages and salaries											
2. 个体工商户的生产、经营所得 Income from production or business operation conducted by self-employed industrial and commercial households											
3. 对企事业单位的承包经营、承租经营所得 Income from contracted or leased operation of enterprises or social service providers partly or wholly funded by state assets											
4. 劳务报酬所得 Remuneration for providing services											
5. 稿酬所得 Author's remuneration											
6. 特许权使用费所得 Royalties											

续表

7. 利息、股息、红利所得 Interest, dividends and bonuses											
8. 财产租赁所得 Income from lease of property											
9. 财产转让所得 Income from transfer of property											
其中：股票转让所得 Income from transfer of stocks				—	—	—	—	—	—	—	
个人房屋转让所得 Income from transfer of personal estate											
10. 偶然所得 Incidental income											
11. 其他所得 Other income											
合计　　Total											

我声明，此纳税申报表是根据《中华人民共和国个人所得税法》及有关法律、法规的规定填报的，我保证它是真实的、可靠的、完整的。

Under penalties of perjury , I declare that this return has been filed according to THE INDIVIDUAL INCOME TAX LAW OF THE PEOPLE'S REPUBLIC OF CHINA and other relevant laws and regulations, and to the best of my knowledge and belief. I guarantee the information provided is true, correct and complete.

纳税人（签字）Taxpayer's signature

代理人（签章）: Preparer （Other than taxpayer）'s firm

联系电话:Phone number

税务机关受理人（签字）:　　税务机关受理时间：　年　月　日　　受理申报税务机关名称（盖章）:

Signature of responsible tax officer ：　　Filing date：　Time：　Year/Month/Date　　Responsible tax office

填表须知

（1）本表根据《中华人民共和国个人所得税法》及其实施条例和《个人所得税自行纳税申报办法（试行）》制定，适用于年所得12万元以上纳税人的年度自行申报。

（2）负有纳税义务的个人，可以由本人或者委托他人于纳税年度终了后3个月以内向主管税务机关报送本表。不能按照规定期限报送本表时，应当在规定的报送期限内提出申请，经当地税务机关批准，可以适当延期。

（3）填写本表应当使用中文，也可以同时用中、外两种文字填写。

（4）本表各栏的填写说明。

① 所得年份和填表。申报所得年份：填写纳税人实际取得所得的年度。

填表日期，填写纳税人办理纳税申报的实际日期。

② 身份证照类型：填写纳税人的有效身份证照（居民身份证、军人身份证件、护照、回乡证等）名称。

③ 身份证照号码：填写中国居民纳税人的有效身份证照上的号码。

④ 任职、受雇单位：填写纳税人的任职、受雇单位名称。纳税人有多个任职、受雇单位时，填写受理申报的税务机关主管的任职、受雇单位。

⑤ 任职、受雇单位税务代码：填写受理申报的任职、受雇单位在税务机关办理税务登记或者扣缴登记的编码。

⑥ 任职、受雇单位所属行业：填写受理申报的任职、受雇单位所属的行业。其中，行业应按国民经济行业分类标准填写，一般填至大类。

⑦ 职务：填写纳税人在受理申报的任职、受雇单位所担任的职务。

⑧ 职业：填写纳税人的主要职业。

⑨ 在华天数：由中国境内无住所的纳税人填写在税款所属期内在华实际停留的总天数。

⑩ 中国境内有效联系地址：填写纳税人的住址或者有效联系地址。其中，中国有住所的纳税人应填写其经常居住地址。中国境内无住所居民住在公寓、宾馆、饭店的，应当填写公寓、宾馆、饭店名称和房间号码。

经常居住地，是指纳税人离开户籍所在地最后连续居住一年以上的地方。

⑪ 经营单位纳税人识别码、纳税人名称：纳税人取得的年所得中含个体工商户的生产、经营所得和对企事业单位的承包经营、承租经营所得时填写本栏。

纳税人识别码：填写税务登记证号码。

纳税人名称：填写个体工商户、个人独资企业、合伙企业名称，或者承包承租经营的企事业单位名称。

⑫ 年所得额：填写在纳税年度内取得相应所得项目的收入总额。年所得额按《个人所得税自行纳税申报办法》的规定计算。

各项所得的计算，以人民币为单位。所得以非人民币计算的，按照《税法实施条例》第四十三条的规定折合成人民币。

⑬ 应纳税所得额：填写按照个人所得税有关规定计算的应当缴纳个人所得税的所得额。

⑭ 已缴（扣）税额：填写取得该项目所得在中国境内已经缴纳或者扣缴义务人已经扣缴的税款。

⑮ 抵扣税额：填写个人所得税法允许抵扣的在中国境外已经缴纳的个人所得税税额。

⑯ 减免税额：填写个人所得税法允许减征或免征的个人所得税税额。

⑰ 本表为A4横式，一式两联，第一联报税务机关，第二联纳税人留存。

Instructions

一、This return is designed in accordance with THE INDIVIDUAL INCOME TAX LAW OF THE PEOPLE'S REPUBLIC OF CHINA, THE IMPLEMENTING RULES OF THE INDIVIDUAL INCOME TAX LAW OF THE PEOPLE'S REPUBLIC OF CHINA and THE RULES CONCERNING INDIVIDUAL INCOME TAX SELF DECLARATION（provisional）, and is applicable for individuals with an annual income of reach 120,000 Yuan.

二、Taxable individuals are obliged to fill out and submit the return to the local tax authority within 3 months after the end of the tax year, either by themselves or other entrusted prepares. In case of inability to file the return within the prescribed time limit, an application should be submitted to the local tax authority within prescribed time limit and upon the tax authority's approval, the filing deadline may be extended.

三、The return should be filled out in Chinese or in both Chinese and a foreign language.

四、Instructions for filling out various items:

1. Year of income incurred and Date or filling:

Year of income incurred: The year in which the taxpayer receives the income.

Date or filling: the actual date when the return is filed.

2. ID Type:The name of the valid identification certificate of the taxpayer.（ID Card, passport, solider certificate, military officer certificate, returning permit, etc.）

3. ID number: The number of the valid identification certificate of the taxpayer.

4. Employer: The taxpayer's employer. The name of the employer for the reporting shall be filled if there are more than one employer.

5. Employer's Tax ID Code: The ID code of the taxpayer's employer registered at tax authority either as a taxpayer or as a withholder.

6. Industry of Employer: The industry a taxpayer's employer belongs to. It should fall into the general categories of the Categorization of National Economy Industries.

7. Title: The taxpayer's official rank at his/her employer.

8. Profession: The main profession of the taxpayer.

9. Days of stay in China: The actual days stayed in China by a taxpayer without a permanent residence during the tax due period.

10. Address in China: The address or the effective contacting address of the taxpayer. For a person without a residence who lives in a hotel, it means the room number and hotel name.

11. Taxpayer's Tax ID cole and Taxpayer's Name: Tax ID Code of the business: The number on the tax registration certificate.

Name of the business: The name of the taxable self-employed industrial and commercial households, individually-invested enterprises, partnerships, individually-invested or partner-invested private non-enterprises, or enterprises or social service providers partly or wholly funded by state assets under contracted or leased operation.

12. Annual Income: The total amount of the corresponding items of income in the tax year. The annual receipts income is calculated in accordance with THE INPLEMENTING RULES OF THE INDIVIDUAL INCOME TAX LAW OR THE PEOPLE'S REPUBLIC OF CHINA and THE LAW OF PEOPLE'S REPUBLIC OF CHINA CONCERNING ADMINISTRATION OF COLLECTION.

The calculation shall be in RMB Yuan. Those in foreign currencies shall be converted to the RMB Yuan on the basis of the foreign exchange rate quoted by the competent state foreign exchange authority.

13. Taxable income: The part of an income which is subject to the individual income tax.

14. Tax pre-paid and withheld: The amount of the tax paid or withheld for the current items of income within China.

15. Tax credit: The amount of individual income tax paid outside China that it to be credited against in accordance with the Individual Income Tax Law.

16. Tax exempted or deducted: The amount of individual income tax which is to be exempted or deducted in accordance with the Individual Income Tax Law.

17. There shall be two original copies of this table in A4 format. One is for the taxpayer and the other is for the tax office for record.

八、限售股转让所得个人所得税清算申报表

限售股转让所得个人所得税清算申报表

填表　　年　月　日

填表日期：　　年　月　日 税款所属期：　　年　月　日至　　年　月　日 金额单位：元（列至角分）

<table>
<tr><td rowspan="5">纳税人基本情况</td><td>姓名</td><td></td><td>证券账户号</td><td></td></tr>
<tr><td>有效身份证照类型</td><td></td><td>有效身份证照号码</td><td></td></tr>
<tr><td>国籍（地区）</td><td></td><td>有效联系电话</td><td></td></tr>
<tr><td>开户银行名称</td><td></td><td>开户银行账号</td><td></td></tr>
<tr><td>中国境内有效联系地址及邮编</td><td colspan="3"></td></tr>
<tr><td rowspan="2">开户证券公司（营业部）</td><td>名称</td><td></td><td>扣缴义务人编码</td><td></td></tr>
<tr><td>地址</td><td></td><td>邮编</td><td></td></tr>
<tr><td rowspan="6">限售股转让收入及纳税情况</td><td>股票代码</td><td>1</td><td colspan="2"></td></tr>
<tr><td>股票名称</td><td>2</td><td colspan="2"></td></tr>
<tr><td>转让股数（股）</td><td>3</td><td colspan="2"></td></tr>
<tr><td>实际转让收入额</td><td>4</td><td colspan="2"></td></tr>
<tr><td>限售股原值和合理税费小计</td><td>5=6+7</td><td colspan="2"></td></tr>
<tr><td>限售股原值</td><td>6</td><td colspan="2"></td></tr>
</table>

续表

<table>
<tr><td rowspan="6">限售股转让收入及纳税情况</td><td>合理税费</td><td>7</td><td></td></tr>
<tr><td>应纳税所得额</td><td>8 = 4–5</td><td></td></tr>
<tr><td>税率</td><td>9</td><td>20%</td></tr>
<tr><td>应纳税额</td><td>10 = 8×9</td><td></td></tr>
<tr><td>已扣缴税额</td><td>11</td><td></td></tr>
<tr><td>应退（补）税额</td><td>12=10–11</td><td></td></tr>
<tr><td>声明</td><td colspan="3">我声明，此纳税申报表及所附资料是根据《中华人民共和国个人所得税法》及相关法律法规规定填写、报送的，我确保上述资料是真实的、可靠的、完整的。
纳税人（签字）
年　月　日</td></tr>
<tr><td colspan="2">代理人（中介机构）签字或盖章：
经办人：
经办人执业证件号码：
代理申报　　　　年　月　日</td><td colspan="2">主管税务机关受理专用章：
受理人：
受理时间：　　年　月　日</td></tr>
</table>

国家税务总局监制

填表须知

（1）本表根据《中华人民共和国个人所得税法》及其实施条例和相关文件制定，适用于纳税人取得限售股转让所得已预扣预缴个人所得税款的清算申报，本表按月填写。

（2）向主管税务机关提出限售股转让所得个人所得税清算申请的纳税人，应在证券机构代扣并解缴税款的次月 1 日起 3 个月内，由本人或者委托他人向主管税务机关报送本表。不能按照规定期限报送本表时，应当在规定的报送期限内提出申请，经当地税务机关批准，可以适当延期。

（3）向主管税务机关提出限售股转让所得清算申请的纳税人，应区别限售股股票种类，按每一股票填写本表，即同一限售股填写一张表。

（4）填写本表应当使用中文。

（5）纳税人在向主管税务机关办理清算事宜时，除填报本表外，还应出示纳税人本人的有效身份证照原件，并附送以下资料：

1）加盖开户证券机构印章的限售股交易明细记录。

2）相关完整、真实的财产原值凭证。

3）缴纳税款凭证（《税务代保管资金专用收据》或《税收转账专用完税证》）。

4）税务机关要求报送的其他资料。

纳税人委托中介机构或他人代理申报的，除提供上述资料外，代理人还应出示代理人的有效身份证照，并附送纳税人委托代理申报的授权书。

（6）本表各栏的填写说明如下。

1）填表填写纳税人办理清算申报的实际日期。

2）税款所属期：填写纳税人实际取得所得的年度、月份和日期。

3）纳税人基本情况的填写。

① 证券账户号：填写纳税人证券账户卡上的证券账户号。转让的限售股是在上海交易所上市的，填写证券账户卡（上海）上的证券账户号；转让的限售股是在深圳交易所上市的，填写证券账户卡（深圳）上的证券账户号。

② 有效身份证照类型：填写纳税人的有效身份证件（居民身份证、军人身份证件等）名称。

③ 有效身份证照号码：填写纳税人有效身份证照上的号码。

④ 开户银行名称及账号：填写纳税人本人开户银行的全称及账号。

注：该银行账户，用于办理纳税人多扣缴个人所得税款的退还。即纳税人多扣缴的税款，经税务机关审核确认后，将直接退还至该银行账户中。因此，纳税人要特别注意本行填写的准确性。

⑤ 中国境内有效联系地址及邮编：填写纳税人住址或有效联系地址及邮编。

⑥ 开户证券公司（营业部）：填写纳税人开立证券交易账户的证券公司（营业部）的相关信息。

- 名称：填写纳税人开立证券账户的证券公司（营业部）的全称。
- 扣缴义务人编码：填写纳税人开立证券账户的证券公司（营业部）的税务登记证号码。
- 地址及邮编：填写纳税人开立证券账户的证券公司（营业部）的地址及邮编。

4）限售股转让收入及纳税情况的填写。

① 股票代码：填写限售股的股票代码。

② 股票名称：填写限售股股票的证券名称。

③ 转让股数（股）：填写本月转让限售股的股数。

④ 实际转让收入额：填写转让限售股取得的实际收入额。以证券机构提供的加盖印章的当月限售股交易记录汇总数为准。

⑤ 限售股原值和合理税费：

- 限售股原值和合理税费小计，填写纳税人转让限售股的股票原值和合理税费的合计。

⑥ 纳税人未能提供完整、真实的限售股原值凭证，不能正确计算限售股原值的，一律按限售股实际转让收入的15%计算限售股原值和合理税费后，填入该栏。

- 限售股原值，填写取得限售股股票实际付出的成本，并附相关完整、真实的原值凭证。
- 合理税费，填写转让限售股过程中发生的印花税、佣金、过户费等与交易相关的税费。

⑦ 应纳税所得额：填写转让限售股实际转让收入额减除限售股原值和合理税费后的余额。

⑧ 已扣缴税额：填写证券机构已预扣预缴的税款。

⑨ 应退（补）税额：应退（补）税额=应纳税额–已扣缴税额。负数为应退税额；正数为应补税额。

（7）声明：填写纳税人本人的姓名。如纳税人不在时，可填写代理申报人的姓名。

（8）代理人（中介机构）签字或盖章：填盖纳税人委托代理申报的中介机构的印章，或者代理人个人的签名或印章。

（9）经办人：填写代理申报人的姓名。

（10）本表为A4竖式。一式两份，纳税人留存一份，税务机关留存一份。

九、个人所得税生产经营所得纳税申报表（A 表）

个人所得税生产经营所得纳税申报表（A 表）

税款所属期：　　年　月　日至　　年　月　日　　　　　　　　金额单位：人民币元（列至角分）

<table>
<tr><td rowspan="2">投资者信息</td><td>姓　　名</td><td></td><td>身份证件类型</td><td></td><td>身份证件号码</td><td></td></tr>
<tr><td>国籍（地区）</td><td colspan="3"></td><td>纳税人识别号</td><td></td></tr>
<tr><td rowspan="3">被投资单位信息</td><td>名　　称</td><td colspan="3"></td><td>纳税人识别号</td><td></td></tr>
<tr><td>类　　型</td><td colspan="5">□个体工商户 □承包、承租经营单位 □个人独资企业 □合伙企业</td></tr>
<tr><td>征收方式</td><td colspan="5">□查账征收（据实预缴） □查账征收（按上年应纳税所得额预缴）
□核定应税所得率征收
□核定应纳税所得额征收 □税务机关认可的其他方式________</td></tr>
</table>

行次	项　　目	金　　额
1	一、收入总额	
2	二、成本费用	
3	三、利润总额	
4	四、弥补以前年度亏损	
5	五、合伙企业合伙人分配比例（%）	
6	六、投资者减除费用	
7	七、应税所得率（%）	
8	八、应纳税所得额	
9	九、税率（%）	
10	十、速算扣除数	
11	十一、应纳税额（8×9−10）	
12	十二、减免税额（附报《个人所得税减免税事项报告表》）	
13	十三、已预缴税额	
14	十四、应补（退）税额（11−12−13）	

谨声明：此表是根据《中华人民共和国个人所得税法》及有关法律法规规定填写的，是真实的、完整的、可靠的。

纳税人签字：　　　　　　　　　　　　年　月　日

感谢您对税收工作的支持！

代理申报机构（负责人）签章： 经办人： 经办人执业证件号码： 代理申报日期：　　年　月　日	主管税务机关印章： 受理人： 受理日期：　　年　月　日

国家税务总局监制

填报说明

本表适用于个体工商户、企事业单位承包承租经营者、个人独资企业投资者和合伙企业合伙人在中国境内取得“个体工商户的生产、经营所得”或“对企事业单位的承包经营、承租经营所得”的个人所得税月度（季度）纳税申报。

合伙企业有两个或两个以上自然人合伙人的，应分别填报本表。

（1）申报期限。实行查账征收的个体工商户、个人独资企业、合伙企业，纳税人应在次月（季）十五日内办理预缴纳税申报；企事业单位承包承租经营者如果在 1 年内按月或分次取得承包经营、承租经营所得的，纳税人应在每月或每次取得所得后的十五日内办理预缴纳税申报。

实行核定征收的，纳税人应在次月（季）十五日内办理纳税申报。

纳税人不能按规定期限办理纳税申报的，应当按照《中华人民共和国税收征收管理法》及其实施细则的规定办理延期申报。

（2）有关项目填报说明。

1）表头项目。税款所属期：填写纳税人自本年度开始生产经营之日起截至本月最后 1 日的时间。

2）表内信息栏。

① 投资者信息栏：填写个体工商户、企事业单位承包承租经营者、个人独资企业投资者和合伙企业合伙人的相关信息。

- 姓名：填写纳税人姓名。中国境内无住所个人，其姓名应当用中、外文同时填写。
- 身份证件类型：填写能识别纳税人唯一身份的有效证照名称。
- 身份证件号码：填写纳税人身份证件上的号码。
- 国籍（地区）：填写纳税人的国籍或者地区。
- 纳税人识别号：填写税务机关赋予的纳税人识别号。

② 被投资单位信息栏。

- 名称：填写税务机关核发的被投资单位税务登记证载明的被投资单位全称。
- 纳税人识别号：填写税务机关核发的被投资单位税务登记证号码。
- 类型：纳税人根据自身情况在对应框内打“√”。
- 征收方式：根据税务机关核定的征收方式，在对应框内打“√”。采用税务机关认可的其他方式的，应在下划线填写具体征收方式。

3）表内各行的填写。

① 第 1 行“收入总额”：填写本年度开始生产经营月份起截至本期从事生产经营以及与生产经营有关的活动取得的货币形式和非货币形式的各项收入总金额。包括：销售货物收入、提供劳务收入、转让财产收入、利息收入、租金收入、接受捐赠收入、其他收入。

② 第 2 行“成本费用”：填写本年度开始生产经营月份起截至本期实际发生的成本、费用、税金、损失及其他支出的总额。

③ 第 3 行“利润总额”： 填写本年度开始生产经营月份起截至本期的利润总额。

④ 第 4 行“弥补以前年度亏损”：填写可在税前弥补的以前年度尚未弥补的亏损额。

⑤ 第 5 行“合伙企业合伙人分配比例”：纳税人为合伙企业合伙人的，填写本栏；其他则不填。分配比例按照合伙协议约定的比例填写；合伙协议未约定或不明确的，按合伙人协商决定的比例填写；协商不成的，按合伙人实缴出资比例填写；无法确定出资比例的，按合伙人平均分配。

⑥ 第 6 行“投资者减除费用”：填写根据实际经营期限计算的可在税前扣除的投资者本人

的生计减除费用。

⑦ 第 7 行“应税所得率”：按核定应税所得率方式纳税的纳税人，填写税务机关确定的核定征收应税所得率。按其他方式纳税的纳税人不填本行。

⑧ 第 8 行“应纳税所得额”：根据下表对应的方式填写。

项　目		合伙企业合伙人	其　他
查账征收	据实预缴	第 8 行=(第 3 行–第 4 行)×第 5 行–第 6 行	第 8 行=第 3 行–第 4 行–第 6 行
	按上年应纳税所得额预缴	第 8 行=上年度的应纳税所得额÷12×月份数	第 8 行=上年度的应纳税所得额÷12×月份数
核定征收	核定应税所得率征收（能准确核算收入总额的）	第 8 行=第 1 行×第 7 行×第 5 行	第 8 行=第 1 行×第 7 行
	核定应税所得率征收（能准确核算成本费用的）	第 8 行=第 2 行÷（1–第 7 行）×第 7 行×第 5 行	第 8 行=第 2 行÷（1–第 7 行）×第 7 行
	核定应纳税所得额征收	直接填写应纳税所得额	直接填写应纳税所得额
税务机关认可的其他方式		直接填写应纳税所得额	直接填写应纳税所得额

⑨ 第 9 行“税率”及第 10 行“速算扣除数”：按照税法第三条规定，根据第 8 行计算得出的数额进行查找填写。

⑩ 第 11 行“应纳税额”：根据相关行次计算填写。

⑪ 第 12 行“减免税额”：填写符合税法规定可以减免的税额。纳税人填写本行的，应同时附报《个人所得税减免税事项报告表》。

⑫ 第 13 行“已预缴税额”：填写本年度在月（季）度申报中累计已预缴的个人所得税。

⑬ 第 14 行“应补（退）税额”：根据相关行次计算填写。

十、个人所得税生产经营所得纳税申报表（B 表）

个人所得税生产经营所得纳税申报表（B 表）

税款所属期：　　年　月　日至　　年　月　日　　　　金额单位：人民币元（列至角分）

投资者信息	姓　名		身份证件类型		身份证件号码	
	国籍（地区）				纳税人识别号	
被投资单位信息	名　称				纳税人识别号	
	类　型	□个体工商户　□承包、承租经营单位　□个人独资企业　□合伙企业				

行次	项　目	金额
1	一、收入总额	
2	其中：国债利息收入	
3	二、成本费用（4+5+6+7+8+9+10）	
4	（一）营业成本	
5	（二）销售费用	
6	（三）管理费用	
7	（四）财务费用	
8	（五）税金	

续表

9	（六）损失	
10	（七）其他支出	
11	三、利润总额（1–2–3）	
12	四、纳税调整增加额（13+27）	
13	（一）超过规定标准的扣除项目金额（14+15+16+17+18+19+20+21+22+23+24+25+26）	
14	（1）职工福利费	
15	（2）职工教育经费	
16	（3）工会经费	
17	（4）利息支出	
18	（5）业务招待费	
19	（6）广告费和业务宣传费	
20	（7）教育和公益事业捐赠	
21	（8）住房公积金	
22	（9）社会保险费	
23	（10）折旧费用	
24	（11）无形资产摊销	
25	（12）资产损失	
26	（13）其他	
27	（二）不允许扣除的项目金额（28+29+30+31+32+33+34+35+36）	
28	（1）个人所得税税款	
29	（2）税收滞纳金	
30	（3）罚金、罚款和被没收财物的损失	
31	（4）不符合扣除规定的捐赠支出	
32	（5）赞助支出	
33	（6）用于个人和家庭的支出	
34	（7）与取得生产经营收入无关的其他支出	
35	（8）投资者工资薪金支出	
36	（9）国家税务总局规定不准扣除的支出	
37	五、纳税调整减少额	
38	六、纳税调整后所得（11+12–37）	
39	七、弥补以前年度亏损	
40	八、合伙企业合伙人分配比例（%）	
41	九、允许扣除的其他费用	
42	十、投资者减除费用	
43	十一、应纳税所得额（38–39–41–42）或［（38–39）×40–41–42］	
44	十二、税率（%）	
45	十三、速算扣除数	
46	十四、应纳税额（43×44–45）	
47	十五、减免税额（附报《个人所得税减免税事项报告表》）	

续表

<table>
<tr><td>48</td><td colspan="2">十六、实际应纳税额（46–47）</td><td></td></tr>
<tr><td>49</td><td colspan="2">十七、已预缴税额</td><td></td></tr>
<tr><td>50</td><td colspan="2">十八、应补（退）税额（48–49）</td><td></td></tr>
<tr><td rowspan="3">附列资料</td><td colspan="2">年平均职工人数（人）</td><td></td></tr>
<tr><td colspan="2">工资总额（元）</td><td></td></tr>
<tr><td colspan="2">投资者人数（人）</td><td></td></tr>
<tr><td colspan="4">谨声明：此表是根据《中华人民共和国个人所得税法》及有关法律法规规定填写的，是真实的、完整的、可靠的。

纳税人签字：　　　　　　年　月　日</td></tr>
<tr><td colspan="4">感谢您对税收工作的支持！</td></tr>
<tr><td colspan="2">代理申报机构（负责人）签章：
经办人：
经办人执业证件号码：
代理申报日期：　　年　月　日</td><td colspan="2">主管税务机关印章：

受理人：
受理日期：　　年　月　日</td></tr>
</table>

国家税务总局监制

填报说明

本表适用于个体工商户、企事业单位承包承租经营者、个人独资企业投资者和合伙企业合伙人在中国境内取得“个体工商户的生产、经营所得”或“对企事业单位的承包经营、承租经营所得”的个人所得税 2015 年及以后纳税年度的汇算清缴。

合伙企业有两个或两个以上自然人合伙人的，应分别填报本表。

（1）申报期限。个体工商户、个人独资企业投资者、合伙企业合伙人应在年度终了后三个月内办理个人所得税年度纳税申报。

企事业单位承包承租经营者应在年度终了后三十日内办理个人所得税年度纳税申报；纳税人一年内分次取得承包、承租经营所得的，应在年度终了后三个月内办理汇算清缴。

（2）有关项目填报说明。

1）表头项目。税款所属期：填写纳税人取得生产经营所得所应纳个人所得税款的所属期间，应填写具体的起止年月日。

2）表内信息栏。

① 投资者信息栏：填写个体工商户、企事业单位承包承租经营者、个人独资企业投资者、合伙企业合伙人的相关信息。

- 姓名：填写纳税人姓名。中国境内无住所个人，其姓名应当用中、外文同时填写。
- 身份证件类型：填写能识别纳税人唯一身份的有效证照名称。
- 身份证件号码：填写纳税人身份证件上的号码。
- 国籍（地区）：填写纳税人的国籍或者地区。

- 纳税人识别号：填写税务机关赋予的纳税人识别号。

② 被投资单位信息栏。

- 名称：填写税务机关核发的被投资单位税务登记证载明的被投资单位全称。
- 纳税人识别号：填写税务机关核发的被投资单位税务登记证号码。
- 类型：纳税人根据自身情况在对应框内打“√”。

3）表内各行的填写。

① 第1行“收入总额”：填写从事生产经营以及与生产经营有关的活动取得的货币形式和非货币形式的各项收入总金额。包括：销售货物收入、提供劳务收入、转让财产收入、利息收入、租金收入、接受捐赠收入、其他收入。

② 第2行“国债利息收入”：填写已计入收入的因购买国债而取得的应予免税的利息。

③ 第3行“成本费用”：填写实际发生的成本、费用、税金、损失及其他支出的总额。

④ 第4行“营业成本”：填写在生产经营活动中发生的销售成本、销货成本、业务支出以及其他耗费。

⑤ 第5行“销售费用”：填写在销售商品和材料、提供劳务的过程中发生的各种费用。

⑥ 第6行“管理费用”：填写为组织和管理企业生产经营发生的管理费用。

⑦ 第7行“财务费用”：填写为筹集生产经营所需资金等发生的筹资费用。

⑧ 第8行“税金”：填写在生产经营活动中发生的除个人所得税和允许抵扣的增值税以外的各项税金及其附加。

⑨ 第9行“损失”：填写生产经营活动中发生的固定资产和存货的盘亏、毁损、报废损失，转让财产损失，坏账损失，自然灾害等不可抗力因素造成的损失以及其他损失。

⑩ 第10行“其他支出”：填写除成本、费用、税金、损失外，生产经营活动中发生的与之有关的、合理的支出。

⑪ 第11行“利润总额”：根据相关行次计算填写。

⑫ 第12行“纳税调整增加额”：根据相关行次计算填写。

⑬ 第13行“超过规定标准的扣除项目金额”：填写扣除的成本、费用和损失中，超过《个人所得税法》及其实施条例和相关税收法律法规规定的扣除标准应予调增的应纳税所得额。

⑭ 第27行“不允许扣除的项目金额”：填写按规定不允许扣除但被投资单位已将其扣除的各项成本、费用和损失应予调增应纳税所得额的部分。

⑮ 第37行“纳税调整减少额”：填写已计入收入总额或未列入成本费用，但应在税前予以减除的项目金额。

⑯ 第38行“纳税调整后所得”：根据相关行次计算填写。

⑰ 第39行“弥补以前年度亏损”：填写可在税前弥补的以前年度尚未弥补的亏损额。

⑱ 第40行“合伙企业合伙人分配比例”：纳税人为合伙企业合伙人的，填写本栏；其他则不填。分配比例按照合伙协议约定的比例填写；合伙协议未约定或不明确的，按合伙人协商决定的比例填写；协商不成的，按合伙人实缴出资比例填写；无法确定出资比例的，按合伙人平均分配。

⑲ 第41行“允许扣除的其他费用”：填写按照法律法规规定可以税前扣除的其他费用。如：《国家税务总局关于律师事务所从业人员有关个人所得税问题的公告》（国家税务总局公告

2012 年第 53 号）第三条规定的事项。

⑳ 第 42 行“投资者减除费用”：填写根据实际经营期限计算的可在税前扣除的投资者本人的生计减除费用。

㉑ 第 43 行“应纳税所得额”：根据相关行次计算填写。

- 纳税人为非合伙企业合伙人的：第 43 行=第 38 行–第 39 行–第 41 行–第 42 行。
- 纳税人为合伙企业合伙人的：第 43 行=（第 38 行–第 39 行）×第 40 行–第 41 行–第 42 行。

㉒ 第 44 行“税率”及第 45 行“速算扣除数”：按照税法第三条规定，根据第 43 行计算得出的数额进行查找填写。

㉓ 第 46 行“应纳税额”：根据相关行次计算填写。

㉔ 第 47 行“减免税额”：填写符合税法规定可以减免的税额。纳税人填写本行的，应同时附报《个人所得税减免税事项报告表》。

㉕ 第 48 行“实际应纳税额”：根据相关行次计算填写。

㉖ 第 49 行“已预缴税额”： 填写本年度在月（季）度申报中累计已预缴的个人所得税。

㉗ 第 50 行“应补（退）税额”：根据相关行次计算填写。

十一、个人所得税生产经营所得纳税申报表（C 表）

个人所得税生产经营所得纳税申报表（C 表）

税款所属期：　　年　月　日至　　年　月　日　　　　金额单位：人民币元（列至角分）

投资者信息	姓　名		身份证件类型		身份证件号码	
	国籍（地区）				纳税人识别号	
各被投资单位信息	被投资单位编号	被投资单位名称	被投资单位纳税人识别号	分配比例（%）	应纳税所得额	
	1. 汇缴地					
	2. 其他					
	3. 其他					
	4. 其他					
	5. 其他					
	6. 其他					
	7. 其他					
	8. 其他					
行次	项　目				金　额	
1	一、被投资单位应纳税所得额合计					
2	二、应调增的投资者减除费用					
3	三、调整后应纳税所得额（1+2）					
4	四、税率（%）					
5	五、速算扣除数					
6	六、应纳税额（3×4–5）					
7	七、本单位经营所得占各单位经营所得总额的比重（%）					

续表

8	八、本单位应纳税额（6×7）	
9	九、减免税额（附报《个人所得税减免税事项报告表》）	
10	十、实际应纳税额	
11	十一、已缴税额	
12	十二、应补（退）税额（10–11）	
谨声明：此表是根据《中华人民共和国个人所得税法》及有关法律法规规定填写的，是真实的、完整的、可靠的。 纳税人签字：　　　　年　月　日		
感谢您对税收工作的支持！		
代理申报机构（负责人）签章： 经办人： 经办人执业证件号码： 代理申报日期：　　年　月　日	主管税务机关印章： 受理人： 受理日期：　　年　月　日	

国家税务总局监制

填报说明

本表适用于个体工商户、企事业单位承包承租经营者、个人独资企业投资者和合伙企业合伙人在中国境内两处或者两处以上取得“个体工商户的生产、经营所得”或“对企事业单位的承包经营、承租经营所得”的，同项所得合并计算纳税的个人所得税年度汇总纳税申报。

（1）申报期限。年度终了后三个月内。

纳税人不能按规定期限报送本表时，应当按照《中华人民共和国税收征收管理法》及其实施细则的规定办理延期申报。

（2）有关项目填报说明。

1）表头项目。税款所属期：填写纳税人取得生产经营所得所应纳个人所得税款的所属期间，应填写具体的起止年月日。

2）表内信息栏。

① 投资者信息栏：填写个体工商户、企事业单位承包承租经营者、个人独资企业投资者和合伙企业合伙人的相关信息。

- 姓名：填写纳税人姓名。中国境内无住所个人，其姓名应当用中、外文同时填写。
- 身份证件类型：填写能识别纳税人唯一身份的有效证照名称。
- 身份证件号码：填写纳税人身份证件上的号码。
- 国籍（地区）：填写纳税人的国籍或者地区。
- 纳税人识别号：填写税务机关赋予的纳税人识别号。

② 各被投资单位信息栏。

- 被投资单位名称：填写税务机关核发的被投资单位税务登记证载明的被投资单位全称。
- 纳税人识别号：填写税务机关核发的被投资单位税务登记证号码。

- 分配比例：纳税人为合伙企业合伙人的，填写本栏；其他则不填。分配比例按照合伙协议约定的比例填写；合伙协议未约定或不明确的，按合伙人协商决定的比例填写；协商不成的，按合伙人实缴出资比例填写；无法确定出资比例的，按合伙人平均分配。
- 应纳税所得额：填写投资者从其各投资单位取得的年度应纳税所得额。

3）表内各行的填写

① 第 1 行“被投资单位应纳税所得额合计”栏：填写投资者从其各投资单位取得的年度应纳税所得额的合计数。

② 第 2 行“应调增的投资者减除费用”：填写按照税法规定在汇总计算多个被投资单位应纳税所得额时，被多扣除、需调整增加应纳税所得额的投资者生计减除费用标准。

③ 第 3 行“调整后应纳税所得额”：按相关行次计算填写。

④ 第 4 行“税率”及第 5 行“速算扣除数”：按照税法第三条规定，根据第 3 行计算得出的数额进行查找填写。

⑤ 第 6 行“应纳税额”：根据相关行次计算填写。

⑥ 第 7 行“本单位经营所得占各单位经营所得总额的比重”及第 8 行“本单位应纳税额”：投资者兴办两个或两个以上个人独资企业或个体工商户的，填写本栏；其他情形则不填。

⑦ 第 9 行“减免税额”：填写符合税法规定可以减免的税额。纳税人填写本行的，应同时附报《个人所得税减免税事项报告表》。

⑧ 第 10 行“实际应纳税额”：根据相关行次计算。

- 投资者兴办两个或两个以上个人独资企业或个体工商户的：第 10 行=第 8 行–第 9 行。
- 其他情形：第 10 行=第 6 行–第 9 行。

⑨ 第 11 行“已缴税额”：填写纳税人已缴纳的个人所得税。

⑩ 第 12 行“应补（退）税额”：按相关行次计算填写。

十二、个人所得税减免税事项报告表

个人所得税减免税事项报告表

税款所属期：　　年　月　日至　　年　月　日　　　　　　金额单位：人民币元（列至角分）

扣缴义务人名称			扣缴义务人纳税识别号		
纳税人姓名			纳税人识别号		
减免税情况	编号	勾选	减免事项	减免人数	减免税额
	1	□	芦山地震受灾减免个人所得税		
	2	□	鲁甸地震受灾减免个人所得税		
	3	□	其他地区地震受灾减免个人所得税		
	4	□	其他自然灾害受灾减免个人所得税		
	5	□	个人转让 5 年以上唯一住房免征个人所得税		
	6	□	随军家属从事个体经营免征个人所得税		
	7	□	军转干部从事个体经营免征个人所得税		
	8	□	退役士兵从事个体经营减免个人所得税		
	9	□	残疾、孤老、烈属减征个人所得税		

续表

减	10	□	失业人员从事个体经营减免个人所得税		

免税情况	11	□	低保及零就业家庭从事个体经营减免个人所得税			
	12	□	高校毕业生从事个体经营减免个人所得税			
	13	□	取消农业税从事四业所得暂免征收个人所得税			
	14	□	符合条件的房屋赠与免征个人所得税			
	15	□	税收协定 股息	税收协定名称及条款：		
	16		利息	税收协定名称及条款：		
	17		特许权使用费	税收协定名称及条款：		
	18		财产收益	税收协定名称及条款：		
	19		受雇所得	税收协定名称及条款：		
	20		其他	税收协定名称及条款：		
	21	□	其他	减免事项名称及减免性质代码：		
	22			减免事项名称及减免性质代码：		
	23			减免事项名称及减免性质代码：		
	合计					

减免税人员名单	序号	姓名	身份证件类型	身份证件号码	减免事项（编号或减免性质代码）	减免税额

谨声明：此表是根据《中华人民共和国个人所得税法》及有关法律法规规定填写的，是真实的、完整的、可靠的。

纳税人或扣缴单位负责人签字：　　　　年　月　日

续表

<table>
<tr><td colspan="2">感谢您对税收工作的支持！</td></tr>
<tr><td>代理申报机构（负责人）签章：

经办人：
经办人执业证件号码：
代理申报日期：　　年　月　日</td><td>主管税务机关印章：

受理人：

受理日期：　　年　月　日</td></tr>
</table>

国家税务总局监制

填报说明

纳税人、扣缴义务人纳税申报时存在减免个人所得税情形的，应填报本表。

（1）申报期限。本表随《扣缴个人所得税报告表》、《特定行业个人所得税年度申报表》、《个人所得税自行纳税申报表（A 表）》、《个人所得税纳税申报表（适用于年所得 12 万元以上的纳税人申报）》、《个人所得税生产经营所得纳税申报表（A 表）》、《个人所得税生产经营所得纳税申报表（B 表）》、《个人所得税生产经营所得纳税申报表（C 表）》等一并报送。

（2）有关项目填报说明。

1）表头项目。税款所属期：填写纳税人取得所得并享受减免税优惠的所属期间，应填写具体的起止年月日。

2）基本信息栏。

①“扣缴义务人名称”、“扣缴义务人纳税识别号”：由扣缴义务人填写，纳税人自行纳税申报无须填写。

②“纳税人姓名”、“纳税人识别号”：由纳税人填写，扣缴义务人扣缴申报的无须填写。

3）减免税情况栏。

①“减免事项”：纳税人、扣缴义务人根据减免税优惠的类型进行勾选。

享受税收协定待遇的，应在“税收协定”项目相关所得类型后的空格内填写具体税收协定名称及条款。其中：编号 19“受雇所得”即税收协定规定的非独立个人劳务所得。

存在表中列示以外的减免情形的，应在编号 21~23“其他”项目的空格内填写对应的减免事项名称及减免性质代码（按照国家税务总局制定下发的最新《减免性质及分类表》中的最细项减免性质代码填报）。

②“减免人数”：扣缴义务人填写此栏，纳税人自行纳税申报无须填写。

③“减免税额”：填写符合税法规定可以减免的税额。减免税额合计应与《扣缴个人所得税报告表》、《特定行业个人所得税年度申报表》、《个人所得税自行纳税申报表（A 表）》、《个人所得税纳税申报表（适用于年所得 12 万元以上的纳税人申报）》、《个人所得税生产经营所得纳税申报表（A 表）》、《个人所得税生产经营所得纳税申报表（B 表）》或《个人所得税生产经营所得纳税申报表（C 表）》等申报表“减免税额”栏的金额或金额合计相等。

4）减免税人员名单。由扣缴义务人填写，纳税人自行纳税申报无须填写。

①“姓名”、“身份证件类型”、“身份证件号码”、“减免税额”：应与《扣缴个人所得税报告表》或《特定行业个人所得税年度申报表》相关信息一致。

②“减免事项（编号或减免性质代码）”：填写“减免税情况栏”列示的减免事项对应的

编号、减免性质代码及税务机关要求填报的其他信息。

第四节　小型房地产企业资源税的纳税申报

一、资源税纳税申报表（一）（按从价定率办法计算应纳税额的纳税人适用）

资源税纳税申报表（一）

（按从价定率办法计算应纳税额的纳税人适用）

税款所属期限：自　　年　月　日至　　年　月　日

填表日期：　　年　月　日　　　　　　　　　　　　　　　　金额单位：元至角分

纳税人识别号：												
栏次	征收品目	征收子目	销售量	销售额	折算率	适用税率或实际征收率	本期应纳税额	减征比例	本期减免税额	减免性质代码	本期已缴税额	本期应补（退）税额
	1	2	3	4	5	6	7	8	9=7×8	10	11	12=7–9–11
合计												
以下由纳税人填写：												
纳税人声明	此纳税申报表是根据《中华人民共和国资源税暂行条例》及其《实施细则》的规定填报的，是真实的、可靠的、完整的。											
纳税人签章		代理人签章		代理人身份证号								
以下由税务机关填写：												
受理人		受理日期		受理税务机关签章								

本表一式两份，一份纳税人留存，一份税务机关留存。

填表说明

（1）本表适用于资源税纳税人填报（国家税务总局另有规定者除外）。

（2）“纳税人识别号”是纳税人在办理税务登记时由主管税务机关确定的税务编码。

（3）煤炭的征收品目是指财税［2014］72号通知规定的原煤和洗选煤，征收子目按适用不同的折算率和不同的减免性质代码，将原煤和洗选煤这两个税目细化，分行填列。其他从价计征的征收品目是指资源税实施细则规定的税目，征收子目是同一税目下属的子目。

（4）“销售量”包括视同销售应税产品的自用数量。煤炭、原油的销售量，按吨填报；天然气的销售量，按千立方米填报。原油、天然气应纳税额=油气总销售额×实际征收率。

（5）原煤应纳税额=原煤销售额×适用税率；洗选煤应纳税额=洗选煤销售额×折算率×适用税率。2014年12月1日后销售的洗选煤，其所用原煤如果此前已按从量定额办法缴纳了资源税，这部分已缴税款可在其应纳税额中抵扣。

（6）“减免性质代码”，按照国家税务总局制定下发的最新《减免性质及分类表》中的最细项减免性质代码填报。如有免税项目，“减征比例”按100%填报。

二、资源税纳税申报表（二）（按从量定额办法计算应纳税额的纳税人适用）

资源税纳税申报表（二）

（按从量定额办法计算应纳税额的纳税人适用）

税款所属期限：自　　年　月　　日至　　年　月　日

填表日期：　　年　月　日　　　　　　　　　　　　金额单位：元至角分

纳税人识别号：

栏次	征收品目	征收子目	计税单位	销售量	单位税额	本期应纳税额	本期减免销量	本期减免税额	减免性质代码	本期已缴税额	本期应补（退）税额
	1	2	3	4	5	6=4×5	7	8	9=7×8	10	11=6−8−10
合计											

以下由纳税人填写：					
纳税人声明	此纳税申报表是根据《中华人民共和国资源税暂行条例》及其《实施细则》的规定填报的，是真实的、可靠的、完整的。				
纳税人签章		代理人签章		代理人身份证号	
以下由税务机关填写：					
受理人		受理日期		受理税务机关签章	

本表一式两份，一份纳税人留存，一份税务机关留存。

填表说明

（1）本表适用于资源税纳税人填报（国家税务总局另有规定者除外）。

（2）“纳税人识别号”是纳税人在办理税务登记时由主管税务机关确定的税务编码。

（3）征收品目是指资源税实施细则规定的税目，征收子目是同一税目下属的子目。

（4）“计税单位”是指资源税实施细则所附“资源税税目税率明细表”所规定的计税单位。“销售量”包括视同销售应税产品的自用数量。

（5）“本期减免销量”是指“本期减免税额”对应的应税产品减免销售量。

“减免性质代码”，按照国家税务总局制定下发的最新《减免性质及分类表》中的最细项减免性质代码填报。

第五节　小型房地产企业城镇土地使用税的纳税申报

一、城镇土地使用税纳税申报表

城镇土地使用税纳税申报表

税款所属期：自　　年　月　日至　　年　月　日　　　填表日期：　　年　月　日　　　金额单位：元至角分；面积单位：平方米

纳税人识别号											
纳税人信息	名称						纳税人分类		单位□　个人□		
	登记注册类型			*			所属行业		*		
	身份证件类型			身份证□　护照□　其他□______			身份证件号码				
	联系人						联系方式				
申报纳税信息	土地编号	宗地的地号	土地等级	税额标准	土地总面积	所属期起	所属期止	本期应纳税额	本期减免税额	本期已缴税额	本期应补（退）税额
	*										
	*										
	*										
	*										
	*										
	*										
	*										
	*										
	*										
	*										
	合计			*		*	*				
以下由纳税人填写：											
纳税人声明	此纳税申报表是根据《中华人民共和国城镇土地使用税暂行条例》和国家有关税收规定填报的，是真实的、可靠的、完整的。										
纳税人签章			代理人签章			代理人身份证号					
以下由税务机关填写：											
受理人			受理日期		年　月　日	受理税务机关签章					

本表一式两份，一份纳税人留存，一份税务机关留存。

填表说明

（1）本表适用于在中华人民共和国境内申报缴纳城镇土地使用税的单位和个人。

（2）本表为城镇土地使用税纳税申报表主表，依据《中华人民共和国税收征收管理法》、《中华人民共和国城镇土地使用税暂行条例》制定。本表包括两个附表。附表一为《城镇土地使用税减免税明细申报表》，附表二为《城镇土地使用税税源明细表》。首次申报或变更申报时纳税人提交《城镇土地使用税税源明细表》后，本表由系统自动生成，无须纳税人手工填写，仅需签章确认。申报土地数量大于10个（不含10）的纳税人，建议采用网络申报方式，并可选用本表的汇总版进行确认，完成申报。后续申报，纳税人税源明细无变更的，税务机关提供免填单服务，根据纳税人识别号，系统自动打印本表，纳税人签章确认即可完成申报。

（3）纳税人识别号（必填）：填写税务机关赋予的纳税人识别号。

（4）纳税人名称（必填）：党政机关、企事业单位、社会团体的，应按照国家人事、民政部门批准设立或者工商部门注册登记的全称填写；纳税人是自然人的，应当按照本人有效身份证件上标注的姓名填写。

（5）纳税人分类（必选）：分为单位和个人，个人含个体工商户。

（6）登记注册类型*：单位，根据税务登记证或组织机构代码证中登记的注册类型填写；纳税人是企业的，根据国家统计局《关于划分企业登记注册类型的规定》填写。内资企业 国有企业 集体企业 股份合作企业 联营企业 国有联营企业 集体联营企业 国有与集体联营企业 其他联营企业 有限责任公司 国有独资公司 其他有限责任公司 股份有限公司 私营企业 私营独资企业 私营合伙企业 私营有限责任公司 私营股份有限公司 其他企业 港、澳、台商投资企业 合资经营企业（港或澳、台资） 合作经营企业（港或澳、台资） 港、澳、台商独资经营企业 港、澳、台商投资股份有限公司 其他港、澳、台商投资企业 外商投资企业 中外合资经营企业 中外合作经营企业 外资企业 外商投资股份有限公司 其他外商投资企业。该项可由系统自动带出，无须纳税人填写。

（7）所属行业*：根据《国民经济行业分类》（GB/T 4754—2011）填写。该项可由系统自动带出，无须纳税人填写。

（8）身份证件类型：填写能识别纳税人唯一身份的有效证照名称。纳税人为自然人的，必选。选择类型为：身份证、护照、其他，必选一项，选择“其他”的，请注明证件的具体类型。

（9）身份证件号码：填写纳税人身份证件上的号码。

（10）联系人、联系方式（必填）：填写单位法定代表人或纳税人本人姓名、常用联系电话及地址。

（11）土地编号*：纳税人不必填写。由税务机关的管理系统赋予编号，以识别。

（12）宗地的地号：土地证件记载的地号。不同地号的土地应当分行填写。无地号的，不同的宗地也应当分行填写。

（13）土地等级（必填）：根据本地区关于土地等级的有关规定，填写纳税人占用土地所属的土地的等级。不同土地等级的土地，应当按照各个土地等级汇总填写。

（14）税额标准：根据土地等级确定，可由税务机关系统自动带出。

（15）土地总面积（必填）：此面积为全部面积，包括减免税面积。本项为《城镇土地使用税税源明细表》“占用土地面积”的汇总值。

（16）所属期起：税款所属期内税款所属的起始月份。起始月份不同的土地应当分行填写。默认为税款所属期的起始月份。但是，当《城镇土地使用税税源明细表》中土地取得时间晚于税款所属期起始月份的，所属期起为“取得时间”的次月；《城镇土地使用税税源明细表》中经核准的困难减免的起始月份晚于税款所属期起始月份的，所属期起为“经核准的困难减免的起始月份”；《城镇土地使用税税源明细表》中变更类型选择信息项变更的，变更时间晚于税款所属期起始月份的，所属期起为“变更时间”。

（17）所属期止：税款所属期内税款所属的终止月份。终止月份不同的土地应当分行填写。默认为税款所属期的终止月份。但是，当《城镇土地使用税税源明细表》中变更类型选择“纳税义务终止”的，变更时间早于税款所属期终止月份的，所属期止为“变更时间”；《城镇土地使用税税源明细表》中“经核准的困难减免的终止月份” 早于税款所属期终止月份的，所属期止为“经核准的困难减免的终止月份”。

（18）本期应纳税额：根据《城镇土地使用税税源明细表》有关数据项自动计算生成。本期应纳税额=∑占用土地面积×税额标准÷12×（所属期止月份–所属期起月份+1）。

（19）本期减免税额：本项根据《城镇土地使用税税源明细表》月减免税额与税款所属期实际包含的月份数自动计算生成，本期减免税额=∑《城镇土地使用税税源明细表》月减免税额×（所属期止月份–所属期起月份+1）。

（20）逻辑关系：本期应补（退）税额=本期应纳税额–本期减免税额–本期已缴税额。

（21）带星号（*）的项目不需要纳税人填写。

二、城镇土地使用税纳税申报表（汇总版）

三、城镇土地使用税减免税明细申报表

城镇土地使用税纳税申报表（汇总版）

税款所属期：自　　年　月　日至　　年　月　日　　　　填表日期：　　年　月　日　　　　金额单位：元至角分；面积单位：平方米

纳税人识别号									
纳税人信息	名称					纳税人分类		单位□　个人□	
	登记注册类型			*		所属行业		*	
	身份证件类型			身份证□　护照□　其他□______		身份证件号码			
	联系人					联系方式			
申报纳税信息	土地等级	税额标准	土地总面积	所属期起	所属期止	本期应纳税额	本期减免税额	本期已缴税额	本期应补（退）税额
	合计								
以下由纳税人填写：									
纳税人声明	此纳税申报表是根据《中华人民共和国城镇土地使用税暂行条例》和国家有关税收规定填报的，是真实的、可靠的、完整的。								
纳税人签章			代理人签章			代理人身份证号			
以下由税务机关填写：									
受理人			受理日期	年　月　日		受理税务机关签章			

本表一式两份，一份纳税人留存，一份税务机关留存。

城镇土地使用税减免税明细申报表

税款所属期：自　年　月　日至　年　月　日　　填表日期：　年　月　日　　金额单位：元至角分；面积单位：平方米

纳税人识别号																				

纳税人名称：

序号	土地编号	所属期起	所属期止	减免性质代码	减免项目名称	减免税面积	土地等级	税额标准	本期减免税额
1									
2									
3									
4									
5									
6									
7									
8									
9									
10									
合计		*	*	*	*		*	*	

以下由纳税人填写：					
纳税人声明	此纳税申报表是根据《中华人民共和国城镇土地使用税暂行条例》和国家有关税收规定填报的，是真实的、可靠的、完整的。				
纳税人签章		代理人签章		代理人身份证号	
以下由税务机关填写：					
受理人		受理日期	年　月　日	受理税务机关签章	

填表说明

（1）首次申报或变更申报时纳税人提交《城镇土地使用税税源明细表》后，本表根据《城镇土地使用税税源明细表》有关数据项由系统自动生成，无须纳税人手工填写，仅需签章确认。后续无变更时申报，纳税人税源明细无变更的，税务机关提供免填单服务，根据纳税人识别号及该纳税人当期有效的土地税源明细信息自动生成本表，纳税人签章确认即可完成申报。

（2）所属期起：税款所属期内税款所属的起始月份。起始月份不同的土地应当分行填写。默认为税款所属期的起始月份。但是，当《城镇土地使用税税源明细表》中土地取得时间晚于税款所属期起始月份的，所属期起为“取得时间”的次月；《城镇土地使用税税源明细表》中经核准的困难减免的起始月份晚于税款所属期起始月份的，所属期起为“经核准的困难减免的起始月份”；《城镇土地使用税税源明细表》中变更类型选择信息项变更的，变更时间晚于税款所属期起始月份的，所属期起为“变更时间”。

（3）所属期止：税款所属期内税款所属的终止月份。终止月份不同的土地应当分行填写。默认为税款所属期的终止月份。但是，当《城镇土地使用税税源明细表》中变更类型选择“纳税义务终止”的，变更时间早于税款所属期终止月份的，所属期止为“变更时间”；《城镇土地使用税税源明细表》中“经核准的困难减免的终止月份”　早于税款所属期终止月份的，所属期止为“经核准的困难减免的终止月份”。

（4）本期减免税额：本项根据《城镇土地使用税税源明细表》月减免税额与税款所属期实际包含的月份数自动计算生成，本期减免税额=∑《城镇土地使用税税源明细表》月减免税额×（所属期止月份−所属期起月份+1）。

四、城镇土地使用税税源明细表

城镇土地使用税税源明细表

纳税人名称：　　　　纳税人分类：单位□　个人 □　　　填表日期：　　年　月　日　　　　金额单位：元至角分；面积单位：平方米

<table>
<tr><td>纳税人识别号</td><td colspan="7"></td></tr>
<tr><td>身份证件类型</td><td colspan="2">身份证□ 护照□ 其他□</td><td></td><td colspan="2">身份证件号码</td><td colspan="2"></td></tr>
<tr><td>土地编号</td><td colspan="2">*</td><td>地号</td><td colspan="2"></td><td>土地名称</td><td></td></tr>
<tr><td>纳税人类型</td><td colspan="2">土地使用权人□ 集体土地使用人□ 无偿使用人□ 代管人□ 实际使用人□（必选）</td><td>土地使用权人纳税识别号</td><td colspan="2"></td><td>土地使用权人名称</td><td></td></tr>
<tr><td>土地使用权证号</td><td colspan="2"></td><td>土地性质</td><td colspan="4">国有□　集体□（必选）</td></tr>
<tr><td>土地取得方式</td><td colspan="2">划拨□ 出让□ 转让□ 租赁□ 其他□ （必选）</td><td>土地用途</td><td colspan="4">工业□ 商业□ 居住□ 综合□ 房地产开发企业的开发用地□ 其他□ （必选）</td></tr>
<tr><td>土地坐落地址（详细地址）</td><td colspan="7">省（自治区、市）　　市（区）　　县（区）　街道　　　　（必填）</td></tr>
<tr><td>土地所属主管税务所（科、分局）</td><td colspan="7">该土地的城镇土地使用税收入所属的主管税务机关。系统允许各地配置该项的确定规则。该项不需纳税人手动填写，根据确定规则自动带出。</td></tr>
<tr><td>土地取得时间</td><td colspan="2">年　月</td><td>变更类型</td><td colspan="2">纳税义务终止（权属转移□ 其他□）信息项变更（土地面积变更□土地等级变更□ 减免税变更□其他□）</td><td>变更时间</td><td>年　月</td></tr>
<tr><td>占用土地面积</td><td colspan="2"></td><td colspan="2">土地等级</td><td></td><td>税额标准</td><td></td></tr>
<tr><td>地价</td><td colspan="2"></td><td colspan="2">其中取得土地使用权支付金额</td><td></td><td>其中土地开发成本</td><td></td></tr>
<tr><td rowspan="3">减免税部分</td><td rowspan="2">序号</td><td rowspan="2">减免性质代码</td><td rowspan="2">减免项目名称</td><td colspan="2">经核准的困难减免起止时间</td><td rowspan="2">减免税土地面积</td><td rowspan="2">月减免税金额</td></tr>
<tr><td>起始月份</td><td>终止月份</td></tr>
<tr><td>1</td><td></td><td></td><td>年　月</td><td>年　月</td><td></td><td></td></tr>
</table>

续表

	2						
	3						
以下由纳税人填写：							
纳税人声明	此纳税申报表是根据《中华人民共和国城镇土地使用税暂行条例》和国家有关税收规定填报的，是真实的、可靠的、完整的。						
纳税人签章		代理人签章		代理人身份证号			
以下由税务机关填写：							
受理人		受理日期	年　月　日	受理税务机关签章			

本表一式两份，一份纳税人留存，一份税务机关留存。

填表说明

（1）本表为《城镇土地使用税纳税申报表》的明细附表，填写本表后，系统根据本表数据自动计算生成《城镇土地使用税纳税申报表》和《城镇土地使用税纳税申报表减免税附表》。

（2）此表实施后，对首次进行纳税申报的纳税人，需要申报其全部土地的相关信息。此后办理纳税申报时，如果纳税人的土地及相关信息未发生变化的，可仅对上次申报信息进行确认；发生变化的，仅就变化的内容进行填写。有条件的地区，税务机关可以通过系统将上期申报的信息推送给纳税人。税源数据基础较好或已获取第三方信息的地区，可直接将数据导入纳税申报系统并推送给纳税人进行确认。

（3）城镇土地使用税税源明细申报遵循“谁纳税谁申报”的原则，只要存在城镇土地使用税纳税义务，就应当如实申报土地信息。

（4）每一宗土地填写一张表。同一宗土地跨两个土地等级的，按照不同等级分别填表。无土地证的，按照土地坐落地址分别填表。纳税人不得将多宗土地合并成一条记录填表。

（5）对于填写中所涉及的数据项目，有土地证件的，依据证件记载的内容填写，没有土地证件的，依据实际情况填写。

（6）纳税人识别号（必填）：填写税务机关赋予的纳税人识别号。

（7）纳税人名称（必填）：党政机关、企事业单位、社会团体的，应按照国家人事、民政部门批准设立或者工商部门注册登记的全称填写；纳税人是自然人的，应按照本人有效身份证件上标注的姓名填写。

（8）纳税人分类（必选）：分为单位和个人，个人含个体工商户。

（9）身份证件类型：填写能识别纳税人唯一身份的有效证照名称。纳税人为自然人的，必选。选择类型为：身份证、护照、其他，必选一项，选择“其他”的，请注明证件的具体类型。

（10）身份证件号码：填写纳税人身份证件上的号码。

（11）土地编号*：纳税人不必填写。由税务机关的管理系统赋予编号，以识别。

（12）地号（非必填）：土地证件记载的地号。

（13）土地名称（非必填）：填写纳税人自行填写的土地简称，协助查找使用。

（14）纳税人类型（必填）：分为土地使用权人、集体土地使用人、无偿使用人、代管人、实际使用人。必选一项，且只能选一项。

（15）土地使用权人纳税识别号（非必填）：填写拥有土地使用权人的纳税识别号。纳税人类型选择无偿使用人、代管人和实际使用人的填写。

（16）土地使用权人名称 （非必填）：填写拥有土地使用权人的名称。纳税人类型选择无偿使用人、代管人和实际使用人的填写。

（17）土地使用权证号：有土地证件者必填。填写土地证件载明的证件编号。

（18）土地性质（必选）：根据实际的土地性质选择。选项为国有、集体。

（19）土地取得方式（必选）：根据土地的取得方式选择，分为：划拨、出让、转让、租赁和其他。

（20）土地用途（必选）：分为工业、商业、居住、综合、房地产开发企业的开发用地和其他，必选一项，且只能选一项，不同用途的土地应当分别填表。

（21）土地坐落地址（必填）：应当填写详细地址，具体为：××省××市××县（区）××街道 + 详细地址。

（22）土地所属主管税务所（科、分局）（必填）：本表所填列土地的城镇土地使用税收入所属的主管税务机关。系统允许各地配置该项的确定规则。该项不需纳税人手动填写，根据确定规则自动带出。

（23）土地取得时间（选填）：填写纳税人初次获得该土地的时间。

（24）变更类型（选填）：有变更情况的必选。

（25）变更时间（选填）：有变更情况的必填，填至月。变更类型选择纳税义务终止的，税款计算至当月末；变更类型选择信息项变更的，自变更当月起按新状态计算税款。

（26）占用土地面积（必填）：根据纳税人本表所填列土地实际占用的土地面积填写，保留两位小数。此面积为全部面积，包括减税面积和免税面积。

（27）地价：曾经支付地价和开发成本的必填。地价为地价和土地开发成本之和。

（28）土地等级（必填）：根据本地区土地等级的有关规定，填写纳税人占用土地所属的土地的等级。不同土地等级的土地应当分别填表。系统应当允许各地对土地等级及税额标准进行配置，也应当允许各地配置根据土地坐落地址确定土地等级的规则。

（29）税额标准：根据土地等级确定，由税务机关系统自动带出。系统应当允许各地自行配置各个土地等级对应的税额标准

（30）减免性质代码：该项按照税务机关最新制发的减免税政策代码表中最细项减免性质代码填写。有减免税情况的必填。不同减免性质代码的土地应当分行填表。纳税人减免税情况发生变化时，应当进行变更。

（31）减免项目名称：该项按照税务机关最新制发的减免税政策代码表中最细项减免项目名称填写。有减免税情况的必填。

（32）经核准的困难减免起止时间：纳税人如有城镇土地使用税困难减免的情况，必填。填写经税务机关核准的困难减免的起始月份和终止月份。

（33）减免税土地的面积：填写享受减免税政策的土地的全部面积。

（34）月减免税金额：该项填写本表所列土地本项减免税项目享受的月减免税金额。

（35）带星号（*）的项目不需要纳税人填写。

第六节　小型房地产企业城市维护建设税的纳税申报

城市维护建设税申报表

（适用于增值税、消费税纳税人）

填表日期：　　年　月　日

纳税人识别号：

纳税人名称：

申报所属期起：

申报所属期止：　　　　　　　　　　　　　　单位：元（列至角分）

税（费种）	计税（费）依据		税（费）率	应纳税（费）额	减免税（费）额	应缴纳税（费）额
	增值税额	消费税额				
1	2	3	4	5=（2+3）×4	6	7=5–6
城市维护建设税						
如纳税人填报，由纳税人填写以下各栏				如委托税务代理机构填报，由税务代理机构填写以下各栏		

续表

<table>
<tr><td rowspan="3">会计主管（签章）</td><td rowspan="3">经办人（签章）</td><td>税务代理机构名称</td><td></td><td rowspan="3">税务代理机构（公章）</td></tr>
<tr><td>税务代理机构地址</td><td></td></tr>
<tr><td>代理人（签章）</td><td></td></tr>
</table>

<table>
<tr><td rowspan="4">申报声明</td><td rowspan="4">此纳税申报表是根据国家税收法律的规定填报的，我确信它是真实的、可靠的、完整的。
申明人：
法定代表人（负责人）签字或盖章
（公章）</td><td colspan="3">以下由税务机关填写</td></tr>
<tr><td>受理日期</td><td></td><td>受理人</td></tr>
<tr><td>审核日期</td><td></td><td>审核人</td></tr>
<tr><td>审核记录</td><td colspan="2"></td></tr>
</table>

第七节 小型房地产企业土地增值税的纳税申报

一、土地增值税纳税申报表（一）（从事房地产开发的纳税人预征适用）

土地增值税纳税申报表（一）

（从事房地产开发的纳税人预征适用）

税款所属时间：　　年　月　日至　　年　月　日　　　　填表日期：　　年　月　日

项目名称：　　项目编号：　　　　金额单位：元至角分；面积单位：平方米

纳税人识别号：

房产类型	房产类型子目	收入：应税收入	收入：货币收入	收入：实物收入及其他收入	预征率（%）	应纳税额	税款缴纳：本期已缴税额	税款缴纳：本期应缴税额计算
	1	2=3+4	3	4	5	6=2×5	7	8=6−7
普通住宅								
非普通住宅								
其他类型房地产								
合　计	—				—			

<table>
<tr><td>授权代理人</td><td>（如果你已委托代理申报人，请填写下列资料）
为代理一切税务事宜，现授权____（地址）_____为本纳税人的代理申报人，任何与本报表有关的来往文件都可寄与此人。
授权人签字：__________</td><td>纳税人声明</td><td>此纳税申报表是根据《中华人民共和国土地增值税暂行条例》和国家有关税收规定填报的，是真实的、可靠的、完整的。
声明人签章：____________</td></tr>
<tr><td>纳税人公章</td><td></td><td>法人代表签章</td><td></td></tr>
<tr><td>经办人员（代理申报人）签字</td><td></td><td>备注</td><td></td></tr>
<tr><td colspan="4">（以下部分由主管税务机关负责填写）</td></tr>
<tr><td>主管税务机关收到日期</td><td></td><td>接收人</td><td></td></tr>
<tr><td>审核日期</td><td></td><td>税务审核人员签章</td><td></td></tr>
<tr><td>审核记录</td><td></td><td>主管税务机关盖章</td><td></td></tr>
</table>

填表说明

（1）本表适用于从事房地产开发并转让的土地增值税纳税人，在每次转让时填报，也可按月或按各省、自治区、直辖市和计划单列市地方税务局规定的期限汇总填报。

（2）凡从事新建房及配套设施开发的纳税人，均应在规定的期限内，据实向主管税务机关填报本表所列内容。

（3）本表栏目的内容如果没有，可以空置不填。

（4）纳税人在填报土地增值税预征申报表时，应同时向主管税务机关提交《土地增值税项目登记表》等有关资料。

（5）项目编号是在进行房地产项目登记时，税务机关按照一定的规则赋予的编号，此编号会跟随项目的预征清算全过程。

（6）房产类型子目是主管税务机关规定的预征率类型，每一个子目唯一对应一个房产类型。

（7）本表一式两份，送主管税务机关审核盖章后，一份由地方税务机关留存，一份退纳税单位。

二、土地增值税纳税申报表（二）（从事房地产开发的纳税人清算适用）

土地增值税纳税申报表（二）

（从事房地产开发的纳税人清算适用）

税款所属时间： 年 月 日至 年 月 日 填表日期： 年 月 日 金额单位：元至角分；面积单位：平方米

纳税人识别号							
纳税人名称		项目名称		项目编号		项目地址	
所属行业		登记注册类型		纳税人地址		邮政编码	
开户银行		银行账号		主管部门		电　话	
总可售面积				自用和出租面积			
已售面积		其中：普通住宅已售面积		其中：非普通住宅已售面积		其中：其他类型房地产已售面积	

项　目		行　次	金　额			
			普通住宅	非普通住宅	其他类型房地产	合计
一、转让房地产收入总额　1=2+3+4		1				
其中	货币收入	2				
	实物收入	3				
	其他收入	4				
二、扣除项目金额合计　5=6+7+14+17+21		5				
1. 取得土地使用权所支付的金额		6				
2. 房地产开发成本　7=8+9+10+11+12+13		7				
其中	土地征用及拆迁补偿费	8				
	前期工程费	9				
	建筑安装工程费	10				
	基础设施费	11				
	公共配套设施费	12				
	开发间接费用	13				

续表

3. 房地产开发费用　14=15+16			14				
其中	利息支出		15				
	其他房地产开发费用		16				
4. 与转让房地产有关的税金等　17=18+19+20			17				
其中	营业税		18				
	城市维护建设税		19				
	教育费附加		20				
5. 财政部规定的其他扣除项目			21				
三、增值额　22=1−5			22				
四、增值额与扣除项目金额之比（%）23=22÷5			23				
五、适用税率（%）			24				
六、速算扣除系数（%）			25				
七、应缴土地增值税税额　26=22×24−5×25			26				
八、减免税额　27=29+31+33			27				
其中	减免税（1）	减免性质代码	28				
		减免税额	29				
	减免税（2）	减免性质代码	30				
		减免税额	31				
	减免税（3）	减免性质代码	32				
		减免税额	33				
九、已缴土地增值税税额			34				
十、应补（退）土地增值税税额　35=26−27−34			35				

续表

<table>
<tr><td>授权代理人</td><td colspan="3">（如果你已委托代理申报人，请填写下列资料）
为代理一切税务事宜，现授权____（地址）_____为本纳税人的代理申报人，任何与本报表有关的来往文件都可寄与此人。
授权人签字：_________</td><td>纳税人声明</td><td colspan="3">此纳税申报表是根据《中华人民共和国土地增值税暂行条例》及其《实施细则》的规定填报的，是真实的、可靠的、完整的。
声明人签字：____________</td></tr>
<tr><td>纳税人公章</td><td></td><td>法人代表签章</td><td></td><td>经办人员（代理申报人）签章</td><td></td><td>备注</td><td></td></tr>
<tr><td colspan="8">（以下部分由主管税务机关负责填写）</td></tr>
<tr><td>主管税务机关收到日期</td><td></td><td>接收人</td><td></td><td>审核日期</td><td></td><td>税务审核人员签章</td><td></td></tr>
<tr><td>审核记录</td><td colspan="5"></td><td>主管税务机关盖章</td><td></td></tr>
</table>

填表说明

（1）适用范围。土地增值税纳税申报表（二），适用凡从事房地产开发并转让的土地增值税纳税人。

（2）土地增值税纳税申报表。

1）表头项目

① 税款所属期是项目预征开始的时间，截止日期是税务机关规定（通知）申报期限的最后一日（应清算项目达到清算条件起 90 天的最后一日/可清算项目税务机关通知书送达起 90 天的最后一日）。

② 纳税人识别号：填写税务机关为纳税人确定的识别号。

③ 项目名称：填写纳税人所开发并转让的房地产开发项目全称。

④ 项目编号：是在进行房地产项目登记时，税务机关按照一定的规则赋予的编号，此编号会跟随项目的预征清算全过程。

⑤ 所属行业：根据《国民经济行业分类》（GB/T 4754—2011）填写。该项可由系统根据纳税人识别号自动带出，无须纳税人填写。

⑥ 登记注册类型：单位，根据税务登记证或组织机构代码证中登记的注册类型填写；纳税人是企业的，根据国家统计局《关于划分企业登记注册类型的规定》填写。该项可由系统根据纳税人识别号自动带出，无须纳税人填写。

⑦ 主管部门：按纳税人隶属的管理部门或总机构填写。外商投资企业不填。

⑧ 开户银行：填写纳税人开设银行账户的银行名称；如果纳税人在多个银行开户的，填写其主要经营账户的银行名称。

⑨ 银行账号：填写纳税人开设的银行账户的号码；如果纳税人拥有多个银行账户的，填写其主要经营账户的号码。

2）表中项目。

① 表第 1 栏"转让房地产收入总额"，按纳税人在转让房地产开发项目所取得的全部收入额填写。

② 表第 2 栏"货币收入"，按纳税人转让房地产开发项目所取得的货币形态的收入额填写。

③ 表第 3、4 栏"实物收入"、"其他收入"，按纳税人转让房地产开发项目所取得的实物形态的收入和无形资产等其他形式的收入额填写。

④ 表第 6 栏"取得土地使用权所支付的金额"，按纳税人为取得该房地产开发项目所需要的土地使用权而实际支付（补交）的土地出让金（地价款）及按国家统一规定交纳的有关费用的数额填写。

⑤ 表第 8 栏至表第 13 栏，应根据《细则》规定的从事房地产开发所实际发生的各项开发成本的具体数额填写。

⑥ 表第 15 栏"利息支出"，按纳税人进行房地产开发实际发生的利息支出中符合《细则》第七条（三）规定的数额填写。如果不单独计算利息支出的，则本栏数额填写为"0"。

⑦ 表第 16 栏"其他房地产开发费用"，应根据《细则》第七条（三）的规定填写。

⑧ 表第 18 栏至表第 20 栏，按纳税人转让房地产时所实际缴纳的税金数额填写。

⑨ 表第 21 栏"财政部规定的其他扣除项目"，是指根据《条例》和《细则》等有关规定所确定的财政部规定的扣除项目的合计数。

⑩ 表第 24 栏"适用税率"，应根据《条例》规定的四级超率累进税率，按所适用的最高一级税率填写。

⑪ 表第 25 栏“速算扣除系数”，应根据《细则》第十条的规定找出相关速算扣除系数来填写。

⑫ 表第 28、30、32 栏“减免性质代码”：按照税务机关最新制发的减免税政策代码表中最细项减免性质代码填报。表第 29、31、33 栏“减免税额”填写相应“减免性质代码”对应的减免税金额，纳税人同时享受多个减免税政策应分别填写，不享受减免税的，不填写此项。

⑬ 表第 34 栏“已缴土地增值税税额”，按纳税人已经缴纳的土地增值税的数额填写。

⑭ 表中每栏按照“普通住宅、非普通住宅、其他类型房地产”分别填写。

三、土地增值税纳税申报表（三）（非从事房地产开发的纳税人适用）

土地增值税纳税申报表（三）

（非从事房地产开发的纳税人适用）

税款所属时间：　　年　月　日至　　年　月　日　　　　　　　　填表日期：　　年　月　日

金额单位：元至角分；面积单位：平方米

纳税人识别号							
纳税人名称		项目名称		项目地址			
所属行业		登记注册类型		纳税人地址		邮政编码	
开户银行		银行账号		主管部门		电　话	

项　目			行次	金　额
一、转让房地产收入总额　1=2+3+4			1	
其中	货币收入		2	
	实物收入		3	
	其他收入		4	
二、扣除项目金额合计 （1）5=6+7+10+15 （2）5=11+12+14+15			5	
（1）提供评估价格	1. 取得土地使用权所支付的金额		6	
	2. 旧房及建筑物的评估价格　7=8×9		7	
	其中	旧房及建筑物的重置成本价	8	
		成新度折扣率	9	
	3. 评估费用		10	
（2）提供购房发票	1. 购房发票金额		11	
	2. 发票加计扣除金额　12=11×5%×13		12	
	其中：房产实际持有年数		13	
	3. 购房契税		14	
4. 与转让房地产有关的税金等 15=16+17+18+19			15	
其中	营业税		16	
	城市维护建设税		17	
	印花税		18	
	教育费附加		19	
三、增值额　20=1−5			20	

续表

四、增值额与扣除项目金额之比（%）21=20÷5	21	
五、适用税率（%）	22	
六、速算扣除系数（%）	23	
七、应缴土地增值税税额 24=20×22−5×23	24	
八、减免税额（减免性质代码：______________）	25	
九、已缴土地增值税税额	26	
十、应补（退）土地增值税税额 27=24−25−26	27	

<table>
<tr><td>授权代理人</td><td colspan="3">（如果你已委托代理申报人，请填写下列资料）
为代理一切税务事宜，现授权_____（地址）_____为本纳税人的代理申报人，任何与本报表有关的来往文件都可寄与此人。
授权人签字：__________</td><td>纳税人声明</td><td colspan="3">此纳税申报表是根据《中华人民共和国土地增值税暂行条例》及其《实施细则》的规定填报的，是真实的、可靠的、完整的。
声明人签字：____________</td></tr>
<tr><td>纳税人公章</td><td></td><td>法人代表签章</td><td></td><td colspan="2">经办人员（代理申报人）签章</td><td>备注</td><td></td></tr>
<tr><td colspan="8">（以下部分由主管税务机关负责填写）</td></tr>
<tr><td>主管税务机关收到日期</td><td></td><td>接收人</td><td></td><td>审核日期</td><td></td><td rowspan="2">税务审核人员签章</td><td rowspan="2"></td></tr>
<tr><td rowspan="2">审核记录</td><td colspan="5" rowspan="2"></td></tr>
<tr><td>主管税务机关盖章</td><td></td></tr>
</table>

填表说明

（1）适用范围。土地增值税纳税申报表（三）适用于非从事房地产开发的纳税人。该纳税人应在签订房地产转让合同后的七日内，向房地产所在地主管税务机关填报土地增值税纳税申报表（三）。

土地增值税纳税申报表（三）还适用于以下从事房地产开发的纳税人：将开发产品转为自用、出租等用途且已达到主管税务机关旧房界定标准后，又将该旧房对外出售的。

（2）土地增值税纳税申报表（三）主要项目填表说明。

1）表头项目。

① 纳税人识别号：填写税务机关为纳税人确定的识别号。

② 项目名称：填写纳税人转让的房地产项目全称。

③ 登记注册类型：单位，根据税务登记证或组织机构代码证中登记的注册类型填写；纳税人是企业的，根据国家统计局《关于划分企业登记注册类型的规定》填写。该项可由系统根据纳税人识别号自动带出，无须纳税人填写。

④ 所属行业：根据《国民经济行业分类》（GB/T 4754—2011）填写。该项可由系统根据纳税人识别号自动带出，无须纳税人填写。

⑤ 主管部门：按纳税人隶属的管理部门或总机构填写。外商投资企业不填。

2）表中项目。

土地增值税纳税申报表（三）的各主要项目内容，应根据纳税人转让的房地产项目作为填报对象。纳税人如果同时转让两个或两个以上房地产的，应分别填报。

① 表第 1 栏“转让房地产收入总额”，按纳税人转让房地产所取得的全部收入额填写。

② 表第 2 栏“货币收入”，按纳税人转让房地产所取得的货币形态的收入额填写。

③ 表第 3、4 栏“实物收入”、“其他收入”，按纳税人转让房地产所取得的实物形态的收入和无形资产等其他形式的收入额填写。

④ 表第 6 栏“取得土地使用权所支付的金额”，按纳税人为取得该转让房地产项目的土地使用权而实际支付（补交）的土地出让金（地价款）数额及按国家统一规定交纳的有关费用填写。

⑤ 表第 7 栏“旧房及建筑物的评估价格”，是指根据《条例》和《细则》等有关规定，按重置成本法评估旧房及建筑物并经当地税务机关确认的评估价格的数额。本栏由第 8 栏与第 9 栏相乘得出。如果本栏数额能够直接根据评估报告填报，则本表第 8、9 栏可以不必再填报。

⑥ 表第 8 栏“旧房及建筑物的重置成本价”，是指按照《条例》和《细则》规定，由政府批准设立的房地产评估机构评定的重置成本价。

⑦ 表第 9 栏“成新度折扣率”，是指按照《条例》和《细则》规定，由政府批准设立的房地产评估机构评定的旧房及建筑物的新旧程度折扣率。

⑧ 表第 16 栏至表第 19 栏，按纳税人转让房地产时实际缴纳的有关税金的数额填写。

⑨ 表第 22 栏“适用税率”，应根据《条例》规定的四级超率累进税率，按所适用的最高一级税率填写。

⑩ 表第 23 栏“速算扣除系数”，应根据《细则》第十条的规定找出相关速算扣除系数填写。

四、土地增值税纳税申报表（四）（从事房地产开发的纳税人清算后尾盘销售适用）

土地增值税纳税申报表（四）

（从事房地产开发的纳税人清算后尾盘销售适用）

税款所属时间： 年 月 日至 年 月 日 填表日期： 年 月 日

金额单位：元至角分；面积单位：平方米

纳税人识别号							
纳税人名称		项目名称		项目编号		项目地址	
所属行业		登记注册类型		纳税人地址		邮政编码	
开户银行		银行账号		主管部门		电 话	
是否为清算后尾盘销售 是■ 否□							

项 目		行次	金 额			
			普通住宅	非普通住宅	其他类型房地产	合计
一、转让房地产收入总额 1=2+3+4		1				
其中	货币收入	2				
	实物收入	3				
	其他收入	4				
二、扣除项目金额合计		5				
三、增值额 6=1−5		6				
四、增值额与扣除项目金额之比（%）7=6÷5		7				

续表

<table>
<tr><td colspan="3">五、适用税率（核定征收率）(%)</td><td>8</td><td></td><td></td><td></td><td></td></tr>
<tr><td colspan="3">六、速算扣除系数（%）</td><td>9</td><td></td><td></td><td></td><td></td></tr>
<tr><td colspan="3">七、应缴土地增值税税额　10=6×8−5×9</td><td>10</td><td></td><td></td><td></td><td></td></tr>
<tr><td colspan="3">八、减免税额　11=13+15+17</td><td>11</td><td></td><td></td><td></td><td></td></tr>
<tr><td rowspan="6">其中</td><td rowspan="2">减免税（1）</td><td>减免性质代码</td><td>12</td><td></td><td></td><td></td><td></td></tr>
<tr><td>减免税额</td><td>13</td><td></td><td></td><td></td><td></td></tr>
<tr><td rowspan="2">减免税（2）</td><td>减免性质代码</td><td>14</td><td></td><td></td><td></td><td></td></tr>
<tr><td>减免税额</td><td>15</td><td></td><td></td><td></td><td></td></tr>
<tr><td rowspan="2">减免税（3）</td><td>减免性质代码</td><td>16</td><td></td><td></td><td></td><td></td></tr>
<tr><td>减免税额</td><td>17</td><td></td><td></td><td></td><td></td></tr>
<tr><td colspan="3">九、已缴土地增值税税额</td><td>18</td><td></td><td></td><td></td><td></td></tr>
<tr><td colspan="3">十、应补(退)土地增值税税额　19=10−11−18</td><td>19</td><td></td><td></td><td></td><td></td></tr>
</table>

<table>
<tr><td>授权代理人</td><td colspan="3">（如果你已委托代理申报人，请填写下列资料）
为代理一切税务事宜，现授权____（地址）_____为本纳税人的代理申报人，任何与本报表有关的来往文件都可寄与此人。
授权人签字：__________</td><td>纳税人声明</td><td colspan="3">此纳税申报表是根据《中华人民共和国土地增值税暂行条例》及其《实施细则》的规定填报的，是真实的、可靠的、完整的。
声明人签字：____________</td></tr>
<tr><td>纳税人公　章</td><td></td><td>法人代表签　　章</td><td></td><td>经办人员（代理申报人）签章</td><td></td><td>备注</td><td></td></tr>
<tr><td colspan="8">（以下部分由主管税务机关负责填写）</td></tr>
<tr><td>主管税务机关收到日期</td><td></td><td>接收人</td><td></td><td>审核日期</td><td></td><td>税务审核人员签章</td><td></td></tr>
<tr><td>审核记录</td><td colspan="5"></td><td>主管税务机关盖章</td><td></td></tr>
</table>

填表说明

（1）适用范围。土地增值税纳税申报表（四），适用于从事房地产开发与建设的纳税人，在清算后尾盘销售时填报，各行次应按不同房产类型分别填写。

（2）土地增值税纳税申报表。

1）表头项目。

① 纳税人识别号：填写税务机关为纳税人确定的识别号。

② 项目名称：填写纳税人所开发并转让的房地产开发项目全称。

③ 项目编号：是在进行房地产项目登记时，税务机关按照一定的规则赋予的编号，此编号会跟随项目的预征清算全过程。

④ 所属行业：根据《国民经济行业分类》（GB/T 4754—2011）填写。该项可由系统根据纳税人识别号自动带出，无须纳税人填写。

⑤ 登记注册类型：单位，根据税务登记证或组织机构代码证中登记的注册类型填写；纳税人是企业的，根据国家统计局《关于划分企业登记注册类型的规定》填写。该项可由系统根据纳税人识别号自动带出，无须纳税人填写。

⑥ 主管部门：按纳税人隶属的管理部门或总机构填写。外商投资企业不填。

⑦ 开户银行：填写纳税人开设银行账户的银行名称；如果纳税人在多个银行开户的，填写其主要经营账户的银行名称。

⑧ 银行账号：填写纳税人开设的银行账户的号码；如果纳税人拥有多个银行账户的，填写其主要经营账户的号码。

2）表中项目。

① 表第 1 栏“转让房地产收入总额”，按纳税人在转让房地产开发项目所取得的全部收入额填写。

② 表第 2 栏“货币收入”，按纳税人转让房地产开发项目所取得的货币形态的收入额填写。

③ 表第 3、4 栏“实物收入”、“其他收入”，按纳税人转让房地产开发项目所取得的实物形态的收入和无形资产等其他形式的收入额填写。

④ 表第 5 栏各类型“扣除项目金额合计”应为附表“清算后尾盘销售土地增值税扣除项目明细表”中对应的该类型扣除项目金额合计数额。

⑤ 表第 8 栏“适用税率”，应根据《条例》规定的四级超率累进税率，按所适用的最高一级税率填写。

⑥ 表第 9 栏“速算扣除系数”，应根据《细则》第十条的规定找出相关速算扣除系数来填写。

⑦ 表第 12、14、16 栏“减免性质代码”：按照税务机关最新制发的减免税政策代码表中最细项减免性质代码填报。表第 13、15、17 栏“减免税额”填写相应“减免性质代码”对应的减免税金额，纳税人同时享受多个减免税政策应分别填写，不享受减免税的，不填写此项。

⑧ 表第 18 栏“已缴土地增值税税额”，按纳税人已经缴纳的土地增值税的数额填写。

⑨ 表中每栏按照“普通住宅、非普通住宅、其他类型房地产”分别填写。

附表 1　清算后尾盘销售土地增值税扣除项目明细表

清算后尾盘销售土地增值税扣除项目明细表

纳税人名称：

税款所属期：自　　年　月　日至　　年　月　日　　　　　　　　　　填表日期：　　年　月　日

金额单位：元至角分；面积单位：平方米

<table>
<tr><td>纳税人识别号</td><td colspan="6"></td><td></td></tr>
<tr><td>纳税人名称</td><td></td><td>项目名称</td><td></td><td>项目编号</td><td></td><td>项目地址</td><td></td></tr>
<tr><td>所属行业</td><td></td><td>登记注册类型</td><td></td><td>纳税人地址</td><td></td><td>邮政编码</td><td></td></tr>
<tr><td>开户银行</td><td></td><td>银行账号</td><td></td><td>主管部门</td><td></td><td>电　话</td><td></td></tr>
<tr><td>项目总可售面积</td><td></td><td>清算时
已售面积</td><td></td><td>清算后剩余可
售面积</td><td></td><td></td><td></td></tr>
<tr><td colspan="2">项　目</td><td>行　次</td><td>普通住宅</td><td>非普通住宅</td><td colspan="2">其他类型房地产</td><td>合计</td></tr>
<tr><td colspan="2">本次清算后尾盘
销售的销售面积</td><td>1</td><td></td><td></td><td colspan="2"></td><td></td></tr>
<tr><td colspan="2">单位成本费用</td><td>2</td><td></td><td></td><td colspan="2"></td><td>—</td></tr>
<tr><td colspan="2">扣除项目金额合计 3=1×2</td><td>3</td><td></td><td></td><td colspan="2"></td><td>—</td></tr>
<tr><td>本次与转让房地产有关的营业税</td><td></td><td colspan="2">本次与转让房地产有关的城市维护建设税</td><td></td><td colspan="2">本次与转让房地产有关的教育费附加</td><td></td></tr>
</table>

续表

纳税人声明	此纳税申报表是根据《中华人民共和国土地增值税暂行条例》及其《实施细则》的规定填报的，是真实的、可靠的、完整的。				
纳税人签章		代理人签章		代理人身份证号	
以下由税务机关填写：					
受理人		受理日期	年　月　日	受理税务机关签章	

填表说明

（1）本表适用于从事房地产开发与建设的纳税人，在清算后尾盘销售时填报。

（2）项目总可售面积应与纳税人清算时填报的总可售面积一致。

（3）清算时已售面积应与纳税人清算时填报的已售面积一致。

（4）清算后剩余可售面积=项目总可售面积–清算时已售面积。

（5）本表一式两份，送主管税务机关审核盖章后，一份由地方税务机关留存，一份退纳税单位。

五、土地增值税纳税申报表（五）（从事房地产开发的纳税人清算方式为核定征收适用）

土地增值税纳税申报表（五）

（从事房地产开发的纳税人清算方式为核定征收适用）

税款所属时间：　　年　月　日至　　年　月　日　　　填表日期：　　年　月　日　　　金额单位：元至角分；面积单位：平方米

纳税人识别号							
纳税人名称		项目名称		项目编号		项目地址	
所属行业		登记注册类型		纳税人地址		邮政编码	
开户银行		银行账号		主管部门		电　　话	
是否为核定征收　是■　否□							

项　　目		行　　次	金　　额			
			普通住宅	非普通住宅	其他类型房地产	合计
一、转让房地产收入总额		1				
其中	货币收入	2				
	实物收入	3				
	其他收入	4				
二、扣除项目金额合计		5				
1. 取得土地使用权所支付的金额		6				
2. 房地产开发成本		7				
其中	土地征用及拆迁补偿费	8				
	前期工程费	9				
	建筑安装工程费	10				
	基础设施费	11				
	公共配套设施费	12				
	开发间接费用	13				

续表

3. 房地产开发费用			14				
其中	利息支出		15				
	其他房地产开发费用		16				
4. 与转让房地产有关的税金等			17				
其中	营业税		18				
	城市维护建设税		19				
	教育费附加		20				
5. 财政部规定的其他扣除项目			21				
三、增值额			22				
四、增值额与扣除项目金额之比（%）			23				
五、适用税率（核定征收率）（%）			24				
六、速算扣除系数（%）			25				
七、应缴土地增值税税额			26				
八、减免税额 27=29+31+33			27				
其中	减免税（1）	减免性质代码	28				
		减免税额	29				
	减免税（2）	减免性质代码	30				
		减免税额	31				
	减免税（3）	减免性质代码	32				
		减免税额	33				
九、已缴土地增值税税额			34				
十、应补（退）土地增值税税额 35=26−27−34			35				

授权代理人	（如果你已委托代理申报人，请填写下列资料） 为代理一切税务事宜，现授权____（地址）_____为本纳税人的代理申报人，任何与本报表有关的来往文件都可寄与此人。 授权人签字：_________	纳税人声明	此纳税申报表是根据《中华人民共和国土地增值税暂行条例》及其《实施细则》的规定填报的，是真实的、可靠的、完整的。 声明人签字：___________

续表

纳税人 公　章		法人代表 签　　章		经办人员 （代理申报人）签章		备注	
（以下部分由主管税务机关负责填写）							
主管税务机 关收到日期		接收人		审核日期		税务审核 人员签章	
审核 记录						主管税务 机关盖章	

填表说明

（1）适用范围。土地增值税纳税申报表（五），适用于从事房地产开发与建设的纳税人，清算方式为核定征收时填报，各行次应按不同房产类型分别填写。纳税人在填报土地增值税纳税申报表（五）时，应同时提交税务机关出具的核定文书。

（2）土地增值税纳税申报表。

1）表头项目。

① 纳税人识别号：填写税务机关为纳税人确定的识别号。

② 项目名称：填写纳税人所开发并转让的房地产开发项目全称。

③ 项目编号：是在进行房地产项目登记时，税务机关按照一定的规则赋予的编号，此编号会跟随项目的预征清算全过程。

④ 所属行业：根据《国民经济行业分类》（GB/T 4754—2011）填写。该项可由系统根据纳税人识别号自动带出，无须纳税人填写。

⑤ 登记注册类型：单位，根据税务登记证或组织机构代码证中登记的注册类型填写；纳税人是企业的，根据国家统计局《关于划分企业登记注册类型的规定》填写。该项可由系统根据纳税人识别号自动带出，无须纳税人填写。

⑥ 主管部门：按纳税人隶属的管理部门或总机构填写。外商投资企业不填。

⑦ 开户银行：填写纳税人开设银行账户的银行名称；如果纳税人在多个银行开户的，填写其主要经营账户的银行名称。

⑧ 银行账号：填写纳税人开设的银行账户的号码；如果纳税人拥有多个银行账户的，填写其主要经营账户的号码。

2）表中项目按税务机关出具的核定文书要求填写。

六、土地增值税纳税申报表（六）（纳税人整体转让在建工程适用）

土地增值税纳税申报表（六）

（纳税人整体转让在建工程适用）

税款所属时间：　年　月　日至　年　月　日　　填表日期：　年　月　日　　金额单位：元至角分；面积单位：平方米

纳税人识别号							
纳税人名称		项目名称		项目编号		项目地址	
所属行业		登记注册类型		纳税人地址		邮政编码	
开户银行		银行账号		主管部门		电　话	

是否为在建工程整体转让　是■　否□

项　目		行次	金　额		
			普通住宅	非普通住宅	其他类型房地产
一、转让房地产收入总额　1=2+3+4		1	—	—	
其中	货币收入	2	—	—	
	实物收入	3	—	—	
	其他收入	4	—	—	
二、扣除项目金额合计　5=6+7+14+17+21		5	—	—	
1. 取得土地使用权所支付的金额		6	—	—	
2. 房地产开发成本　7=8+9+10+11+12+13		7	—	—	
其中	土地征用及拆迁补偿费	8	—	—	
	前期工程费	9	—	—	
	建筑安装工程费	10	—	—	
	基础设施费	11	—	—	
	公共配套设施费	12	—	—	
	开发间接费用	13	—	—	
3. 房地产开发费用　14=15+16		14	—	—	
其中	利息支出	15	—	—	
	其他房地产开发费用	16	—	—	

续表

4. 与转让房地产有关的税金等 17=18+19+20		17	—	—	
其中	营业税	18	—	—	
	城市维护建设税	19	—	—	
	教育费附加	20	—	—	
5. 财政部规定的其他扣除项目		21	—	—	
三、增值额 22=1–5		22	—	—	
四、增值额与扣除项目金额之比（%）23=22÷5		23	—	—	
五、适用税率（核定征收率）(%)		24	—	—	
六、速算扣除系数（%）		25	—	—	
七、应缴土地增值税税额 26=22×24–5×25		26	—	—	
八、减免税额（减免性质代码： ）		27	—	—	
九、已缴土地增值税税额		28	—	—	
十、应补（退）土地增值税税额 29=26–27–28		29	—	—	

授权代理人	（如果你已委托代理申报人，请填写下列资料） 为代理一切税务事宜，现授权____（地址）_____为本纳税人的代理申报人，任何与本报表有关的来往文件都可寄与此人。 授权人签字：_________	纳税人声明	此纳税申报表是根据《中华人民共和国土地增值税暂行条例》及其《实施细则》的规定填报的，是真实的、可靠的、完整的。 声明人签字：___________

纳税人公章		法人代表签章		经办人员(代理申报人）签章		备注	
（以下部分由主管税务机关负责填写）							
主管税务机关收到日期		接收人		审核日期		税务审核人员签章	
审核记录					主管税务机关盖章		

填表说明

（1）适用范围。土地增值税纳税申报表（六），适用于从事房地产开发与建设的纳税人，及非从事房地产开发的纳税人，在整体转让在建工程时填报，数据应填列至其他类型房地产类型中。

（2）土地增值税纳税申报表项目说明。

1）表头项目。

① 纳税人识别号：填写税务机关为纳税人确定的识别号。

② 项目名称：填写纳税人所开发并转让的房地产开发项目全称。

③ 项目编号：是在进行房地产项目登记时，税务机关按照一定的规则赋予的编号，此编号会跟随项目的预征清算全过程。

④ 所属行业：根据《国民经济行业分类》（GB/T 4754—2011）填写。该项可由系统根据纳税人识别号自动带出，无须纳税人填写。

⑤ 登记注册类型：单位，根据税务登记证或组织机构代码证中登记的注册类型填写；纳税人是企业的，根据国家统计局《关于划分企业登记注册类型的规定》填写。该项可由系统根据纳税人识别号自动带出，无须纳税人填写。

⑥ 主管部门：按纳税人隶属的管理部门或总机构填写。外商投资企业不填。

⑦ 开户银行：填写纳税人开设银行账户的银行名称；如果纳税人在多个银行开户的，填写其主要经营账户的银行名称。

⑧ 银行账号：填写纳税人开设的银行账户的号码；如果纳税人拥有多个银行账户的，填写其主要经营账户的号码。

2）表中项目。

① 表第 1 栏“转让房地产收入总额”，按纳税人在转让房地产开发项目所取得的全部收入额填写。

② 表第 2 栏“货币收入”，按纳税人转让房地产开发项目所取得的货币形态的收入额填写。

③ 表第 3、4 栏“实物收入”、“其他收入”，按纳税人转让房地产开发项目所取得的实物形态的收入和无形资产等其他形式的收入额填写。

④ 表第 6 栏“取得土地使用权所支付的金额”，按纳税人为取得该房地产开发项目所需要的土地使用权而实际支付（补交）的土地出让金（地价款）及按国家统一规定交纳的有关费用的数额填写。

⑤ 表第 8 栏至表第 13 栏，应根据《细则》规定的从事房地产开发所实际发生的各项开发成本的具体数额填写。

⑥ 表第 15 栏“利息支出”，按纳税人进行房地产开发实际发生的利息支出中符合《细则》第七条（三）规定的数额填写。如果不单独计算利息支出的，则本栏数额填写为“0”。

⑦ 表第 16 栏“其他房地产开发费用”，应根据《细则》第七条（三）的规定填写。

⑧ 表第 18 栏至表第 20 栏，按纳税人转让房地产时所实际缴纳的税金数额填写。

⑨ 表第 21 栏“财政部规定的其他扣除项目”，是指根据《条例》和《细则》等有关规定所确定的财政部规定的扣除项目的合计数。

⑩ 表第 24 栏“适用税率”，应根据《条例》规定的四级超率累进税率，按所适用的最高一级税率填写。

⑪ 表第 25 栏“速算扣除系数”，应根据《细则》第十条的规定找出相关速算扣除系数来填写。

⑫ 表第 27 栏“减免性质代码”：按照税务机关最新制发的减免税政策代码表中的最细项减免性质代码填报。

⑬ 表第 28 栏“已缴土地增值税税额”，按纳税人已经缴纳的土地增值税的数额填写。

⑭ 数据应填列至其他类型房地产类型中。

第八节　小型房地产企业房产税的纳税申报

一、房产税纳税申报表

房产税纳税申报表

税款所属期：自　　年　月　日至　　年　月　日　　　　填表日期：　　年　月　日　　　　金额单位：元至角分；面积单位：平方米

纳税人识别号				
纳税人信息	名称		纳税人分类	单位□　个人□
	登记注册类型	*	所属行业	*
	身份证件类型	身份证□　护照□　其他□________	身份证件号码	
	联系人		联系方式	

一、从价计征房产税

	房产编号	房产原值	其中：出租房产原值	计税比例	税率	所属期起	所属期止	本期应纳税额	本期减免税额	本期已缴税额	本期应补（退）税额
1	*										
2	*										
3	*										
4	*										
5	*										
6	*										
7	*										
8	*										
9	*										
10	*										
合计	*	*	*	*	*	*	*				

二、从租计征房产税

	本期申报租金收入	税率	本期应纳税额	本期减免税额	本期已缴税额	本期应补（退）税额
1						
2						

续表

3						
合计		*				
以下由纳税人填写：						
纳税人声明	此纳税申报表是根据《中华人民共和国房产税暂行条例》和国家有关税收规定填报的，是真实的、可靠的、完整的。					
纳税人签章		代理人签章		代理人身份证号		
以下由税务机关填写：						
受理人		受理日期	年　月　日	受理税务机关签章		

本表一式两份，一份纳税人留存，一份税务机关留存。

填表说明

（1）本表适用于在中华人民共和国境内申报缴纳房产税的单位和个人。

（2）本表依据《中华人民共和国税收征收管理法》、《中华人民共和国房产税暂行条例》制定，为房产税纳税申报表主表。本表包括三个附表，附表一为《房产税减免税明细申报表》，附表二为《从价计征房产税税源明细表》、附表三为《从租计征房产税税源明细表》。首次申报或变更申报时纳税人提交《从价计征房产税税源明细表》和《从租计征房产税税源明细表》后，本表由系统自动生成，无须纳税人手工填写，仅需签章确认。申报房产数量大于 10 个（不含 10）的纳税人，建议采用网络申报方式，并可选用本表的汇总版进行申报。后续申报，纳税人税源明细无变更的，税务机关提供免填单服务，根据纳税人识别号，系统根据当期有效的房产税源明细信息自动生成本表，纳税人签章确认即可完成申报。

（3）纳税人识别号：填写税务机关赋予的纳税人识别号。

（4）纳税人名称：党政机关、企事业单位、社会团体的，应按照国家人事、民政部门批准设立或者工商部门注册登记的全称填写；纳税人是自然人的，应当按照本人有效身份证件上标注的姓名填写。

（5）纳税人分类：分为单位和个人，个人含个体工商户。

（6）登记注册类型*：单位，根据税务登记证或组织机构代码证中登记的注册类型填写；纳税人是企业的，根据国家统计局《关于划分企业登记注册类型的规定》填写。内资企业 国有企业 集体企业 股份合作企业 联营企业 国有联营企业 集体联营企业 国有与集体联营企业 其他联营企业 有限责任公司 国有独资公司 其他有限责任公司 股份有限公司 私营企业 私营独资企业 私营合伙企业 私营有限责任公司 私营股份有限公司 其他企业 港、澳、台商投资企业 合资经营企业（港或澳、台资） 合作经营企业（港或澳、台资）港、澳、台商独资经营企业 港、澳、台商投资股份有限公司 其他港、澳、台商投资企业 外商投资企业 中外合资经营企业 中外合作经营企业 外资企业 外商投资股份有限公司 其他外商投资企业。该项可由系统根据纳税人识别号自动带出，无须纳税人填写。

（7）所属行业*：根据《国民经济行业分类》（GB/T 4754—2011）填写。该项可由系统根据纳税人识别号自动带出，无须纳税人填写。

（8）身份证件类型：填写能识别纳税人唯一身份的有效证照名称。纳税人为自然人的，必选。选择类型为：身份证、护照、其他，必选一项，选择“其他”的，请注明证件的具体类型。

（9）身份证件号码：填写纳税人身份证件上的号码。

（10）联系人、联系方式：填写单位法定代表人或纳税人本人姓名、常用联系电话及地址。

（11）房产编号*：纳税人不必填写。由税务机关的管理系统赋予编号。

（12）房产原值：本项为《从价计征房产税税源明细表》相应数据项的汇总值。

（13）出租房产原值：本项为《从价计征房产税税源明细表》相应数据项的汇总值。

（14）计税比例：系统应当允许各地自行配置。配置好后，系统预设在表单中。

（15）税率：系统预设，无须纳税人填写，并允许各地自行配置。从价配置默认 1.2%，从租配置默认 12%。

（16）所属期起：税款所属期内税款所属的起始月份。起始月份不同的房产应当分行填写。默认为税款所属期的起始月份。但是，当《从价计征房产税税源明细表》中取得时间晚于税款所属期起始月份的，所属期起为“取得时间”的次月；《从价计征房产税税源明细表》中经核准的困难减免的起始月份晚于税款所属期起始月份的，所属期起为“经核准的困难减免的起始月份”；《从价计征房产税税源明细表》中变更类型选择信息项变更的，变更时间晚于税款所属期起始月份的，所属期起为“变更时间”。

（17）所属期止：税款所属期内税款所属的终止月份。终止月份不同的房产应当分行填写。默认为税款所属期的终止月份。但是，当《从价计征房产税税源明细表》中变更类型选择“纳税义务终止”的，变更时间早于税款所属期终止月份的，所属期止为“变更时间”；《从价计征房产税税源明细表》中“经核准的困难减免的终止月份” 早于税款所属期终止月份的，所属期止为“经核准的困难减免的终止月份”。

（18）本期应纳税额：本项为《从价计征房产税税源明细表》和《从租计征房产税税源明细表》相应数据项的汇总值。

（19）本期减免税额：本项为按照税目分别从《从价计征房产税税源明细表》或《从租计征房产税税源明细表》月减免税额与税款所属期实际包含的月份数自动计算生成。

（20）带星号（*）的项目不需要纳税人填写。

（21）逻辑关系：

1）从价计征房产税的本期应纳税额=∑（房产原值−出租房产原值）×计税比例×税率÷12×（所属期止月份−所属期起月份+1）;

2）从价计征房产税的本期应补（退）税额=本期应纳税额−本期减免税额−本期已缴税额；

3）从租计征房产税的本期应纳税额=∑本期应税租金收入×适用税率；

4）从租计征房产税的本期应补（退）税额=本期应纳税额−本期减免税额−本期已缴税额。

5）从价计征本期减免税额=∑《从价计征房产税税源明细表》月减免税额×（所属期止月份−所属期起月份+1）

6）从租计征本期减免税额=∑《从租计征房产税税源明细表》月减免税额×（所属期止月份−所属期起月份+1）

二、房产税纳税申报表（汇总版）

三、房产税减免税明细申报表

房产税纳税申报表（汇总版）

税款所属期：自　　年　月　日至　　年　月　日　　　　填表日期：　　年　月　日　　　　金额单位：元至角分；面积单位：平方米

纳税人识别号				
纳税人信息	名称		纳税人分类	单位□　个人□
	登记注册类型	*	所属行业	*
	身份证件类型	身份证□　护照□　其他□	身份证件号码	
	联系人		联系方式	

一、从价计征房产税

	房产原值	其中：出租房产原值	计税比例	税率	所属期起	所属期止	本期应纳税额	本期减免税额	本期已缴税额	本期应补（退）税额
1										
2										
3										
合计	*	*	*	*	*	*				

二、从租计征房产税

	本期申报租金收入	税率	本期应纳税额	本期减免税额	本期已缴税额	本期应补（退）税额
1						
2						
3						
合计		*				

以下由纳税人填写：

纳税人声明	此纳税申报表是根据《中华人民共和国房产税暂行条例》和国家有关税收规定填报的，是真实的、可靠的、完整的。				
纳税人签章		代理人签章		代理人身份证号	

以下由税务机关填写：

受理人		受理日期	年　月　日	受理税务机关签章	

本表一式两份，一份纳税人留存，一份税务机关留存。

房产税减免税明细申报表

税款所属期：自　　年　月　日至　　年　月　日　　　　填表日期：　　年　月　日　　　　金额单位：元至角分；面积单位：平方米

纳税人识别号									
纳税人名称：									
一、从价计征房产税减免信息									
	房产编号	所属期起	所属期止	减免税房产原值	计税比例	税率	减免性质代码	减免项目名称	本期减免税额
1									
2									
3									
合计		*	*		*	*	*	*	
二、从租计征房产税减免信息									
	房产编号	本期减免税租金收入				税率	减免性质代码	减免项目名称	本期减免税额
1									
2									
3									
合计						*	*	*	
以下由纳税人填写：									
纳税人声明	此纳税申报表是根据《中华人民共和国房产税暂行条例》和国家有关税收规定填报的，是真实的、可靠的、完整的。								
纳税人签章		代理人签章		代理人身份证号					
以下由税务机关填写：									
受理人		受理日期	年　月　日	受理税务机关签章					

填表说明

（1）首次申报或变更申报时纳税人提交《从价计征房产税税源明细表》和《从租计征房产税税源明细表》后，本表由系统自动生成，无须纳税人手工填写，仅需签章确认。后续申报，纳税人税源明细无变更的，税务机关提供免填单服务，根据纳税人识别号及该纳税人当期有效的土地税源明细信息自动生成本表，纳税人签章确认即可完成申报。

（2）所属期起：税款所属期内税款所属的起始月份。起始月份不同的房产应当分行填写。默认为税款所属期的起始月份。但是，当《从价计征房产税税源明细表》中取得时间晚于税款所属期起始月份的，所属期起为“取得时间”的次月；《从价计征房产税税源明细表》中经核准的困难减免的起始月份晚于税款所属期起始月份的，所属期起为“经核准的困难减免的起始月份”；《从价计征房产税税源明细表》中变更类型选择信息项变更的，变更时间晚于税款所属期起始月份的，所属期起为“变更时间”。

（3）所属期止：税款所属期内税款所属的终止月份。终止月份不同的房产应当分行填写。默认为税款所属期的终止月份。但是，当《从价计征房产税税源明细表》中变更类型选择“纳税义务终止”的，变更时间早于税款所属期终止月份的，所属期止为“变更时间”；《从价计征房产税税源明细表》中“经核准的困难减免的终止月份” 早于税款所属期终止月份的，所属期止为“经核准的困难减免的终止月份”。

（4）本期减免税额：本项为按照税目分别从《从价计征房产税税源明细表》或《从租计征房产税税源明细表》月减免税额与税款所属期实际包含的月份数自动计算生成。从价计征本期减免税额=Σ《从价计征房产税税源明细表》月减免税额×（所属期止月份–所属期起月份+1）；从租计征本期减免税额=Σ《从租计征房产税税源明细表》月减免税额×（所属期止月份–所属期起月份+1）

（5）带星号（*）的项目不需要纳税人填写。

四、从价计征房产税税源明细表

从价计征房产税税源明细表

纳税人名称：　　　　纳税人分类：单位□　个人 □　　填表日期：　　年　月　日　　　　金额单位：元至角分；面积单位：平方米

<table>
<tr><td colspan="2">纳税人识别号</td><td colspan="7"></td></tr>
<tr><td colspan="2">身份证件类型</td><td colspan="3">身份证□　护照□　　其他□________</td><td colspan="2">身份证件号码</td><td colspan="2"></td></tr>
<tr><td colspan="2">房产编号</td><td colspan="3">*</td><td colspan="2">产权证书号</td><td colspan="2"></td></tr>
<tr><td colspan="2">房产名称</td><td colspan="7"></td></tr>
<tr><td colspan="2">房屋坐落地址（详细地址）</td><td colspan="7">省（自治区、市）　　市（区）　　县（区）　　街道　　（必填）</td></tr>
<tr><td colspan="2">房产所属主管税务所（科、分局）</td><td colspan="7">该房产的房产税收入所属的主管税务机关。系统允许各地配置该项的确定规则。该项不需纳税人手动填写，根据确定规则自动带出。</td></tr>
<tr><td colspan="2">纳税人类型</td><td colspan="2">产权所有人□、经营管理人□、承典人□、房屋代管人□、房屋使用人□、融资租赁承租人□（必选）</td><td colspan="2">所有权人纳税识别码</td><td></td><td>所有权人名称</td><td></td></tr>
<tr><td colspan="2">房屋所在土地编号</td><td colspan="2">*</td><td colspan="2">房产用途</td><td colspan="3">工业□ 商业及办公□ 住房□ 其他□（必选）</td></tr>
<tr><td colspan="2">房产取得时间</td><td>年　月</td><td>变更类型</td><td colspan="3">纳税义务终止（权属转移□ 其他□）
信息项变更（房产原值变更□ 出租房产原值变更□ 减免税变更□　其他□）</td><td>变更时间</td><td>年　月</td></tr>
<tr><td colspan="2">建筑面积</td><td colspan="2">（必填）</td><td colspan="2">其中：出租房产面积</td><td colspan="3"></td></tr>
<tr><td colspan="2">房产原值</td><td colspan="2">（必填）</td><td colspan="2">其中：出租房产原值</td><td></td><td>计税比例</td><td>系统设定</td></tr>
<tr><td rowspan="5">减免税部分</td><td rowspan="2">序号</td><td colspan="2" rowspan="2">减免性质代码</td><td rowspan="2">减免项目名称</td><td colspan="2">经核准的困难减免起止时间</td><td rowspan="2">减免税房产原值</td><td rowspan="2">月减免税金额</td></tr>
<tr><td>起始月份</td><td>终止月份</td></tr>
<tr><td>1</td><td colspan="2"></td><td></td><td></td><td></td><td></td><td></td></tr>
<tr><td>2</td><td colspan="2"></td><td></td><td></td><td></td><td></td><td></td></tr>
<tr><td>3</td><td colspan="2"></td><td></td><td></td><td></td><td></td><td></td></tr>
</table>

续表

以下由纳税人填写：					
纳税人声明	此纳税申报表是根据《中华人民共和国房产税暂行条例》和国家有关税收规定填报的，是真实的、可靠的、完整的。				
纳税人签章		代理人签章		代理人身份证号	
以下由税务机关填写：					
受理人		受理日期	年　月　日	受理税务机关签章	

本表一式两份，一份纳税人留存，一份税务机关留存。

填表说明

（1）本表为《房产税纳税申报表》及《房产税减免税明细申报表》的明细附表。

（2）首次进行纳税申报的纳税人，需要申报其全部房产的相关信息，此后办理纳税申报时，如果纳税人的房产及减免税等相关信息未发生变化的，可仅对上次申报信息进行确认；发生变化的，仅就变化的内容进行填写。有条件的地区，税务机关可以通过系统将上期申报的信息推送给纳税人。税源数据基础较好或已获取第三方信息的地区，可直接将数据导入纳税申报系统并推送给纳税人进行确认。

（3）房产税税源明细申报遵循“谁纳税谁申报”的原则，只要存在房产税纳税义务，就应当如实申报房产明细信息。

（4）每一独立房产应当填写一张表。即同一产权证有多幢（个）房产的，每幢（个）房产填写一张表。无产权证的房产，每幢（个）房产填写一张表。纳税人不得将多幢房产合并成一条记录填写。

（5）对于填写中所涉及的数据项目，有房屋所有权证件的，依据证件记载的内容填写，没有证件的，依据实际情况填写。

（6）房产有出租情形的，纳税人也应当先填写本表，再填写《从租计征房产税明细申报表》。

（7）纳税人名称（必填）：党政机关、企事业单位、社会团体的，应按照国家人事、民政部门批准设立或者工商部门注册登记的全称填写；纳税人是自然人的，应按照本人有效身份证件上标注的姓名填写。

（8）纳税人分类（必选）：分为单位和个人，个人含个体工商户。

（9）纳税人识别号：填写税务机关赋予的纳税人识别号。

（10）身份证件类型：填写能识别纳税人唯一身份的有效证照名称。纳税人为自然人的，必选。选择类型为：身份证、护照、其他，必选一项，选择“其他”的，请注明证件的具体类型。

（11）身份证件号码：填写纳税人身份证件上的号码。

（12）房产编号*：纳税人不必填写。由税务机关的管理系统赋予编号，以识别。

（13）产权证书号：纳税人有房屋所有权证件的，必填。填写房屋所有权证件载明的证件编号。

（14）房产名称（必填）：纳税人自行编写，以便识别。如1号办公楼、第一车间厂房等。

（15）房屋坐落地址（必填）：应当填写详细地址，具体为：××省××市××县（区）××街道 + 详细地址，且应当与土地税源明细申报数据关联并一致。系统自动带出已填报的土地税源信息，供选择。一栋房产仅可选择对应一条土地信息。

（16）房产所属主管税务所（科、分局）：本表所填列房产的房产税收入所属的主管税务机关。系统允许各地配置该项的确定规则。该项不需纳税人手动填写，根据确定规则自动带出。

（17）纳税人类型（必选）：分为产权所有人、经营管理人、承典人、房屋代管人、房屋使用人、融资租赁承租人。必选一项，且只能选一项。

（18）所有权人纳税识别码（非必填）：填写拥有房屋所有权人的纳税识别号。

（19）所有权人名称（非必填）：填写拥有房屋所有权人的名称。

（20）房屋所在土地编号*：根据所选择的土地信息，从系统自动调取。

（21）房产用途（必选）：房产用途依据房产所有权证登记的用途填写，无证的，依据实际用途填写。分为工业、商业及办公、住房、其他，必选一项，且只能选一项，不同用途的房产应当分别填表。

（22）建筑面积（必填）：保留两位小数。

（23）出租房产面积：有出租情况的必填。

（24）房产原值（必填）：填写房产的全部房产原值。应包括：分摊的应计入房产原值的地价，与房产不可分割的设备设施的原值，房产中已出租部分的原值，以及房产中减免税部分的原值。

（25）出租房产原值：房产有出租情况的必填。

（26）计税比例：填写各地房产原值减除的比例。系统应当允许各地自行配置。配置好后，系统预设在表单中。

（27）房产取得时间（选填）：填写纳税人初次获得该房产所有权的时间。

（28）变更类型（选填）：有变更情况的必选。

（29）变更时间（选填）：有变更情况的必填，填至月。变更类型选择纳税义务终止的，税款计算至当月末；变更类型选择信息项变更的，自变更当月起按新状态计算税款。

（30）减免性质代码：该项按照税务机关最新制发的减免税政策代码表中最细项减免性质代码填写。有减免税情况的必填。不同减免性质代码的房产应当分行填表。纳税人减免税情况发生变化时，应当进行变更。

（31）减免项目名称：该项按照税务机关最新制发的减免税政策代码表中最细项减免项目名称填写。有减免税情况的必填。

（32）经核准的困难减免起止时间：纳税人如有房产税困难减免的情况，必填。填写经税务机关核准的困难减免的起始月份和终止月份。

（33）减免税房产原值：依据政策确定的可以享受减免税政策的房产原值。政策明确按一定比例进行减免的，该项为经过比例换算确定的减免税房产原值。例如：供热企业用于居民供热的免税房产原值=房产原值×实际从居民取得的采暖费收入/采暖费总收入。

（34）月减免税金额：该项填写本表所列房产本项减免税项目享受的月减免税金额。

（35）带星号（*）的项目不需要纳税人填写。

五、从租计征房产税税源明细表

从租计征房产税税源明细表

纳税人名称：　　　　纳税人分类：单位□　个人 □　　　填表日期：　　年　月　日　　　　金额单位：元至角分；面积单位：平方米

纳税人识别号					
身份证件类型	身份证□　护照□　其他□________			身份证件号码	
房产名称				房产编号	*
房产用途	工业□ 商业及办公□ 住房□ 其他□				
房产坐落地址（详细地址）	省（自治区、市）　市（区）　县（区）　街道				
房产所属主管税务所（科、分局）	该房产的房产税收入所属的主管税务机关。系统允许各地配置该项的确定规则。该项不需纳税人手动填写，根据确定规则自动带出。				
承租方纳税识别号				承租方名称	
出租面积				合同租金总收入	
合同约定租赁期起				合同约定租赁期止	
申报租金收入		申报租金所属租赁期起		申报租金所属租赁期止	
减免性质代码		减免项目名称		减免税租金收入	
减免税额					
以下由纳税人填写：					
纳税人声明	此纳税申报表是根据《中华人民共和国房产税暂行条例》和国家有关税收规定填报的，是真实的、可靠的、完整的。				
纳税人签章		代理人签章		代理人身份证号	
以下由税务机关填写：					
受理人		受理日期	年　月　日	受理税务机关签章	

本表一式两份，一份纳税人留存，一份税务机关留存。

填表说明

（1）本表为《房产税纳税申报表》及《房产税减免税明细申报表》的明细附表。从租申报的纳税人每次申报时均需申报此表。

（2）每一独立出租房产应当填写一张表。即同一产权证有多幢（个）房产的，每幢（个）房产填写一张表。无产权证的房产，每幢（个）房产填写一张表。纳税人不得将多幢房产合并成一条记录填写。

（3）纳税人名称（必填）：党政机关、企事业单位、社会团体的，应按照国家人事、民政部门批准设立或者工商部门注册登记的全称填写；纳税人是自然人的，应按照本人有效身份证件上标注的姓名填写。

（4）纳税人分类（必选）：分为单位和个人，个人含个体工商户。

（5）纳税人识别号：填写税务机关赋予的纳税人识别号。

（6）身份证件类型：填写能识别纳税人唯一身份的有效证照名称。纳税人为自然人的，必选。选择类型为：身份证、护照、其他，必选一项，选择“其他”的，请注明证件的具体类型。

（7）身份证件号码：填写纳税人身份证件上的号码。

（8）纳税人出租的房产，必须首先按照从价计征房产税明细申报的要求如实填写有关信息，再填写从租计征房产税明细申报有关信息。

（9）房产名称（必填）：纳税人自行编写，以便识别，必填，且应当与从价计征房产税明细申报信息关联并一致。

（10）房产编号：纳税人不必填写。由税务机关的管理系统赋予编号，以识别，且应当与从价计征房产税明细申报信息关联并一致。

（11）房产用途（必选）：分为工业、商业及办公、住房、其他，必选一项，且只能选一项，不同用途的房产应当分别填表。

（12）房屋坐落地址（必填）：填写详细地址，具体为：××省××市××县（区）××街道+ 详细地址，且应当与土地税源明细申报数据关联并一致。

（13）房产所属主管税务所（科、分局）：本表所填列房产的房产税收入所属的主管税务机关。系统允许各地配置该项的确定规则。该项不需纳税人手动填写，根据确定规则自动带出。

（14）承租方纳税识别号：纳税人为非自然人的，应按照以办理税务登记时税务机关赋予的编码填写。纳税人为自然人的，应按照本人有效身份证件上标注的号码填写。

（15）出租面积（必填）：填写出租房产的面积。

（16）合同租金总收入：填写出租协议约定的出租房产的总收入。

（17）合同约定租赁期起：填写出租协议约定的收取租金等收入的租赁期起。

（18）合同约定租赁期止：填写出租协议约定的收取租金等收入的租赁期止。

（19）申报租金收入：填写本次申报的应税租金收入。

（20）申报租金所属租赁期起：填写申报租金收入的所属租赁期起。

（21）申报租金所属租赁期止：填写申报租金收入的所属租赁期止。

（22）减免性质代码：该项按照税务机关最新制发的减免税政策代码表中最细项减免性质代码填写。有减免税情况的必填。对于出租房产不适用 12%法定税率的，应当填写相关的减免税内容。

（23）减免项目名称：该项按照税务机关最新制发的减免税政策代码表中最细项减免项目名称填写。

（24）减免税租金收入：该项填写本出租房产可以享受减免税政策的租金收入。

（25）减免税额：根据纳税人选择的减免性质代码自动计算。

（26）带星号（*）的项目不需要纳税人填写。

第九节　小型房地产企业车船税的纳税申报

第十节　小型房地产企业印花税的纳税申报

第十一节　小型房地产企业车辆购置税的纳税申报

车船税纳税申报表

税款所属时期：　　年　月　日至　　年　月　日

纳税人识别号：

纳税人名称：

金额单位：元（列至角分）

车船牌照号	车辆号牌种类	车架号	排气量	品目	计税依据			单位税额	本期应纳税额	减免税额	本期已缴税额	本期应补（退）税额	补缴往年税款
					辆	自重吨位	净吨位						
				1	2	3	4	5	6=2×5+3×5+4×5	7	8	9=6−7−8	10
合计								—					
如纳税人填报，由纳税人填写以下各栏									如委托税务代理机构填报，由税务代理机构填写以下各栏				
财务负责人（签章）									税务代理机构名称			税务代理机构（公章）	
									税务代理机构地址				
纳税人声明		此纳税申报表是根据国家税收法律的规定填报的，我确信它是真实的、可靠的、完整的。 申明人：							代理人（签章）				
									以下由税务机关填写				
									受理日期	受理人			

印花税纳税申报（报告）表

税款所属期限：自　　年　月　日至　　年　月　日　　填表日期：　　年　月　日　　金额单位：元至角分

纳税人识别号				
纳税人信息	名称			□单位　　□个人
	登记注册类型		所属行业	
	身份证件类型		身份证件号码	
	联系方式			

应税凭证	计税金额或件数	核定征收		适用税率	本期应纳税额	本期已缴税额	本期减免税额		本期应补（退）税额
		核定依据	核定比例				减免性质代码	减免额	
	1	2	3	4	5=1×4+2×3×4	6	7	8	9=5−6−8
购销合同				0.3‰					
加工承揽合同				0.5‰					
建设工程勘察设计合同				0.5‰					
建筑安装工程承包合同				0.3‰					
财产租赁合同				1‰					
货物运输合同				0.5‰					
仓储保管合同				1‰					
借款合同				0.05‰					
财产保险合同				1‰					
技术合同				0.3‰					
产权转移书据				0.5‰					

续表

营业账簿（记载资金的账簿）		—		0.5‰					
营业账簿（其他账簿）		—		5					
权利、许可证照		—		5					
合计	—	—		—					
以下由纳税人填写：									
纳税人声明	此纳税申报表是根据《中华人民共和国印花税暂行条例》和国家有关税收规定填报的，是真实的、可靠的、完整的。								
纳税人签章		代理人签章		代理人身份证号					
以下由税务机关填写：									
受理人		受理日期	年　月　日	受理税务机关签章					

本表一式两份，一份纳税人留存，一份税务机关留存。

减免性质代码：减免性质代码按照税务机关最新制发的减免税政策代码表中的最细项减免性质代码填报。

车辆购置税纳税申报表

填表日期：　　年　月　日　　　　行业代码：　　　　注册类型代码：

纳税人名称：　　　　　　　　　　　　　　　　　　　　金额单位：元

<table>
<tr><td>纳税人证件名称</td><td colspan="3"></td><td>证件号码</td><td colspan="2"></td></tr>
<tr><td>联系电话</td><td></td><td>邮政编码</td><td></td><td>地址</td><td colspan="2"></td></tr>
<tr><td colspan="7">车辆基本情况</td></tr>
<tr><td>车辆类别</td><td colspan="6">1. 汽车、2. 摩托车、3. 电车、4. 挂车、5. 农用运输车</td></tr>
<tr><td>生产企业名称</td><td colspan="3"></td><td>机动车销售统一发票（或有效凭证）价格</td><td colspan="2"></td></tr>
<tr><td>厂牌型号</td><td colspan="3"></td><td>关税完税价格</td><td colspan="2"></td></tr>
<tr><td>发动机号码</td><td colspan="3"></td><td>关税</td><td colspan="2"></td></tr>
<tr><td>车辆识别代号（车架号码）</td><td colspan="3"></td><td>消费税</td><td colspan="2"></td></tr>
<tr><td>购置日期</td><td colspan="3"></td><td>免（减）税条件</td><td colspan="2"></td></tr>
<tr><td>申报计税价格</td><td colspan="2">计税价格</td><td>税率</td><td colspan="2">免税、减税额</td><td>应纳税额</td></tr>
<tr><td>1</td><td colspan="2">2</td><td>3</td><td colspan="2">4=2×3</td><td>5=1×3 或 2×3</td></tr>
<tr><td></td><td colspan="2"></td><td>10%</td><td colspan="2"></td><td></td></tr>
<tr><td></td><td colspan="2"></td><td></td><td colspan="2"></td><td></td></tr>
<tr><td colspan="3">申报人声明</td><td colspan="4">授权声明</td></tr>
<tr><td colspan="3">此纳税申报表是根据《中华人民共和国车辆购置税暂行条例》的规定填报的，我相信它是真实的、可靠的、完整的。

声明人签字：</td><td colspan="4">如果你已委托代理人申报，请填写以下资料：
为代理一切税务事宜，现授权（　　　），地址（　　　　　）为本纳税人的代理申报人，任何与本申报表有关的往来文件，都可寄予此人。
授权人签字：</td></tr>
</table>

续表

纳税人签名或盖章	如委托代理人的，代理人应填写以下各栏		
	代理人名称		代理人（章）
	地址		
	经办人		
	电话		
接收人： 接收日期：		主管税务机关（章）：	

填表说明

（1）本表由车辆购置税纳税人（或代理人）在办理纳税申报时填写。

（2）“纳税人名称”栏，填写车主名称。

（3）“纳税人证件名称”栏，单位车辆填写《组织机构代码证书》；个人车辆填写《居民身份证》或其他身份证明名称。

（4）“证件号码”栏，填写《组织机构代码证书》、《居民身份证》及其他身份证件的号码。

（5）“车辆类别”栏，在表中所列项目中画“√”。

（6）“生产企业名称”栏，国产车辆填写国内生产企业名称，进口车辆填写国外生产企业名称。

（7）“厂牌型号”、“发动机号码”、“车辆识别代号（车架号码）”栏，分别填写车辆整车出厂合格证或《中华人民共和国海关货物进口证明书》或《中华人民共和国海关监管车辆进（出）境领（销）牌照通知书》或《没收走私汽车、摩托车证明书》中注明的产品型号、车辆识别代号（VIN，车架号码）。

（8）“购置日期”栏，填写机动车销售统一发票（或有效凭证）上注明的日期。

（9）“机动车销售统一发票（或有效凭证）价格”栏，填写机动车销售统一发票（或有效凭证）上注明的价费合计金额。

（10）“免（减）税条件”栏，按下列项目选择字母填写：

A. 外国驻华使馆、领事馆和国际组织驻华机构及其外交人员自用的车辆；

B. 中国人民解放军和中国人民武装警察部队列入军队武器装备订货计划的车辆；

C. 设有固定装置的非运输车辆；

D. 在外留学人员（含港、澳） 回国服务的，购买的国产汽车；

E. 来华定居专家进口自用或境内购置的汽车；

F. 其他免税、减税车辆。

（11）下列栏次由进口自用车辆的纳税人填写。

1）“关税完税价格”栏，填写《海关关税专用缴款书》中注明的关税计税价格。“关税”栏，填写《海关关税专用缴款书》中注明的关税税额；

2）“消费税”栏，填写《海关代征消费税专用缴款书》中注明的消费税税额。

（12）“申报计税价格”栏，分别按下列要求填写：

1）境内购置车辆，按机动车销售统一发票注明的价费合计金额÷（1+17%）填写；

2）进口自用车辆，填写计税价格。计税价格=关税完税价格+关税+消费税；

3）自产、受赠、获奖或者以其他方式取得并自用的车辆，按机动车销售统一发票（或有效凭证）注明的价费合计金额÷（1+17%）填写。

（13）“计税价格”栏，经税务机关辅导后填写：

1）填写最低计税价格；

2）底盘发生更换的车辆，按主管税务机关提供的最低计税价格的 70%填写；

3）免税条件消失的车辆，自初次办理纳税申报之日起，使用年限未满 10 年的，按主管税务机关提供的最低计税价格每满 1 年扣减 10%填写。未满 1 年的按主管税务机关提供的最低计税价格填写。使用年限 10 年（含）以上的，填写 0；

（14）“应纳税额”栏，计算公式如下：

1）计税依据为申报计税价格的，应纳税额=申报计税价格栏×税率；

2）计税依据为计税价格的，应纳税额=计税价格栏×税率。

（15）本表一式二份（一车一表），一份由纳税人留存；一份由主管税务机关留存。

第十二节　小型房地产企业耕地占用税纳税申报

第十三节　小型房地产企业契税的纳税申报

耕地占用税纳税申报表

税款所属期：　　年　月　日至　　年　月　日

纳税人识别号：

纳税人名称：　　　　　　　　　　　　　　　　　　　　　　　　金额：元（列至角分）；面积：平方米

<table>
<tr><td rowspan="2">占地位置</td><td rowspan="2">占地项目名称</td><td rowspan="2">占地项目类型</td><td rowspan="2">批准占地文号</td><td rowspan="2">批准占地日期</td><td>批准占地面积</td><td>单位税额</td><td>应纳税额</td><td>减免税额</td><td>应补（退）税额</td></tr>
<tr><td>1</td><td>2</td><td>3=1×2</td><td>4</td><td>5=3–4</td></tr>
<tr><td></td><td></td><td></td><td></td><td></td><td></td><td></td><td></td><td></td><td></td></tr>
<tr><td></td><td></td><td></td><td></td><td></td><td></td><td></td><td></td><td></td><td></td></tr>
<tr><td></td><td></td><td></td><td></td><td></td><td></td><td></td><td></td><td></td><td></td></tr>
<tr><td colspan="5">如纳税人填报，由纳税人填写以下各栏</td><td colspan="5">如委托税务代理机构填报，由税务代理机构填写以下各栏</td></tr>
<tr><td rowspan="2">会计主管
（签章）</td><td colspan="4" rowspan="2">经办人（签章）</td><td colspan="2">税务代理机构名称</td><td colspan="2"></td><td rowspan="3">税务代理机构
（公章）</td></tr>
<tr><td colspan="2">税务代理机构地址</td><td colspan="2"></td></tr>
<tr><td rowspan="5">申报声明</td><td colspan="4" rowspan="5">此纳税申报表是根据国家税收法律的规定填报的，我确信它是真实的、可靠的、完整的。
申明人：
（法定代表人签字或盖章）
（公章）</td><td colspan="2">代理人（签章）</td><td colspan="2"></td></tr>
<tr><td colspan="5">以下由税务机关填写</td></tr>
<tr><td colspan="2">受理日期</td><td></td><td>受理人</td><td></td></tr>
<tr><td colspan="2">审核日期</td><td></td><td>审核人</td><td></td></tr>
<tr><td colspan="5">审核记录</td></tr>
</table>

契税纳税申报表

填表日期：　　年　月　日　　　　　　　　　　　　　　金额单位：元至角分；面积单位：平方米

纳税人识别号						
承受方信息	名　称		□单位　□个人			
	登记注册类型		所属行业			
	身份证件类型	身份证□　护照□　其他□______	身份证件号码			
	联系人		联系方式			
转让方信息	名　称		□单位　□个人			
	纳税人识别号		登记注册类型		所属行业	
	身份证件类型		身份证件号码		联系方式	
土地房屋权属转移信　息	合同签订日期		土地房屋坐落地址		权属转移对象	设立下拉列框*
	权属转移方式	设立下拉列框	用途	设立下拉列框	家庭唯一普通住房	□90 平方米以上 □90 平方米及以下
	权属转移面积		成交价格		成交单价	
税款征收信　息	评估价格		计税价格		税率	
	计征税额		减免性质代码	减免税额	应纳税额	
以下由纳税人填写：						
纳税人声明	此纳税申报表是根据《中华人民共和国契税暂行条例》和国家有关税收规定填报的，是真实的、可靠的、完整的。					
纳税人签章		代理人签章		代理人身份证号		
以下由税务机关填写：						
受理人		受理日期	年　月　日	受理税务机关签章		

本表一式两份，一份纳税人留存，一份税务机关留存。

*设立下拉列框说明。

权属转移对象、方式、用途逻辑关系对照表

权属转移对象			权属转移方式		用途
一级（大类）	二级（小类）	三级（细目）			
土地	无	无	土地使用权出让		1、居住用地；2、商业用地；3、工业用地；4、综合用地；5、其他用地
			土地使用权转让	土地使用权买卖	1、居住用地；2、商业用地；3、工业用地；4、综合用地；5、其他用地
				土地使用权赠与	1、居住用地；2、商业用地；3、工业用地；4、综合用地；5、其他用地
				土地使用权交换	1、居住用地；2、商业用地；3、工业用地；4、综合用地；5、其他用地
				土地使用权作价入股	1、居住用地；2、商业用地；3、工业用地；4、综合用地；5、其他用地
房屋	增量房	普通商品住房	1、房屋买卖；2、房屋赠与；3、房屋交换；4、房屋作价入股；5、其他		1、居住
		非普通商品住房	1、房屋买卖；2、房屋赠与；3、房屋交换；4、房屋作价入股；5、其他		1、居住
		保障性住房	1、房屋买卖；2、房屋赠与；3、房屋交换；4、房屋作价入股；5、其他		1、居住
		其他住房	1、房屋买卖；2、房屋赠与；3、房屋交换；4、房屋作价入股；5、其他		1、居住
		非住房	1、房屋买卖；2、房屋赠与；3、房屋交换；4、房屋作价入股；5、其他		2、商业；3、办公；4、商住；5、附属建筑；6、工业；7、其他
	存量房	普通商品住房	1、房屋买卖；2、房屋赠与；3、房屋交换；4、房屋作价入股；5、其他		1、居住
		非普通商品住房	1、房屋买卖；2、房屋赠与；3、房屋交换；4、房屋作价入股；5、其他		1、居住
		保障性住房	1、房屋买卖；2、房屋赠与；3、房屋交换；4、房屋作价入股；5、其他		1、居住
		其他住房	1、房屋买卖；2、房屋赠与；3、房屋交换；4、房屋作价入股；5、其他		1、居住
		非住房	1、房屋买卖；2、房屋赠与；3、房屋交换；4、房屋作价入股；5、其他		2、商业；3、办公；4、商住；5、附属建筑；6、工业；7、其他

填表说明

（1）本表依据《中华人民共和国税收征收管理法》、《中华人民共和国契税暂行条例》设计制定。纳税申报必须填写本表。

（2）本表适用于在中国境内承受土地、房屋权属的单位和个人。纳税人应当在签订土地、房屋权属转移合同或者取得其他具有土地、房屋权属转移合同性质凭证后 10 日内，向土地、房屋所在地契税征收机关填报契税纳税申报表，申报纳税。对于个人间的二手房权属转移，纳税人可通过填报二手房交易综合申报表进行契税纳税申报，不需再填报契税纳税申报表。

（3）填报日期：填写纳税人办理纳税申报的实际日期。

（4）本表各栏的填写说明如下：

1）纳税人识别号：填写税务机关赋予的纳税人识别号。

2）承受方及转让方名称：承受方、转让方是党政机关、企事业单位的，应按照国家人事、民政部门批准设立或者工商部门注册登记的全称填写；承受方、转让方是自然人的，应按照本人有效身份证件上标注的姓名填写。

3）登记注册类型：承受方、转让方是企业的填写此栏。根据国家统计局《关于划分企业登记注册类型的规定》填写。

4）所属行业：承受方、转让方是党政机关、企事业单位的填写此栏。根据《国民经济行业分类》（GB/T4754—2011）填写。

5）身份证件类型：填写能识别纳税人唯一身份的有效证照名称。纳税人为自然人的，必选。选择类型为：身份证、护照、其他，必选一项，选择“其他”的，请注明证件的具体类型。

6）身份证件号码：填写纳税人身份证件上的号码。

7）联系人：填写单位法定代表人或纳税人本人姓名；联系方式：填写常用联系电话及通讯地址。

8）合同签订时间：指承受方与转让方签订土地、房屋转移合同的当日，或者承受方取得其他具有土地、房屋转移合同性质凭证的当日。

9）土地、房屋坐落地址：土地使用权转移，应填写土地坐落地址及地号；房屋权属转移，应同时填写土地坐落地址（含地号）和房屋坐落地址。

10）权属转移对象：分土地、房屋两类一级指标；房屋下的二级指标设增量房和存量房；增量房和存量房下的三级指标均设普通商品住房、非普通商品住房、保障性住房、其他住房和非住房。

11）权属转移方式：房产按 1.房屋买卖、2.房屋赠与、3.房屋交换、4.房屋作价入股、5.其他填写；土地按 1.国有土地使用权出让、2.土地使用权买卖、3.土地使用权赠与、4.土地使用权交换、5.土地使用权作价入股。

12）用途：土地按 1.居住用地、2.商业用地、3.工业用地、4.综合用地、5.其他用地填写；住房按居住填写；非住房按 1.居住、2.商业、3.办公、4.商住、5.附属建筑、6.工业、7.其他填写。

13）权属转移面积：土地、房屋权属转移合同确定的面积填写。

14）成交价格：土地、房屋权属转移合同确定的价格（包括承受者应交付的货币、实物、无形资产或者其他经济利益，折算成人民币金额）填写；房屋交换为所交换房屋所支付的差价，不支付差价小于零则填“0”；居民因个人房屋被征收而重新购置房屋或选择房屋产权调换的，以购房价格超过征收补偿部分的金额填写。成交单价：单位面积的成交价格。

15）税率：3%~5%，根据各省市确定的适用税率填写。家庭唯一普通住房亦按适用税率而非优惠税率填写。如某省规定，该省住房适用税率为 3%，对个人购买 90 平方米以下家庭住房的，在填报契税纳税申报表时，税率应按 3%而非 1%填写。

16）住房：国家规划部门规划的房产用途或房产证上标注的房产用途填写，商住房等混合用途房产不列为住房。

17）普通住房：指符合各地按照《建设部 发展改革委 财政部 国土资源部 人民银行 税务总局 银监会关于做好稳定住房价格工作的意见》（国办发［2005］26 号）规定制定的本地普通住房标准的住房。

18）评估价格，是指依据一定的评估方法对房地产所做的客观合理估价。如果纳税人成交价格明显低于市场价格并且无正当理由，并需要核定或评估的，按照“存量房交易计税价格评估系统”评估的价格或评估机构出具的评估价格填写。

19）计税价格，是指由征收机关按照《中华人民共和国契税暂行条例》及有关规定确定的成交价格或者核定价格。

20）减免性质代码：对按照契税政策规定享受减免税的，应按税务机关最新制发的减免税政策代码表中最细项减免性质代码填写。对同时享受税额式（税基式）减免税及税率式减免税的（如同时享受房屋征收免税及家庭唯一普通住房税率优惠），减免性质代码按税率式减免对应的代码填写。不享受减免税的，不填写此项。

21）计征税额：计征税额=计税价格×适用税率，适用税率即 13）条中确认的税率。

22）减免税额：减免税额=计税价格×（适用税率–优惠税率）×减免税比例，减免税比例按各地确定的减免税比例计算，享受免税的，减免税比例为 100%，不享受减免税的，不填写此项。

同时享受税额式（税基式）减免税及税率式减免税的，减免税额为按税率式减免计算的减免税额。其中，90 平方米及以下家庭唯一普通住房的，优惠税率为 1%；90 平方米以上家庭唯一普通住房的，优惠税率=适用税率÷2。

23）应纳税额：应纳税额=计征税额–减免税额。

例如，王某的住房被政府征收后选择货币补偿重新购置了 80 平方米的房屋，购房成交价格超过货币补偿 10 万元，按现行政策规定，王某应就超过货币补偿的 10 万元缴纳契税，同时，由于该房屋符合当地普通房屋标准，且为王某家庭唯一住房，可享受 1%优惠税率，当地契税适用税率为 3%。由此计算，计征税额=10 万元×3%=3 000 元，减免税额=300 010 万元×（3%–1%）=2 000 元，应纳税额=10 万元×1%=1 000 元。

附录 A

《小企业会计准则》

（2011 年 10 月 18 日 财会［2011］17 号）

为了规范小企业会计确认、计量和报告行为，促进小企业可持续发展，发挥小企业在国民经济和社会发展中的重要作用，根据《中华人民共和国会计法》及其他有关法律和法规，我部制定了《小企业会计准则》，现予印发，自 2013 年 1 月 1 日起在小企业范围内施行，鼓励小企业提前执行。我部于 2004 年 4 月 27 日发布的《小企业会计制度》（财会［2004］2 号）同时废止。

执行中有何问题，请及时反馈我部。

附件：小企业会计准则

财政部

二〇一一年十月十八日

第一章　总则

第一条 为了规范小企业会计确认、计量和报告行为，促进小企业可持续发展，发挥小企业在国民经济和社会发展中的重要作用，根据《中华人民共和国会计法》及其他有关法律和法规，制定本准则。

第二条 本准则适用于在中华人民共和国境内依法设立的、符合《中小企业划型标准规定》所规定的小型企业标准的企业。

下列三类小企业除外：

（一）股票或债券在市场上公开交易的小企业。

（二）金融机构或其他具有金融性质的小企业。

（三）企业集团内的母公司和子公司。

前款所称企业集团、母公司和子公司的定义与《企业会计准则》的规定相同。

第三条 符合本准则第二条规定的小企业，可以执行本准则，也可以执行《企业会计准则》。

（一）执行本准则的小企业，发生的交易或者事项本准则未作规范的，可以参照《企业会计准则》中的相关规定进行处理。

（二）执行《企业会计准则》的小企业，不得在执行《企业会计准则》的同时，选择执行本准则的相关规定。

（三）执行本准则的小企业公开发行股票或债券的，应当转为执行《企业会计准则》；因经营规模或企业性质变化导致不符合本准则第二条规定而成为大中型企业或金融企业的，应当从次年 1 月 1 日起转为执行《企业会计准则》。

（四）已执行《企业会计准则》的上市公司、大中型企业和小企业，不得转为执行本准则。

第四条 执行本准则的小企业转为执行《企业会计准则》时，应当按照《企业会计准则第

38 号——首次执行企业会计准则》等相关规定进行会计处理。

第二章 资产

第五条 资产，是指小企业过去的交易或者事项形成的、由小企业拥有或者控制的、预期会给小企业带来经济利益的资源。

小企业的资产按照流动性，可分为流动资产和非流动资产。

第六条 小企业的资产应当按照成本计量，不计提资产减值准备。

第一节 流动资产

第七条 小企业的流动资产，是指预计在 1 年内（含 1 年，下同）或超过 1 年的一个正常营业周期内变现、出售或耗用的资产。

小企业的流动资产包括：货币资金、短期投资、应收及预付款项、存货等。

第八条 短期投资，是指小企业购入的能随时变现并且持有时间不准备超过 1 年（含 1 年，下同）的投资，如小企业以赚取差价为目的从二级市场购入的股票、债券、基金等。

短期投资应当按照以下规定进行会计处理：

（一）以支付现金取得的短期投资，应当按照购买价款和相关税费作为成本进行计量。

实际支付价款中包含的已宣告但尚未发放的现金股利或已到付息期但尚未领取的债券利息，应当单独确认为应收股利或应收利息，不计入短期投资的成本。

（二）在短期投资持有期间，被投资单位宣告分派的现金股利或在债务人应付利息日按照分期付息、一次还本债券投资的票面利率计算的利息收入，应当计入投资收益。

（三）出售短期投资，出售价款扣除其账面余额、相关税费后的净额，应当计入投资收益。

第九条 应收及预付款项，是指小企业在日常生产经营活动中发生的各项债权。包括：应收票据、应收账款、应收股利、应收利息、其他应收款等应收款项和预付账款。

应收及预付款项应当按照发生额入账。

第十条 小企业应收及预付款项符合下列条件之一的，减除可收回的金额后确认的无法收回的应收及预付款项，作为坏账损失：

（一）债务人依法宣告破产、关闭、解散、被撤销，或者被依法注销、吊销营业执照，其清算财产不足清偿的。

（二）债务人死亡，或者依法被宣告失踪、死亡，其财产或者遗产不足清偿的。

（三）债务人逾期 3 年以上未清偿，且有确凿证据证明已无力清偿债务的。

（四）与债务人达成债务重组协议或法院批准破产重整计划后，无法追偿的。

（五）因自然灾害、战争等不可抗力导致无法收回的。

（六）国务院财政、税务主管部门规定的其他条件。

应收及预付款项的坏账损失应当于实际发生时计入营业外支出，同时冲减应收及预付款项。

第十一条 存货，是指小企业在日常生产经营过程中持有以备出售的产成品或商品、处在生产过程中的在产品、将在生产过程或提供劳务过程中耗用的材料和物料等，以及小企业（农、林、牧、渔业）为出售而持有的、或在将来收获为农产品的消耗性生物资产。

小企业的存货包括：原材料、在产品、半成品、产成品、商品、周转材料、委托加工物资、消耗性生物资产等。

（一）原材料，是指小企业在生产过程中经加工改变其形态或性质并构成产品主要实体的各种原料及主要材料、辅助材料、外购半成品（外购件）、修理用备件（备品备件）、包装材料、燃料等。

（二）在产品，是指小企业正在制造尚未完工的产品。包括：正在各个生产工序加工的产品，以及已加工完毕但尚未检验或已检验但尚未办理入库手续的产品。

（三）半成品，是指小企业经过一定生产过程并已检验合格交付半成品仓库保管，但尚未制造完工成为产成品，仍需进一步加工的中间产品。

（四）产成品，是指小企业已经完成全部生产过程并已验收入库，符合标准规格和技术条件，可以按照合同规定的条件送交订货单位，或者可以作为商品对外销售的产品。

（五）商品，是指小企业（批发业、零售业）外购或委托加工完成并已验收入库用于销售的各种商品。

（六）周转材料，是指小企业能够多次使用、逐渐转移其价值但仍保持原有形态且不确认为固定资产的材料。包括：包装物、低值易耗品、小企业（建筑业）的钢模板、木模板、脚手架等。

（七）委托加工物资，是指小企业委托外单位加工的各种材料、商品等物资。

（八）消耗性生物资产，是指小企业（农、林、牧、渔业）生长中的大田作物、蔬菜、用材林以及存栏待售的牲畜等。

第十二条 小企业取得的存货，应当按照成本进行计量。

（一）外购存货的成本包括：购买价款、相关税费、运输费、装卸费、保险费以及在外购存货过程发生的其他直接费用，但不含按照税法规定可以抵扣的增值税进项税额。

（二）通过进一步加工取得存货的成本包括：直接材料、直接人工以及按照一定方法分配的制造费用。

经过 1 年期以上的制造才能达到预定可销售状态的存货发生的借款费用，也计入存货的成本。

前款所称借款费用，是指小企业因借款而发生的利息及其他相关成本。包括：借款利息、辅助费用以及因外币借款而发生的汇兑差额等。

（三）投资者投入存货的成本，应当按照评估价值确定。

（四）提供劳务的成本包括：与劳务提供直接相关的人工费、材料费和应分摊的间接费用。

（五）自行栽培、营造、繁殖或养殖的消耗性生物资产的成本，应当按照下列规定确定：

1. 自行栽培的大田作物和蔬菜的成本包括：在收获前耗用的种子、肥料、农药等材料费、人工费和应分摊的间接费用。

2. 自行营造的林木类消耗性生物资产的成本包括：郁闭前发生的造林费、抚育费、营林设施费、良种试验费、调查设计费和应分摊的间接费用。

3. 自行繁殖的育肥畜的成本包括：出售前发生的饲料费、人工费和应分摊的间接费用。

4. 水产养殖的动物和植物的成本包括：在出售或入库前耗用的苗种、饲料、肥料等材料费、人工费和应分摊的间接费用。

（六）盘盈存货的成本，应当按照同类或类似存货的市场价格或评估价值确定。

第十三条 小企业应当采用先进先出法、加权平均法或者个别计价法确定发出存货的实际成本。计价方法一经选用，不得随意变更。

对于性质和用途相似的存货，应当采用相同的成本计算方法确定发出存货的成本。

对于不能替代使用的存货、为特定项目专门购入或制造的存货以及提供的劳务，采用个别计价法确定发出存货的成本。

对于周转材料，采用一次转销法进行会计处理，在领用时按其成本计入生产成本或当期损益；金额较大的周转材料，也可以采用分次摊销法进行会计处理。出租或出借周转材料，不需要结转其成本，但应当进行备查登记。

对于已售存货，应当将其成本结转为营业成本。

第十四条 小企业应当根据生产特点和成本管理的要求，选择适合于本企业的成本核算对象、成本项目和成本计算方法。

小企业发生的各项生产费用，应当按照成本核算对象和成本项目分别归集。

（一）属于材料费、人工费等直接费用，直接计入基本生产成本和辅助生产成本。

（二）属于辅助生产车间为生产产品提供的动力等直接费用，可以先作为辅助生产成本进行归集，然后按照合理的方法分配计入基本生产成本；也可以直接计入所生产产品发生的生产成本。

（三）其他间接费用应当作为制造费用进行归集，月度终了，再按一定的分配标准，分配计入有关产品的成本。

第十五条 存货发生毁损，处置收入、可收回的责任人赔偿和保险赔款，扣除其成本、相关税费后的净额，应当计入营业外支出或营业外收入。

盘盈存货实现的收益应当计入营业外收入。

盘亏存货发生的损失应当计入营业外支出。

第二节 长期投资

第十六条 小企业的非流动资产，是指流动资产以外的资产。

小企业的非流动资产包括：长期债券投资、长期股权投资、固定资产、生产性生物资产、无形资产、长期待摊费用等。

第十七条 长期债券投资，是指小企业准备长期（在 1 年以上，下同）持有的债券投资。

第十八条 长期债券投资应当按照购买价款和相关税费作为成本进行计量。

实际支付价款中包含的已到付息期但尚未领取的债券利息，应当单独确认为应收利息，不计入长期债券投资的成本。

第十九条 长期债券投资在持有期间发生的应收利息应当确认为投资收益。

（一）分期付息、一次还本的长期债券投资，在债务人应付利息日按照票面利率计算的应收未收利息收入应当确认为应收利息，不增加长期债券投资的账面余额。

（二）一次还本付息的长期债券投资，在债务人应付利息日按照票面利率计算的应收未收利息收入应当增加长期债券投资的账面余额。

（三）债券的折价或者溢价在债券存续期间内于确认相关债券利息收入时采用直线法进行摊销。

第二十条 长期债券投资到期，小企业收回长期债券投资，应当冲减其账面余额。

处置长期债券投资，处置价款扣除其账面余额、相关税费后的净额，应当计入投资收益。

第二十一条 小企业长期债券投资符合本准则第十条所列条件之一的，减除可收回的金额后确认的无法收回的长期债券投资，作为长期债券投资损失。

长期债券投资损失应当于实际发生时计入营业外支出，同时冲减长期债券投资账面余额。

第二十二条 长期股权投资，是指小企业准备长期持有的权益性投资。

第二十三条 长期股权投资应当按照成本进行计量。

（一）以支付现金取得的长期股权投资，应当按照购买价款和相关税费作为成本进行计量。

实际支付价款中包含的已宣告但尚未发放的现金股利，应当单独确认为应收股利，不计入长期股权投资的成本。

（二）通过非货币性资产交换取得的长期股权投资，应当按照换出非货币性资产的评估价值和相关税费作为成本进行计量。

第二十四条 长期股权投资应当采用成本法进行会计处理。

在长期股权投资持有期间，被投资单位宣告分派的现金股利或利润，应当按照应分得的金额确认为投资收益。

第二十五条 处置长期股权投资，处置价款扣除其成本、相关税费后的净额，应当计入投资收益。

第二十六条 小企业长期股权投资符合下列条件之一的，减除可收回的金额后确认的无法收回的长期股权投资，作为长期股权投资损失：

（一）被投资单位依法宣告破产、关闭、解散、被撤销，或者被依法注销、吊销营业执照的。

（二）被投资单位财务状况严重恶化，累计发生巨额亏损，已连续停止经营 3 年以上，且无重新恢复经营改组计划的。

（三）对被投资单位不具有控制权，投资期限届满或者投资期限已超过 10 年，且被投资单位因连续 3 年经营亏损导致资不抵债的。

（四）被投资单位财务状况严重恶化，累计发生巨额亏损，已完成清算或清算期超过 3 年以上的。

（五）国务院财政、税务主管部门规定的其他条件。

长期股权投资损失应当于实际发生时计入营业外支出，同时冲减长期股权投资账面余额。

第三节 固定资产和生产性生物资产

第二十七条 固定资产，是指小企业为生产产品、提供劳务、出租或经营管理而持有的，使用寿命超过 1 年的有形资产。

小企业的固定资产包括：房屋、建筑物、机器、机械、运输工具、设备、器具、工具等。

第二十八条 固定资产应当按照成本进行计量。

（一）外购固定资产的成本包括：购买价款、相关税费、运输费、装卸费、保险费、安装费等，但不含按照税法规定可以抵扣的增值税进项税额。 以一笔款项购入多项没有单独标价的固定资产，应当按照各项固定资产或类似资产的市场价格或评估价值比例对总成本进行分配，分别确定各项固定资产的成本。

（二）自行建造固定资产的成本，由建造该项资产在竣工决算前发生的支出（含相关的借款费用）构成。

小企业在建工程在试运转过程中形成的产品、副产品或试车收入冲减在建工程成本。

（三）投资者投入固定资产的成本，应当按照评估价值和相关税费确定。

（四）融资租入的固定资产的成本，应当按照租赁合同约定的付款总额和在签订租赁合同过程中发生的相关税费等确定。

（五）盘盈固定资产的成本，应当按照同类或者类似固定资产的市场价格或评估价值，扣除按照该项固定资产新旧程度估计的折旧后的余额确定。

第二十九条 小企业应当对所有固定资产计提折旧，但已提足折旧仍继续使用的固定资产和单独计价入账的土地不得计提折旧。

固定资产的折旧费应当根据固定资产的受益对象计入相关资产成本或者当期损益。

前款所称折旧，是指在固定资产使用寿命内，按照确定的方法对应计折旧额进行系统分摊。应计折旧额，是指应当计提折旧的固定资产的原价（成本）扣除其预计净残值后的金额。预计净残值，是指固定资产预计使用寿命已满，小企业从该项固定资产处置中获得的扣除预计处置费用后的净额。已提足折旧，是指已经提足该项固定资产的应计折旧额。

第三十条 小企业应当按照年限平均法（直线法，下同）计提折旧。小企业的固定资产由于技术进步等原因，确需加速折旧的，可以采用双倍余额递减法和年数总和法。

小企业应当根据固定资产的性质和使用情况，并考虑税法的规定，合理确定固定资产的使用寿命和预计净残值。

固定资产的折旧方法、使用寿命、预计净残值一经确定，不得随意变更。

第三十一条 小企业应当按月计提折旧，当月增加的固定资产，当月不计提折旧，从下月起计提折旧；当月减少的固定资产，当月仍计提折旧，从下月起不计提折旧。

第三十二条 固定资产的日常修理费，应当在发生时根据固定资产的受益对象计入相关资产成本或者当期损益。

第三十三条 固定资产的改建支出，应当计入固定资产的成本，但已提足折旧的固定资产和经营租入的固定资产发生的改建支出应当计入长期待摊费用。

前款所称固定资产的改建支出，是指改变房屋或者建筑物结构、延长使用年限等发生的支出。

第三十四条 处置固定资产，处置收入扣除其账面价值、相关税费和清理费用后的净额，应当计入营业外收入或营业外支出。

前款所称固定资产的账面价值，是指固定资产原价（成本）扣减累计折旧后的金额。

盘亏固定资产发生的损失应当计入营业外支出。

第三十五条 生产性生物资产，是指小企业（农、林、牧、渔业）为生产农产品、提供劳务或出租等目的而持有的生物资产。包括：经济林、薪炭林、产畜和役畜等。

第三十六条 生产性生物资产应当按照成本进行计量。

（一）外购的生产性生物资产的成本，应当按照购买价款和相关税费确定。

（二）自行营造或繁殖的生产性生物资产的成本，应当按照下列规定确定：

1. 自行营造的林木类生产性生物资产的成本包括：达到预定生产经营目的前发生的造林费、抚育费、营林设施费、良种试验费、调查设计费和应分摊的间接费用等必要支出。

2. 自行繁殖的产畜和役畜的成本包括：达到预定生产经营目的前发生的饲料费、人工费和应分摊的间接费用等必要支出。

前款所称达到预定生产经营目的，是指生产性生物资产进入正常生产期，可以多年连续稳定产出农产品、提供劳务或出租。

第三十七条 生产性生物资产应当按照年限平均法计提折旧。

小企业（农、林、牧、渔业）应当根据生产性生物资产的性质和使用情况，并考虑税法的规定，合理确定生产性生物资产的使用寿命和预计净残值。

生产性生物资产的折旧方法、使用寿命、预计净残值一经确定，不得随意变更。

小企业（农、林、牧、渔业）应当自生产性生物资产投入使用月份的下月起按月计提折旧；停止使用的生产性生物资产，应当自停止使用月份的下月起停止计提折旧。

第四节 无形资产

第三十八条 无形资产，是指小企业为生产产品、提供劳务、出租或经营管理而持有的、没有实物形态的可辨认非货币性资产。

小企业的无形资产包括：土地使用权、专利权、商标权、著作权、非专利技术等。

自行开发建造厂房等建筑物，相关的土地使用权与建筑物应当分别进行处理。外购土地及建筑物支付的价款应当在建筑物与土地使用权之间按照合理的方法进行分配；难以合理分配的，应当全部作为固定资产。

第三十九条 无形资产应当按照成本进行计量。

（一）外购无形资产的成本包括：购买价款、相关税费和相关的其他支出（含相关的借款费用）。

（二）投资者投入的无形资产的成本，应当按照评估价值和相关税费确定。

（三）自行开发的无形资产的成本，由符合资本化条件后至达到预定用途前发生的支出（含相关的借款费用）构成。

第四十条 小企业自行开发无形资产发生的支出，同时满足下列条件的，才能确认为无形资产：

（一）完成该无形资产以使其能够使用或出售在技术上具有可行性；

（二）具有完成该无形资产并使用或出售的意图；

（三）能够证明运用该无形资产生产的产品存在市场或无形资产自身存在市场，无形资产将在内部使用的，应当证明其有用性；

（四）有足够的技术、财务资源和其他资源支持，以完成该无形资产的开发，并有能力使用或出售该无形资产；

（五）归属于该无形资产开发阶段的支出能够可靠地计量。

第四十一条 无形资产应当在其使用寿命内采用年限平均法进行摊销，根据其受益对象计入相关资产成本或者当期损益。

无形资产的摊销期自其可供使用时开始至停止使用或出售时止。有关法律规定或合同约定了使用年限的，可以按照规定或约定的使用年限分期摊销。

小企业不能可靠估计无形资产使用寿命的，摊销期不得低于10年。

第四十二条 处置无形资产，处置收入扣除其账面价值、相关税费等后的净额，应当计入营业外收入或营业外支出。

前款所称无形资产的账面价值，是指无形资产的成本扣减累计摊销后的金额。

第五节 长期待摊费用

第四十三条 小企业的长期待摊费用包括：已提足折旧的固定资产的改建支出、经营租入固定资产的改建支出、固定资产的大修理支出和其他长期待摊费用等。

前款所称固定资产的大修理支出，是指同时符合下列条件的支出：

（一）修理支出达到取得固定资产时的计税基础50%以上；

（二）修理后固定资产的使用寿命延长2年以上。

第四十四条 长期待摊费用应当在其摊销期限内采用年限平均法进行摊销，根据其受益对象计入相关资产的成本或者管理费用，并冲减长期待摊费用。

（一）已提足折旧的固定资产的改建支出，按照固定资产预计尚可使用年限分期摊销。

（二）经营租入固定资产的改建支出，按照合同约定的剩余租赁期限分期摊销。

（三）固定资产的大修理支出，按照固定资产尚可使用年限分期摊销。

（四）其他长期待摊费用，自支出发生月份的下月起分期摊销，摊销期不得低于3年。

第三章 负债

第四十五条 负债，是指小企业过去的交易或者事项形成的，预期会导致经济利益流出小企业的现时义务。

小企业的负债按照其流动性，可分为流动负债和非流动负债。

第一节 流动负债

第四十六条 小企业的流动负债，是指预计在 1 年内或者超过 1 年的一个正常营业周期内清偿的债务。

小企业的流动负债包括：短期借款、应付及预收款项、应付职工薪酬、应交税费、应付利息等。

第四十七条 各项流动负债应当按照其实际发生额入账。

小企业确实无法偿付的应付款项，应当计入营业外收入。

第四十八条 短期借款应当按照借款本金和借款合同利率在应付利息日计提利息费用，计入财务费用。

第四十九条 应付职工薪酬，是指小企业为获得职工提供的服务而应付给职工的各种形式的报酬以及其他相关支出。

小企业的职工薪酬包括：

（一）职工工资、奖金、津贴和补贴。

（二）职工福利费。

（三）医疗保险费、养老保险费、失业保险费、工伤保险费和生育保险费等社会保险费。

（四）住房公积金。

（五）工会经费和职工教育经费。

（六）非货币性福利。

（七）因解除与职工的劳动关系给予的补偿。

（八）其他与获得职工提供的服务相关的支出等。

第五十条 小企业应当在职工为其提供服务的会计期间，将应付的职工薪酬确认为负债，并根据职工提供服务的受益对象，分别下列情况进行会计处理：

（一）应由生产产品、提供劳务负担的职工薪酬，计入产品成本或劳务成本。

（二）应由在建工程、无形资产开发项目负担的职工薪酬，计入固定资产成本或无形资产成本。

（三）其他职工薪酬（含因解除与职工的劳动关系给予的补偿），计入当期损益。

第二节 非流动负债

第五十一条 小企业的非流动负债，是指流动负债以外的负债。

小企业的非流动负债包括：长期借款、长期应付款等。

第五十二条 非流动负债应当按照其实际发生额入账。

长期借款应当按照借款本金和借款合同利率在应付利息日计提利息费用，计入相关资产成本或财务费用。

第四章 所有者权益

第五十三条 所有者权益，是指小企业资产扣除负债后由所有者享有的剩余权益。

小企业的所有者权益包括：实收资本（或股本，下同）、资本公积、盈余公积和未分配利润。

第五十四条 实收资本，是指投资者按照合同协议约定或相关规定投入到小企业、构成小企业注册资本的部分。

（一）小企业收到投资者以现金或非货币性资产投入的资本，应当按照其在本企业注册资本中所占的份额计入实收资本，超出的部分，应当计入资本公积。

（二）投资者根据有关规定对小企业进行增资或减资，小企业应当增加或减少实收资本。

第五十五条 资本公积，是指小企业收到的投资者出资额超过其在注册资本或股本中所占份额的部分。

小企业用资本公积转增资本，应当冲减资本公积。小企业的资本公积不得用于弥补亏损。

第五十六条 盈余公积，是指小企业按照法律规定在税后利润中提取的法定公积金和任意公积金。

小企业用盈余公积弥补亏损或者转增资本，应当冲减盈余公积。小企业的盈余公积还可以用于扩大生产经营。

第五十七条 未分配利润，是指小企业实现的净利润，经过弥补亏损、提取法定公积金和任意公积金、向投资者分配利润后，留存在本企业的、历年结存的利润。

第五章 收入

第五十八条 收入，是指小企业在日常生产经营活动中形成的、会导致所有者权益增加、与所有者投入资本无关的经济利益的总流入。包括：销售商品收入和提供劳务收入。

第五十九条 销售商品收入，是指小企业销售商品（或产成品、材料，下同）取得的收入。

通常，小企业应当在发出商品且收到货款或取得收款权利时，确认销售商品收入。

（一）销售商品采用托收承付方式的，在办妥托收手续时确认收入。

（二）销售商品采取预收款方式的，在发出商品时确认收入。

（三）销售商品采用分期收款方式的，在合同约定的收款日期确认收入。

（四）销售商品需要安装和检验的，在购买方接受商品以及安装和检验完毕时确认收入。安装程序比较简单的，可在发出商品时确认收入。

（五）销售商品采用支付手续费方式委托代销的，在收到代销清单时确认收入。

（六）销售商品以旧换新的，销售的商品作为商品销售处理，回收的商品作为购进商品处理。

（七）采取产品分成方式取得的收入，在分得产品之日按照产品的市场价格或评估价值确定销售商品收入金额。

第六十条 小企业应当按照从购买方已收或应收的合同或协议价款，确定销售商品收入金额。

销售商品涉及现金折扣的，应当按照扣除现金折扣前的金额确定销售商品收入金额。现金折扣应当在实际发生时，计入当期损益。

销售商品涉及商业折扣的，应当按照扣除商业折扣后的金额确定销售商品收入金额。

前款所称现金折扣，是指债权人为鼓励债务人在规定的期限内付款而向债务人提供的债务扣除。商业折扣，是指小企业为促进商品销售而在商品标价上给予的价格扣除。

第六十一条 小企业已经确认销售商品收入的售出商品发生的销售退回（不论属于本年度还是属于以前年度的销售），应当在发生时冲减当期销售商品收入。

小企业已经确认销售商品收入的售出商品发生的销售折让，应当在发生时冲减当期销售商品收入。

前款所称销售退回，是指小企业售出的商品由于质量、品种不符合要求等原因发生的退货。销售折让，是指小企业因售出商品的质量不合格等原因而在售价上给予的减让。

第六十二条 小企业提供劳务的收入，是指小企业从事建筑安装、修理修配、交通运输、仓储租赁、邮电通信、咨询经纪、文化体育、科学研究、技术服务、教育培训、餐饮住宿、中介代理、卫生保健、社区服务、旅游、娱乐、加工以及其他劳务服务活动取得的收入。

第六十三条 同一会计年度内开始并完成的劳务，应当在提供劳务交易完成且收到款项或取得收款权利时，确认提供劳务收入。提供劳务收入的金额为从接受劳务方已收或应收的合同或协议价款。

劳务的开始和完成分属不同会计年度的，应当按照完工进度确认提供劳务收入。年度资产负债表日，按照提供劳务收入总额乘以完工进度扣除以前会计年度累计已确认提供劳务收入后的金额，确认本年度的提供劳务收入；同时，按照估计的提供劳务成本总额乘以完工进度扣除以前会计年度累计已确认营业成本后的金额，结转本年度营业成本。

第六十四条 小企业与其他企业签订的合同或协议包含销售商品和提供劳务时，销售商品部分和提供劳务部分能够区分且能够单独计量的，应当将销售商品的部分作为销售商品处理，将提供劳务的部分作为提供劳务处理。

销售商品部分和提供劳务部分不能够区分，或虽能区分但不能够单独计量的，应当作为销售商品处理。

第六章 费用

第六十五条 费用，是指小企业在日常生产经营活动中发生的、会导致所有者权益减少、与向所有者分配利润无关的经济利益的总流出。

小企业的费用包括：营业成本、营业税金及附加、销售费用、管理费用、财务费用等。

（一）营业成本，是指小企业所销售商品的成本和所提供劳务的成本。

（二）营业税金及附加，是指小企业开展日常生产经营活动应负担的消费税、城市维护建设税、资源税、土地增值税、城镇土地使用税、房产税、车船税、印花税和教育费附加、矿产资源补偿费、排污费等。

（三）销售费用，是指小企业在销售商品或提供劳务过程中发生的各种费用。包括：销售人员的职工薪酬、商品维修费、运输费、装卸费、包装费、保险费、广告费、业务宣传费、展览费等费用。

小企业（批发业、零售业）在购买商品过程中发生的费用（包括：运输费、装卸费、包装费、保险费、运输途中的合理损耗和入库前的挑选整理费等）也构成销售费用。

（四）管理费用，是指小企业为组织和管理生产经营发生的其他费用。包括：小企业在筹建期间内发生的开办费、行政管理部门发生的费用（包括：固定资产折旧费、修理费、办公费、水电费、差旅费、管理人员的职工薪酬等）、业务招待费、研究费用、技术转让费、相关长期待摊费用摊销、财产保险费、聘请中介机构费、咨询费（含顾问费）、诉讼费等费用。

（五）财务费用，是指小企业为筹集生产经营所需资金发生的筹资费用。包括：利息费用（减利息收入）、汇兑损失、银行相关手续费、小企业给予的现金折扣（减享受的现金折扣）等费用。

第六十六条 通常，小企业的费用应当在发生时按照其发生额计入当期损益。

小企业销售商品收入和提供劳务收入已予确认的，应当将已销售商品和已提供劳务的成本作为营业成本结转至当期损益。

第七章 利润及利润分配

第六十七条 利润，是指小企业在一定会计期间的经营成果。包括：营业利润、利润总额和净利润。

（一）营业利润，是指营业收入减去营业成本、营业税金及附加、销售费用、管理费用、财务费用，加上投资收益（或减去投资损失）后的金额。

前款所称营业收入，是指小企业销售商品和提供劳务实现的收入总额。投资收益，由小企业股权投资取得的现金股利（或利润）、债券投资取得的利息收入和处置股权投资和债券投资取得的处置价款扣除成本或账面余额、相关税费后的净额三部分构成。

（二）利润总额，是指营业利润加上营业外收入，减去营业外支出后的金额。

（三）净利润，是指利润总额减去所得税费用后的净额。

第六十八条 营业外收入，是指小企业非日常生产经营活动形成的、应当计入当期损益、会导致所有者权益增加、与所有者投入资本无关的经济利益的净流入。

小企业的营业外收入包括：非流动资产处置净收益、政府补助、捐赠收益、盘盈收益、汇兑收益、出租包装物和商品的租金收入、逾期未退包装物押金收益、确实无法偿付的应付款项、已作坏账损失处理后又收回的应收款项、违约金收益等。

通常，小企业的营业外收入应当在实现时按照其实现金额计入当期损益。

第六十九条 政府补助，是指小企业从政府无偿取得货币性资产或非货币性资产，但不含政府作为小企业所有者投入的资本。

（一）小企业收到与资产相关的政府补助，应当确认为递延收益，并在相关资产的使用寿命内平均分配，计入营业外收入。

收到的其他政府补助，用于补偿本企业以后期间的相关费用或亏损的，确认为递延收益，并在确认相关费用或发生亏损的期间，计入营业外收入；用于补偿本企业已发生的相关费用或亏损的，直接计入营业外收入。

（二）政府补助为货币性资产的，应当按照收到的金额计量。

政府补助为非货币性资产的，政府提供了有关凭据的，应当按照凭据上标明的金额计量；政府没有提供有关凭据的，应当按照同类或类似资产的市场价格或评估价值计量。

（三）小企业按照规定实行企业所得税、增值税、消费税等先征后返的，应当在实际收到返还的企业所得税、增值税（不含出口退税）、消费税时，计入营业外收入。

第七十条 营业外支出，是指小企业非日常生产经营活动发生的、应当计入当期损益、会导致所有者权益减少、与向所有者分配利润无关的经济利益的净流出。

小企业的营业外支出包括：存货的盘亏、毁损、报废损失，非流动资产处置净损失，坏账损失，无法收回的长期债券投资损失，无法收回的长期股权投资损失，自然灾害等不可抗力因素造成的损失，税收滞纳金，罚金，罚款，被没收财物的损失，捐赠支出，赞助支出等。

通常，小企业的营业外支出应当在发生时按照其发生额计入当期损益。

第七十一条 小企业应当按照企业所得税法规定计算的当期应纳税额，确认所得税费用。

小企业应当在利润总额的基础上，按照企业所得税法规定进行纳税调整，计算出当期应纳税所得额，按照应纳税所得额与适用所得税税率为基础计算确定当期应纳税额。

第七十二条 小企业以当年净利润弥补以前年度亏损等剩余的税后利润，可用于向投资者进行分配。

小企业（公司制）在分配当年税后利润时，应当按照公司法的规定提取法定公积金和任意公积金。

第八章 外币业务

第七十三条 小企业的外币业务由外币交易和外币财务报表折算构成。

第七十四条 外币交易，是指小企业以外币计价或者结算的交易。

小企业的外币交易包括：买入或者卖出以外币计价的商品或者劳务、借入或者借出外币资金和其他以外币计价或者结算的交易。

前款所称外币，是指小企业记账本位币以外的货币。记账本位币，是指小企业经营所处的主要经济环境中的货币。

第七十五条 小企业应当选择人民币作为记账本位币。业务收支以人民币以外的货币为主的小企业，可以选定其中一种货币作为记账本位币，但编报的财务报表应当折算为人民币财务报表。

小企业记账本位币一经确定，不得随意变更，但小企业经营所处的主要经济环境发生重大变化除外。

小企业因经营所处的主要经济环境发生重大变化，确需变更记账本位币的，应当采用变更当日的即期汇率将所有项目折算为变更后的记账本位币。

前款所称即期汇率，是指中国人民银行公布的当日人民币外汇牌价的中间价。

第七十六条 小企业对于发生的外币交易，应当将外币金额折算为记账本位币金额。

外币交易在初始确认时，采用交易发生日的即期汇率将外币金额折算为记账本位币金额；也可以采用交易当期平均汇率折算。

小企业收到投资者以外币投入的资本，应当采用交易发生日即期汇率折算，不得采用合同约定汇率和交易当期平均汇率折算。

第七十七条 小企业在资产负债表日，应当按照下列规定对外币货币性项目和外币非货币性项目进行会计处理：

（一）外币货币性项目，采用资产负债表日的即期汇率折算。因资产负债表日即期汇率与初始确认时或者前一资产负债表日即期汇率不同而产生的汇兑差额，计入当期损益。

（二）以历史成本计量的外币非货币性项目，仍采用交易发生日的即期汇率折算，不改变其记账本位币金额。

前款所称货币性项目，是指小企业持有的货币资金和将以固定或可确定的金额收取的资产或者偿付的负债。货币性项目分为货币性资产和货币性负债。货币性资产包括：库存现金、银行存款、应收账款、其他应收款等；货币性负债包括：短期借款、应付账款、其他应付款、长期借款、长期应付款等。非货币性项目，是指货币性项目以外的项目。包括：存货、长期股权投资、固定资产、无形资产等。

第七十八条 小企业对外币财务报表进行折算时，应当采用资产负债表日的即期汇率对外币资产负债表、利润表和现金流量表的所有项目进行折算。

第九章 财务报表

第七十九条 财务报表，是指对小企业财务状况、经营成果和现金流量的结构性表述。小企业的财务报表至少应当包括下列组成部分：

（一）资产负债表；

（二）利润表；

（三）现金流量表；

（四）附注。

第八十条 资产负债表，是指反映小企业在某一特定日期的财务状况的报表。

（一）资产负债表中的资产类至少应当单独列示反映下列信息的项目：

1. 货币资金；
2. 应收及预付款项；
3. 存货；

4. 长期债券投资；
5. 长期股权投资；
6. 固定资产；
7. 生产性生物资产；
8. 无形资产；
9. 长期待摊费用。

（二）资产负债表中的负债类至少应当单独列示反映下列信息的项目：

1. 短期借款；
2. 应付及预收款项；
3. 应付职工薪酬；
4. 应交税费；
5. 应付利息；
6. 长期借款；
7. 长期应付款。

（三）资产负债表中的所有者权益类至少应当单独列示反映下列信息的项目：

1. 实收资本；
2. 资本公积；
3. 盈余公积；
4. 未分配利润。

（四）资产负债表中的资产类应当包括流动资产和非流动资产的合计项目；负债类应当包括流动负债、非流动负债和负债的合计项目；所有者权益类应当包括所有者权益的合计项目。

资产负债表应当列示资产总计项目，负债和所有者权益总计项目。

第八十一条 利润表，是指反映小企业在一定会计期间的经营成果的报表。

费用应当按照功能分类，分为营业成本、营业税金及附加、销售费用、管理费用和财务费用等。

利润表至少应当单独列示反映下列信息的项目：

（一）营业收入；

（二）营业成本；

（三）营业税金及附加；

（四）销售费用；

（五）管理费用；

（六）财务费用；

（七）所得税费用；

（八）净利润。

第八十二条 现金流量表，是指反映小企业在一定会计期间现金流入和流出情况的报表。

现金流量表应当分别经营活动、投资活动和筹资活动列报现金流量。现金流量应当分别按照现金流入和现金流出总额列报。

前款所称现金，是指小企业的库存现金以及可以随时用于支付的存款和其他货币资金。

第八十三条 经营活动，是指小企业投资活动和筹资活动以外的所有交易和事项。

小企业经营活动产生的现金流量应当单独列示反映下列信息的项目：

（一）销售产成品、商品、提供劳务收到的现金；

（二）购买原材料、商品、接受劳务支付的现金；

（三）支付的职工薪酬；

（四）支付的税费。

第八十四条 投资活动，是指小企业固定资产、无形资产、其他非流动资产的购建和短期投资、长期债券投资、长期股权投资及其处置活动。

小企业投资活动产生的现金流量应当单独列示反映下列信息的项目：

（一）收回短期投资、长期债券投资和长期股权投资收到的现金；

（二）取得投资收益收到的现金；

（三）处置固定资产、无形资产和其他非流动资产收回的现金净额；

（四）短期投资、长期债券投资和长期股权投资支付的现金；

（五）购建固定资产、无形资产和其他非流动资产支付的现金。

第八十五条 筹资活动，是指导致小企业资本及债务规模和构成发生变化的活动。

小企业筹资活动产生的现金流量应当单独列示反映下列信息的项目：

（一）取得借款收到的现金；

（二）吸收投资者投资收到的现金；

（三）偿还借款本金支付的现金；

（四）偿还借款利息支付的现金；

（五）分配利润支付的现金。

第八十六条 附注，是指对在资产负债表、利润表和现金流量表等报表中列示项目的文字描述或明细资料，以及对未能在这些报表中列示项目的说明等。

附注应当按照下列顺序披露：

（一）遵循小企业会计准则的声明。

（二）短期投资、应收账款、存货、固定资产项目的说明。

（三）应付职工薪酬、应交税费项目的说明。

（四）利润分配的说明。

（五）用于对外担保的资产名称、账面余额及形成的原因；未决诉讼、未决仲裁以及对外提供担保所涉及的金额。

（六）发生严重亏损的，应当披露持续经营的计划、未来经营的方案。

（七）对已在资产负债表和利润表中列示项目与企业所得税法规定存在差异的纳税调整过程。

（八）其他需要在附注中说明的事项。

第八十七条 小企业应当根据实际发生的交易和事项，按照本准则的规定进行确认和计量，在此基础上按月或者按季编制财务报表。

第八十八条 小企业对会计政策变更、会计估计变更和会计差错更正应当采用未来适用法进行会计处理。

前款所称会计政策，是指小企业在会计确认、计量和报告中所采用的原则、基础和会计处理方法。会计估计变更，是指由于资产和负债的当前状况及预期经济利益和义务发生了变化，从而对资产或负债的账面价值或者资产的定期消耗金额进行调整。前期差错包括：计算错误、应用会计政策错误、应用会计估计错误等。未来适用法，是指将变更后的会计政策和会计估计应用于变更日及以后发生的交易或者事项，或者在会计差错发生或发现的当期更正差错的方法。

第十章 附则

第八十九条 符合《中小企业划型标准规定》所规定的微型企业标准的企业参照执行本准则。

第九十条 本准则自2013年1月1日起施行。财政部2004年发布的《小企业会计制度》（财会［2004］2号）同时废止。

附录：小企业会计准则——会计科目、主要账务处理和财务报表

一、会计科目

会计科目和主要账务处理依据小企业会计准则中确认和计量的规定制定，涵盖了各类小企业的交易和事项。小企业在不违反会计准则中确认、计量和报告规定的前提下，可以根据本企业的实际情况自行增设、分拆、合并会计科目。小企业不存在的交易或者事项，可不设置相关会计科目。对于明细科目，小企业可以比照本附录中的规定自行设置。会计科目编号供小企业填制会计凭证、登记会计账簿、查阅会计账目、采用会计软件系统参考，小企业可结合本企业的实际情况自行确定其他会计科目的编号。

顺序号	编　　号	会计科目名称
		一、资产类
1	1001	库存现金
2	1002	银行存款
3	1012	其他货币资金
4	1101	短期投资
5	1121	应收票据
6	1122	应收账款
7	1123	预付账款
8	1131	应收股利
9	1132	应收利息
10	1221	其他应收款
11	1401	材料采购
12	1402	在途物资
13	1403	原材料
14	1404	材料成本差异
15	1405	库存商品
16	1407	商品进销差价
17	1408	委托加工物资
18	1411	周转材料
19	1421	消耗性生物资产
20	1501	长期债券投资
21	1511	长期股权投资
22	1601	固定资产
23	1602	累计折旧
24	1604	在建工程

续表

顺序号	编　号	会计科目名称
25	1605	工程物资
26	1606	固定资产清理
27	1621	生产性生物资产
28	1622	生产性生物资产累计折旧
29	1701	无形资产
30	1702	累计摊销
31	1801	长期待摊费用
32	1901	待处理财产损溢
二、负债类		
33	2001	短期借款
34	2201	应付票据
35	2202	应付账款
36	2203	预收账款
37	2211	应付职工薪酬
38	2221	应交税费
39	2231	应付利息
40	2232	应付利润
41	2241	其他应付款
42	2401	递延收益
43	2501	长期借款
44	2701	长期应付款
三、所有者权益类		
45	3001	实收资本
46	3002	资本公积
47	3101	盈余公积
48	3103	本年利润
49	3104	利润分配
四、成本类		
50	4001	生产成本
51	4101	制造费用
52	4301	研发支出
53	4401	工程施工
54	4403	机械作业
五、损益类		
55	5001	主营业务收入
56	5051	其他业务收入
57	5111	投资收益
58	5301	营业外收入

续表

顺序号	编　　号	会计科目名称
59	5401	主营业务成本
60	5402	其他业务成本
61	5403	营业税金及附加
62	5601	销售费用
63	5602	管理费用
64	5603	财务费用
65	5711	营业外支出
66	5801	所得税费用

二、主要账务处理

资产类

1001　库存现金

一、本科目核算小企业的库存现金。

小企业有内部周转使用备用金的，可以单独设置“1004 备用金”科目。

二、库存现金的主要账务处理。

小企业增加库存现金，借记本科目，贷记“银行存款”等科目；减少库存现金，做相反的会计分录。

三、小企业应当设置“库存现金日记账”，由出纳人员根据收付款凭证，按照业务发生顺序逐笔登记。每日终了，应当计算当日的现金收入合计额、现金支出合计额和结余额，将结余额与实际库存额核对，做到账款相符。

有外币现金的小企业，还应当分别按照人民币和外币进行明细核算。

四、每日终了结算现金收支、财产清查等发现的有待查明原因的现金短缺或溢余，应通过“待处理财产损溢”科目核算：属于现金短缺，应按照实际短缺的金额，借记“待处理财产损溢——待处理流动资产损溢”科目，贷记本科目；属于现金溢余，按照实际溢余的金额，借记本科目，贷记“待处理财产损溢——待处理流动资产损溢”科目。

五、本科目期末借方余额，反映小企业持有的库存现金。

1002　银行存款

一、本科目核算小企业存入银行或其他金融机构的各种款项。

二、银行存款的主要账务处理。

小企业增加银行存款，借记本科目，贷记“库存现金”、“应收账款”等科目；减少银行存款，做相反的会计分录。

三、小企业应当按照开户银行和其他金融机构、存款种类等设置“银行存款日记账”，由出纳人员根据收付款凭证，按照业务的发生顺序逐笔登记。每日终了，应结出余额。

“银行存款日记账”应定期与“银行对账单”核对，至少每月核对一次。小企业银行存款账面余额与银行对账单余额之间如有差额，应编制“银行存款余额调节表”调节相符。

有外币银行存款的小企业，还应当分别按照人民币和外币进行明细核算。

四、本科目期末借方余额，反映小企业存在银行或其他金融机构的各种款项。

1012 其他货币资金

一、本科目核算小企业的银行汇票存款、银行本票存款、信用卡存款、信用证保证金存款、外埠存款、备用金等其他货币资金。

二、本科目应按照银行汇票或本票、信用卡发放银行、信用证的收款单位，外埠存款的开户银行，分别“银行汇票”、“银行本票”、“信用卡”、“信用证保证金”、“外埠存款”等进行明细核算。

三、其他货币资金的主要账务处理。

小企业增加其他货币资金，借记本科目，贷记“银行存款”科目；减少其他货币资金，做相反的会计分录。

四、本科目期末借方余额，反映小企业持有的其他货币资金。

1101 短期投资

一、本科目核算小企业购入的能随时变现并且持有时间不准备超过 1 年（含 1 年，下同）的投资。

二、本科目应按照股票、债券、基金等短期投资种类进行明细核算。

三、短期投资的主要账务处理。

（一）小企业购入各种股票、债券、基金等作为短期投资的，应当按照实际支付的购买价款和相关税费，借记本科目，贷记“银行存款”科目。

小企业购入股票，如果实际支付的购买价款中包含已宣告但尚未发放的现金股利，应当按照实际支付的购买价款和相关税费扣除已宣告但尚未发放的现金股利后的金额，借记本科目，按照应收的现金股利，借记“应收股利”科目，按照实际支付的购买价款和相关税费，贷记“银行存款”科目。

小企业购入债券，如果实际支付的购买价款中包含已到付息期但尚未领取的债券利息，应当按照实际支付的购买价款和相关税费扣除已到付息期但尚未领取的债券利息后的金额，借记本科目，按照应收的债券利息，借记“应收利息”科目，按照实际支付的购买价款和相关税费，贷记“银行存款”科目。

（二）在短期投资持有期间，被投资单位宣告分派的现金股利，借记“应收股利”科目，贷记“投资收益”科目。

在债务人应付利息日，按照分期付息、一次还本债券投资的票面利率计算的利息收入，借记“应收利息”科目，贷记“投资收益”科目。

（三）出售短期投资，应当按照实际收到的出售价款，借记“银行存款”或“库存现金”科目，按照该项短期投资的账面余额，贷记本科目，按照尚未收到的现金股利或债券利息，贷记“应收股利”或“应收利息”科目，按照其差额，贷记或借记“投资收益”科目。

四、本科目期末借方余额，反映小企业持有的短期投资成本。

1121 应收票据

一、本科目核算小企业因销售商品（产成品或材料，下同）、提供劳务等日常生产经营活动而收到的商业汇票（银行承兑汇票和商业承兑汇票）。

二、本科目应按照开出、承兑商业汇票的单位进行明细核算。

三、应收票据的主要账务处理。

（一）小企业因销售商品、提供劳务等而收到开出、承兑的商业汇票，按照商业汇票的票面金额，借记本科目，按照确认的营业收入，贷记“主营业务收入”等科目。涉及增值税销项税额的，还应当贷记“应交税费——应交增值税（销项税额）”科目。

（二）持未到期的商业汇票向银行贴现，应按照实际收到的金额（减去贴现息后的净额），借记“银行存款”科目，按照贴现息，借记“财务费用”科目，按照商业汇票的票面金额，贷记本科目（银行无追索权情况下）或“短期借款”科目（银行有追索权情况下）。

（三）将持有的商业汇票背书转让以取得所需物资，按照应计入取得物资成本的金额，借记“材料采购”或“原材料”、“库存商品”等科目，按照商业汇票的票面金额，贷记本科目，如有差额，借记或贷记“银行存款”等科目。涉及按照税法规定可抵扣的增值税进项税额的，还应当借记“应交税费——应交增值税（进项税额）”科目。

（四）商业汇票到期，应按照实际收到的金额，借记“银行存款”科目，贷记本科目。

因付款人无力支付票款，或到期不能收回应收票据，应按照商业汇票的票面金额，借记“应收账款”科目，贷记本科目。

四、小企业应当设置“应收票据备查簿”，逐笔登记商业汇票的种类、号数和出票日、票面金额、交易合同号和付款人、承兑人、背书人的姓名或单位名称、到期日、背书转让日、贴现日、贴现率和贴现净额以及收款日期和收回金额、退票情况等资料。商业汇票到期结清票款或退票后，在备查簿中应予注销。

五、本科目期末借方余额，反映小企业持有的商业汇票的票面金额。

1122 应收账款

一、本科目核算小企业因销售商品、提供劳务等日常生产经营活动应收取的款项。

二、本科目应按照对方单位（或个人）进行明细核算。

三、应收账款的主要账务处理。

（一）小企业因销售商品或提供劳务形成应收账款，应当按照应收金额，借记本科目，按照税法规定应交纳的增值税销项税额，贷记“应交税费——应交增值税（销项税额）”科目，按照其差额，贷记“主营业务收入”或“其他业务收入”科目。

（二）收回应收账款，借记“银行存款”或“库存现金”科目，贷记本科目。

（三）按照小企业会计准则规定确认应收账款实际发生的坏账损失，应当按照可收回的金额，借记“银行存款”等科目，按照其账面余额，贷记本科目，按照其差额，借记“营业外支出”科目。

四、本科目期末借方余额，反映小企业尚未收回的应收账款。

1123 预付账款

一、本科目核算小企业按照合同规定预付的款项。包括：根据合同规定预付的购货款、租金、工程款等。

预付款项情况不多的小企业，也可以不设置本科目，将预付的款项直接记入“应付账款”科目借方。

小企业进行在建工程预付的工程价款，也通过本科目核算。

二、本科目应按照对方单位（或个人）进行明细核算。

三、预付账款的主要账务处理。

（一）小企业因购货而预付的款项，借记本科目，贷记“银行存款”等科目。

收到所购物资，按照应计入购入物资成本的金额，借记“在途物资”或“原材料”、“库存商品”等科目，按照税法规定可抵扣的增值税进项税额，借记“应交税费——应交增值税（进项税额）”科目，按照应支付的金额，贷记本科目。补付的款项，借记本科目，贷记“银行存款”等科目；退回多付的款项，做相反的会计分录。

（二）出包工程按照合同规定预付的工程价款，借记本科目，贷记“银行存款”等科目。

按照工程进度和合同规定结算的工程价款，借记“在建工程”科目，贷记本科目、“银行存款”等科目。

（三）按照小企业会计准则规定确认预付账款实际发生的坏账损失，应当按照可收回的金额，借记“银行存款”等科目，按照其账面余额，贷记本科目，按照其差额，借记“营业外支出”科目。

四、本科目期末借方余额，反映小企业预付的各种款项。

1131 应收股利

一、本科目核算小企业应收取的现金股利或利润。

二、本科目应按照被投资单位进行明细核算。

三、应收股利的主要账务处理。

（一）小企业购入股票，如果实际支付的购买价款中包含已宣告但尚未发放的现金股利，应当按照实际支付的购买价款和相关税费扣除已宣告但尚未发放的现金股利后的金额，借记“短期投资”或“长期股权投资”科目，按照应收的现金股利，借记本科目，按照实际支付的购买价款和相关税费，贷记“银行存款”科目。

（二）在短期投资或长期股权投资持有期间，被投资单位宣告分派现金股利或利润，应当按照本企业应享有的金额，借记本科目，贷记“投资收益”科目。

（三）小企业实际收到现金股利或利润，借记“银行存款”等科目，贷记本科目。

四、本科目期末借方余额，反映小企业尚未收到的现金股利或利润。

1132 应收利息

一、本科目核算小企业债券投资应收取的利息。

购入的一次还本付息债券投资持有期间的利息收入，在“长期债券投资”科目核算，不在本科目核算。

二、本科目应按照被投资单位进行明细核算。

三、应收利息的主要账务处理。

（一）小企业购入债券，如果实际支付的购买价款中包含已到付息期但尚未领取的债券利息，应当按照实际支付的购买价款和相关税费扣除应收的债券利息后的金额，借记“短期投资”或“长期债券投资”科目，按照应收的债券利息，借记本科目，按照实际支付的购买价款和相关税费，贷记“银行存款”科目。

（二）在长期债券投资持有期间，在债务人应付利息日，按照分期付息、一次还本债券投资的票面利率计算的利息收入，借记本科目，贷记“投资收益”科目；按照一次还本付息债券投资的票面利率计算的利息收入，借记“长期债券投资——应计利息”科目，贷记“投资收益”科目。

（三）实际收到债券利息，借记“银行存款”等科目，贷记本科目。

四、本科目期末借方余额，反映小企业尚未收到的债券利息。

1221 其他应收款

一、本科目核算小企业除应收票据、应收账款、预付账款、应收股利、应收利息等以外的其他各种应收及暂付款项。包括：各种应收的赔款、应向职工收取的各种垫付款项等。

小企业出口产品或商品按照税法规定应予退回的增值税款，也通过本科目核算。

二、本科目应按照对方单位（或个人）进行明细核算。

三、其他应收款的主要账务处理。

（一）小企业发生的其他各种应收款项，借记本科目，贷记“库存现金”、“银行存款”、“固定资产清理”等科目。出口产品或商品按照税法规定应予退回的增值税款，借记本科目，贷记“应交税费——应交增值税（出口退税）”科目。

（二）收回其他各种应收款项，借记“库存现金”、“银行存款”、“应付职工薪酬”等科目，贷记本科目。

（三）按照小企业会计准则规定确认其他应收款实际发生的坏账损失，应当按照可收回的金额，借记“银行存款”等科目，按照其账面余额，贷记本科目，按照其差额，借记“营业外支出”科目。

四、本科目期末借方余额，反映小企业尚未收回的其他应收款项。

1401 材料采购

一、本科目核算小企业采用计划成本进行材料日常核算、购入材料的采购成本。

采用实际成本进行材料日常核算的，购入材料的采购成本，在“在途物资”科目核算。

委托外单位加工材料、商品的加工成本，在“委托加工物资”科目核算。

二、本科目应按照供应单位和材料品种进行明细核算。

三、材料采购的主要账务处理。

（一）小企业外购材料，应当按照发票账单所列购买价款、运输费、装卸费、保险费以及在外购材料过程发生的其他直接费用，借记本科目，按照税法规定可抵扣的增值税进项税额，借记“应交税费——应交增值税（进项税额）”科目，按照购买价款、相关税费、运输费、装卸费、保险费以及在外购材料过程发生的其他直接费用，贷记“库存现金”、“银行存款”、“其他货币资金”、“预付账款”、“应付账款”等科目。

材料已经收到、但尚未办理结算手续的，可暂不作会计分录；待办理结算手续后，再根据所付金额或发票账单的应付金额，借记本科目，贷记“银行存款”等科目。

应向供应单位、运输机构等收回的材料短缺或其他应冲减材料采购成本的赔偿款项，应根据有关的索赔凭证，借记“应付账款”或“其他应收款”科目，贷记本科目。因自然灾害等发生的损失和尚待查明原因的途中损耗，先记入“待处理财产损溢”科目，查明原因后再作处理。

（二）月末，应将仓库转来的外购收料凭证，分别下列不同情况进行处理：

1. 对于收到发票账单的收料凭证（包括本月付款或开出、承兑商业汇票的上月收料凭证），应按照实际成本和计划成本分别汇总，并按照计划成本，借记“原材料”、“周转材料”等科目，贷记本科目；将实际成本大于计划成本的差异，借记“材料成本差异”科目，贷记本科目；实际成本小于计划成本的差异做相反的会计分录。

2. 对于尚未收到发票账单的收料凭证，应按照计划成本暂估入账，借记“原材料”、“周转材料”等科目，贷记“应付账款——暂估应付账款”科目，下月初用红字做同样的会计分录予以冲回，以便下月收到发票账单等结算凭证时，按照正常程序进行账务处理。

四、本科目期末借方余额，反映小企业已经收到发票账单、但材料尚未到达或尚未验收入库的在途材料的采购成本。

1402 在途物资

一、本科目核算小企业采用实际成本进行材料、商品等物资的日常核算、尚未到达或尚未验收入库的各种物资的实际采购成本。

小企业（批发业、零售业）在购买商品过程中发生的费用（包括：运输费、装卸费、包装费、保险费、运输途中的合理损耗和入库前的挑选整理费等），在“销售费用”科目核算，不在本科目核算。

二、本科目应按照供应单位和物资品种进行明细核算。

三、在途物资的主要账务处理。

（一）小企业外购材料、商品等物资，应当按照发票账单所列购买价款、运输费、装卸费、保险费以及在外购材料过程发生的其他直接费用，借记本科目，按照税法规定可抵扣的增值税进项税额，借记“应交税费——应交增值税（进项税额）”科目，按照购买价款、相关税费、运输费、装卸费、保险费以及在外购物资过程发生的其他直接费用，贷记“库存现金”、“银行存款”、“其他货币资金”、“预付账款”、“应付账款”等科目。

材料已经收到、但尚未办理结算手续的，可暂不作会计分录；待办理结算手续后，再根据所付金额或发票账单的应付金额，借记本科目，贷记“银行存款”等科目。

应向供应单位、外部运输机构等收回的材料或商品短缺或其他应冲减材料或商品采购成本的赔偿款项，应根据有关的索赔凭证，借记“应付账款”或“其他应收款”科目，贷记本科目。因自然灾害等发生的损失和尚待查明原因的途中损耗，先记入“待处理财产损溢”科目，查明原因后再作处理。

（二）月末，应将仓库转来的外购材料或商品收料凭证，按照材料或商品并分别下列不同情况进行汇总：

1. 对于收到发票账单的收料凭证（包括本月付款或开出、承兑商业汇票的上月收料凭证），应当按照汇总金额，借记“原材料”、“周转材料”、“库存商品”等科目，贷记本科目。

2. 对于尚未收到发票账单的收料凭证，应分别材料或商品，并按照估计金额暂估入账，借记“原材料”、“周转材料”、“库存商品”等科目，贷记“应付账款——暂估应付账款”科目，下月初用红字做同样的会计分录予以冲回，以便下月收到发票账单等结算凭证时，按照正常程序进行账务处理。

四、本科目期末借方余额，反映小企业已经收到发票账单、但材料或商品尚未到达或尚未验收入库的在途材料、商品等物资的采购成本。

1403 原材料

一、本科目核算小企业库存的各种材料。包括：原料及主要材料、辅助材料、外购半成品（外购件）、修理用备件（备品备件）、包装材料、燃料等的实际成本或计划成本。

购入的工程用材料，在“工程物资”科目核算，不在本科目核算。

二、本科目应按照材料的保管地点（仓库）、材料的类别、品种和规格等进行明细核算。

三、原材料的主要账务处理。

（一）小企业购入并已验收入库的材料，按照实际成本，借记本科目，贷记“在途物资”、“应付账款”等科目。涉及按照税法规定可抵扣的增值税进项税额的，还应当借记“应交税费——应交增值税（进项税额）”科目。

购入的材料已经到达并已验收入库，但在月末尚未办理结算手续的，可按照暂估价值入账，借记本科目、“周转材料”等科目，贷记“应付账款——暂估应付账款”科目；下月初用红字做同样的会计分录予以冲回，以便下月收到发票账单等结算凭证时，按照正常程序进行账务处理。

（二）自制并已验收入库的材料，按照实际成本，借记本科目，贷记“生产成本”科目。

（三）取得投资者投入的原材料，应当按照评估价值，借记本科目，贷记“实收资本”、“资本公积”科目。涉及增值税进项税额的，还应进行相应的账务处理。

（四）生产经营领用材料，按照实际成本，借记“生产成本”、“制造费用”、“销售费用”、“管理费用”等科目，贷记本科目。

出售材料结转成本，按照实际成本，借记“其他业务成本”科目，贷记本科目。

发给外单位加工的材料，按照实际成本，借记“委托加工物资”科目，贷记本科目。外单位加工完成并已验收入库的材料，按照加工收回材料的实际成本，借记本科目，贷记“委托加工物资”科目。

（五）清查盘点，发现盘盈、盘亏、毁损的原材料，按照实际成本（或估计价值），借记或贷记本科目，贷记或借记“待处理财产损溢——待处理流动资产损溢”科目。

（六）采用计划成本进行材料日常核算的小企业，日常领用、发出原材料均按照计划成本记账。

月末，按照发出各种原材料的计划成本计算应负担的成本差异，借记“生产成本”、“制造费用”、“销售费用”、“管理费用”、“委托加工物资”、“其他业务成本”等科目，贷记“材料成本差异”科目；实际成本小于计划成本的差异做相反的会计分录。

四、本科目期末借方余额，反映小企业库存材料的实际成本或计划成本。

1404 材料成本差异

一、本科目核算小企业采用计划成本进行日常核算的材料计划成本与实际成本的差额。

小企业也可以在“原材料”、“周转材料”等科目设置“成本差异”明细科目。

二、本科目可以分别“原材料”、“周转材料”等，按照类别或品种进行明细核算。

三、材料成本差异的主要账务处理。

（一）小企业验收入库材料发生的材料成本差异，实际成本大于计划成本的差异，借记本科目，贷记“材料采购”科目；实际成本小于计划成本的差异做相反的会计分录。

入库材料的计划成本应当尽可能接近实际成本。除特殊情况外，计划成本在年度内不得随意变更。

（二）结转发出材料应负担的材料成本差异，按照实际成本大于计划成本的差异，借记“生产成本”、“管理费用”、“销售费用”、“委托加工物资”、“其他业务成本”等科目，贷记本科目；实际成本小于计划成本的差异做相反的会计分录。

发出材料应负担的成本差异应当按月分摊，不得在季末或年末一次计算。发出材料应负担的成本差异，除委托外部加工发出材料可按照月初成本差异率计算外，应使用本月的实际成本差异率；月初成本差异率与本月实际成本差异率相差不大的，也可按照月初成本差异率计算。计算方法一经确定，不得随意变更。

材料成本差异率的计算公式如下：

本月材料成本差异率=（月初结存材料的成本差异+本月验收入库材料的成本差异）÷（月初结存材料的计划成本+本月验收入库材料的计划成本）×100%

月初材料成本差异率=月初结存材料的成本差异÷月初结存材料的计划成本×100%

发出材料应负担的成本差异=发出材料的计划成本×材料成本差异率

四、本科目期末借方余额，反映小企业库存材料等的实际成本大于计划成本的差异；贷方余额反映小企业库存材料等的实际成本小于计划成本的差异。

1405 库存商品

一、本科目核算小企业库存的各种商品的实际成本或售价。包括：库存产成品、外购商品、存放在门市部准备出售的商品、发出展览的商品以及寄存在外的商品等。

接受来料加工制造的代制品和为外单位加工修理的代修品，在制造和修理完成验收入库后，视同小企业的产成品，也通过本科目核算。

可以降价出售的不合格品，也在本科目核算，但应与合格产品分开记账。

已经完成销售手续，但购买单位在月末未提取的库存产成品，应作为代管产品处理，单独设置代管产品备查簿，不再在本科目核算。

小企业（农、林、牧、渔业）可将本科目改为“1405 农产品”科目。

小企业（批发业、零售业）在购买商品过程中发生的费用（包括：运输费、装卸费、包装费、保险费、运输途中的合理损耗和入库前的挑选整理费等），在“销售费用”科目核算，不在本科目核算。

二、本科目应按照库存商品的种类、品种和规格等进行明细核算。

三、库存商品的主要账务处理。

（一）小企业生产的产成品的入库和出库，平时只记数量不记金额，月末计算入库产成品的实际成本。生产完成验收入库的产成品，按照其实际成本，借记本科目，贷记“生产成本”等科目。

对外销售产成品，借记“主营业务成本”科目，贷记本科目。

（二）购入商品到达验收入库后，按照商品的实际成本或售价，借记本科目，贷记“库存现金”、“银行存款”、“在途物资”等科目。涉及增值税进项税额的，还应进行相应的处理。按照售价与进价之间的差额，贷记“商品进销差价”科目。

购入的商品已经到达并已验收入库，但尚未办理结算手续的，可按照暂估价值入账，借记本科目，贷记“应付账款——暂估应付账款”科目；下月初用红字做同样的会计分录予以冲回，以便下月收到发票账单等结算凭证时，按照正常程序进行账务处理。

对外销售商品结转销售成本或售价，借记“主营业务成本”科目，贷记本科目。月末，分摊已销商品的进销差价，借记“商品进销差价”科目，贷记“主营业务成本”科目。

四、本科目期末借方余额，反映小企业库存商品的实际成本或售价。

1407　商品进销差价

一、本科目核算小企业采用售价进行日常核算的商品售价与进价之间的差额。

二、本科目应按照库存商品的种类、品种和规格等进行明细核算。

三、商品进销差价的主要账务处理。

（一）小企业购入、加工收回以及销售退回等增加的库存商品，按照商品售价，借记“库存商品”科目，按照商品进价，贷记“银行存款”、“委托加工物资”等科目，按照售价与进价之间的差额，贷记本科目。

（二）月末，分摊已销商品的进销差价，借记本科目，贷记“主营业务成本”科目。

销售商品应分摊的商品进销差价，按照以下公式计算：

商品进销差价率=月末分摊前本科目贷方余额÷（“库存商品”科目月末借方余额+本月“主营业务收入”科目贷方发生额）×100%

本月销售商品应分摊的商品进销差价=本月“主营业务收入”科目贷方发生额×商品进销差价率

小企业的商品进销差价率各月之间比较均衡的，也可以采用上月商品进销差价率计算分摊本月的商品进销差价。年度终了，应对商品进销差价进行复核调整。

四、本科目的期末贷方余额，反映小企业库存商品的商品进销差价。

1408　委托加工物资

一、本科目核算小企业委托外单位加工的各种材料、商品等物资的实际成本。

二、本科目应按照加工合同、受托加工单位以及加工物资的品种等进行明细核算。

三、委托加工物资的主要账务处理。

（一）小企业发给外单位加工的物资，按照实际成本，借记本科目，贷记“原材料”、“库存商品”等科目；按照计划成本或售价核算的，还应同时结转材料成本差异或商品进销差价。

（二）支付加工费、运杂费等，借记本科目，贷记“银行存款”等科目；需要交纳消费税的委托加工物资，由受托方代收代缴的消费税，借记本科目（收回后用于直接销售的）或“应交税费——应交消费税”科目（收回后用于继续加工的），贷记“应付账款”、“银行存款”等科目。

（三）加工完成验收入库的物资和剩余的物资，按照加工收回物资的实际成本和剩余物资的实际成本，借记“原材料”、“库存商品”等科目，贷记本科目。

（四）采用计划成本或售价核算的，按照计划成本或售价，借记“原材料”或“库存商品”科目，按照实际成本，贷记本科目，按照实际成本与计划成本或售价之间的差额，借记或贷记“材料成本差异”或贷记“商品进销差价”科目。

采用计划成本或售价核算的，也可以采用上月材料成本差异率或商品进销差价率计算分摊本月应分摊的材料成本差异或商品进销差价。

四、本科目期末借方余额，反映小企业委托外单位加工尚未完成物资的实际成本。

1411 周转材料

一、本科目核算小企业库存的周转材料的实际成本或计划成本。包括：包装物、低值易耗品，以及小企业（建筑业）的钢模板、木模板、脚手架等。

各种包装材料，如纸、绳、铁丝、铁皮等，应在“原材料”科目内核算；用于储存和保管产品、材料而不对外出售的包装物，应按照价值大小和使用年限长短，分别在“固定资产”科目或本科目核算。

小企业的包装物、低值易耗品，也可以单独设置“1412 包装物”、“1413 低值易耗品”科目。

包装物数量不多的小企业，也可以不设置本科目，将包装物并入“原材料”科目核算。

二、本科目应按照周转材料的种类，分别“在库”、“在用”和“摊销”进行明细核算。

三、周转材料的主要账务处理。

（一）小企业购入、自制、委托外单位加工完成并验收入库的周转材料，以及对周转材料的清查盘点，比照“原材料”科目的相关规定进行账务处理。

（二）生产、施工领用周转材料，通常采用一次转销法，按照其成本，借记“生产成本”、“管理费用”、“工程施工”等科目，贷记本科目。

随同产品出售但不单独计价的包装物，按照其成本，借记“销售费用”科目，贷记本科目。

随同产品出售并单独计价的包装物，按照其成本，借记“其他业务成本”科目，贷记本科目。

金额较大的周转材料，也可以采用分次摊销法，领用时应按照其成本，借记本科目（在用），贷记本科目（在库）；按照使用次数摊销时，应按照其摊销额，借记“生产成本”、“管理费用”、“工程施工”等科目，贷记本科目（摊销）。

（三）周转材料采用计划成本进行日常核算的，领用等发出周转材料，还应结转应分摊的成本差异。

四、本科目的期末余额，反映小企业在库、出租、出借周转材料的实际成本或计划成本以及在用周转材料的摊余价值。

1421 消耗性生物资产

一、本科目核算小企业（农、林、牧、渔业）持有的消耗性生物资产的实际成本。

二、本科目应按照消耗性生物资产的种类、群别等进行明细核算。

三、消耗性生物资产的主要账务处理。

（一）外购的消耗性生物资产，按照应计入消耗性生物资产成本的金额，借记本科目，贷记“银行存款”、“应付账款”等科目。

（二）自行栽培的大田作物和蔬菜，应按照收获前发生的必要支出，借记本科目，贷记“银行存款”等科目。

自行营造的林木类消耗性生物资产，应按照郁闭前发生的必要支出，借记本科目，贷记“银行存款”等科目。

自行繁殖的育肥畜、水产养殖的动植物，应按照出售前发生的必要支出，借记本科目，贷记“银行存款”等科目。

（三）产畜或役畜淘汰转为育肥畜的，应按照转群时的账面价值，借记本科目，按照已计提的累计折旧，借记“生产性生物资产累计折旧”科目，按照其账面余额，贷记“生产性生物资产”科目。

育肥畜转为产畜或役畜的，应按照其账面余额，借记“生产性生物资产”科目，贷记本科目。

（四）择伐、间伐或抚育更新性质采伐而补植林木类消耗性生物资产发生的后续支出，借记本科目，贷记“银行存款”等科目。

林木类消耗性生物资产达到郁闭后发生的管护费用等后续支出，借记“管理费用”科目，贷记“银行存款”等科目。

（五）农业生产过程中发生的应归属于消耗性生物资产的费用，按照应分配的金额，借记本科目，贷记“生产成本”科目。

（六）消耗性生物资产收获为农产品时，应按照其账面余额，借记“农产品”科目，贷记本科目。

（七）出售消耗性生物资产，应按照实际收到的金额，借记“银行存款”等科目，贷记“主营业务收入”等科目。按照其账面余额，借记“主营业务成本”等科目，贷记本科目。

四、本科目期末借方余额，反映小企业（农、林、牧、渔业）消耗性生物资产的实际成本。

1501 长期债券投资

一、本科目核算小企业准备长期（在1年以上，下同）持有的债券投资。

二、本科目应按照债券种类和被投资单位，分别“面值”、“溢折价”、“应计利息”进行明细核算。

三、长期债券投资的主要账务处理。

（一）小企业购入债券作为长期投资，应当按照债券票面价值，借记本科目（面值），按照实际支付的购买价款和相关税费，贷记“银行存款”科目，按照其差额，借记或贷记本科目（溢折价）。

如果实际支付的购买价款中包含已到付息期但尚未领取的债券利息，应当按照债券票面价值，借记本科目（面值），按照应收的债券利息，借记“应收利息”科目，按照实际支付的购买价款和相关税费，贷记“银行存款”科目，按照其差额，借记或贷记本科目（溢折价）。

（二）在长期债券投资持有期间，在债务人应付利息日，按照分期付息、一次还本的长期债券投资票面利率计算的利息收入，借记“应收利息”科目，贷记“投资收益”科目；按照一次还本付息的长期债券投资票面利率计算的利息收入，借记本科目（应计利息），贷记“投资收益”科目。

在债务人应付利息日，按照应分摊的债券溢折价金额，借记或贷记“投资收益”科目，贷记或借记本科目（溢折价）。

（三）长期债券投资到期，收回长期债券投资，应当按照收回的债券本金或本息，借记“银行存款”等科目，按照其账面余额，贷记本科目（成本、溢折价、应计利息），按照应收未收的利息收入，贷记“应收利息”科目。

处置长期债券投资，应当按照处置收入，借记“银行存款”等科目，按照其账面余额，贷记本科目（成本、溢折价），按照应收未收的利息收入，贷记“应收利息”科目，按照其差额，贷记或借记“投资收益”科目。

（四）按照小企业会计准则规定确认实际发生的长期债券投资损失，应当按照可收回的金额，借记“银行存款”等科目，按照其账面余额，贷记本科目（成本、溢折价），按照其差额，借记“营业外支出”科目。

四、本科目期末借方余额，反映小企业持有的分期付息、一次还本债券投资的成本和到期一次还本付息债券投资的本息。

1511 长期股权投资

一、本科目核算小企业准备长期持有的权益性投资。

二、本科目应按照被投资单位进行明细核算。

三、长期股权投资的主要账务处理。

（一）小企业以支付现金取得的长期股权投资，如果实际支付的购买价款中包含已宣告但尚未发放的现金股利，应当按照实际支付的购买价款和相关税费扣除已宣告但尚未发放的现金股利后的金额，借记本科目，按照应收的现金股利，借记“应收股利”科目，按照实际支付的购买价款和相关税费，贷记“银行存款”科目。

通过非货币性资产交换取得的长期股权投资，应当按照非货币性资产的评估价值与相关税费之和，借记本科目，按照换出非货币性资产的账面价值，贷记“固定资产清理”、“无形资产”等科目，按照支付的相关税费，贷记“应交税费”等科目，按照其差额，贷记“营业外收入”或借记“营业外支出”等科目。

（二）在长期股权投资持有期间，被投资单位宣告分派的现金股利或利润，应当按照应分得的金额，借记“应收股利”科目，贷记“投资收益”科目。

（三）处置长期股权投资，应当按照处置价款，借记“银行存款”等科目，按照其成本，贷记本科目，按照应收未收的现金股利或利润，贷记“应收股利”科目，按照其差额，贷记或借记“投资收益”科目。

（四）根据小企业会计准则规定确认实际发生的长期股权投资损失，应当按照可收回的金额，借记“银行存款”等科目，按照其账面余额，贷记本科目，按照其差额，借记“营业外支出”科目。

四、本科目期末借方余额，反映小企业持有的长期股权投资的成本。

1601 固定资产

一、本科目核算小企业固定资产的原价（成本）。

小企业应当根据小企业会计准则规定的固定资产标准，结合本企业的具体情况，制定固定资产目录，作为核算依据。

小企业购置计算机硬件所附带的、未单独计价的软件，也通过本科目核算。

小企业临时租入的固定资产和以经营租赁租入的固定资产，应另设备查簿进行登记，不在本科目核算。

二、本科目应按照固定资产类别和项目进行明细核算。

小企业根据实际情况设置“固定资产登记簿”和“固定资产卡片”。

三、固定资产的主要账务处理。

（一）小企业购入（含以分期付款方式购入）不需要安装的固定资产，应当按照实际支付的购买价款、相关税费（不包括按照税法规定可抵扣的增值税进项税额）、运输费、装卸费、保险费等，借记本科目，按照税法规定可抵扣的增值税进项税额，借记“应交税费——应交增值税（进项税额）”科目，贷记“银行存款”、“长期应付款”等科目。

购入需要安装的固定资产，先记入“在建工程”科目，安装完成后再转入本科目。

自行建造固定资产完成竣工决算，按照竣工决算前发生相关支出，借记本科目，贷记“在建工程”科目。

取得投资者投入的固定资产，应当按照评估价值和相关税费，借记本科目或“在建工程”科目，贷记“实收资本”、“资本公积”科目。

融资租入的固定资产，在租赁期开始日，按照租赁合同约定的付款总额和在签订租赁合同过程中发生的相关税费等，借记本科目或“在建工程”科目，贷记“长期应付款”等科目。

盘盈的固定资产，按照同类或类似固定资产的市场价格或评估价值扣除按照新旧程度估计的折旧后的余额，借记本科目，贷记“待处理财产损溢——待处理非流动资产损溢”科目。

（二）在固定资产使用过程中发生的修理费，应当按照固定资产的受益对象，借记“制造费用”、“管理费用”等科目，贷记“银行存款”等科目。

固定资产的大修理支出，借记“长期待摊费用”科目，贷记“银行存款”等科目。

（三）对固定资产进行改扩建时，应当按照该项固定资产账面价值，借记“在建工程”科目，按照其已计提的累计折旧，借记“累计折旧”科目，按照其原价，贷记本科目。

（四）因出售、报废、毁损、对外投资等原因处置固定资产，应当按照该项固定资产账面价值，借记“固定资产清理”科目，按照其已计提的累计折旧，借记“累计折旧”科目，按照其原价，贷记本科目。

盘亏的固定资产，按照该项固定资产的账面价值，借记“待处理财产损溢——待处理非流动资产损溢”科目，按照已计提的折旧，借记“累计折旧”科目，按照其原价，贷记本科目。

四、本科目期末借方余额，反映小企业固定资产的原价（成本）。

1602 累计折旧

一、本科目核算小企业固定资产的累计折旧。

二、本科目可以进行总分类核算，也可以进行明细核算。

需要查明某项固定资产的已计提折旧，可以根据“固定资产卡片”上所记载的该项固定资产原价、折旧率和实际使用年数等资料进行计算。

三、累计折旧的主要账务处理。

（一）小企业按月计提固定资产的折旧费，应当按照固定资产的受益对象，借记“制造费用”、“管理费用”等科目，贷记本科目。

（二）因出售、报废、毁损、对外投资等原因处置固定资产，应当按照该项固定资产账面价值，借记“固定资产清理”科目，按照其已计提的累计折旧，借记本科目，按照其原价，贷记“固定资产”科目。

四、本科目期末贷方余额，反映小企业固定资产的累计折旧额。

1604 在建工程

一、本科目核算小企业需要安装的固定资产、固定资产新建工程、改扩建等所发生的成本。

小企业购入不需要安装的固定资产，在“固定资产”科目核算，不在本科目核算。

小企业已提足折旧的固定资产的改建支出和经营租入固定资产的改建支出，在“长期待摊费用”科目核算，不在本科目核算。

二、本科目应按照在建工程项目进行明细核算。

三、在建工程的主要账务处理。

（一）小企业购入需要安装的固定资产，应当按照实际支付的购买价款、相关税费（不包括按照税法规定可抵扣的增值税进项税额）、运输费、装卸费、保险费、安装费等，借记本科目，按照税法规定可抵扣的增值税进项税额，借记“应交税费——应交增值税（进项税额）”科目，贷记“银行存款”等科目。

融资租入的固定资产，在租赁期开始日，按照租赁合同约定的付款总额和在签订租赁合同过程中发生的相关税费等，借记本科目或“固定资产”科目，贷记“长期应付款”科目。

固定资产安装完成，借记“固定资产”科目，贷记本科目。

（二）自营工程领用工程物资，借记本科目，贷记“工程物资”科目。

在建工程应负担的职工薪酬，借记本科目，贷记“应付职工薪酬”科目。

在建工程使用本企业的产品或商品，应当按照成本，借记本科目，贷记“库存商品”科目。同时，按照税法规定应交纳的增值税额，借记本科目，贷记“应交税费——应交增值税（销项税额）”科目。

在建工程在竣工决算前发生的借款利息，在应付利息日应当根据借款合同利率计算确定的利息费用，借记本科目，贷记“应付利息”科目。办理竣工决算后发生的利息费用，在应付利息日，借记“财务费用”科目，贷记“应付利息”等科目。

在建工程在试运转过程中发生的支出，借记本科目，贷记“银行存款”等科目；形成的产品或者副产品对外销售或转为库存商品的，借记“银行存款”、“库存商品”等科目，贷记本科目。

自营工程办理竣工决算，借记“固定资产”科目，贷记本科目。

（三）出包工程，按照工程进度和合同规定结算的工程价款，借记本科目，贷记“银行存款”、“预付账款”等科目。

工程完工收到承包单位提供的账单，借记“固定资产”科目，贷记本科目。

（四）对固定资产进行改扩建时，应当按照该项固定资产账面价值，借记本科目，按照其已计提的累计折旧，借记“累计折旧”科目，按照其原价，贷记“固定资产”科目。

在改扩建过程中发生的相关支出，借记本科目，贷记相关科目。

改扩建完成办理竣工决算，借记“固定资产”科目，贷记本科目。

四、本科目期末借方余额，反映小企业尚未完工或虽已完工，但尚未办理竣工决算的工程成本。

1605 工程物资

一、本科目核算小企业为在建工程准备的各种物资的成本。包括：工程用材料、尚未安装的设备以及为生产准备的工器具等。

二、本科目应按照“专用材料”、“专用设备”、“工器具”等进行明细核算。

三、工程物资的主要账务处理。

（一）小企业购入为工程准备的物资，应当按照实际支付的购买价款和相关税费，借记本科目，贷记“银行存款”等科目。

（二）工程领用工程物资，借记“在建工程”科目，贷记本科目。工程完工后将领出的剩余物资退库时做相反的会计分录。

工程完工后剩余的工程物资转作本企业存货的，借记“原材料”等科目，贷记本科目。

四、本科目期末借方余额，反映小企业为在建工程准备的各种物资的成本。

1606 固定资产清理

一、本科目核算小企业因出售、报废、毁损、对外投资等原因处置固定资产所转出的固定资产账面价值以及在清理过程中发生的费用等。

二、本科目应按照被清理的固定资产项目进行明细核算。

三、固定资产清理的主要账务处理。

（一）小企业因出售、报废、毁损、对外投资等原因处置固定资产，应当按照该项固定资产的账面价值，借记本科目，按照其已计提的累计折旧，借记“累计折旧”科目，按照其原价，贷记“固定资产”科目。

同时，按照税法规定不得从增值税销项税额中抵扣的进项税额，借记本科目，贷记“应交税费——应交增值税（进项税额转出）”科目。

（二）清理过程中应支付的相关税费及其他费用，借记本科目，贷记“银行存款”、“应交税费”等科目。取得出售固定资产的价款、残料价值和变价收入等处置收入，借记“银行存款”、“原材料”等科目，贷记本科目。应由保险公司或过失人赔偿的损失，借记“其他应收款”等科目，贷记本科目。

（三）固定资产清理完成后，如为借方余额，借记“营业外支出——非流动资产处置净损失”科目，贷记本科目。如为贷方余额，借记本科目，贷记“营业外收入——非流动资产处置净收益”科目。

四、本科目期末借方余额，反映小企业尚未清理完毕的固定资产清理净损失；本科目期末贷方余额，反映小企业尚未清理完毕的固定资产清理净收益。

1621 生产性生物资产

一、本科目核算小企业（农、林、牧、渔业）持有的生产性生物资产的原价（成本）。

二、本科目应按照“未成熟生产性生物资产”和“成熟生产性生物资产”，分别生物资产的种类、群别等进行明细核算。

三、生产性生物资产的主要账务处理。

（一）小企业外购的生产性生物资产，按照购买价款和相关税费，借记本科目，贷记“银行存款”等科目。涉及按照税法规定可抵扣的增值税进项税额的，还应当借记“应交税费——应交增值税（进项税额）”科目。

（二）自行营造的林木类生产性生物资产，达到预定生产经营目的前发生的造林费、抚育费、营林设施费、良种试验费、调查设计费和应分摊的间接费用等必要支出，借记本科目（未成熟生产性生物资产），贷记“原材料”、“银行存款”、“应付利息”等科目。

（三）自行繁殖的产畜和役畜，达到预定生产经营目的前发生的饲料费、人工费和应分摊的间接费用等必要支出，借记本科目（未成熟生产性生物资产），贷记“原材料”、“银行存款”、“应付利息”等科目。

（四）未成熟生产性生物资产达到预定生产经营目的时，按照其账面余额，借记本科目（成熟生产性生物资产），贷记本科目（未成熟生产性生物资产）。

（五）育肥畜转为产畜或役畜，应当按照其账面余额，借记本科目，贷记“消耗性生物资产”科目。

产畜或役畜淘汰转为育肥畜，应按照转群时其账面价值，借记“消耗性生物资产”科目，按照已计提的累计折旧，借记“生产性生物资产累计折旧”科目，按照其原价，贷记本科目。

（六）择伐、间伐或抚育更新等生产性采伐而补植林木类生产性生物资产发生的后续支出，借记本科目（未成熟生产性生物资产），贷记“银行存款”等科目。

生产性生物资产发生的管护、饲养费用等后续支出，借记“管理费用”科目，贷记“银行存款”等科目。

（七）因出售、报废、毁损、对外投资等原因处置生产性生物资产，应按照取得的出售生产性生物资产的价款、残料价值和变价收入等处置收入，借记“银行存款”等科目，按照已计提的累计折旧，借记“生产性生物资产累计折旧”科目，按照其原价，贷记本科目，按照其差额，借记“营业外支出——非流动资产处置净损失”科目或贷记“营业外收入——处置非流动资产处置净收益”科目。

四、本科目期末借方余额，反映小企业（农、林、牧、渔业）生产性生物资产的原价（成本）。

1622 生产性生物资产累计折旧

一、本科目核算小企业（农、林、牧、渔业）成熟生产性生物资产的累计折旧。

二、本科目应按照生产性生物资产的种类、群别等进行明细核算。

三、生产性生物资产累计折旧的主要账务处理。

小企业按月计提成熟生产性生物资产的折旧，借记“生产成本”、“管理费用”等科目，贷记本科目。

处置生产性生物资产还应同时结转生产性生物资产累计折旧。

四、本科目期末贷方余额，反映小企业成熟生产性生物资产的累计折旧额。

1701 无形资产

一、本科目核算小企业持有的无形资产成本。

二、本科目应按照无形资产项目进行明细核算。

三、无形资产的主要账务处理。

（一）小企业外购无形资产，应当按照实际支付的购买价款、相关税费和相关的其他支出（含相关的利息费用），借记本科目，贷记“银行存款”、“应付利息”等科目。

（二）自行开发建造厂房等建筑物，外购土地及建筑物支付的价款应当在建筑物与土地使用权之间按照合理的方法进行分配，其中属于土地使用权的部分，借记本科目，贷记“银行存款”等科目。

（三）收到投资者投入的无形资产，应当按照评估价值和相关税费，借记本科目，贷记“实收资本”、“资本公积”科目。

（四）开发项目达到预定用途形成无形资产的，按照应予资本化的支出，借记本科目，贷记“研发支出”科目。

（五）因出售、报废、对外投资等原因处置无形资产，应当按照取得的出售无形资产的价款等处置收入，借记“银行存款”等科目，按照其已计提的累计摊销，借记“累计摊销”科目，按照应支付的相关税费及其他费用，贷记“应交税费——应交增值税”、“银行存款”等科目，按照其成本，贷记本科目，按照其差额，贷记“营业外收入——非流动资产处置净收益”科目或借记“营业外支出——非流动资产处置净损失”科目。

四、本科目期末借方余额，反映小企业无形资产的成本。

1702　累计摊销

一、本科目核算小企业对无形资产计提的累计摊销。

二、本科目应按照无形资产项目进行明细核算。

三、累计摊销的主要账务处理。

小企业按月采用年限平均法计提无形资产的摊销，应当按照无形资产的受益对象，借记“制造费用”、“管理费用”等科目，贷记本科目。

处置无形资产还应同时结转累计摊销。

四、本科目期末借方余额，反映小企业无形资产的累计摊销额。

1801　长期待摊费用

一、本科目核算小企业已提足折旧的固定资产的改建支出、经营租入固定资产的改建支出、固定资产的大修理支出和其他长期待摊费用等。

二、本科目应按照支出项目进行明细核算。

三、长期待摊费用的主要账务处理。

（一）小企业发生的长期待摊费用，借记本科目，贷记“银行存款”、“原材料”等科目。

（二）按月采用年限平均法摊销长期待摊费用，应当按照长期待摊费用的受益对象，借记“制造费用”、“管理费用”等科目，贷记本科目。

四、本科目期末借方余额，反映小企业尚未摊销完毕的长期待摊费用。

1901　待处理财产损溢

一、本科目核算小企业在清查财产过程中查明的各种财产盘盈、盘亏和毁损的价值。

所采购物资在运输途中因自然灾害等发生的损失或尚待查明的损耗，也通过本科目核算。

二、本科目应按照待处理流动资产损溢和待处理非流动资产损溢进行明细核算。

三、待处理财产损溢的主要账务处理。

（一）盘盈的各种材料、产成品、商品、现金等，应当按照同类或类似存货的市场价格或评估价值，借记“原材料”、“库存商品”、“库存现金”等科目，贷记本科目（待处理流动资产损溢）。盘亏、毁损、短缺的各种材料、产成品、商品、现金等，应当按照其账面余额，借记本科目（待处理流动资产损溢），贷记“材料采购”或“在途物资”、“原材料”、“库存商品”、“库存现金”等科目。涉及增值税进项税额的，还应进行相应的账务处理。

盘盈的固定资产，按照同类或类似固定资产的市场价格或评估价值扣除按照该项固定资产新旧程度估计的折旧后的余额，借记“固定资产”科目，贷记本科目（待处理非流动资产损溢）。盘亏的固定资产，按照该项固定资产的账面价值，借记本科目（待处理非流动资产损溢），按照已计提的累计折旧，借记“累计折旧”科目，按照其原价，贷记“固定资产”科目。

（二）盘亏、毁损、报废的各项资产，按照管理权限经批准后处理时，按照残料价值，借记“原材料”等科目，按照可收回的保险赔偿或过失人赔偿，借记“其他应收款”科目，按照本科目余额，贷记本科目（待处理流动资产损溢、待处理非流动资产损溢），按照其借方差额，借记“营业外支出”科目。

盘盈的各种材料、产成品、商品、固定资产、现金等，按照管理权限经批准后处理时，按照本科目余额，借记本科目（待处理流动资产损溢、待处理非流动资产损溢），贷记“营业外收入”科目。

四、小企业的财产损溢，应当查明原因，在年末结账前处理完毕，处理后本科目应无余额。

负债类

2001 短期借款

一、本科目核算小企业向银行或其他金融机构等借入的期限在 1 年内的各种借款。

二、本科目应按照借款种类、贷款人和币种进行明细核算。

三、短期借款的主要账务处理。

（一）小企业借入的各种短期借款，借记“银行存款”科目，贷记本科目；偿还借款，做相反的会计分录。

银行承兑汇票到期，小企业无力支付票款的，按照银行承兑汇票的票面金额，借记“应付票据”科目，贷记本科目。

持未到期的商业汇票向银行贴现，应当按照实际收到的金额（减去贴现息后的净额），借记“银行存款”科目，按照贴现息，借记“财务费用”科目，按照商业汇票的票面金额，贷记“应收票据”科目（银行无追索权情况下）或本科目（银行有追索权情况下）。

（二）在应付利息日，应当按照短期借款合同利率计算确定的利息费用，借记“财务费用”科目，贷记“应付利息”等科目。

四、本科目期末贷方余额，反映小企业尚未偿还的短期借款本金。

2201 应付票据

一、本科目核算小企业因购买材料、商品和接受劳务等日常生产经营活动开出、承兑的商业汇票（银行承兑汇票和商业承兑汇票）。

二、本科目应按照债权人进行明细核算。

三、应付票据的主要账务处理。

（一）小企业开出、承兑商业汇票或以承兑商业汇票抵付货款、应付账款等，借记“材料采购”或“在途物资”、“库存商品”等科目，贷记本科目。涉及增值税进项税额的，还应进行相应的账务处理。

（二）支付银行承兑汇票的手续费，借记“财务费用”科目，贷记“银行存款”科目。支付票款，借记本科目，贷记“银行存款”科目。

（三）银行承兑汇票到期，小企业无力支付票款的，按照银行承兑汇票的票面金额，借记本科目，贷记“短期借款”科目。

四、小企业应当设置“应付票据备查簿”，详细登记商业汇票的种类、号数和出票日期、到期日、票面金额、交易合同号和收款人姓名或单位名称以及付款日期和金额等资料，商业汇票到期结清票款后，在备查簿中应予注销。

五、本科目期末贷方余额，反映小企业开出、承兑的尚未到期的商业汇票的票面金额。

2202 应付账款

一、本科目核算小企业因购买材料、商品和接受劳务等日常生产经营活动应支付的款项。

二、本科目应按照对方单位（或个人）进行明细核算。

三、应付账款的主要账务处理。

（一）小企业购入材料、商品等未验收入库，货款尚未支付，应当根据有关凭证（发票账单、随货同行发票上记载的实际价款或暂估价值），借记“在途物资”科目，按照可抵扣的增值税进项税额，借记“应交税费——应交增值税（进项税额）”科目，按照应付的价款，贷记本科目。

接受供应单位提供劳务而发生的应付未付款项，应当根据供应单位的发票账单，借记“生产成本”、“管理费用”等科目，贷记本科目。

（二）偿付应付账款，借记本科目，贷记“银行存款”等科目。

小企业确实无法偿付的应付账款，借记本科目，贷记“营业外收入”科目。

四、本科目期末贷方余额，反映小企业尚未支付的应付账款。

2203 预收账款

一、本科目核算小企业按照合同规定预收的款项。包括：预收的购货款、工程款等。

预收账款情况不多的，也可以不设置本科目，将预收的款项直接记入“应收账款”科目贷方。

二、本科目应按照对方单位（或个人）进行明细核算。

三、预收账款的主要账务处理。

（一）小企业向购货单位预收的款项，借记“银行存款”等科目，贷记本科目。

（二）销售收入实现时，按照实现的收入金额，借记本科目，贷记“主营业务收入”科目。涉及增值税销项税额的，还应进行相应的账务处理。

四、本科目期末贷方余额，反映小企业预收的款项；期末如为借方余额，反映小企业尚未转销的款项。

2211 应付职工薪酬

一、本科目核算小企业根据有关规定应付给职工的各种薪酬。

小企业（外商投资）按照规定从净利润中提取的职工奖励及福利基金，也通过本科目核算。

二、本科目应按照“职工工资”、“奖金、津贴和补贴”、“职工福利费”、“社会保险费”、“住房公积金”、“工会经费”、“职工教育经费”、“非货币性福利”、“辞退福利”等进行明细核算。

三、应付职工薪酬的主要账务处理。

（一）月末，小企业应当将本月发生的职工薪酬区分以下情况进行分配：

1. 生产部门（提供劳务）人员的职工薪酬，借记“生产成本”、“制造费用”等科目，贷记本科目。

2. 应由在建工程、无形资产开发项目负担的职工薪酬，借记“在建工程”、“研发支出”等科目，贷记本科目。

3. 管理部门人员的职工薪酬和因解除与职工的劳动关系给予的补偿，借记“管理费用”科目，贷记本科目。

4. 销售人员的职工薪酬，借记“销售费用”科目，贷记本科目。

（二）小企业发放职工薪酬应当区分以下情况进行处理：

1. 向职工支付工资、奖金、津贴、福利费等，从应付职工薪酬中扣还的各种款项（代垫的家属药费、个人所得税等）等，借记本科目，贷记“库存现金”、“银行存款”、“其他应收款”、“应交税费——应交个人所得税”等科目。

2. 支付工会经费和职工教育经费用于工会活动和职工培训，借记本科目，贷记“银行存款”等科目。

3. 按照国家有关规定缴纳的社会保险费和住房公积金，借记本科目，贷记“银行存款”科目。

4. 以其自产产品发放给职工的，按照其销售价格，借记本科目，贷记“主营业务收入”科目；同时，还应结转产成品的成本。涉及增值税销项税额的，还应进行相应的账务处理。

5. 支付的因解除与职工的劳动关系给予职工的补偿，借记本科目，贷记“库存现金”、“银行存款”等科目。

四、本科目期末贷方余额，反映小企业应付未付的职工薪酬。

2221 应交税费

一、本科目核算小企业按照税法等规定计算应交纳的各种税费。包括：增值税、消费税、城市维护建设税、企业所得税、资源税、土地增值税、城镇土地使用税、房产税、车船税和教育费附加、矿产资源补偿费、排污费等。

小企业代扣代缴的个人所得税等，也通过本科目核算。

二、本科目应按照应交的税费项目进行明细核算。

应交增值税还应当分别“进项税额”、“销项税额”、“出口退税”、“进项税额转出”、“已交税金”等设置专栏。

小规模纳税人只需设置“应交增值税”明细科目，不需要在“应交增值税”明细科目中设置上述专栏。

三、应交税费的主要账务处理。

（一）应交增值税的主要账务处理。

1. 小企业采购物资等，按照应计入采购成本的金额，借记“材料采购”或“在途物资”、“原材料”、“库存商品”等科目，按照税法规定可抵扣的增值税进项税额，借记本科目（应交增值税——进项税额），按照应付或实际支付的金额，贷记“应付账款”、“银行存款”等科目。购入物资发生退货的，做相反的会计分录。

购进免税农业产品，按照购入农业产品的买价和税法规定的税率计算的增值税进项税额，借记本科目（应交增值税——进项税额），按照买价减去按照税法规定计算的增值税进项税额后的金额，借记“材料采购”或“在途物资”等科目，按照应付或实际支付的价款，贷记“应付账款”、“库存现金”、“银行存款”等科目。

2. 销售商品（提供劳务），按照收入金额和应收取的增值税销项税额，借记“应收账款”、“银行存款”等科目，按照税法规定应交纳的增值税销项税额，贷记本科目（应交增值税——销项税额），按照确认的营业收入金额，贷记“主营业务收入”、“其他业务收入”等科目。发生销售退回的，做相反的会计分录。

随同商品出售但单独计价的包装物，应当按照实际收到或应收的金额，借记“银行存款”、“应收账款”等科目，按照税法规定应交纳的增值税销项税额，贷记本科目（应交增值税——销项税额），按照确认的其他业务收入金额，贷记“其他业务收入”科目。

3. 有出口产品的小企业，其出口退税的账务处理如下：

（1）实行“免、抵、退”管理办法的小企业，按照税法规定计算的当期出口产品不予免征、抵扣和退税的增值税额，借记“主营业务成本”科目，贷记本科目（应交增值税——进项税额转出）。按照税法规定计算的当期应予抵扣的增值税额，借记本科目（应交增值税——出口抵减内销产品应纳税额），贷记本科目（应交增值税——出口退税）。

出口产品按照税法规定应予退回的增值税款，借记“其他应收款”科目，贷记本科目（应交增值税——出口退税）。

（2）未实行“免、抵、退”管理办法的小企业，出口产品实现销售收入时，应当按照应收的金额，借记“应收账款”等科目，按照税法规定应收的出口退税，借记“其他应收款”科目，按照税法规定不予退回的增值税额，借记“主营业务成本”科目，按照确认的销售商品收入，贷记“主营业务收入”科目，按照税法规定应交纳的增值税额，贷记本科目（应交增值税——销项税额）。

4. 购入材料等按照税法规定不得从增值税销项税额中抵扣的进项税额，其进项税额应计入材料等的成本，借记“材料采购”或“在途物资”等科目，贷记“银行存款”等科目，不通过本科目（应交增值税——进项税额）核算。

5. 将自产的产品等用作福利发放给职工，应视同产品销售计算应交增值税的，借记“应付职工酬薪”科目，贷记“主营业务收入”、本科目（应交增值税——销项税额）等科目。

6. 购进的物资、在产品、产成品因盘亏、毁损、报废、被盗，以及购进物资改变用途等原因按照税法规定不得从增值税销项税额中抵扣的进项税额，其进项税额应转入有关科目，借记“待处理财产损溢”等科目，贷记本科目（应交增值税——进项税额转出）。

由于工程而使用本企业的产品或商品，应当按照成本，借记“在建工程”科目，贷记“库存商品”科目。同时，按照税法规定应交纳的增值税销项税额，借记“在建工程”科目，贷记本科目（应交增值税——销项税额）。

7. 交纳的增值税，借记本科目（应交增值税——已交税金），贷记“银行存款”科目。

（二）应交消费税的主要账务处理。

1. 销售需要交纳消费税的物资应交的消费税，借记“营业税金及附加”等科目，贷记本科目（应交消费税）。

2. 以生产的产品用于在建工程、非生产机构等，按照税法规定应交纳的消费税，借记“在建工程”、“管理费用”等科目，贷记本科目（应交消费税）。

随同商品出售但单独计价的包装物，按照税法规定应交纳的消费税，借记“营业税金及附加”科目，贷记本科目（应交消费税）。出租、出借包装物逾期未收回没收的押金应交的消费税，借记“营业税金及附加”科目，贷记本科目（应交消费税）。

3. 需要交纳消费税的委托加工物资，由受托方代收代缴税款（除受托加工或翻新改制金银首饰按照税法规定由受托方交纳消费税外）。小企业（受托方）按照应交税款金额，借记“应收账款”、“银行存款”等科目，贷记本科目（应交消费税）。

委托加工物资收回后，直接用于销售的，小企业（委托方）应将代收代缴的消费税计入委托加工物资的成本，借记“库存商品”等科目，贷记“应付账款”、“银行存款”等科目；委托加工物资收回后用于连续生产，按照税法规定准予抵扣的，按照代收代缴的消费税，借记本科目（应交消费税），贷记“应付账款”、“银行存款”等科目。

4. 有金银首饰零售业务的以及采用以旧换新方式销售金银首饰的小企业，在营业收入实现时，按照应交的消费税，借记“营业税金及附加”科目，贷记本科目（应交消费税）。有金银首饰零售业务的小企业因受托代销金银首饰按照税法规定应交纳的消费税，借记“营业税金及附加”科目，贷记本科目（应交消费税）；以其他方式代销金银首饰的，其交纳的消费税，借记“营业税金及附加”科目，贷记本科目（应交消费税）。

有金银首饰批发、零售业务的小企业将金银首饰用于馈赠、赞助、广告、职工福利、奖励等方面的，应于物资移送时，按照应交的消费税，借记“营业外支出”、“销售费用”、“应付职工薪酬”等科目，贷记本科目（应交消费税）。

随同金银首饰出售但单独计价的包装物，按照税法规定应交纳的消费税，借记“营业税金及附加”科目，贷记本科目（应交消费税）。

小企业因受托加工或翻新改制金银首饰按照税法规定应交纳的消费税，于向委托方交货时，借记“营业税金及附加”科目，贷记本科目（应交消费税）。

5. 需要交纳消费税的进口物资，其交纳的消费税应计入该项物资的成本，借记“材料采购”或“在途物资”、“库存商品”、“固定资产”等科目，贷记“银行存款”等科目。

6. 小企业（生产性）直接出口或通过外贸企业出口的物资，按照税法规定直接予以免征消费税的，可不计算应交消费税。

7. 交纳的消费税，借记本科目（应交消费税），贷记“银行存款”科目。

（三）应交城市维护建设税和教育费附加的主要账务处理。

1. 小企业按照税法规定应交的城市维护建设税、教育费附加，借记“营业税金及附加”科目，贷记本科目（应交城市维护建设税、应交教育费附加）。

2. 交纳的城市维护建设税和教育费附加，借记本科目（应交城市维护建设税、应交教育费附加），贷记“银行存款”科目。

（四）应交企业所得税的主要账务处理。

1. 小企业按照税法规定应交的企业所得税，借记“所得税费用”科目，贷记本科目（应交企业所得税）。

2. 交纳的企业所得税，借记本科目（应交企业所得税），贷记“银行存款”科目。

（五）应交资源税的主要账务处理。

1. 小企业销售商品按照税法规定应交纳的资源税，借记“营业税金及附加”科目，贷记本科目（应交资源税）。

2. 自产自用的物资应交纳的资源税，借记“生产成本”科目，贷记本科目（应交资源税）。

3. 收购未税矿产品，按照实际支付的价款，借记“材料采购”或“在途物资”等科目，贷记“银行存款”等科目，按照代扣代缴的资源税，借记“材料采购”或“在途物资”等科目，贷记本科目（应交资源税）。

4. 外购液体盐加工固体盐：在购入液体盐时，按照税法规定所允许抵扣的资源税，借记本科目（应交资源税），按照购买价款减去允许抵扣的资源税后的金额，借记“材料采购”或“在途物资”、“原材料”等科目，按照应支付的购买价款，贷记“银行存款”、“应付账款”等科目；加工成固体盐后，在销售时，按照销售固体盐应交纳的资源税，借记“营业税金及附加”科目，贷记本科目（应交资源税）；将销售固体盐应交资源税抵扣液体盐已交资源税后的差额上交时，借记本科目（应交资源税），贷记“银行存款”科目。

5. 交纳的资源税，借记本科目（应交资源税），贷记“银行存款”科目。

（六）应交土地增值税的主要账务处理。

1. 小企业转让土地使用权应交纳的土地增值税，土地使用权与地上建筑物及其附着物一并在“固定资产”科目核算的，借记“固定资产清理”科目，贷记本科目（应交土地增值税）。

土地使用权在“无形资产”科目核算的，按照实际收到的金额，借记“银行存款”科目，按照应交纳的土地增值税，贷记本科目（应交土地增值税），按照已计提的累计摊销，借记“累计摊销”科目，按照其成本，贷记“无形资产”科目，按照其差额，贷记“营业外收入——非流动资产处置净收益”科目或借记“营业外支出——非流动资产处置净损失”科目。

2. 小企业（房地产开发经营）销售房地产应交纳的土地增值税，借记“营业税金及附加”科目，贷记本科目（应交土地增值税）。

3. 交纳的土地增值税，借记本科目（应交土地增值税），贷记“银行存款”科目。

（七）应交城镇土地使用税、房产税、车船税、矿产资源补偿费、排污费的主要账务处理。

1. 小企业按照规定应交纳的城镇土地使用税、房产税、车船税、矿产资源补偿费、排污费，借记“营业税金及附加”科目，贷记本科目（应交城镇土地使用税、应交房产税、应交车船税、应交矿产资源补偿费、应交排污费）。

2. 交纳的城镇土地使用税、房产税、车船税、矿产资源补偿费、排污费，借记本科目（应交城镇土地使用税、应交房产税、应交车船税、应交矿产资源补偿费、应交排污费），贷记“银行存款”科目。

（八）应交个人所得税的主要账务处理。

1. 小企业按照税法规定应代扣代缴的职工个人所得税，借记“应付职工薪酬”科目，贷记本科目（应交个人所得税）。

2. 交纳的个人所得税，借记本科目（应交个人所得税），贷记“银行存款”科目。

（九）小企业按照规定实行企业所得税、增值税、消费税等先征后返的，应当在实际收到返还的企业所得税、增值税（不含出口退税）、消费税等时，借记“银行存款”科目，贷记“营业外收入”科目。

四、本科目期末贷方余额，反映小企业尚未交纳的税费；期末如为借方余额，反映小企业多交或尚未抵扣的税费。

2231 应付利息

一、本科目核算小企业按照合同约定应支付的利息费用。

二、本科目应按照贷款人等进行明细核算。

三、应付利息的主要账务处理。

（一）在应付利息日，小企业应当按照合同利率计算确定的利息费用，借记“财务费用”、“在建工程”等科目，贷记本科目。

（二）实际支付的利息，借记本科目，贷记“银行存款”等科目。

四、本科目期末贷方余额，反映小企业应付未付的利息费用。

2232 应付利润

一、本科目核算小企业向投资者分配的利润。

二、本科目应按照投资者进行明细核算。

三、应付利润的主要账务处理。

（一）小企业根据规定或协议确定的应分配给投资者的利润，借记“利润分配”科目，贷记本科目。

（二）向投资者实际支付利润，借记本科目，贷记“库存现金”、“银行存款”科目。

四、本科目期末贷方余额，反映小企业应付未付的利润。

2241 其他应付款

一、本科目核算小企业除应付账款、预收账款、应付职工薪酬、应交税费、应付利息、应付利润等以外的其他各项应付、暂收的款项，如应付租入固定资产和包装物的租金、存入保证金等。

二、本科目应按照其他应付款的项目和对方单位（或个人）进行明细核算。

三、其他应付款的主要账务处理。

（一）小企业发生的其他各种应付、暂收款项，借记“管理费用”等科目，贷记本科目。

（二）支付的其他各种应付、暂收款项，借记本科目，贷记“银行存款”等科目。

小企业无法支付的其他应付款，借记本科目，贷记“营业外收入”科目。

四、本科目期末贷方余额，反映小企业应付未付的其他应付款项。

2401 递延收益

一、本科目核算小企业已经收到、应在以后期间计入损益的政府补助。

二、本科目应按照相关项目进行明细核算。

三、递延收益的主要账务处理。

（一）小企业收到与资产相关的政府补助，借记“银行存款”等科目，贷记本科目。

在相关资产的使用寿命内平均分配递延收益，借记本科目，贷记“营业外收入”科目。

（二）收到的其他政府补助，用于补偿本企业以后期间的相关费用或亏损的，应当按照收到的金额，借记“银行存款”等科目，贷记本科目。在发生相关费用或亏损的未来期间，应当按照应补偿的金额，借记本科目，贷记“营业外收入”科目。

用于补偿本企业已发生的相关费用或亏损的，应当按照收到的金额，借记“银行存款”等科目，贷记“营业外收入”科目。

四、本科目期末贷方余额，反映小企业已经收到、但应在以后期间计入损益的政府补助。

2501 长期借款

一、本科目核算小企业向银行或其他金融机构借入的期限在 1 年以上的各项借款本金。

二、本科目应按照借款种类、贷款人和币种进行明细核算。

三、长期借款的主要账务处理。

（一）小企业借入长期借款，借记“银行存款”科目，贷记本科目。

（二）在应付利息日，应当按照借款本金和借款合同利率计提利息费用，借记“财务费用”、“在建工程”等科目，贷记“应付利息”科目。

（三）偿还长期借款本金，借记本科目，贷记“银行存款”科目。

四、本科目期末贷方余额，反映小企业尚未偿还的长期借款本金。

2701 长期应付款

一、本科目核算小企业除长期借款以外的其他各种长期应付款项。包括：应付融资租入固定资产的租赁费、以分期付款方式购入固定资产发生的应付款项等。

二、本科目应按照长期应付款的种类和债权人进行明细核算。

三、长期应付款的主要账务处理。

（一）小企业融资租入固定资产，在租赁期开始日，按照租赁合同约定的付款总额和在签订租赁合同过程中发生的相关税费等，借记“固定资产”或“在建工程”科目，贷记本科目等科目。

（二）以分期付款方式购入固定资产，应当按照实际支付的购买价款和相关税费（不包括按照税法规定可抵扣的增值税进项税额），借记“固定资产”或“在建工程”科目，按照税法规定可抵扣的增值税进项税额，借记“应交税费——应交增值税（进项税额）”科目，贷记本科目。

四、本科目期末贷方余额，反映小企业应付未付的长期应付款项。

所有者权益类

3001 实收资本

一、本科目核算小企业收到投资者按照合同协议约定或相关规定投入的、构成注册资本的部分。

小企业（股份有限公司）应当将本科目的名称改为“3001 股本”科目。

小企业收到投资者出资超过其在注册资本中所占份额的部分，作为资本溢价，在“资本公积”科目核算，不在本科目核算。

二、本科目应按照投资者进行明细核算。

小企业（中外合作经营）根据合同规定在合作期间归还投资者的投资，应在本科目设置“已归还投资”明细科目进行核算。

三、实收资本的主要账务处理。

（一）小企业收到投资者的出资，借记“银行存款”、“其他应收款”、“固定资产”、“无形资产”等科目，按照其在注册资本中所占的份额，贷记本科目，按照其差额，贷记“资本公积”科目。

（二）根据有关规定增加注册资本，借记“银行存款”、“资本公积”、“盈余公积”等科目，贷记本科目。

根据有关规定减少注册资本，借记本科目、“资本公积”等科目，贷记“库存现金”、“银行存款”等科目。

小企业（中外合作经营）根据合同规定在合作期间归还投资者的投资，应当按照实际归还投资的金额，借记本科目（已归还投资），贷记“银行存款”等科目；同时，借记“利润分配——利润归还投资”科目，贷记“盈余公积——利润归还投资”科目。

四、本科目期末贷方余额，反映小企业实收资本总额。

3002 资本公积

一、本科目核算小企业收到投资者出资超出其在注册资本中所占份额的部分。

二、资本公积的主要账务处理。

（一）小企业收到投资者的出资，借记“银行存款”、“其他应收款”、“固定资产”、“无形资产”等科目，按照其在注册资本中所占的份额，贷记“实收资本”科目，按照其差额，贷记本科目。

（二）根据有关规定用资本公积转增资本，借记本科目，贷记“实收资本”科目。

根据有关规定减少注册资本，借记“实收资本”科目、本科目等科目，贷记“库存现金”、“银行存款”等科目。

三、本科目期末贷方余额，反映小企业资本公积总额。

3101 盈余公积

一、本科目核算小企业（公司制）按照公司法规定在税后利润中提取的法定公积金和任意公积金。

小企业（外商投资）按照法律规定在税后利润中提取储备基金和企业发展基金也在本科目核算。

二、本科目应当分别“法定盈余公积”、“任意盈余公积”进行明细核算。

小企业（外商投资）还应当分别“储备基金”、“企业发展基金”进行明细核算。

小企业（中外合作经营）根据合同规定在合作期间归还投资者的投资，应在本科目设置“利润归还投资”明细科目进行核算。

三、盈余公积的主要账务处理。

（一）小企业（公司制）按照公司法规定提取法定公积金和任意公积金，借记“利润分配——提取法定盈余公积、提取任意盈余公积”科目，贷记本科目（法定盈余公积、任意盈余公积）。

小企业（外商投资）按照规定提取储备基金、企业发展基金、职工奖励及福利基金，借记“利润分配——提取储备基金、提取企业发展基金、提取职工奖励及福利基金”科目，贷记本科目（储备基金、企业发展基金）、“应付职工薪酬”科目。

（二）用盈余公积弥补亏损或者转增资本，借记本科目，贷记“利润分配——盈余公积补亏”或“实收资本”科目。

小企业（中外合作经营）根据合同规定在合作期间归还投资者的投资，应当按照实际归还投资的金额，借记“实收资本——已归还投资”科目，贷记“银行存款”等科目；同时，借记“利润分配——利润归还投资”科目，贷记本科目（利润归还投资）。

四、本科目期末贷方余额，反映小企业（公司制）的法定公积金和任意公积金总额，小企业（外商投资）的储备基金和企业发展基金总额。

3103 本年利润

一、本科目核算小企业当期实现的净利润（或发生的净亏损）。

二、本年利润的主要账务处理。

（一）期（月）末结转利润时，小企业可以将“主营业务收入”、“其他业务收入”、“营业外收入”科目的余额，转入本科目，借记“主营业务收入”、“其他业务收入”、“营业外收入”科目，贷记本科目；将“主营业务成本”、“其他业务成本”、“营业税金及附加”、“销售费用”、“管理费用”、“财务费用”、“营业外支出”、“所得税费用”科目的余额，转入本科目，借记本科目，贷记“主营业务成本”、“其他业务成本”、“营业税金及附加”、“销售费用”、“管理费用”、“财务费用”、“营业外支出”、“所得税费用”科目。将“投资收益”科目的贷方余额，转入本科目，借记“投资收益”科目，贷记本科目；如为借方余额，做相反的会计分录。

结转后本科目的贷方余额为当期实现的净利润；借方余额为当期发生的净亏损。

（二）年度终了，应当将本年收入和支出相抵后结出的本年实现的净利润，转入“利润分配”科目，借记本科目，贷记“利润分配——未分配利润”科目；如为净亏损，做相反的会计分录。

结转后本科目应无余额。

3104 利润分配

一、本科目核算小企业利润的分配（或亏损的弥补）和历年分配（或弥补）后的余额。

二、本科目应按照“应付利润”、“未分配利润”等进行明细核算。

三、利润分配的主要账务处理。

（一）小企业根据有关规定分配给投资者的利润，借记本科目（应付利润），贷记“应付利润”科目。

（二）用盈余公积弥补亏损，借记“盈余公积”科目，贷记本科目（盈余公积补亏）。

小企业（中外合作经营）根据合同规定在合作期间归还投资者的投资，应按照实际归还投资的金额，借记“实收资本——已归还投资”科目，贷记“银行存款”等科目；同时，借记本科目（利润归还投资），贷记“盈余公积——利润归还投资”科目。

四、年度终了，小企业应当将本年实现的净利润，自“本年利润”科目转入本科目，借记“本年利润”科目，贷记本科目（未分配利润）；为净亏损的，做相反的会计分录。同时，将“利润分配”科目所属明细科目（应付利润、盈余公积补亏）的余额转入本科目明细科目（未分配利润）。结转后，本科目除“未分配利润”明细科目外，其他明细科目应无余额。

五、本科目年末余额，反映小企业的未分配利润（或未弥补亏损）。

成本类

4001 生产成本

一、本科目核算小企业进行工业性生产发生的各项生产成本。包括：生产各种产品（产成品、自制半成品等）、自制材料、自制工具、自制设备等。

小企业对外提供劳务发生的成本，可将本科目改为“4001 劳务成本”科目，或单独设置“4002 劳务成本”科目进行核算。

二、本科目可按照基本生产成本和辅助生产成本进行明细核算。

三、生产成本的主要账务处理。

（一）小企业发生的各项直接生产成本，借记本科目（基本生产成本、辅助生产成本），贷记“原材料”、“库存现金”、“银行存款”、“应付职工薪酬”等科目。

各生产车间应负担的制造费用，借记本科目（基本生产成本、辅助生产成本），贷记“制造费用”科目。

（二）辅助生产车间为基本生产车间、管理部门和其他部门提供的劳务和产品，可在月末按照一定的分配标准分配给各受益对象，借记本科目（基本生产成本）、“销售费用”、“管理费用”、“其他业务成本”、“在建工程”等科目，贷记本科目（辅助生产成本）；也可在提供相关劳务和产品时，借记本科目、“销售费用”、“管理费用”、“其他业务成本”、“在建工程”等科目，贷记“原材料”、“库存现金”、“银行存款”、“应付职工薪酬”等科目。

（三）小企业已经生产完成并已验收入库的产成品以及入库的自制半成品，可在月末，借记“库存商品”等科目，贷记本科目（基本生产成本）。

四、本科目期末借方余额，反映小企业尚未加工完成的在产品成本。

4101　制造费用

一、本科目核算小企业生产车间（部门）为生产产品和提供劳务而发生的各项间接费用。

小企业经过1年期以上的制造才能达到预定可销售状态的产品发生的借款费用，也在本科目核算。

小企业行政管理部门为组织和管理生产经营活动而发生的管理费用，在“管理费用”科目核算，不在本科目核算。

二、本科目应按照不同的生产车间、部门和费用项目进行明细核算。

三、制造费用的主要账务处理。

（一）生产车间发生的机物料消耗和固定资产修理费，借记本科目，贷记“原材料”、“银行存款”等科目。

（二）发生的生产车间管理人员的工资等职工薪酬，借记本科目，贷记“应付职工薪酬”科目。

（三）生产车间计提的固定资产折旧费，借记本科目，贷记“累计折旧”科目。

（四）生产车间支付的办公费、水电费等，借记本科目，贷记“银行存款”、“应付利息”等科目。

（五）发生季节性和修理期间的停工损失，借记本科目，贷记“原材料”、“应付职工薪酬”、“银行存款”等科目。

（六）小企业经过1年期以上的制造才能达到预定可销售状态的产品在制造完成之前发生的借款利息，在应付利息日根据借款合同利率计算确定的利息费用，借记本科目，贷记“应付利息”科目。制造完成之后发生的利息费用，借记“财务费用”科目，贷记“应付利息”科目。

（七）将制造费用分配计入有关的成本核算对象，借记“生产成本——基本生产成本、辅助生产成本”等科目，贷记本科目。

（八）季节性生产小企业制造费用全年实际发生额与分配额的差额，除其中属于为下一年开工生产做准备的可留待下一年分配外，其余部分实际发生额大于分配额的差额，借记“生产成本——基本生产成本”科目，贷记本科目；实际发生额小于分配额的差额，做相反的会计分录。

四、除季节性的生产性小企业外，本科目期末应无余额。

4301 研发支出

一、本科目核算小企业进行研究与开发无形资产过程中发生的各项支出。

二、本科目应按照研究开发项目，分别“费用化支出”、“资本化支出”进行明细核算。

三、研发支出的主要账务处理。

（一）小企业自行研究开发无形资产发生的研发支出，不满足资本化条件的，借记本科目（费用化支出），满足资本化条件的，借记本科目（资本化支出），贷记“原材料”、“银行存款”、“应付职工薪酬”、“应付利息”等科目。

（二）研究开发项目达到预定用途形成无形资产的，应按本科目（资本化支出）的余额，借记“无形资产”科目，贷记本科目（资本化支出）。

月末，应将本科目归集的费用化支出金额转入“管理费用”科目，借记“管理费用”科目，贷记本科目（费用化支出）。

四、本科目期末借方余额，反映小企业正在进行的无形资产开发项目满足资本化条件的支出。

4401 工程施工

一、本科目核算小企业（建筑业）实际发生的各种工程成本。

二、本科目应按照建造合同项目分别“合同成本”和“间接费用”进行明细核算。

三、工程施工的主要账务处理。

（一）小企业进行合同建造时发生的人工费、材料费、机械使用费以及施工现场材料的二次搬运费、生产工具和用具使用费、检验试验费、临时设施折旧费等其他直接费用，借记本科目（合同成本），贷记“应付职工薪酬”、“原材料”等科目。

发生的施工、生产单位管理人员职工薪酬、财产保险费、工程保修费、固定资产折旧费等间接费用，借记本科目（间接费用），贷记“累计折旧”、“银行存款”等科目。

期（月）末，将间接费用分配计入有关合同成本，借记本科目（合同成本），贷记本科目（间接费用）。

（二）确认合同收入和合同费用时，借记“应收账款”、“预收账款”等科目，贷记“主营业务收入”科目；按照应结转的合同成本，借记“主营业务成本”科目，贷记本科目（合同成本）。

四、本科目期末借方余额，反映小企业尚未完工的建造合同成本和合同毛利。

4403 机械作业

一、本科目核算小企业（建筑业）及其内部独立核算的施工单位、机械站和运输队使用自有施工机械和运输设备进行机械作业（含机械化施工和运输作业等）所发生的各项费用。

小企业及其内部独立核算的施工单位，从外单位或本企业其他内部独立核算的机械站租入施工机械发生的机械租赁费，在“工程施工”科目核算，不在本科目核算。

二、本科目应按照施工机械或运输设备的种类等进行明细核算。

小企业内部独立核算的机械施工、运输单位使用自有施工机械或运输设备进行机械作业所发生的各项费用，应按照成本核算对象和成本项目进行归集。

成本项目一般分为：职工薪酬、燃料及动力费、折旧及修理费、其他直接费用、间接费用（为组织和管理机械作业生产所发生的费用）。

三、机械作业的主要账务处理。

（一）小企业发生的机械作业支出，借记本科目，贷记“原材料”、“应付职工薪酬”、“累计折旧”等科目。

（二）期（月）末，小企业及其内部独立核算的施工单位、机械站和运输队为本企业承包的工程进行机械化施工和运输作业的成本，应转入承包工程的成本，借记“工程施工”科目，贷记本科目。

对外单位、专项工程等提供机械作业（含运输设备）的成本，借记“生产成本（或劳务成本）”科目，贷记本科目。

四、本科目期末应无余额。

损益类

5001　主营业务收入

一、本科目核算小企业确认的销售商品或提供劳务等主营业务的收入。

二、本科目应按照主营业务的种类进行明细核算。

三、主营业务收入的主要账务处理。

小企业销售商品或提供劳务实现的收入，应当按照实际收到或应收的金额，借记“银行存款”、“应收账款”等科目，按照税法规定应交纳的增值税额，贷记“应交税费——应交增值税（销项税额）”科目，按照确认的销售商品收入，贷记本科目。

发生销货退回（不论属于本年度还是属于以前年度的销售），按照应冲减销售商品收入的金额，借记本科目，按照实际支付或应退还的金额，贷记“银行存款”、“应收账款”等科目。涉及增值税销项税额的，还应进行相应的账务处理。

四、月末，可将本科目的余额转入“本年利润”科目，结转后本科目应无余额。

5051　其他业务收入

一、本科目核算小企业确认的除主营业务活动以外的其他日常生产经营活动实现的收入。包括：出租固定资产、出租无形资产、销售材料等实现的收入。

二、本科目应按照其他业务收入种类进行明细核算。

三、其他业务收入的主要账务处理。

小企业确认的其他业务收入，借记“银行存款”、“其他应收款”等科目，贷记本科目。涉及增值税销项税额的，还应进行相应的账务处理。

四、月末，可将本科目余额转入“本年利润”科目，结转后本科目应无余额。

5111　投资收益

一、本科目核算小企业确认的投资收益或投资损失。

二、本科目应按照投资项目进行明细核算。

三、投资收益的主要账务处理。

（一）对于短期股票投资、短期基金投资和长期股权投资，小企业应当按照被投资单位宣告分派的现金股利或利润中属于本企业的部分，借记“应收股利”科目，贷记本科目。

（二）在长期债券投资或短期债券投资持有期间，在债务人应付利息日，按照分期付息、一次还本的长期债券投资或短期债券投资的票面利率计算的利息收入，借记“应收利息”科目，贷记本科目；按照一次还本付息的长期债券投资票面利率计算的利息收入，借记“长期债券投资——应计利息”科目，贷记本科目。

在债务人应付利息日，按照应分摊的债券溢折价金额，借记或贷记本科目，贷记或借记“长期债券投资——溢折价”科目。

（三）出售短期投资、处置长期股权投资和长期债券投资，应当按照实际收到的价款或收回的金额，借记“银行存款”或“库存现金”科目，按照其账面余额，贷记“短期投资”、“长期股权投资”、“长期债券投资”科目，按照尚未领取的现金股利或利润、债券利息收入，贷记“应收股利”、“应收利息”科目，按照其差额，贷记或借记本科目。

四、月末，可将本科目余额转入“本年利润”科目，本科目结转后应无余额。

5301 营业外收入

一、本科目核算小企业实现的各项营业外收入。包括：非流动资产处置净收益、政府补助、捐赠收益、盘盈收益、汇兑收益、出租包装物和商品的租金收入、逾期未退包装物押金收益、确实无法偿付的应付款项、已作坏账损失处理后又收回的应收款项、违约金收益等。

小企业收到出口产品或商品按照规定退回的增值税款，在“其他应收款”科目核算，不在本科目核算。

二、本科目应按照营业外收入项目进行明细核算。

三、营业外收入的主要账务处理。

（一）小企业确认非流动资产处置净收益，比照“固定资产清理”、“无形资产”等科目的相关规定进行账务处理。

（二）确认的政府补助收入，借记“银行存款”或“递延收益”科目，贷记本科目。

（三）小企业按照规定实行企业所得税、增值税（不含出口退税）、消费税等先征后返的，应当在实际收到返还的企业所得税、增值税、消费税等时，借记“银行存款”科目，贷记本科目。

（四）确认的捐赠收益，借记“银行存款”、“固定资产”等科目，贷记本科目。

（五）确认的盘盈收益，借记“待处理财产损溢——待处理流动资产损溢、待处理非流动资产损溢”科目，贷记本科目。

（六）确认的汇兑收益，借记有关科目，贷记本科目。

（七）确认的出租包装物和商品的租金收入、逾期未退包装物押金收益、确实无法偿付的应付款项、违约金收益等，借记“其他应收款”、“应付账款”、“其他应付款”等科目，贷记本科目。

（八）确认的已作坏账损失处理后又收回的应收款项，借记“银行存款”等科目，贷记本科目。

四、月末，可将本科目余额转入“本年利润”科目，结转后本科目应无余额。

5401 主营业务成本

一、本科目核算小企业确认销售商品或提供劳务等主营业务收入应结转的成本。

二、本科目应按照主营业务的种类进行明细核算。

三、主营业务成本的主要账务处理。

（一）月末，小企业可根据本月销售各种商品或提供各种劳务实际成本，计算应结转的主营业务成本，借记本科目，贷记“库存商品”、“生产成本”、“工程施工”等科目。

（二）本月发生的销售退回，可以直接从本月的销售数量中减去，得出本月销售的净数量，然后计算应结转的主营业务成本，也可以单独计算本月销售退回成本，借记“库存商品”等科目，贷记本科目。

四、月末，可将本科目的余额转入“本年利润”科目，结转后本科目应无余额。

5402 其他业务成本

一、本科目核算小企业确认的除主营业务活动以外的其他日常生产经营活动所发生的支出。包括：销售材料的成本、出租固定资产的折旧费、出租无形资产的摊销额等。

二、本科目应按照其他业务成本的种类进行明细核算。

三、其他业务成本的主要账务处理。

小企业发生的其他业务成本，借记本科目，贷记“原材料”、“周转材料”、“累计折旧”、“累计摊销”、“银行存款”等科目。

四、月末，可将本科目余额转入“本年利润”科目，结转后本科目应无余额。

5403 营业税金及附加

一、本科目核算小企业开展日常生产经营活动应负担的消费税、城市维护建设税、资源税、土地增值税、城镇土地使用税、房产税、车船税、印花税和教育费附加、矿产资源补偿费、排污费等相关税费。

与最终确认营业外收入或营业外支出相关的税费，在“固定资产清理”、“无形资产”等科目核算，不在本科目核算。

二、本科目应按照税费种类进行明细核算。

三、营业税金及附加的主要账务处理。

小企业按照规定计算确定的与其日常生产经营活动相关的税费，借记本科目，贷记“应交税费”等科目。

四、月末，可将本科目余额转入“本年利润”科目，结转后本科目应无余额。

5601 销售费用

一、本科目核算小企业在销售商品或提供劳务过程中发生的各种费用。包括：销售人员的职工薪酬、商品维修费、运输费、装卸费、包装费、保险费、广告费和业务宣传费、展览费等费用。

小企业（批发业、零售业）在购买商品过程中发生的费用（包括：运输费、装卸费、包装费、保险费、运输途中的合理损耗和入库前的挑选整理费等），也在本科目核算。

二、本科目应按照费用项目进行明细核算。

三、销售费用的主要账务处理。

小企业在销售商品或提供劳务过程中发生的销售人员的职工薪酬、商品维修费、运输费、装卸费、包装费、保险费、广告费、业务宣传费、展览费等费用，借记本科目，贷记“库存现金”、“银行存款”等科目。

小企业（批发业、零售业）在购买商品过程中发生的运输费、装卸费、包装费、保险费、运输途中的合理损耗和入库前的挑选整理费等，借记本科目，贷记“库存现金”、“银行存款”、“应付账款”等科目。

四、月末，可将本科目余额转入“本年利润”科目，结转后本科目应无余额。

5602 管理费用

一、本科目核算小企业为组织和管理生产经营发生的其他费用。包括：小企业在筹建期间内发生的开办费、行政管理部门发生的费用（包括：固定资产折旧费、修理费、办公费、水电费、差旅费、管理人员的职工薪酬等）、业务招待费、研究费用、技术转让费、相关长期待摊费用摊销、财产保险费、聘请中介机构费、咨询费（含顾问费）、诉讼费等费用。

小企业（批发业、零售业）管理费用不多的，可不设置本科目，本科目的核算内容可并入“销售费用”科目核算。

二、本科目应按照费用项目进行明细核算。

三、管理费用的主要账务处理。

（一）小企业在筹建期间内发生的开办费（包括：相关人员的职工薪酬、办公费、培训费、差旅费、印刷费、注册登记费以及不计入固定资产成本的借款费用等费用），在实际发生时，借记本科目，贷记“银行存款”等科目。

（二）行政管理部门人员的职工薪酬，借记本科目，贷记“应付职工薪酬”科目。

（三）行政管理部门计提的固定资产折旧费和发生的修理费，借记本科目，贷记“累计折旧”、“银行存款”等科目。

（四）行政管理部门发生的办公费、水电费、差旅费，借记本科目，贷记“银行存款”等科目。

（五）小企业发生的业务招待费、相关长期待摊费用摊销、技术转让费、财产保险费、聘请中介机构费、咨询费（含顾问费）、诉讼费等，借记本科目，贷记“银行存款”、“长期待摊费用”等科目。

（六）小企业自行研究无形资产发生的研究费用，借记本科目，贷记“研发支出”科目。

四、月末，可将本科目的余额转入“本年利润”科目，结转后本科目应无余额。

5603 财务费用

一、本科目核算小企业为筹集生产经营所需资金发生的筹资费用。包括：利息费用（减利息收入）、汇兑损失、银行相关手续费、小企业给予的现金折扣（减享受的现金折扣）等费用。

小企业为购建固定资产、无形资产和经过 1 年期以上的制造才能达到预定可销售状态的存货发生的借款费用，在“在建工程”、“研发支出”、“制造费用”等科目核算，不在本科目核算。

小企业发生的汇兑收益，在“营业外收入”科目核算，不在本科目核算。

二、本科目应按照费用项目进行明细核算。

三、财务费用的主要账务处理。

（一）小企业发生的利息费用、汇兑损失、银行相关手续费、给予的现金折扣等，借记本科目，贷记“应付利息”、“银行存款”等科目。

（二）持未到期的商业汇票向银行贴现，应当按照实际收到的金额（减去贴现息后的净额），借记“银行存款”科目，按照贴现息，借记本科目，按照商业汇票的票面金额，贷记“应收票据”科目（银行无追索权情况下）或“短期借款”科目（银行有追索权情况下）。

（三）发生的应冲减财务费用的利息收入、享受的现金折扣等，借记“银行存款”等科目，贷记本科目。

四、月末，可将本科目余额转入“本年利润”科目，结转后本科目应无余额。

5711 营业外支出

一、本科目核算小企业发生的各项营业外支出。包括：存货的盘亏、毁损、报废损失，非流动资产处置净损失，坏账损失，无法收回的长期债券投资损失，无法收回的长期股权投资损失，自然灾害等不可抗力因素造成的损失，税收滞纳金，罚金，罚款，被没收财物的损失，捐赠支出，赞助支出等。

二、本科目应按照支出项目进行明细核算。

三、营业外支出的主要账务处理。

（一）小企业确认存货的盘亏、毁损、报废损失，非流动资产处置净损失，自然灾害等不可抗力因素造成的损失，借记本科目、“生产性生物资产累计折旧”、“累计摊销”等科目，贷记“待处理财产损溢——待处理流动资产损溢、待处理非流动资产损溢”、“固定资产清理”、“生产性生物资产”、“无形资产”等科目。

（二）根据小企业会计准则规定确认实际发生的坏账损失、长期债券投资损失，应当按照可收回的金额，借记“银行存款”等科目，按照应收账款、预付账款、其他应收款、长期债券投资的账面余额，贷记“应收账款”、“预付账款”、“其他应收款”、“长期债券投资”等科目，按照其差额，借记本科目。

（三）根据小企业会计准则规定确认实际发生的长期股权投资损失，按照可收回的金额，借记“银行存款”等科目，按照长期股权投资的账面余额，贷记“长期股权投资”科目，按照其差额，借记本科目。

（四）支付的税收滞纳金、罚金、罚款，借记本科目，贷记“银行存款”等科目。

（五）确认被没收财物的损失、捐赠支出、赞助支出，借记本科目，贷记“银行存款”等科目。

四、月末，可将本科目余额转入“本年利润”科目，结转后本科目应无余额。

5801　所得税费用

一、本科目核算小企业根据企业所得税法确定的应从当期利润总额中扣除的所得税费用。

小企业根据企业所得税法规定补交的所得税，也通过本科目核算。

小企业按照规定实行企业所得税先征后返的，实际收到返还的企业所得税，在“营业外收入”科目核算，不在本科目核算。

二、所得税费用的主要账务处理。

年度终了，小企业按照企业所得税法规定计算确定的当期应纳税税额，借记本科目，贷记“应交税费——应交企业所得税”科目。

三、年度终了，应将本科目的余额转入“本年利润”科目，结转后本科目应无余额。

三、财务报表

小企业的财务报表包括资产负债表、利润表、现金流量表和附注。

（一）财务报表种类和格式

编　号	报表名称	编报期
会小企 01 表	资产负债表	月报、年报
会小企 02 表	利润表	月报、年报
会小企 03 表	现金流量表	月报、年报

（二）小企业资产负债表格式及编制说明

资产负债表

会小企 01 表

编制单位：　　　　年　月　日　　　　单位：元

资　产	行次	期末余额	年初余额	负债和所有者权益	行次	期末余额	年初余额
流动资产：				流动负债：			
货币资金	1			短期借款	31		
短期投资	2			应付票据	32		
应收票据	3			应付账款	33		
应收账款	4			预收账款	34		
预付账款	5			应付职工薪酬	35		
应收股利	6			应交税费	36		
应收利息	7			应付利息	37		
其他应收款	8			应付利润	38		

续表

资　　产	行次	期末余额	年初余额	负债和所有者权益	行次	期末余额	年初余额
存货	9			其他应付款	39		
其中：原材料	10			其他流动负债	40		
在产品	11			流动负债合计	41		
库存商品	12			非流动负债：			
周转材料	13			长期借款	42		
其他流动资产	14			长期应付款	43		
流动资产合计	15			递延收益	44		
非流动资产：				其他非流动负债	45		
长期债券投资	16			非流动负债合计	46		
长期股权投资	17			负债合计	47		
固定资产原价	18						
减：累计折旧	19						
固定资产账面价值	20						
在建工程	21						
工程物资	22						
固定资产清理	23						
生产性生物资产	24			所有者权益（或股东权益）：			
无形资产	25			实收资本（或股本）	48		
开发支出	26			资本公积	49		
长期待摊费用	27			盈余公积	50		
其他非流动资产	28			未分配利润	51		
非流动资产合计	29			所有者权益（或股东权益）合计	52		
资产总计	30			负债和所有者权益（或股东权益）总计	53		

小企业（中外合作经营）根据合同规定在合作期间归还投资者的投资，应在“实收资本（或股本）”项目下增加“减：已归还投资”项目单独列示。

1. 本表反映小企业某一特定日期全部资产、负债和所有者权益的情况。

2. 本表“年初余额”栏内各项数字，应根据上年末资产负债表“期末余额”栏内所列数字填列。

3. 本表“期末余额”各项目的内容和填列方法：

（1）“货币资金”项目，反映小企业库存现金、银行存款、其他货币资金的合计数。本项目应根据“库存现金”、“银行存款”和“其他货币资金”科目的期末余额合计填列。

（2）“短期投资”项目，反映小企业购入的能随时变现并且持有时间不准备超过 1 年的股票、债券和基金投资的余额。本项目应根据“短期投资”科目的期末余额填列。

（3）“应收票据”项目，反映小企业收到的未到期收款也未向银行贴现的应收票据（银行承兑汇票和商业承兑汇票）。本项目应根据“应收票据”科目的期末余额填列。

（4）“应收账款”项目，反映小企业因销售商品、提供劳务等日常生产经营活动应收取的款项。本项目应根据“应收账款”的期末余额分析填列。如“应收账款”科目期末为贷方余额，应当在“预收账款”项目列示。

（5）“预付账款”项目，反映小企业按照合同规定预付的款项。包括：根据合同规定预付的购货款、租金、工程款等。本项目应根据“预付账款”科目的期末借方余额填列；如“预付账款”科目期末为贷方余额，应当在“应付账款”项目列示。

属于超过1年期以上的预付账款的借方余额应当在“其他非流动资产”项目列示。

（6）“应收股利”项目，反映小企业应收取的现金股利或利润。本项目应根据“应收股利”科目的期末余额填列。

（7）“应收利息”项目，反映小企业债券投资应收取的利息。小企业购入一次还本付息债券应收的利息，不包括在本项目内。本项目应根据“应收利息”科目的期末余额填列。

（8）“其他应收款”项目，反映小企业除应收票据、应收账款、预付账款、应收股利、应收利息等以外的其他各种应收及暂付款项。包括：各种应收的赔款、应向职工收取的各种垫付款项等。本项目应根据“其他应收款”科目的期末余额填列。

（9）“存货”项目，反映小企业期末在库、在途和在加工中的各项存货的成本。包括：各种原材料、在产品、半成品、产成品、商品、周转材料（包装物、低值易耗品等）、消耗性生物资产等。本项目应根据“材料采购”、“在途物资”、“原材料”、“材料成本差异”、“生产成本”、“库存商品”、“商品进销差价”、“委托加工物资”、“周转材料”、“消耗性生物资产”等科目的期末余额分析填列。

（10）“其他流动资产”项目，反映小企业除以上流动资产项目外的其他流动资产（含1年内到期的非流动资产）。本项目应根据有关科目的期末余额分析填列。

（11）“长期债券投资”项目，反映小企业准备长期持有的债券投资的本息。本项目应根据“长期债券投资”科目的期末余额分析填列。

（12）“长期股权投资”项目，反映小企业准备长期持有的权益性投资的成本。本项目应根据“长期股权投资”科目的期末余额填列。

（13）“固定资产原价”和“累计折旧”项目，反映小企业固定资产的原价（成本）及累计折旧。这两个项目应根据“固定资产”科目和“累计折旧”科目的期末余额填列。

（14）“固定资产账面价值”项目，反映小企业固定资产原价扣除累计折旧后的余额。本项目应根据“固定资产”科目的期末余额减去“累计折旧”科目的期末余额后的金额填列。

（15）“在建工程”项目，反映小企业尚未完工或虽已完工，但尚未办理竣工决算的工程成本。本项目应根据“在建工程”科目的期末余额填列。

（16）“工程物资”项目，反映小企业为在建工程准备的各种物资的成本。本项目应根据“工程物资”科目的期末余额填列。

（17）“固定资产清理”项目，反映小企业因出售、报废、毁损、对外投资等原因处置固定资产所转出的固定资产账面价值以及在清理过程中发生的费用等。本项目应根据“固定资产清理”科目的期末借方余额填列；如“固定资产清理”科目期末为贷方余额，以“–”号填列。

（18）“生产性生物资产”项目，反映小企业生产性生物资产的账面价值。本项目应根据“生产性生物资产”科目的期末余额减去“生产性生物资产累计折旧”科目的期末余额后的金额填列。

（19）“无形资产”项目，反映小企业无形资产的账面价值。本项目应根据“无形资产”科目的期末余额减去“累计摊销”科目的期末余额后的金额填列。

（20）“开发支出”项目，反映小企业正在进行的无形资产研究开发项目满足资本化条件的支出。本项目应根据“研发支出”科目的期末余额填列。

（21）“长期待摊费用”项目，反映小企业尚未摊销完毕的已提足折旧的固定资产的改建支出、经营租入固定资产的改建支出、固定资产的大修理支出和其他长期待摊费用。本项目应根据“长期待摊费用”科目的期末余额分析填列。

（22）“其他非流动资产”项目，反映小企业除以上非流动资产以外的其他非流动资产。本项目应根据有关科目的期末余额分析填列。

（23）“短期借款”项目，反映小企业向银行或其他金融机构等借入的期限在 1 年内的、尚未偿还的各种借款本金。本项目应根据“短期借款”科目的期末余额填列。

（24）“应付票据”项目，反映小企业因购买材料、商品和接受劳务等日常生产经营活动开出、承兑的商业汇票（银行承兑汇票和商业承兑汇票）尚未到期的票面金额。本项目应根据“应付票据”科目的期末余额填列。

（25）“应付账款”项目，反映小企业因购买材料、商品和接受劳务等日常生产经营活动尚未支付的款项。本项目应根据“应付账款”科目的期末余额填列。如“应付账款”科目期末为借方余额，应当在“预付账款”项目列示。

（26）“预收账款”项目，反映小企业根据合同规定预收的款项。包括：预收的购货款、工程款等。本项目应根据“预收账款”科目的期末贷方余额填列；如“预收账款”科目期末为借方余额，应当在“应收账款”项目列示。

属于超过 1 年期以上的预收账款的贷方余额应当在“其他非流动负债”项目列示。

（27）“应付职工薪酬”项目，反映小企业应付未付的职工薪酬。本项目应根据“应付职工薪酬”科目期末余额填列。

（28）“应交税费”项目，反映小企业期末未交、多交或尚未抵扣的各种税费。本项目应根据“应交税费”科目的期末贷方余额填列；如“应交税费”科目期末为借方余额，以“-”号填列。

（29）“应付利息”项目，反映小企业尚未支付的利息费用。本项目应根据“应付利息”科目的期末余额填列。

（30）“应付利润”项目，反映小企业尚未向投资者支付的利润。本项目应根据“应付利润”科目的期末余额填列。

（31）“其他应付款”项目，反映小企业除应付账款、预收账款、应付职工薪酬、应交税费、应付利息、应付利润等以外的其他各项应付、暂收的款项。包括：应付租入固定资产和包装物的租金、存入保证金等。本项目应根据“其他应付款”科目的期末余额填列。

（32）“其他流动负债”项目，反映小企业除以上流动负债以外的其他流动负债（含 1 年内到期的非流动负债）。本项目应根据有关科目的期末余额填列。

（33）“长期借款”项目，反映小企业向银行或其他金融机构借入的期限在 1 年以上的、尚未偿还的各项借款本金。本项目应根据“长期借款”科目的期末余额分析填列。

（34）“长期应付款”项目，反映小企业除长期借款以外的其他各种应付未付的长期应付款项。包括：应付融资租入固定资产的租赁费、以分期付款方式购入固定资产发生的应付款项等。本项目应根据“长期应付款”科目的期末余额分析填列。

（35）“递延收益”项目，反映小企业收到的、应在以后期间计入损益的政府补助。本项目应根据“递延收益”科目的期末余额分析填列。

（36）“其他非流动负债”项目，反映小企业除以上非流动负债项目以外的其他非流动负债。本项目应根据有关科目的期末余额分析填列。

（37）“实收资本（或股本）”项目，反映小企业收到投资者按照合同协议约定或相关规定投入的、构成小企业注册资本的部分。本项目应根据“实收资本（或股本）”科目的期末余额分析填列。

（38）“资本公积”项目，反映小企业收到投资者投入资本超出其在注册资本中所占份额的部分。本项目应根据“资本公积”科目的期末余额填列。

（39）“盈余公积”项目，反映反映小企业（公司制）的法定公积金和任意公积金，小企业（外商投资）的储备基金和企业发展基金。本项目应根据“盈余公积”科目的期末余额填列。

（40）“未分配利润”项目，反映小企业尚未分配的历年结存的利润。本项目应根据“利润分配”科目的期余额填列。未弥补的亏损，在本项目内以“–”号填列。

4. 本表中各项目之间的钩稽关系为：

行 15=行 1+行 2+行 3+行 4+行 5+行 6+行 7+行 8+行 9+行 14；

行 9≥行 10+行 11+行 12+行 13；

行 29=行 16+行 17+行 20+行 21+行 22+行 23+行 24+行 25+行 26+行 27+行 28；

行 20=行 18–行 19；

行 30=行 15+行 29；

行 41=行 31+行 32+行 33+行 34+行 35+行 36+行 37+行 38+行 39+行 40；

行 46=行 42+行 43+行 44+行 45；

行 47=行 41+行 46；

行 52=行 48+行 49+行 50+行 51；

行 53=行 47+行 52=行 30。

（三）小企业利润表格式及编制说明

利润表

会小企 02 表

编制单位： 年 月 单位：元

项 目	行次	本年累计金额	本月金额
一、营业收入	1		
减：营业成本	2		
营业税金及附加	3		
其中：消费税	4		
城市维护建设税	5		
资源税	6		
土地增值税	7		
城镇土地使用税、房产税、车船税、印花税	8		
教育费附加、矿产资源补偿费、排污费	9		
销售费用	10		
其中：商品维修费	11		
广告费和业务宣传费	12		
管理费用	13		
其中：开办费	14		
业务招待费	15		
研究费用	16		

续表

项　　目	行次	本年累计金额	本月金额
财务费用	17		
其中：利息费用（收入以“-”号填列）	18		
加：投资收益（损失以“-”号填列）	19		
二、营业利润（亏损以“-”号填列）	20		
加：营业外收入	21		
其中：政府补助	22		
减：营业外支出	23		
其中：坏账损失	24		
无法收回的长期债券投资损失	25		
无法收回的长期股权投资损失	26		
自然灾害等不可抗力因素造成的损失	27		
税收滞纳金	28		
三、利润总额（亏损总额以“-”号填列）	29		
减：所得税费用	30		
四、净利润（净亏损以“-”号填列）	31		

1. 本表反映小企业在一定会计期间内利润（亏损）的实现情况。

2. 本表“本年累计金额”栏反映各项目自年初起至报告期末止的累计实际发生额。

本表“本月金额”栏反映各项目的本月实际发生额；在编报年度财务报表时，应将“本月金额”栏改为“上年金额”栏，填列上年全年实际发生额。

3. 本表各项目的内容及其填列方法：

（1）“营业收入”项目，反映小企业销售商品和提供劳务所实现的收入总额。本项目应根据“主营业务收入”科目和“其他业务收入”科目的发生额合计填列。

（2）“营业成本”项目，反映小企业所销售商品的成本和所提供劳务的成本。本项目应根据“主营业务成本”科目和“其他业务成本”科目的发生额合计填列。

（3）“营业税金及附加”项目，反映小企业开展日常生产活动应负担的消费税、城市维护建设税、资源税、土地增值税、城镇土地使用税、房产税、车船税、印花税和教育费附加、矿产资源补偿费、排污费等。本项目应根据“营业税金及附加”科目的发生额填列。

（4）“销售费用”项目，反映小企业销售商品或提供劳务过程中发生的费用。本项目应根据“销售费用”科目的发生额填列。

（5）“管理费用”项目，反映小企业为组织和管理生产经营发生的其他费用。本项目应根据“管理费用”科目的发生额填列。

（6）“财务费用”项目，反映小企业为筹集生产经营所需资金发生的筹资费用。本项目应根据“财务费用”科目的发生额填列。

（7）“投资收益”项目，反映小企业股权投资取得的现金股利（或利润）、债券投资取得的利息收入和处置股权投资和债券投资取得的处置价款扣除成本或账面余额、相关税费后的净额。本项目应根据“投资收益”科目的发生额填列；如为投资损失，以“-”号填列。

（8）“营业利润”项目，反映小企业当期开展日常生产经营活动实现的利润。本项目应根据营业收入扣除营业成本、营业税金及附加、销售费用、管理费用和财务费用，加上投资收益后的金额填列。如为亏损，以“–”号填列。

（9）“营业外收入”项目，反映小企业实现的各项营业外收入金额。包括：非流动资产处置净收益、政府补助、捐赠收益、盘盈收益、汇兑收益、出租包装物和商品的租金收入、逾期未退包装物押金收益、确实无法偿付的应付款项、已作坏账损失处理后又收回的应收款项、违约金收益等。本项目应根据“营业外收入”科目的发生额填列。

（10）“营业外支出”项目，反映小企业发生的各项营业外支出金额。包括：存货的盘亏、毁损、报废损失，非流动资产处置净损失，坏账损失，无法收回的长期债券投资损失，无法收回的长期股权投资损失，自然灾害等不可抗力因素造成的损失，税收滞纳金，罚金，罚款，被没收财物的损失，捐赠支出，赞助支出等。本项目应根据“营业外支出”科目的发生额填列。

（11）“利润总额”项目，反映小企业当期实现的利润总额。本项目应根据营业利润加上营业外收入减去营业外支出后的金额填列。如为亏损总额，以“–”号填列。

（12）“所得税费用”项目，反映小企业根据企业所得税法确定的应从当期利润总额中扣除的所得税费用。本项目应根据“所得税费用”科目的发生额填列。

（13）“净利润”项目，反映小企业当期实现的净利润。本项目应根据利润总额扣除所得税费用后的金额填列。如为净亏损，以“–”号填列。

4. 本表中各项目之间的钩稽关系为：

行 20=行 1–行 2–行 3–行 10–行 13–行 17+行 19；

行 3≥行 4+行 5+行 6+行 7+行 8+行 9；

行 10≥行 11+行 12；

行 13≥行 14+行 15+行 16；

行 17≥行 18；

行 29=行 20+行 21–行 23；

行 21≥行 22；

行 23≥行 24+行 25+行 26+行 27+行 28；

行 31=行 29–行 30。

（四）小企业现金流量表格式及编制说明

现金流量表

会小企 03 表

编制单位： 年 月 单位：元

项 目	行次	本年累计金额	本月金额
一、经营活动产生的现金流量：			
销售产成品、商品、提供劳务收到的现金	1		
收到其他与经营活动有关的现金	2		
购买原材料、商品、接受劳务支付的现金	3		
支付的职工薪酬	4		
支付的税费	5		
支付其他与经营活动有关的现金	6		
经营活动产生的现金流量净额	7		
二、投资活动产生的现金流量：			
收回短期投资、长期债券投资和长期股权投资收到的现金	8		

续表

项　　目	行次	本年累计金额	本月金额
取得投资收益收到的现金	9		
处置固定资产、无形资产和其他非流动资产收回的现金净额	10		
短期投资、长期债券投资和长期股权投资支付的现金	11		
购建固定资产、无形资产和其他非流动资产支付的现金	12		
投资活动产生的现金流量净额	13		
三、筹资活动产生的现金流量：			
取得借款收到的现金	14		
吸收投资者投资收到的现金	15		
偿还借款本金支付的现金	16		
偿还借款利息支付的现金	17		
分配利润支付的现金	18		
筹资活动产生的现金流量净额	19		
四、现金净增加额	20		
加：期初现金余额	21		
五、期末现金余额	22		

1. 本表反映小企业一定会计期间内有关现金流入和流出的信息。

2. 本表“本年累计金额”栏反映各项目自年初起至报告期末止的累计实际发生额。

本表“本月金额”栏反映各项目的本月实际发生额；在编报年度财务报表时，应将“本月金额”栏改为“上年金额”栏，填列上年全年实际发生额。

3. 本表各项目的内容及填列方法如下：

（1）经营活动产生的现金流量。

1）“销售产成品、商品、提供劳务收到的现金”项目，反映小企业本期销售产成品、商品、提供劳务收到的现金。本项目可以根据“库存现金”、“银行存款”和“主营业务收入”等科目的本期发生额分析填列。

2）“收到其他与经营活动有关的现金”项目，反映小企业本期收到的其他与经营活动有关的现金。本项目可以根据“库存现金”和“银行存款”等科目的本期发生额分析填列。

3）“购买原材料、商品、接受劳务支付的现金”项目，反映小企业本期购买原材料、商品、接受劳务支付的现金。本项目可以根据“库存现金”、“银行存款”、“其他货币资金”、“原材料”、“库存商品”等科目的本期发生额分析填列。

4）“支付的职工薪酬”项目，反映小企业本期向职工支付的薪酬。本项目可以根据“库存现金”、“银行存款”、“应付职工薪酬”科目的本期发生额填列。

5）“支付的税费”项目，反映小企业本期支付的税费。本项目可以根据“库存现金”、“银行存款”、“应交税费”等科目的本期发生额填列。

6）“支付其他与经营活动有关的现金”项目，反映小企业本期支付的其他与经营活动有关的现金。本项目可以根据“库存现金”、“银行存款”等科目的本期发生额分析填列。

（2）投资活动产生的现金流量。

1）“收回短期投资、长期债券投资和长期股权投资收到的现金”项目，反映小企业出售、转让或到期收回短期投资、长期股权投资而收到的现金，以及收回长期债券投资本金而收到的现金，不包括长期债券投资收回的利息。本项目可以根据“库存现金”、“银行存款”、“短期投资”、“长期股权投资”、“长期债券投资”等科目的本期发生额分析填列。

2）“取得投资收益收到的现金”项目，反映小企业因权益性投资和债权性投资取得的现金股利或利润和利息收入。本项目可以根据“库存现金”、“银行存款”、“投资收益”等科目的本期发生额分析填列。

3）“处置固定资产、无形资产和其他非流动资产收回的现金净额”项目，反映小企业处置固定资产、无形资产和其他非流动资产取得的现金，减去为处置这些资产而支付的有关税费等后的净额。本项目可以根据“库存现金”、“银行存款”、“固定资产清理”、“无形资产”、“生产性生物资产”等科目的本期发生额分析填列。

4）“短期投资、长期债券投资和长期股权投资支付的现金”项目，反映小企业进行权益性投资和债权性投资支付的现金。包括：企业取得短期股票投资、短期债券投资、短期基金投资、长期债券投资、长期股权投资支付的现金。本项目可以根据“库存现金”、“银行存款”、“短期投资”、“长期债券投资”、“长期股权投资”等科目的本期发生额分析填列。

5）“购建固定资产、无形资产和其他非流动资产支付的现金”项目，反映小企业购建固定资产、无形资产和其他非流动资产支付的现金。包括：购买机器设备、无形资产、生产性生物资产支付的现金、建造工程支付的现金等现金支出，不包括为购建固定资产、无形资产和其他非流动资产而发生的借款费用资本化部分和支付给在建工程和无形资产开发项目人员的薪酬。为购建固定资产、无形资产和其他非流动资产而发生借款费用资本化部分，在“偿还借款利息支付的现金”项目反映；支付给在建工程和无形资产开发项目人员的薪酬，在“支付的职工薪”项目反映。本项目可以根据“库存现金”、“银行存款”、“固定资产”、“在建工程”、“无形资产”、“研发支出”、“生产性生物资产”、“应付职工薪酬”等科目的本期发生额分析填列。

（3）筹资活动产生的现金流量

1）“取得借款收到的现金”项目，反映小企业举借各种短期、长期借款收到的现金。本项目可以根据“库存现金”、“银行存款”、“短期借款”、“长期借款”等科目的本期发生额分析填列。

2）“吸收投资者投资收到的现金”项目，反映小企业收到的投资者作为资本投入的现金。本项目可以根据“库存现金”、“银行存款”、“实收资本”、“资本公积”等科目的本期发生额分析填列。

3）“偿还借款本金支付的现金”项目，反映小企业以现金偿还各种短期、长期借款的本金。本项目可以根据“库存现金”、“银行存款”、“短期借款”、“长期借款”等科目的本期发生额分析填列。

4）“偿还借款利息支付的现金”项目，反映小企业以现金偿还各种短期、长期借款的利息。本项目可以根据“库存现金”、“银行存款”、“应付利息”等科目的本期发生额分析填列。

5）“分配利润支付的现金”项目，反映小企业向投资者实际支付的利润。本项目可以根据“库存现金”、“银行存款”、“应付利润”等科目的本期发生额分析填列。

4. 本表中各项目之间的钩稽关系为：

行 7=行 1+行 2–行 3–行 4–行 5–行 6；

行 13=行 8+行 9+行 10–行 11–行 12；

行 19=行 14+行 15–行 16–行 17–行 18；

行 20=行 7+行 13+行 19；

行 22=行 20+行 21。

（五）附注

附注是财务报表的重要组成部分。小企业应当按照小企业会计准则规定披露附注信息，主要包括下列内容。

1. 遵循小企业会计准则的声明。小企业应当声明编制的财务报表符合小企业会计准则的要求，真实、完整地反映了小企业的财务状况、经营成果和现金流量等有关信息。

2. 短期投资、应收账款、存货、固定资产项目的说明。

（1）短期投资的披露格式如下：

项　目	期末账面余额	期末市价	期末账面余额与市价的差额
1. 股票			
2. 债券			
3. 基金			
4. 其他			
合　计			

（2）应收账款按账龄结构披露的格式如下：

项　目	期末账面余额	年初账面余额
1年以内（含1年）		
1年至2年（含2年）		
2年至3年（含3年）		
3年以上		
合　计		

（3）存货的披露格式如下：

存货种类	期末账面余额	期末市价	期末账面余额与市价的差额
1. 原材料			
2. 在产品			
3. 库存商品			
4. 周转材料			
5. 消耗性生物资产			
……			
合　计			

（4）固定资产的披露格式如下：

项　目	原　价	累计折旧	期末账面价值
1. 房屋、建筑物			
2. 机器			
3. 机械			
4. 运输工具			
5. 设备			
6. 器具			
7. 工具			
……			
合　计			

3. 应付职工薪酬、应交税费项目的说明。

（1）应付职工薪酬的披露格式如下：

应付职工薪酬明细表

会小企 01 表附表 1

编制单位：　　　　年　月　　　　单位：元

项　　目	期末账面余额	年初账面余额
1. 职工工资		
2. 奖金、津贴和补贴		
3. 职工福利费		
4. 社会保险费		
5. 住房公积金		
6. 工会经费		
7. 职工教育经费		
8. 非货币性福利		
9. 辞退福利		
10. 其他		
合　　计		

（2）应交税费的披露格式如下：

应交税费明细表

会小企 01 表附表 2

编制单位：　　　　年　月　　　　单位：元

项　　目	期末账面余额	年初账面余额
1. 增值税		
2. 消费税		
3. 城市维护建设税		
4. 企业所得税		
5. 资源税		
6. 土地增值税		
7. 城镇土地使用税		
8. 房产税		
9. 车船税		
10. 教育费附加		
11. 矿产资源补偿费		
12. 排污费		
13. 代扣代缴的个人所得税		
……		
合　　计		

4. 利润分配的说明。

利润分配表

会小企 01 表附表 3

编制单位： 年度 单位：元

项　　目	行　　次	本年金额	上年金额
一、净利润	1		
加：年初未分配利润	2		
其他转入	3		
二、可供分配的利润	4		
减：提取法定盈余公积	5		
提取任意盈余公积	6		
提取职工奖励及福利基金*	7		
提取储备基金*	8		
提取企业发展基金*	9		
利润归还投资**	10		
三、可供投资者分配的利润	11		
减：应付利润	12		
四、未分配利润	13		

注：*提取职工奖励及福利基金、提取储备基金、提取企业发展基金这 3 个项目仅适用于小企业（外商投资）按照相关法律规定提取的 3 项基金。

**利润归还投资这个项目仅适用于小企业（中外合作经营）根据合同规定在合作期间归还投资者的投资。

5. 用于对外担保的资产名称、账面余额及形成的原因；未决诉讼、未决仲裁以及对外提供担保所涉及的金额。

6. 发生严重亏损的，应当披露持续经营的计划、未来经营的方案。

7. 对已在资产负债表和利润表中列示项目与企业所得税法规定存在差异的纳税调整过程。参见《中华人民共和国企业所得税年度纳税申报表》。

8. 其他需要说明的事项。

附录B

《企业产品成本核算制度（试行）》

（财会［2013］17号）

为加强企业产品成本核算，保证产品成本信息真实、完整，促进企业和经济社会的可持续发展，根据《中华人民共和国会计法》、企业会计准则等国家有关规定，我部制定了《企业产品成本核算制度（试行）》，现予印发，自2014年1月1日起在除金融保险业以外的大中型企业范围内施行，鼓励其他企业执行。执行本制度的企业不再执行《国营工业企业成本核算办法》。

执行中有何问题，请及时反馈我部。

附件：企业产品成本核算制度（试行）

财政部

2013年8月16日

企业产品成本核算制度（试行）

第一章　总则

第一条 为了加强企业产品成本核算工作，保证产品成本信息真实、完整，促进企业和经济社会的可持续发展，根据《中华人民共和国会计法》、企业会计准则等国家有关规定制定本制度。

第二条 本制度适用于大中型企业，包括制造业、农业、批发零售业、建筑业、房地产业、采矿业、交通运输业、信息传输业、软件及信息技术服务业、文化业以及其他行业的企业。其他未明确规定的行业比照以上类似行业的规定执行。

本制度不适用于金融保险业的企业。

第三条 本制度所称的产品，是指企业日常生产经营活动中持有以备出售的产成品、商品、提供的劳务或服务。

本制度所称的产品成本，是指企业在生产产品过程中所发生的材料费用、职工薪酬等，以及不能直接计入而按一定标准分配计入的各种间接费用。

第四条 企业应当充分利用现代信息技术，编制、执行企业产品成本预算，对执行情况进行分析、考核，落实成本管理责任制，加强对产品生产事前、事中、事后的全过程控制，加强产品成本核算与管理各项基础工作。

第五条 企业应当根据所发生的有关费用能否归属于使产品达到目前场所和状态的原则，正确区分产品成本和期间费用。

第六条 企业应当根据产品生产过程的特点、生产经营组织的类型、产品种类的繁简和成本管理的要求，确定产品成本核算的对象、项目、范围，及时对有关费用进行归集、分配和结转。

企业产品成本核算采用的会计政策和估计一经确定，不得随意变更。

第七条 企业一般应当按月编制产品成本报表，全面反映企业生产成本、成本计划执行情况、产品成本及其变动情况等。

第二章 产品成本核算对象

第八条 企业应当根据生产经营特点和管理要求，确定成本核算对象，归集成本费用，计算产品的生产成本。

第九条 制造企业一般按照产品品种、批次订单或生产步骤等确定产品成本核算对象。

（一）大量大批单步骤生产产品或管理上不要求提供有关生产步骤成本信息的，一般按照产品品种确定成本核算对象。

（二）小批单件生产产品的，一般按照每批或每件产品确定成本核算对象。

（三）多步骤连续加工产品且管理上要求提供有关生产步骤成本信息的，一般按照每种（批）产品及各生产步骤确定成本核算对象。

产品规格繁多的，可以将产品结构、耗用原材料和工艺过程基本相同的产品，适当合并作为成本核算对象。

第十条 农业企业一般按照生物资产的品种、成长期、批别（群别、批次）、与农业生产相关的劳务作业等确定成本核算对象。

第十一条 批发零售企业一般按照商品的品种、批次、订单、类别等确定成本核算对象。

第十二条 建筑企业一般按照订立的单项合同确定成本核算对象。单项合同包括建造多项资产的，企业应当按照企业会计准则规定的合同分立原则，确定建造合同的成本核算对象。为建造一项或数项资产而签订一组合同的，按合同合并的原则，确定建造合同的成本核算对象。

第十三条 房地产企业一般按照开发项目、综合开发期数并兼顾产品类型等确定成本核算对象。

第十四条 采矿企业一般按照所采掘的产品确定成本核算对象。

第十五条 交通运输企业以运输工具从事货物、旅客运输的，一般按照航线、航次、单船（机）、基层站段等确定成本核算对象；从事货物等装卸业务的，可以按照货物、成本责任部门、作业场所等确定成本核算对象；从事仓储、堆存、港务管理业务的，一般按照码头、仓库、堆场、油罐、筒仓、货棚或主要货物的种类、成本责任部门等确定成本核算对象。

第十六条 信息传输企业一般按照基础电信业务、电信增值业务和其他信息传输业务等确定成本核算对象。

第十七条 软件及信息技术服务企业的科研设计与软件开发等人工成本比重较高的，一般按照科研课题、承接的单项合同项目、开发项目、技术服务客户等确定成本核算对象。合同项目规模较大、开发期较长的，可以分段确定成本核算对象。

第十八条 文化企业一般按照制作产品的种类、批次、印次、刊次等确定成本核算对象。

第十九条 除本制度已明确规定的以外，其他行业企业应当比照以上类似行业的企业确定产品成本核算对象。

第二十条 企业应当按照第八条至第十九条规定确定产品成本核算对象，进行产品成本核算。企业内部管理有相关要求的，还可以按照现代企业多维度、多层次的管理需要，确定多元化的产品成本核算对象。

多维度，是指以产品的最小生产步骤或作业为基础，按照企业有关部门的生产流程及其相应的成本管理要求，利用现代信息技术，组合出产品维度、工序维度、车间班组维度、生产设备维度、客户订单维度、变动成本维度和固定成本维度等不同的成本核算对象。

多层次，是指根据企业成本管理需要，划分为企业管理部门、工厂、车间和班组等成本管控层次。

第三章　产品成本核算项目和范围

第二十一条 企业应当根据生产经营特点和管理要求，按照成本的经济用途和生产要素内容相结合的原则或者成本性态等设置成本项目。

第二十二条 制造企业一般设置直接材料、燃料和动力、直接人工和制造费用等成本项目。

直接材料，是指构成产品实体的原材料以及有助于产品形成的主要材料和辅助材料。

燃料和动力，是指直接用于产品生产的燃料和动力。

直接人工，是指直接从事产品生产的工人的职工薪酬。

制造费用，是指企业为生产产品和提供劳务而发生的各项间接费用，包括企业生产部门（如生产车间）发生的水电费、固定资产折旧、无形资产摊销、管理人员的职工薪酬、劳动保护费、国家规定的有关环保费用、季节性和修理期间的停工损失等。

第二十三条 农业企业一般设置直接材料、直接人工、机械作业费、其他直接费用、间接费用等成本项目。

直接材料，是指种植业生产中耗用的自产或外购的种子、种苗、饲料、肥料、农药、燃料和动力、修理用材料和零件、原材料以及其他材料等；养殖业生产中直接用于养殖生产的苗种、饲料、肥料、燃料、动力、畜禽医药费等。

直接人工，是指直接从事农业生产人员的职工薪酬。

机械作业费，是指种植业生产过程中农用机械进行耕耙、播种、施肥、除草、喷药、收割、脱粒等机械作业所发生的费用。

其他直接费用，是指除直接材料、直接人工和机械作业费以外的畜力作业费等直接费用。

间接费用，是指应摊销、分配计入成本核算对象的运输费、灌溉费、固定资产折旧、租赁费、保养费等费用。

第二十四条 批发零售企业一般设置进货成本、相关税费、采购费等成本项目。

进货成本，是指商品的采购价款。

相关税费，是指购买商品发生的进口关税、资源税和不能抵扣的增值税等。

采购费，是指运杂费、装卸费、保险费、仓储费、整理费、合理损耗以及其他可归属于商品采购成本的费用。采购费金额较小的，可以在发生时直接计入当期销售费用。

第二十五条 建筑企业一般设置直接人工、直接材料、机械使用费、其他直接费用和间接费用等成本项目。建筑企业将部分工程分包的，还可以设置分包成本项目。

直接人工，是指按照国家规定支付给施工过程中直接从事建筑安装工程施工的工人以及在施工现场直接为工程制作构件和运料、配料等工人的职工薪酬。

直接材料，是指在施工过程中所耗用的、构成工程实体的材料、结构件、机械配件和有助于工程形成的其他材料以及周转材料的租赁费和摊销等。

机械使用费，是指施工过程中使用自有施工机械所发生的机械使用费，使用外单位施工机械的租赁费，以及按照规定支付的施工机械进出场费等。

其他直接费用，是指施工过程中发生的材料搬运费、材料装卸保管费、燃料动力费、临时设施摊销、生产工具用具使用费、检验试验费、工程定位复测费、工程点交费、场地清理费，以及能够单独区分和可靠计量的为订立建造承包合同而发生的差旅费、投标费等费用。

间接费用，是指企业各施工单位为组织和管理工程施工所发生的费用。

分包成本，是指按照国家规定开展分包，支付给分包单位的工程价款。

第二十六条 房地产企业一般设置土地征用及拆迁补偿费、前期工程费、建筑安装工程费、基础设施建设费、公共配套设施费、开发间接费、借款费用等成本项目。

土地征用及拆迁补偿费，是指为取得土地开发使用权（或开发权）而发生的各项费用，包括土地买价或出让金、大市政配套费、契税、耕地占用税、土地使用费、土地闲置费、农作物补偿费、危房补偿费、土地变更用途和超面积补交的地价及相关税费、拆迁补偿费用、安置及动迁费用、回迁房建造费用等。

前期工程费，是指项目开发前期发生的政府许可规费、招标代理费、临时设施费以及水文地质勘察、测绘、规划、设计、可行性研究、咨询论证费、筹建、场地通平等前期费用。

建筑安装工程费，是指开发项目开发过程中发生的各项主体建筑的建筑工程费、安装工程费及精装修费等。

基础设施建设费，是指开发项目在开发过程中发生的道路、供水、供电、供气、供暖、排污、排洪、消防、通讯、照明、有线电视、宽带网络、智能化等社区管网工程费和环境卫生、园林绿化等园林、景观环境工程费用等。

公共配套设施费，是指开发项目内发生的、独立的、非营利性的且产权属于全体业主的，或无偿赠与地方政府、政府公共事业单位的公共配套设施费用等。

开发间接费，指企业为直接组织和管理开发项目所发生的，且不能将其直接归属于成本核算对象的工程监理费、造价审核费、结算审核费、工程保险费等。为业主代扣代缴的公共维修基金等不得计入产品成本。

借款费用，是指符合资本化条件的借款费用。

房地产企业自行进行基础设施、建筑安装等工程建设的，可以比照建筑企业设置有关成本项目。

第二十七条 采矿企业一般设置直接材料、燃料和动力、直接人工、间接费用等成本项目。

直接材料，是指采掘生产过程中直接耗用的添加剂、催化剂、引发剂、助剂、触媒以及净化材料、包装物等。

燃料和动力，是指采掘生产过程中直接耗用的各种固体、液体、气体燃料，以及水、电、汽、风、氮气、氧气等动力。

直接人工，是指直接从事采矿生产人员的职工薪酬。

间接费用，是指为组织和管理厂（矿）采掘生产所发生的职工薪酬、劳动保护费、固定资产折旧、无形资产摊销、保险费、办公费、环保费用、化（检）验计量费、设计制图费、停工损失、洗车费、转输费、科研试验费、信息系统维护费等。

第二十八条 交通运输企业一般设置营运费用、运输工具固定费用与非营运期间的费用等成本项目。

营运费用，是指企业在货物或旅客运输、装卸、堆存过程中发生的营运费用，包括货物费、港口费、起降及停机费、中转费、过桥过路费、燃料和动力、航次租船费、安全救生费、护航费、装卸整理费、堆存费等。铁路运输企业的营运费用还包括线路等相关设施的维护费等。

运输工具固定费用，是指运输工具的固定费用和共同费用等，包括检验检疫费、车船税、劳动保护费、固定资产折旧、租赁费、备件配件、保险费、驾驶及相关操作人员薪酬及其伙食费等。

非营运期间费用，是指受不可抗力制约或行业惯例等原因暂停营运期间发生的有关费用等。

第二十九条 信息传输企业一般设置直接人工、固定资产折旧、无形资产摊销、低值易耗品摊销、业务费、电路及网元租赁费等成本项目。

直接人工，是指直接从事信息传输服务的人员的职工薪酬。

业务费，是指支付通信生产的各种业务费用，包括频率占用费，卫星测控费，安全保卫费，码号资源费，设备耗用的外购电力费，自有电源设备耗用的燃料和润料费等。

电路及网元租赁费，是指支付给其他信息传输企业的电路及网元等传输系统及设备的租赁费等。

第三十条 软件及信息技术服务企业一般设置直接人工、外购软件与服务费、场地租赁费、固定资产折旧、无形资产摊销、差旅费、培训费、转包成本、水电费、办公费等成本项目。

直接人工，是指直接从事软件及信息技术服务的人员的职工薪酬。

外购软件与服务费，是指企业为开发特定项目而必须从外部购进的辅助软件或服务所发生的费用。

场地租赁费，是指企业为开发软件或提供信息技术服务租赁场地支付的费用等。

转包成本，是指企业将有关项目部分分包给其他单位支付的费用。

第三十一条 文化企业一般设置开发成本和制作成本等成本项目。

开发成本，是指从选题策划开始到正式生产制作所经历的一系列过程，包括信息收集、策划、市场调研、选题论证、立项等阶段所发生的信息收集费、调研交通费、通信费、组稿费、专题会议费、参与开发的职工薪酬等。

制作成本，是指产品内容制作成本和物质形态的制作成本，包括稿费、审稿费、校对费、录入费、编辑加工费、直接材料费、印刷费、固定资产折旧、参与制作的职工薪酬等。电影企业的制作成本，是指企业在影片制片、译制、洗印等生产过程所发生的各项费用，包括剧本费、演职员的薪酬、胶片及磁片磁带费、化妆费、道具费、布景费、场租费、剪接费、洗印费等。

第三十二条 除本制度已明确规定的以外，其他行业企业应当比照以上类似行业的企业确定成本项目。

第三十三条 企业应当按照第二十一条至第三十二条规定确定产品成本核算项目，进行产品成本核算。企业内部管理有相关要求的，还可以按照现代企业多维度、多层次的成本管理要求，利用现代信息技术对有关成本项目进行组合，输出有关成本信息。

第四章　产品成本归集、分配和结转

第三十四条 企业所发生的费用，能确定由某一成本核算对象负担的，应当按照所对应的产品成本项目类别，直接计入产品成本核算对象的生产成本；由几个成本核算对象共同负担的，应当选择合理的分配标准分配计入。

企业应当根据生产经营特点，以正常生产能力水平为基础，按照资源耗费方式确定合理的分配标准。

企业应当按照权责发生制的原则，根据产品的生产特点和管理要求结转成本。

第三十五条 制造企业发生的直接材料和直接人工，能够直接计入成本核算对象的，应当直接计入成本核算对象的生产成本，否则应当按照合理的分配标准分配计入。

制造企业外购燃料和动力的，应当根据实际耗用数量或者合理的分配标准对燃料和动力费用进行归集分配。生产部门直接用于生产的燃料和动力，直接计入生产成本；生产部门间接用于生产（如照明、取暖）的燃料和动力，计入制造费用。制造企业内部自行提供燃料和动力的，参照本条第三款进行处理。

制造企业辅助生产部门为生产部门提供劳务和产品而发生的费用，应当参照生产成本项目归集，并按照合理的分配标准分配计入各成本核算对象的生产成本。辅助生产部门之间互相提供的劳务、作业成本，应当采用合理的方法，进行交互分配。互相提供劳务、作业不多的，可以不进行交互分配，直接分配给辅助生产部门以外的受益单位。

第三十六条 制造企业发生的制造费用，应当按照合理的分配标准按月分配计入各成本核算对象的生产成本。企业可以采取的分配标准包括机器工时、人工工时、计划分配率等。

季节性生产企业在停工期间发生的制造费用，应当在开工期间进行合理分摊，连同开工期间发生的制造费用，一并计入产品的生产成本。

制造企业可以根据自身经营管理特点和条件，利用现代信息技术，采用作业成本法对不能直接归属于成本核算对象的成本进行归集和分配。

第三十七条 制造企业应当根据生产经营特点和联产品、副产品的工艺要求，选择系数分配法、实物量分配法、相对销售价格分配法等合理的方法分配联合生产成本。

第三十八条 制造企业发出的材料成本，可以根据实物流转方式、管理要求、实物性质等实际情况，采用先进先出法、加权平均法、个别计价法等方法计算。

第三十九条 制造企业应当根据产品的生产特点和管理要求，按成本计算期结转成本。制造企业可以选择原材料消耗量、约当产量法、定额比例法、原材料扣除法、完工百分比法等方法，恰当地确定完工产品和在产品的实际成本，并将完工入库产品的产品成本结转至库存产品科目；在产品数量、金额不重要或在产品期初期末数量变动不大的，可以不计算在产品成本。

制造企业产成品和在产品的成本核算，除季节性生产企业等以外，应当以月为成本计算期。

第四十条 农业企业应当比照制造企业对产品成本进行归集、分配和结转。

第四十一条 批发零售企业发生的进货成本、相关税金直接计入成本核算对象成本；发生的采购费，可以结合经营管理特点，按照合理的方法分配计入成本核算对象成本。采购费金额较小的，可以在发生时直接计入当期销售费用。

批发零售企业可以根据实物流转方式、管理要求、实物性质等实际情况，采用先进先出法、加权平均法、个别计价法、毛利率法等方法结转产品成本。

第四十二条 建筑企业发生的有关费用，由某一成本核算对象负担的，应当直接计入成本核算对象成本；由几个成本核算对象共同负担的，应当选择直接费用比例、定额比例和职工薪酬比例等合理的分配标准，分配计入成本核算对象成本。

建筑企业应当按照《企业会计准则第 15 号——建造合同》的规定结转产品成本。合同结果能够可靠估计的，应当采用完工百分比法确定和结转当期提供服务的成本；合同结果不能可靠估计的，应当直接结转已经发生的成本。

第四十三条 房地产企业发生的有关费用，由某一成本核算对象负担的，应当直接计入成本核算对象成本；由几个成本核算对象共同负担的，应当选择占地面积比例、预算造价比例、建筑面积比例等合理的分配标准，分配计入成本核算对象成本。

第四十四条 采矿企业应当比照制造企业对产品成本进行归集、分配和结转。

第四十五条 交通运输企业发生的营运费用，应当按照成本核算对象归集。

交通运输企业发生的运输工具固定费用，能确定由某一成本核算对象负担的，应当直接计入成本核算对象的成本；由多个成本核算对象共同负担的，应当选择营运时间等符合经营特点的、科学合理的分配标准分配计入各成本核算对象的成本。

交通运输企业发生的非营运期间费用，比照制造业季节性生产企业处理。

第四十六条 信息传输、软件及信息技术服务等企业，可以根据经营特点和条件，利用现代信息技术，采用作业成本法等对产品成本进行归集和分配。

第四十七条 文化企业发生的有关成本项目费用，由某一成本核算对象负担的，应当直接计入成本核算对象成本；由几个成本核算对象共同负担的，应当选择人员比例、工时比例、材料耗用比例等合理的分配标准分配计入成本核算对象成本。

第四十八条 企业不得以计划成本、标准成本、定额成本等代替实际成本。企业采用计划成本、标准成本、定额成本等类似成本进行直接材料日常核算的，期末应当将耗用直接材料的计划成本或定额成本等类似成本调整为实际成本。

第四十九条 除本制度已明确规定的以外，其他行业企业应当比照以上类似行业的企业对产品成本进行归集、分配和结转。

第五十条 企业应当按照第三十四条至第四十九条规定对产品成本进行归集、分配和结转。企业内部管理有相关要求的，还可以利用现代信息技术，在确定多维度、多层次成本核算对象的基础上，对有关费用进行归集、分配和结转。

第五章　附则

第五十一条 小企业参照执行本制度。

第五十二条 本制度自2014年1月1日起施行。

第五十三条 执行本制度的企业不再执行《国营工业企业成本核算办法》。

附录C

小企业执行《小企业会计准则》有关问题衔接规定

（2012 年 10 月 29 日 财会［2012］20 号）

为促进小企业严格遵循《中华人民共和国会计法》及《小企业会计准则》的规定，做好自《小企业会计制度》（以下简称原制度）向《小企业会计准则》（以下简称新准则）转换的衔接工作，现对小企业执行新准则有关问题衔接规定如下：

一、总体要求

首次执行新准则的小企业应当认真做好内部会计核算办法修订、资产和负债清查、科目转换与账务调整、会计信息系统改造等工作，确保新旧制度的顺利衔接和平稳过渡。

（一）及时修订内部会计核算办法。小企业应当根据新准则的规定，结合自身实际情况，确定会计政策和会计估计，修订小企业内部会计核算办法，细化会计核算内容，确保会计确认、计量和报告行为制度化、规范化。

（二）认真做好资产负债清查工作。小企业应当在执行新准则前全面清查各项资产和负债，如实反映其状况及潜在风险。对于清查出的损益，应先记入“待处理财产损溢”科目，经批准后，调整相关所有者权益。

（三）认真做好有关账务衔接工作。小企业应当根据新准则的规定，结合自身实际情况，设置会计科目并进行相应的账务处理。对于一级科目，在不违反新准则确认、计量和报告规定的前提下，可以根据本企业的实际情况自行增设、分拆与合并；对于明细科目，可以根据本企业的实际情况自行设置。首次执行新准则时，应当对原制度有关科目按新准则要求进行余额转换，确保新旧会计科目顺利衔接。

（四）及时调整会计信息系统。小企业应当对原有会计核算软件和会计信息系统进行及时更新和调试，正确实现数据转换，确保新旧账套的有序衔接。

二、账目调整

（一）资产类

1. “现金”、“银行存款”、“其他货币资金”和“短期投资”科目

新准则设置了“库存现金”、“银行存款”、“其他货币资金”和“短期投资”科目，其核算内容与原制度相应科目的核算内容基本相同。转账时，应将原账中上述科目的余额直接转入新账中相应科目，也可沿用原账。

2. “应收票据”、“应收股息”、“应收账款”和“其他应收款”科目

新准则设置了“应收票据”、“应收账款”和“其他应收款”科目，其核算内容与原制度相应科目的核算内容基本相同。原制度和新准则均规定，预付款项不多的小企业可以将预付款项

直接记入“应付账款”科目借方，预付款项较多的小企业也可单独设置“预付账款”科目核算。转账时，应将原账中上述科目的余额直接转至新账，也可沿用原账。

新准则设置了“应收股利”和“应收利息”科目，这两个科目的核算内容与原账中“应收股息”科目的核算内容基本相同。转账时，应对原账中“应收股息”科目的余额进行分析，将应收取现金股利或利润的金额转入新账中“应收股利”科目，将应收取利息的金额转入新账中“应收利息”科目。

3. “短期投资跌价准备”、“坏账准备”和“存货跌价准备”科目

新准则没有设置“短期投资跌价准备”、“坏账准备”和“存货跌价准备”科目。转账时，应将上述资产减值准备科目的余额转入“利润分配——未分配利润”科目。

4. “在途物资”、“材料”、“低值易耗品”、“库存商品”、“商品进销差价”、“委托加工物资”、“委托代销商品”科目

新准则设置了“在途物资”、“原材料”、“库存商品”、“商品进销差价”、“委托加工物资”科目，采用支付手续费方式委托其他单位代销商品的小企业还可以单独设置“委托代销商品”科目，这些科目的核算内容与原制度相应科目的核算内容基本相同。原制度规定，采用计划成本进行材料日常核算的小企业，可以增设“物资采购”和“材料成本差异”科目；新准则相应设置了“材料采购”和“材料成本差异”科目，其核算内容也基本相同。转账时，应将原账中上述科目的余额直接转入新账中相应科目，也可沿用原账。

新准则设置了“周转材料”科目，用于核算小企业库存的周转材料的成本，包括包装物、低值易耗品，以及小企业（建筑业）的钢模板、木模板、脚手架等。转账时，应将原账中“低值易耗品”科目的余额转入新账中“周转材料”科目。新准则下单独设置了“包装物”和“低值易耗品”科目的小企业，转账时，应对原账中“低值易耗品”等科目的余额进行分析，分别转入新账中的相应科目。

针对小企业（农、林、牧、渔业），新准则专门设置了“消耗性生物资产”科目，用于核算小企业持有的消耗性生物资产的实际成本。转账时，小企业（农、林、牧、渔业）应对原账中存货类科目的余额进行分析，将其中属于消耗性生物资产的部分转入新账中“消耗性生物资产”科目。

5. “待摊费用”科目

新准则没有设置“待摊费用”科目，但允许小企业根据需要自行增设相应科目用于日常核算。新准则下不再增设“待摊费用”科目的小企业，转账时，应对原账中“待摊费用”科目的余额进行分析，转入新账中“预付账款”等科目。新准则下增设了“待摊费用”科目的小企业，转账时，应将原账中“待摊费用”科目的余额直接转至新账，也可沿用原账，并在以后期间按原摊销期限继续摊销。资产负债表日，对于新旧转换时转入的尚未摊销完毕的待摊费用余额，或者执行新准则后发生的尚未摊销完毕的待摊费用余额，应根据其性质进行分析，在资产负债表“预付账款”、“其他流动资产”等项目中填列。

6. “长期股权投资”科目

新准则设置了“长期股权投资”科目，其核算内容与原制度相应科目的核算内容基本相同，但核算方法有所不同。新准则要求小企业对长期股权投资一律采用成本法核算。转账时，应将原账中“长期股权投资”科目的余额直接转至新账，也可沿用原账。

对于原制度下采用权益法核算的长期股权投资，因以前期间投资收益确认导致长期股权投资账面余额大于其投资成本的，在以后期间被投资单位宣告分派现金股利或利润时，应按照应分得的金额冲减长期股权投资账面余额，直至该项投资账面余额冲减至原投资成本。

7.“长期债权投资”科目

新准则设置了“长期债券投资”科目，其核算内容与原制度相应科目的核算内容基本相同。转账时，应将原账中“长期债权投资”科目的余额转入新账中“长期债券投资”科目，也可沿用原账。

8.“固定资产”、“累计折旧”、“在建工程”、“工程物资”和“固定资产清理”科目新准则设置了“固定资产”、“累计折旧”、“在建工程”、“工程物资”和“固定资产清理”科目，其核算内容与原制度相应科目的核算内容基本相同。转账时，应将原账中上述科目的余额直接转至新账，也可沿用原账。

针对小企业（农、林、牧、渔业），新准则专门设置了“生产性生物资产”和“生产性生物资产累计折旧”科目，分别核算小企业持有的生产性生物资产的原价（成本）及成熟生产性生物资产的累计折旧。转账时，小企业（农、林、牧、渔业）应对原账中“固定资产”和“累计折旧”科目的余额进行分析，将属于生产性生物资产的部分转入新账中“生产性生物资产”和“生产性生物资产累计折旧”科目。

9.“无形资产”科目

新准则设置了“无形资产”和“累计摊销”科目，分别核算小企业持有的无形资产成本及其计提的累计摊销。转账时，应对原账中“无形资产”科目的余额进行分析，将无形资产成本的金额转入新账中“无形资产”科目，将无形资产已计提的累计摊销额转入新账中“累计摊销”科目；如上述调整不切实可行的，应将原账中“无形资产”科目的余额直接转入新账中“无形资产”科目，也可沿用原账。

10.“长期待摊费用”科目

新准则设置了“长期待摊费用”科目，其核算内容与原制度相应科目的核算内容略有不同。转账时，应对原账中“长期待摊费用”科目的余额进行分析，将小企业筹建期间内发生的尚未摊销完毕的开办费冲减“利润分配——未分配利润”科目；将其他尚未摊销完毕的长期待摊费用直接转入新账中“长期待摊费用”科目，以后期间按原摊销期限继续摊销。

（二）负债类

1.“短期借款”、“应付票据”、“应付账款”、“预收账款”、“应付工资”、“应付福利费”、“应付利润”、“应交税金”、“其他应交款”和“其他应付款”科目

新准则设置了“短期借款”、“应付票据”、“应付账款”、“应付利润”和“其他应付款”科目，其核算内容与原制度相应科目的核算内容基本相同。原制度和新准则均规定，预收款项不多的小企业可以将预收款项直接记入“应收账款”科目贷方，预收款项较多的小企业也可单独设置“预收账款”科目核算。转账时，应将原账中上述科目的余额直接转至新账，也可沿用原账。

新准则设置了“应付职工薪酬”科目，用于核算小企业根据有关规定应付给职工的各种薪酬，小企业（外商投资）按照规定从净利润中提取的职工奖励及福利基金也通过该科目核算。转账时，应将原账中“应付工资”和“应付福利费”科目的余额一并转入新账中“应付职工薪酬”科目。

新准则设置了“应交税费”科目，用于核算小企业按照税法等规定计算应交纳的各种税费。转账时，应将原账中“应交税金”和“其他应交款”科目的余额一并转入新账中“应交税费”科目。

2.“预提费用”科目

新准则没有设置“预提费用”科目，但允许小企业根据需要自行增设相应科目用于日常核算。新准则下不再增设“预提费用”科目的小企业，转账时，应对原账中“预提费用”科目的

余额进行分析，转入新账中“应付利息”、“其他应付款”等科目。新准则下增设“预提费用”科目的小企业，转账时，应将原账中“预提费用”科目的余额直接转至新账，也可沿用原账，并在以后期间实际支付时予以冲销。资产负债表日，对于新旧转换时转入的尚未冲减完毕的预提费用余额，或者执行新准则后发生的尚未冲减完毕的预提费用余额，应根据其性质进行分析，在资产负债表“应付利息”、“其他应付款”、“其他流动负债”等项目中填列。

3.“待转资产价值”科目

新准则没有设置“待转资产价值”科目。转账时，应将原账中“待转资产价值”科目的余额转入“利润分配——未分配利润”科目。

4.“长期借款”和“长期应付款”科目

新准则设置了“长期借款”和“长期应付款”科目，其核算内容与原制度相应科目的核算内容基本相同。转账时，应将原账中上述科目的余额直接转至新账，也可沿用原账。

（三）所有者权益类

1.“实收资本”科目

新准则设置了“实收资本”科目，其核算内容与原制度相应科目的核算内容相同。转账时，应将原账中“实收资本”科目的余额直接转至新账，也可沿用原账。

2.“资本公积”科目

新准则设置了“资本公积”科目，其核算内容较原制度有所减少。转账时，应将原账中“资本公积”科目的金额在冲减有关损失后的余额转至新账，也可沿用原账。

3.“盈余公积”科目新准则设置了“盈余公积”科目，其核算内容与原制度相应科目的核算内容相同。转账时，应将原账中“盈余公积”科目的金额在冲减有关损失后的余额转至新账，也可沿用原账。

4.“本年利润”科目新准则设置了“本年利润”科目，其核算内容与原制度相应科目的核算内容相同。由于“本年利润”科目年末无余额，不需要进行转账处理。

5.“利润分配”科目新准则设置了“利润分配”科目，其核算内容与原制度相应科目的核算内容相同。

转账时，应首先结转执行新准则前各项资产和负债所清查出的损益，经批准后，从“待处理财产损溢”科目转入“利润分配——未分配利润”科目。同时，将相关资产减值准备科目的余额以及“待转资产价值”科目的余额转入“利润分配——未分配利润”科目，将小企业筹建期间内发生的尚未摊销完毕的开办费冲减“利润分配——未分配利润”科目。

经上述调整后，“利润分配——未分配利润”科目如为借方余额的，属于按规定提取盈余公积的小企业或者“资本公积”科目有贷方余额的小企业，还应依次冲减盈余公积和资本公积。

最后，应将“利润分配——未分配利润”科目的金额在进行相关调整后的余额转至新账，也可沿用原账。

（四）成本类

1.“生产成本”和“制造费用”科目

新准则设置了“生产成本”和“制造费用”科目，其核算内容与原制度相应科目的核算内容相同。转账时，应将原账中“生产成本”科目的余额直接转至新账，也可沿用原账。对于季节性生产性小企业之外的小企业，“制造费用”科目年末无余额，不需要进行转账处理。对于季节性生产性小企业，“制造费用”科目年末有余额的，应在转账时将原账中该科目的余额直接转至新账，也可沿用原账。

2.“研发支出”、“工程施工”和“机械作业”科目原制度没有设置“研发支出”科目，且不允许研发支出资本化，因此不需要进行转账处理。

针对小企业（建筑业），新准则专门设置了“工程施工”和“机械作业”科目，分别核算小企业（建筑业）实际发生的各种工程成本，小企业（建筑业）及其内部独立核算的施工单位、机械站和运输队使用自有施工机械和运输设备进行机械作业（含机械化施工和运输作业等）所发生的各项费用。转账时，应将原账中相关科目的余额转入新账中“工程施工”科目。

（五）损益类

原制度设置了“主营业务收入”、“其他业务收入”、“投资收益”、“营业外收入”、“主营业务成本”、“主营业务税金及附加”、“其他业务支出”、“营业费用”、“管理费用”、“财务费用”、“营业外支出”和“所得税”科目。新准则设置了“主营业务收入”、“其他业务收入”、“投资收益”、“营业外收入”、“主营业务成本”、“营业税金及附加”、“其他业务成本”、“销售费用”、“管理费用”、“财务费用”、“营业外支出”和“所得税费用”科目，其核算内容与原制度相应科目的核算内容相比有所调整。由于原账中上述损益类科目年末无余额，不需要进行转账处理。

三、会计报表

（一）资产负债表小企业执行新准则当年年末“资产负债表”的“年初余额”栏内各项目数字，应根据上年末“资产负债表”的“期末数”栏内所列数字按照新准则的规定进行调整后填列。调整方法根据上述有关规定处理。执行新准则当年的“资产负债表”应按新准则的规定编制。

（二）利润表

小企业执行新准则当年“利润表”的“上年金额”栏内各项目数字，应根据上年“利润表”的“本年累计数”栏内各项目数字经调整后填列，即原制度下“利润表”项目与新准则规定的“利润表”项目如有不同，应将原制度下“利润表”各项目数字按照新准则规定的项目进行调整后填列。执行新准则当年的“利润表”应按新准则的规定编制。

（三）现金流量表

小企业执行新准则当年“现金流量表”的“上年金额”栏内各项目数字，应根据上年“现金流量表”（如果小企业编制的话）的“本年数”栏内各项目数字经调整后填列，即原制度下“现金流量表”项目与新准则规定的“现金流量表”项目如有不同，应将原制度下“现金流量表”各项目数字按照新准则规定的项目进行调整后填列。如果小企业上年没有编制现金流量表或者上述调整不切实可行的，小企业执行新准则当年“现金流量表”的“上年金额”栏可以不予填列。执行新准则当年的“现金流量表”应按新准则的规定编制。

四、其他有关问题

执行《工业企业会计制度》、《企业会计制度》等其他会计制度的小企业，在首次执行新准则时应比照本规定执行。

附：小企业会计制度与小企业会计准则会计科目转换对照表

小企业会计制度与小企业会计准则会计科目转换对照表

小企业会计制度会计科目			小企业会计准则会计科目		
顺序号	编号	会计科目名称	顺序号	编号	会计科目名称
		一、资产类			一、资产类
1	1001	现金	1	1001	库存现金
2	1002	银行存款	2	1002	银行存款
3	1009	其他货币资金	3	1012	其他货币资金

续表

小企业会计制度会计科目			小企业会计准则会计科目		
顺序号	编号	会计科目名称	顺序号	编号	会计科目名称
4	1101	短期投资	4	1101	短期投资
5	1102	短期投资跌价准备			
6	1111	应收票据	5	1121	应收票据
7	1121	应收股息	8	1131	应收股利
			9	1132	应收利息
8	1131	应收账款	6	1122	应收账款
			7	1123	预付账款
9	1133	其他应收款	10	1221	其他应收款
10	1141	坏账准备			
			11	1401	材料采购
11	1201	在途物资	12	1402	在途物资
12	1211	材料	13	1403	原材料
			14	1404	材料成本差异
13	1231	低值易耗品	18	1411	周转材料
14	1243	库存商品	15	1405	库存商品
15	1244	商品进销差价	16	1407	商品进销差价
16	1251	委托加工物资	17	1408	委托加工物资
17	1261	委托代销商品			
18	1281	存货跌价准备			
19	1301	待摊费用			
			19	1421	消耗性生物资产
20	1401	长期股权投资	21	1511	长期股权投资
21	1402	长期债权投资	20	1501	长期债券投资
22	1501	固定资产	22	1601	固定资产
23	1502	累计折旧	23	1602	累计折旧
25	1603	在建工程	24	1604	在建工程
24	1601	工程物资	25	1605	工程物资
26	1701	固定资产清理	26	1606	固定资产清理
27	1801	无形资产	27	1621	生产性生物资产
28	1901	长期待摊费用	28	1622	生产性生物资产累计折旧
			29	1701	无形资产
			30	1702	累计摊销
			31	1801	长期待摊费用
			32	1901	待处理财产损溢
		二、负债类			二、负债类
29	2101	短期借款	33	2001	短期借款

30	2111	应付票据	34	2201	应付票据
31	2121	应付账款	35	2202	应付账款
			36	2203	预收账款
32	2151	应付工资	37	2211	应付职工薪酬
33	2153	应付福利费			
34	2161	应付利润	40	2232	应付利润
35	2171	应交税金	38	2221	应交税费
36	2176	其他应交款			
			39	2231	应付利息
37	2181	其他应付款	41	2241	其他应付款
38	2191	预提费用			
39	2201	待转资产价值			
			42	2401	递延收益
40	2301	长期借款	43	2501	长期借款
41	2321	长期应付款	44	2701	长期应付款
		三、所有者权益类			三、所有者权益类
42	3101	实收资本	45	3001	实收资本
43	3111	资本公积	46	3002	资本公积
44	3121	盈余公积	47	3101	盈余公积
45	3131	本年利润	48	3103	本年利润
46	3141	利润分配	49	3104	利润分配
		四、成本类			四、成本类
47	4101	生产成本	50	4001	生产成本
48	4105	制造费用	51	4101	制造费用
			52	4301	研发支出
			53	4401	工程施工
			54	4403	机械作业
		五、损益类			五、损益类
49	5101	主营业务收入	55	5001	主营业务收入
50	5102	其他业务收入	56	5051	其他业务收入
51	5201	投资收益	57	5111	投资收益
52	5301	营业外收入	58	5301	营业外收入
53	5401	主营业务成本	59	5401	主营业务成本
54	5402	主营业务税金及附加	61	5403	营业税金及附加
55	5405	其他业务支出	60	5402	其他业务成本
56	5501	营业费用	62	5601	销售费用
57	5502	管理费用	63	5602	管理费用
58	5503	财务费用	64	5603	财务费用
59	5601	营业外支出	65	5711	营业外支出
60	5701	所得税	66	5801	所得税费用

附录D

小型房地产企业涉税会计需要掌握的相关税收政策

房地产开发企业销售自行开发的房地产项目增值税征收管理暂行办法

（2016年03月31日　国家税务总局公告2016年第18号）

第一章 适用范围

第一条 根据《财政部 国家税务总局关于全面推开营业税改征增值税试点的通知》（财税[2016]36号）及现行增值税有关规定，制定本办法。

第二条 房地产开发企业销售自行开发的房地产项目，适用本办法。

自行开发，是指在依法取得土地使用权的土地上进行基础设施和房屋建设。

第三条 房地产开发企业以接盘等形式购入未完工的房地产项目继续开发后，以自己的名义立项销售的，属于本办法规定的销售自行开发的房地产项目。

第二章 一般纳税人征收管理

第一节 销售额

第四条 房地产开发企业中的一般纳税人（以下简称一般纳税人）销售自行开发的房地产项目，适用一般计税方法计税，按照取得的全部价款和价外费用，扣除当期销售房地产项目对应的土地价款后的余额计算销售额。销售额的计算公式如下：

销售额=（全部价款和价外费用−当期允许扣除的土地价款）÷（1+11%）

第五条 当期允许扣除的土地价款按照以下公式计算：

当期允许扣除的土地价款=（当期销售房地产项目建筑面积÷房地产项目可供销售建筑面积）×支付的土地价款

当期销售房地产项目建筑面积，是指当期进行纳税申报的增值税销售额对应的建筑面积。

房地产项目可供销售建筑面积，是指房地产项目可以出售的总建筑面积，不包括销售房地产项目时未单独作价结算的配套公共设施的建筑面积。

支付的土地价款，是指向政府、土地管理部门或受政府委托收取土地价款的单位直接支付的土地价款。

第六条 在计算销售额时从全部价款和价外费用中扣除土地价款，应当取得省级以上（含省级）财政部门监（印）制的财政票据。

第七条 一般纳税人应建立台账登记土地价款的扣除情况，扣除的土地价款不得超过纳税人实际支付的土地价款。

第八条 一般纳税人销售自行开发的房地产老项目，可以选择适用简易计税方法按照5%的征收率计税。一经选择简易计税方法计税的，36 个月内不得变更为一般计税方法计税。

房地产老项目，是指：

（一）《建筑工程施工许可证》注明的合同开工日期在 2016 年 4 月 30 日前的房地产项目；

（二）《建筑工程施工许可证》未注明合同开工日期或者未取得《建筑工程施工许可证》但建筑工程承包合同注明的开工日期在 2016 年 4 月 30 日前的建筑工程项目。

第九条 一般纳税人销售自行开发的房地产老项目适用简易计税方法计税的，以取得的全部价款和价外费用为销售额，不得扣除对应的土地价款。

第二节 预缴税款

第十条 一般纳税人采取预收款方式销售自行开发的房地产项目，应在收到预收款时按照3%的预征率预缴增值税。

第十一条 应预缴税款按照以下公式计算：

应预缴税款=预收款÷（1+适用税率或征收率）×3%

适用一般计税方法计税的，按照 11%的适用税率计算；适用简易计税方法计税的，按照 5%的征收率计算。

第十二条 一般纳税人应在取得预收款的次月纳税申报期向主管国税机关预缴税款。

第三节 进项税额

第十三条 一般纳税人销售自行开发的房地产项目，兼有一般计税方法计税、简易计税方法计税、免征增值税的房地产项目而无法划分不得抵扣的进项税额的，应以《建筑工程施工许可证》注明的“建设规模”为依据进行划分。

不得抵扣的进项税额=当期无法划分的全部进项税额×（简易计税、免税房地产项目建设规模÷房地产项目总建设规模）

第四节 纳税申报

第十四条 一般纳税人销售自行开发的房地产项目适用一般计税方法计税的，应按照《营业税改征增值税试点实施办法》（财税［2016］36 号文件印发，以下简称《试点实施办法》）第四十五条规定的纳税义务发生时间，以当期销售额和 11%的适用税率计算当期应纳税额，抵减已预缴税款后，向主管国税机关申报纳税。未抵减完的预缴税款可以结转下期继续抵减。

第十五条 一般纳税人销售自行开发的房地产项目适用简易计税方法计税的，应按照《试点实施办法》第四十五条规定的纳税义务发生时间，以当期销售额和 5%的征收率计算当期应纳税额，抵减已预缴税款后，向主管国税机关申报纳税。未抵减完的预缴税款可以结转下期继续抵减。

第五节 发票开具

第十六条 一般纳税人销售自行开发的房地产项目，自行开具增值税发票。

第十七条 一般纳税人销售自行开发的房地产项目，其 2016 年 4 月 30 日前收取并已向主管地税机关申报缴纳营业税的预收款，未开具营业税发票的，可以开具增值税普通发票，不得开具增值税专用发票。

第十八条 一般纳税人向其他个人销售自行开发的房地产项目，不得开具增值税专用发票。

第三章 小规模纳税人征收管理

第一节 预缴税款

第十九条 房地产开发企业中的小规模纳税人（以下简称小规模纳税人）采取预收款方式销售自行开发的房地产项目，应在收到预收款时按照3%的预征率预缴增值税。

第二十条 应预缴税款按照以下公式计算：

应预缴税款=预收款÷（1+5%）×3%

第二十一条 小规模纳税人应在取得预收款的次月纳税申报期或主管国税机关核定的纳税期限向主管国税机关预缴税款。

第二节 纳税申报

第二十二条 小规模纳税人销售自行开发的房地产项目，应按照《试点实施办法》第四十五条规定的纳税义务发生时间，以当期销售额和5%的征收率计算当期应纳税额，抵减已预缴税款后，向主管国税机关申报纳税。未抵减完的预缴税款可以结转下期继续抵减。

第三节 发票开具

第二十三条 小规模纳税人销售自行开发的房地产项目，自行开具增值税普通发票。购买方需要增值税专用发票的，小规模纳税人向主管国税机关申请代开。

第二十四条 小规模纳税人销售自行开发的房地产项目，其2016年4月30日前收取并已向主管地税机关申报缴纳营业税的预收款，未开具营业税发票的，可以开具增值税普通发票，不得申请代开增值税专用发票。

第二十五条 小规模纳税人向其他个人销售自行开发的房地产项目，不得申请代开增值税专用发票。

第四章 其他事项

第二十六条 房地产开发企业销售自行开发的房地产项目，按照本办法规定预缴税款时，应填报《增值税预缴税款表》。

第二十七条 房地产开发企业以预缴税款抵减应纳税额，应以完税凭证作为合法有效凭证。

第二十八条 房地产开发企业销售自行开发的房地产项目，未按本办法规定预缴或缴纳税款的，由主管国税机关按照《中华人民共和国税收征收管理法》及相关规定进行处理。

财政部 国家税务总局 住房城乡建设部
关于调整房地产交易环节契税 营业税优惠政策的通知

（2016年02月17日 财税［2016］23号）

根据国务院有关部署，现就调整房地产交易环节契税、营业税优惠政策通知如下：

一、关于契税政策

（一）对个人购买家庭唯一住房（家庭成员范围包括购房人、配偶以及未成年子女，下同），面积为90平方米及以下的，减按1%的税率征收契税；面积为90平方米以上的，减按1.5%的税率征收契税。

（二）对个人购买家庭第二套改善性住房，面积为90平方米及以下的，减按1%的税率征收契税；面积为 90 平方米以上的，减按 2%的税率征收契税。

家庭第二套改善性住房是指已拥有一套住房的家庭，购买的家庭第二套住房。

（三）纳税人申请享受税收优惠的，根据纳税人的申请或授权，由购房所在地的房地产主管部门出具纳税人家庭住房情况书面查询结果，并将查询结果和相关住房信息及时传递给税务机关。暂不具备查询条件而不能提供家庭住房查询结果的，纳税人应向税务机关提交家庭住房实有套数书面诚信保证，诚信保证不实的，属于虚假纳税申报，按照《中华人民共和国税收征收管理法》的有关规定处理，并将不诚信记录纳入个人征信系统。

按照便民、高效原则，房地产主管部门应按规定及时出具纳税人家庭住房情况书面查询结果，税务机关应对纳税人提出的税收优惠申请限时办结。

（四）具体操作办法由各省、自治区、直辖市财政、税务、房地产主管部门共同制定。

二、关于营业税政策

个人将购买不足 2 年的住房对外销售的，全额征收营业税；个人将购买 2 年以上（含 2 年）的住房对外销售的，免征营业税。

办理免税的具体程序、购买房屋的时间、开具发票、非购买形式取得住房行为及其他相关税收管理规定，按照《国务院办公厅转发建设部等部门关于做好稳定住房价格工作意见的通知》（国办发［2005］26 号）、《国家税务总局 财政部 建设部关于加强房地产税收管理的通知》（国税发［2005］89 号）和《国家税务总局关于房地产税收政策执行中几个具体问题的通知》（国税发［2005］172 号）的有关规定执行。

三、关于实施范围

北京市、上海市、广州市、深圳市暂不实施本通知第一条第二项契税优惠政策及第二条营业税优惠政策，上述城市个人住房转让营业税政策仍按照《财政部 国家税务总局关于调整个人住房转让营业税政策的通知》（财税［2015］39 号）执行。

上述城市以外的其他地区适用本通知全部规定。

本通知自 2016 年 2 月 22 日起执行。

国家税务总局
关于房地产开发企业成本对象管理问题的公告

（2014 年 06 月 16 日 国家税务总局公告 2014 年第 35 号）

2014 年 1 月 28 日，国务院发布《关于取消和下放一批行政审批项目的决定》（国发［2014］5 号），取消了房地产开发企业开发产品计税成本对象事先备案制度。为做好取消房地产开发企业开发产品计税成本对象事先备案制度的落实和后续管理工作，现将有关问题公告如下：

一、房地产开发企业应依据计税成本对象确定原则确定已完工开发产品的成本对象，并就确定原则、依据，共同成本分配原则、方法，以及开发项目基本情况、开发计划等出具专项报告，在开发产品完工当年企业所得税年度纳税申报时，随同《企业所得税年度纳税申报表》一并报送主管税务机关。

房地产开发企业将已确定的成本对象报送主管税务机关后，不得随意调整或相互混淆。如确需调整成本对象的，应就调整的原因、依据和调整前后成本变化情况等出具专项报告，在调整当年企业所得税年度纳税申报时报送主管税务机关。

二、房地产开发企业应建立健全成本对象管理制度，合理区分已完工成本对象、在建成本对象和未建成本对象，及时收集、整理、保存成本对象涉及的证据材料，以备税务机关检查。

三、各级税务机关要认真清理以前的管理规定，今后不得以任何理由进行变相审批。

主管税务机关应对房地产开发企业报送的成本对象确定专项报告做好归档工作，及时进行分析，加强后续管理。对资料不完整、不规范的，应及时通知房地产开发企业补齐、修正；对成本对象确定不合理或共同成本分配方法不合理的，主管税务机关有权进行合理调整；对成本对象确定情况异常的，主管税务机关应进行专项检查；对不如实出具专项报告或不出具专项报告的，应按《中华人民共和国税收征收管理法》的相关规定进行处理。

四、本公告自发布之日起30日后施行。《国家税务总局关于印发〈房地产开发经营业务企业所得税处理办法〉的通知》（国税发［2009］31号）第二十六条第二款同时废止。本公告施行前房地产开发企业尚未完成开发产品成本对象事先备案的，也按本公告执行。

国家税务总局关于房地产开发企业注销前有关企业所得税处理问题的公告

（2010年12月24日 国家税务总局公告2010年第29号）

根据《中华人民共和国企业所得税法》及其实施条例的相关规定，现就房地产开发企业注销前由于预征土地增值税导致多缴企业所得税的退税问题公告如下：

一、房地产开发企业（以下简称企业）按规定对开发项目进行土地增值税清算后，在向税务机关申请办理注销税务登记时，如注销当年汇算清缴出现亏损，应按照以下方法计算出其在注销前项目开发各年度多缴的企业所得税税款，并申请退税：

（一）企业整个项目缴纳的土地增值税总额，应按照项目开发各年度实现的项目销售收入占整个项目销售收入总额的比例，在项目开发各年度进行分摊，具体按以下公式计算：

各年度应分摊的土地增值税=土地增值税总额×（项目年度销售收入÷整个项目销售收入总额）

本公告所称销售收入包括视同销售房地产的收入，但不包括企业销售的增值额未超过扣除项目金额20%的普通标准住宅的销售收入。

（二）项目开发各年度应分摊的土地增值税减去该年度已经税前扣除的土地增值税后，余额属于当年应补充扣除的土地增值税；企业应调整当年度的应纳税所得额，并按规定计算当年度应退的企业所得税税款；当年度已缴纳的企业所得税税款不足退税的，应作为亏损向以后年度结转，并调整以后年度的应纳税所得额。

（三）企业对项目进行土地增值税清算的当年，由于按照上述方法进行土地增值税分摊调整后，导致当年度应纳税所得额出现正数的，应按规定计算缴纳企业所得税。

（四）企业按上述方法计算的累计退税额，不得超过其在项目开发各年度累计实际缴纳的企业所得税。

二、企业在申请退税时，应向主管税务机关提供书面材料证明应退企业所得税款的计算过程，包括企业整个项目缴纳的土地增值税总额、整个项目销售收入总额、项目年度销售收入、各年度应分摊的土地增值税和已经税前扣除的土地增值税、各年度的适用税率等。

三、企业按规定对开发项目进行土地增值税清算后，在向税务机关申请办理注销税务登记时，如注销当年汇算清缴出现亏损，但土地增值税清算当年未出现亏损，或尽管土地增值税清算当年出现亏损，但在注销之前年度已按税法规定弥补完毕的，不执行本公告。

主管税务机关应结合企业土地增值税清算年度至注销年度之间的汇算清缴情况，判断其是否应该执行本公告，并对应退企业所得税款进行核实。

四、本公告自2010年1月1日起施行。

财政部 国家税务总局 住房和城乡建设部
关于调整房地产交易环节契税 个人所得税优惠政策的通知

（2010 年 09 月 29 日 财税［2010］94 号）

经国务院批准，现就调整房地产交易环节契税、个人所得税有关优惠政策通知如下：

一、关于契税政策

（一）对个人购买普通住房，且该住房属于家庭（成员范围包括购房人、配偶以及未成年子女，下同）唯一住房的，减半征收契税。对个人购买 90 平方米及以下普通住房，且该住房属于家庭唯一住房的，减按 1%税率征收契税。

征收机关应查询纳税人契税纳税记录；无记录或有记录但有疑义的，根据纳税人的申请或授权，由房地产主管部门通过房屋登记信息系统查询纳税人家庭住房登记记录，并出具书面查询结果。如因当地暂不具备查询条件而不能提供家庭住房登记查询结果的，纳税人应向征收机关提交家庭住房实有套数书面诚信保证。诚信保证不实的，属于虚假纳税申报，按照《中华人民共和国税收征收管理法》的有关规定处理。

具体操作办法由各省、自治区、直辖市财政、税务、房地产主管部门共同制定。

（二）个人购买的普通住房，凡不符合上述规定的，不得享受上述优惠政策。

二、关于个人所得税政策

对出售自有住房并在 1 年内重新购房的纳税人不再减免个人所得税。

本通知自 2010 年 10 月 1 日起执行。《财政部国家税务总局关于调整房地产市场若干税收政策的通知》（财税字［1999］210 号）第一条有关契税的规定、《财政部国家税务总局关于调整房地产交易环节税收政策的通知》（财税［2008］137 号）第一条、《财政部国家税务总局建设部关于个人出售住房所得征收个人所得税有关问题的通知》（财税字［1999］278 号）第三条同时废止。

国家税务总局
关于房地产开发企业开发产品完工条件确认问题的通知

（2010 年 05 月 12 日 国税函［2010］201 号）

现就房地产开发企业开发产品完工条件确认有关问题，通知如下：

根据《国家税务总局关于房地产开发经营业务征收企业所得税问题的通知》（国税发［2006］31 号）规定精神和《国家税务总局关于印发〈房地产开发经营业务企业所得税处理办法〉的通知》（国税发［2009］31 号）第三条规定，房地产开发企业建造、开发的开发产品，无论工程质量是否通过验收合格，或是否办理完工（竣工）备案手续以及会计决算手续，当企业开始办理开发产品交付手续（包括入住手续）、或已开始实际投入使用时，为开发产品开始投入使用，应视为开发产品已经完工。房地产开发企业应按规定及时结算开发产品计税成本，并计算企业当年度应纳税所得额。

国家税务总局
关于印发《房地产开发经营业务企业所得税处理办法》的通知

（2009 年 03 月 06 日 国税发［2009］31 号）

注释：条款失效，第二十六条第二款失效。参见：《国家税务总局关于房地产开发企业成本对象管理问题的公告》 国家税务总局公告 2014 年第 35 号。

为了加强从事房地产开发经营企业的企业所得税征收管理，规范从事房地产开发经营业务企业的纳税行为，根据《中华人民共和国企业所得税法》及其实施条例、《中华人民共和国税收征收管理法》及其实施细则等有关税收法律、行政法规的规定，结合房地产开发经营业务的特点，国家税务总局制定了《房地产开发经营业务企业所得税处理办法》，现印发给你们，请遵照执行。

二〇〇九年三月六日

房地产开发经营业务企业所得税处理办法

第一章 总则

第一条 根据《中华人民共和国企业所得税法》及其实施条例、《中华人民共和国税收征收管理法》及其实施细则等有关税收法律、行政法规的规定，制定本办法。

第二条 本办法适用于中国境内从事房地产开发经营业务的企业（以下简称企业）。

第三条 企业房地产开发经营业务包括土地的开发，建造、销售住宅、商业用房以及其他建筑物、附着物、配套设施等开发产品。除土地开发之外，其他开发产品符合下列条件之一的，应视为已经完工：

（一）开发产品竣工证明材料已报房地产管理部门备案。

（二）开发产品已开始投入使用。

（三）开发产品已取得了初始产权证明。

第四条 企业出现《中华人民共和国税收征收管理法》第三十五条规定的情形，税务机关可对其以往应缴的企业所得税按核定征收方式进行征收管理，并逐步规范，同时按《中华人民共和国税收征收管理法》等税收法律、行政法规的规定进行处理，但不得事先确定企业的所得税按核定征收方式进行征收、管理。

第二章 收入的税务处理

第五条 开发产品销售收入的范围为销售开发产品过程中取得的全部价款，包括现金、现金等价物及其他经济利益。企业代有关部门、单位和企业收取的各种基金、费用和附加等，凡纳入开发产品价内或由企业开具发票的，应按规定全部确认为销售收入；未纳入开发产品价内并由企业之外的其他收取部门、单位开具发票的，可作为代收代缴款项进行管理。

第六条 企业通过正式签订《房地产销售合同》或《房地产预售合同》所取得的收入，应确认为销售收入的实现，具体按以下规定确认：

（一）采取一次性全额收款方式销售开发产品的，应于实际收讫价款或取得索取价款凭据（权利）之日，确认收入的实现。

（二）采取分期收款方式销售开发产品的，应按销售合同或协议约定的价款和付款日确认收入的实现。付款方提前付款的，在实际付款日确认收入的实现。

（三）采取银行按揭方式销售开发产品的，应按销售合同或协议约定的价款确定收入额，其首付款应于实际收到日确认收入的实现，余款在银行按揭贷款办理转账之日确认收入的实现。

（四）采取委托方式销售开发产品的，应按以下原则确认收入的实现：

1. 采取支付手续费方式委托销售开发产品的，应按销售合同或协议中约定的价款于收到受托方已销开发产品清单之日确认收入的实现。

2. 采取视同买断方式委托销售开发产品的，属于企业与购买方签订销售合同或协议，或企业、受托方、购买方三方共同签订销售合同或协议的，如果销售合同或协议中约定的价格高于买断价格，则应按销售合同或协议中约定的价格计算的价款于收到受托方已销开发产品清单之日确认收入的实现；如果属于前两种情况中销售合同或协议中约定的价格低于买断价格，以及属于受托方与购买方签订销售合同或协议的，则应按买断价格计算的价款于收到受托方已销开发产品清单之日确认收入的实现。

3. 采取基价（保底价）并实行超基价双方分成方式委托销售开发产品的，属于由企业与购买方签订销售合同或协议，或企业、受托方、购买方三方共同签订销售合同或协议的，如果销售合同或协议中约定的价格高于基价，则应按销售合同或协议中约定的价格计算的价款于收到受托方已销开发产品清单之日确认收入的实现，企业按规定支付受托方的分成额，不得直接从销售收入中减除；如果销售合同或协议约定的价格低于基价的，则应按基价计算的价款于收到受托方已销开发产品清单之日确认收入的实现。属于由受托方与购买方直接签订销售合同的，则应按基价加上按规定取得的分成额于收到受托方已销开发产品清单之日确认收入的实现。

4. 采取包销方式委托销售开发产品的，包销期内可根据包销合同的有关约定，参照上述 1 至 3 项规定确认收入的实现；包销期满后尚未出售的开发产品，企业应根据包销合同或协议约定的价款和付款方式确认收入的实现。

第七条 企业将开发产品用于捐赠、赞助、职工福利、奖励、对外投资、分配给股东或投资人、抵偿债务、换取其他企事业单位和个人的非货币性资产等行为，应视同销售，于开发产品所有权或使用权转移，或于实际取得利益权利时确认收入（或利润）的实现。确认收入（或利润）的方法和顺序为：

（一）按本企业近期或本年度最近月份同类开发产品市场销售价格确定；

（二）由主管税务机关参照当地同类开发产品市场公允价值确定；

（三）按开发产品的成本利润率确定。开发产品的成本利润率不得低于 15%，具体比例由主管税务机关确定。

第八条 企业销售未完工开发产品的计税毛利率由各省、自治、直辖市国家税务局、地方税务局按下列规定进行确定：

（一）开发项目位于省、自治区、直辖市和计划单列市人民政府所在地城市城区和郊区的，不得低于 15%。

（二）开发项目位于地及地级市城区及郊区的，不得低于 10%。

（三）开发项目位于其他地区的，不得低于 5%。

（四）属于经济适用房、限价房和危改房的，不得低于 3%。

第九条 企业销售未完工开发产品取得的收入，应先按预计计税毛利率分季（或月）计算出预计毛利额，计入当期应纳税所得额。开发产品完工后，企业应及时结算其计税成本并计算此前销售收入的实际毛利额，同时将其实际毛利额与其对应的预计毛利额之间的差额，计入当年度企业本项目与其他项目合并计算的应纳税所得额。

在年度纳税申报时，企业须出具对该项开发产品实际毛利额与预计毛利额之间差异调整情况的报告以及税务机关需要的其他相关资料。

第十条 企业新建的开发产品在尚未完工或办理房地产初始登记、取得产权证前，与承租人签订租赁预约协议的，自开发产品交付承租人使用之日起，出租方取得的预租价款按租金确认收入的实现。

第三章 成本、费用扣除的税务处理

第十一条 企业在进行成本、费用的核算与扣除时，必须按规定区分期间费用和开发产品计税成本、已销开发产品计税成本与未销开发产品计税成本。

第十二条 企业发生的期间费用、已销开发产品计税成本、营业税金及附加、土地增值税准予当期按规定扣除。

第十三条 开发产品计税成本的核算应按第四章的规定进行处理。

第十四条 已销开发产品的计税成本，按当期已实现销售的可售面积和可售面积单位工程成本确认。可售面积单位工程成本和已销开发产品的计税成本按下列公式计算确定：

可售面积单位工程成本=成本对象总成本÷成本对象总可售面积

已销开发产品的计税成本=已实现销售的可售面积×可售面积单位工程成本

第十五条 企业对尚未出售的已完工开发产品和按照有关法律、法规或合同规定对已售开发产品（包括共用部位、共用设施设备）进行日常维护、保养、修理等实际发生的维修费用，准予在当期据实扣除。

第十六条 企业将已计入销售收入的共用部位、共用设施设备维修基金按规定移交给有关部门、单位的，应于移交时扣除。

第十七条 企业在开发区内建造的会所、物业管理场所、电站、热力站、水厂、文体场馆、幼儿园等配套设施，按以下规定进行处理：

（一）属于非营利性且产权属于全体业主的，或无偿赠与地方政府、公用事业单位的，可将其视为公共配套设施，其建造费用按公共配套设施费的有关规定进行处理。

（二）属于营利性的，或产权归企业所有的，或未明确产权归属的，或无偿赠与地方政府、公用事业单位以外其他单位的，应当单独核算其成本。除企业自用应按建造固定资产进行处理外，其他一律按建造开发产品进行处理。

第十八条 企业在开发区内建造的邮电通讯、学校、医疗设施应单独核算成本，其中，由企业与国家有关业务管理部门、单位合资建设，完工后有偿移交的，国家有关业务管理部门、单位给予的经济补偿可直接抵扣该项目的建造成本，抵扣后的差额应调整当期应纳税所得额。

第十九条 企业采取银行按揭方式销售开发产品的，凡约定企业为购买方的按揭贷款提供担保的，其销售开发产品时向银行提供的保证金（担保金）不得从销售收入中减除，也不得作为费用在当期税前扣除，但实际发生损失时可据实扣除。

第二十条 企业委托境外机构销售开发产品的，其支付境外机构的销售费用（含佣金或手续费）不超过委托销售收入10%的部分，准予据实扣除。

第二十一条 企业的利息支出按以下规定进行处理：

（一）企业为建造开发产品借入资金而发生的符合税收规定的借款费用，可按企业会计准则的规定进行归集和分配，其中属于财务费用性质的借款费用，可直接在税前扣除。

（二）企业集团或其成员企业统一向金融机构借款分摊集团内部其他成员企业使用的，借入方凡能出具从金融机构取得借款的证明文件，可以在使用借款的企业间合理的分摊利息费用，使用借款的企业分摊的合理利息准予在税前扣除。

第二十二条 企业因国家无偿收回土地使用权而形成的损失，可作为财产损失按有关规定在税前扣除。

第二十三条 企业开发产品（以成本对象为计量单位）整体报废或毁损，其净损失按有关规定审核确认后准予在税前扣除。

第二十四条 企业开发产品转为自用的，其实际使用时间累计未超过 12 个月又销售的，不得在税前扣除折旧费用。

第四章 计税成本的核算

第二十五条 计税成本是指企业在开发、建造开发产品（包括固定资产，下同）过程中所发生的按照税收规定进行核算与计量的应归入某项成本对象的各项费用。

第二十六条 成本对象是指为归集和分配开发产品开发、建造过程中的各项耗费而确定的费用承担项目。计税成本对象的确定原则如下：

（一）可否销售原则。开发产品能够对外经营销售的，应作为独立的计税成本对象进行成本核算；不能对外经营销售的，可先作为过渡性成本对象进行归集，然后再将其相关成本摊入能够对外经营销售的成本对象。

（二）分类归集原则。对同一开发地点、竣工时间相近、产品结构类型没有明显差异的群体开发的项目，可作为一个成本对象进行核算。

（三）功能区分原则。开发项目某组成部分相对独立，且具有不同使用功能时，可以作为独立的成本对象进行核算。

（四）定价差异原则。开发产品因其产品类型或功能不同等而导致其预期售价存在较大差异的，应分别作为成本对象进行核算。

（五）成本差异原则。开发产品因建筑上存在明显差异可能导致其建造成本出现较大差异的，要分别作为成本对象进行核算。

（六）权益区分原则。开发项目属于受托代建的或多方合作开发的，应结合上述原则分别划分成本对象进行核算。

成本对象由企业在开工之前合理确定，并报主管税务机关备案。成本对象一经确定，不能随意更改或相互混淆，如确需改变成本对象的，应征得主管税务机关同意。

第二十七条 开发产品计税成本支出的内容如下：

（一）土地征用费及拆迁补偿费。指为取得土地开发使用权（或开发权）而发生的各项费用，主要包括土地买价或出让金、大市政配套费、契税、耕地占用税、土地使用费、土地闲置费、土地变更用途和超面积补交的地价及相关税费、拆迁补偿支出、安置及动迁支出、回迁房建造支出、农作物补偿费、危房补偿费等。

（二）前期工程费。指项目开发前期发生的水文地质勘察、测绘、规划、设计、可行性研究、筹建、场地通平等前期费用。

（三）建筑安装工程费。指开发项目开发过程中发生的各项建筑安装费用。主要包括开发项目建筑工程费和开发项目安装工程费等。

（四）基础设施建设费。指开发项目在开发过程中所发生的各项基础设施支出，主要包括开发项目内道路、供水、供电、供气、排污、排洪、通信、照明等社区管网工程费和环境卫生、园林绿化等园林环境工程费。

（五）公共配套设施费：指开发项目内发生的、独立的、非营利性的，且产权属于全体业主的，或无偿赠与地方政府、政府公用事业单位的公共配套设施支出。

（六）开发间接费。指企业为直接组织和管理开发项目所发生的，且不能将其归属于特定成本对象的成本费用性支出。主要包括管理人员工资、职工福利费、折旧费、修理费、办公费、水电费、劳动保护费、工程管理费、周转房摊销以及项目营销设施建造费等。

第二十八条 企业计税成本核算的一般程序如下：

（一）对当期实际发生的各项支出，按其性质、经济用途及发生的地点、时间区进行整理、归类，并将其区分为应计入成本对象的成本和应在当期税前扣除的期间费用。同时还应按规定对在有关预提费用和待摊费用进行计量与确认。

（二）对应计入成本对象中的各项实际支出、预提费用、待摊费用等合理的划分为直接成本、间接成本和共同成本，并按规定将其合理的归集、分配至已完工成本对象、在建成本对象和未建成本对象。

（三）对期前已完工成本对象应负担的成本费用按已销开发产品、未销开发产品和固定资产进行分配，其中应由已销开发产品负担的部分，在当期纳税申报时进行扣除，未销开发产品应负担的成本费用待其实际销售时再予扣除。

（四）对本期已完工成本对象分类为开发产品和固定资产并对其计税成本进行结算。其中属于开发产品的，应按可售面积计算其单位工程成本，据此再计算已销开发产品计税成本和未销开发产品计税成本。对本期已销开发产品的计税成本，准予在当期扣除，未销开发产品计税成本待其实际销售时再予扣除。

（五）对本期未完工和尚未建造的成本对象应当负担的成本费用，应按分别建立明细台帐，待开发产品完工后再予结算。

第二十九条 企业开发、建造的开发产品应按制造成本法进行计量与核算。其中，应计入开发产品成本中的费用属于直接成本和能够分清成本对象的间接成本，直接计入成本对象，共同成本和不能分清负担对象的间接成本，应按受益的原则和配比的原则分配至各成本对象，具体分配方法可按以下规定选择其一：

（一）占地面积法。指按已动工开发成本对象占地面积占开发用地总面积的比例进行分配。

1. 一次性开发的，按某一成本对象占地面积占全部成本对象占地总面积的比例进行分配。

2. 分期开发的，首先按本期全部成本对象占地面积占开发用地总面积的比例进行分配，然后再按某一成本对象占地面积占期内全部成本对象占地总面积的比例进行分配。

期内全部成本对象应负担的占地面积为期内开发用地占地面积减除应由各期成本对象共同负担的占地面积。

（二）建筑面积法。指按已动工开发成本对象建筑面积占开发用地总建筑面积的比例进行分配。

1. 一次性开发的，按某一成本对象建筑面积占全部成本对象建筑面积的比例进行分配。

2. 分期开发的，首先按期内成本对象建筑面积占开发用地计划建筑面积的比例进行分配，然后再按某一成本对象建筑面积占期内成本对象总建筑面积的比例进行分配。

（三）直接成本法。指按期内某一成本对象的直接开发成本占期内全部成本对象直接开发成本的比例进行分配。

（四）预算造价法。指按期内某一成本对象预算造价占期内全部成本对象预算造价的比例进行分配。

第三十条 企业下列成本应按以下方法进行分配：

（一）土地成本，一般按占地面积法进行分配。如果确需结合其他方法进行分配的，应商税务机关同意。

土地开发同时连结房地产开发的，属于一次性取得土地分期开发房地产的情况，其土地开发成本经商税务机关同意后可先按土地整体预算成本进行分配，待土地整体开发完毕再行调整。

（二）单独作为过渡性成本对象核算的公共配套设施开发成本，应按建筑面积法进行分配。

（三）借款费用属于不同成本对象共同负担的，按直接成本法或按预算造价法进行分配。

（四）其他成本项目的分配法由企业自行确定。

第三十一条 企业以非货币交易方式取得土地使用权的，应按下列规定确定其成本：

（一）企业、单位以换取开发产品为目的，将土地使用权投资企业的，按下列规定进行处理：

1. 换取的开发产品如为该项土地开发、建造的，接受投资的企业在接受土地使用权时暂不确认其成本，待首次分出开发产品时，再按应分出开发产品（包括首次分出的和以后应分出的）的市场公允价值和土地使用权转移过程中应支付的相关税费计算确认该项土地使用权的成本。如涉及补价，土地使用权的取得成本还应加上应支付的补价款或减除应收到的补价款。

2. 换取的开发产品如为其他土地开发、建造的，接受投资的企业在投资交易发生时，按应付出开发产品市场公允价值和土地使用权转移过程中应支付的相关税费计算确认该项土地使用权的成本。如涉及补价，土地使用权的取得成本还应加上应支付的补价款或减除应收到的补价款。

（二）企业、单位以股权的形式，将土地使用权投资企业的，接受投资的企业应在投资交易发生时，按该项土地使用权的市场公允价值和土地使用权转移过程中应支付的相关税费计算确认该项土地使用权的取得成本。如涉及补价，土地使用权的取得成本还应加上应支付的补价款或减除应收到的补价款。

第三十二条 除以下几项预提（应付）费用外，计税成本均应为实际发生的成本。

（一）出包工程未最终办理结算而未取得全额发票的，在证明资料充分的前提下，其发票不足金额可以预提，但最高不得超过合同总金额的10%。

（二）公共配套设施尚未建造或尚未完工的，可按预算造价合理预提建造费用。此类公共配套设施必须符合已在售房合同、协议或广告、模型中明确承诺建造且不可撤销，或按照法律法规规定必须配套建造的条件。

（三）应向政府上交但尚未上交的报批报建费用、物业完善费用可以按规定预提。物业完善费用是指按规定应由企业承担的物业管理基金、公建维修基金或其他专项基金。

第三十三条 企业单独建造的停车场所，应作为成本对象单独核算。利用地下基础设施形成的停车场所，作为公共配套设施进行处理。

第三十四条 企业在结算计税成本时其实际发生的支出应当取得但未取得合法凭据的，不得计入计税成本，待实际取得合法凭据时，再按规定计入计税成本。

第三十五条 开发产品完工以后，企业可在完工年度企业所得税汇算清缴前选择确定计税成本核算的终止日，不得滞后。凡已完工开发产品在完工年度未按规定结算计税成本，主管税务机关有权确定或核定其计税成本，据此进行纳税调整，并按《中华人民共和国税收征收管理法》的有关规定对其进行处理。

第五章　特定事项的税务处理

第三十六条 企业以本企业为主体联合其他企业、单位、个人合作或合资开发房地产项目，且该项目未成立独立法人公司的，按下列规定进行处理：

（一）凡开发合同或协议中约定向投资各方（合作、合资方，下同）分配开发产品的，企业在首次分配开发产品时，如该项目已经结算计税成本，其应分配给投资方开发产品的计税成本与其投资额之间的差额计入当期应纳税所得额；如未结算计税成本，则将投资方的投资额视同销售收入进行相关的税务处理。

（二）凡开发合同或协议中约定分配项目利润的，应按以下规定进行处理：

1. 企业应将该项目形成的营业利润额并入当期应纳税所得额统一申报缴纳企业所得税，不得在税前分配该项目的利润。同时不能因接受投资方投资额而在成本中摊销或在税前扣除相关的利息支出。

2. 投资方取得该项目的营业利润应视同股息、红利进行相关的税务处理。

第三十七条 企业以换取开发产品为目的，将土地使用权投资其他企业房地产开发项目的，按以下规定进行处理：

企业应在首次取得开发产品时，将其分解为转让土地使用权和购入开发产品两项经济业务进行所得税处理，并按应从该项目取得的开发产品（包括首次取得的和以后应取得的）的市场公允价值计算确认土地使用权转让所得或损失。

第六章　附则

第三十八条 从事房地产开发经营业务的外商投资企业在2007年12月31日前存有销售未完工开发产品取得的收入，至该项开发产品完工后，一律按本办法第九条规定的办法进行税务处理。

第三十九条 本通知自2008年1月1日起执行。

关于调整房地产交易环节税收政策的通知

（2008年10月22日　财税［2008］137号）

注释：条款失效，第一条失效。参见：《财政部 国家税务总局 住房和城乡建设部关于调整房地产交易环节契税 个人所得税优惠政策的通知》，财税［2010］94号。

为适当减轻个人住房交易的税收负担，支持居民首次购买普通住房，经国务院批准，现就房地产交易环节有关税收政策问题通知如下：

一、对个人首次购买90平方米及以下普通住房的，契税税率暂统一下调到1%。首次购房证明由住房所在地县（区）住房建设主管部门出具。

二、对个人销售或购买住房暂免征收印花税。

三、对个人销售住房暂免征收土地增值税。

本通知自2008年11月1日起实施。

国家税务总局
关于个人与房地产开发企业签订有条件优惠价格协议
购买商店征收个人所得税问题的批复

（2008年06月15日　国税函［2008］576号）

福建省地方税务局：

你局《关于个人与房地产开发企业签订有条件价格优惠协议购买商店征收个人所得税问题的请示》（闽地税发［2008］67号）收悉。经研究，批复如下：

房地产开发企业与商店购买者个人签订协议规定，房地产开发企业按优惠价格出售其开发的商店给购买者个人，但购买者个人在一定期限内必须将购买的商店无偿提供给房地产开发企业对外出租使用。其实质是购买者个人以所购商店交由房地产开发企业出租而取得的房屋租赁收入支付了部分购房价款。

根据个人所得税法的有关规定精神，对上述情形的购买者个人少支出的购房价款，应视同个人财产租赁所得，按照“财产租赁所得”项目征收个人所得税。每次财产租赁所得的收入额，按照少支出的购房价款和协议规定的租赁月份数平均计算确定。

国家税务总局
关于应用评税技术核定房地产交易计税价格的意见

（2008 年 04 月 08 日　国税函［2008］309 号）

江苏、浙江、重庆、青岛省（市）财政厅（局）、地方税务局，北京、辽宁、深圳省（市）地方税务局：

2007 年以来，各地按照税务总局房地产税收一体化管理和《国家税务总局关于个人转让房屋有关税收征管问题的通知》（国税发［2007］33 号）的要求，针对一些地区房屋买卖双方通过订立虚假合同低报成交价格、不如实申报缴纳有关税收的问题，建立了房屋交易最低计税价格管理制度，加强了房屋交易计税价格管理。为深化房地产税收一体化管理工作，夯实交易环节税收征管基础，进一步提高计税价格管理水平，税务总局决定，先在北京、重庆、青岛、深圳、南京、杭州、丹东等城市开展应用评税技术核定计税价格工作，并提出以下工作意见：

一、指导思想

根据《中华人民共和国税收征收管理法》及《中华人民共和国契税暂行条例》的有关规定，对于房地产交易中纳税人申报的计税依据明显低于市场价格并且无正当理由的，参照市场价格核定计税价格，逐步将房地产评税技术应用到计税价格的核定工作中，增强核定工作的科学性和权威性，同时在实践中检验评税技术，推动相关税收改革。

二、总体思路

按照房地产评税原理，在测算房地产基准价格和价格影响因素修正系数的工作基础上，开发计税价格核定模块（以下简称“核定模块”），建立房地产交易计税价格核定应用功能，并将其应用到实际征管工作中核定计税价格，用核定结果与纳税人申报价格相比较，按照孰高原则确定计税价格，征收交易环节各项税收。在核定功能的应用过程中，通过定期评测核定效果，及时调整基准价格和价格影响因素修正系数，调整完善核定模块。同时，以公平、简便、有效化解征纳矛盾为原则，在现行税收法律法规框架下，制定适合本地情况的争议处理办法。

三、工作内容

（一）建立房地产交易计税价格核定应用功能

开展此项工作的城市，应根据本地情况选择核定模块的建立方式。首先应考虑利用现有的系统资源：可移植使用现有评税系统中的模块，也可以根据评税原理，完善现有契税征管系统中的相应模块。不具备利用现有系统资源条件的，应根据评税原理重新设计核定模块，核定模块的模型与评税系统的模型间应存在对应关系。

1. 移植使用现有评税系统中的模块

已开发评税系统的城市，可直接将评税系统中的评税模块移植应用到征管系统作为核定模块；或者以评税系统为基础，修改相关参数，简化数学模型，形成新的核定模块。

2. 根据评税原理，完善现有契税征管系统中的模块在契税征管系统中已开发应用核定模块的城市，应根据评税原理完善核定模块。

3. 以上条件均不具备的城市，可根据评税原理，重新设计核定模块

具体步骤为：

（1）抽样采集数据信息。采集覆盖本地各个区域的房地产数据信息，数据来源包括：从国土、房管等部门取得信息、在税收征管中取得信息、从房地产中介机构取得信息等。采集大批量房地产信息存在困难的，可分区域抽样取得信息。

（2）测算基准价格和价格影响因素修正系数。根据采集数据中的房地产价格构成情况，应用市场比较法原理，将数据分片区、分类别进行整理，测算分片区、分类别房地产基准价格及价格影响因素修正系数。

（3）开发核定模块。以方便征管为原则，按照税务总局规定的有关数据存储、传输标准，应用评税原理开发设计核定模块。

（二）运行、完善房地产交易计税价格核定应用功能

1. 试运行核定应用功能

选择部分交易环节税收征收窗口进行核定应用功能的试运行工作，用核定模块核定的价格作为参考计税价格，征收交易环节各项税收。

2. 测评核定效果

（1）设置检测指标。选择能够对核定模块的核定结果进行量化评价和分析的检测指标，如纳税人对于核定结果的投诉量，核定结果与市场交易价格的偏离值等。

（2）采集标准数据。采集房地产成交案例作为检测的标准数据，各地可以根据本地情况确定数据采集量，但每个片区的标准数据一般应不少于 5 例。标准数据可来源于：房地产市场一手房价格，中介机构提供的二手房成交价格，房地产交易信息网发布的一手、二手房交易价格信息等。

（3）检测核定结果。根据征管人员的反馈意见、纳税人对于核定结果的投诉量及个案的调整数量，确定核定模块的适用性；根据核定结果与市场价格水平的偏离程度，确定基准价格及价格影响因素修正系数设置的合理性。具体检测标准暂由各地根据市场状况和征管实际情况确定。

3. 调整完善核定应用功能

根据核定应用功能试运行中发现的问题，适时调整基准价格及价格影响因素修正系数，并对核定模块中的数学模型进行调整。

（三）制定计税价格争议解决机制

按照公平、简便、有效化解征纳矛盾的原则，在现行税收法律法规框架下，制定适合本地情况的争议处理办法，建立争议解决机制：

（1）履行事前告知程序。在纳税人申报前，应向纳税人告知虚假申报所需承担的法律责任及相应处罚标准。

（2）纳税人对核定价格持有异议的，各地根据本地情况探索解决方式，如可采取：由征收机关指定具有公信力及资质等级的评估机构进行评估，参考评估结果，确定计税价格；由征收机关成立争议处理小组，派人员（两人以上）实地勘察房产情况，根据查看情况参照计算机核定价格，酌情确定计税价格；从银行等相关部门获取房产交易的资金往来记录作为计税依据等方式。

（四）正式运行核定应用功能

核定应用功能的各项检测指标达到标准后，在各交易环节税收征收窗口正式应用核定功能

进行计税价格的核定工作。用核定价格与纳税人申报价格进行比较，按照孰高原则，取较大值为计税价格，征收交易环节各项税收。根据核定应用功能实际运行中出现的问题，定期调整核定模块的数学模型。

设有评税部门的，征管部门应将核定应用功能的运行及调整情况，定期向评税部门反馈，提出调整完善评税系统的建议，以便及时研究评税系统模型的调整方案。（工作流程图见附件1）

四、工作要求

（1）加强组织领导，制定工作方案。开展此项工作的各城市要高度重视此项工作，加强组织领导，配备专门人员，明确工作责任，保障工作的顺利实施。要尽快制定本地具体的工作方案，明确工作范围、工作内容、工作步骤、工作进度安排、工作流程、人员组织和经费预算等。

（2）加强部门配合，广泛采集信息。开展此项工作城市的财政、税务征收部门之间应加强工作沟通，协调好与国土、房管、建设等部门的关系，既要取得相关部门工作上的支持配合，又要主动工作。要广泛收集房地产信息，一方面，建立从国土、房管以及中介机构等部门取得信息的固定信息渠道；另一方面，在税收征管中积累信息，为核定模块提供数据支持。

（3）做好内部协调，建立沟通机制。设有评税部门的，税收征管部门和评税部门要建立信息沟通机制。对于征管中出现的价格评估问题，评税部门应提供评税技术支持；对于核定模块的调整修正情况，税收征管部门要向评税部门及时反馈。

（4）及时总结经验，定期报告情况。自2008年7月1日起，开展此项工作的各城市每季度初10日前要向总局书面报告工作进展情况。首次报告材料中应附送本地区工作方案。（报告内容提纲见附件2）

附件：1. 应用评税技术核定房地产交易计税价格工作流程图（略）
　　　2. 关于应用评税技术核定房地产交易计税价格工作情况的报告提纲（略）

国家税务总局
关于房地产开发企业所得税预缴问题的通知

（2008年04月07日　国税函［2008］299号）

注释：条款失效，第二条废止。参见：《国家税务总局关于公布全文失效废止 部分条款失效废止的税收规范性文件目录的公告》国家税务总局公告2011年第2号。

为贯彻落实新的企业所得税法，确保企业所得税预缴工作顺利开展，经研究，现就房地产开发企业所得税预缴问题通知如下：

一、房地产开发企业按当年实际利润据实分季（或月）预缴企业所得税的，对开发、建造的住宅、商业用房以及其他建筑物、附着物、配套设施等开发产品，在未完工前采取预售方式销售取得的预售收入，按照规定的预计利润率分季（或月）计算出预计利润额，计入利润总额预缴，开发产品完工、结算计税成本后按照实际利润再行调整。

二、预计利润率暂按以下规定的标准确定：

（一）非经济适用房开发项目

1. 位于省、自治区、直辖市和计划单列市人民政府所在地城区和郊区的，不得低于20%。
2. 位于地级市、地区、盟、州城区及郊区的，不得低于15%。
3. 位于其他地区的，不得低于10%。

（二）经济适用房开发项目

经济适用房开发项目符合建设部、国家发展改革委员会、国土资源部、中国人民银行《关于印发〈经济适用房管理办法〉的通知》（建住房［2004］77 号）等有关规定的，不得低于 3%。

三、房地产开发企业按当年实际利润据实预缴企业所得税的，对开发、建造的住宅、商业用房以及其他建筑物、附着物、配套设施等开发产品，在未完工前采取预售方式销售取得的预售收入，按照规定的预计利润率分季（或月）计算出预计利润额，填报在《中华人民共和国企业所得税月（季）度预缴纳税申报表（A 类）》（国税函［2008］44 号文件附件 1）第 4 行“利润总额”内。

四、房地产开发企业对经济适用房项目的预售收入进行初始纳税申报时，必须附送有关部门批准经济适用房项目开发、销售的文件以及其他相关证明材料。凡不符合规定或未附送有关部门的批准文件以及其他相关证明材料的，一律按销售非经济适用房的规定执行。

五、本通知适用于从事房地产开发经营业务的居民纳税人。

六、本通知自 2008 年 1 月 1 日起执行。已按原预计利润率办理完毕 2008 年一季度预缴的外商投资房地产开发企业，从二季度起按本通知执行。

国家税务总局
关于房地产开发企业土地增值税清算管理有关问题的通知

（2006 年 12 月 28 日　国税发［2006］187 号）

为进一步加强房地产开发企业土地增值税清算管理工作，根据《中华人民共和国税收征收管理法》、《中华人民共和国土地增值税暂行条例》及有关规定，现就有关问题通知如下：

一、土地增值税的清算单位

土地增值税以国家有关部门审批的房地产开发项目为单位进行清算，对于分期开发的项目，以分期项目为单位清算。

开发项目中同时包含普通住宅和非普通住宅的，应分别计算增值额。

二、土地增值税的清算条件

（一）符合下列情形之一的，纳税人应进行土地增值税的清算：

1. 房地产开发项目全部竣工、完成销售的；

2. 整体转让未竣工决算房地产开发项目的；

3. 直接转让土地使用权的。

（二）符合下列情形之一的，主管税务机关可要求纳税人进行土地增值税清算：

1. 已竣工验收的房地产开发项目，已转让的房地产建筑面积占整个项目可售建筑面积的比例在 85%以上，或该比例虽未超过 85%，但剩余的可售建筑面积已经出租或自用的；

2. 取得销售（预售）许可证满三年仍未销售完毕的；

3. 纳税人申请注销税务登记但未办理土地增值税清算手续的；

4. 省税务机关规定的其他情况。

三、非直接销售和自用房地产的收入确定

（一）房地产开发企业将开发产品用于职工福利、奖励、对外投资、分配给股东或投资人、抵偿债务、换取其他单位和个人的非货币性资产等，发生所有权转移时应视同销售房地产，其收入按下列方法和顺序确认：

1. 按本企业在同一地区、同一年度销售的同类房地产的平均价格确定；

2. 由主管税务机关参照当地当年、同类房地产的市场价格或评估价值确定。

（二）房地产开发企业将开发的部分房地产转为企业自用或用于出租等商业用途时，如果产权未发生转移，不征收土地增值税，在税款清算时不列收入，不扣除相应的成本和费用。

四、土地增值税的扣除项目

（一）房地产开发企业办理土地增值税清算时计算与清算项目有关的扣除项目金额，应根据土地增值税暂行条例第六条及其实施细则第七条的规定执行。除另有规定外，扣除取得土地使用权所支付的金额、房地产开发成本、费用及与转让房地产有关税金，须提供合法有效凭证；不能提供合法有效凭证的，不予扣除。

（二）房地产开发企业办理土地增值税清算所附送的前期工程费、建筑安装工程费、基础设施费、开发间接费用的凭证或资料不符合清算要求或不实的，地方税务机关可参照当地建设工程造价管理部门公布的建安造价定额资料，结合房屋结构、用途、区位等因素，核定上述四项开发成本的单位面积金额标准，并据以计算扣除。具体核定方法由省税务机关确定。

（三）房地产开发企业开发建造的与清算项目配套的居委会和派出所用房、会所、停车场（库）、物业管理场所、变电站、热力站、水厂、文体场馆、学校、幼儿园、托儿所、医院、邮电通讯等公共设施，按以下原则处理：

1. 建成后产权属于全体业主所有的，其成本、费用可以扣除；

2. 建成后无偿移交给政府、公用事业单位用于非营利性社会公共事业的，其成本、费用可以扣除；

3. 建成后有偿转让的，应计算收入，并准予扣除成本、费用。

（四）房地产开发企业销售已装修的房屋，其装修费用可以计入房地产开发成本。

房地产开发企业的预提费用，除另有规定外，不得扣除。

（五）属于多个房地产项目共同的成本费用，应按清算项目可售建筑面积占多个项目可售总建筑面积的比例或其他合理的方法，计算确定清算项目的扣除金额。

五、土地增值税清算应报送的资料

符合本通知第二条第（一）项规定的纳税人，须在满足清算条件之日起 90 日内到主管税务机关办理清算手续；符合本通知第二条第（二）项规定的纳税人，须在主管税务机关限定的期限内办理清算手续。

纳税人办理土地增值税清算应报送以下资料：

（一）房地产开发企业清算土地增值税书面申请、土地增值税纳税申报表。

（二）项目竣工决算报表、取得土地使用权所支付的地价款凭证、国有土地使用权出让合同、银行贷款利息结算通知单、项目工程合同结算单、商品房购销合同统计表等与转让房地产的收入、成本和费用有关的证明资料。

（三）主管税务机关要求报送的其他与土地增值税清算有关的证明资料等。

纳税人委托税务中介机构审核鉴证的清算项目，还应报送中介机构出具的《土地增值税清算税款鉴证报告》。

六、土地增值税清算项目的审核鉴证

税务中介机构受托对清算项目审核鉴证时，应按税务机关规定的格式对审核鉴证情况出具鉴证报告。对符合要求的鉴证报告，税务机关可以采信。

税务机关要对从事土地增值税清算鉴证工作的税务中介机构在准入条件、工作程序、鉴证内容、法律责任等方面提出明确要求，并做好必要的指导和管理工作。

七、土地增值税的核定征收

房地产开发企业有下列情形之一的，税务机关可以参照与其开发规模和收入水平相近的当地企业的土地增值税税负情况，按不低于预征率的征收率核定征收土地增值税：

（一）依照法律、行政法规的规定应当设置但未设置账簿的。

（二）擅自销毁账簿或者拒不提供纳税资料的。

（三）虽设置账簿，但账目混乱或者成本资料、收入凭证、费用凭证残缺不全，难以确定转让收入或扣除项目金额的。

（四）符合土地增值税清算条件，未按照规定的期限办理清算手续，经税务机关责令限期清算，逾期仍不清算的。

（五）申报的计税依据明显偏低，又无正当理由的。

八、清算后再转让房地产的处理

在土地增值税清算时未转让的房地产，清算后销售或有偿转让的，纳税人应按规定进行土地增值税的纳税申报，扣除项目金额按清算时的单位建筑面积成本费用乘以销售或转让面积计算。

单位建筑面积成本费用=清算时的扣除项目总金额÷清算的总建筑面积

本通知自 2007 年 2 月 1 日起执行。各省税务机关可依据本通知的规定并结合当地实际情况制定具体清算管理办法。

国家税务总局
关于加强房地产交易个人无偿赠与不动产税收管理有关问题的通知

（2006 年 09 月 14 日 国税发［2006］144 号）

注释：条款失效，第二条（二）中“受赠人取得赠与人无偿赠与的不动产后，再次转让该项不动产的，在缴纳个人所得税时，以财产转让收入减除受赠、转让住房过程中缴纳的税金及有关合理费用后的余额为应纳税所得额，按 20%的适用税率计算缴纳个人所得税”废止。参见：《国家税务总局关于公布全文失效废止 部分条款失效废止的税收规范性文件目录的公告》国家税务总局公告 2011 年第 2 号。

为加强房地产交易中个人无偿赠与不动产行为的税收管理，现将有关问题通知如下：

一、关于加强个人无偿赠与不动产税收管理问题

（一）关于加强个人无偿赠与不动产营业税税收管理问题

1. 个人向他人无偿赠与不动产，包括继承、遗产处分及其他无偿赠与不动产三种情况，在办理营业税免税申请手续时，纳税人应区分不同情况向税务机关提交相关证明材料：

（1）属于继承不动产的，继承人应当提交公证机关出具的“继承权公证书”、房产所有权证和《个人无偿赠与不动产登记表》（见附件）；

（2）属于遗嘱人处分不动产的，遗嘱继承人或者受遗赠人须提交公证机关出具的“遗嘱公证书”和“遗嘱继承权公证书”或“接受遗赠公证书”、房产所有权证以及《个人无偿赠与不动产登记表》；

（3）属于其他情况无偿赠与不动产的，受赠人应当提交房产所有人“赠与公证书”和受赠人“接受赠与公证书”，或持双方共同办理的“赠与合同公证书”，以及房产所有权证和《个人无偿赠与不动产登记表》。

上述证明材料必须提交原件。

税务机关应当认真审核上述材料，资料齐全并且填写正确规范的，在提交的《个人无偿赠与不动产登记表》上签字盖章后退提交人，将有关公证证书复印件留存，同时办理营业税免税手续。

2. 对个人无偿赠与不动产的，税务机关不得向其发售发票或者代为开具发票。

（二）关于个人无偿赠与不动产契税、印花税税收管理问题

对于个人无偿赠与不动产行为，应对受赠人全额征收契税，在缴纳契税和印花税时，纳税人须提交经税务机关审核并签字盖章的《个人无偿赠与不动产登记表》，税务机关（或其他征收机关）应在纳税人的契税和印花税完税凭证上加盖“个人无偿赠与”印章，在《个人无偿赠与不动产登记表》中签字并将该表格留存。税务机关应积极与房管部门沟通协调，争取房管部门对持有加盖“个人无偿赠与”印章契税完税凭证的个人，办理赠与产权转移登记手续，对未持有加盖“个人无偿赠与”印章契税完税凭证的个人，不予办理赠与产权转移登记手续。

二、关于加强个人将受赠不动产对外销售税收管理问题

（一）关于加强个人将受赠不动产对外销售营业税税收管理问题

个人将通过无偿受赠方式取得的住房对外销售征收营业税时，对通过继承、遗嘱、离婚、赡养关系、直系亲属赠与方式取得的住房，该住房的购房时间按照《国家税务总局关于房地产税收政策执行中几个具体问题的通知》（国税发［2005］172 号）中第四条有关购房时间的规定执行；对通过其他无偿受赠方式取得的住房，该住房的购房时间按照发生受赠行为后新的房屋产权证或契税完税证明上注明的时间确定，不再执行国税发［2005］172 号）中第四条有关购房时间的规定。

（二）关于加强个人将受赠不动产对外销售个人所得税税收管理问题

受赠人取得赠与人无偿赠与的不动产后，再次转让该项不动产的，在缴纳个人所得税时，以财产转让收入减除受赠、转让住房过程中缴纳的税金及有关合理费用后的余额为应纳税所得额，按 20%的适用税率计算缴纳个人所得税。

在计征个人受赠不动产个人所得税时，不得核定征收，必须严格按照税法规定据实征收。

三、关于加强对个人无偿赠与不动产后续管理的问题

1. 税务机关应对无偿赠与不动产的纳税人分户归档管理，定期将留存的公证证书复印件有关信息与公证机关核对，保证公证证书的真实、合法性。

2. 税务机关应加强与房管部门的合作，定期将《个人无偿赠与不动产登记表》中的有关信息与房管部门的赠与房产所有权转移登记信息进行核对，强化对个人无偿赠与不动产的后续管理。

3. 税务机关应加强对个人无偿赠与不动产的营业税纳税评估，将本期无偿赠与不动产的有关数据与历史数据（如上年同期）进行比较，出现异常情况的，要做进一步检查和核对，对确有问题的赠与行为，应按有关规定进行处理。

4. 对个人赠与不动产过程中，向受赠人收取了货物、货币或其他经济利益，但提供虚假资料，申请办理无偿赠与的相关手续，没有按规定缴纳营业税的纳税人，由税务机关按照《中华人民共和国税收征收管理法》的有关规定追缴税款、滞纳金并进行相关处罚。

5. 税务机关应向房屋中介机构做好税法宣传工作，使其协助做好无偿赠与不动产的税收管理工作。

附件：个人无偿赠与不动产登记表

个人无偿赠与不动产登记表

<table>
<tr><td colspan="4">以下由赠与人（或代理人）填写赠与人情况</td></tr>
<tr><td>姓名</td><td></td><td>身份证号码</td><td></td></tr>
<tr><td>住址</td><td></td><td>联系电话</td><td></td></tr>
<tr><td>赠与不动产地址</td><td></td><td>面积（m^2）</td><td></td></tr>
<tr><td colspan="4">以下由受赠人填写受赠人情况</td></tr>
<tr><td>姓名</td><td></td><td>身份证号码</td><td></td></tr>
<tr><td>住址</td><td></td><td>联系电话</td><td></td></tr>
<tr><td colspan="4">与赠与人关系</td></tr>
<tr><td>赠与人声明</td><td>我将所拥有的不动产无偿赠与______，不收取任何货币、实物或经济利益，该无偿赠与行为是真实、合法的。
赠与人（代理人）:
年　月　日</td><td>受赠人声明</td><td>我无偿接受了______所拥有的不动产，没有支付任何货币、实物或经济利益，该无偿受赠行为是真实、合法的。
受赠人：
年　月　日</td></tr>
</table>

<table>
<tr><td colspan="3">以下由税务机关（或征收机关）填写</td></tr>
<tr><td>无偿赠与资料审核</td><td>契税征收机关</td><td>印花税征收机关</td></tr>
<tr><td>该资料齐全、填写规范。符合无偿赠与规定。
审核人：
年　月　日</td><td>已在完税凭证上加盖“个人无偿赠与”印章。
办理人：
年　月　日</td><td>已在完税凭证上加盖“个人无偿赠与”印章。
办理人：
年　月　日</td></tr>
<tr><td>其他说明事项</td><td colspan="2">办理人：
年　月　日</td></tr>
</table>

注：如赠人死亡，由代理人代为填写此表并签字。

国家税务总局关于房地产基础数据收集工作有关问题的通知

（2006 年 07 月 11 日　国税函［2006］680 号）

北京、重庆、辽宁、宁夏、江苏省（区、市）和深圳市地方税务局：

为收集更多的房地产基本信息，掌握翔实的房产、土地情况，适应房地产模拟评税试点和税制改革的需要，经研究决定，同意你局在今年换发税务登记证时，除按照有关规定的要求做好房屋、土地、车船信息的登记外，还可一并开展其他房地产基本信息的补充收集工作，由纳税人填报《房地产基本情况登记表》(表样附后)。对于《房地产基本情况登记表》中的有关内容，你局可结合本地影响房地产价值因素的情况进行适当调整。

附件：房地产基本情况登记表样表

__________省（自治区、直辖市）__________市、区、县　　登记类型：初始登记□　　新增登记□　　　　第　页　共　页（必填）

房地产基本情况登记表样表

单位：元、平方米

纳税人信息	纳税人名称	纳税人识别号
	性　质	企业□　个人□　事业单位（全额拨款单位□　差额拨款单位□　自收自支单位□）
房屋土地坐落		______省（自治区、直辖市）______（市、区、县）____________（街道名、门牌号码）
房地产项目名称		
土地状况	土地使用权证书号	
	土地用途	商业□　工业□　居住□　综合□
	使用权类型	无偿（划拨□　其他□______）；有偿（出让□转让□其他□______）；承租□（出租人名称____________ 出租人证件号码__________）　其他□__________
	土地使用权起始日期：　年　月　日	土地使用权终止日期　年　月　日　土地使用年限　长期□______年
房屋状况	房屋来源	自建□；购买□（购买日期：___年__月__日）；无偿使用免税单位房产□（房产所有人名称：____________） 承租□（出租人名称________出租人是否为个人；是□　否□　出租人证件号码__________；年租金__________）

土地使用权证书号		土地面积		其中应税面积				每平方米税额		其中免税面积	

总建筑面积		房产原值合计		其中应税房产原值		其中免税房产原值		税务机关估值合计	

序号	名称楼号幢号	房屋总层数		所在层次	部位及房号	建筑结构	房屋用途	建筑面积	所在单体建筑的总建筑面积	建成年份	房产原值	税务机关估值	出租情况		星级标准	是否免税	中央空调	消防喷淋	电视监控	自动扶梯
		地上	地下										是否出租	年租金						
1																				
2																				
3																				

填表时间：　　　　　　　　　　　　　　填表人签字（盖章）：

填表说明

（1）本表依据税务登记证、房屋所有权证、国有土地使用证等有关证件填写。没有房屋所有权证、国有土地使用证的，据实填写。

（2）纳税人识别号：单位和个体工商户填税务登记证号码；个人填身份证号码、护照号码或军官证（士兵证）号码并注明证件名称。

（3）纳税人有多个房屋所有权证或国有土地使用证的，按房屋所有权证和国有土地使用证分别填表，每个房屋所有权证需填一张登记表。纳税人没有房屋所有权证和国有土地使用证的，如果在不同的坐落地点有多栋房地产的，按照坐落地分别填表。一个土地使用证上有两种或两种以上用途的，且各种用途在面积上可划分的，分用途填表。

纳税人填写多张表格的，请编号填入“第　页共　页”中。

（4）房屋土地坐落：依据房屋所有权证、国有土地使用权证填写，两者地址不一致时，依据房屋所有权证填写。没有证件的，据实填写。

（5）房地产项目名称：按房地产开发立项的名称填写。如果在一栋大楼里拥有或使用部分房产，则填写大楼的名称，如：××大厦。

（6）每平方米税额：填写城镇土地使用税等级对应的单位税额。

（7）免税面积或原值：填写法定免城镇土地使用税和房产（城市房地产）税对应的土地面积和房屋原值。

（8）承租房屋、土地是指租用的他人的房屋、土地（不含无偿使用免税单位的房屋、土地）的情况。

（9）如无土地使用证或房屋所有权证，“土地用途”、“建筑结构”、“房屋用途”请按如下分类据实进行填写：

土地用途：划分为商业、综合、居住、工业四类。（1）商业类：包括商业服务业用地（含商场、购物中心、专卖店、加油站、超级市场、各种商业网点、批发市场等用地），旅游业用地（含饭店、酒店、度假村、游乐园、旅馆、旅游附属设施等用地），金融保险业用地（含银行、信托、证券、保险机构等用地），餐饮娱乐业用地（含酒楼、饭庄、快餐店、俱乐部、康乐中心、歌舞厅、高尔夫球场、赛车场、赛马场等用地）。（2）综合类：包括办公科研用地（含写字楼、会展中心、普通办公楼、科工贸一体化办公楼、科研和勘测设计机构、停车场、停车楼等用地），文体教育用地（含各种学校、体育场馆、文化馆、博物馆、图书馆、影剧院等用地），医疗卫生用地（含医疗、保健、卫生、防疫、康复和急救设施等用地）。（3）居住类：包括居住小区、居住街坊、居住组团和单位生活区等各种居住类型用地。（4）工业类：包括工业用地（含工业生产及其相应附属设施用地、高新技术产业研发与展示中心），仓储用地（含用于物资储备、中转的场所及相应附属设施用地），交通运输用地（含用于运输通行的地面线路、场站等用地，包括民用机场、地面运输管道和居民点道路及其相应附属设施用地）。其他未列入上述范围的用地，其用途类别可参照相关或相近用地的用途类别确定。

建筑结构：按钢结构，钢、钢混结构，钢混结构，混合结构，砖木结构，其他结构，框架结构，简易结构，砖混结构填写。

房屋用途：划分为住宅、商业、工业、办公楼、旅馆业、其他六类。住宅：含普通住宅，公寓，别墅、联排别墅；商业：含商业服务业用房（商场、购物中心、专卖店、加油站、超级市场、各种商业网点、批发市场）和餐饮娱乐业（酒楼、饭庄、快餐店、俱乐部、康乐中心、歌舞厅、高尔夫球场、赛车场、赛马场等用房）；工业：含厂房、仓库等；办公楼：含写字楼、普通办公楼、工业办公楼、行政事业单位办公楼等；旅馆业指饭店、酒店、度假村、招待所、旅馆、培训中心等；其他是指文化教育、医疗卫生用途的房屋以及不属于前面类型的其他用途的房屋。

房屋用途在分类别的基础上填写明细用途，如商业服务业用房中的加油站填写“商业——加油站”。

10. 若同一栋（幢）房屋具有多种用途且各种用途在建筑面积上可划分的，在房屋状况明细中应按照用途分别填写；划分不清的，按主要用途汇总填写。

11. 房产原值、税务机关估值：房产有原值，填写原值；如无原值，按税务机关估值缴纳房产税或城市房地产税的，填写税务机关估值。

12. 名称、楼号、幢号：填写单栋房地产的名称、楼号或幢号。

13. 房屋总层数：填写房产所在的单体建筑的地上总层数及地下总层数。如：一栋大楼，地上 18 层、地下 2 层，地上填 18，地下填 2，如无地下层填 0。

14. 所在层次：填写房产所在的层次。举例说明：一栋 18 层大楼，地上 18 层、地下 2 层，如果纳税人拥有和使用整栋大楼的全部房产，则所在层次应填-2-18。如果只拥有或使用部分房产，例如拥有 1 层至 6 层、则填 1~6；拥有 5.7.18 层，则填 5.7.18，拥有地上第 5 层某套或某间，则填 5。

15. 部位及房号：拥有或使用单体建筑某一层或某几层的部分房间者，填写此项，指明具体部位或房号。

16. 所在单体建筑的总建筑面积：是指房屋所在单体建筑的总建筑面积。

17. 出租情况：按租金收入缴纳房产（城市房地产）税的情况填写此栏。

18. 建成年份：四位格式，如：2001，1998。

19. 星级标准：房屋用途为旅馆业时，必填此项。星级标准分为无星级、一星、二星、三星、四星、五星。

国家税务总局
关于房地产税收政策执行中几个具体问题的通知

（2005 年 10 月 20 日　国税发［2005］172 号）

根据《国家税务总局、财政部、建设部关于加强房地产税收管理的通知》（国税发［2005］89 号）（以下简称《通知》）的精神，经商财政部、建设部，现就各地在贯彻落实《通知》中的几个具体政策问题明确如下：

一、《通知》第三条第二款中规定的“成交价格”是指住房持有人对外销售房屋的成交价格。

二、《通知》第三条第四款中规定的“契税完税证明上注明的时间”是指契税完税证明上注明的填发日期。

三、纳税人申报时，同时出具房屋产权证和契税完税证明且二者所注明的时间不一致的，按照“孰先”的原则确定购买房屋的时间。即房屋产权证上注明的时间早于契税完税证明上注明的时间的，以房屋产权证注明的时间为购买房屋的时间；契税完税证明上注明的时间早于房屋产权证上注明的时间的，以契税完税证明上注明的时间为购买房屋的时间。

四、个人将通过受赠、继承、离婚财产分割等非购买形式取得的住房对外销售的行为，也适用《通知》的有关规定。其购房时间按发生受赠、继承、离婚财产分割行为前的购房时间确定，其购房价格按发生受赠、继承、离婚财产分割行为前的购房原价确定。个人需持其通过受赠、继承、离婚财产分割等非购买形式取得住房的合法、有效法律证明文书，到地方税务部门办理相关手续。

五、根据国家房改政策购买的公有住房，以购房合同的生效时间、房款收据的开具日期或房屋产权证上注明的时间，按照“孰先”的原则确定购买房屋的时间。

六、享受税收优惠政策普通住房的面积标准是指地方政府按国办发［2005］26号文件规定并公布的普通住房建筑面积标准。对于以套内面积进行计量的，应换算成建筑面积，判断该房屋是否符合普通住房标准。